Paul Kimmel

Desenvolvendo aplicações em Delphi 6

Tradução
Savannah Hartmam

Revisão técnica
Adilson de Souza Dias

Do original
Building Delphi 6 Applications, by Paul Kimmel (ISBN 0-07-212995-6)
Original edition copyright© 2001 by The McGraw-Hill Companies. All rights reserved.
Portuguese language edition copyright© 2001 by Editora Ciência Moderna Ltda. All rights reserved.
©Editora Ciência Moderna Ltda. 2001

Todos os direitos para a língua portuguesa reservados pela EDITORA CIÊNCIA MODERNA LTDA.
Nenhuma parte deste livro poderá ser reproduzida, transmitida e gravada, por qualquer meio eletrônico, mecânico, por fotocópia e outros, sem a prévia autorização, por escrito, da Editora.

Editor: Paulo André P. Marques
Supervisão Editorial: Carlos Augusto L. Almeida
Produção Editorial: Friedrich Gustav Schmid Junior
Capa: Renato Martins
Diagramação: Patricia Seabra
Tradução: Savannah Hartmam
Revisão: Cássia Pinto
Revisão Técnica: Adilson de Souza Dias
Assistente Editorial: Daniele M. Oliveira

Várias **Marcas Registradas** aparecem no decorrer deste livro. Mais do que simplesmente listar esses nomes e informar quem possui seus direitos de exploração, ou ainda imprimir os logotipos das mesmas, o editor declara estar utilizando tais nomes apenas para fins editoriais, em benefício exclusivo do dono da Marca Registrada, sem intenção de infringir as regras de sua utilização.

FICHA CATALOGRÁFICA

Kimmel, Paul
Desenvolvendo aplicações em Delphi 6
Rio de Janeiro: Editora Ciência Moderna Ltda., 2001.

Ambiente de programação; programação baseada em objetos
I — Título

ISBN: 85-7393-161-2   CDD 001642

Editora Ciência Moderna Ltda.
Rua Alice Figueiredo, 46
CEP: 20950-150, Riachuelo – Rio de Janeiro – Brasil
Tel: (021) 2201-6662/2201-6492/2201-6511/2201-6998
Fax: (021) 2201-6896/2281-5778
E-mail: lcm@lcm.com.br

À minha mãe, Jacqueline Benavides, que tem a constituição de um titã, o espírito de um tigre e a compaixão de uma santa.

Com amor, Pauly Wauly Doodle Bug

SUMÁRIO

Introdução XVII

Agradecimentos XIX

Capítulo 1 — Como migrar para o Delphi 1
    Como navegar pelo IDE e configurá-lo 2
        Como abrir e salvar arquivos 2
        Como localizar o código 4
        Como explorar Delphi 7
        Como executar um programa 15
        Como configurar o seu ambiente de trabalho 21
        Como usar menus de contexto 23
    Como criar um aplicativo 25
        Criação de um programa 25
        Como salvar o seu trabalho 27
        Como compilar e executar um programa 28
    Como entender o design centrado em projeto do Delphi 28
        Arquivos-projeto 28
        Arquivos de código-fonte 29
        Módulos de formulários e de dados 29
        Arquivos de configuração e opção 31
        Unidades intermediárias compiladas 31
        Arquivos de backup 32
        Arquivos de pacote 32
        Arquivos de aplicativo 32
    Organização de arquivo de código-fonte 32
        Uma revisão de regiões de código do alto e do fundo 33
        A declaração Unit 34
        A seção interface 34
        A seção implementação 34
        Como definir uma cláusula Uses 35
        Cláusulas tipo 36
        A seção Var 36
        Declarações de recurso 37
        Como usar a seção inicialização 37
        Como usar a seção finalização 38
    Átomos e moléculas de código 38
        Operadores e operandos 38

Palavras-chave 39
Tipos de dados básicos 39
Como escrever declarações 41
Declarações condicionais 41
Declarações de controle de loop 43
Como escrever procedimentos e funções 44
   Como escrever procedimentos 44
   Como escrever funções 46
   Como usar prefixos de argumento para comunicar intenção 46
   Como designar valores padrão a argumentos 48
Como depurar um programa 48
   Como passar argumentos linha de comando para o depurador integrado 49
   Comandos de ponto de interrupção simplificados 49
Resumo 51

Capítulo 2 — Como tornar mais inteligente seu Pascal orientado a objeto 53

Convenções Delphi 54
   Menos é mais 55
   Melhores práticas 55
   Por convenção 56
Ingredientes para cada programa Windows 56
   Interfaces gráficas de usuário 57
   Procedimentos e funções 60
   Windows — sistema operacional baseado em mensagem 61
   Acionadores de evento ligam Windows a programas Windows 61
Como chamar procedimentos Windows API 63
   Executáveis versus Dynamic Link Libraries 64
   Como chamar um procedimento Windows API 64
   Como declarar um procedimento API 66
   Carregamento de bibliotecas na memória 67
   Como criar uma Dynamic Link Library 69
Como definir classes e instanciar objetos 73
   Sintaxe fundamental de classe 73
   Como capturar o estado 76
   Como acrescentar capacidades 77
   Como criar um objeto instância 79
Ocultar informações é uma coisa boa 80
   Especificadores de acesso 81
   Escopo 85
   Objetivos de ocultar informações 86
Como acrescentar propriedades a classes 87
   Dados mantêm a posição do objeto 87
   As propriedades representam uma interface para dados 88
   Propriedade de acesso a métodos 89
Resumo 91

Capítulo 3 — Como examinar classes-chave na arquitetura do Delphi 93
  Como navegar pela arquitetura do Delphi 94
    Opções de Project Browser 97
    Como entender escopo, herança e referência no Project Browser 99
  Classes root 100
    Classe TObject 100
    Interfaces COM 102
  Origem de componentes 102
    Classe TPersistent 103
    Classe TComponent 105
    Classe TControl 106
    Classe TWinControl 107
    Como usar o componente recém-rotulado 107
    Classes de editor de propriedade 107
  Classe TApplication 108
    Eventos Application 109
    Como usar o componente TApplicationEvents 111
  Novos componentes shell do Windows 112
  Classes gráficas 113
    Classe TCanvas 114
    Recurso de recall em fonte, caneta e pincel acrescentado ao Delphi 6 ... 115
  Impressão 116
  Classes Internet 118
  Estruturas de dados 118
    Como usar o novo TValueListEditor 118
    Como armazenar dados em listas 119
    TOrderedList 121
    Classe TCollection 121
  Dados seqüenciais 122
    Classe TStrings 124
  Classe TParser 124
  Como lidar com exceção 125
    Como usar um bloco Try Except 126
    Como usar um bloco de proteção de recurso 128
    Como levantar uma exceção 129
  Camada multithreading 130
  OpenTools API 131
  Serviços Microsoft Office 131
  Resumo 132

Capítulo 4 — Como definir procedimentos polimórficos e dinâmicos 133
  Como usar parâmetros padrão 134
  Como criar comportamento polimórfico 136
    Como introduzir nome retalhado 136
    Procedimentos sobrecarregados 137

Como escolher entre procedimentos sobrecarregados
e parâmetros padrão Herança 138
Como entender o papel dos especificadores de acesso em relacionamentos
herdados 140
   Herança única 140
   Herança múltipla 141
Métodos estáticos, virtuais e dinâmicos 142
Como sobregravar métodos 143
   Como usar a palavra reservada herdada 145
   Como sobregravar construtores 146
   Como sobregravar destruidores 146
Como reintroduzir métodos 147
Classes abstratas 149
Declarações Forward 149
Resumo 150

Capítulo 5 — Como programar com conjuntos, constantes
e tipos de informações de tempo de execução 151
   A constante imutável 152
      Constantes globais e locais 152
      Constantes parâmetros 154
      Como usar const para criar variáveis locais estáticas 154
      Constantes array 156
      Registro de constantes 157
      Constantes procedimentais 159
      Ponteiro de constantes 160
      Procedimentos usados para inicializar constantes 160
   Como usar enumerações 161
      Como definir limites de array com enumerações 161
      Enumerações predefinidas 162
      Procedimentos para tipos enumerados 165
   Conjunto de operações 166
      Como entender conjunto e declarações de conjunto 167
      Como usar conjunto de construtores 167
      Conjunto de operadores 169
      Procedimentos Include e Exclude 173
   Como administrar arrays 174
      Arrays de exceção 174
      Como definir valores de subfaixa 175
      Use tipos para eliminar erros de faixa 176
      Funções de vínculos alto e baixo 177
      Parâmetros de array aberto 178
      Como definir arrays estáticas e dinâmicos 182
      Arrays empacotados 184
   Informações de tipo em tempo de execução 184
   Typecasting 185
   Resumo 186

Sumário

Capítulo 6 - Está tudo na interface 187
  Como vencer as "Guerras do Spaghetti" 188
  Diretrizes práticas para definir classes 192
    O que há em uma classe 192
    Classes com No Data 193
    Como nomear convenções 194
    Como usar especificadores de acesso 195
    Editada ou pública por padrão 195
    Interface Published 197
    Interface pública 198
    Interface protegida 198
    Interface privada 198
  Como criar tipos procedimentais personalizados 199
    Como definir tipos procedimentais 200
    Procedimentos de callback 201
  Valores padrão de parâmetro em tipos procedimentais 203
  Como passar parâmetro de tipo procedimental 203
  Tipos procedimentais de constante 205
  Acionadores de evento 205
    Como definir acionadores de evento 206
    Como chamar métodos evento 207
    Como levantar eventos 208
    Como definir propriedades evento 211
    Acionadores de evento encaminham mensagens a aplicativos 212
  Métodos de mensagem 212
    Como encontrar constantes predefinidas de mensagem 213
    Como definir acionadores de mensagem 215
    Como entender a arquitetura de envio de mensagem do Delphi 218
  Resumo 219

Capítulo 7 — Classes abstratas e interfaces estáticas 221
  Como implementar métodos de classe 222
    Criação de classes sem dados 223
    Construtores e destruidores 227
  Como manter posição sem objeto 228
  Como programar Dynamic Link Libraries 230
    Como chamar procedimentos DLL 230
    Como escrever bibliotecas de vínculo dinâmico 234
    Como lidar com exceções DLL 238
    Uso do gerenciador de memória compartilhada em string de parâmetros 239
    Como criar grupos de projeto 240
    Como testar DLLs 241
  Programação thin-client 244
    Como usar classe de referências 245
    Como definir classes abstratas puramente virtuais 247
    Como criar uma DLL baseada em objeto 248

Desenvolvendo aplicações em Delphi 6

Como criar um thin client 254
Resumo 256

Capítulo 8 — Como programar propriedades avançadas 257
Declarações de propriedades 258
   Especificadores de acesso 259
   Como definir propriedades apenas de leitura e apenas de escrita 262
   Garantia contra mudanças de propriedade intensa em processador 262
   Use Assign para designar objeto 265
Especificadores de armazenagem de propriedade 265
   Como usar armazenagem Default e Nodefault 267
   Como usar o especificador de armazenagem 268
Como definir propriedades array 270
   Especificador padrão para arrays 272
   Verificação implícita de faixa 272
Como definir propriedades indexadas 273
   Como usar valores de índice enumerados 275
Propriedades polimórficas 276
Como promover visibilidade em subclasses 279
Resumo 281

Capítulo 9 — Criação de componentes personalizados 283
Visão geral de uma unidade de componente 284
Como utilizar o Component Wizard 286
   Como codificar o controle de etiqueta estendido 287
   Como testar o controle 290
Componentes construtores e destruidores 291
Como definir propriedades componentes 292
Como compilar e testar componentes 298
   Como apanhar código 302
Como definir a trap no Code Insight 304
Como acrescentar um ícone de componente 305
   Como criar um Component Resource File com o Image Editor 306
   Como encontrar recursos de ícone 307
Como instalar componentes em um pacote 309
Resumo 311

Capítulo 10 — Design avançado de componentes 313
Como carregar recursos dinamicamente 314
   Criação do arquivo Delphi Component Resource 316
   Como carregar os recursos 317
Como publicar componentes proprietários 319
   Como declarar propriedades públicas de componentes 320
   Chamada a SetSubComponent para objetos públicos 322
Como criar Dialog Components 324

Sobregravação do método Notification 328
Como criar editores de propriedade 329
  Como colocar editores de propriedade existentes em subclasse 331
  Como definir editores de propriedade personalizados 332
Como manter propriedades não-públicas 338
  Como sobregravar DefineProperties 338
  TReader e TWriter 339
  Como escrever tipos complexos 340
Resumo 343

Capítulo 11 — Como desenvolver interfaces consistentes com componentes 345

Componentes personalizados oferecem ajuste e acabamento 347
  Os três elementos dos componentes personalizados 347
  Refabricação 349
  O que é bom nas pequenas mudanças 351
  Como adotar boas estratégias 352
  Formação de componentes 352
Como criar modelos de componentes 353
  Como definir o modelo de componente 354
Modelos de formulário e herança de formulário 360
  Criação de um formulário modelo 361
  Como usar formulários gabarito 365
Utilização de componentes estáticos e dinâmicos 366
  Como criar um formulário no ar 367
  Um formulário de banco de dados dinâmico 370
Design de componentes proprietários 375
  Como desenhar grade personalizada 377
  OwnerDraw TMainMenu 378
Resumo 381

Capítulo 12 — Como usar componentes de automação da Microsoft 383

TOleServer 384
Servidores de automação Microsoft 387
  Uma visão geral dos componentes do servidor de automação 388
  Como importar a biblioteca tipo 391
  CreateOleObject 396
  CreateRemoteComObject 397
Access 397
  Como analisar dados de comprimento fixo com Access 398
Resumo 403

Capítulo 13 — Como usar os componentes de acesso de dados 405

ODBC — Open Database Connectivity 407
  Como criar um alias de ODBC 408
  Como mudar uma configuração de alias do ODBC 410
  Como testar a conexão 410

XII | Desenvolvendo aplicações em Delphi 6

Borland Database Engine 412
Assistente Database Form 412
    Como usar SQL Explorer para criar um alias BDE 414
    Como usar o assistente Database Form 415
Componentes de acesso de dados 418
TDataSet 418
TDBEDataSet e TDBDataSet 425
Componente TTable 426
    Propriedades SessionName e DatabaseName 427
    Atributos Table 428
    Fields 428
Component TQuery 429
    Como escrever uma declaração SQL SELECT 430
    Open versus ExecSQL 432
    Propriedade RequestLive 432
    Params (Parâmetros) 432
    UpdateObject 434
Component TDataSource 434
TDatabase 436
    CachedUpdates 437
    Níveis de isolamento de transação 437
TSession 438
TBatchMove 438
TUpdateSQL 439
    Como criar um exemplo de aplicativo UpdateSQL 440
    Como codificar o aplicativo UpdateSQL 443
Resumo 447

Capítulo 14 — Como usar controles de dados 449

Uma breve discussão sobre design de duas e três camadas 450
Uma visão geral de Data Controls 452
    DBGrid 452
    DBNavigator 453
    DBText 453
    DBEdit 453
    DBMemo 454
    DBImage 454
    DBListBox 454
    DBComboBox 454
    DBCheckBox 454
    DBLookupListBox 455
    DBLookupComboBox 455
    DBRichEdit 455
    DBCtrlGrid 455
    DBChart 457
Como se conectar a uma DataSource e DataSet 457
Propriedades de controle de dados 458

Controle DBRichEdit 459
 Formatação de texto 459
 Como modificar atributos de parágrafo 462
 Como encontrar texto 463
 Como seqüenciar campos BLOB 464
Controle DBGrid 464
 Coleção de colunas e coleção de objetos 465
 Eventos de grade 469
 Como desenhar uma célula personalizada 471
Controles DBLookupListBox e DBComboBox 473
Controle DBChart 474
Campos dinâmicos e persistentes 478
 Editor Fields 479
 Propriedades campo: como usar restrições de campo,
  expressões padrão e máscaras de edição 481
 Como acionar eventos em nível de campo 483
 Como definir buscas em nível de campo 485
 Uma palavra final sobre componentes TField dinâmicos e persistentes 487
Dicionário de banco de dados 487
 Como criar um dicionário de dados 488
 Como associar um dicionário a um conjunto de dados 492
Como criar um controle de dados personalizado 493
 Como acrescentar um FieldDataLink 494
 Como tornar controle reproduzível 496
Resumo 504

Capítulo 15 — Programação com MIDAS 505

Uma visão geral dos componentes MIDAS 506
 Como definir o aplicativo servidor 508
 Como definir o aplicativo cliente 511
Como consultar um servidor MIDAS 514
 Como implementar o servidor 515
 Implementação de cliente 521
Reconciliação de erros 525
 Como montar um exemplo de aplicativo cliente e servidor 525
 Como usar o formulário de reconciliação de erros 528
Caixa de aplicativos cliente-servidor 530
Resumo 530

Capítulo 16 — Como programar para intranets e a Internet 531

Componentes TCP —Transmission Control Protocol 533
 Componente Indy TCP Client 533
 Componente Indy TCP Server 537
Componentes de UDP — User Datagram Packet 538
Como montar um cliente FTP 541
 Como se conectar a um servidor FTP 542

Como fazer download e upload de arquivos 544
Como enviar comandos a um servidor FTP 546
Criação de um aplicativo Telnet Client 547
Como montar um cliente de Internet email com POP3 e SMTP 551
   Como usar IdPOP3 551
   Como usar IdMessages 553
   Como usar IdSMTP 554
Resumo 555

Capítulo 17 — Criação de servidores Web com WebBroker 557

Introdução HTML 558
   Uniform Resource Locator 558
   Estrutura HTML básica 561
   Como usar guias de parâmetro substituíveis com WebBroker 567
Uso de componentes WebBroker 568
   WebDispatcher 568
   PageProducer 571
   DataSetPageProducer 573
   Como ver tabela de dados 575
   QueryTableProducer 577
Como trabalhar com cookies 579
Resumo 582

Capítulo 18 — Como montar um aplicativo Windows 583

Preparação 584
   Uma pequena arrumação vai longe 585
   Controle de versão 586
Opções de projeto Delphi no desenvolvimento 586
   Configurações de aplicativo 587
   Configuração de erros de tempo de execução 587
   Operações de depuração 588
   Como incluir informações de versão 589
   Como especificar diretórios e opções condicionais em RichEditor 590
Montagem do formulário principal 591
   Multiple Document Interface 592
   Como acrescentar o componente MainMenu 594
   Como acrescentar uma barra de ferramentas 602
   Listas e ações Action 604
   Como montar a barra de status 615
Como montar o Editor Form 621
   Fusão automática do menu Format 622
   Como criar um arquivo temporário único 623
Como persistir configurações de aplicativo no registro 624
Ajustar e terminar 626
   Como depurar e testar 626
   Garantia de qualidade 627

Sumário | **XV**

Documentação 627
Opções de distribuição de projeto 628
Resumo 628

Capítulo 19 — Programação SQL em Delphi 629

Programação de linguagens estruturadas de consulta 630
Programação SQL 631
    SELECT 631
    DELETE 634
    INSERT 634
    Update 635
    SQL e TQuery 635
Programação avançada SQL 637
    Como definir a cláusula WHERE 638
    Como usar JOIN 641
    Classificação de dados 643
    Declarações Group By 643
    Cláusula Having 644
    União e interseção 644
    Como definir consultas aninhadas 645
Resumo 647

Apêndice A — Exemplo de extensões Delphi usando a API OpenTools 649

Apêndice B — Criação de um aplicativo NT Service 685

Apêndice C — Conversão de um aplicativo em um servidor de automação 695

Apêndice D — Delphi sem fio 703

Bibliografia 717

Índice 719

INTRODUÇÃO

Talvez muitos de vocês saibam que este livro, originalmente, foi intitulado *Delphi 6 Developer's Guide*. Entretanto, há uma série de livros de outra editora usando o título *Delphi Developer's Guide*. Por esse motivo, a McGraw-Hill mudou o título deste livro para *Building Delphi 6 Applications (Desenvolvendo aplicações em Delphi 6)*. Esta foi uma boa solução para todos os envolvidos, porque — enquanto alguns títulos, como a revista *Rolling Stone* ou a *Bíblia*, têm valor em si mesmos — o valor deste livro não está no título. O valor está no conteúdo de *Desenvolvendo aplicações em Delphi 6*.

Escrevi este livro porque o Delphi 6 é um testemunho do que pode acontecer quando um produto tem por base uma boa arquitetura. O Delphi, como produto, tem uma arquitetura coerente, que possibilita aos desenvolvedores que trabalham com programas orientados a objeto escrever programas compilados para WinTel — e Linux, com o novo produto CLX — e para a World Wide Web, bem como escrever ferramentas para outros desenvolvedores e estender o Delphi com as Open Tools API. Delphi é uma ferramenta arrasadora, e escrever um livro sobre Delphi é diversão pura. Escrever este livro me deu uma boa desculpa para brincar com cada aspecto de Delphi, inclusive aqueles com os quais não estou acostumado no dia-a-dia da programação.

O valor de *Desenvolvendo aplicações em Delphi 6* reside em vários aspectos: este livro inclui aproximadamente centenas de páginas de material completamente novo, cobrindo cada aspecto do Delphi e o CD está repleto de exemplos de aplicativos. Neste livro, você encontrará o que há de novo no Delphi, inclusive novos componentes VCL, uma biblioteca RTL (Run Time Library), suporte para elaborar brokers para o Apache Web Server e uma experiência de desenvolvimento ampliada. A versão Enterprise também vem com algumas dezenas de componentes Internet Direct de Nevrona que suportam montagem de aplicativos na maioria dos protocolos baseados em TCP/IP. Além disso, você encontrará novos exemplos que demonstram alguns dos aspectos mais eficientes de programação em Delphi, incluindo o desenvolvimento avançado de componentes e um exemplo de Open Tools API, que mostra como montar um especialista que gera especialistas — um assistente especialista, se você preferir.

Desenvolvendo aplicações em Delphi 6 foi escrito para o programador profissional desejoso de dominar outras ferramentas e para programadores intermediários a avançados que queiram absorver, até a medula, alguns dos recursos mais avançados de programação em Delphi. Neste livro completamente novo você encontrará discussões teóricas sobre programação avançada baseada em objeto, exemplos práticos para criar aplicativos Windows com o MIDAS, criar servidores Web, personalizar componentes e aplicativos TCP/IP, desenvolver um motor de consultas dinâmico e ampliar o Delphi com as Open Tools API. Ao final do livro, incluí quatro apêndices sobre Serviços NT para Windows 2000, montagem de servidores de automação, Open Tools API e uma discussão sobre o uso do Web Broker para desenvolver aplicativos servidores Wireless (sem fio) com Delphi.

Eu o convido e o encorajo a virar a página e a começar a descobrir por si próprio. Sem mais, obrigado e seja bem-vindo.

AGRADECIMENTOS

Escrevo porque gosto do processo criativo. Sinto que estou contribuindo para o diálogo da profissão que elegemos e, às vezes, isso me permite expressar uma observação de agradecimento àqueles que estão me ajudando ou me ajudaram. Em tal observação, eu gostaria de agradecer a Chris Van Buren, meu agente em Waterside, que fez um trabalho louvável de empresário. Gostaria também de agradecer a Rebekah Young, minha editora na Osborne/McGraw-Hill; são necessários dois para fazer uma dupla.

Comecei a escrever *Desenvolvendo aplicações em Delphi 6* logo depois que uma equipe de ótimas pessoas em Los Angeles, Denver e Jacksonville acabou de colocar em produção a primeira implementação de um novo suporte no e-aplicativo CitiDirect do Citibank. Esse foi um ótimo grupo de pessoas para se trabalhar e quero agradecer a cada uma delas por terem dado a mim a oportunidade de continuar aprendendo. Obrigado à minha equipe, ao chefão Ken Randall, a Robert Golieb, nosso DBA, a Dave Miller e a Matt Artale, contratados BDO, que fizeram um trabalho incrível em *design* e análise, Peter Brooks, nosso redator técnico, Hal Canon e Jeff Schwartzmann, ambos excelentes programadores. Tive o privilégio de trabalhar nesse ótimo grupo de colaboradores. (Agradecimentos especiais para todos das interrupções Half Life e por me permitirem vencer). Obrigado a Steve Stinton por nos ajudar a descobrir o nosso caminho. Obrigado a Tammi Tanji, Lil Jamieson e Gary Wolfe, do laboratório CMA, por ajudarem a reunir todas aquelas montagens. Obrigado aos nossos "clientes" Dave "o Exterminador" Cocetti, Jimmy Tharel e Dave Childress em Denver, por ajudar-nos a entrar em produção, e Denise Rosselot e Nathalie Bradley-Winghart, representando a facção de Jacksonville. Dan Dole ofereceu importantes contribuições de South Dakota; obrigado Dan. Foi uma oportunidade fantástica trabalhar com todos vocês.

Para conseguir ventilar o cérebro, iniciei o processo de aprender a voar. Quando você estiver lendo isto, Bill Zustiak, meu instrutor de vôo, e George Hurlong, com Aerogenesis no aeroporto Jewett em Mason, Michigan, já terá me ensinado a voar e a pousar com segurança. Suavemente.

Do lado caseiro, tenho meus aliados. Meu irmão, David Kimmel, é um grande amigo que faz muitas coisas incríveis altamente confidenciais, portanto não posso falar sobre elas, mas nós trocamos histórias estranhas, o que é ótimo. Gostaria de agradecer à minha esposa Lori por tudo, especialmente comida e água, amor e apoio; ela é a minha melhor amiga. Obrigado aos meus filhos pelas pausas nos jogos de vídeo e pela paciência com o pai. Incluído no elenco está o meu filho Peewee jogador-de-hóquei Trevor, um renegado de Capital City, o tocador de tambor da família, Noah, que é um fanático Half Life aos 4 anos, e Alex, que é toda feminina, tendo ao lado a sua saltitante Po, um filhote de *poodle toy*. Alex, por favor, domestique logo o filhote.

Finalmente, obrigado aos profissionais fantásticos — na Osborne/McGraw-Hill pela esplêndida oportunidade, na Waterside Productions pela facilidade, e na Optimax Corporation pela edição técnica — que são responsáveis por dar forma a *Desenvolvendo aplicações em Delphi 6*. Delphi é a ferramenta de desenvolvimento com melhor arquitetura e a mais interessante do mundo; eu adoro trabalhar com Delphi e escrever a respeito. Obrigado por esta oportunidade.

Capítulo

1

Como migrar para o Delphi

Este capítulo responde a uma parte da pergunta: a quem se destina este livro? Este livro foi desenvolvido para programadores Delphi, de nível intermediário a avançado e a programadores profissionais que estão migrando para Delphi a partir de linguagens como Visual Basic ou C++.

O primeiro capítulo é direcionado para o leitor intermediário ou em processo de transição. Se você conhece o material básico, provavelmente poderá passar para o capítulo seguinte. Este é o único capítulo destinado a leitores intermediários e em transição para a linguagem Delphi.

Este capítulo tentará garantir que, no que se refere aos fundamentos, estamos todos na mesma página, por assim dizer. Para programadores Delphi de nível intermediário, este capítulo ajudará a preencher algumas lacunas e, para aqueles que estão mudando de fé, ele deverá ser uma ponte para o restante do livro, e o restante do Delphi.

A beleza do Delphi está em que esta linguagem chega a decepcionar pela facilidade. Programei em C, C++, Java, Visual Basic, Access e muitas outras linguagens. Delphi continua sendo a minha preferida. Na superfície, Delphi parece surpreendentemente semelhante ao Visual Basic. Na superfície, um Saturn assemelha-se a um Porsche.

Delphi é uma ferramenta totalmente desenvolvida no topo de uma linguagem orientada a objeto, Objeto Pascal. Com Delphi, você pode fazer simplesmente qualquer coisa que faria com C++ sem maiores problemas. Com Delphi, você pode criar Visual Basic. O inverso não é verdadeiro. Os programadores encontram problemas com gerenciamento de memória, gabaritos e sobrecarga de operadores com a C++, não com o Delphi. Com Visual Basic, cedo, e com freqüência, você poderá encontrar obstáculos. Delphi tem todo o poder da C++ e a facilidade do Visual Basic.

Como navegar pelo IDE e configurá-lo

O IDE — Integrated Development Environment (Ambiente de desenvolvimento integrado) é o que você vê quando executa Delphi. De fato, um dos precursores do Delphi, Turbo Pascal, teve um dos primeiros IDEs na história da indústria da informática. Versões anteriores da Turbo Pascal tinham um IDE para criar aplicativos para o DOS que, naquele momento, parecia tão convincente quanto o Delphi parece agora. Vamos, portanto, rever alguns dos aspectos essenciais do Delphi.

Como abrir e salvar arquivos

A razão de ser do Delphi é a programação Windows. Programas Windows têm interfaces gráficas de usuário. A parte gráfica de um projeto em Delphi é armazenada em arquivos de recursos que descrevem a aparência; e o seu código é escrito em um outro arquivo. Cada projeto Windows terá, então, dois ou mais arquivos. Uma coleção de arquivos é referida como um *projeto*. Quando você quiser criar um programa, precisará criar um novo projeto.

Como criar
de um novo projeto

Felizmente, quando você abre o Delphi, o comportamento padrão é criar para você um novo projeto de aplicativo Windows. Você pode executar Delphi para criar um novo projeto ou pressionar **Alt+F, N** para criar um novo projeto. A seleção do novo projeto está no menu **File, New**. De qualquer forma, você obterá um novo projeto, como aparece na Figura 1.1.

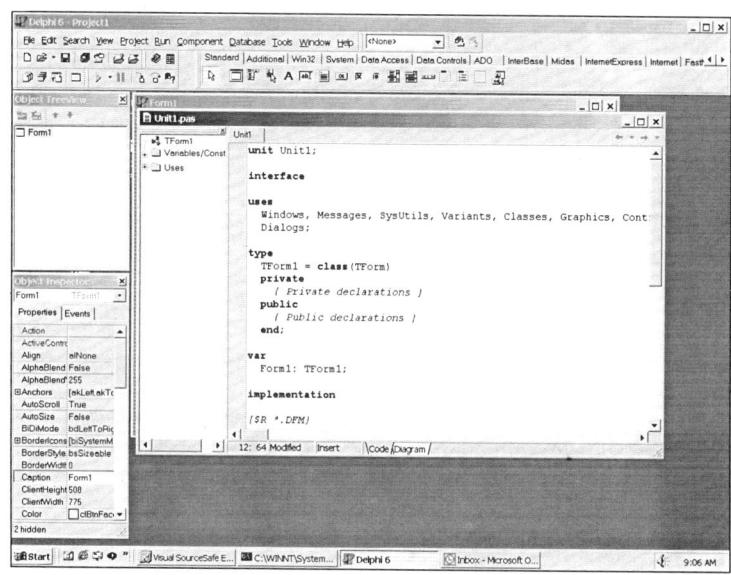

Figura 1.1 A aparência do desktop quando você cria um novo projeto de aplicativo

A *unidade de arquivo*, que aparece na frente, é onde você escreverá o código do seu programa. O *formulário*, que aparece no espaço ao fundo da unidade, é onde você pode projetar visualmente a interface gráfica de usuário do seu programa. Os aplicativos Delphi para Windows podem ter tantos formulários quantos você precisar; cada um tem uma unidade de arquivo e um arquivo de formulário. Também é possível ter tantas unidades quantas você quiser, mas nem todas as unidades têm formulários. Se houver uma unidade que não exija representação visual, então você não precisará de um formulário. Para criar uma unidade sem formulário, pressione **Alt+F, N, U**. Este é o procedimento para criar uma nova unidade a partir do menu **File, New**.

Como abrir
e fechar arquivos

Para gerenciar o *desktop*, você precisará abrir e fechar arquivos, dependendo da parte do programa na qual deseja trabalhar. Operações de arquivo são encontradas no menu File. Para fechar um determinado arquivo, assegure-se de que a unidade (ou formulários) que representa aquele arquivo esteja posicionada à frente. Pressione **Alt+F, C** para fechar o arquivo da frente. Ao fechar uma unidade com um formulário associado, ou vice-versa, a unidade ou o formulário associado também será fechado.

A abertura de arquivos é uma operação do menu File. Pressione **Alt+F, O** para abrir um arquivo, ou use o comando Reopen (Reabrir) no menu File (abaixo, no item do menu Open) para selecionar de um arquivo recentemente fechado. Para abrir uma unidade com um formulário associado, você só precisa selecionar o nome da unidade e o arquivo de formulário também se abrirá.

Como salvar arquivos

A operação Save (Salvar) está no menu File, bem como todas as operações de arquivo. Você pode escolher os itens de menu Save, Save As (Salvar, Salvar como), Save Project As (Salvar projeto como) ou Save All (Salvar todos) para salvar o seu trabalho. Use Save para salvar o arquivo que estiver à frente; Save As para salvar o arquivo da frente com um novo nome; Save Project As para salvar o projeto com um nome diferente ou Save All para salvar cada arquivo do projeto em uma operação. Ao salvar o nome do projeto, o nome que você dá ao arquivo de projeto com uma extensão .DPR será o nome do seu programa quando ele for compilado.

Como localizar
o código

Os programadores tendem a esquecer, em algumas semanas, o que escreveram. Como programador, você perderá um tempo considerável para encontrar o código, no esforço de rastrear e fazer revisões. Delphi oferece alguns recursos que facilitam essa tarefa.

Localizar e substituir

O menu Search (Localizar) do Delphi contém várias modalidades de busca. Você pode executar Find (Encontrar), Find in Files (Encontrar em arquivos), Replace (Substituir), Search Again (Localizar novamente) ou Incremental Search (Busca incremental). Todas as opções estão no menu Search. Por exemplo, ao pressionar **Ctrl+F**, a caixa de diálogo Find é exibida, apresentando duas guias, conforme mostra a Figura 1.2. O comando **Ctrl+R** exibe a caixa de diálogo Replace Text (Substituir texto). Esta caixa de diálogo é essencialmente igual à caixa de diálogo Find, exceto que ela oferece um segundo campo de entrada para o texto para que você faça a substituição pelo texto encontrado.

Capítulo 1 - Como migrar para o Delphi | 5

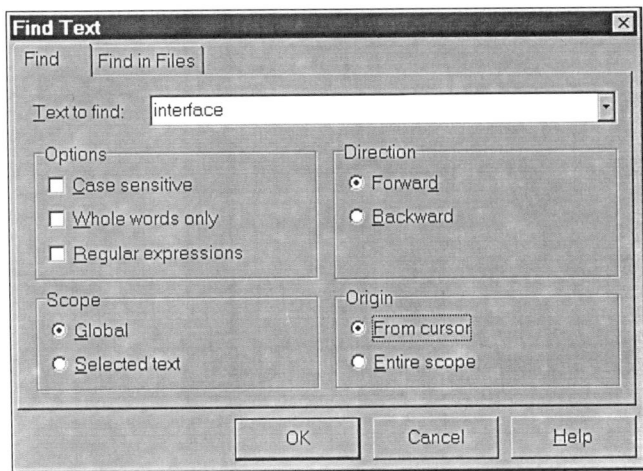

Figura 1.2 *Pressionar Ctrl+F exibe a caixa de diálogo Find com duas guias, conforme vemos na figura. Use a guia Find para buscar o arquivo da frente e a guia Find in Files para buscar um ou mais arquivos baseados em um caminho de arquivo e máscara de arquivo*

Pressionar **F3** executa o item de menu Search Again. Esta ação repetirá a última busca, baseada nas informações fornecidas nas caixas de diálogo Find, Find in Files ou Replace. Um simpático acréscimo à capacidade de busca é a Incremental Search. Inicie uma busca incremental pressionando **Ctrl+E**. A busca incremental procurará cada caractere digitado, até encontrar uma combinação. Na Figura 1.3, as letras *m* e *e* foram digitadas, resultando na parte *me* da implementação de palavra-chave em destaque.

Go to Line Number
(Vá para a linha número)

Go to Line Number é útil se você souber o número de linha do código que deseja examinar. Para usar Go to Line Number pressione **Alt+G**. Por exemplo, se você tiver imprimido o seu código com números de linha e encontrar um erro, pode encontrar rapidamente o ponto em questão com esse comando. Uma técnica alternativa é criar um arquivo de registro, acrescentando números de linha para cada entrada de registro, enquanto o seu código estiver sendo executado; depois, você poderá usar as referências no arquivo de registro e Go to Line Number para mover rapidamente o cursor para a linha de código.

Como navegar
através de objetos

A caixa de diálogo Browse Symbol (Pesquisar símbolo), conforme mostra a Figura 1.4, permite buscar rapidamente todas as informações sobre uma classe, ou todas as referências para uma instância de uma classe que seja um objeto. Quando você pressiona **Alt+S**, **Y** e entra com — TForm — um nome de classe — a caixa de diálogo que aparece na Figura 1.5

é exibida, com as guias Scope (Escopo) e Inheritance (Herança) bem como todas as unidades que contêm referências sobre TForms. Neste exemplo, a classe forms.pas é retornada, porque ela contém a implementação da classe Tform; Unit1.pas é também retornado, pois ele também contém uma referência a TForm.

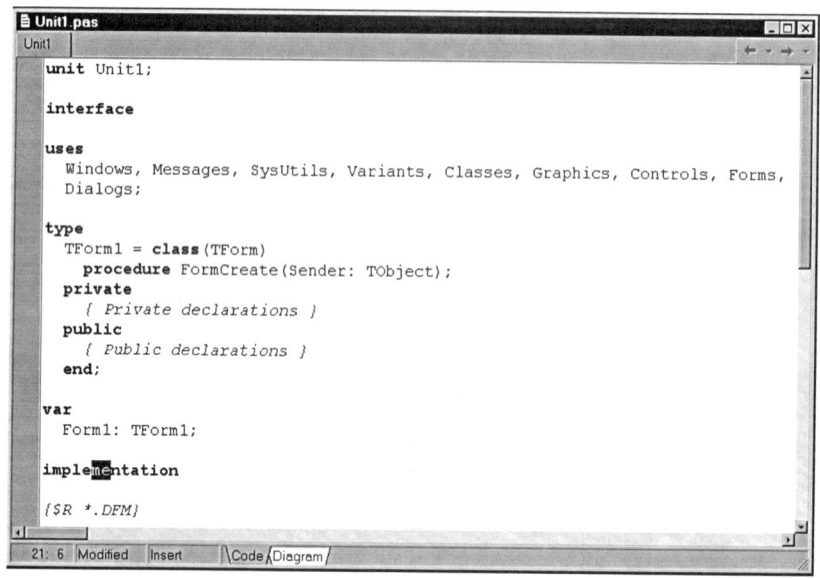

Figura 1.3 *Pressione Ctrl+E para iniciar uma busca incremental; a busca é realizada à medida que você digita cada caractere*

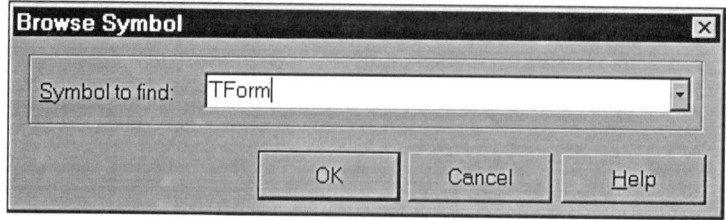

Figura 1.4 *Pressione Alt+S, y para abrir o explorador Symbol; ele fornecerá informações detalhadas sobre os atributos do símbolo fornecido*

Se você digitar o nome de um objeto, o símbolo explorador exibirá apenas a lista com os nomes das unidades referentes ao objeto solicitado.

Como explorar Delphi

Delphi é uma ferramenta de desenvolvimento de aplicativo rápida, baseada em Object Pascal, que é uma linguagem baseada em objeto plena de recursos. O fato de Object Pascal ser uma linguagem orientada a objeto significa que seu foco é definir as classes que mapeiam para entidades, descrevendo comportamentos e dados no domínio do problema. Os atributos podem ser dados ou procedimentos.

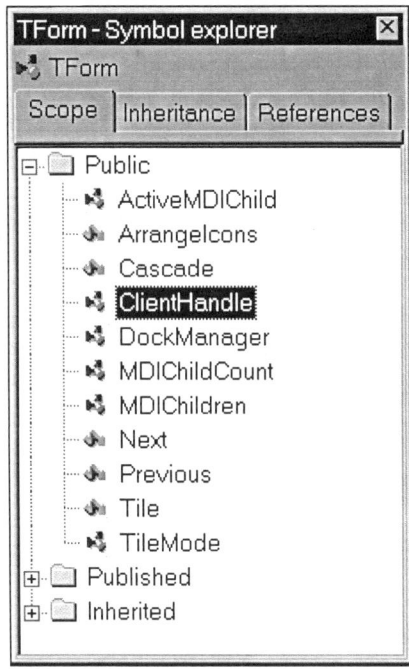

Figura 1.5 Entre com um nome de variável e você obterá os nomes das unidades que referenciam apenas a variável em questão

Conseqüentemente, deve haver um dispositivo pelo qual informações de objeto sejam gerenciadas no Delphi. Existem vários. Um dispositivo óbvio será o código. Para programadores em transição, um par não tão óbvio é referenciado como o Object Inspector (Objeto inspetor) e o Object Treeview (Objeto visão de árvore). Esta seção mostra como usar o Object Inspector e o Object Treeview no gerenciamento de objetos por ocasião do *design*.

Delphi tem alguns outros recursos interessantes que o ajudarão a gerenciar suas listas de tarefas, atividades de depuração e o *layout* de formulários. Além do Object Inspector e do Object Treeview, esta seção demonstrará o uso de To-Do List (Lista de tarefas), depuração de visualizações específicas e a Alignment Palette (Paleta de alinhamento).

Object Inspector

O Object Inspector, conforme você pode ver na Figura 1.6, é uma caixa de diálogo de entrada de dados que você pode usar por ocasião do *design*, para definir valores padrão para objetos dados. Como mostra a figura, o objeto e a classe que têm o foco são, respectivamente, Form1 e TForm1. Assim, se você mudar os valores listados abaixo, estará modificando os valores iniciais de Form1.

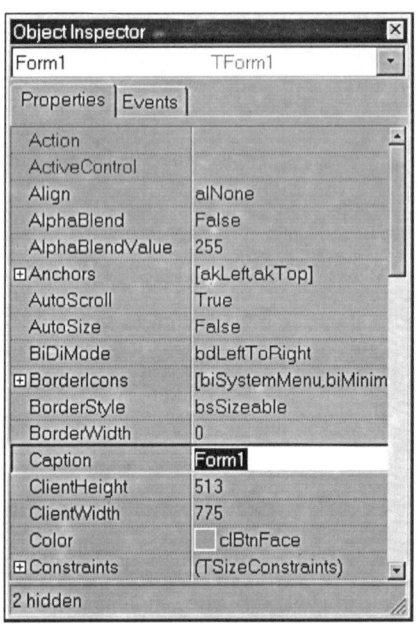

Figura 1.6 O Object Inspector é usado para modificar os valores iniciais relativos ao objeto selecionado na lista drop down, no alto da caixa de diálogo, por ocasião do design

A guia Properties (Propriedades) contém todos os dados modificáveis por ocasião do *design* relacionados a Form1. A guia Events (Eventos) refere-se às propriedades especiais que respondem às mensagens do Windows (consulte a seção "Mensagens e eventos", quase ao final deste capítulo, para obter mais informações sobre eventos). Eventos são, basicamente, sub-rotinas que respondem a mensagens do Windows, como cliques no mouse. Clicar na guia Events e clicar duas vezes na coluna da direita levará o Delphi a criar uma função shell (envoltório), que responderá à mensagem associada àquele evento. Por exemplo, clique a guia Event, clique duas vezes à direita na coluna adjacente ao evento OnClick e Delphi criará um procedimento vazio, conforme demonstrado na Figura 1.7.

Acrescentando código ao procedimento, você pode codificar uma resposta específica ao evento. No exemplo, clicar no formulário executaria o código para o evento OnClick. Tente este exemplo para praticar.

1. Crie um novo projeto.
2. Pressione **F11** para abrir o Object Inspector, se ele já não estiver aberto.

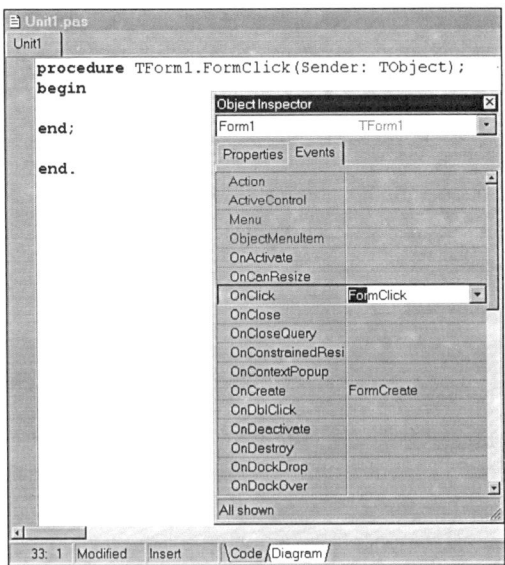

Figura 1.7 Clicar duas vezes uma propriedade evento criará um procedimento vazio na unidade que contém uma referência ao objeto em cujo evento você clicou duas vezes. Na figura, o evento OnClick do objeto Form1 foi clicado duas vezes

3. No Object Inspector, selecione **Form1** na caixa da lista *drop down*, se ele já não estiver selecionado.
4. Clique a guia **Events**.
5. Encontre o evento **OnCreate** (observe que é empregada a ordem alfabética).
6. Clique duas vezes no lado direito, adjacente ao evento OnCreate.
7. Um procedimento shell para o evento OnCreate do formulário será acrescentado à unidade. Acrescente a seguinte linha de código entre o início e o final, no ponto em que o cursor estiver piscando:

```
ShowMessage( 'Hello World! ' );
```

8. Pressione **F9** para executar o programa. Ele exibirá a caixa de diálogo, conforme mostra a Figura 1.8.

10 | *Desenvolvendo aplicações em Delphi 6*

Figura 1.8 A saída do programa de exemplo, descrita na listagem anterior

NOTA Se, acidentalmente, você criar um procedimento evento para um evento e perceber que não precisa dele, simplesmente abstenha-se de acrescentar qualquer código entre as palavras-chave begin e end e Delphi limpará o procedimento evento da próxima vez que você salvar o seu projeto ou aquele arquivo em particular.

Você pode codificar procedimentos evento manualmente; essa é a maneira mais fácil de acrescentar procedimentos evento a objetos. Quando estiver criando procedimentos evento para controles não visuais, você precisará criar um procedimento evento e associá-lo aos dados de evento com código. Essa técnica será demonstrada no Capítulo 6.

Uma nota final sobre o Object Inspector: ele não permite que você coloque os tipos de dados errados como um valor inicial em uma propriedade ou evento. O código que permite designar valores a dados no Object Inspector é o mesmo código usado no momento da execução, portanto os comportamentos são semelhantes. Em geral, se você designar um valor inadequado a um atributo de um objeto, será exibida uma exceção, como mostrado na Figura 1.9. Isso é verdadeiro se acontecer uma designação inválida no momento do *design* ou da execução.

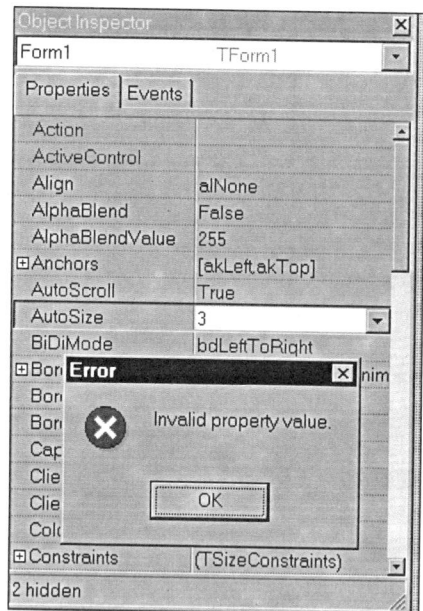

Figura 1.9 O Object Inspector usa o manuseio de exceção para recuperar-se bem, se um valor inválido for introduzido como atributo do objeto

Object Treeview

Visto que esse é um ambiente de desenvolvimento orientado a objeto, os usuários podem beneficiar-se dos mecanismos para gerenciar os inter-relacionamentos entre objetos. Delphi tem um, o Object Treeview. Pressionar **Alt+V, j** abre o Object Treeview. O Object Treeview permite que você navegue pela hierarquia dos objetos. Enquanto o Object Inspector simplesmente relaciona todos os objetos em ordem alfabética, o Object Treeview lista-os em ordem de relacionamento.

Por exemplo, quando um botão OK está em um formulário, semanticamente, o botão é referenciado como sendo propriedade do formulário. Quando você clica em um objeto no Object Treeview, o foco é ajustado para aquele objeto no Object Inspector. Dessa forma, o Object Treeview ajuda a localizar rapidamente atributos de objetos específicos e a gerenciá-los.

To-Do List

A To-Do List foi incluída no Delphi 5. Listas To-Do são equivalentes aos Post-It®. Se você estiver no meio de tarefas ou encerrando o dia e quiser manter o controle sobre onde você parou, use a lista To-Do para anexar notas ao trabalho em execução.

As To-Do Lists são personalizáveis. Para acrescentar uma To-Do, clique à direita sobre um formulário ou unidade e clique o menu Add To-Do Item (Acrescentar item To-Do). A caixa de diálogo Add To-Do Item será mostrada (veja a Figura 1.10). Digite o lembrete, acrescente um valor de prioridade que seja significativo, digite o nome do autor ou selecione um na caixa da lista *drop down* e entre com uma categoria. As To-Do Lists são personalizáveis, portanto, com alguma experiência, você poderá acrescentar ou apagar colunas para otimizar os seus lembretes, de acordo com o que for mais proveitoso para você.

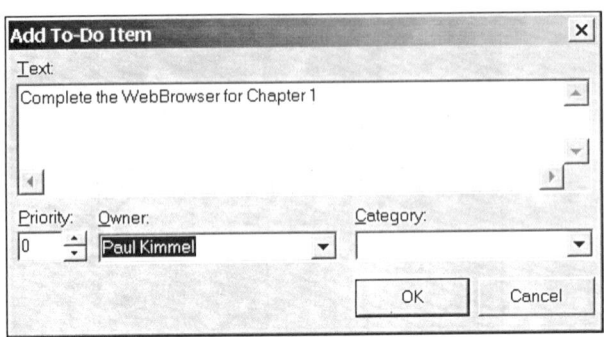

Figura 1.10 Um lembrete To-Do para o Capítulo 1

É possível ver o conteúdo da To-Do List pressionando **Alt+V, L**. Clique duas vezes em qualquer item em particular da To-Do, e o código editor focalizará o local, em seu texto, onde foi introduzido o item To-Do. Clique a caixa de verificação próxima ao item To-Do, e o texto de comentário no código será atualizado para indicar que o item To-Do está Done (Feito).

Visualizações de depuração

Existem muitas visualizações de depuração que oferecem uma incrível quantidade de detalhes no momento de depurar seus aplicativos. A Figura 1.11 demonstra que você pode ter acesso a Breakpoints (Pontos de interrupção), Call Stacks (Chamar pilhas de dados estruturados), Watches (Verificações), Local Variables (Variáveis locais), Threads (Seqüências), Modules (Módulos), Event Logs (Registros de eventos), CPU e FPU.

Um Breakpoint indica um ponto de parada em seu código. Quando o depurador encontra um Breakpoint, a execução se interrompe naquele ponto. Call Stack mostra todos os procedimentos na ordem inversa daquela na qual eles foram chamados, permitindo a você rastrear em sentido contrário através de seu código, clicando em qualquer item na lista Call Stack. Quando você clica duas vezes em um item na Call Stack, o código editor focalizará a linha de código em que a execução foi desviada. É possível mudar o foco para qualquer procedimento em particular na Call Stack, clicando duas vezes o nome do procedimento na caixa de diálogo Call Stack. Watches são variáveis cujos valores você deseja observar enquanto o programa está sendo executado no modo de depuração. Pode-se verificar simples variáveis de dados ou objetos variáveis. A caixa de diálogo Local Variables exibirá os nomes e os valores das variáveis relevantes no procedimento que tem o foco.

Capítulo 1 - Como migrar para o Delphi | **13**

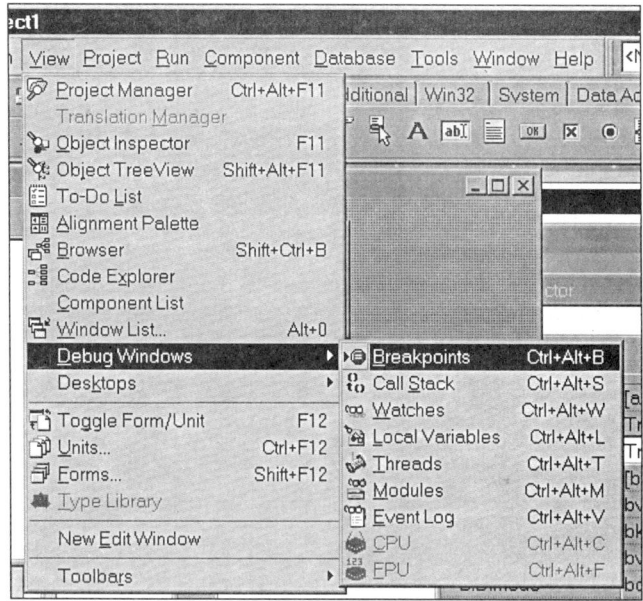

Figura 1.11 Use as caixas de diálogo View, Debug Windows para obter informações específicas sobre uma ampla variedade de pontos de vista de seus aplicativos

Threads permitem ver a situação de todas as seqüências em seu aplicativo. Esta visualização é aplicável se você tiver cópias adicionais das seqüências. A vista Modules possibilita examinar todas as bibliotecas dinâmicas de *links* e pontos de entrada de procedimentos API — Application Program Interface (Interface de programas aplicativos) e navegar para o código-fonte dos módulos Delphi compreendendo o seu aplicativo. Uma vista Event Log é exibida com o pressionamento das teclas **Alt+V, D, E**; ela é similar ao registro de evento do Windows NT, oferecendo os mesmos tipos de informações úteis.

Com o Delphi, aplicativos multisseqüenciais são relativamente fáceis de criar, subclassificando a classe TThread definida nas unidades de classe.

NOTA

Finalmente, CPU e FPU mostram a posição da unidade central de processamento e a unidade matemática de processamento, incluindo a instrução de grupo de linguagem, a posição de registro e sinalização e os dados brutos na memória. Com alguma prática, rapidamente você será capaz de rastrear através de código e encontrar a causa de todo e qualquer erro, usando as visualizações de depuração descritas nesta subseção.

Como usar a Alignment Palette

A Alignment Palette é um item do menu visualização (Figura 1-12). Ela é projetada para permitir alinhar visualmente controles visuais coletivamente, junto a qualquer margem. Suponha que você tenha um label e um campo de edição, como mostrado na Figura 1.13. Para alinhar o centro vertical do label para editar o centro do campo, siga as etapas indicadas.

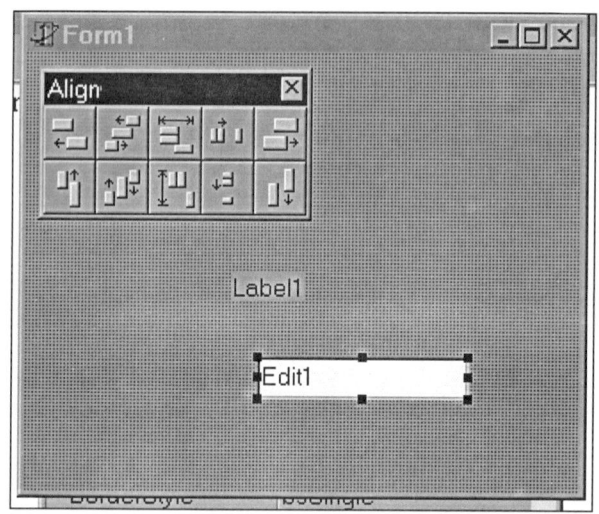

Figura 1.12 Use a Alignment Palette para organizar visualmente os controles para ajuste e encerramento

1. Clique em um ponto acima e à esquerda do controle localizado na extrema esquerda e arraste o mouse para o fundo, à direita, do controle do fundo extremo direito (veja a Figura 1.13). Isso selecionará de uma vez múltiplos controles.
2. Uma vez que todos os controles que você deseja alinhar estejam selecionados, pressione **Alt+V, A** para abrir a Alignment Palette, mostrada na Figura 1.12. (Se você perdeu qualquer um dos controles, continue a pressionar a tecla Shift e clique individualmente nos componentes que deseja acrescentar ao grupo múltiplo selecionado.)
3. Para alinhar os controles Label1 e Edit1 com os seus respectivos centros verticais, clique o botão **Align Vertical Centers** (Alinhar centros verticais) na Alignment Palette (mostrado na Figura 1.14).

Capítulo 1 - Como migrar para o Delphi | **15**

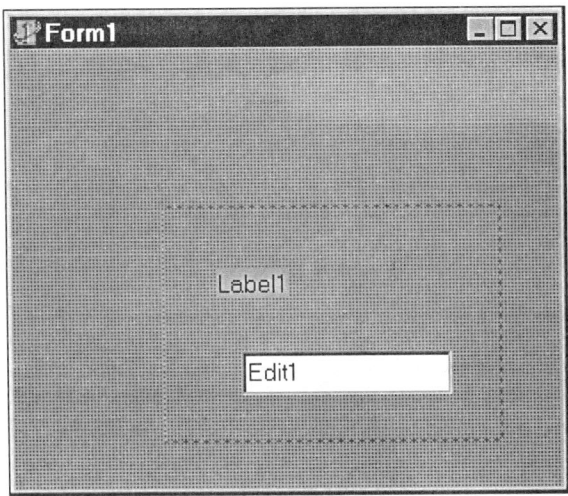

Figura 1.13 Para selecionar controles múltiplos, clique e arraste um retângulo em torno de todos os controles que deseja selecionar

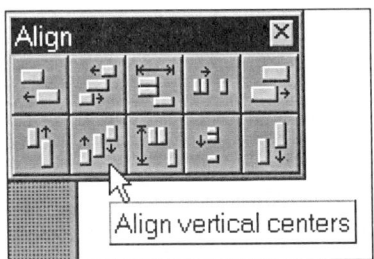

Figura 1.14 O botão Align Vertical Centers da Alignment Palette alinhará os controles junto com o mesmo eixo horizontal, ideal para alinhar etiquetas para editar campos, conforme mostrado

É tudo o que há para ela. Rapidamente, você pode organizar diversos alinhamentos, usando a Alignment Palette quando estiver pronto para o ajuste perfeito e acabamento de sua interface gráfica de usuário.

Como executar um programa

O ambiente de desenvolvimento integrado do Delphi facilita caminhar através do seu aplicativo, facilitando para os desenvolvedores o teste em nível de unidade.

Como executar o seu aplicativo

Pressione **F9** para executar o seu aplicativo. No modo Run, o programa só parará e permitirá controle se você tiver um ponto de interrupção ajustado ou selecionar **Program Pause** no menu Run. Os pontos de interrupção podem ser ativados e desativados com a tecla **F5**. Se quiser usar Step (Passos) para passar através de seu programa, pressione **F8** ou **Alt+R, S**. Os passos executarão cada declaração, mas não a busca dentro dos procedimentos e funções. Se você quiser se aprofundar em procedimentos, pressione a tecla **F7** para usar o recurso Run, Trace Into (Executar, Rastrear em) do Integrated Debugger (Depurador integrado).

Existem diversos outros itens úteis de depuração integrada no menu Run, incluindo Trace to Next Source Line (Rastrear para a próxima linha fonte), Run to Cursor (Executar para o cursor), Run Until Return (Executar até o retorno) e Show Execution Point (Mostrar ponto de execução). Trace to Next Source Line é útil se você julgar que introduziu o Windows API e quiser parar a execução assim que o depurador retornar ao seu código fonte — código legível em vez de código *assembly*. Run to Cursor permite, implicitamente, entrar com um ponto de interrupção suave sempre que o cursor for colocado. Run Until Return executa o programa atual até que a execução retorne do procedimento atual. O item de menu Run, Show Execution Point o levará à próxima linha de código a ser executada. Isto é útil se você tiver que se desviar para ler informações nos arquivos de ajuda ou, talvez, olhar outro código enquanto o ponto de execução atual estiver rodando e não estiver mais visível na tela.

Como usar código Watches

O menu Run também contém diversos itens que permitirão verificar, ou inspecionar, o valor de dados simples, como inteiros, ou dados complexos, como objetos. O item de menu Run, Inspect abrirá a caixa de diálogo Inspect (Figura 1.15). Entrando com o nome de um objeto, como o objeto aplicativo, você pode obter uma vista detalhada do objeto na janela Debug Inspector (Figura 1.16). O Debug Inspector contém informações sobre os Data (Dados), Methods (Métodos) e Properties (Propriedades) do objeto, isto é, tudo o que um programa precisa para crescer forte e saudável.

O aspecto atual do Debug Inspector muda, dependendo do que você estiver inspecionando. Se você inspecionar um tipo simples, como um inteiro, só obterá a guia Data. A Figura 1.16 indica que, se você inspecionar um objeto, então você obterá as três guias mostradas na figura.

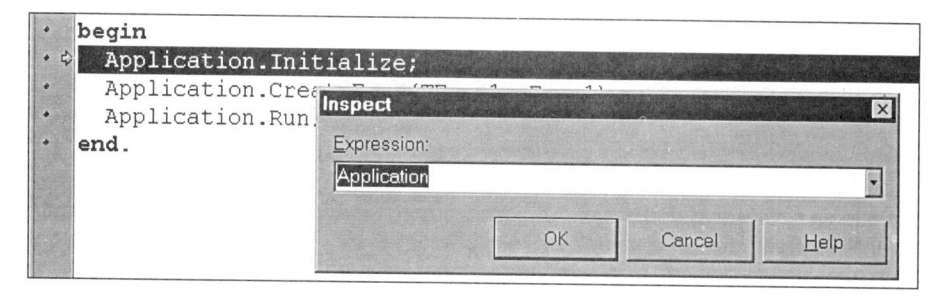

```
begin
  Application.Initialize;
  Application.Cre⌐...
  Application.Run.
end.
```

Inspect dialog:
Expression: Application
[OK] [Cancel] [Help]

Figura 1.15 Entre com uma variável ou nome de objeto na caixa de diálogo Inspect para obter informações detalhadas sobre a posição do objeto em foco

Debug Inspector

Application: TApplication $44AA0C

| Data | Methods | **Properties** |

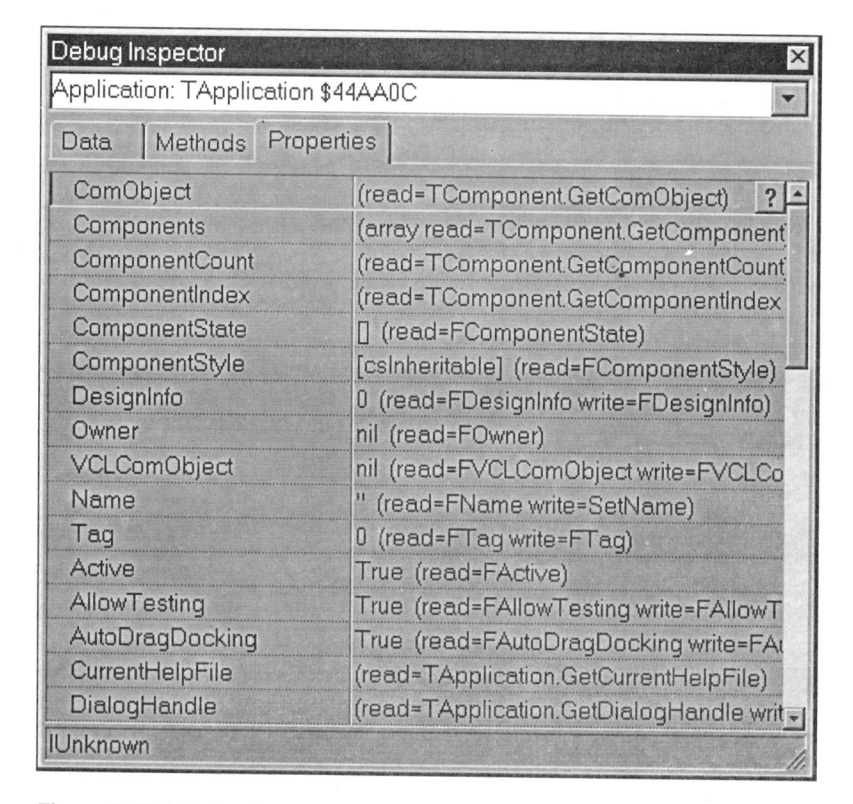

ComObject	(read=TComponent.GetComObject)
Components	(array read=TComponent.GetComponent
ComponentCount	(read=TComponent.GetComponentCount
ComponentIndex	(read=TComponent.GetComponentIndex
ComponentState	[] (read=FComponentState)
ComponentStyle	[csInheritable] (read=FComponentStyle)
DesignInfo	0 (read=FDesignInfo write=FDesignInfo)
Owner	nil (read=FOwner)
VCLComObject	nil (read=FVCLComObject write=FVCLCo
Name	'' (read=FName write=SetName)
Tag	0 (read=FTag write=FTag)
Active	True (read=FActive)
AllowTesting	True (read=FAllowTesting write=FAllowT
AutoDragDocking	True (read=FAutoDragDocking write=FAt
CurrentHelpFile	(read=TApplication.GetCurrentHelpFile)
DialogHandle	(read=TApplication.GetDialogHandle writ

IUnknown

Figura 1.16 O Debug Inspector contém informações detalhadas de Data, Method e Property. São mostradas as informações Property do objeto aplicativo

O Debug Inspector possibilita modificar valores, exibir nomes completamente qualificados, inspecionar valores aninhados e avaliar tipos de valores inspecionados. Inspecionar valores aninhados permite que você se aprofunde no valor subjacente de objetos contidos dentro de objetos. A avaliação dos tipos de valores inspecionados é especialmente útil no Delphi, quando o tipo declarado do objeto é uma subclasse, mas o valor atual da cópia é uma superclasse.

Por analogia, um revendedor de automóveis tem uma grande quantidade de carros; entretanto, quando deseja comprar um carro, você estará falando de uma marca e de um modelo específicos. Assim, os revendedores têm automóveis como uma superclasse e um Jeep Grand Cherokee é um tipo de automóvel, uma subclasse. O nível de detalhe que você precisa para uma discussão em especial, dependerá se você se referir ao revendedor solicitando uma coleção de automóveis ou um automóvel específico. Considere:

— Que tipo de trabalho você faz?

— Eu vendo carros.

No diálogo acima o genérico "carro" é aceitável. Agora, considere o seguinte:

— Você tem um BMW M5 SUV 2000?

— Não.

No segundo diálogo, um tipo específico de BMW, uma subclasse, é apropriado. Quando conceitos do mundo real são capturados por código, com freqüência é apropriado capturar os diferentes níveis de abstração pelos mesmos motivos que eles são necessários no mundo real. No mundo digital, você pode ter uma variável de tipo de carro; por exemplo, uma lista de carros à venda, mas um elemento individual na lista é um carro específico. Neste exemplo, a avaliação de tipo no Debug Inspector será útil.

Como avaliar e modificar dados

O item de menu Run, Evaluate Modify (Executar, Avaliar Modificar) é uma das ferramentas de depuração mais úteis do repertório da linguagem Delphi. O menu Evaluate Modify permite que um valor seja inspecionado e alterado em pleno vôo. Por exemplo, se você suspeita da existência de um erro em seu código, relacionado com a posição atual de uma variável, pode inspecioná-lo e descobrir se sua suposição é verdadeira. Em vez de interromper o processo de depuração e modificar o seu código, entre com um novo valor no campo New Value (Novo valor) (veja a caixa de diálogo Evaluate/ Modify na Figura 1.17) e clique o botão **Modify**. Continue a executar o código. Usando essa técnica, facilmente você pode validar se uma modificação em seu código resolverá os problemas de dados. Quando tiver encontrado uma faixa de dados que capacitará o seu programa a executar corretamente, modifique o seu código e deixe-o correr.

Acréscimo de verificação

Você pode acrescentar uma verificação a partir do menu Run, ou de uma caixa de diálogo Evaluate/Modify, da última seção. Acrescentar uma verificação abrirá a caixa de diálogo Watch List (veja a Figura 1.18), permitindo que a mudança de valor de dados seja observada à medida que a execução do programa progride.

Pressione **Ctrl+E** para exibir a caixa de diálogo Edit Watch (Figura 1.19), que permite editar o valor de verificação. Você pode habilitar ou desabilitar a verificação ou modificar os tipos de dados que determinam como o valor de verificação será representado. Geralmente, é mais adequado exibir a representação Default (Padrão) dos dados.

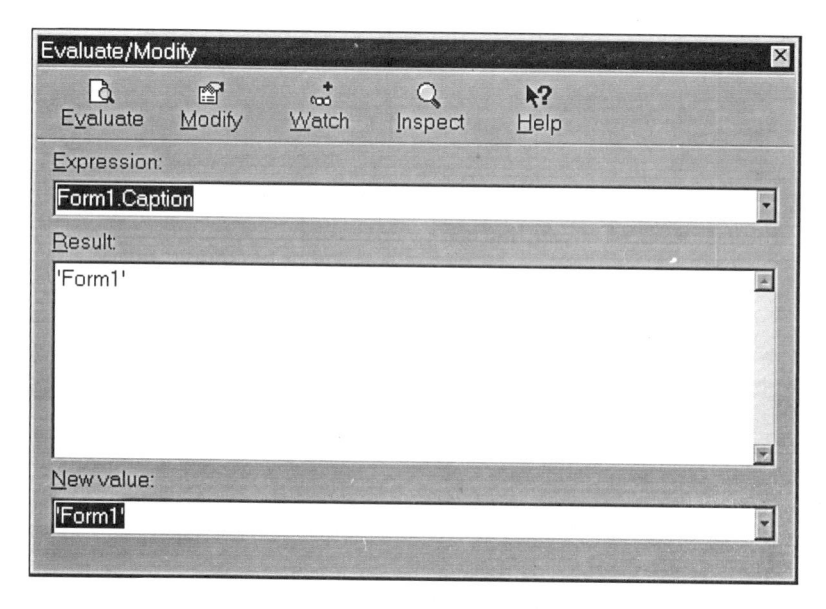

Figura 1.17 A caixa de diálogo Evaluate/Modify é usada para examinar dados e fazer modificações em "pleno vôo". Clique os botões Watch ou Inspect na caixa de diálogo para ver mais de perto

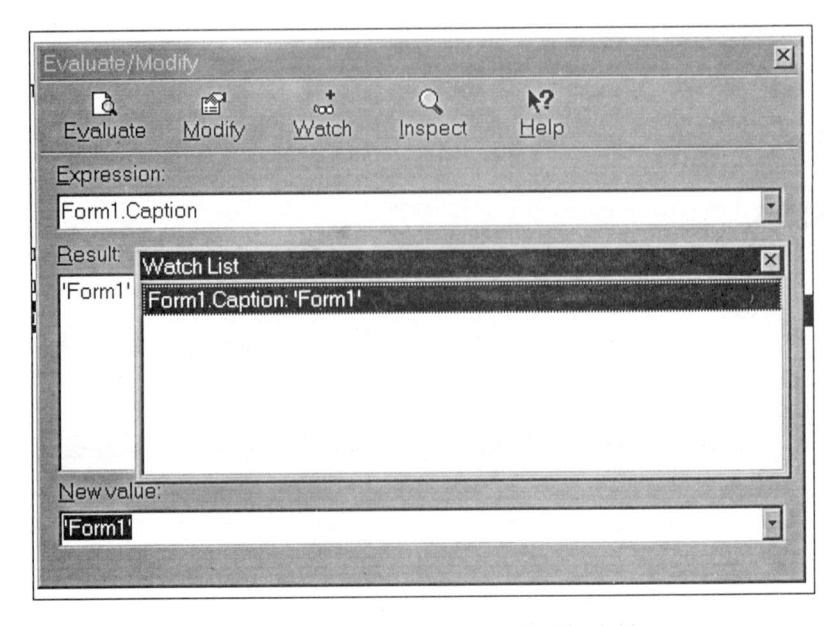

Figura 1.18 Use a caixa de diálogo Watch List
para verificar a mudança de valor dos dados

O último item do menu Run é o submenu Add Breakpoint (Acrescentar ponto de interrupção). Existem muitas informações relacionadas ao uso eficaz de pontos de interrupção; por isso eles têm a sua própria seção. Consulte "Como depurar um programa" mais adiante, neste capítulo, para mais informações. Pontos de interrupção serão cobertos depois que tivermos oportunidade de escrever algum código.

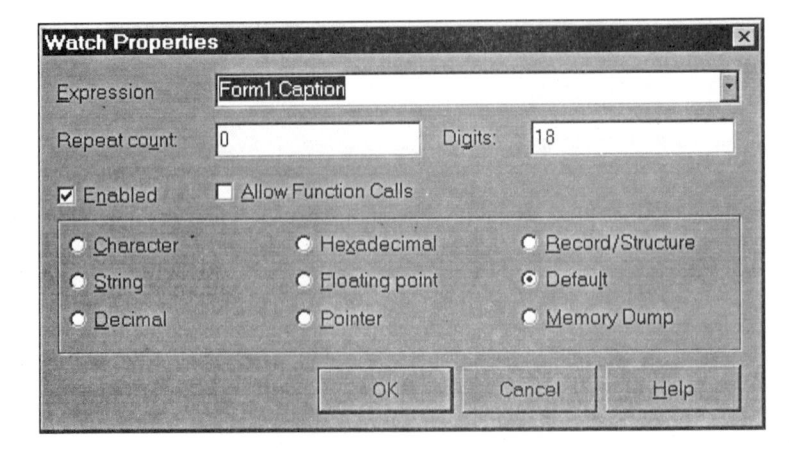

Figura 1.19 A caixa de diálogo Edit Watch pode ser usada para modificar a posição
Watch Values Enabled ou para apresentar os dados de uma forma alternativa

Como configurar
o seu ambiente de trabalho

Delphi permite extenso controle sobre o ambiente de trabalho. Você pode modificar as opções de edição e depuração, bem como opções gerais do ambiente Delphi. A menos que haja uma razão específica para modificar o ambiente de trabalho, você pode deixar essas opções no padrão original. Delphi trabalha bem com a configuração padrão.

Alguns exemplos úteis de mudanças de configuração podem ser mudar o recuo de paradas para edição de código, acréscimo de uma guia de direito autoral à lista de macros disponíveis, capacitação da caixa de diálogo Compiler Progress (Progresso de compilador) ou modificação do tamanho de grade (aqueles pontos visíveis em formulários) para ajustar os controles mais próximos. O tamanho da grade afeta a colocação padrão dos controles quando você os coloca em um formulário.

Adiante, uma lista de etapas para mostrar como modificar o ambiente de desenvolvimento de acordo com as possibilidades descritas no parágrafo anterior.

Para mudar recuos de paradas a cada dois espaços, siga as etapas.

1. Pressione **Alt**, **T** para exibir o menu Tools (ferramentas).
2. No menu Tools, selecione **Editor Options** para exibir a caixa de diálogo Editor Properties.
3. Na guia General (Geral), na caixa de diálogo Editor Options, próximo ao botão está o campo Tab Stops (Recuo de paradas). Se preferir, entre com o recuo de paradas, inserindo um espaço entre cada recuo de parada — por exemplo, 2 4 6 8 10, moveria o cursor dois espaços cada vez que você pressionasse Tab.

Para acrescentar uma nota de *copyright* (direito autoral) em Code Insight, faça como indicado.

1. Para abrir a caixa de diálogo Editor Properties, siga as etapas um e dois do exemplo anterior.
2. Clique a guia **Code Insight**.
3. No grupo Code Templates, clique o botão **Add**.
4. Na caixa de diálogo Add Code Template, digite *copyright* no campo Shortcut Name (Atalho de nome) e digite *My Copyright Stamp* (Meu carimbo de direito autoral) no campo Description (Descrição). Clique **OK**.
5. Na lista Templates selecione o item *copyright*.
6. No campo Code Edit entre com as informações de direito autoral que deseja usar (veja um exemplo na Figura 1.20).

```
// |filename.pas - raison d^ etre
// Copyright (c) 2000. All Rights Reserved.
// by Software Conceptions, Inc. Okemos, MI USA (800) 471-5890
// Writen by Paul Kimmel
```

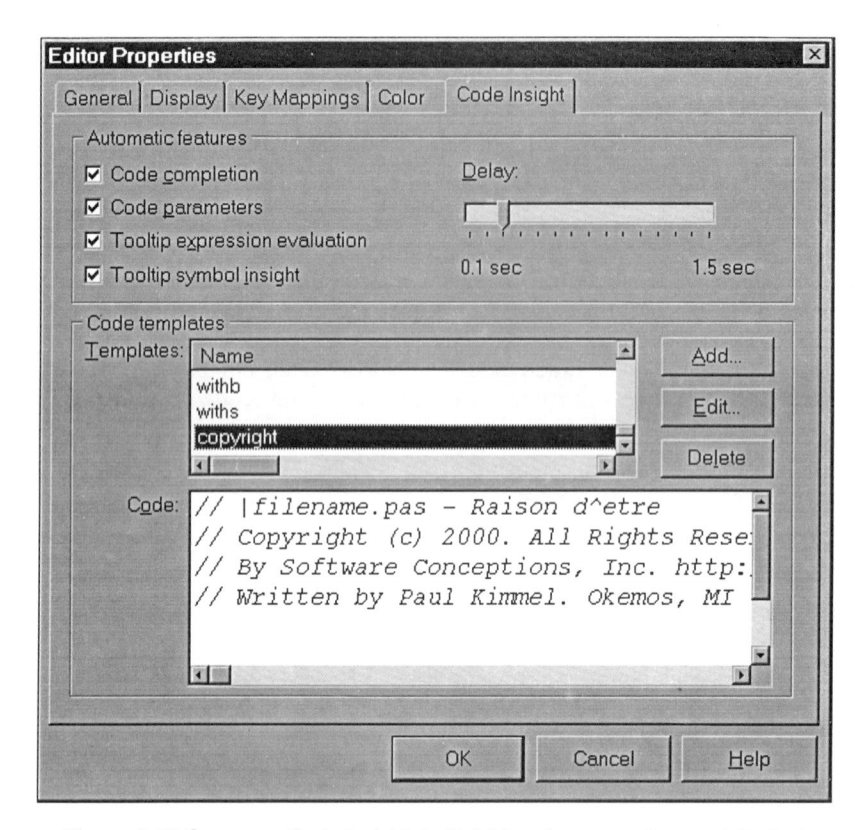

Figura 1.20 O recurso Code Insight de Delphi pode ser usado para introduzir automaticamente dados periódicos ou como uma ajuda de aprendizado para facilitar o emprego dos tipos comuns de idiomas como array de declarações

DICA

Digite I (barra vertical) no local em que você deseja que o cursor apareça em qualquer macro Code Insight

---

Para usar Code Insight, coloque o cursor em seu módulo código no ponto em que deseja que a macro Code Insight execute. Por exemplo, para colocar a observação *copyright* no alto de cada unidade, coloque o cursor no alto da unidade, pressione **Ctrl+J** para exibir a lista de macros Code Insight, selecione *copyright* da lista e pressione **Enter**. (A Figura 1.21 mostra a lista da macro Code Insight.)

Capítulo 1 - Como migrar para o Delphi | 23

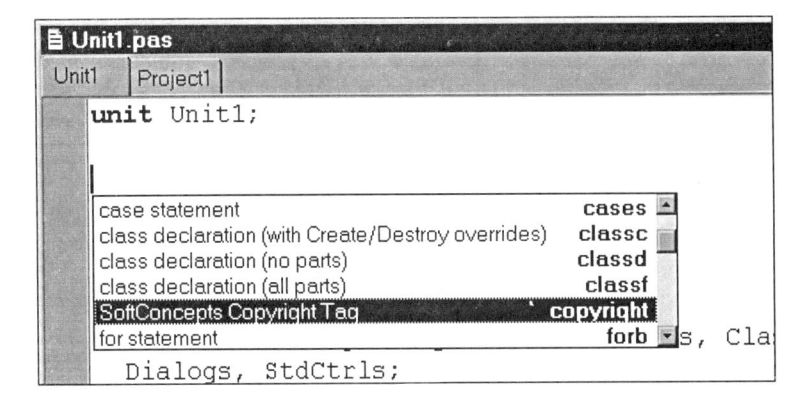

```
Unit1.pas
Unit1 | Project1
    unit Unit1;

    case statement                                    cases
    class declaration (with Create/Destroy overrides) classc
    class declaration (no parts)                      classd
    class declaration (all parts)                     classf
    SoftConcepts Copyright Tag                        copyright
    for statement                                     forb  s, Cla
        Dialogs, StdCtrls;
```

Figura 1.21 Pressione Ctrl+J para exibir a lista de macros Code Insight

A caixa de diálogo Compiler Progress mostrará o progresso da compilação quando você estiver compilando ou montando os seus aplicativos. Para capacitar a caixa de diálogo Compiler Progress, siga as etapas indicadas.

1. Pressione **Alt + T, E** para exibir a caixa de diálogo Environment Options.
2. Clique na guia **Preferences** (se ela já não estiver selecionada).
3. Na caixa Compiling and running group (Compilando e executando em grupo), clique **Show Compiler progress** (Mostrar progresso de compilador). Clique **OK**.

Agora, ao compilar um aplicativo, você pode ver o compilador de código nativo em ação . (Para aqueles que nunca viram o compilador Delphi fazer compilação de código original, ele parece, inicialmente, muito rápido.)

Para modificar o espaçamento entre os pontos de grade em cada formulário, siga as etapas.

1. Repita as etapas um e dois do exemplo anterior.
2. Na caixa de grupo Form designer (Formulário de projetista) na guia Preferences, mude os valores Grid size X e Grid size Y para dois pixels. Clique **OK**.

Modificar o espaçamento da grade para dois permitirá que você ganhe um controle muito mais apurado sobre a colocação de controles.

Como usar menus de contexto

Se todos os itens de menu do Delphi fossem colocados na barra de menu principal ficaria tudo muito confuso. Muitos desses itens teriam que ser ajustados, habilitados e desabilitados, pois eles só são necessários ou úteis em circunstâncias específicas; também haveria tantos deles que seria difícil pesquisar a longa lista de itens. É importante lembrar que o Delphi é um produto maduro e a Inprise é especialista em projetar ambientes de desenvolvimento integrado. Alguns itens são simplesmente confortavelmente tirados do caminho a toque de caixa.

Quando o seu aparato mental focaliza, intencionalmente, um aspecto do desenvolvimento, provavelmente você focaliza um aspecto relacionado ao ambiente de desenvolvimento. Na maioria das regiões do Delphi, há um menu associado que pode ser acessado, colocando o cursor do mouse sobre a região e clicando o botão direito do mouse. Em geral, esses menus rápidos executam as tarefas mais úteis.

NOTA *Pelo fato de que o Delphi foi desenvolvido com o Object Pascal — a sua própria linguagem — tudo o que o Delphi oferece pode ser acrescentado aos aplicativos que você vier a desenvolver. Portanto, o que você encontrar no Delphi, provavelmente poderá ser mais do que simplesmente acrescentar algo aos aplicativos. Menus rápidos são um exemplo.*

Como explorar o menu Code Editor Context

Menus rápidos úteis podem ser encontrados se você clicar à direita sobre uma unidade. O menu rápido é referido na ajuda como menu Code Editor Context. Para abri-lo, clique o botão direito do mouse, enquanto o cursor estiver sobre uma unidade de código-fonte. Qualquer unidade serve. Nesta seleção, iremos através de um par de itens do menu Code Editor Context mais úteis. Você pode explorar todas as operações em detalhes ou buscar a documentação de ajuda, com as palavras-chave *code editor, context menu*.

Find Declaration

Se você abrir o menu Code Editor Context enquanto o mouse estiver sobre um símbolo, o menu exibirá um item do menu Find Declaration (Encontrar declaração). Quando você clicar o item do menu Find Declaration, o Delphi abrirá o arquivo do código-fonte original em que aquele símbolo foi introduzido. Por exemplo, se você criar um novo projeto e pressionar o botão direito do mouse sobre o símbolo TForm, o Delphi abrirá a unidade forms.pas e colocará o cursor na linha de código que contém a declaração da classe TForm. (Para Iliad — Delphi 6 — Montagem 2.6, o arquivo forms.pas foi aberto na linha 672.) Esta pode ser uma técnica útil para descobrir informações detalhadas sobre uma classe ou unidade, inclusive o código-fonte que suporta a implementação.

Open File at Cursor

A maioria dos aplicativos é composta de muitos arquivos. Depois de algum tempo, é fácil esquecer onde está localizado o código ou mesmo um arquivo. Delphi, porém, não esquece. Em vez de tentar buscar a fonte em uma unidade em particular, clique o nome da unidade na declaração Uses, abra o menu Code Editor Context e clique **Open File at Cursor** (Abrir arquivo no cursor) ou use o atalho **Ctrl+Enter**. (Consulte a seção "Código-fonte de organização de arquivo", mais adiante neste capítulo, para obter mais informações sobre a cláusula *uses*.)

Atalhos de depuração

No menu Code Editor Context também estão itens do menu Debug. Muitos deles são semelhantes aos itens do menu Run. Entretanto, Goto Address (Ir para endereço) não é encontrado no menu principal e Add Watch at Cursor é mais direto do que Add Watch. Se você abrir o menu Code Editor Context e pressionar **D, G** para Goto Address, uma caixa de diálogo será exibida. Forneça um endereço da memória na caixa de diálogo Enter Address to Position (Fornecer endereço da posição) e Delphi abrirá a janela CPU relativa àquele espaço de memória.

Abra o menu Code Editor Context e pressione **D, W** para acrescentar um item de verificação no local do cursor atual. Automaticamente, o Delphi tomará o símbolo no local atual ou o texto selecionado, acrescentará uma entrada na Watch List e a abrirá.

Como criar um aplicativo

De certa forma prestando um tributo à linguagem de programação C e a seus inventores, Brian Kernighan e Dennis Ritchie, o aplicativo *Hello World!* é apresentado como o primeiro programa, exatamente como em quase todo livro. Para torná-lo um pouco mais interessante, o exemplo de programa que apresentamos nesta seção acrescenta mais complexidade ao primeiro programa tradicional. O objetivo desta seção é demonstrar as etapas básicas necessárias para criar um aplicativo baseado em formulário, salvando o seu trabalho, compilando e executando o seu aplicativo.

> **NOTA**
> Soltar alguns controles em um formulário, acrescentar código e executar o aplicativo é algo muito simples. Essa abordagem não é uma maneira muito boa de desenvolver um produto forte e extensível, embora muitos aplicativos sejam desenvolvidos dessa maneira. Ainda que, afinal, você precise pintar formulários, projetar classes que fazem parte da solução do problema e mantê-los separados da interface gráfica de usuário, isso resultará em um produto final melhor.

Criação de um programa

Um programa de computador pode ser simples ou complexo. Em geral, a distinção envolve o critério de utilidade. Um programa muito simples pode ser útil para objetivos de aprendizado e não muito mais do que isto; um programa complexo bem projetado pode resolver toda uma classe de problemas de um negócio. Neste exemplo, nosso objetivo é educação e demonstração, por isso nosso aplicativo será simples.

Tal como Visual Basic e programas semelhantes, o Delphi é uma ferramenta RAD — Rapid Application Development, tendo-se tornado sinônimo de curto e rápido. As ferramentas RAD permitem aos desenvolvedores criar muito rapidamente um produto visual. O problema é que a presença visual freqüentemente é confundida com a substância, e o inverso não é verdadeiro; a substância, com freqüência, não é reconhecida sem a presença visual. Para os nossos objetivos, bem mais simples, vamos permitir isso.

Para criar uma versão aperfeiçoada de HelloWorld, siga as etapas indicadas.

1. Inicie o Delphi 6.
2. 2 Um formulário em branco será exibido; assegure-se de que o formulário esteja na frente. Na barra de ferramentas, ao alto, você verá diversos itens etiquetados. O item selecionado é a guia Standard (Padrão). (Se não for, clique na guia para torná-la a guia corrente.)

NOTA
Esse grupo de guias é referido como a paleta componente e contém uma representação visual de muitos dos componentes visuais e não visuais disponíveis para os desenvolvedores Delphi. (Consulte An Introduction to the Visual Component Library *—Uma introdução à Biblioteca Visual Componente, nos arquivos de ajuda do Delphi, para obter mais informações.)*

3. Clique duas vezes o ícone **RadioGroup** na paleta Standard. Ele é o terceiro componente a partir da direita. Isso colocará um RadioGroup no formulário da frente.
4. Pressione **F11** para abrir o Object Inspector.
5. No objeto seletor, no alto do Object Inspector, selecione **RadioGroup1**.
6. Lembre-se de que as propriedades estão em ordem alfabética no Object Inspector —deslize para baixo até chegar à propriedade Items. Clique duas vezes nos itens propriedade para abrir a String List Editor (Editor de lista *string*) (veja a Figura 1.22).
7. Na String List Editor digite *Geek, PC Gamer, English* e *German*, cada qual em sua própria linha. Pressione a tecla **Enter** para separar cada item.
8. No Object Inspector, digite *Customary Greeting* (Saudação habitual) para a captura da propriedade.
9. Mude a propriedade ItemIndex do RadioGroup para 0. A ItemIndex indica o item selecionado; zero é o primeiro item, um é o segundo e assim por diante.
10. Clique a guia **Events** no Object Inspector. Garantindo que o objeto RadioGroup1 está selecionado no objeto seletor, clique duas vezes a coluna da direita adjacente ao evento OnClick, para gerar um procedimento de evento.
11. No editor de código, entre as linhas begin e end, entre com o seguinte código:

```
case RadioGroup1.ItemIndex of
  0: ShowMessage('Hello World!');
  1: ShowMessage('Welcome to Valhalla Tower Material Defender!');
  2: ShowMessage('Hi.');
  3: ShowMessage('Guten Abend.');
  else
      ShowMessage('item not found');
  end;
```

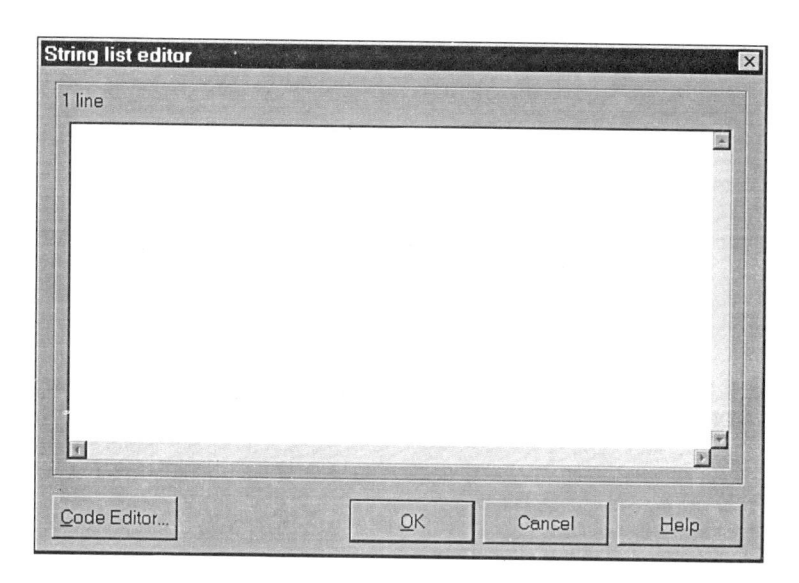

Figura 1.22 Uma vista do Object Inspector
e da String List Editor da propriedade RadioGroup1

> *Para mover-se rapidamente para uma propriedade ou evento no Object Inspector, pressione a tecla Tab e comece a digitar o nome da propriedade. Isso levará o Delphi a realizar a busca da propriedade.*
>
> **DICA**

Como salvar o seu trabalho

Encontre um ritmo natural para salvar o seu trabalho. Um bom método baseado na experiência é salvar com freqüência. Para o nosso exemplo, precisaremos salvar todos os arquivos e dar ao projeto o nome que queremos que o executável tenha quando for compilado. Para salvar o seu trabalho em andamento, pressione **Shift+Ctrl+S** ou pressione **Alt+F, v** para salvar todos os arquivos. Nomeie a unidade principal do código-fonte; isto salvará ambos, o código fonte e o arquivo de formulário como main.pas e main.dfm, respectivamente. Nomeie o projeto como HelloWorld.

> *Use uma versão de controle de programa para todos, exceto os aplicativos mais simples. Eu uso SourceSafe até para os exemplos mais simples neste livro, pois os exemplos são importantes aqui. Existem muitos aplicativos de fonte de controle, incluindo: PVCS, SourceSafe, Harvest, StarTeam e ClearCase.*
>
> **DICA**

A próxima etapa é testar o aplicativo. Para fazer isso, você terá que compilá-lo e executá-lo.

Como compilar e executar um programa

Existem duas maneiras de montar um executável. A primeira é pressionar **Alt+P**, **B** para executar o item de menu Project, Build (Projeto, Montar) e a segunda é pressionar **F9**, o comando Run, Run (Executar, Executar). Delphi é um ambiente compilado, portanto, um programa precisa primeiro ser compilado para depois poder ser executado.

> **NOTA** *Se você olhar no Windows Explorer, notará que este aplicativo simples compila a cerca de 330K. A razão disso é que há alguns grandes objetos complicados necessários até para aplicativos básicos, incluindo os formulários e as classes de aplicativos. Todavia, depois deste pulo inicial em tamanho, os aplicativos Delphi tendem a crescer muito lentamente à medida que você acrescenta mais funcionalidade.*

Pressione **F9** para executar o aplicativo de demonstração. Clique todos os botões de rádio para garantir que você tem a saudação certa para cada um. As três seções em "Como criar um programa" descrevem uma série de tarefas — um ritmo — que você pode usar sempre para testar módulos em seu aplicativo, à medida que ele cresce em complexidade.

Como entender o design centrado em projeto do Delphi

Delphi é um produto de desenvolvimento centrado em projeto. Isso significa que cada aplicativo é um projeto que compreende um ou mais arquivos, além do arquivo de projeto. Os diversos tipos de arquivos que podem ser parte de um projeto incluem fonte, formulário, unidades compiladas, configuração, opção, pacote e arquivos de *backup* (cópia de segurança). Nesta seção, percorreremos os diferentes arquivos em um projeto e os seus usos.

Arquivos-projeto

O arquivo-projeto tem uma extensão .dpr e, essencialmente, contém o ponto de partida de seu aplicativo, entre um começo e um fim. O arquivo-projeto para o programa da seção anterior é o seguinte:

```
HelloWorld.dpr
program HelloWorld;

uses
    Forms,
    umain in 'umain.pas' {Form1};

{$R *.RES}
```

```
begin
      Application.Initialize;
      Application.CreateForm(TForm1, Form1);
      Application.Run;
end.
```

Para ver o código-fonte do projeto, selecione View Source (Ver fonte) a partir do menu Project. Todo o código acrescentado na listagem anterior foi automaticamente acrescentado pelo Delphi. A declaração de programa indica o nome executável. A cláusula *uses* indica uma lista, delimitada por vírgula, de todos os arquivos explicitamente incluídos no projeto. A declaração $R é uma diretiva de compilador. A diretiva de compilador {$R (.RES} indica que o Delphi deve buscar as informações de recurso do Windows em um arquivo com o mesmo nome do projeto, com uma extensão .RES. O par begin e end é equivalente à sub main() em C ou ao procedimento de início em Visual Basic. Aplicativos típicos Delphi começam com Application.Initialize e terminam com Application.Run.

Em geral será desnecessário modificar o código no arquivo .dpr, embora seja aceitável fazê-lo. A menos que você tenha certeza do motivo pelo qual está mudando, é melhor deixar que Delphi gerencie o arquivo-fonte do projeto.

Arquivos de código-fonte

Os arquivos de código-fonte têm uma extensão .pas, de Pascal. Geralmente, cada projeto terá pelo menos uma unidade. Uma unidade é o ponto em que o código é escrito. Se você criar um módulo de formulário ou um módulo de dados, terá ambos os arquivos — .dfm e .pas. A seção anterior "Criação de um programa" demonstra como escrever código em uma unidade.

Módulos de formulários e de dados

Os módulos de formulários e de dados têm uma extensão .dfm e são associados a um arquivo .pas. Na realidade, o código é escrito na unidade de código-fonte com a extensão .pas. O arquivo DFM deveria ser usado como um arquivo binário, mas desde o Delphi 5 tem sido o *script* de texto que define os recursos necessários para capacitar módulos de formulários e de dados para serem capazes de armazenar representações visuais de objetos. Um formulário é uma subclasse de Tform, e um módulo de dados é uma subclasse de TDataModule, ambos definidos na unidade forms.pas.

Se você quiser ver como se parece a persistência de *script* de um formulário, traga o formulário para a frente no aplicativo HelloWorld, clique à direita sobre o formulário para exibir o menu de contexto de formulário e selecione View as Text (Visualizar como texto). O recurso *script* de main.dfm é mostrado na listagem abaixo.

```
main.dfm
object Form1: TForm1
      Left = 244
      Top = 138
      Width = 783
      Height = 540
      Caption = 'Form1'
      Color = clBtnFace
      Font.Charset = DEFAULT_CHARSET
      Font.Color = clWindowText
      Font.Height = -13
      Font.Name = 'MS Sans Serif'
      Font.Style = []
      OldCreateOrder = False
      PixelsPerInch = 120
      TextHeight = 16
      object RadioGroup1: TRadioGroup
           Left = 296
           Top = 208
           Width = 201
           Height = 193
           Caption = 'Customary Greetings'
           ItemIndex = 0
           Items.Strings = (
               'Geek'
               'PC Gamer'
               'English'
               'German' )
           TabOrder = 0
           OnClick = RadioGroupClick
      end
end
```

Se você olhar atentamente o final de main.dfm, mostrado como texto na listagem anterior, verá os dados Item.Strings que você forneceu no programa de exemplo. Isto é essencialmente o que .dfm faz; ele armazena os dados que descrevem um arquivo de formulário ou módulo de dados.

Arquivos de configuração e opção

Quando você faz mudanças nas configurações de Project, Options, Delphi armazena tais mudanças em um arquivo com a extensão .dof. Quando você faz alterações que afetam a maneira como o aplicativo é compilado, as alterações são armazenadas como texto em um arquivo do tipo .cfg ou como arquivo de configuração.

Existem vários arquivos gerados que armazenam configuração, opção, To-Do e outras informações. Se você procurar pelos arquivos Generated na guia Find da caixa de diálogo Help Topics (Tópicos de ajuda), pode obter informações sobre todos os arquivos gerados que armazenam informações sobre o seu projeto. A maior parte do Delphi gerencia automaticamente esses arquivos. Não os apague.

Em vez de lembrar-se de todos os arquivos e de seus objetivos, lembre-se simplesmente de que, como uma regra, você só deve apagar arquivos com um ~ (til) na extensão, arquivos .dcu ou arquivos que não deseja. Se você usar uma versão de controle de produto como SourceSafe, mesmo que acidentalmente apague arquivos que mais tarde venha a descobrir que precisa deles, você poderá recuperá-los a partir de SourceSafe.

Unidades intermediárias compiladas

A unidade compilada é um arquivo não executável com uma extensão .dcu. Os arquivos .dcu são vinculados juntos para tornar um aplicativo executável durante a fase de vinculação de uma montagem. Você pode apagar esses arquivos, se quiser, mas é melhor deixar o Delphi gerenciar também tais arquivos.

NOTA *Se você distribuir apenas arquivos DCU, então o seu código compilado pode ser inválido em futuros lançamentos do Delphi. Isso pode tornar impossível aos programadores usar seus arquivos DCU para continuar a usá-los sem um upgrade de sua parte. Considere disponibilizar o código-fonte, se estiver vendendo ferramentas e ofereça o que é razoável em um acordo de licenciamento.*

Quando você monta o seu aplicativo, Delphi irá comparar os arquivos-fonte com as unidades compiladas. Se a fonte não tiver sido modificada, então o Delphi não precisará recompilar as unidades-fonte. Se você quiser que outros programadores sejam capazes de montar aplicativos com o seu produto, pode distribuir apenas arquivos .dcu, excluindo a fonte. Dessa forma, outros desenvolvedores podem usar seu código sem saber exatamente como ele foi escrito. Distribuir arquivos .dcu é um método através do qual você pode disseminar código proprietário sem entregar as chaves do reino.

Arquivos de backup

Sempre que você alterar um arquivo e salvá-lo, Delphi faz uma cópia *backup* de qualquer versão existente do arquivo. Assim, você tem sempre o arquivo mais recente e uma versão mais antiga. A convenção de um arquivo de *backup* é que o arquivo terá um nome quase idêntico, exceto que um ~ (til) será inserido entre o ponto e a primeira letra da extensão. Por exemplo, main.pas se tornaria main.~pas.

Pelo fato de que arquivos de *backup* não são modificados de nenhuma outra maneira, tudo o que é preciso fazer para recuperar um *backup* é usar o Explorer para renomear o arquivo de *backup*, removendo o til. Se você estiver usando uma versão de produto de controle, assim que iniciar o desenvolvimento salve com freqüência, atualizando os seus arquivos da versão arquivada; não há motivo para perder quaisquer modificações.

Arquivos de pacote

O arquivo de pacote é um tipo especial de projeto e tem uma extensão .dpk. Arquivos de pacote são projetos com pacotes de componentes definidos. Você aprenderá mais sobre componentes e arquivos de pacote mais adiante, neste livro.

Arquivos de aplicativo

Há um par de tipos básicos de arquivos de aplicativo com os quais, provavelmente agora você já está familiarizado; o Delphi pode criar cada um deles. Eles são a .dll — dynamic link library (biblioteca de vínculo dinâmico), o executável (.exe) e o controle ActiveX (.ocx, pois originariamente ActiveX suportava a convenção de nomeação OLE — Object Linking and Embedding — ligação e incorporação de objetos).

Cada um desses arquivos representa um produto final de código compilado e vinculado. Os aplicativos executáveis são executados como programas individuais ou fora de servidores de processo. Bibliotecas de vínculo dinâmico representam arquivos de recursos ou servidores em processo e controles ActiveX são controles de suporte usados para criar outros aplicativos.

Organização de arquivo de código-fonte

O arquivo mais importante que você usará regularmente é o arquivo de código-fonte, chamado de *unit* (unidade). Sem uma unidade, mesmo os arquivos de formulário são apenas um dispositivo complicado para desenhar figuras. É importante entender os diferentes aspectos de uma unidade. Isso o ajudará a saber onde escrever o código e a entender por que você está escrevendo o código. Consulte a listagem, enquanto continuamos a discussão de uma unidade.

```
Unit1.pas
unit Unit1;
interface
```

```
uses
     Windows, Messages, SysUtils, Classes, Graphics, Controls,
Forms, Dialogs;
type
     TForm1 = class(TForm)
     private
          { Private declarations }
     public
          { Public declarations }
     end;
var
     Form1: TForm1;
implementation
{$R *.DFM}
initialization // user must add
finalization
end.
```

No decorrer do restante desta seção, você verá fragmentos de código que demonstram cada seção da unidade. Se precisar ver onde o pedaço de código se ajusta dentro de toda a unidade, consulte a listagem anterior, que apresenta uma unidade vazia. A listagem de unidade é uma unidade associada a um formulário. Lembre-se de que unidades não precisam ser associadas a formulários, mas o inverso não é verdadeiro.

Uma revisão de regiões de código do alto e do fundo

As regiões de unidades são o nome da unidade; seção de interface, que contém declarações de tipo; declarações variáveis; e constantes, se necessário. A parte de baixo de uma unidade — depois da palavra implementação — é a seção de implementação, e esta pode conter declarações de tipo, declarações variáveis, constantes e procedimentos. Em geral, você verá código na seção de implementação.

Se a unidade estiver associada a um módulo de dados ou formulário, então haverá uma diretiva de compilador de recurso $R imediatamente após a palavra-chave implementação. A palavra-chave end. significa o final do arquivo. Você pode escolher incluir as palavras-chave initialization e finalization, uma vez que elas não são automaticamente acrescentadas. O código de inicialização é executado antes de qualquer outro código na unidade, e o código de finalização será executado depois de todos os outros códigos em uma unidade. A seção de inicialização é executada quando a unidade é carregada na memória, e o código de finalização é executado exatamente antes de a unidade ser descarregada.

Uma busca de todos os arquivos-fonte VCL revelou apenas cerca de 100 cópias da palavra initialization. Ela é uma ferramenta poderosa à qual você precisará recorrer com freqüência, mas se olhar para a fonte Delphi, como forms.pas e classes.pas, poderá determinar algumas maneiras como utilizá-la.

A declaração Unit

A declaração Unit contém o nome do arquivo. Além do fato de que o sistema de arquivos Windows exige nomes de arquivo como um meio de armazenar arquivos, o nome da unidade pode ser tratado como um mecanismo de definição de escopo. Por exemplo, se você tiver uma unidade chamada *math* com um procedimento chamado Multiply e outra unidade chamada *Tribbles* com um procedimento chamado Multiply, para distinguir entre os dois você pode dar um prefixo à chamada a Multiply com o nome da unidade sem a extensão.

Assim, Math.Multiply instruiria o compilador para solucionar a chamada a Multiply na unidade math, e Tribbles.Multiply solucionaria o procedimento na unidade Tribbles. O formulário da declaração de unidade é o nome de arquivo da unidade; onde o *filename* (nome de arquivo) é gerenciado pelo Delphi quando você salva o arquivo e não inclui a extensão .pas.

A seção interface

Pense em uma unidade como dividida em duas metades. A metade do alto é a metade Interface; ela inicia na linha que contém a palavra-chave interface e termina na palavra-chave implementation, o que forma a segunda metade. Falando de forma simples: as duas metades realizam papéis complementares. A metade do alto, ou metade interface, descreve o que o resto do aplicativo "vê" na unidade. Na metade do fundo, na seção implementação, geralmente é escrito o código que executa. (Consulte a seção que segue — "A seção implementação" — para mais detalhes sobre a seção de implementação.)

O mais importante a lembrar é que a seção de interface não contém código de execução, mas tipos, constantes e variáveis aos quais você quer que outras unidades tenham acesso. A seção de interface também descreve os procedimentos que podem ser chamados na unidade e disponibiliza os dados que podem ser usados.

A seção implementação

Na seção implementação você escreve o código que será executado. Também é possível incluir variáveis, tipos e constantes. Enquanto variáveis, tipos e constantes definidas na seção interface podem ser usadas fora da unidade, aquelas definidas na seção implementação só podem ser usadas dentro da unidade.

> **NOTA**
>
> *Uma declaração de procedimento ou função é uma declaração que não tem corpo de código; não há declarações begin e end com linhas de código entre elas. As declarações de procedimentos são colocadas na seção interface.*

NOTA

A definição de um procedimento ou função inclui a parte da declaração e uma função corpo; é o código atual. As definições de procedimentos são colocadas na seção implementação.

Além disso, procedimento e funções definidos na seção implementação que não têm uma declaração correspondente na seção interface também só podem ser usados dentro da unidade. Declarações de procedimento e função são colocadas na seção interface se você quiser que outras unidades tenham acesso a elas, e as definições daqueles procedimentos e funções são colocadas na seção implementação.

Como definir uma cláusula Uses

Uma cláusula Uses instrui o compilador para acrescentar o código encontrado em cada unidade listada. Você pode colocar uma cláusula Uses em cada uma das seções interface e implementação. A cláusula Uses é colocada imediatamente depois das palavras-chave interface e implementação, se usadas.

AVISO

Se Unit1 exigir código na Unit2 e Unit2 exigir código na Unit1, então Unit1 precisará ter Unit2 listada em sua cláusula Uses e Unit2 sempre precisará ter Unit1 em sua declaração de unidade. Entretanto, ambas, Unit 1 e Unit 2, não podem referir-se uma à outra na mesma seção. Por exemplo, Unit1 pode referir-se à Unit2 em sua interface ou Unit2 pode referir-se à Unit1 em sua interface, mas elas não podem referir-se uma à outra na seção interface. Esse é um erro de referência circular. Ambas as unidades podem referir-se uma à outra na seção implementação.

NOTA

Todas as unidades referenciam implicitamente a unidade system.pas. System.pas não pode ser explicitamente acrescentada.

Se forem feitas mudanças na cláusula Uses na seção interface de Unit1 e Unit2 usar Unit1, então Unit1 e, possivelmente, Unit2, podem ser recompiladas. Se Unit1 usar Unit2 em sua seção interface e a cláusula Uses de implementação da Unit2 mudar, então Unit2 precisará ser recompilada, mas não Unit1.

Cláusulas tipo

As cláusulas tipo podem existir em ambas as seções — interface e implementação. Porém, por convenção, você as encontrará com mais freqüência na seção interface. Na declaração Type são definidos conjuntos, *arrays*, registros e classes (consulte a seção "Elementos de agregação" para mais informações sobre declaração de conjuntos, *arrays* e registros). Quando você deseja introduzir um novo tipo, isso é feito depois da palavra-chave type. A listagem de código a seguir demonstra um exemplo de uma definição Type.

```
type
    TForm1 = class(TForm)
    private
        { Private declarations }
    public
        { Public declarations }
    end;
```

> **DICA**
>
> No caso em que uma unidade é associada a um formulário, pode haver apenas uma definição Type que representa o formulário. Existe uma regra de definição-por-unidade-de-um-formulário. Entretanto, você pode definir mais de uma classe por unidade, mesmo que a unidade seja uma unidade do formulário. Se você verificar no código-fonte VCL, constatará que os desenvolvedores do Delphi definem múltiplas classes por unidade em muitos casos.

O fragmento de código apresentado no início desta seção contém a definição Type para a classe TForm1. Para mais informações sobre os diversos aspectos da definição de classe na lista acima, consulte o Capítulo 2, "Revisão orientada a objetos."

A seção Var

Ambas as seções, interface e implementação, podem conter uma cláusula Var. Quando você quiser definir variáveis acessíveis para outras unidades, coloque aquelas variáveis na seção interface var e inclua a unidade na cláusula Uses da unidade em uso. Seções Var definidas por interface são consideradas variáveis globais; use-as parcimoniosamente. A advertência com relação a variáveis globais é necessária, porque é impossível garantir que variáveis globais não sejam mal utilizadas por outros programadores.

Variáveis definidas por implementação só são acessíveis dentro da unidade na qual elas são definidas. Elas são referenciadas como variáveis locais e são acessíveis a partir de qualquer lugar na unidade, mas não por outras unidades que usem o código. Assim, apenas autores da unidade que contém a variável local podem abusar da variável. Variáveis locais são preferíveis a variáveis globais, mas elas ainda não são as ideais.

Declarações de recurso

Conforme já mencionamos, a diretiva de compilador {$R *.res}, mostrada na listagem no início desta seção, instrui o compilador para incluir quaisquer arquivos com o mesmo nome da unidade e um arquivo .res. Em geral, você só encontrará diretivas $R em unidades que tenham formulários ou em unidades em que elas tiverem sido acrescentadas pelo desenvolvedor por algum motivo.

> **DICA**
>
> A classe TMedia Player em mplayer.pas é um bom exemplo de carregamento de recursos gráficos flutuantes. Você pode criar as imagens no Image Editor (Editor de imagem) que vem com o Delphi e tomar emprestado o código do TMediaPlayer para carregar dinamicamente bitmaps para seus aplicativos.

Uma oportunidade para acrescentar uma diretiva de recurso é quando você define um novo componente com um aspecto visual. Um exemplo pode ser encontrado no código para o TMediaPlayer, como mostrado na Figura 1.23. Os botões no *media player* são *bitmaps* que têm que ser armazenados em algum lugar, em um arquivo de recurso Windows. O código-fonte do TMediaPlayer é mplayer.pas; a segunda linha depois da palavra-chave implementation em mplayer.pas é {$R MPLAYER}. Se você procurar por mplayer.pas, irá encontrá-lo no diretório Lib.

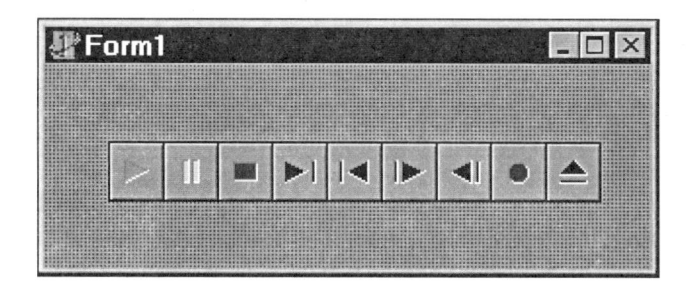

Figura 1.23 Componente TMediaPlayer

Como usar a seção inicialização

O código, na seção inicialização de uma unidade, é executado antes de qualquer outro código na unidade. Todo o código entre initialization e finalization, ou a palavra-chave end, é executado quando a unidade é carregada na memória. Se você tiver que usar variáveis globais ou locais, poderá fornecer inicialização a elas depois da palavra-chave initialization.

Como usar a seção finalização

A seção finalização pode ser usada se também houver uma seção inicialização na unidade. Use a seção finalização para executar o código de limpeza e liberar a memória alocada para objetos na seção inicialização. A seção finalização estende-se da palavra-chave finalization até end. (o final de arquivo). Seções de finalização são executadas na ordem oposta de suas contrapartes de inicialização. Por exemplo, se Unit1, Unit2 e Unit3 forem carregadas naquela ordem, então as seções de finalização serão executadas na ordem Unit3, Unit2 e Unit1.

Átomos e moléculas de código

Os blocos de montagem essenciais da Object Pascal são iguais àqueles de qualquer outra linguagem. Eles consistem de operadores, operandos e de um pequeno conjunto de palavras-chave. Os elementos atômicos são combinados em uma ordem prescrita pela gramática da Object Pascal para criar *declarações*. A declaração é a menor peça de código executável. Se você estiver migrando de uma outra linguagem para Object Pascal ou puder usar alguma revisão, então leia o restante desta seção; do contrário, pule para a próxima.

Operadores e operandos

O emprego básico de operadores e operandos é semelhante em Object Pascal, C++, Visual Basic, Java e a maioria das modernas linguagens de programação. Um operador é um símbolo ou *token* (código interno de identificação), que é usado como parte de uma expressão. Os operandos são os dados nos quais os operadores executam as operações.

Existem *operadores unários*, como o operador Not. O operador Not nega o valor do operando. Se o operando é booleano, então o resultado é booleano. Se você realizar uma operação Not em um inteiro, obterá a negação do *bitwise* do valor inteiro. Os operadores unários tomam um operando (valor de leitura) no lado direito do operador, por exemplo, Not True. Existem muitos *operadores binários*, como +, -, /, div, =, e :=. Os operadores binários tomam dois operandos; um do lado direito e um do lado esquerdo. Por exemplo, / representa o ponto flutuante de divisão. Sendo os operandos números inteiros ou números de ponto flutuante, o resultado de uma operação / é um número de ponto flutuante. O operador div requer dois valores inteiros e retorna um número inteiro.

Na Object Pascal, o operador = é um operador binário que verifica a *igualdade*; o operador := é o operador *de designação*. Por exemplo, para designar o valor 5 a uma variável inteira A, você deveria escrever A := 5. Para avaliar se o mesmo inteiro A é ou não equivalente a 5, você deve escrever A = 5. Por exemplo:

```
if ( A = 5 ) then ...
```

A Object Pascal tem os operadores mais comuns encontrados em outras linguagens. Para encontrar informações detalhadas sobre operadores aritméticos, consulte, na documentação de ajuda, a frase indexada *Arithmetic operators* (Operadores aritméticos). O Delphi tem operadores de cursor, operadores lógicos *bitwise* e o operador de módulo aritmético. Não há operadores ternários na Object Pascal (como o operador ternário ? = introduzido na linguagem de programação C).

Existem nove tipos de operadores: aritmético, booleano, lógico, *string*, cursor, conjunto, relacional, classe e @. Quando você está prestes a usar um tipo específico de operador que não tenha usado antes, pesquise nos arquivos de ajuda para detalhes sobre o uso do operador. Lembre-se de que os operadores têm uma ordem de precedência, que descreve a ordem padrão na qual eles foram avaliados. Use parênteses para indicar a ordem de operação pretendida ou consulte as regras de precedência para os operadores, na ajuda do Delphi, para obter informações específicas.

Palavras-chave

Um *token* é a menor porção de informações significativas em um programa. *Tokens* (ou códigos internos de identificação) são delimitados por espaço em branco (como espaços); guias ou comentários, e delimitadores (como pontos e vírgulas). Portanto, operadores são *tokens* e assim são as palavras-chave da Object Pascal. Palavras-chave são palavras reservadas como parte da linguagem Object Pascal. A lista de palavras-chave da Object Pascal, ou palavras reservadas, contém cerca de 75 *tokens*. Há também cerca de 40 palavras reservadas como diretivas e duas palavras com significados especiais. Para uma referência completa de palavras reservadas, refira-se à documentação de ajuda do Delphi. Busque, no índice, as palavras reservadas e diretivas para encontrar informações detalhadas sobre as palavras-chave e diretivas.

A linguagem Object Pascal completa é formada de regras gramaticais, nove categorias de operadores e cerca de 120 palavras reservadas e diretivas. Para encontrar informações de referência na gramática canônica, consulte a documentação de ajuda, procurando por *grammar* (gramática) (gramática Object Pascal).

Tipos de dados básicos

Object Pascal inclui os tipos de dados básicos encontrados na maioria das linguagens de programação Windows: integer, double, string, char e Boolean. Existem outras versões específicas de tipos básicos, mas esses são usados com mais freqüência. Os tipos de dados são usados para declarar variáveis. A forma canônica de uma declaração variável é:

```
VarDecl à IdentList ':' Type [(ABSOLUTE (Ident | ConstExpr))  |
'=' ConstExpr]
```

> **NOTA**
>
> Ao ver uma regra gramatical, como a anterior, a qual contém uma seção entre chaves, a convenção nos diz que aquela parte é opcional. Portanto, procedimentos podem ter parâmetros, mas isso não é uma exigência.

Uma forma consagrada e simplificada é *varname: type*; onde *varname* é qualquer nome válido (não uma palavra-chave) e *type* é um dos tipos de dados predefinidos ou definidos pelo usuário. Um exemplo de um tipo de dados predefinidos seria string; um tipo definido pelo usuário seria TForm1. Um exemplo de uma declaração variável *string* é:

```
UserName : String;
```

Um exemplo de uma declaração variável TForm1 é:

```
Form1 : TForm1;
```

A palavra-chave absolute força a variável a residir em um endereço absoluto na memória. Se a expressão constante for um número, então o número indicará o endereço. Se a expressão constante for uma variável, então o endereço absoluto será o endereço daquela variável. Considere o exemplo de programa:

```
Absolute.dpr
program Absolute;
uses
      Forms,
      SysUtils,
      Dialogs;
{$R *.RES}
var
 A : Integer;
 B : Integer Absolute A;

begin
Application.Initialize;
 A := 1007;
ShowMessage(IntToStr(B));
Application.Run;
end.
```

O exemplo declara dois inteiros, A e B. B é definido para que o seu endereço seja igual ao endereço de A. Designar um valor para A tem o mesmo resultado que designar um valor para B.

Para encontrar informações específicas sobre categorias de tipos de dados, consulte a documentação de ajuda para tipos inteiro, caractere, Booleano, ou enumerado, *string* ou real.

Como escrever declarações

Declarações em Object Pascal são escritas com os operadores básicos, com operandos dos tipos de dados certos, seguidos por um ponto-e-vírgula (;) ao final de cada declaração. As declarações que incluem palavras-chave também são escritas com um ponto-e-vírgula ao final da declaração.

Declarações são linhas de código executável, contidas entre blocos begin e end. Há quatro declarações na seção anterior entre os blocos begin e end do arquivo DPR. Para ter exemplos de declarações, consulte a seção "Organização de arquivo de código-fonte".

Declarações condicionais

Um dos tipos de declarações mais comumente usados emprega testes condicionais para determinar a declaração que é executada. Dois tipos de teste condicional estão disponíveis: o teste condicional if...then...else e a declaração case...of.

Declarações condicionais if

A declaração If..then..else tem a forma canônica

```
IfStm -> IF Expression THEN Statement [ELSE Statement]
```

onde *Expression* retorna um valor booleano. As chaves em torno da cláusula else indicam que a cláusula else é opcional. A seção declaração de ambas as cláusulas, if e else, pode ser uma única declaração ou uma declaração composta. Uma declaração simples é uma declaração apenas; declarações compostas são diversas declarações únicas contidas dentro do mesmo bloco begin e end. Alguns exemplos de declarações estão relacionados abaixo:

```
var
      HairColor : TColor;
      DateOfBirth : TDateTime;
      Year, Month, Day : Word;
begin
      HairColor := clGreen;

      If (HairColor = clBlack) then
          ShowMessage('Adding to suspect list');

      DateOfBirth := StrToDate('02/12/1966');
      DecodeDate( Now, Year, Month, Day );

      If( DateOfBirth <= EncodeDate( Year - 21, Month, Day )) then
          ShowMessage('Legal')
```

```
        else
              ShowMessage('Dial 9-1-1');

        If( DateOfBirth = EncodeDate(Year - 21, Month, Day )) then
        begin
              ShowMessage('First Drink is Free');
        end;
end;
```

Lembre-se de que o ponto-e-vírgula só é necessário ao final da última declaração. Se você tiver uma cláusula else, então o final da declaração será depois da cláusula else. Se nenhuma cláusula else for usada, então o ponto-e-vírgula é colocado ao final da declaração da cláusula if..then. Uma declaração pode ser uma declaração simples ou uma declaração composta; a regra de colocação do ponto-e-vírgula vale para os dois casos. Uma declaração composta é indicada por um bloco begin end.

Por convenção, se você tiver uma ou duas possibilidades de desvio, então a declaração condicional If é a melhor escolha, No entanto, se você tiver mais de duas condições de desvio, então a declaração case é a melhor escolha. Existem três critérios para declarações case:

```
CaseStmt -> CASE Expression OF CaseSelector/';'. . . [ELSE
      Statement] [';'] END
CaseSelector -> CaseLabel/','. . . ':' Statement
CaseLabel -> ConstExpr ['. . ' ConstExpr]
```

> *Expressões em Delphi podem ser expressões* string. *Delphi não limita a expressão declaração case a valores ordinais, como faz Visual Basic.*
>
> **DICA**

A primeira regra, CaseStmt, descreve a declaração case como avaliando uma expressão e comparando o valor da expressão com os valores em CaseSelector; a condição de combinação padrão é uma cláusula else opcional. CaseSelector contém uma CaseLabel seguida por dois pontos e uma declaração. A regra CaseLabel pode conter uma ou mais ConstExpr (expressão constante) em uma faixa ascendente de valores contíguos, conectados sintaticamente — a .. — ou uma lista delimitada por vírgula, ou uma combinação de ambos, conforme mostrado na listagem:

```
// Example Case Statement
var
      HairColor : TColor;
begin
      HairColor := clBlack
      case HairColor of
      clBlue: ShowMessage('Grandma');
      clGreen: ShowMessage('Teenager');
```

```
        clRed: ShowMessage('step child');
        clBlack, clGray: ShowMessage('Dad');
        1000..10000, 10002: ShowMessage('Mom' 's bad hair coloring');
        else
                ShowMessage('not in my family');
        end;
end;
```

Como demonstrado na listagem anterior, declarações case podem conter uma variedade de faixas ou expressões delimitadas por vírgula. Também é mais fácil para o os programadores lerem declarações case com muitos elementos do que lerem testes condicionais if aninhados.

Declarações de controle de loop

Em Object Pascal, existem três mecanismos de controle de *loop*: as declarações repeat..until; while..do e for..do. Como ocorre em outras linguagens, o *loop* while..do processará 0 (zero) muitas vezes. O *loop* repeat..until processará um muitas vezes, pois o teste está no final do *loop* e o *loop* for..do processará o número de vezes expresso na cláusula for.

A convenção é simples: se você quiser processar pelo menos uma vez, use repeat until; se quiser processar zero ou mais vezes, use o while loop e se quiser processar um número determinado de vezes, use o *loop* for. Além do número mínimo de vezes, que um *loop* while..do e uma repeat..until processa, há uma diferença em suas condições de teste. Para realizar testes idênticos, a expressão while e a expressão until precisam ser inversas. Considere o código exemplo para cada tipo de *loop*:

```
// Example Loop Control Code
var
        I : integer;
begin

        I := 0;
        while( I < 10) do
        begin
                MessageBeep($FFFFFFFF);
                Inc(I);
        end;
        I := 0;
        repeat
                MessageBeep($FFFFFFFF);
                Inc(I);
        until ( I >= 10);

        For I := 1 to 10 do
                MessageBeep($FFFFFFFF);
end;
```

Cada um dos *loops* acima processa de acordo com o número prescrito de vezes, isto é, dez. (O procedimento MessageBeep é um procedimento Windows API que toma um argumento inteiro não assinado; $FFFFFFFF é equivalente a –1. A declaração gera um sinal sonoro.) É importante lembrar que você processa múltiplas declarações a cada iteração do *loop*, encerrando-as entre um begin e um end; depois é o mecanismo de controle do *loop* que faz isso, conforme demonstrado no *loop* while..do. Não é necessário usar begin e end; para repeat until, mas o compilador continuará a compilar o código se você o fizer.

Como escrever procedimentos e funções

A declaração é o menor bloco de montagem útil de código executável em um programa. Em seguida, o menor nível de abstração útil é o nível de procedimento, que consiste de Function e Procedure. (A menos que seja necessária uma distinção, Procedure será usado para significar tanto Function quanto Procedure; quando a distinção for relevante, ela será feita.)

NOTA

Existem algumas diretrizes qualitativas básicas para escrever procedimentos. Como regra geral, procedimentos e funções só devem ter algumas linhas de comprimento e, na maioria das vezes, nunca mais do que 25 linhas, aproximadamente. Se você examinar o código-fonte VCL do Delphi, verá que a maioria dos procedimentos é relativamente curta. Procedimentos curtos são mais fáceis de manter e ajudam os programadores a centrarem-se em tarefas únicas, enquanto procedimentos longos são mais difíceis de ler e compreender e, conseqüentemente, mais difíceis de manter. Longas funções, com freqüência, tendem a causar sobrecargas e a alocar muita memória a curto prazo, sendo, portanto, mais difíceis de serem bem escritas.

Como escrever procedimentos

Um procedimento título usa a palavra-chave Procedure seguida do nome do procedimento, terminando com um ponto-e-vírgula. É o que declara o seguinte critério ProcedureHeading.

ProcedureHeading - > PROCEDURE Ident [FormalParameters]

NOTA

As regras gramaticais são mais difíceis de ler do que um exemplo de código único, mas se você puder decifrar a forma canônica, então poderá determinar todas as formas possíveis de qualquer fragmento de código. Teoricamente, isso significa que, se você pode ler a página gramatical na ajuda do Delphi, por inferência, poderá escrever qualquer tipo possível de declaração. Embora a referência constante à gramática do Delphi seja uma maneira entediante de programar, ela é eficiente para responder às perguntas.

DICA Uma técnica simples de resolver questões de sintaxe é escrever o código e tentar compilá-lo. Se ele compilar, então está tudo certo.

Usando a primeira parte de uma regra gramatical de procedimento, a seguir está um exemplo de uma declaração procedimento.

```
Procedure Connect;
```

Exatamente como a regra sugere, a palavra-chave procedure antecede um identificador, o nome do procedimento. Como está claramente relacionado na primeira parte da regra, procedimentos têm partes opcionais referidas como FormalParameters; os argumentos que você deseja passar ao procedimento. FormalParameters são subdivididos nas três partes seguintes:

```
FormalParameters -> '(' FormalParm/';' . . . ')'
FormalParm       -> [VAR | CONST | OUT] Parameter
Parameter        -> IdentList [':' ([ARRAY IF] SimpleType | STRING Z FILE)]
                 -> Ident ':' SimpleType '=' ConstExpr
```

FormalParameters são definidos como uma lista repetida de tipo FormalParam, separada por um ponto-e-vírgula, circundada por parênteses. FormalParam pode ser opcionalmente precedido pelas palavras-chave var, const ou out (refira-se às subseções que seguem e que tratam de cada um desses parâmetros qualificadores para mais detalhes) e uma regra Parameter. O Parameter é compreendido de uma lista de identificador contendo um ou mais nomes, dois pontos e um tipo ou um identificador, sinal de igual e valor padrão. Essa regra oferece grande flexibilidade. Alguns exemplos de funções válidas que demonstram essas regras podem ser vistos a seguir.

```
// Procedure Declaration Examples
Procedure NoParams;
Procedure OneParam( I : Integer );
Procedure TwoParamsSameType( I, J : Integer );
Procedure TwoParamsDifferentTypes( I : Integer; S : String );
Procedure OneVarParam( var I : Integer );
Procedure OneConstParam( const D : Double );
Procedure OneWithDefault( Ch : Char = 'A' );
```

Uma vez decodificada a declaração procedure, você também decodifica a declaração function. Só existe um par de diferenças menores entre function e procedure, que cobriremos a seguir.

Como escrever funções

As regras canônicas para funções são quase idênticas àquelas para procedimentos (veja a seção anterior para informações sobre regras de procedimento). As diferenças entre funções e procedimentos estão no fato de que as funções requerem o uso da palavra-chave function e a adição de um valor de retorno. Funções são destinadas a retornar dados do *caller*. Por exemplo, a partir da listagem acima, NoParams pode ser redefinido como uma função, conforme segue:

```
Function NoParams : Integer;
```

Quando comparamos uma FunctionHeading a um ProcedureHeading, as diferenças são exatamente o uso da palavra function em vez de procedure e o uso não opcional do sinal: (dois-pontos) e um tipo de retorno no caso de uma função.

Como usar prefixos de argumento para comunicar intenção

Você pode usar prefixos em qualquer argumento com var, const, out ou não fornecer prefixo. O objetivo de um prefixo para argumentos é restringir como cada argumento é usado. Uma boa idéia é aplicar tantas restrições quantas puder para diminuir o mau uso do argumento.

Suponha que seja essencial que o código dentro de um procedimento nunca mude um argumento. Use o prefixo const para aquela variável e o seu código garantirá a imutabilidade essencial daquele argumento. Talvez algum outro argumento precise ser modificado pelo procedimento; prefixar o argumento com a palavra chave var torna isso possível. As subseções que apresentamos a seguir oferecem uma visão geral dos diferentes prefixos que você pode usar e demonstram o efeito de cada um sobre as variáveis.

Como passar argumentos por valor

Um argumento passado pelo valor é um que pode ser mudado dentro do procedimento, mas a mudança não é refletida quando o procedimento retorna. Um argumento de valor passado é indicado pela ausência de qualquer prefixo.

```
Procedure Foo( I : Integer );
```

O valor de I é passado a Foo. Mudanças para I em Foo não são refletidas em I quando Foo retorna.

Como passar argumentos por referência

Passar um argumento por referência significa passar o cursor sobre os dados sublinhados dos quais o valor de argumento foi derivado. Passar por referência significa que você está empregando o prefixo var. A presença de var indica ao leitor que um valor em particular será alterado pela chamada de procedimento e que é esperado que a mudança persista quando o procedimento retornar.

```
Procedure Foo( var I : Integer );
```

I é passado como uma variável. Mudanças de I em Foo refletem-se na variável passada com o argumento para Foo quando Foo retorna.

Como passar argumentos constantes

Argumentos constantes indicam imutabilidade. Eles dizem: "olhe, mas não toque". Você deve usar prefixos const sempre que puder, pois argumentos constantes são argumentos confiáveis. Ao retornar, um argumento constante terá o mesmo valor que tinha ao ir para um procedimento.

```
Procedure Foo( const I : Integer );
```

I não pode ser alterado em Foo e, como um resultado, nenhuma mudança ocorre quando o procedimento retorna.

Como passar argumentos apenas de escrita

Argumentos apenas de escrita são prefixados com a palavra-chave out. Out foi introduzida por ser compatível com interfaces COM. Ao acrescentar out a uma declaração de argumento, teremos que o procedimento chamado não deve esperar que aquele argumento tenha qualquer valor em particular, mas o procedimento chamado deve designar um valor ao parâmetro out. O *caller* espera que ele retorne do procedimento.

```
Procedure Foo( out I : Integer );
```

O valor passado a Foo é descartado por quaisquer mudanças para I que são refletidas quando o procedimento é retornado. Out é semelhante a var no que se refere às variáveis passadas por referência. O prefixo out foi acrescentado para suporte COM.

Como designar valores padrão a argumentos

Valores padrão oferecem uma medida de flexibilidade. Você indica um argumento que tem um valor padrão colocando um *token* de sufixo = (igual) com um valor padrão do tipo apropriado no lado direito do operador de equivalência. Neste contexto, o operador de equivalência age como um operador de designação.

Use um argumento padrão quando tiver um que faça sentido. Isso permite chamar o procedimento com ou sem o referido argumento. Se você não passar dados para um argumento com um valor padrão, então o argumento terá o valor padrão dentro do procedimento; caso contrário, ele terá o valor passado.

```
Procedure Foo( I : Integer = 5 );
Foo;
```

ou

```
Foo( 10 );
```

Foo pode ser chamado sem argumentos ou com um novo valor para o parâmetro I. Se nenhum argumento for passado, então I terá o valor 5. Na última declaração I terá o valor de 10.

Quando você usa argumentos padrão, os argumentos da extrema direita precisam ter argumentos padrão antes que os argumentos à esquerda possam tê-los. Assim, para cada argumento com um valor padrão, o seu vizinho à direita também precisa ter um. (O Capítulo 4 apresenta muito mais exemplos de uso de valores padrão em parâmetros.)

Como depurar um programa

A seção "Como executar um programa", vista anteriormente neste capítulo, descreveu algumas das capacidades de depuração que estão no depurador integrado. Agora que você viu e teve a oportunidade de escrever algum código, existem mais algumas ferramentas de depuração que você deve conhecer.

O ambiente de desenvolvimento integrado permite passar argumentos de linha de comando para simular aplicativos console ou, talvez, aplicativos que executem a partir do Windows NT Task Scheduler (Organizador de tarefa). Além de argumentos de linha de comando, o Delphi disponibiliza para você pontos de interrupção de linha única. Juntas, as duas capacidades facilitam testar seus programas em cada fase de desenvolvimento.

Como passar argumentos linha de comando para o depurador integrado

Pressione **Alt+R**, **P** para designar parâmetros de linha de comando a partir do menu Run. A caixa de diálogo Run Parameters permite especificar simples parâmetros de linha de comando, indicar um aplicativo *host* para testar aplicativos do lado do servidor ou controles ActiveX e uma depuração remota de *host*.

Para ler parâmetros de linha de comando em seu aplicativo, use o ParamCount como o limite superior para um controle de *loop* e leia cada parâmetro a partir do *array* ParamStr(). Um *loop* for..do funciona muito bem para esse objetivo.

```
var
    I : Integer;
begin
    for I := 0 to ParamCount-1 do
        ShowMessage( ParamStr(I) ); // process parameter
end;
```

Comandos de ponto de interrupção simplificados

Quando você ajusta um ponto de interrupção, o compilador insere o comando soft ice. A instrução de interrupção da linguagem *assembly* é a interrupção 3. Isso é invisível para você. Tudo o que você tem a fazer é pressionar **F5** para alternar entre a ativação e a desativação do ponto de interrupção. O ponto de interrupção está ativado quando a linha de código tem um fundo vermelho (por padrão). Quando o ponto de interrupção estiver ativado, o processamento será suspenso quando aquela linha de código for atingida no IDE.

O básico sobre o ponto de interrupção

Os pontos de interrupção podem ser ajustados para facilitar o aborrecimento de depurar e testar. Refira-se à Figura 1.24; quando você pressiona **F5** e um ponto de interrupção é ativado, o nome do arquivo, o número de linha e a ação de ponto de interrupção são todos ajustados para você. A condição permite especificar uma interrupção em condição de expressão verdadeira. A contagem de passagem permite que você não interrompa por um número especificado de passagens, por exemplo, se estiver processando muitos dados e ocorrer um erro tardio no ciclo de processamento. O nome Group (Grupo) (veja a Figura 1.24) permite que você organize pontos de interrupção por grupo; uma vez que eles estejam agrupados, você pode habilitá-los ou desabilitá-los, selecionando o nome de grupo na caixa de lista Enable or Disable Group.

Como responder às exceções

As caixas de verificação Ignore Subsequent Exceptions (Ignorar exceções posteriores) e Handle Subsequent Expressions (Manipular expressões posteriores) são usadas como um par. Marcar a primeira levará Delphi a ignorar exceções na depuração. Se Handle Subsequent Exceptions for marcada, Delphi irá parar as exceções se a guia Tools, Debugger Options, Language Exceptions (Ferramentas, Opções de depurador, Exceções de linguagem) tiver o Stop on Delphi Exceptions (Parar em exceções Delphi) marcado.

Como registrar exceções no registro de evento Windows NT

Se você introduzir uma mensagem no campo Log Message (Registrar mensagem), uma entrada será feita no registro de evento Windows NT quando esse ponto de interrupção suspender a execução do programa. Eval Expressions avalia a expressão escrita no campo fornecido e se Log Result estiver marcado o resultado da avaliação também será escrito no registro de evento NT.

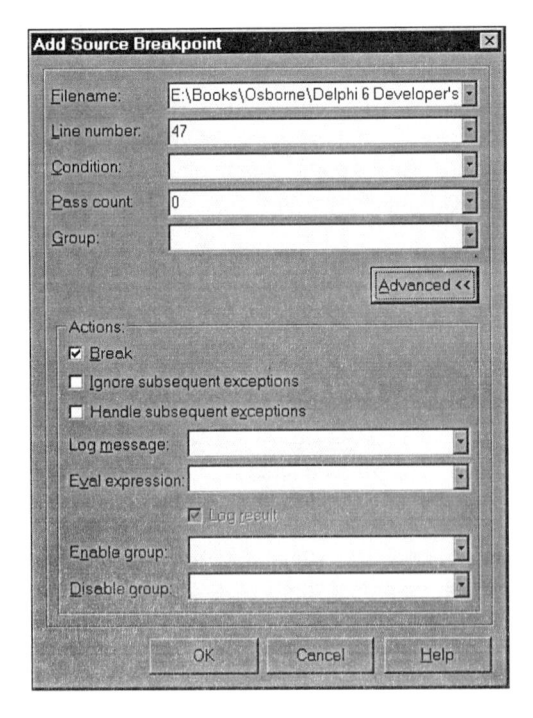

Figura 1.24 A caixa de diálogo Add Source Breakpoint
(Acrescentar fonte de ponto de interrupção)

Resumo

Este capítulo foi expressamente destinado para programadores em processo de migração para o Delphi. Se você for um programador de nível intermediário, então este capítulo ofereceu uma revisão compreensiva de uma ampla variedade de recursos encontrados no Delphi 6. Este capítulo demonstrou uma seção cruzada de tópicos, de gerenciar o IDE e depurar a escrever alguns dos tipos básicos de código que cada aplicativo contém.

Capítulo

2

Como tornar mais inteligente seu Pascal orientado a objeto

A pedra fundamental do bom desenvolvimento é contar com ferramentas ótimas. Object Pascal é uma ótima ferramenta. Com base no capítulo anterior ou nas habilidades que você já tem, este capítulo demonstra as habilidades baseadas em objeto que todo grande programador precisa ter. Delphi tem uma ferramenta excepcional construída com Object Pascal. Este capítulo contém código que é a pedra angular de cada programa.

Convenções Delphi

Há cerca de 25 anos atrás, a linguagem C era a mais atual. Naquele tempo, compiladores, exatamente como aqueles da C, eram fracamente digitados. Você podia declarar variáveis como indicadores e passá-las para argumentos esperando por inteiros ou vice-versa. Por exemplo, uma variável inteiro designada ao valor 0 podia, inadvertidamente, ser designada a um char* (na terminologia C, um indicador para um caractere). A razão para isso é que os compiladores não reforçavam rigidamente o uso de tipos de dados e ainda hoje não o fazem. Afinal, dados são apenas números. O problema é que se você acessa o inteiro como um indicador, bem pode estar iniciando a memória BIOS — Basic Input/Output System (Sistema básico de entrada e saída), o que, na verdade, é algo muito ruim. Outro problema pernicioso eram as variáveis globais. Sem verificar, a maioria das pessoas não podia lembrar os tipos de dados de uma variável declarada um mês antes e, além disso, no código de outra pessoa.

Alguns anos mais tarde, depois que milhões de dólares foram gastos procurando erros relacionados a variáveis globais e inteiros e cursores mal utilizados, surgiu uma solução. No início da década de 1980, Charles Simonyi foi contratado pela Microsoft, vindo da Xerox Parc. Simonyi, um húngaro, tem o crédito de inventar e popularizar o que é chamado de *convenção de denominação húngara*. Esta convenção estabeleceu um conjunto de prefixos que podiam ser usados para identificar os tipos de dados de variáveis. A idéia era a de que os programadores pudessem ver o prefixo e, *voilà!*, fim da má utilização de cursores e inteiros. Por exemplo, um char* usado para armazenar uma *string* terminada em nulo podia ter um prefixo sz. Tudo o que um colega programador tinha que fazer era lembrar que sz significava uma *string* terminada em nulo (ou *string* zero). Uma variável global tinha um prefixo assim, se você lembrasse o que lpsz significava, e não precisaria encontrar a declaração atual para descobrir o tipo de variável.

Dicas ou instruções implícitas são boas, mas pergunte-se como muitas pessoas passam por sinais fechados, ficam muito próximas do carro à frente ou fumam. Dependendo de suas inclinações existenciais, é provável que você já tenha ignorado um par desses avisos implícitos. Independente disso, nas convenções de denominação dos anos 80 envolvendo prefixos, estava o melhor que podíamos fazer como indústria, portanto a nomeação de prefixos e convenções foi adotada e assumiu vida própria.

O que parece ter sido esquecido desde então — e que durou mais de 20 anos em tecnologia — é que agora, a maioria dos compiladores é inteiramente digitada. Isso significa que você não pode, acidentalmente, ignorar a potencial incompatibilidade de tipos de dados; o compilador não permite que você faça isso. Também não estamos mais usando variáveis globais como antes. Quando um inteiro, um caractere ou uma *string* é esperado, o compilador exigirá que você forneça um. Entretanto, alguns distribuidores de ferramentas e softwares não parecem querer deixar as coisas irem adiante. A relação de prefixos usados no Windows API, Visual Basic e outros tem prefixos por todos os lugares. Existem tantos, que é pouco provável que alguém seja capaz de definir e manter um padrão. Felizmente na Inprise existem prefixos não "opressivos", impossíveis de decifrar ou compreender. Delphi é um ótimo compilador; siga as estratégias apresentadas neste capítulo e você não precisará de prefixos.

Menos é mais

Delphi manda não prefixar convenção de nomeação mas, emprega uma convenção simples e prefixada que indica o objetivo dos dados, em vez do tipo. As regras de nomeações foram úteis quando existiam restrições aos comprimentos de nomes de variáveis; a programação estruturada nos exigia ter dados globais e os compiladores não podiam pegar a má utilização de dados. Já faz muitos anos que essas coisas tem sido um caso. Objetos nos permitem eliminar o uso de variáveis globais, não há comprimento para nomes de variável e os compiladores não nos permitirão fazer mau uso de dados. Como resultado, o Delphi previne contra complicadas notações de prefixo. Em vez de memorizar prefixos, você pode focalizar sua atenção no aperfeiçoamento de suas habilidades de programação.

Melhores práticas

O velho ditado — dê um peixe a um homem e ele come por um dia; ensine-o a pescar e ele come por toda a vida — aplica-se aqui. Aprenda uma dúzia de prefixos e, quantos mais prefixos forem criados, você terá que aprendê-los também; na verdade, você só será capaz de *comer*, desde que o grupo atual de prefixos seja relevante.

A seguir estão algumas regras de sentido comum, fáceis de lembrar e de aplicar, que o ajudarão a escrever código claro e consistente.

1. Nomeie procedimentos com substantivos e verbos. O verbo descreve a ação e o substantivo descreve os dados da ação. Se nenhum verbo fizer sentido, provavelmente então você tem dados.
2. Assegure-se de que os seus procedimentos façam uma coisa, e de que façam essa coisa bem; tal coisa deve ser a operação declarada no nome do procedimento.
3. Mantenha métodos curtos e haverá pouca chance de confusão de variável.
4. Métodos mais curtos também tornam mais difícil o surgimento de erros ao nível do procedimento.
5. Não use variáveis globais.
6. Use palavras inteiras e evita abreviações.

É isso. Requer um pouco de prática escrever funções curtas, mas você gastará menos tempo depurando depois que o fizer. Usar palavras inteiras e substantivos e verbos em procedimentos requer apenas comprometimento com relação à legibilidade. CalculateIncomeTax, OpenDataBase ou ReadProperty são todas declarações claras e fáceis de ler. Requer alguma prática, mas lembre-se de que essas são as melhores práticas e que os dividendos compensam o esforço.

Por convenção

Enquanto não há prefixos obscuros como lpsz para lembrar, os programadores da Inprise aderiram a algumas convenções que você achará úteis. Por exemplo, os tipos são prefixados com um T, como em TForm. Soltar o T deixa Form, um nome de variável conveniente que também informa a classe do objeto. Um outro exemplo é usado com *fields*. Field (campo) significa dados privados nesse contexto. (Consulte a seção "Especificadores de acesso", para saber mais sobre dados privados.) Um F é acrescentado a fields; solte o FS e você terá um nome conveniente para uma propriedade. (Veja a seção "Como acrescentar propriedades", para mais informações sobre propriedades.)

A última convenção que você verá é que membros de conjuntos enumerados são prefixados com a primeira inicial dos dois — normalmente existem duas palavras com l maiúsculo em conjuntos enumerados — palavras em conjuntos Delphi. Eis um exemplo da classe formulário.

```
type TFormStyle = (fsNormal, fsMDIChild, fsMDIForm, fsStayOnTop);
```

FormStyle é uma propriedade de objetos formulário. Note o uso do prefixo T. Se você conhece o nome do tipo, então deve conhecer o nome da instância. Uma variável instância de tipo TFormStyle será FormStyle. Observe que os valores enumerados são todos prefixados com fs.

Isso envolve convenções. Recapitulando: Delphi usa três — prefixos de campos ou dados privados, com um F; prefixo de tipos com T e enumerações com iniciais representando seu tipo atual. Você é encorajado a continuar a pesquisar, mas não existe ninguém a vigiá-lo. Convenções só são úteis se elas facilitarem a sua vida; são fáceis de lembrar, aplicam-se à maioria das situações como uma regra coerente e o seu produto final melhora.

Ingredientes para cada programa Windows

Cada programa Windows é restrito ao funcionamento do sistema operacional Windows. São necessários alguns ingredientes básicos. O Windows é um sistema operacional direcionado por evento, baseado em mensagem. Assim, além de ter procedimentos, funções e dados, todos os programas Windows precisam saber como responder a mensagens enviadas para o Windows ou a partir dele em resposta a alguma ocorrência interna ou externa, isto é, a um evento.

Normalmente também é encontrado um ingrediente adicional. Como o nome sugere, programas Windows precisam de janelas; isto é, de uma interface gráfica de usuário. Usaremos isso para aprender sobre cada uma das exigências de programação para Windows e como o Delphi torna a programação Windows uma alegria.

Interfaces gráficas de usuário

Produtos podem ser bem sucedidos ou falhar, dependendo da interface de usuário. Quando um supervisor ou cliente pergunta sobre o progresso de desenvolvimento, recitar uma ladainha de classes e escrever código resultará em bocejos. Mostre a eles uma interface de usuário profissional e eles se regozijarão, mesmo que ela venha a explodir logo depois.

Os desenvolvedores sabem que as interfaces de usuário não resolvem problemas, mas ajudam os clientes a tomar decisões de compra. Felizmente, Delphi é uma excelente ferramenta para construir interfaces de usuário além de boas e sólidas fundações baseadas em objeto. A Visual Component Library é compreendida, em grande parte por código original da Object Pascal. O mesmo código que construiu o Delphi está disponível para você montar os seus aplicativos.

> *A Delphi Super Page em http://delphi.icm.edu.pl/, enquanto este livro estava sendo escrito, abrigava 5.796 arquivos de componentes. Esse é um bom lugar para pescar código.*
>
> **DICA**

A interface gráfica de usuário é compreendida de efeitos visuais que podem ser planejados com código e recursos de dados, como *bitmaps*, vídeo, áudio, fontes e cor. Porque Delphi é uma linguagem baseada em objeto, talvez existam dezenas de milhares de componentes de código originais e muitos mais serão criados. A interface do Delphi é tão fácil de usar que é possível treinar um artista gráfico — não um programador — para criar obras de arte em seu aplicativo. Veja, Figura 2.1, um exemplo de interface de apelo visual. A figura mostra uma página Web por Levi Ray e o produto implementado no Delphi da Shoup PensionGold. Devido à importância do apelo visual, é surpreendente que mais empresas não contratem artistas gráficos profissionais para ajudar no *design* de interface.

Siga as etapas adiante indicadas para ter idéia de um dos novos componentes do Delphi, o TWebBrowser.

> *Você precisará acesso à Internet para conexão com a página Web na etapa 9 (quando o programa de demonstração estiver sendo executado).*
>
> **NOTA**

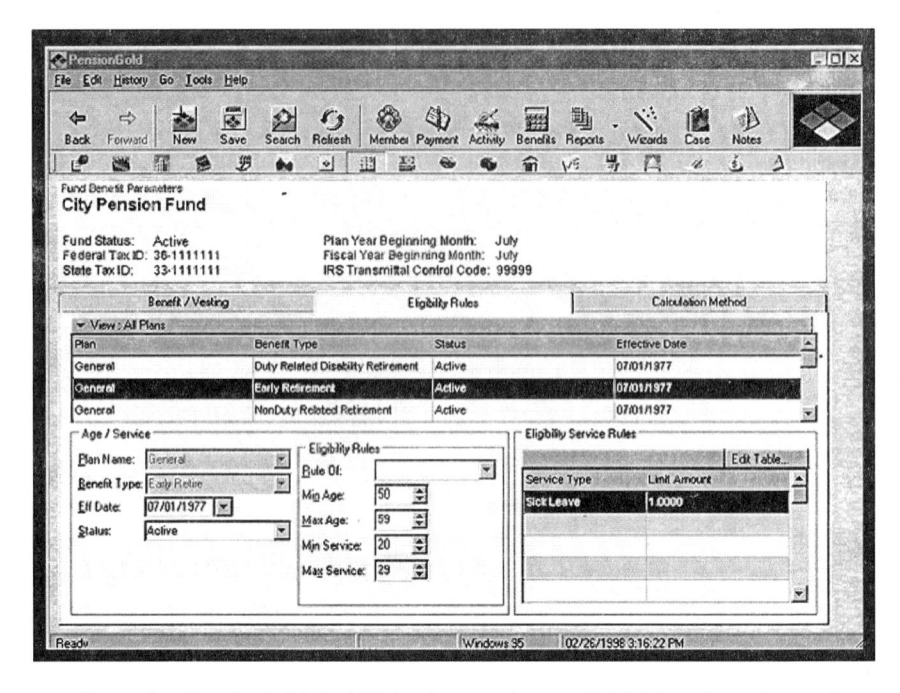

Figura 2.1 PensionGold de LRS implementada com Delphi (http://www.lrs.com)

1. Inicie o Delphi 6. Automaticamente será criado um novo projeto.
2. Traga para a frente o formulário padrão. (A tecla **F12** alterna entre o formulário e a vista Code Editor.)
3. Clique na guia Internet no componente paleta.
4. Clique duas vezes no componente TWebBrowser; clicar duas vezes colocará um no formulário.
5. Pressione **F11** Para abrir o Object Inspector.
6. No Object Selector assegure-se de que WebBrowser1 esteja selecionado. Mude o valor de Align Property (Alinhar propriedade) para Align to the Client (Alinhar para o cliente) (alClient).
7. No Object Inspector, selecione o componente **TForm**.
8. Clique na guia **Events** com o objeto Form1 selecionado.
9. Dê duplo clique em **OnCreate** e acrescente o seguinte código:

```
WebBroker1.GoHome;
```

10. Pressione **F9**.

Capítulo 2 - Como tornar mais inteligente seu Pascal orientado a objeto | **59**

Executar a demonstração em meu *desktop* me leva à *homepage* da minha empresa em http://www.softconcepts.com, mostrada na Figura 2.2. Com um componente e uma linha de código você tem um Web *browser*. Enquanto o mercado de Web *browsers* pode ser apertado para novos produtos, ele é um testemunho do poder dos componentes.

NOTA

Um excelente livro sobre os fatores humanos de design é The Inmates are Running the Asylum, *de Alan Cooper, publicado pela Sams. Esse livro não fala sobre design ou codificação de componente; ele sugere estratégias para projetar software tal como as pessoas desejam usar.*

Considere usar *designers* gráficos para aperfeiçoar a interface de seus aplicativos. No mínimo, por consistência, componentes de subclasse conseguem uma vista e aspecto consistentes com os componentes visuais comumente usados, como botões, painéis, uso de cor, fonte e *bitmaps*.

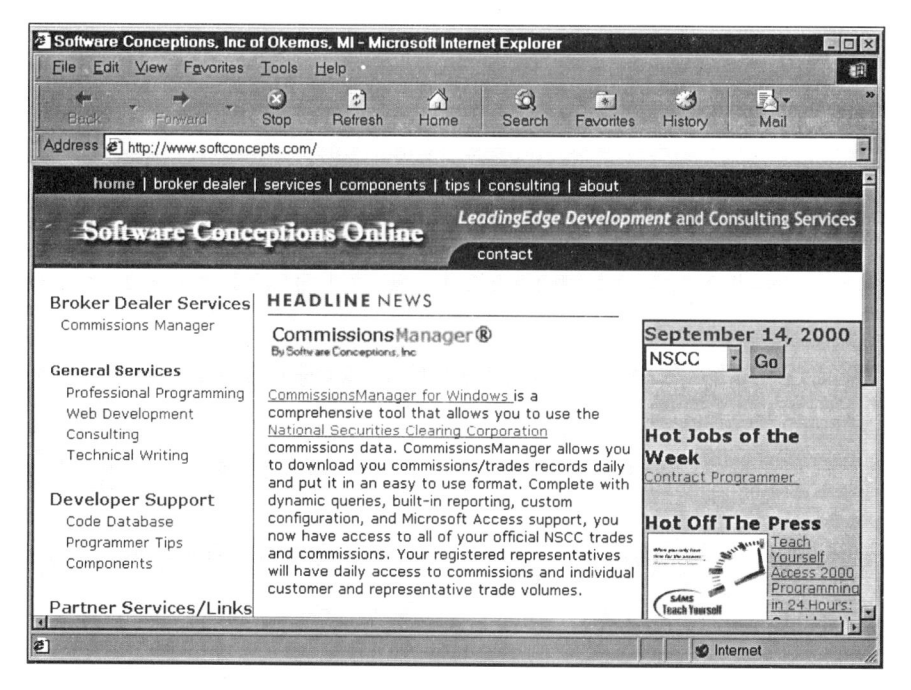

Figura 2.2 *Use o novo TWebBrowser mostrado aqui, para navegar em http://www.softconcepts.com*

Procedimentos e funções

Todo programa Windows precisa de código. Você escreverá a maior parte de seu código em procedimentos e funções. No mundo baseado em objeto, o termo genérico *method* é usado para referir-se a ambos, procedimentos e funções, que são membros de uma classe.

Quando são passados argumentos a um procedimento, os meios pelos quais os argumentos são passados ao procedimento são referidos como *convenção de chamada*. Por exemplo, argumentos podem ser passados em registro de variáveis de microprocessador. No Delphi, isso é chamado de *register calling convention* (registro de convenção de chamada). Quando você está escrevendo um programa inteiro em Delphi, não precisa usar qualquer convenção de chamada em particular. A situação em que você pode especificar uma diretiva a partir da lista na Tabela 2.1 depende das suas necessidades. Uma convenção de chamada afeta a ordem na qual parâmetros são passados a procedimentos.

DICA

Para encontrar centenas de exemplos demonstrando as diretivas apresentadas na Tabela 2.1, use o recurso do Delphi Find in Files (Encontrar em arquivos) e localize aquela diretiva. A diretiva é sempre colocada ao final.

Tabela 2.1 Diretivas que mudam a ordem de chamada de argumento, a convenção de chamada

Diretiva	Ordem de parâmetro	Parâmetros passados em registro de CPU
register (registro)	esquerda-para-direita	Sim
Pascal	esquerda-para-direita	Não
cdecl	direita-para-esquerda	Não
stdcall	direita-para-esquerda	Não
safecall	direita-para-esquerda	Não

Parâmetros são passados no espaço da pilha de endereço ou em registros na CPU. A ordem na qual eles são chamados e onde os dados ficam em trânsito depende da linguagem de programação e da convenção de chamada empregada. Os parâmetros para um procedimento são passados na ordem em que eles aparecem ou na ordem inversa. Se uma DLL tiver sido escrita em C ou C++, então os parâmetros serão passados da direita para a esquerda. Quando você declara o procedimento em Delphi, precisa acrescentar a diretiva cdecl para informar ao Delphi para inverter a ordem de espera dos parâmetros. O Windows API usa stdcall e safecall; portanto você precisará usar essas diretivas ao chamar procedimentos Windows API. Consulte a seção "Como chamar procedimentos Windows API", mais adiante neste capítulo, para exemplos.

Windows — sistema operacional baseado em mensagem

Para desenvolvedores que querem ter todo o poder de Windows à sua disposição, é importante entender arquiteturas baseadas em mensagem. Sistemas operacionais baseados em mensagem são análogos ao serviço postal dos Estados Unidos. Uma pessoa cria uma correspondência e a entrega ao transportador de correspondência. Ele não se preocupa com o destinatário, mas apenas encaminha a mensagem ao Correio. No centro de processamento do Correio local, ele a atira em esteiras transportadoras e os empregados do governo enviam-na para a caixa certa de acordo com o código postal. O fato é que ninguém, exceto o destinatário, se preocupa com o conteúdo, desde que ele não seja uma bomba. O remetente e o destinatário se preocupam com o conteúdo, mas o transportador da mensagem — e tudo o que está no meio desse processo — só se preocupa em transportá-la do remetente ao destinatário, nada mais.

Por analogia, o Windows trabalha mais ou menos assim. O Windows é mais como uma carta de chamada do Exército. Todos os possíveis destinatários são reunidos, prontos para agarrar a correspondência encaminhada a eles. Não há como o Windows possa se preocupar com o conteúdo da mensagem, pois a maioria dos softwares ainda não foi escrita. Para escrever programas Windows, é benéfico para você saber como responder a mensagens. A boa notícia é que o Delphi já sabe como lidar com a maior parte das mensagens comuns, mas o envio de mensagem é um *design* elegante; ele trabalha para o "Correio". A melhor notícia é que na próxima seção, sobre métodos de mensagem e acionadores de evento, você verá como escrever métodos de mensagem.

Acionadores de evento ligam Windows a programas Windows

Um evento é algo que acontece. Um clique do mouse é um evento. Pressione uma tecla e um evento dispara. Bem, primeiro um sinal elétrico leva as funções BIOS 0x09 e 0x16 interrompidas a serem executadas e depois o Windows é notificado. Aquilo que as pessoas fazem ao interagir com seus PCs e o que o PC faz enquanto está sendo executado são os eventos. O Windows precisa ter um mecanismo para responder; ele tem. Um evento ocorre, o Windows descobre qual é o evento, cria uma mensagem e disponibiliza esta mensagem a quaisquer programas que estejam recebendo mensagens. É assim que funcionam sistemas operacionais baseados em mensagem direcionados por evento.

Procedimentos callback

Todos os dados em computadores se igualam na posição de semicondutores de valores numéricos dentro do computador. Dessa forma, inteiros são números, o que é apresentado como uma *string* de texto é, na verdade, constituído de números e locais de procedimento na memória são números. Todos os dados têm locais e endereços também. Conseqüentemente, cada coisa pode ser referida por seu endereço.

Um *callback* (chamada de retorno) é um procedimento cujo endereço é usado como um meio de chamá-lo. Necessariamente, o *caller* não conhece o procedimento específico para chamar, na ocasião da compilação. Tudo o que o *caller* sabe é a assinatura específica do procedimento que ele estará chamando. O procedimento atual é fornecido e o *caller* procura o endereço que representa o procedimento. Isto permite que o procedimento específico de chamada de retorno seja fornecido ao *caller* no tempo de execução e mudado enquanto o aplicativo estiver sendo executado. O processo que chamará o procedimento de chamada de retorno já está compilado e sabe como chamar um procedimento com uma interface em particular, mas não pode saber o nome simbólico antecipadamente. Considere como o Windows API sabe o nome de uma função que você está escrevendo exatamente agora. Ele não sabe, mas pode especificar o rastro do procedimento. Dado um endereço que remete a um procedimento atual com aquele rastro, o *caller* pode chamar um procedimento do qual ele não sabe nada antecipadamente. Chamadas de retorno são essenciais para programação Windows. (No Capítulo 6, veja a seção sobre criação de tipos de procedimento para obter mais informações.)

Acionadores de evento

Um acionador de evento é um procedimento que responde a eventos. O acionador de evento é associado a uma mensagem dessa maneira: o Windows, ou um outro programa, é informado sobre um evento. Uma mensagem é gerada. Um acionador de mensagem recebe a mensagem; este acionador tem o endereço do tipo de procedimento, um disparador de evento, e chama o acionador de evento através do procedimento de chamada de retorno. A Figura 2.3 é uma representação visual do processo descrito.

DICA

O diagrama é referido como um diagrama seqüência. Começando a partir da figura desenhada esquematicamente, na extrema esquerda, chamada de ator, representando uma pessoa pressionando uma tecla no exemplo, siga a direção das setas, fazendo o seu caminho para o lado e para baixo. A linha vertical pontilhada é anexada ao objeto à qual ela pertence. A partir da esquerda, o diagrama demonstra o usuário pressionando uma tecla. Literalmente, no diagrama, KeyBoard (Teclado) é o objeto e KeyPress (Pressão de tecla) é um método de um KeyBoard. BIOS representa um objeto e o diagrama apresenta o objeto KeyBoard, chamando o método InterpretKeyState (Interpretar posição de tecla) de um objeto BIOS. O diagrama demonstra resumidamente todos os elementos — representados pelas caixas nomeadas — que participam de uma resposta a uma pressão de tecla, e assim por diante. A linha vertical anexada à seta representa o conteúdo do comportamento nomeado (o texto na seta).

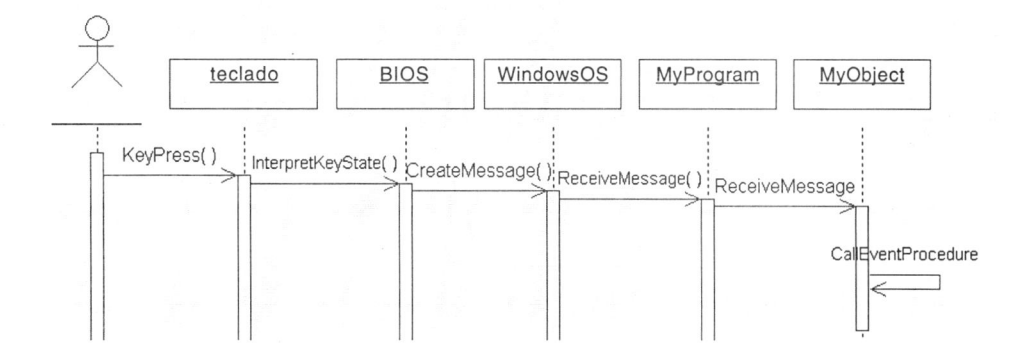

Figura 2.3 Representação visual aproximada da arquitetura de envio de mensagem no Windows direcionada por evento, mostrando uma seqüência de atividade de um teclado

O Delphi só exige que você acrescente código na última etapa: você escreve o procedimento evento, e o procedimento evento pode ser gerado com um duplo clique na guia **Events** no **Object Inspector**. Toda a complexidade inerente ao Windows está oculta na arquitetura Delphi. Felizmente, você não está limitado a escrever apenas o acionador de evento. Para programadores avançados, às vezes é benéfico escrever seus próprios acionadores de mensagem, pegar a mensagem do Windows ou definir os seus próprios procedimentos de evento e acionadores. (Refira-se ao Capítulo 6 para informações sobre a livre conexão e os acionadores de mensagem e evento.)

Objetos tornam a programação mais fácil, mas não extremamente fácil

O Delphi torna a programação mais fácil, mas programar não é fácil. A Object Pascal concede algumas das complexidades inerentes à programação Windows, ao deixá-las acessíveis, se você precisar delas. Responder a eventos externos exige que você acrescente algumas linhas de código a um acionador de evento, embora, se você quiser estender o tipo de mensagem a uma classe você também pode faze-lo

Como chamar procedimentos Windows API

Com o Delphi você não precisa ir diretamente para o Windows API tantas vezes quanto em outras linguagens. O Delphi também oferece unidades que têm funções *wrappper* em torno de procedimentos API comuns, permitindo que você use procedimentos Pascal sem apresentar declarações API. Entretanto, há ocasiões em que você pode querer usar procedimentos que estão em bibliotecas de vínculo dinâmico, que não são parte do Windows. Por isso é útil saber como declarar e usar procedimentos DLL em geral.

NOTA

Se você precisar de um método API, lembre-se de que eles já estão declarados em unidades como Windows.pas. Não é preciso, portanto, declará-los novamente.

Executáveis versus Dynamic Link Libraries

Os aplicativos vêm em dois sabores básicos: executáveis e bibliotecas de vínculo dinâmico. Os executáveis têm uma extensão .exe e executam-se como programas únicos. As bibliotecas de vínculo dinâmico normalmente têm uma extensão .dll e são carregadas por outros aplicativos. Um aplicativo básico Windows é um programa executável e uma biblioteca de procedimentos ou classes é uma biblioteca de vínculo dinâmico. COM também usa os formatos executável e de biblioteca de vínculo dinâmico em aplicativos servidores fora e dentro de processo. Nesta seção, discutiremos os programas executáveis básicos e bibliotecas, não os servidores COM.

Como chamar um procedimento Windows API

Se você olhar no subdiretório fonte (disponível com as edições Professional e Enterprise) onde instalou Delphi 6, notará um diretório chamado RTL. Existem diversos diretórios em RTL que contêm unidades Pascal que já declararam procedimentos Windows API. Tudo o que é preciso fazer, portanto, é acrescentar o nome da unidade à sua cláusula Uses da unidade e chamar a função como qualquer outra função.

O Windows API SendMessage é declarado na seção de interface de Windows.pas, como descrito a seguir:

```
function SendMessage(hWnd: HWND; Msg: UINT; wParam: WPARAM;
lParam: LPARAM) :
LRESULT; stdcall;
```

A declaração acima indica que enviar mensagem é uma função que retorna um tipo referido como LRESULT e toma quatro argumentos de tipo HWND, UINT, WPARAM e LPARAM.

NOTA

Procedimentos API importados precisam ter declarações que combinem suas implementações no servidor no qual elas são definidas. Conseqüentemente, os tipos são tipos redeclarados com tipos reais muito mais simples. Por exemplo, um UINT é um inteiro não assinado. De fato, todos os procedimentos API vão ter prefixos de notação, pois a Microsoft é um manancial de onde vêm esses prefixos tipo geringonças. H é o prefixo para Handle (disparador). U é um prefixo para unsigned (não assinado). W é um prefixo para word (palavra) e L é um prefixo para long integer (inteiro longo). Eu não recomendaria tentar decorá-los; procure na ajuda online se precisar.

Com efeito, a implementação contém a declaração que implementa o procedimento anterior.

```
function SendMessage; externar user32 name 'SendMessageA';
```

A cláusula externa indica o nome da biblioteca que contém o procedimento. A cláusula external user32 implica que a biblioteca é a biblioteca user32.dll. Se você procurar sob o nome user32 na unidade Windows.pas, descobrirá que aquele user32 é uma constante definida como 'user32.dll'.

Porque Delphi declarou esse procedimento, tudo o que é preciso fazer para usá-lo é acrescentar a unidade Windows à cláusula de usos e chamar o procedimento. Tente o seguinte exemplo.

1. Crie um novo projeto (o qual criará um novo formulário em branco).
2. Na guia Standard da paleta de componentes, clique duas vezes no controle **TEdit** e em um controle **TButton**. Isso pintará cada um desses controles em Form1.
3. Selecione a propriedade **Caption** de Button1 no Object Inspector. Digite *Toggle Selection* (Alternar seleção) para o Caption do Button1.
4. No formulário, clique duas vezes em **Button1** para gerar o evento OnClick para Button1. Acrescente o seguinte código ao evento:

```
1.   procedure TForm1.Button1Click(Sender: TObject);
2.   const
3.     StartPosition : Integer = 0;
4.     EndPosition : Integer = -1;
5.   begin
6.     Edit1.SetFocus;
7.     StartPosition := Not StartPosition;
8.     EndPosition := Not EndPosition;
9.     SendMessage(Edit1.Handle, EM_SETSEL, StartPosition,
         EndPosition);
10.  end;
```

A primeira e a última linha de código são acrescentadas para você pelo Delphi. As linhas 1 e 2 definem constantes digitadas. Elas agem como variáveis estáticas C++, mantendo seus valores entre chamadas sucessivas ao procedimento. Edit1.SetFocus ajusta o foco para controle de edição, pois o botão obtém o foco quando você clica nele. As linhas 6 e 7 alternam os valores StartPosition e EndPosition entre 0 e -1. A linha 9 chama a função Windows API SendMessage, declarada em Windows.pas. Conforme declarado anteriormente, cada descendente de TWinControl contém um disparador do Windows, satisfazendo o primeiro argumento. EM_SETSEL é uma mensagem Windows predefinida. Se StartPosition for -1 e EndPosition for 0, então será desfeita a seleção de texto. Inverta o valor de StartPosition e EndPosition e todo o texto será selecionado.

Existem aproximadamente 30.000 linhas de declarações somente na unidade Windows.pas. O Windows API é imenso e está ficando maior. Você precisará usar material de referência para encontrar o que está disponível. Empregue algum tempo buscando nas APIs antes de implementar novos procedimentos. Se o Delphi não tiver, então provavelmente estará em algum lugar da API.

Como declarar um procedimento API

Qualquer biblioteca geralmente é referenciada como uma API. Se não conseguir encontrar uma unidade fonte, tal como Windows.pas, que contenha uma declaração existente para um procedimento API, você poderá declará-la. A seguir está um exemplo de uma declaração SendMessage, supondo que Windows.pas não esteja disponível.

```
function SendMessage(hwnd : Longword; MSG : Longword;
wParam : Longint; lParam : longint ) : longint;
stdcall; external 'user32.dll' name 'SendMessageA';
```

NOTA: Usar a cláusula external para carregar o método de biblioteca quando a unidade carrega é conhecido como "encadernação antecipada". Encadernação antecipada significa que a biblioteca é carregada quando a unidade é carregada, em oposição à encadernação atrasada, que requer uma chamada explícita à função LoadLibrary.

A sintaxe básica é descrever o tipo de procedimento, nome e argumentos. A unidade Windows.pas, na verdade, usa os tipos de dados Windows, declarando a função como a seguir:

```
function SendMessage(hWnd: HWND; Msg: UNIT; wParam: WPARAM;
lParam: LPARAM) : LRESULT; stdcall;
```

Na declaração anterior, foram usados os equivalentes da Pascal em vez dos tipos Windows. Por exemplo, um tipo Windows LParam é igual a um tipo Logint em Object Pascal. Bem no final de declaração de importação estão as diretivas. A diretiva stdcall indica que a convenção de chamada para SendMessage está direcionada da direita para a esquerda, e não da esquerda para a direita como na Pascal; os argumentos, neste caso, não são passados nos registros de CPU. A diretiva externa indica que SendMessage está no Windows DLL user32.dll e o nome da diretiva indica o nome real da função (como declarado em user32.dll), que é SendMessageA.

Você pode separar a declaração em uma parte de interface e uma parte de implementação, se quiser incluir a função API como parte da interface de sua unidade; isto é, se quiser deixar que outras unidades chamem a API sem precisar declará-la. Para acrescentar a função à interface de sua unidade, coloque tudo, exceto a parte externa e a cláusula de nome, na seção da interface de sua unidade.

```
function SendMessage(hwnd : Longword; MSG : Longword;
    wParam : Longint; lParam : longint ) : longint; stdcall;
```

Coloque o fragmento que implicitamente carrega a API na seção de implementação de sua unidade.

```
function SendMessage; external 'user32.dll' name 'SendMessageA' ;
```

Olhando de fora para dentro, a sua unidade SendMessage se parece exatamente como qualquer outro procedimento. Lembre-se de que não é necessário declarar a maioria dos procedimentos Windows API; a Inprise já fez isso para você. Entretanto, a técnica é a mesma, não importa o fabricante desenvolvedor da API.

Carregamento de bibliotecas na memória

A seção anterior demonstra implicitamente o carregamento da biblioteca. A declaração contém o *external* 'user32.dll', dizendo ao compilador para carregar user32.dll implicitamente, quando o aplicativo executa. Suponha que você precise de uma capacidade apenas em circunstâncias excepcionais. Pode não querer acrescentar o código extra de ter várias DLLs carregadas o tempo todo. Se você quiser exercer controle sobre o carregamento DLL, pode fazê-lo, com os procedimentos LoadLibrary, FreeLibrary e GetProcAddress.

LoadLibrary carregará uma biblioteca específica quando você solicitá-la. FreeLibrary baixará tal biblioteca, e GetProcAddress obterá dinamicamente um disparador para um procedimento específico. Se você for usar LoadLibrary para carregar uma DLL, não poderá declarar o procedimento usando a declaração *external*. Em vez disso, declare um tipo, cujo rastro seja igual ao do procedimento que você deseja carregar. Depois, chame LoadLibrary quando estiver pronto para usar o procedimento; chame GetProcAddress para obter o endereço do procedimento da biblioteca e chame FreeLibrary para baixar a DLL, quando quiser descarregá-la da memória.

NOTA

O carregamento explícito de uma biblioteca e o procedimento são referidos como "encadernação atrasada". O valor do procedimento de endereço é desconhecido por ocasião da compilação. (Na seção anterior você encontra um exemplo de "encadernação antecipada".)

O código na listagem a seguir demonstra os ingredientes necessários para carregar uma biblioteca de vínculo dinâmico no tempo de execução e obtém um endereço de procedimento do servidor.

```
unit USendMessage;
// USendMessage.pas Demonstrates dynamic API Loading and
procedure initializing
// Copyright (c)  2000. All Rights Reserved.
// by Software Conceptions, Inc. Okemos, MI USA (800) 471-5890
// Writen by Paul Kimmel
interface
uses
      Windows, Messages, SysUtils, Classes, Graphics, Controls,
Forms, Dialogs,
      StdCtrls, Menus;
type
      TSendMessage = function (hwnd : Longword; MSG : Longword;
           wParam : Longint; lParam : longint ) : longint; stdcall;
      TForm1 = class(TForm)
           Edit1: TEdit;
           Button1: TButton;
           procedure Button1Click(Sender: TObject);
           procedure FormCreate(Sender: TObject);
           procedure FormDestroy(Sender: TObject);
      private
           { Private declarations }
           Instance : Longword;
           MySendMessage : TsendMessage;
      public
           { Public declarations }
      end;
var
      Form1: TForm1;
implementation
{$R *.DFM}
procedure TForm1.Button1Click(Sender: TObject);
const
      StartPos : Integer = 0;
      EndPos : Integer = -1;
begin
      Edit1.SetFocus;
      StartPos := Not StartPos;
      EndPos := Not EndPos;
      MySendMessage(Edit1.Handle, EM_SETSEL, StartPos, EndPos);
end;
procedure TForm1.FormCreate(Sender: TObject);
begin
      Instance := LoadLibrary('user32.dll');
      if( Instance <> 0 ) then
           MySendMessage := GetProcAddress( Instance, 'SendMessageA');
```

```
end;
procedure TForm1.FormDestroy(Sender: TObject);
begin
     FreeLibrary(Instance);
end;
end.
```

A seção Type define um tipo de procedimento TSendMessage que é idêntico ao rastro do procedimento SendMessage. (Veja "Como criar seus próprios tipos de procedimento" no Capítulo 6, para mais detalhes. Por ora, apenas siga literalmente o código de exemplo.) Na seção privada da classe TForm declare uma variável Instance de tipo LongWord. Declare uma variável MySendMessage de tipo TSendMessage. O disparador Instance será o evento para o user32.dll retornado de LoadLibrary. No Object Inspector, selecione Form1. Na guia Events do Object Inspector, clique duas vezes para criar os eventos FormCreate e FormDestroy. Na listagem anterior, o user32.dll é carregado no método FormCreate e liberado no método FormDestroy. O eventos FormCreate — o evento do construtor — carrega a biblioteca user32.dll e obtém o endereço do procedimento SendMessage, designando-o ao MySendMessage. Para todas as intenções e objetivos, MySendMessage é a função SendMessage de user32.

NOTA *Existem muitas APIs excelentes que podem ajudá-lo a resolver seus problemas, mas tenha em mente que carregar DLLs dessa maneira, seja implícita ou explicitamente, representa tecnologia de dados. COM estabeleceu um protocolo para usar aplicativos servidores e também é fácil, se não mais fácil, de usar. Você pode ler mais sobre COM no Capítulo 12 e no Apêndice C.*

Como criar uma Dynamic Link Library

Biblioteca de vínculo dinâmico é um dos tipos de projeto do repositório do Delphi. Para criar um projeto biblioteca, clique **File, New, Other** e selecione o **DLL Wizard** (Assistente DLL) na guia New da caixa de diálogo New Items, mostrada na Figura 2.4. A diferença mais óbvia entre uma biblioteca e um arquivo-fonte executável é que o projeto arquivo-fonte — pressione **Alt+P, V** para ver o projeto código-fonte — contém uma diretiva *biblioteca* ao invés da diretiva *programa*. A diretiva biblioteca instrui o compilador para montar o aplicativo como uma DLL. O código que segue demonstra como criar uma DLL em tiras.

```
library TestDll;
uses Sharemem, SysUtils, Dialogs, Classes;
{$R *.RES}
Procedure Test;
```

```
begin
     ShowMessage('This is a test!');
end;
exports
     Test;
begin
end.
```

O único código acrescentado foi o Procedure Test, o qual exibe uma mensagem e uma declaração exports. Para qualquer coisa mais complexa do que isso, você deverá inserir uma unidade e colocar o código na unidade. A declaração exports indica quais procedimentos farão parte da interface das DLLs: procedimentos que outros aplicativos podem usar. Você pode ter tantos procedimentos quantos quiser e exportar apenas aqueles que formam a interface da biblioteca. Isto é, exportar aqueles que você quer que os programadores sejam capazes de chamar. Para montar TestDll.dll, pressione **Alt+P, B**. O próximo passo é montar um aplicativo de teste.

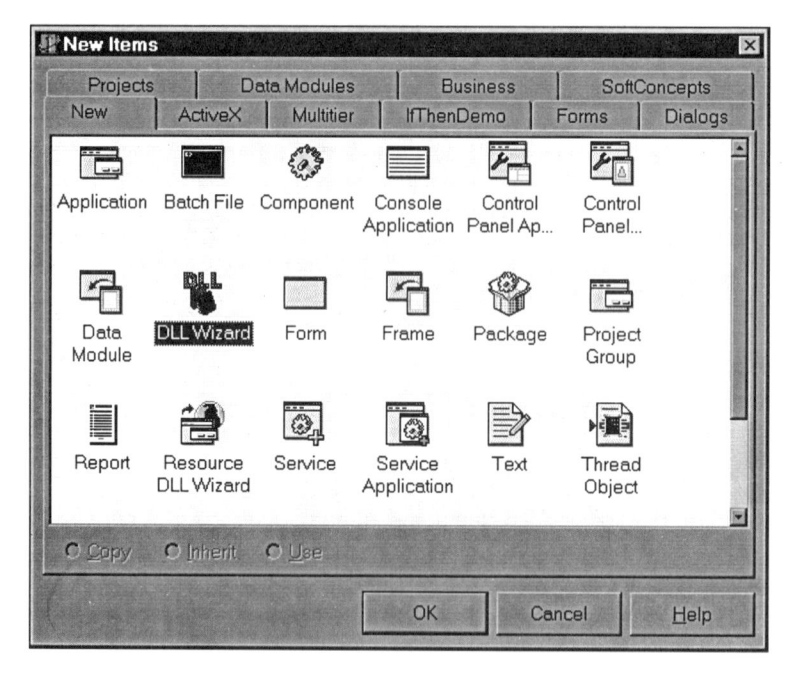

Figura 2.4 File, New, Other abre o repertório de novos itens. Clique duas vezes o assistente DLL para iniciar um projeto DLL

Como testar bibliotecas de vínculo dinâmico

Para testar uma biblioteca, você precisa criar um novo projeto. O aplicativo executável de tipo padrão é o que queremos. Acrescente uma declaração que carregue, implicitamente, a biblioteca e importe o procedimento. Para o exemplo anterior, a linha de código apresentada a seguir fornece o comportamento necessário.

```
Procedure Test; external 'TestDll.dll';
```

Neste ponto, o procedimento biblioteca pode ser chamado como qualquer outro procedimento. A linha de código é:

```
Test;
```

Você pode criar a biblioteca e o projeto teste e acrescentá-los ao mesmo grupo de projeto, usando o Project Manager (Gerenciador de projeto). Para abrir o Project Manager no menu View, pressione **Alt+V, P**. Clique à direita no Project Manager para acrescentar um novo projeto ou abrir um projeto existente (conforme mostrado na Figura 2.5).

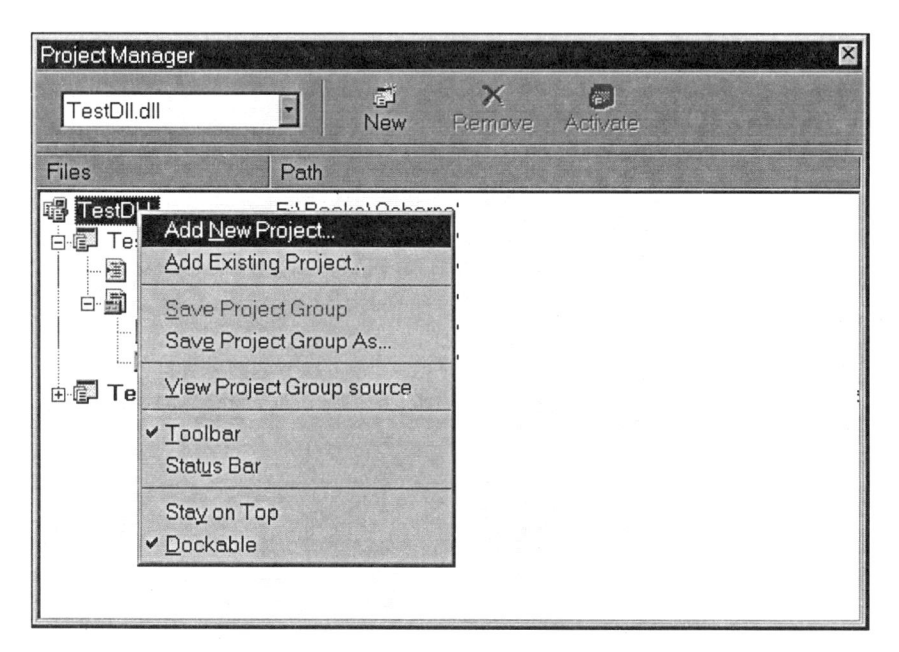

Figura 2.5 Acrescente múltiplos projetos a um grupo de projetos com o Project Manager. Isto permite depurar através dos limites do projeto mais facilmente

Com a biblioteca e o código teste no mesmo grupo de projeto, você pode caminhar através de ambos os aplicativos, através do limite de processo da biblioteca de vínculo dinâmico, como se estivesse depurando um único aplicativo. Há um par de considerações ao criar DLLs, que serão cobertas nas próximas duas subseções, mas, em grande parte, uma DLL, na prática, é apenas mais código.

Como passar strings Pascal para bibliotecas de vínculo dinâmico

Pascal usa uma *string* de formato proprietário. O Windows API usa *strings* ASCIIZ — de resultado nulo — cujo comprimento é determinado pela contagem de caracteres até que um valor nulo seja atingido. Pascal armazena dados sobre o seu comprimento de *string* em um campo de prefixo oculto, as *strings* são uma referência contada, e a memória de *strings* em Pascal é alocada dinamicamente no acúmulo; portanto, para passar *strings* de estilo Pascal pelos limites DLL, você precisará acrescentar Sharemem.pas como a primeira unidade em sua biblioteca e uma cláusula projeto Uses, como mostrado na listagem no início desta seção. Sharemem.pas é a unidade interface para Borlndmm.dll (um gerenciador de memória), que precisa ser distribuído ao longo de seu aplicativo se você usar Sharemem.pas.

NOTA
Não é exigido que você use Sharemem.pas e distribua Borlndmm.dll com bibliotecas. Embora strings *Pascal sejam muito mais fáceis de usar, como uma alternativa mais simples você poderia usar o tipo PChar. Tipos PChars não exigem a Borlandmm.dll ou Sharemem.pas, mas precisam de mais código para gerenciar.*

Você pode diminuir a necessidade de usar Sharemem.pas e distribuir Borlndmm.dll, usando tipos PChar em argumentos e retornar tipos de procedimentos em sua biblioteca, que precisem para passar *strings*. Você pode usar uma variável PChar em muitas circunstâncias em que uma *string* é esperada, mas é mais fácil ficar com *strings* Pascal.

Como criar um arquivo declarações

Ao criar uma biblioteca, antecipe seu uso em outros aplicativos. Afinal, esta é a finalidade de uma biblioteca. Uma unidade importada é uma unidade de código-fonte usada para declarar procedimentos de biblioteca na seção interface e "implementá-los", com a declaração externa na seção de implementação. Uma unidade importada permite que você chame um procedimento de biblioteca externa exatamente como qualquer outro procedimento. Se você criar uma unidade importada que pode distribuir para desenvolvedores com sua DLL, então eles serão capazes de, facilmente, usar a sua DLL em outros esforços de desenvolvimento. Uma unidade declaração para a biblioteca TestDll conteria as linhas de código descritas a seguir.

```
unit UDeclares;
interface
     Procedure Test;
implementation
     Procedure Test; external 'TestDLL.dll';
end.
```

Para criar uma unidade declarações, crie uma nova unidade a partir do menu **File, New**. Insira a declaração na seção interface e acrescente a definição na seção implementação, conforme mostrado na listagem anterior. Se você tiver mais procedimentos, continue a acrescentar as declarações.

Como definir classes e instanciar objetos

O idioma de classe é a pedra fundamental da programação baseada em objeto. Classes são formadas de dados e procedimentos. Quando dados pertencem a uma classe, então a convenção é referir-se a eles como a um campo. Procedimentos definidos em classes são referidos como *métodos*. Tudo o que é definido como parte de uma classe pode ser chamado de um *atributo*. O novo idioma — propriedade e campo para dados e método para procedimento, quando se fala sobre membros de classes — foi introduzido para indicar dados e procedimentos que pertenciam a uma classe, mas eram idênticos aos dados e procedimentos que não pertenciam. É preciso informações adicionais para usá-las corretamente.

Você pode escrever código estruturado com o Delphi, mas não obteria o poder ótimo da linguagem escrevendo apenas código estruturado. A linguagem Object Pascal foi usada para implementar o Delphi. A arquitetura do Delphi é uma arquitetura baseada em objeto com uma classe *root* de TObject. Cada classe em Delphi tem TObject como seu ancestral *root*. (Refira-se ao Capítulo 3 para mais detalhes.) O restante desta seção descreve as habilidades essenciais necessárias para escrever software poderoso e expressivo.

Sintaxe fundamental de classe

Cada declaração de classe segue uma sintaxe básica. Você pode obter a regra gramatical do arquivo de ajuda, mas cada classe requer pelo menos duas linhas de código, como ilustra o exemplo.

```
TMyClass = class
end;
```

A listagem antes apresentada define uma classe TMyClass sem atributos. Ela é idêntica a:

```
TMyClass = class(TObject)
end;
```

A primeira listagem demonstra a sintaxe básica para uma declaração de classe. A segunda, a sintaxe básica definindo uma subclasse, ou *herança*. Bem interessante: nessa instância, ambas as classes são idênticas, pois em Delphi todas as classes têm a classe TObject como seu ancestral *root*.

A classe TObject tem um método classe chamado ClassName, que retorna a *string* que dá nome a uma classe. Esse método é usado em RTTI — Runtime Type Identification (Tipo de identificação no tempo de execução) e é um dos motivos pelos quais é necessário que todas as classes tenham TObject como ancestral — para facilitar o RTTI. Use a classe referência TMyClass se tiver que escrever:

```
ShowMessage(TMyClass.ClassName);
```

Uma caixa de diálogo seria exibida, contendo o texto TMyClass, o nome da classe. Chamar ShowMessage exibiria o mesmo texto se você tivesse definido a classe como na primeira listagem ou na segunda, demonstrando a existência de TObject como ancestral. Para demonstrar também que ambas as versões de TMyClass têm o mesmo ancestral, crie um programa simples de teste que use o operador is para testar o ancestral.

```
var
     MyClass : TMyClass;
begin
     MyClass := TMyClass.Create;
     if( MyClass Is Tobject ) then
          ShowMessage( 'MyClass IsA Tobject' ) :
     MyClass.Free;
end;
```

As duas versões de TMyClass são idênticas. Não o seriam, se a segunda versão tivesse colocado em subclasse alguma outra classe além de TObject. Ainda que TObject tivesse sido colocado em uma subclasse em qualquer outra classe além de TObject, o teste (MyClass Is TObject) na listagem anterior ainda seria verdadeira e exibiria a mensagem. Lembre-se de que todas as classes têm TObject como ancestral.

NOTA

No Delphi, se você não especificar um ancestral, sua classe herda a partir de TObject, por padrão.

Declarações avançadas

Os exemplos mostrados até agora são referenciados como sintaxe de definição de classe. Há mais algumas instâncias em que o idioma de classe é usado. (Um uso de classe é apresentado ao final deste capítulo, na seção "Classe, ou estático, métodos.") Existe a sintaxe de declaração avançada que introduz um nome antes de defini-la. Uma declaração avançada toma a forma:

```
TMyClass = class;
```

Uma declaração avançada é útil quando duas classes, A e B, referem-se uma à outra na mesma unidade. Uma delas precisa ser a primeira. Use uma declaração avançada para evitar essa situação de ?. Nesse exemplo, A tem um atributo de tipo B e B tem um atributo de tipo A. As classes A e B têm uma definição interdependente. Quando essa cena se apresenta, acrescente uma declaração avançada e defina a classe mais tarde na seção de interface, como demonstra o seguinte fragmento de código.

```
interface
type
      TClassA = class; // forward declaration
TClassB = class // class definition
           ClassA : TClassA; // introduces A before A is defined
end;
      TClassA = class // class definition
           ClassB : TClassB;
      end;
```

Usar uma declaração avançada introduz o nome de classe, permitindo ao compilador decifrar a referência para ClassA em ClassB antes de ClassA ser definida.

Aliasing de classe

Uma terceira utilização da palavra-chave class é para a herança sem acrescentar novos atributos, ou *aliasing* de classe. Por exemplo, defina um novo tipo Exception sem acrescentar quaisquer atributos de subclasse à classe Exception.

```
type  EMyClass = class(Exception)
```

> Por convenção, as classes Exception usam um prefixo E. Largue o E e você terá um nome conveniente para uma instância de uma exceção.
>
> **DICA**

A listagem de código anterior define EMyClass como herança da classe Exception. Uma vez que EMyClass não amplia ou modifica o comportamento da classe Exception, é desnecessário incluir a declaração end.

Como definir uma metaclasse ou referência classe

A palavra-chave class é usada com a palavra-chave of para definir uma metaclasse. "Basicamente, uma metaclasse é a classe de uma classe, um conceito que nos permite tratar classes como objetos" (Booch, 108). Definições de metaclasse tomam a seguinte forma:

```
type TClass = class of TSomeType;
```

Tipos metaclasse são benéficos se o tipo atual de uma classe é desconhecido por ocasião da compilação. (Reporte-se ao Capítulo 7 para mais detalhes.)

Como capturar o estado

Parte da responsabilidade de uma classe será oferecer a cópia impressa da instância da classe. Os atributos que capturam a posição são os atributos de dados. Dada uma classe *Dog*, os atributos que podem satisfazer uma representação apropriada de um cachorro em particular podem ser a cor, a raça, o gênero e o peso. Descobrir a abstração certa é uma função de análise; depende do problema de domínio. Para o nosso exemplo, são suficientes quatro atributos para descrever a classe *Dog*.

Um desafio do *design* baseado em objeto é determinar os atributos certos para o problema a ser resolvido. A codificação da posição Attributes (Atributos) exige designar um nome ao atributo e um tipo de dados apropriados. Conforme os atributos anteriormente mencionados, uma classe TDog poderia ser assim definida:

```
TDog = class
    Color : TColor;
    Breed : String;
    Gender : String;
    Weight : Double;
end;
```

Os nomes são palavras inteiras e elas descrevem os tipos de dados armazenados e os tipos são razoáveis. Color := clYellow, Breed := 'Labrador', Gender := 'Male' e Weight := 49.7. Aplicando um teste de bondade subjetiva — a definição é boa o bastante? — podemos decidir o que é razoável. Considere o tipo TColor. TColor é um tipo predefinido que inclui clTeal e clButtonText. Não existem cachorros Teal (marreco) ou cachorros com a face colorida de botão, pelo que eu saiba. Assim, a menos que fosse apropriado especificar cachorros de cores estranhas, então a cena acima exigiria muitas verificações de erro para garantir que nenhuma posição de Teal dog brotasse em nosso programa.

Definições de tipo refinado nos permitem fazer melhor. Em vez de usar TColor para armazenar a posição de cor, uma nova enumeração de cores condizente com cachorros poderia ser definida para incluir apenas cores válidas de cachorros. A enumeração poderia ser definida como

```
type TDogColor = (dcBrown, dcWhite, dcBlack, dcYellow)
```

e o atributo Color seria redefinido como TDogColor. Usar um tipo que faz sentido para os dados reduz a quantidade de código necessário para garantir que as posições adequadas sejam mantidas. Enumerações poderiam ser definidas para raça e gênero, e uma faixa poderia ser especificada para o peso, para evitar cachorros pesando 5.000 quilos ou menos do que zero. Todas as revisões juntas podem ser implementadas no seguinte código.

```
type
    TDogColor = (dcBrown, dcWhite, dcBlack, dcYellow);
    TDogGender = ( dgMale, dgBitch );
    TDogBreed = ( dbLabrador, dbPoodle ); / / etc
    TDogWeight = 0..300;
    TDog = class
        Color : TDogColor;
        Gender : TDogGender;
        Breed : TDogBreed;
        Weight : TDogWeight;
    end;
```

DICA

Aplique o padrão "bom o bastante". Abstrações não precisam ser perfeitas, mas devem ser boas o bastante. Quando elas estiverem boas o bastante, siga para o próximo pedaço de código.

O código revisado é mais legível e valores válidos de dados são restritos pelos novos tipos. Perder tempo para capturar boas abstrações evitará erros e poupará você de escrever muito código.

Como acrescentar capacidades

Se os dados definem que instâncias de uma classe eles conhecem, então as capacidades definem o que as instâncias de uma classe podem fazer. Os métodos definem a capacidade de uma classe. Métodos são procedimentos e funções declarados como membros de uma classe. Isso é obtido, colocando a declaração do método entre a primeira linha da declaração class e a palavra-chave end. Como demonstração, vejamos um uso para a classe TDog, com métodos razoáveis Jump (pular), Run (correr), Bark (latir), Sleep (dormir) e Eat (comer).

```
TDog = class
      Color : TDogColor;
      Gender : TDogGender:
      Breed : TDogBreed;
      Weight : TDogWeight;
      Procedure Jump;
      Procedure Run;
      Procedure Bark;
      Procedure Sleep;
end;
```

NOTA *Se você declarar métodos na definição fonte de uma classe antes de declarar campos ou dados, obterá um erro "Definição campo não permitida depois de métodos ou propriedades". Corte e cole quaisquer campos no início da classe, antes de quaisquer propriedades, para solucionar esse erro.*

DICA *Delphi 6 escreverá automaticamente declarações de método de acesso, declarações de propriedade completas e método de corpos com a sintaxe apropriada. Para completar a classe, clique à direita sobre a classe, para exibir o editor de código de menu de contexto. Clique Complete Class at Cursor (Completar classe no cursor) e o Delphi escreverá automaticamente o método de corpos na seção implementação.*

Na seção implementação, os métodos são definidos praticamente da mesma forma como são definidos em procedimentos que não os de classe. A diferença é o acréscimo do nome de classe. O procedimento jump é assim definido:

```
Implementation
Procedure TDog.Jump;
begin
      / / code goes here
end;
```

NOTA *Na documentação de ajuda do Delphi, a declaração composta begin e end é referida como bloco.*

Todas as definições de procedimento são escritas na seção implementação com o código entre as declarações begin e end. Outros métodos, que não propriedades de classe, têm as mesmas regras canônicas para procedimentos e funções não-classe. Quaisquer argumentos válidos para procedimentos, em geral são válidos para métodos.

Propriedade é o último idioma principal que pertence às definições classe. Propriedades são representações de dados e têm sintaxe própria. Leia "Como acrescentar propriedades a classes", na próxima seção, que discute acessibilidade, um aspecto importante do bom *design* baseado em objeto.

Como criar um objeto instância

Uma vez tendo uma classe definida, você precisa criar uma instância da classe, referida como um objeto, antes de poder usar os dados e capacidades de um objeto. (Você precisa criar uma instância de uma classe para usar propriedades e métodos não-classe, que são abordados no Capítulo 7.) Criar uma instância sempre tem a mesma forma variablename := classname.create. Por exemplo, para criar uma instância da classe TDog, você precisa declarar uma variável de tipo TDog e chamar o método Create.

```
var
      Dog : TDog;
begin
      Dog := TDog.Create;
      Dog.Color := clYellow;
      / / more code here
      Dog.Free;
end;
```

A chamada ao método Create aloca memória para a instância do objeto e a chamada a Free libera memória para o objeto. Você pode perguntar-se quando Create e Free foram definidas. Lembre-se de que cada classe tem o mesmo ancestral *root*; Tobject, Create e Free são definidas em Tobject. Create sabe como alocar memória com base na totalidade das exigências de memória do objeto, que é a soma de toda a exigência de espaço para os atributos. Free sabe como retornar a memória do objeto para o sobrecarregado Windows. Create é como um *construtor*, e Free retornará com sucesso, mesmo que o objeto que chama Free ainda não tenha sido criado. Se um objeto existe, Free chamará o *destruidor* do objeto, Destroy.

Classe construtor

Cada objeto precisa de um construtor. Um construtor para TObject é definido no System.pas. (Lembre-se do Capítulo 1: cada unidade usa System.pas por padrão.) Constructor é uma palavra-chave especial, usada para indicar que o procedimento é usado para inicializar instâncias de uma classe. Pelo fato de ter TObject como um ancestral *root*, cada classe tem um construtor padrão. (Veja a declaração para a classe TObject para uma definição do construtor padrão.) Construtores são usados para inicializar a posição de um objeto.

O construtor padrão não toma argumentos; prefixe o nome de classe para chamar o construtor Create, como mostrado na listagem no início desta seção. Subclasses podem sobregravar o construtor padrão e inclusive acrescentar argumentos, se necessário. Para aprender como sobregravar o comportamento do construtor padrão, leia o Capítulo 4.

Classe destruidor

O destruidor padrão é o Destroy. O método Destroy realiza qualquer limpeza que uma classe requeira. TObject também define um procedimento, Free, que verifica se o objeto não é nulo e, depois, faz uma chamada ao método Destroy. Mesmo que o objeto seja nulo, Free não produz erro.

NOTA
A VMT — Virtual Method Table (Tabela de método virtual) é um array de procedimentos (pertencente a uma classe) gerenciada pelo compilador. Quando um método é definido com as diretivas virtual, overloaded *ou* override, *ele é acrescentado à VMT. Quando um método virtual é chamado, a instância específica da classe é usada para determinar quais dos métodos disponíveis é o correto para ser chamado. A VMT é a tabela de métodos que facilita o comportamento polimórfico. Bjarne Stroustrop, o inventor de C++, oferece uma excelente elaboração de VMTs em sua coletânea* The Design and Evolution of C++ *(Addison-Wesley).*

DICA
O Destroy não toma argumentos. Se você quiser sobregravar o comportamento de desfazer a inicialização, sempre passe por cima do Destroy em uma subclasse.

O procedimento Free chama o método Destroy e, se o objeto não for nulo, chama Destroy. Refira-se à definição de TObject.Free para ver o código envolvido. Como o construtor, o Destroy pode ser sobregravado em subclasses. O Capítulo 4 demonstra a técnica.

Ocultar informações é uma coisa boa

Existe uma certa dualidade quando um programador escreve qualquer código. Um programador que escreve código é o autor; o mesmo programador usando o código é um usuário. Há também o relacionamento autor-usuário que existe entre o autor e um usuário quando eles não são a mesma pessoa. Um exemplo do primeiro relacionamento é quando você usa as classes que escreve; um exemplo do último é quando você usa o Visual Component Library. Desenvolvimento de software é uma disciplina desafiadora, segundo a qual o bom software exige que aspectos complexos de desenvolvimento sejam subdivididos em tarefas distintas, que não são interdependentes.

Existem três objetivos fundamentais ao escrever qualquer software de sistema. Faça-o. Faça-o corretamente. Mantenha-o simples. Todos os três são surpreendentemente difíceis. Fazer depende dos dois últimos. O software não estará pronto enquanto não estiver certo, e não estará pronto enquanto não precisar de mais nenhuma manutenção. Fazer é uma noção de ser feito para um tempo em especial no ciclo de vida do software. Fazê-lo certo significa descobrir o que realmente o cliente quer e precisa, garantindo que uma implementação do sistema satisfaça ou exceda as necessidades. Fazê-lo bem significa que você é capaz de acrescentar as coisas que são esquecidas na primeira vez. O bom software precisa ser fácil de manter.O ótimo software precisa ser altamente extensível. O resultado dos três objetivos fundamentais depende da qualidade de gerenciamento da complexidade do software.

Especificadores de acesso

As informações não são ocultas no sentido invisível da palavra. Informações ocultas referem-se à acessibilidade de informações. A idéia é que, se os atributos de uma classe não podem ser acessados, então aqueles atributos estão ocultos a todas as intenções e objetivos. Se as informações estão ocultas, então os efeitos fora-de-vista e fora-da-mente batem. Quando detalhes são deixados seletivamente de fora, torna-se mais fácil lidar com coisas complexas. Por exemplo, quando você está dirigindo, é mais fácil operar um carro do que seria se você tivesse que entender a física de um motor a explosão para operar o carro.

Existe um bom livro, How the Mind Works, *de Steven Pinker, da W.W. Norton & Company, que apresenta algumas elaborações interessantes sobre diferentes aspectos de pensar e saber.*

NOTA

A máquina humana tem uma habilidade incrível de armazenar informações na memória de longo prazo. Quanta capacidade, é desconhecido, mas é muita. Contrariamente, a quantidade de memória pensante é bastante bem entendida e é um pouco obscura. Uma pessoa tem a habilidade de escamotear sobre sete a onze partes de dados em curto prazo ou memória pensante. A memória *chunking* (fragmento) aumenta um pouco com relação à capacidade de dados em curto prazo, mas não muito. *Chunking* é a técnica de agrupar partes de informações e tratar os pedaços como novos pedaços maiores. Por exemplo, 8 3 6 1 0 9 3 são sete números distintos. O que a mente tenta fazer é descobrir uma maneira significativa de agrupar os pedaços em fragmentos, criando menos pedaços. Agrupando os sete números em dois grupos de números, um prefixo e um sufixo, como em 836-1093, os números são mais fáceis de administrar. Isso é *chunking*. No entanto, há um limite para o número de informações que podem ser agrupadas na memória de curto prazo.

Memória de curto prazo é onde acontece a escrita de código. Portanto, para gerenciar efetivamente tarefas de programação complexas, é essencial que ocorra um *chunking* eficiente e que algumas informações sejam postas na memória de longo prazo. Lendo este livro você está colocando os conceitos do que é uma classe Object Pascal na memória de longo prazo. Ao escrever uma classe, você pensará sobre o que sabe sobre classes. Outras subdivisões de nacos que podem ser referenciadas precisam ser feitas para a programação eficaz. Especificadores de acesso são bons em ajudar o processo de *chunking*. Object Pascal introduz quatro especificadores de acesso que ajudam a subdividir uma classe, oferecendo diferentes níveis de acessibilidade. O resultado é que, quando você é autor de uma classe, pode pensar sobre as classes internas, subdivididas em quatro possíveis subgrupos, e não no código fora da classe. Quando você está usando a classe, só precisa saber sobre os aspectos de acessibilidade da classe.

Acesso público

Acesso público é como o terminal de passageiros de um aeroporto. Qualquer um pode entrar e sair impunemente. Sem algumas restrições, os aeroportos seriam muito menos seguros do que são. Limitar o acesso às aeronaves inibe a ação de passageiros clandestinos. Limitar a bagagem ajuda a reduzir o contrabando. Restringindo o acesso a áreas importantes em suas classes, você pode obter mais controle sobre o seu código, tal como um aeroporto exercita maior controle sobre áreas restritas do aeroporto. Quaisquer atributos públicos — lembre-se, atributo refere-se a dados e métodos em uma classe — são acessíveis a qualquer um. Por padrão, classes Object Pascal têm acesso público, a menos que a classe ou seus ancestrais, esteja compilada com a diretiva de compilador $M+. Você pode declarar explicitamente parte da classe pública, colocando a palavra-chave public dentro da classe definição. Quaisquer atributos definidos depois da palavra-chave public e antes do final da classe, ou qualquer outro especificador de acesso, serão públicos. Atributos na parte pública de uma classe são referidos como *interface pública*.

NOTA
Se nenhum especificador de acesso for indicado, então identificadores terão acesso público, a menos que a classe seja compilada com informações de tempo de execução, indicadas pela diretiva de compilador $M+. Se a diretiva $M+ for usada, então o acesso padrão é editado. Uma classe colocada em subclasse de uma superclasse que tem informações de tempo de execução acrescentadas também tem informações de tempo de execução. Todos os componentes são derivados de TPersistent, que tem informações de tempo de execução. Portanto, todos os componentes têm acesso de edição, por padrão. Isso significa que, se você não indicar explicitamente a acessibilidade de métodos ou dados ao definir um componente, todos os usuários podem chamar todos os métodos acrescentados e modificar diretamente todos os dados acrescentados. (Veja "Acesso editorado", mais adiante, para mais informações.)

Exatamente como os aeroportos precisam garantir acesso limitado a determinadas áreas, você quer limitar acesso a certos aspectos de suas classes. Por exemplo, as pessoas podem pegar a sua bagagem no setor de bagagem, mas o público em geral não tem acesso à área de armazenagem de bagagem de uma empresa aérea comercial ou à carga contida no avião. Isso é uma coisa boa. As mesmas diretrizes são verdadeiras para classes. Ponha coisas na interface public apenas se quiser que sejam acessadas. Um usuário de classe que copia uma classe só será capaz de obter os atributos na public interface.

Acesso privado

Todos os atributos colocados depois da palavra-chave private têm acesso privado, ou são ocultos dos usuários de classes. A interface privada é referida como *detalhes de implementação*. Detalhes de implementação definem como a classe funciona. Considere uma bicicleta: os pedais e as marchas são parte da interface pública. Os dentes de roda e a corrente giram a roda quando é aplicada pressão aos pedais de uma forma prescrita; as trilhas mudam a engrenagem quando pressão é aplicada às marchas. De fato, seria difícil manobrar se você tivesse que mudar as engrenagens, alterando a corrente a partir do selim, sentado e pedalando ao mesmo tempo. Os pedais e as marchas representam a interface pública, e a marcha e as trilhas representam os detalhes de implementação, ou a interface privada.

Quando nos referimos a *informações ocultas*, são os atributos private que estão ocultos dos usuários da classe. A interface pública é como os usuários vêm a sua classe; a interface privada é como ela funciona.

Uma advertência em programação baseada em objeto é que todos os dados devem estar na interface privada, e o acesso aos dados só deve ser fornecido através de propriedades. (Consulte a seção "Como acrescentar propriedades a classes", mais adiante neste capítulo.)

Acesso protegido

Com uma cópia de um objeto você não pode acessar métodos, dados ou propriedades protegidos. Entretanto, se você definir uma nova subclasse, aqueles membros protegidos podem ser diretamente acessados pela classe filho. Coloque dados e métodos na região protegida de uma classe quando quiser limitar o acesso do usuário a uma classe àqueles membros, mas quiser permitir aos desenvolvedores ampliar o comportamento daqueles métodos protegidos ou acessar dados.

Acesso de editoração

Acesso de editoração só faz sentido em ferramentas RAD. É exatamente como o acesso público, mas é usado para atributos que devem ser acessíveis por ocasião do *design*. As propriedades de editoração e atributos de evento são concebidos para serem usados com componentes de classes. Atributos de editoração são aqueles que são exibidos no Object Inspector. O fragmento de código a seguir demonstra quatro especificadores de acesso.

```
TDemo = class
private
      FSomeIntData : Integer;
protected
      Procedure OverrideMe;
```

```
public
    Procedure EveryOne;
published
    Property
        SomeIntData : Integer read FSomeIntData:
end;
```

Só na listagem, o procedimento EveryOne e a propriedade SomeIntData podem ser chamados pelos usuários de uma classe, por instâncias de TDemo. O código contido na classe pode modificar diretamente FSomeIntData e OverrideMe. Quando uma classe está sendo implementada, é importante focalizar a atenção em todos os aspectos da classe. No entanto, quando você coloca alguns dos atributos nas regiões privada e protegida da classe, os usuários da classe não precisam se preocupar com aqueles atributos ao usar instâncias. A carga de trabalho relacionada a aprender como usar uma classe é efetivamente reduzida quando alguns dos métodos e dados são inacessíveis aos usuários. A simplificação da carga de trabalho é exatamente o que queremos. (Leia a seção "Como acrescentar propriedades a classes" para entender a declaração de propriedade em TDemo.)

Acesso automatizado

Identificadores automatizados têm a mesma acessibilidade dos identificadores públicos, mas, geralmente, são usados apenas em subclasses TOleAuto e são mantidos apenas para suporte de compatibilidade.

Promoção e remoção de acesso

O identificador de acessibilidade pode ser promovido, mas não pode ser removido quando a subclasse for usada. Por exemplo, dado um método protegido, você pode promovê-lo a público em uma subclasse, mas não pode removê-lo para um membro privado na mesma subclasse.

Exceções às regras de acesso

Se você usar uma classe dentro da mesma unidade na qual ela é definida, então as regras de acessibilidade são mais tolerantes. Membros privados e protegidos de uma classe comportam-se como se eles tivessem escopo público dentro da mesma unidade. A idéia não oficial aqui é que, para a classe ser instanciada dentro da mesma unidade na qual ela é definida, é preciso ser o autor original, e o autor original não deve fazer má utilização de atributos privados e protegidos.

Esta habilidade de violar regras de acesso permite que você *espione* classes em Object Pascal. Considere o caso de acessar apenas uma unidade compilada. Você descobre que um atributo importante não está diretamente disponível. Fornecendo uma subclasse simulada na unidade onde deseja usar os dados protegidos, você pode distribuir o tipo real com o tipo simulado, ou copiar o tipo simulado e acessar diretamente os atributos protegidos. O seguinte código demonstra isso.

```
type
      TFudgeControl = class(TControl);
Procedure TForm1.ToggleState;
const
      STATE_COLORS : array[Boolean] of TColor = (clGray, clhite);
var
      I : Integer;
begin
      for I := 0 to ControlCount - 1 do
      begin
            Controls[I].Enabled := Not Controls[I].Enabled;
               TFudgeControl(Controls[I]).Color := STATE_COLORS[
Controls[I].Enabled ];
      end;
      Button1.Enabled := True; / / caught it down here avoiding if in
the loop
end;
procedure TForm1.Button1Click(Sender: Tobject);
begin
      ToggleState;
end;
```

Na listagem anterior, ToggleState inverte a posição capacitada de cada controle, usa o valor booleano da posição como um índice no *array* de cores e designa aquela posição de cor certa para o controle. Entretanto, a propriedade Color é protegida em TControl. Espionando TControl com TFudgeControl, a propriedade Color é acessível. Uma implementação alternativa seria listar explicitamente todos os controles no formulário em ToggleState, em vez de usar a lista de controles, mas não seria muito avançado.

Escopo

Escopo é o termo usado ao fazer referência à oportunidade na qual os atributos são usados. Também tem a ver com a oportunidade para usar qualquer fragmento de código. Quando um atributo tem escopo privado, a sua oportunidade de uso está dentro dos limites de sua classe proprietária. Na subseção anterior, foram descritos escopos privado, protegido, público e de editoração.

Existem algumas outras espécies de escopo que merecem ser mencionados: *local, global* e *procedimental*. Escopo global é tudo aquilo que é definido ou declarado na seção interface de uma unidade. Assim, se um atributo pode ter escopo privado, no caso de sua classe ser definida na seção interface, a classe tem escopo global. Identificadores de escopo global são acessíveis a qualquer unidade que use a classe. Coloque Unit2 na cláusula Uses de Unit1 e os identificadores de interface — todos declarados ou definidos na seção interface — são acessíveis à Unit1.

O escopo local refere-se a todos os identificadores na seção implementação. Classes podem ser definidas na seção implementação e depois devem ter escopo local. O escopo, todavia, não tem a ver apenas com seções classes, interface e implementação; tem a ver com a oportunidade de uso. Todos os identificadores têm uma oportunidade de uso. Quando uma variável é declarada em uma função ou procedimento, ela tem escopo procedimental. Escopo procedimental significa que a oportunidade de uso se dá apenas dentro do próprio procedimento.

> **NOTA**
> Você pode definir procedimentos aninhados em Object Pascal. Um procedimento aninhado é definido depois da declaração de procedimento e antes do bloco begin e end. Um procedimento aninhado só pode ser chamado de dentro do procedimento no qual ele foi definido.

```
procedure Proc;
    procedure DoSomething;
    begin
         ShowMessage('I am nested.');
    end;
begin
    DoSomething;
end;
```

Variáveis definidas em um bloco procedimento só podem ser usadas naquele procedimento ou subprocedimentos aninhados; definições dentro de um procedimento têm escopo procedimental, que é mais estreito do que o escopo de implementação. Variáveis ou procedimentos definidos fora de um procedimento, mas dentro da seção de implementação, só podem ser usadas dentro da seção de implementação. Qualquer coisa definida na seção interface pode ser usada em qualquer lugar dentro da unidade e por qualquer código que utilize a unidade. Variáveis na seção interface têm escopo global ou o mais amplo. Entender as regras de escopo facilita a ocultação de informações, o que significa limitar acesso a variáveis e procedimentos, tornando-os acessíveis a algumas de tantas outras partes de um programa quantas forem necessárias para serem usadas apropriada e eficazmente. Quando é usado escopo global, ou interface, você pode restringir o acesso a dados e procedimentos, colocando-os em uma classe e usando os especificadores de acesso à classe para limitar o acesso.

Objetivos de ocultar informações

Regras de escopo foram designadas para ajudar as pessoas, não os computadores. Os objetivos são simples: oferecer os compartimentos nos quais colocar informações, ou oferecer tantas oportunidades de colocar em nacos, o máximo possível, e a mente humana poder resolver problemas de realização complexa. Quanto maior a oportunidade de colocar em nacos, menor a complexidade.

Os exemplos a seguir descrevem as melhores práticas relativas à ocultação de informações que ajudarão no gerenciamento da complexidade.

1. Use um escopo tão estreito quanto possível para dados e procedimentos, fornecendo acesso apenas na medida do necessário, não mais. Por exemplo, se uma função precisar de uma variável, então, defina a variável no escopo da função, não em um escopo maior, onde mais código do que o necessário pode modificar a variável.
2. Em classes, use tanto acesso restrito quanto possível. Tudo deve ser privado, a menos que haja uma razão específica para que não seja assim.
3. Os dados devem sempre ser privados; forneça acesso a dados através de propriedades, o que comporta algumas restrições de capacidades próprias.
4. Se forem colocados identificadores na seção interface de uma unidade, coloque-os na classe, se possível.

Lembre-se de que o computador não se importa onde você coloca as informações. Você pode colocar todos os identificadores na seção interface e todos os atributos de classe na seção de acesso público. Isso facilitará quando estiver começando, mas funciona como um cartão de crédito perpétuo — em algum momento você terá que pagar.

Como acrescentar propriedades a classes

Propriedades são uma nova invenção para o Delphi. No sentido mais simples, propriedades são dados, mas novas capacidades foram acrescentadas para criar dados inteligentes. Delphi tem uma partida radical do ambiente de desenvolvimento integrado do estilo antigo; propriedades foram projetadas para encaminhar necessidades adicionais de uma nova ferramenta RAD.

Dados mantêm a posição do objeto

Por muitos anos, a indústria de desenvolvimento de software soube que valores eram maus. A programação baseada em objeto introduziu a noção de encapsular dados em classes no esforço de melhor gerenciar dados. Infelizmente, usar procedimentos para modificar dados era tedioso, pois os procedimentos dificultavam gerenciar dados; por exemplo, você não podia usar um procedimento como um operando em uma simples avaliação. Além de tedioso, era inconsistente. Se os procedimentos não eram usados para gerenciar dados, então os dados em classes eram, possivelmente, para serem usados abusivamente como dados globais. Um fator de acréscimo foi que os procedimentos não podiam ser chamados no ambiente de desenvolvimento integrado por ocasião do *design*; as suas necessidades de atributos visuais para interfaces gráficas de usuário não podiam ser dinamicamente modificadas.

Esses aspectos sugerem que estava faltando algo no mundo baseado em objeto: dados inteligentes. Por muitos anos, a indústria de software soube que acessar dados através de funções era uma técnica eficaz para proteger os dados da má utilização. Então, o problema é como os dados podem ser ligados às funções de prova, mas ainda assim agir como dados. A resposta está nas propriedades, um idioma relativamente novo em programação baseada em objeto.

As propriedades representam uma interface para dados

As propriedades representam dados. Quando você define uma propriedade, ela tem uma sintaxe especial que liga a propriedade a um valor de dados subjacente. A forma mais simples de uma propriedade é apresentada a seguir:

```
property variablename : datatype read fieldname write fieldname
```

Property, read e write, são todas escritas literalmente. A parte variablename é um nome que você projeta. Como em qualquer bom nome de variável, use as palavras inteiras, preferivelmente substantivos. O *datatype* é qualquer tipo válido como uma variável, incluindo tipos intrínsecos, classes ou tipos enumerados, ou tipos procedimentais. O *fieldname* na cláusula de leitura-e-escrita representa o valor subjacente atual. A exigência é que o *fieldname* seja um atributo de dados da classe com o mesmo tipo que a propriedade datatype; afinal, *fieldname* representa aquele elemento de dados. A convenção é que o campo de valor seja privado e prefixado com um F e que a propriedade seja idêntica ao campo de nome, exceto que o F é removido. Isso facilita a separação entre campo e propriedade, conforme demonstrado.

```
TDog = class
private
      FColor : TDogColor;
      FGender : TDogGender;
      FBreed : TDogBreed;
      FWeight : TDogWeight;
public
      Procedure Jump;
      Procedure Run;
      Procedure Bark;
      Procedure Sleep;
      property Color : TDogColor read FColor write FColor;
      property Gender : TDogGender read FGender write FGender;
      property Breed : TDogBreed read FBreed write FBreed;
      property Weight : TDogWeight read FWeight write FWeight;
end;
var Dog : TDog;
begin
      Dog := TDog.Create;
      Dog.Color := clYellow; // Old Yeller
      // ...
end;
```

AVISO

As propriedades não podem ser passadas como argumentos var a procedimentos, nem podem tomar o endereço de uma propriedade.

NOTA

Operadores sobrecarregados em C++ possibilitam ter chamadas implícitas de função quando dados são acessados, embora a sintaxe seja muito mais esotérica e, conseqüentemente, tenda a ser passível de erro.

Observe que o número e variedade de campos em TDog é idêntico ao número e tipo de propriedades. Esta não é uma exigência exata e se tudo o que você pôde fazer foi associar um valor subjacente à propriedade, então os campos não seriam de qualquer utilidade adicional significativa. De fato, há mais nisso. As cláusulas read e write podem ter uma função para a cláusula read e um procedimento para a cláusula write. Isso significa que o que é usado e tratado quase como os tipos simples são tratados, de fato pode ser filtrado através de um método.

As propriedades resolvem o problema de manter a simplicidade de dados enquanto garantem o uso protegido de dados privados acessados através de métodos públicos. Além das cláusulas read e write, existem algumas técnicas avançadas que você não pode criar com dados brutos, incluindo propriedades definindo apenas leitura ou apenas escrita. (Consulte o Capítulo 8.) Leia para aprender como implementar métodos read e write.

Propriedade de acesso a métodos

Uma propriedade de leitura é sempre um tipo de dados que combina o tipo de campo subjacente ou uma função que retorna um valor idêntico ao tipo de propriedade. Um método de escrita ou é uma referência a um campo do mesmo tipo que a propriedade, ou um procedimento que toma um argumento combinando o tipo de dados.

Métodos de leitura

Para propriedades simples, métodos read normalmente tomam a forma function Getfieldname: datatype;. O Get é um verbo usado por convenção. Os métodos Read são implicitamente chamados quando uma propriedade é usada como o valor do lado direito — referido como um *rvalue*. Uma vez que não se pretende que eles sejam explicitamente chamados por usuários, os métodos read geralmente estão localizados na região protegida ou de acesso privado de uma classe. Usar a classe TDog a partir do início desta seção e acrescentar um método read à propriedade Color exigiria as seguintes modificações na classe Tdog:

```
protected
     Function GetColor : TDogColor;
public
     Property Color : TDogColor read GetColor write FColor;
```

```
...
implementation
Function TDog.GetColor : TDogColor;
begin
      result := TDogColor;
end;
```

O fragmento anterior seria incorporado como modificações na listagem de classe original TDog. A seção implementação mostra uma implementação razoável do método de propriedade GetColor nessa instância. Com uma instância de TDog, o método read para Color seria chamado quando Color fosse usado como um rvalue, como demonstra o seguinte fragmento de código.

```
Dog := TDog.Create;
if( dcBrown = Dog.Color ) then
     / / some code
```

Nesta listagem, mesmo que o Dog.Color estivesse do lado esquerdo do operador = o método read ainda seria chamado, pois a chamada avaliaria o valor de dados subjacentes, não modificando-os.

Métodos de escrita

Um simples método write toma a forma Procedure Setfieldname(const Value : datatype) ; onde o prefixo set é usado por convenção como o verbo fornecendo a ação, e fieldname representa o substantivo fornecendo o sujeito da ação. Continuamos com a classe TDog, acrescentando as modificações à classe.

```
protected
      Function GetColor : TDogColor;
      Procedure SetColor( const Value : TDogColor );
public
      Property Color : TDogColor read GetColor write SetColor;
...
implementation
      Procedure TDog.SetColor( const Value : TDogColor );
      begin
            if( Value = FColor ) then exit;
            FColor := Value;
      end;
```

Uma const é usada, porque o argumento é imutável; a constante comunica isso. A sentinela nessa instância, if(Value = FColor) then exit;, evita que o valor subjacente seja atualizado caso ele já seja o valor certo. Esta é uma excelente técnica para usar nas atualizações em campos de banco de dados, visto que ela ajuda a evitar atualizações desnecessárias e caras de banco de dados ou interfaces gráficas, que podem exigir reformulações intensas no processador.

Resumo

O Capítulo 2 cobriu o essencial daquilo que faz o Windows trabalhar com o Delphi e o Delphi interagir com o Windows. O Windows é um sistema operacional direcionado com base em mensagem. O Delphi é baseado na Object Pascal, uma linguagem de programação baseada em objeto que mapeia naturalmente para mensagens e eventos Windows. Os aspectos essenciais de classes, métodos, dados e propriedades são o núcleo da construção dos blocos de cada aplicativo desenvolvido com o Delphi.

Capítulo

3

Como examinar classes-chave na arquitetura do Delphi

Uma boa ferramenta de desenvolvimento deve ser baseada em objeto, auto-extensível e facilitar as boas práticas de desenvolvimento. O Delphi qualifica-se em todas os quesitos. A linguagem do desenvolvedor do Delphi é a Object Pascal. Delphi pode ser ampliado com Delphi (consulte o Apêndice B, "Exemplo de extensão do Delphi com ToolsAPI"). A qualidade da linguagem e da arquitetura promove boas práticas. Delphi é consistente, coerente e balanceado conforme indica a qualidade de suas classes.

Para desenvolver excelentes aplicativos, é benéfico entender a arquitetura na qual você está trabalhando; também é prudente emular exemplos bem sucedidos. Este capítulo destaca o núcleo de classes do Delphi, o que aumenta muito o entendimento desta linguagem e facilita o desenvolvimento de software matador. Este livro não pode fazer uma apresentação exaustiva das classes do Delphi. Neste capítulo abordamos as classes-chave e os recursos que o ajudarão a obter informações adicionais.

Como navegar pela arquitetura do Delphi

Você pode ver todas as classes do Delphi no Project Browser. Seria uma tremenda façanha chegar a um conhecimento improvisado de todas as classes, mas custaria muito caro o erro de não entender a estrutura básica do Delphi. Você pode exibir o Project Browser (mostrado na Figura 3.1), pressionando **Alt+V, B**; ele é o item de menu Browser no menu View.

NOTA

Enquanto este livro estava sendo escrito, as classes e atributos do Project Browser não tinham referência cruzada com a documentação de ajuda. Quando o Delphi 6 for lançado este aspecto já deverá estar resolvido.

O Project Browser oferece uma vista hierárquica de todas as classes que formam o Delphi. Cada classe subordinada é uma subclasse da próxima classe mais alta na árvore. Isso significa que tudo o que forma a classe é definido na classe, e o que é herdado das classes está mais alto na árvore ancestral. Uma vez que você tenha o nome da classe ou o atributo, pode referenciar um item em particular na documentação de ajuda.

Você pode navegar rapidamente para o local na VCL onde está definida a classe ou o atributo. Para tentar, siga as etapas propostas a seguir.

Capítulo 3 - Como examinar classes-chave na arquitetura do Delphi | **95**

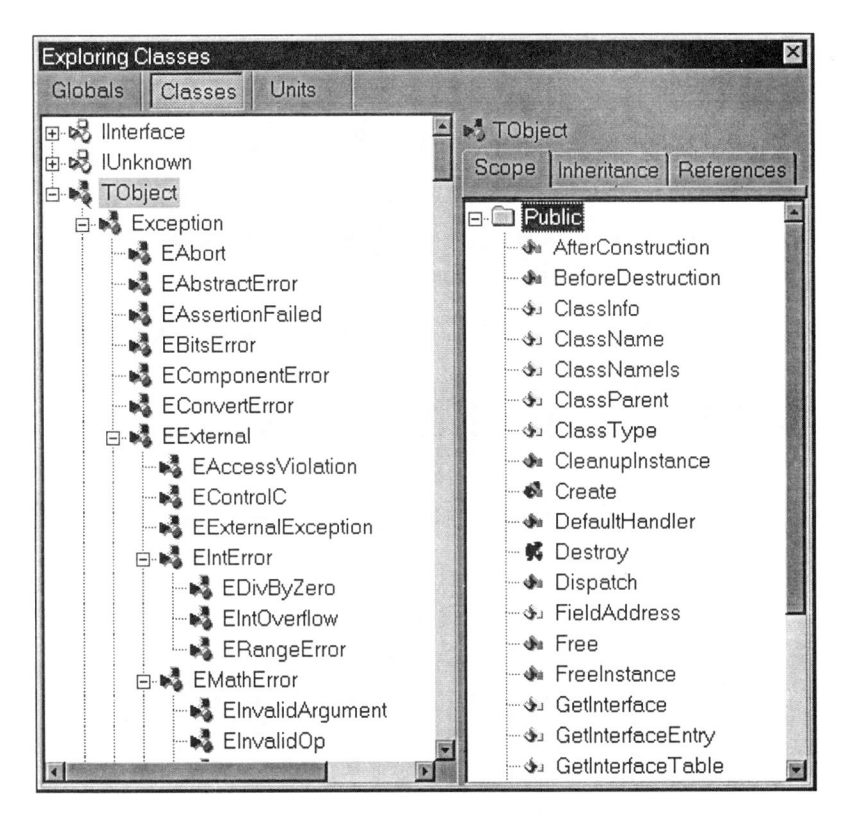

Figura 3.1 Pressione Alt+V, B para exibir o Project Browser; você terá uma visão da hierarquia de todas as classes Delphi

1. No Delphi, clique **View, Browser**.
2. No Project Browser (veja a Figura 3.1), navegue para a classe TObject.
3. Clique duas vezes em **TObject**. Isso abrirá o Symbol Explorer, conforme aparece na Figura 3.2.
4. No Symbol Explorer, com TObject no foco, clique duas vezes no método **Dispatch**. Isso focalizará o Symbol Explorer na unidade que contém o método Dispatch.
5. Clique duas vezes no método **Dispatch** no Symbol Browser. Isso abrirá a unidade systems.pas com o cursor colocado no método Dispatch.

Para incluir as suas classes e símbolos no Project Browser, salve o seu projeto e compile-o. Delphi atualizará os símbolos no browser cada vez que você fizer isso.

DICA

Configurar o Project Browser assim e empregá-lo dessa forma permitirá que você adquira informações sobre qualquer classe ou atributo no comando. Quando você acrescentar as classes e atributos, o Delphi acrescentará aqueles atributos ao Project Browser depois que você compilar seu aplicativo e atualizá-lo após cada compilação.

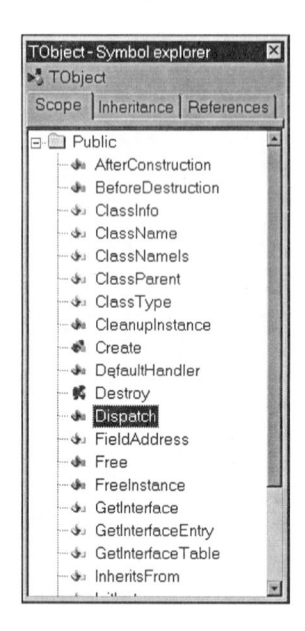

Figura 3.2 O Symbol Explorer permite que você navegue para o símbolo que tem o foco, clicando duas vezes sobre ele

Com objetivos de demonstração, abra um projeto padrão, acrescente uma classe chamada TAAA com um procedimento Foo.

```
class TAAA
    procedure Foo;
end;
```

Compile o projeto padrão e você verá a classe TAAA — por padrão, ela herda de TObject, a menos que indicado em contrário — com o procedimento Foo visível no Symbol Browser. Clique duas vezes em Foo e ele abrirá a unidade que contém a classe TAAA com o cursor em Foo.

Opções de Project Browser

Mude o nível de detalhe disponível no Project Browser, modificando as opções de configuração. O comportamento do *browser* é determinado pela posição de Explorer Options (Opções de Explorer) (veja a Figura 3.3). Para ver o Explorer Options abrir o Project Browser, clique à direita para exibir o menu de contexto Project Explorer e clique **Properties**.

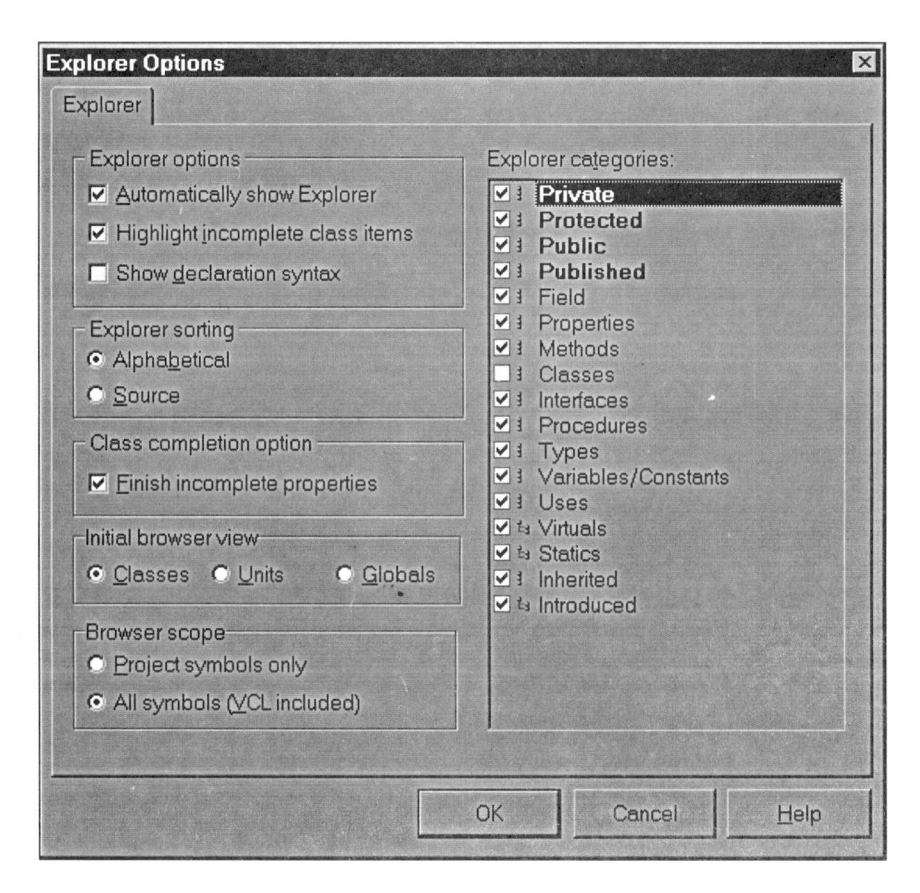

Figura 3.3 *O Explorer Options filtra as informações exibidas no Project Browser*

Leia as subseções que seguem para obter informações sobre o efeito que cada grupo de Explorer Options exerce sobre o Project Browser. A Tabela 3.1 descreve o efeito de cada uma das opções que Explorer tem no Project Browser.

Desenvolvendo aplicações em Delphi 6

Tabela 3.1 Opções de Project Browser filtrando os dados acessíveis no *browser*

Grupo de opção	Opção	Descrição
Explorer Options	Mostra automaticamente o Explorer	Se marcada, exibe o *browser* ancorado no editor de código
Explorer Options	Mostra sintaxe de declaração	Se marcada, os atributos incompletos são marcados em negrito
Explorer Options	Mostra sintaxe de declaração	Se marcada, a sintaxe é mostrada junto com o símbolo
Explorer Sorting	Alfabética	Unidades-fonte são listadas em ordem alfabética
Exploring Sorting	Fonte	Unidades-fonte são listadas em suas ordens de declaração
Class Completion Option	Terminar propriedades incompletas	Se marcada, então métodos de leitura e escrita e suas implementações padrão são completadas automaticamente quando você selecionar Complete Class at Cursor no menu de contexto Code Editor
Initial Browser View	Classes, Unidades ou Globais	Grupo rádio determina qual guia — classes, unidades ou globais — é selecionada, por Padrão, quando o Project Browser é exibido
Browser Scope	Apenas símbolos de projeto	Exibe apenas símbolos de projeto
Browser Scope	Todos os símbolos (inclusive VCL)	A alternativa para exibir apenas símbolos de projeto: todos os símbolos VCL também são exibidos
Explorer Categories	(lista de verificação)	Cada uma das caixas de verificação no Explorer Categories (categorias Explorer) determina se aquele tipo de símbolo é ou não exibido. Filtre o número e a variedade de itens para simplificar a busca por itens específicos

Todas as Explorer Options na Tabela 3.1 são úteis, mas parafraseando a personagem Napoleão de *A revolução dos bichos,* de Orwell, "algumas opções são mais úteis do que outras". A opção Finish Incomplete Properties (Terminar opções incompletas) escreverá o código para você. Se essa opção estiver marcada, ela permitirá ao Delphi completar automaticamente declarações, propriedades e implementações. Para tipos simples, Delphi escreverá o código. Para tipos mais complexos, Delphi escreverá o conjunto completo de declarações e corpos de funções para você. Siga estas etapas para uma demonstração.

1. Em uma Unit1 do projeto padrão, acrescente uma classe TFoo. (Assegure-se de que a opção Project Browser, Finish Incomplete Properties esteja marcada.)
2. Defina um campo privado em TFoo como:

    ```
    FI : Array[1.10] of String;
    ```

3. Defina parcialmente a propriedade pública como a seguir:

   ```
   Property I[Index : Integer] : String;
   ```

4. Clique à direita sobre a classe para exibir o menu de contexto de editor de código.
5. Clique em **Complete Class at Cursor**. Automaticamente, Delphi escreverá o seguinte código:

   ```
   interface
   type
         TFoo = class
         private
               FI : array[1..10] of string;
               function GetI(I: Integer); String;
               procedure SetI(I: Integer; const Value: String);
         public
               Property I[I: Integer] : String read GetI write SetI;
         end;
   implementation
   { TFoo }
   function TFoo.GetI(I: Integer): String;
   begin
   end;
   procedure TFoo.SetI(I: Integer; const Value: String);
   begin
   end;
   ```

Observe que as cláusulas read e write são acrescentadas à declaração propriedade. Os métodos get e set são declarados na classe TFoo, e o método *shell* de definição são acrescentados à seção implementação. A complementação de classe é um acréscimo recente ao Delphi. (Para mais informações sobre propriedades indexadas, consulte o Capítulo 8.)

Como entender escopo, herança e referência no Project Browser

As guias Scope (Escopo), Inheritance (Herança) e References (Referências) do Project Browser oferecem, cada uma delas, espécies de significações diferentes de informações. A guia Scope relaciona aqueles atributos que têm o escopo da classe selecionada; eles são membros da classe. A guia Inheritance mostra apenas aquelas classes que têm subclasses da classe selecionada no lado esquerdo do Project Browser. Por exemplo, em um novo projeto padrão, Delphi cria a classe TForm1 da subclasse TForm. Selecione a classe TForm e TForm1 seria exibida na guia de herança subordinada a TForm. A guia References exibe a unidade, ou unidades, em que aquele item em especial é declarado. Por exemplo, TForm tem uma declaração avançada (enquanto isto era escrito) na linha 25 de forms.pas e a definição na linha 672 de forms.pas.

O Project Browser é uma ferramenta eficaz para encontrar classes e métodos existentes para apressar a solução de problemas. Um programador profissional pode descobrir rapidamente detalhes de implementação sobre aspectos avançados do Delphi, usando o Project Browser.

Classes root

Existem três classes *root* em Delphi: TObject, IInterface e IUnknown. IInterface e IUnknown existem para suportar a subclasse COM e DCOM. TObject é a principal classe *root* de todas as subclasses na arquitetura do Delphi. Quando você compreende TObject, projetar arquiteturas de novos sistemas no contexto do Delphi torna-se mais fácil.

Classe TObject

Todas as classes em Delphi são descendentes de TObject. Isso é verdadeiro se as subclasses forem explicitamente tornadas subclasses de TObject, sem superclasse indicada ou uma nova classe tornada subclasse mais para baixo na corrente ancestral. Usando uma verificação de tipo dinâmico, o teste (AnyClass is TObject) sempre resultará em True.

```
BooleanResult := AnyClass IsTObject;
```

Existem quatro métodos fundamentais para garantir que todas as classes sejam capazes de exibir comportamentos básicos. O primeiro comportamento é que todas as classes têm um construtor padrão e instâncias podem ser criadas. O segundo comportamento é que todas as classes têm um destruidor padrão e instâncias podem ser destruídas. O terceiro comportamento fundamental é que todas as classes podem ser liberadas da memória, chamando o método herdado Free, o que evita erros, pegando chamadas para objetos Nil livres. O quarto comportamento fundamental é que todas as classes podem responder a mensagens do Windows.

Construtor padrão

O construtor padrão na classe *root* TObject é Create.TObject, definido na unidade system.pas. Por padrão, todas as unidades usam system.pas; não é necessário que ele seja, nem pode ser, declarado na declaração Uses de qualquer unidade. O construtor padrão é um método estático — isto é, não virtual — declarado conforme demonstrado a seguir:

```
constructor Create;
```

Note a ausência de qualquer diretiva indicando se o construtor *root* é dinâmico ou virtual. Isso significa que o construtor *root* não pode ser sobregravado em qualquer subclasse. (Consulte o Capítulo 6 para detalhes sobre métodos de herança, poliformismo e sobregravação.) No entanto, você pode definir construtores adicionais para novas classes, incluindo uma com o mesmo rastro do construtor padrão.

Destruidor padrão

O destruidor padrão é definido como um método virtual vazio em TObject. A declaração em TObject usa a palavra-chave destructor.

```
destructor Destroy; virtual;
```

Uma classe pode ter mais de um destruidor, mas só deve sobregravar o destructor padrão e não passar argumentos a ele. O destructor é chamado por Free se o objeto de referência que chama Free não é nulo. (No Capítulo 6 você encontra mais informações sobre este assunto.)

Método Free de TObject

O procedimento Free é definido em TObject. Tecnicamente, Free *pode* ser reintroduzido, mas *não deve*. Free é definido em TObject como um procedimento na linha de grupo que, eficientemente, garante que o *caller* seja um objeto válido — não um objeto nulo — então ele chama o método Destroy correto, indexando diretamente na Virtual Methods Table (Tabela de métodos virtuais). Para evitar erros desnecessários, sempre chame Free ou FreeAndNil ao destruir um objeto.

> *Você pode passar qualquer instância de um Object para FreeAndNil; ele chamará o método Free do objeto e designará o valor a Nil.*
>
> **DICA**

Dispatch oferece ao Delphi uma vantagem distinta

Dispatch é um método freqüentemente olhado do alto pelos desenvolvedores. Ele é apresentado em TObject e oferece uma resposta adicional no Delphi, que não existe em outras ferramentas de desenvolvimento. O Windows só envia mensagens para controles Windows, como *listbox* (caixa de lista), *combobox* (caixa de listas pendentes; caixas *combo*) e controles de edição, que têm um acionador. Por essa razão, controles, como etiquetas em Visual Basic, não podem responder diretamente a mensagens Windows, como WM_PAINT. No entanto, pelo fato de cada classe do Delphi ser um TObject, cada classe do Delphi pode responder a mensagens do Windows.

> *Dispatch pode ser censurado no Delphi 6 para evitar problemas de incompatibilidade com Kylix. Kylix é executada no sistema operacional UNIX, que não usa o mesmo sistema de mensagens do Windows. No entanto, enquanto escrevia este livro, Dispatch estava vivo e bem nas versões beta do Delphi 6.*
>
> **AVISO**

Cada aplicativo é envolvido em uma instância de um objeto TObject. No arquivo-fonte do projeto, antes de Application.Initialize ser chamado, é criado um disparador Windows para o objeto Application. Depois, Application.CreateHandle chama a função API SetWindowLog, passando-lhe o endereço de um procedimento WndProc. Mensagens de aplicativos são enviadas ao procedimento Application.WndProc. Todos os TControls herdam um método WndProc, que permite-lhes receber mensagens do Windows. (A listagem contém a assinatura de declaração de SetWindowLong, WndProc e Dispatch.)

```
LONG SetWindowLong( HWND hWnd, int nIndex, LONG dwNewLong );
Procedure WndProc( var message : TMessage );
Procedure Dispatch(var Message);
```

O procedimento TControl.WndProc chama Dispatch ao final do método WndProc. O método Dispatch verifica se a instância de controle responde ao tipo de mensagem especificado pela ID de mensagem, no parâmetro Message. Se o objeto não responder diretamente, então todos os ancestrais do objeto são verificados, para ver se eles querem responder à mensagem. Caso nenhuma parte do objeto responda à mensagem, DefaultHandler é chamado.

Por exemplo, quando você pressiona o botão esquerdo do mouse em um controle TButton, é chamado o procedimento WndProc do controle. Por sua vez, ele chama o método Dispatch, que tenta localizar a Virtual Methods Table do botão. De fato, há um acionador de mensagem para a mensagem WM_LBUTTONDOWN, chamado WMLButtonDown, portanto o acionador de mensagem é chamado. Este acionador de mensagem em particular é definido para chamar o procedimento DoMouseDown. Uma vez que Dispatch é introduzido em TObject, mesmo controles que não tenham um WndProc podem receber mensagens através do procedimento Dispatch. (Leia o Capítulo 6, para técnicas para conhecer técnicas que tratam das vantagens dos acionadores de mensagem e do Dispatch.)

Interfaces COM

Uma Interface é um *alias* (nome alternativo) da interface IUnknown. IUnknown é a interface *root* de todas as interfaces COM no Delphi. IUnknown declara três métodos: QueryInterface, AddRef e Release. QueryInterface garante que os usuários de uma interface podem consultar instâncias dos atributos da interface. AddRef é usada para aumentar uma contagem de referência cada vez que ocorrer uma chamada a QueryInterface, garantindo que objetos fiquem na memória enquanto todas as referências existirem. Release é usado para diminuir a contagem de referência a objetos. Quando as referências a um objeto atingem zero, o objeto (ou objetos) referenciado(s) a uma interface é(são) destruído(s).

Origem de componentes

Todos os componentes em Delphi são derivados da classe TPersistent. Isto significa que nem todas as classes têm um componente, mas que cada componente tem uma função básica de TObject e a classe TPersistent. Nesta seção, vamos caminhar pela extensão TPersistent e examinar os fundamentos comuns aos componentes.

Classe TPersistent

Incremental e interativa é a expressão referente a "baseado em objeto" que você tem ouvido até agora. O mais importante é dar pequenos passos. Pequenas mudanças sucessivas em arquiteturas são o melhor. Quando subclasses mudam a pequenos aumentos, existem muito mais possibilidades de expansão e menos limitações são colocadas nas classes filho.

> **AVISO**
> Se você criar uma instância de uma classe com métodos abstratos, obterá uma exceção EAbstractError, pois nenhum método é definido.

Não existem instâncias de objetos TPersistent. TPersistente tem métodos abstratos. Geralmente, não é preciso criar objetos TPersistent. Eles são compilados com a diretiva de compilador $M, a qual instrui o compilador para incluir tipos de informações no tempo de execução para TPersistent e seus filhos. O que TPersistent *faz* é descrever uma interface que apresenta a noção de propriedades de designação, identidade, propriedade e fluidez. Isto é tudo o que ele faz. Ele direciona todos os filhos derivados para estabelecer uma identidade com um nome — a idéia é de que filhos podem ter um proprietário, isto é, algum outro objeto tem um relacionamento agregado com objetos TPersistent. TPersistent descreve como a designação de objeto deve ser implementada. Finalmente, TPersistent introduz a noção de que objetos persistentes devem ser capazes de ler e escrever em si próprios a partir de uma armazenagem de persistência. Em geral, a persistência está no formulário de um arquivo de recursos do Windows, mas não precisa estar neste formulário.

Classes Persistent introduzem propriedade

O método TPersistent.GetOwner retorna nulo. Subclasses que desejam estabelecer uma cadeia ou propriedade podem sobregravar GetOwner, como faz TComponent, e retornar uma referência à subclasse TPersistent que é considerada a proprietária do objeto. Por exemplo, um botão pode ser colocado em um formulário, e o formulário toma a propriedade do botão. Assim, o método GetOwner do botão retornaria o formulário de proprietário (veja o Capítulo 4).

Quando usamos o Project Browser para descer um nível na cadeia ancestral, é evidente que as classes TComponent procedem assim. Objetos TComponent procuram o seu proprietário. Se você considerar o aspecto das interfaces gráficas de usuário, a necessidade de rastreamento pelo proprietário é clara. Se um formulário não tivesse ciência dos controles nele existentes, como as mensagens seriam propagadas para os objetos-*containers*? Não seriam. Uma cadeia de propriedade é imperativa, e é introduzida em TPersistent.

Classes Persistent têm identidade

GetNamePath é definido para garantir que nomes de componentes possam aparecer no Object Inspector. É a aparência do componente no object inspector que garante a disponibilidade de um objeto para manipulação na hora do *design*.

Persistência inclui designação

Existem dois métodos virtuais, Assign e AssignTo, que sugerem que componentes deveriam encaminhar o aspecto de designação. Componentes devem conter muitas propriedades e alguns objetos. Por exemplo, componentes visuais têm um objeto TCanvas que é usado para pintar a imagem do controle. Quando são designadas instâncias de objetos, os atributos contidos também precisam ser designados. As implementações TPersistent de Assign e AssignTo são apresentadas a seguir.

```
procedure TPersistent.Assign(Source: TPersistent);
begin
      if Source <> nil then Source.AssignTo(Self) else
AssignError(nil);
end;
procedure TPersistent.AssignTo(Dest: TPersistent);
begin
      Dest.AssignError(Self);
end;
```

Assign chama o método protegido AssignTo usando o argumento-fonte. Se Source não for nulo, então Source.AssignTo é chamado com base no tipo de classe específico do objeto Source. Sobregravar o método Assign nas classes filho garante que objetos persistentes saibam como se designar a outros objetos do mesmo tipo.

Atributo de persistência

Uma introdução significativa ao TPersistent é a noção de persistência de objeto. O método DefineProperties pretende usar um objeto TFiler para ler e escrever propriedades para e de arquivos .dfm. Quando você vê um formulário como texto, o texto que você vê foi escrito pelo método DefineProperties. Essa é a representação textual de atributos de persistência. Para ver um arquivo de formulário como texto, siga as etapas conforme seguem.

1. Clique à direita sobre um formulário para exibir o menu de contexto do formulário, mostrado na Figura 3.4.
2. Clique **View as Text** para ver a representação do texto no formulário em persistência.
3. Pressione **Alt+F12** para inverter a representação gráfica.

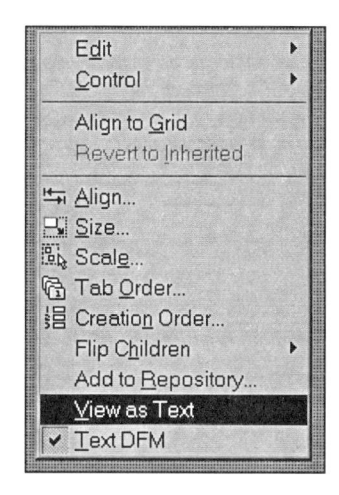

Figura 3.4 Selecione View as Text do menu de contexto Form para ver o script de dados com persistência, representando um formulário

NOTA

É possível que arquivos de formulário sejam corrompidos. Embora um formulário possa ser manipulado em seu formulário de texto com os resultados refletidos no formulário gráfico, é melhor deixar o Delphi e o Object Inspector fazerem essas tarefas para você.

Como é evidente a partir do texto, atributos são armazenados em um relacionamento hierárquico em pares de nome e valor. De fato, esse é um meio de armazenagem muito elegante. O método DefineProperties é introduzido na classe TPersistent. DefineProperties é implementado em classes TComponent para escrever propriedades em arquivos DFM. O método DefineProperties pode ser sobregravado para implementar certas técnicas de componente personalizado avançadas. (Leia o Capítulo 10, que trata de técnicas de escrever componentes avançados.)

Classe TComponent

A classe TComponent descende diretamente de TPersistent. TComponent implementa DefineProperties, o método GetOwner e duas propriedades que introduzem a noção de posicionamento coordenado cartesiano, as propriedades Top e Left. A classe TComponent também introduz o conceito de controle parenteral, um componente de contagem com o número de componentes existentes, realizando a busca a partir do nome de um objeto e de um método Notification.

> **NOTA**
>
> *Um componente interno de propriedade pode agora ser exibido no Object Inspector do componente proprietário. Essa é uma partida radical comparada com as versões anteriores. Nas versões anteriores do Delphi, eventos e propriedades de objetos-containers tinham que ser promovidos à interface do objeto-container. Delphi 6 permite que o próprio objeto seja publicado e, conseqüentemente, diretamente manipulado. (Consulte o Capítulo 10 para mais informações.)*

O método Notification é automaticamente chamado quando um componente está prestes a ser removido ou inserido. A sintaxe de Notification é a seguinte:

```
procedure Notification(AComponent: TComponent; Operation;
TOperation); virtual;
```

Essa notificação de mudança de propriedade permite que objetos com referências a objetos de propriedade sejam atualizados para aquelas referências. Por exemplo, referências a acionadores de evento podem ser ajustadas para Nil. (O Capítulo 10 demonstra como usar o método Notification.) De novo, TComponents não são diretamente instanciados. TComponent faz o aumento incremental da capacidade de classes TPersistent.

Classe TControl

A maioria dos componentes em VCL não são visuais. Isso significa que eles podem ser manipulados visualmente por ocasião do *design*, mas os componentes não tem representação visual no tempo de execução. TControls são subclasses de TComponent. Controles são componentes que têm uma representação visual no tempo de execução. A classe TControl introduz atributos que podem ser manipulados por ocasião do design e no tempo de execução para controlar a aparência e o comportamento do controle visual.

As propriedades que controlam a aparência são Cursor, Top, Left, Height e Width. TControls rastreia o retângulo limite, a área da tela que contém todo o controle da imagem, e o retângulo de limite do cliente, a área que pode ser modificada por valores de dados. Por exemplo, um TImage é um TControl. Os controles rastreiam a diferença entre o controle e os dados que o controle apresenta. Assim, a instância Image tem uma região visual total e alguma quantidade dela é usada para exibir uma imagem. Os controles contêm comportamentos que permitem às instâncias serem manipuladas com relação a uma aparência virtual de ordem z no plano cartesiano e permitem alinhamento para um sistema relativo de coordenadas x e z. A ordem z cria a ilusão de espaço tridimensional. A propriedade Align facilita planejar uma aparência ordenada.

TControl também introduz eventos. Um controle visual precisará responder a entradas do usuário e a mensagens do Windows que definem o comportamento de um controle. Isso inclui se ocorreu um clique de mouse ou se parte do controle foi recentemente coberto e, como agora é revelado, se precisa ser repintado.

O Delphi amplia o comportamento do Windows, definindo o meio pelo qual controles que não os do Windows podem recuperar mensagens. Desde que Dispatch foi introduzido no nível do *root* de TObject root, mensagens podem ser passadas para controles para os quais normalmente o Windows não envia mensagens. Esse refinamento do Windows através do Delphi dá aos desenvolvedores um grau muito maior de controle sobre as interfaces gráficas de usuário e classes não visuais.

Classe TWinControl

TWinControl é uma subclasse de TControl. Wincontrols incluem um acionador para o Windows, permitindo a eles receber o foco do sistema operacional Windows. A arquitetura Windows só oferece controles de janela com um acionador Windows para receber entrada do Windows OS. A arquitetura do Delphi permite que as mensagens sejam filtradas para controles VCL, que não têm acionadores Windows. Wincontrols são representados por formulários, diálogos, *comboboxes* e controles de edição. Consulte o Project Browser para uma visão completa da extensão TWinControl da arquitetura.

Como usar o componente recém-rotulado

O novo componente TLabeledEdit é uma mudança incremental que inclui uma etiqueta de controle de edição. Controles de edição e controles de etiqueta — não são especialmente elegantes, mas são úteis — formam um par comum. Por padrão, a etiqueta é colocada acima e alinhada à esquerda do controle de edição, mas o espaçamento e o posicionamento da etiqueta relativos ao controle de edição podem ser modificados no Object Inspector.

O controle TLabeledEdit ilustra duas boas estratégias de programação baseada em objeto. Mantém as mudanças simples e a subclasse de componentes existentes para conter novos componentes, em vez de modificar um componente existente. Ampliar um componente evita a necessidade de testar novamente código existente e, possivelmente, ter um impacto adverso em um aplicativo existente; também permite que você tenha ambos os componentes em seu conjunto de ferramentas.

Classes de editor de propriedade

As classes de editor de propriedade originárias da classe TPropertyEditor são definidas em dsgnintf.pas para gerenciar propriedades complexas. Todas as propriedades no Object Inspector são modificadas com um editor de propriedade. Um campo inteiro é modificado usando uma instância da classe TintegerProperty, e a *string* usa o editor TStringProperty. As classes de editor de propriedade facilitam acrescentar dados que caem dentro de uma faixa aceitável e simplificam o gerenciamento de propriedades complicadas, como as *strings* em uma coleção TStrings ou a propriedade Picture de uma TImage.

Simples editores de propriedade, como o editor TStringProperty, são quase transparentes. No Object Inspector, eles aparecem como meros campos de entrada. Quando você modifica uma propriedade TStrings, a lista Strings da caixa de diálogo do editor é aberta (veja a Figura 3.5) para facilitar um processo consistente de edição.

Editores de propriedade oferecem o componente de desenvolvimento com um conveniente ponto de partida para permitir modificações por ocasião do *design* de classes não triviais. Por padrão, se você incluir uma propriedade em uma classe que já tem um editor de propriedade registrado, o IDE exibirá aquele editor quando a propriedade estiver sendo modificada. Você precisará de uma subclasse o mais próxima possível de sua propriedade quando precisar de um editor de propriedade personalizado. Isso pode acontecer quando componentes comerciais são criados. Novos editores de propriedade precisam ser registrados. Delphi oferece todas as ferramentas internas para completar as tarefas necessárias. (Leia o Capítulo 11 para aprender como criar editores de propriedade personalizados e registrá-los.)

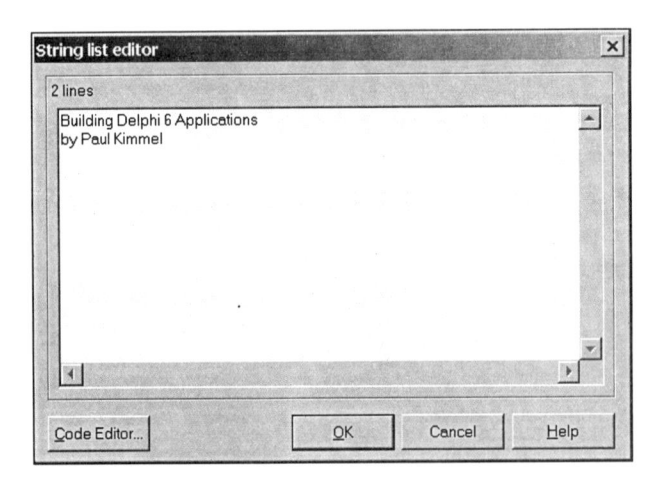

Figura 3.5 A lista de editor String é uma cópia do editor TStringListProperty, definido em stredit.pas

Classe TApplication

A classe TApplication é uma subclasse direta da subclasse TComponent. Cada aplicativo Delphi tradicional é encapsulado em um objeto Application que contém o principal acionador de programa do Windows, oferecendo um meio pelo qual o Windows OS pode enviar mensagens para o aplicativo.

NOTA

As palavras-chave initialization e finalization podem ser colocadas ao final de cada unidade. Qualquer código escrito na seção inicialização é executado antes de qualquer outro código na unidade quando a unidade é carregada e a seção finalização é executada. (Consulte a unidade VCL controls.pas para maiores informações.)

O único objeto aplicação que o seu programa precisa é criado automaticamente para você. A seção inicialização da unidade controls.pas chama um procedimento InitControls, local para controls.pas, que cria uma cópia do objeto global Application. A variável global Application é declarada como uma TApplication na seção Var da unidade forms.pas. Verificando o arquivo .dpr de cada projeto executável, a unidade forms.pas será a primeira unidade na cláusula Uses.

Além do acionador do Windows, o objeto Application contém uma referência ao principal formulário do aplicativo, o arquivo de ajuda e o título do aplicativo. Existem também eventos de aplicativo, no qual um programa pode saltar condicionalmente; estes são descritos na próxima subseção.

Eventos Application

Eventos Application são designados como de responsabilidade do objeto Application. Todo um aplicativo pode ser completado sem saltar condicionalmente em qualquer desses eventos, mas a sintonização pode ser conseguida escrevendo acionadores de evento à medida que a necessidade surge. A Tabela 3.2 descreve os eventos Application disponíveis, para os quais os acionadores de evento podem ser escritos.

Tabela 3.2 Eventos de aplicativo que podem ser manuseados pelo seu código; use o componente TApplicationEvents para facilitar o manuseio desses eventos

Nome do evento	Descrição
OnActionExecute	Responde aos eventos OnExecute para componentes, cujas listas de ações não têm definido um acionador de evento OnExecute
OnActionUpdate	Responde aos eventos OnUpdate para componentes, cujas listas de ações não têm definido um acionador de evento OnUpdate
OnActivate	Acionador de evento chamado quando o aplicativo recebe o foco
OnDeactivate	Acionador de evento chamado quando o aplicativo perde o foco
OnException	Acionador de evento quando ocorre uma exceção não acionada Acionador de evento que assegura que mesmo as exceções não acionadas sejam registradas, por exemplo, Windows NT Event Log
OnHelp	Ação tomada quando o usuário pressiona F1 ou solicita ajuda com HelpJump, HelpCommand ou HelpContext. Para a tecla F1 responder, um arquivo de ajuda precisa ser identificado no Application Tab da caixa de diálogo Project Options (veja a Figura 3.6) e o controle precisa ter um valor de propriedade HelpContext não zero

Tabela 3.2 (Continuação)

Nome do evento	Descrição
OnHint	Acionador de evento chamado antes que seja exibida uma sugestão de controle. A propriedade ShowHint do controle precisa ser True, e a propriedade Hint precisa ter um valor *string* não nulo
OnIdle	A maioria dos aplicativos que interagem com o usuário perde muito tempo no estado Idle (ocioso). (Isso é evidente, observando processos no Windows Task Manager.) Escreva um acionador de evento Idle para realizar tarefas de fundo durante momentos ociosos. Mantenha as tarefas relativamente curtas, caso contrário, pode ocorrer um comportamento estranho enquanto o usuário espera que o acionador de evento Idle retorne
OnMessage	Pode ser usado para visualizar todas as mensagens sendo enviadas ao seu aplicativo
OnMinimize	Acionador de evento chamado quando um aplicativo é minimizado
OnRestore	Acionador de evento chamado quando um aplicativo é restaurado a partir uma posição minimizada
OnShortCut	Acionador de evento chamado quando uma combinação de tecla de atalho é pressionada
OnShowHint	Chamado quando um aplicativo está prestes a mostrar uma dica

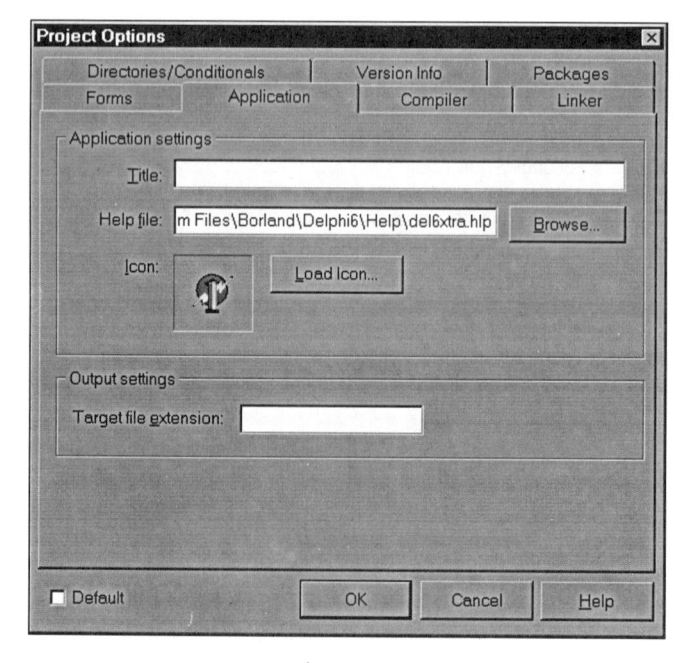

Figura 3.6 Associa um arquivo de ajuda programaticamente ao seu aplicativo ou na guia Application da caixa de diálogo Project Options. Abre a caixa de diálogo Project Options, pressionando Alt+P, O

Os eventos na Tabela 3.2 são propriedades de procedimento da classe TApplication. Declarar um método do tipo certo em uma classe e designar aquele método ao evento de propriedade com que ele combina costumava ser a maneira de criar e designar acionadores para esses eventos. Um recente acréscimo ao Delphi é o componente TApplicationEvents, que facilita criar acionadores de evento para aplicativos.

Como usar o componente TApplicationEvents

O componente ApplicationEvents (mostrado na Figura 3.7) está na guia Additional da paleta componente. Como com qualquer outro componente, clique no formulário ou no módulo de dados onde quiser colocá-lo e modifique os eventos no Object Inspector. Cada acionador de evento recebe um conjunto diferente de argumentos. A listagem de código apresentada adiante substitui uma sugestão padrão de cor amarelo-claro para uma cor personalizada, vermelho.

Figura 3.7 O controle TApplicationEvents

```
procedure TForm1.ApplicationEvents1ShowHint(var HintStr: String;
      var CanShow: Boolean; var HintInfo: THintInfo);
begin
      if( HintInfo.HintControl = ButtonCommit ) then
          HintInfo.HintColor := clRed;
      CanShow := True;
end;
```

O código acima simula mudar a cor do hint para vermelho em uma pseudo-operação de gravação no banco de dados. Se o HintInfo.HintControl referencia o botão de gravação, então o HintColor é mudado para um dramático vermelho. Para repetir o exemplo anterior, siga as etapas.

1. Crie um novo aplicativo.
2. Coloque um TButton no formulário padrão criado automaticamente com um novo aplicativo.
3. Digite *ButtonCommit* no nome da propriedade do botão que está no formulário da etapa 2.
4. Selecione a guia **Additional** da paleta de componentes.

5. Coloque um controle TApplicationEvents no formulário (conforme demonstrado na Figura 3.7).
6. No Object Inspector, selecione o objeto **ApplicationEvents1**.
7. Clique na guia **Events** e clique duas vezes na propriedade OnShowHint (a última no Object Inspector), para criar o corpo de método na listagem anterior.
8. Digite todo o código não gerado pelo Delphi.
9. Assegure-se de que o valor de propriedade ShowHint do CommitButton seja True e uma *string* não nula seja digitada na propriedade Hint do botão.

Pressione **F9** para executar o exemplo. Quando você mover o mouse sobre o CommitButton, o hint deverá estar vermelho. Eventos de aplicativo podem ser usados para garantir que exceções não acionadas sejam escritas para o registro de eventos do Windows NT, que aquele tempo ocioso de processador Idle seja efetivamente empregado e que refinamentos personalizados possam ser incorporados ao aplicativo.

Novos componentes shell do Windows

Delphi acrescentou controles *shell* atualizados para permitir a você criar, facilmente, interfaces de gerenciamento de arquivo de sistema que emulam os mais novos sistemas de arquivo em Windows 98, Windows 2000 e Windows NT 4.0, conforme mostrado na Figura 3.8. O novo controle substitui o FileListBox, DirectoryListBox, DriveComboBox e FilterCombobox para criar interfaces de gerenciamento de arquivo.

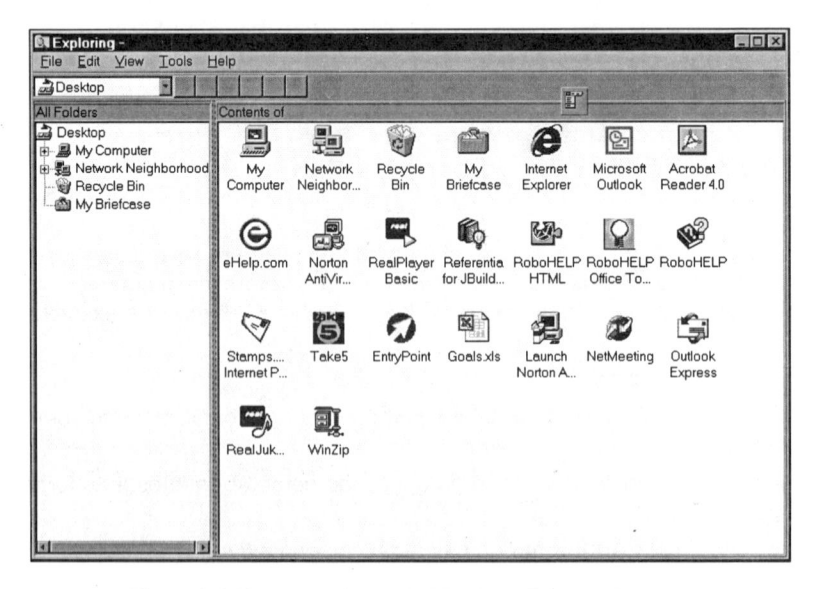

Figura 3.8 Esta reprodução do Windows Explorer foi criada em cinco minutos com os novos controles shell para o Windows

Os novos controles são TShellTreeView (à esquerda, na Figura 3.8), TShellListView (ao centro e à direita da Figura 3.8) e TShellComboBox (conforme aparece na barra de ferramentas da Figura 3.8). A demonstração de aplicativo acima foi criada rapidamente e sem nenhum código. Com um pouco de código, você poderia criar um formulário como o Windows Explorer para os seus aplicativos. Cada um dos controles tem uma ou mais propriedades que permitem a cada um referir-se às suas pausas no tríade, refletindo automaticamente um *upgrade*.

Classes gráficas

Existem cinco grupos de classes responsáveis pelo gerenciamento de dados e capacidades relacionados com gráficos no Delphi, quatro dos quais são diretamente tornados subclasses de TPersistent; o quinto é um controle. TCanvas, TGraphic, TPicture e TgraphicObject são todos feitos subclasses de TPersistent. O TGraphicControl é a quinta classe gráfica e é derivado de TControl.

Todos os controles que têm dados visuais apresentados em um formulário contêm um objeto de tela que, de fato, controla a exibição de texto e imagens dentro do retângulo que limita o controle. A classe TGraphic tem as subclasses TIcon, TBitmap e TMetaFile. TGraphicObject tem as subclasses TBrush, TFont e TPen. TCanvas é usada como uma superfície de desenho para controles ainda não apresentados pelo Windows, como TEdit ou TListBox. TGraphicControl tem os derivados TBevel, TCustomLabel, TImage, TPaintBox, TShape e TSplitter. Todos esses controles têm um efeito visual, mas não aceitam entrada de texto dos usuários. TGraphicControl não tem acionadores para o Windows, portanto não mantêm o foco. O exemplo a seguir demonstra a instanciação dinâmica de um objeto TGraphic, carregando um Metafile .emf de meu *drive* de disco e designando-o à propriedade Picture de uma TImage.

```
var
      Graphic : TGraphic;
begin
      Graphic := TMetaFile.Create;
      try
            Graphic.LoadFromFile( 'shepherd.enf');
            Image1.Picture.Assign(Graphic);
      finally
            Graphic.Free;
      end;
end;
```

NOTA

A classe TGraphic é uma classe abstrata. Embora uma variável TGraphic tenha sido declarada uma subclasse, TMetaFile foi instanciada e designada a uma variável de seu tipo de superclasse.

Enquanto a propriedade Picture de uma imagem é um objeto e tem seu próprio método LoadFromFile, a listagem de código antes apresentada demonstra uma aplicação técnica da classe TGraphic. A TImage contém um objeto tela. O objeto TCanvas tem um acionador do Windows. Uma aplicação prática para usar a classe TGraphic seria carregar uma coleção de objetos gráficos em vez de usar TImages, se uma série de imagens fosse necessária sem ter que ser exibida de uma só vez, para evitar consumir uma grande quantidade de acionadores do Windows.

Classe TCanvas

A classe Canvas encapsula um Windows Device Contexto (Contexto de dispositivo do Windows) para apresentar imagens em Windows. Canvas inclui métodos de apresentar texto e forma originais e faz o gerenciamento de recursos para imagens do Windows com menor probabilidade de erro. O exemplo que segue demonstra o uso da propriedade Canvas de um formulário para exibir texto gravado em relevo. O texto é atualizada cada vez que uma janela é repintada. O código que cria o efeito de relevo é listado a seguir (veja a saída na Figura 3.9).

Figura 3.9 Efeito de texto gravado em relevo, criado escrevendo diretamente no objeto tela

```
procedure TForm2.FormPaint(Sender: TObject);
const
     SOFTCONCEPTS_WEB = 'http://www.softconcepts.com';
var
     FontRecall : TFontRecall;
begin
     FontRecall := TFontRecall.Create( Canvas.Font );
     try
          SetBkMode( Canvas.Handle, Windows.Transparent );
          Canvas.Font.Color := clWhite;
          Canvas.Font.Style := [fsItalic, fsBold];
          Canvas.Font.Size := 16;
          Canvas.Font.Name := 'Times New Roman';
          Canvas.TextOut(10, 10, SOFTCONCEPTS_WEB);
```

```
            Canvas.Font.Color := clGray;
            Canvas.TextOut( 9, 9, SOFTCONCEPTS_WEB );
            Canvas.Font.Assign( FontRecall.Reference );
        finally
            FontRecall.Free;
        end;
end;
```

> **DICA**
>
> *Como regra geral, evite escrever código em acionadores de evento. Escreva um método cujo nome declare o comportamento do código e chame aquele método a partir do acionador de evento. Isso promoverá a legibilidade e a reutilização de código. É muito mais difícil reutilizar um acionador de evento genérico esperando um argumento TObject do que usar um método chamado WriteEmbossedTextToCanvas, ou algo que produza os mesmos resultados.*

A partir da primeira linha da listagem, é evidente que esse código foi escrito no acionador de evento para o evento Paint do formulário. Inicialmente, uma das novas classes, TFontRecall, é instanciada para armazenar a posição atual do objeto Font de Canvas. Depois, o procedimento Windows SetBkMode — ele ajusta o modo de fundo — é usado para criar o melhor efeito. Um acionador de Canvas, de fato, é um Windows Device Context, portanto, a Canvas.Handle pode ser passada para o procedimento SetBkMode. As propriedades do objeto-fonte contidas na tela Forms são modificadas para criar o efeito, o texto é escrito, a cor de fonte é alterada e o mesmo texto é rescrito em uma cor diferente e com uma impressão x e y ligeiramente diferente para terminar o relevo. Finalmente, a fonte é recuperada e o objeto FontRecall é lançado.

Pelo fato de que muitos controles contêm propriedades Canvas, é uma questão relativamente direta acrescentar fontes personalizadas e modificações aos controles para criar um ajuste e acabamento refinados. A próxima seção cobre as três novas propriedades de voltar atrás, que transformam em um simples pulo alternar para frente e para trás entre estilos de fonte.

Recurso de recall em fonte, caneta e pincel acrescentado ao Delphi 6

O Delphi 6 oferece os objetos TRecall — subclasse do Tobject — listados a seguir. Eles empregam uma interface simples. Objetos Recall podem ser criados e destruídos, e os métodos públicos Store e Forget podem ser chamados. TRecall tem uma propriedade, uma Reference, apenas de leitura a um objeto Persistent.

```
TRecall = class(TObject)
    private
        FStorage, FReference: TPersistent;
public
        constructor Create(AStorage, AReference: TPersistent);
```

```
        destructor Destroy; override;
        procedure Store;
        procedure Forget;
        property Reference: TPersistent read FReference;
end;
```

A unidade graphics.pas contém três subclasses de TRecall, TFontRecall, TPenRecall e TBrushRecall. O construtor dessas classes requer Font, Pen ou Brush, respectivamente. Quando os objetos são construídos, uma instância de Font, Brush ou Pen é criada e uma instância da posição do objeto gráfico é armazenada. Essas classes permitem que você restaure os objetos gráficos às suas posições originais, designando a propriedade Reference do objeto chamado novamente ao objeto gráfico. A listagem da seção anterior, que exibe um texto em relevo na tela de um formulário, demonstra como usar um objeto FontRecall. TPenRecall e TBrushRecall trabalham da mesma maneira.

Impressão

Uma classe *Singleton* é desejável apenas para ter uma instância universal. A classe TPrinter é definida na unidade Printer.pas. A função Printer é listada a seguir.

```
function Printer: TPrinter;
begin
        if FPrinter = nil then FPrinter := TPrinter.Create;
        Result := FPrinter;
end;
```

Em vez de criar explicitamente uma instância de uma Singleton, normalmente há uma função que garante que uma *lazy instance* (instância ociosa) seja criada quando, e apenas quando, ela for necessária. A listagem anterior demonstrou a técnica. Quando a função Printer é chamada, ela cria uma instância e sempre retorna uma referência àquela instância. Considere a seguinte listagem de código, que imprime as linhas de texto mostradas na Figura 3.10, usando a Printer Singleton.

```
var
        I : Integer;
        TextHeight : Integer;
begin
        TextHeight := Printer.Canvas.TextHeight(Memo1.Lines.Text);

        Printer.BeginDoc;
        try
                for I := 0 to Memo1.Lines.Count - 1 do
                        Printer.Canvas.TextOut( 10, 10 + (I * TextHeight),
Memo1.Lines[I] );
        finally
                Printer.EndDoc;
        end;
end;
```

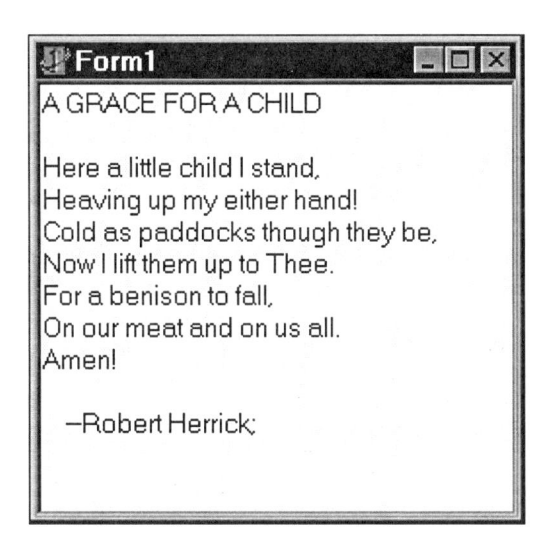

Capítulo 3 - Como examinar classes-chave na arquitetura do Delphi | **117**

```
┌─ Form1 ─────────────────── _ □ ✕ ┐
│ A GRACE FOR A CHILD              │
│                                  │
│ Here a little child I stand,     │
│ Heaving up my either hand!       │
│ Cold as paddocks though they be, │
│ Now I lift them up to Thee.      │
│ For a benison to fall,           │
│ On our meat and on us all.       │
│ Amen!                            │
│                                  │
│     —Robert Herrick;             │
│                                  │
└──────────────────────────────────┘
```

Figura 3.10 Use a printer.pas e a instância Printer Singleton para imprimir texto e gráficos no dispositivo padrão de impressão

NOTA *Singletons são úteis quando você deseja garantir que apenas uma instância de um recurso seja criada. No caso de uma impressora, o objeto está mapeando para uma única instância de um objeto físico. O número de cópias é limitado por esse relacionamento de mapeamento. Sempre que você tiver mapeamento um-por-um para um único elemento físico, usar uma Singleton é uma boa estratégia. A unidade Printers demonstra bem todos os aspectos da técnica.*

A primeira linha depois do início do bloco aparece para ser uma chamada ao método BeginDoc, usando o objeto Printer. Na verdade, a referência a Printer é uma chamada à função que constrói o objeto Singleton. Em geral, um objeto Singleton retorna uma referência a um objeto local inicializado. Você pode usar a seção inicialização de uma unidade para inicializar a referência de objeto local para Nil (esta é uma maneira de determinar se o objeto foi ou não inicializado) e usar a seção finalização da unidade para liberar o objeto.

Obviamente, a partir da listagem anterior, um objeto Printer tem um objeto Canvas. Sendo Canvas agregado a uma cópia da mesma classe TCanvas usada em outro lugar, podemos confiar no fato de que a interface e a capacidade de uso, são idênticas. Em um mundo baseado em objeto isso é verdade para todas as instâncias da mesma classe. Conseqüentemente, fica entendido que o objeto impressora, através da Canvas que ele contém, pode ser usado para gerenciar fontes, canetas e pincéis de impressora; formas e texto complexos podem, portanto, ser impressos.

Classes Internet

O Delphi tem cerca de 30 componentes para a Internet, que podem ser usados para gerenciar facilmente conexões IP, ler documentos HTML, XML, WML ou criar seções http, FTP ou Telnet. Além desses componentes, a versão Enterprise de Delphi incorpora os recursos WebBroker, que permitem a você construir extensões de servidor Web ISAPI, NSAPI e CGI para a Web. (Servidores ISAPI são aplicativos Internet Information Server; servidores NSAPI não servidores de aplicativo Netscape. CGI — Common Gateway Interface — Interface de meio de acesso comum, é um protocolo de plataforma não específica para aplicativos servidores Internet.) O Capítulo 17 demonstra o uso de recursos WebBroker para montar aplicativos para servidores Internet.

No Delphi 6, o WebBroker agora suporta o servidor Web Apache.

NOTA

Delphi 6 contém três novos componentes específicos para o desenvolvimento de aplicativos para a Internet. O TIPAddress verifica a saída de endereço IP válido. O componente XMLDocument é usado para programar páginas XML. O TWebBrowser é um *browser* para a Web completo em um componente. A seção GUI — Graphical User Interface (Interface gráfica de usuário) do Capítulo 2 demonstra o componente TWebBrowser.

Estruturas de dados

Todo diretor de curso superior de ciência de computação ou matemática faz cursos básicos de programação que cobrem estruturas de dados. Como aeróbica mental, esses cursos ajudam a tornar a mente mais ágil. A maioria das linguagens de programação tem estruturas de dados básicas internas e essas têm sido otimizadas em sucessivas implementações de um compilador em particular.

Delphi inclui List, Ordered Lists (Lista, Listas ordenadas) como TStack e TQueue, e uma classe Collection. Um novo componente é o ValueListEditor, um *array* associativo visual que apresenta dados em uma lista par nome-e-valor de coluna dupla. Exemplos de dados armazenados em pares nome e valor são os arquivos .ini. Pares nome e valor também podem ser usados para criar bancos de dados simples.

Como usar o novo TValueListEditor

O TValueListEditor é um componente visual que pode ser usado para armazenar o material que faz sentido apresentar como pares nome e valor ou *arrays* associativos. Os exemplos mais comuns de *arrays* associativos em Windows são os arquivos .ini, ainda em uso, ou o registro Windows NT, um *array* associativo hierárquico.

O TValueListEditor é um TCustomGrid. Uma coleção TStrings pode ser associada com a propriedade Strings do ValueListEditor (veja, mais adiante, a seção "Classe TStrings"), mas ValueListEditors não contém objetos TString. Entretanto, se um objeto TString é referenciado pela propriedade Strings, então o ValueListEditor exibirá os pares chave=valor com o valor do lado esquerdo na coluna-chave adjacente ao valor do lado direito na coluna valor. Se uma linha de texto não for uma *string* chave=valor, então todos os dados são armazenados na coluna valor.

Células individuais podem ser referenciadas pela propriedade herdada Cells ou pelas propriedades indexadas acrescentadas Values ou Keys. (Consulte o Capítulo 8 para obter mais informações sobre propriedades indexadas.) O TValueListEditor é definido em valedit.pas.

Como armazenar dados em listas

A classe Tlist comporta-se como um *array* de *cursores brutos*, que são tipos Delphi originais. Você pode armazenar praticamente tudo em uma TList. Se um tipo heterogêneo é armazenado em TList, então objetos List são fáceis de usar com Add (Acrescentar), Clear (Limpar), Delete (Apagar), Destroy (Destruir), Exchange (Trocar) e outros métodos que tornam simples o gerenciamento de lista.

AVISO

TList.Free libera a memória usada para armazenar itens, mas não libera a memória alocada para itens individuais. Coloque TList em subclasse e sobregrave o Destroy para garantir que a memória dinamicamente alocada para itens contidos seja liberada.

Entretanto, se objetos alocados em acúmulo forem armazenados em uma TList, eles precisarão ser liberados da memória e removidos antes que a lista seja destruída ou que o seu programa apresente um vazamento de memória. A advertência que se aplica aqui é que todos os objetos devem ser responsáveis pela liberação de todos os objetos contidos; portanto, se TList possui os objetos, TList deve liberar os objetos em um destruidor sobregravado. A listagem que segue oferece o exemplo de um destruidor sobregravado que libera e apaga o elemento zerado da lista até que todos os elementos sejam liberados.

```
destructor TIntegerList.Destroy;
begin
      while( Count > 0 ) do
      begin
            TObject(Items[0]).Free;
            Delete(0);
      end;
      inherited;
end;
```

Um aperfeiçoamento como o anterior é apenas sugerido nas listas que contêm objetos criados com um construtor.

Novo na TList é o método Assign. Assign é capaz de realizar a cópia superficial de designações de referência com base no valor do argumento TListAssignOp.

```
procedure Assign(ListA: TList; AOperator; TListAssignOp = laCopy;
   ListB:
      TList = nil);
```

O método anterior faz uma referência aos elementos em ListA com base no conjunto operador representado pelo argumento AOperator (consulte a Tabela 3.3 para um resumo de valores TListAssignOp).

Tabela 3.3 Lista de operações realizadas na lista chamada e lista de argumentos ou resultados do conjunto de operações de ListA e ListB em elementos

Operador	Descrição
LaCopy	Lista chamada que tem alguns valores como lista(s) passada(s)
LaAnd	Interseção de lista chamada e lista(s) de argumento
LaOr	União de lista chamada e lista(s) de argumento
LaXor	OR exclusivo apenas (elementos não encontrados em ambas as listas)
LaSrcUnique	Elementos únicos para fonte (idênticos a AND e XOR)
LaDestUnique	Elementos únicos para a lista chamada

Se apenas uma lista de argumentos for passada, então a operação set representada por AOperator é realizada na lista de chamada, e o valor na lista de chamada será o resultado da operação set. Se uma segunda lista for passada para a operação assign, então os valores originais da lista chamada serão descartados e o valor das listas será uma cópia do conjunto que resulta da operação realizada em ListA e ListB. Considere o seguinte exemplo:

- suponha que a ListA contenha os elementos (1, 2, 3);
- suponha que a ListB contenha os elementos (4, 5, 6);
- ListA.Assign(ListB, LaOr);
- ListA agora contém (1, 2, 3, 4, 5, 6);
- introduza ListC, que contém (7, 8, 9);
- ListC.Assign(ListA, LaAnd, ListB);
- ListC agora contém (4, 5, 6).

As operações set nas listas podem ser aliadas poderosas, mas tenha cuidado ao realizar operações de listas em objetos alocados em acúmulo, caso contrário as suas listas terminarão contendo objetos proprietários e alguns objetos referenciados. Ao passar referências em listas de objetos proprietários, é melhor empregar um esquema que apague a referência ao objeto proprietário quando outra lista aceita propriedade.

TOrderedList

A classe de lista ordenada é uma classe abstrata que define uma classe oscilante a ponto de ser uma pilha ou fila, dependendo de como o PushItem é sobregravado em subclasses. Se você quiser um comportamento FIFO — *Last-in first-out* (Último a entrar; primeiro a sair), PushItem acrescenta itens ao final da lista e os apresenta a partir do final da lista — depois instancie uma lista. A classe TQueue sobregrava PushItem para oferecer o comportamento de fila FIFO.

A OrderedList é implementada em termos de uma TList. Quando dizemos implementada em termos de, estamos nos referindo a uma agregação ou a um relacionamento. O método PushItem em TStack ou TQueue determina se o item é acrescentado na primeira ou na última posição. Essencialmente, comportamentos de enfileirar e empilhar são controlados por um método, PushItem.

Pilha LIFO

O TStack acrescenta itens a um objeto privado TList, que anexa o item ao final da pilha. Pop é definido na classe pai, TOrderedList. PopS sempre ocorre ao final da lista, indexando o último item, representado pelo índice de posição de contagem –1. A classe de pilha armazena uma lista de Pointers que pode referir-se a quaisquer tipos de dados. Uma subclasse TObjectStack aguarda explicitamente por TObjects.

TObjectStack implementa Push, Pop e Peek nos termos da classe TStack. Em TObjectStack, o método público Push toma um argumento Tobject, em vez de um cursor bruto, e Pop e Peek retornam um TObject em vez de um Pointer.

Fila FIFO

A classe TQueue insere itens no índice zero da lista e retira-os no final. Todos os itens são empolados na direção do final, ou para a frente da fila. O TObjectQueue sobregrava Push, Pop e Peek para tomar ou retornar TObjects em vez de cursores brutos.

Classe TCollection

As coleções são semelhantes às listas quanto aos métodos que elas oferecem. Entretanto, as coleções possuem os itens, ao contrário das listas. Uma coleção é implementada em termos de uma TList, mas, para todos os objetivos práticos, uma coleção possui uma lista de TCollectionItems, a qual é uma subclasse de TPersistent. Portanto, uma coleção é destinada a gerenciar objetos persistentes. Você encontrará coleções transformadas em subclasses em muitas outras classes; por exemplo, a propriedade colunas de TDBGrid é uma TDBGridColumn, uma subclasse de TCollection.

A classe coleção também inclui uma classe BeginUpdate e EndUpdate. As coleções são mais adequadas para serem usadas para armazenar controles ou outros dados exibíveis. Por isso, é importante que mensagens pintadas sejam capazes de serem suspensas até que todos os itens de coleção sejam acrescentados à coleção. Caso contrário, acrescentar centenas de itens a uma coleção que tem dados exibidos, como DBGridColumns, resultaria em um enervante piscar de tela.

Dados seqüenciais

Duas classes arquivadoras, TReader e TWriter, são usadas para seqüenciar classes para ler e escrever propriedades componentes para arquivos de recursos. As classes seqüenciadas são usadas para salvar dados em diferentes meios de armazenagem. Você encontrará as classes de reader e writer ao realizar operações de componente avançado — por exemplo, se precisar sobregravar o método DefineProperties para salvar atributos adicionais de componente. Entretanto, você encontrará capacidades seqüenciáveis em uma ampla variedade de classes durante o decorrer da rotina de tarefas de programação. Lembre-se da primeira listagem na seção sobre classes gráficas. O método LoadFromFile usa um TFileStream para carregar os dados representando a imagem de gráficos. (Consulte o Capítulo 10 para ver exemplos de emprego de TReader e TWriter.)

Existem várias seqüências úteis. TFileStream e TMemoryStream são úteis para ler e escrever dados para e de arquivos e *buffers* de memória, respectivamente. TBlobstream é usada quando há necessidade de lidar com grandes campos de objetos binários em bancos de dados, tais como gráficos ou campos memo. As classes de seqüência são usadas em muitos lugares; por exemplo, as já mencionadas classes gráficas usam um arquivo de seqüência para ler e escrever dados gráficos para e de um objeto gráfico. A LoadFromFile na classe TStrings usa um arquivo de seqüência para gerenciar a leitura e escrita de dados de texto. A seguir, apresentamos um exemplo que demonstra como usar diretamente um objeto FileStream.

```
var
      FileStream : TFileStream;
begin
      FileStream := TFileStream.Create('UFileStream.dfm', fmOpenRead);
      try
            Memo1.Lines.LoadFromStream( FileStream );
      finally
            FileStream.Free;
      end;
end;
```

NOTA

Antes de criar uma instância específica de um objeto em seqüência, assegure-se de que o componente ou a classe ainda não tenha capacidades de seqüência. Funções comuns que usam seqüências são LoadFromFile e SaveToFile. A classe TClipBoard usa uma TMemoryStream, uma TReader e uma TWriter para cortar e colar componentes usando o clipboard (área de transferência).

A lista anterior cria um objeto FileStream e abre a unidade de arquivo UFileStream.dfm para leitura. Dado que a propriedade Lines de um Memo é uma TString, sabemos (pelo menos agora sabemos) que TStrings tem capacidades de seqüenciamento. Portanto, LoadFromStream pode ser chamada, passando o arquivo de seqüência no exemplo como o argumento para o método LoadFromStream. O resultado é a representação textual do arquivo de recurso .dfm que aparece na Figura 3.11.

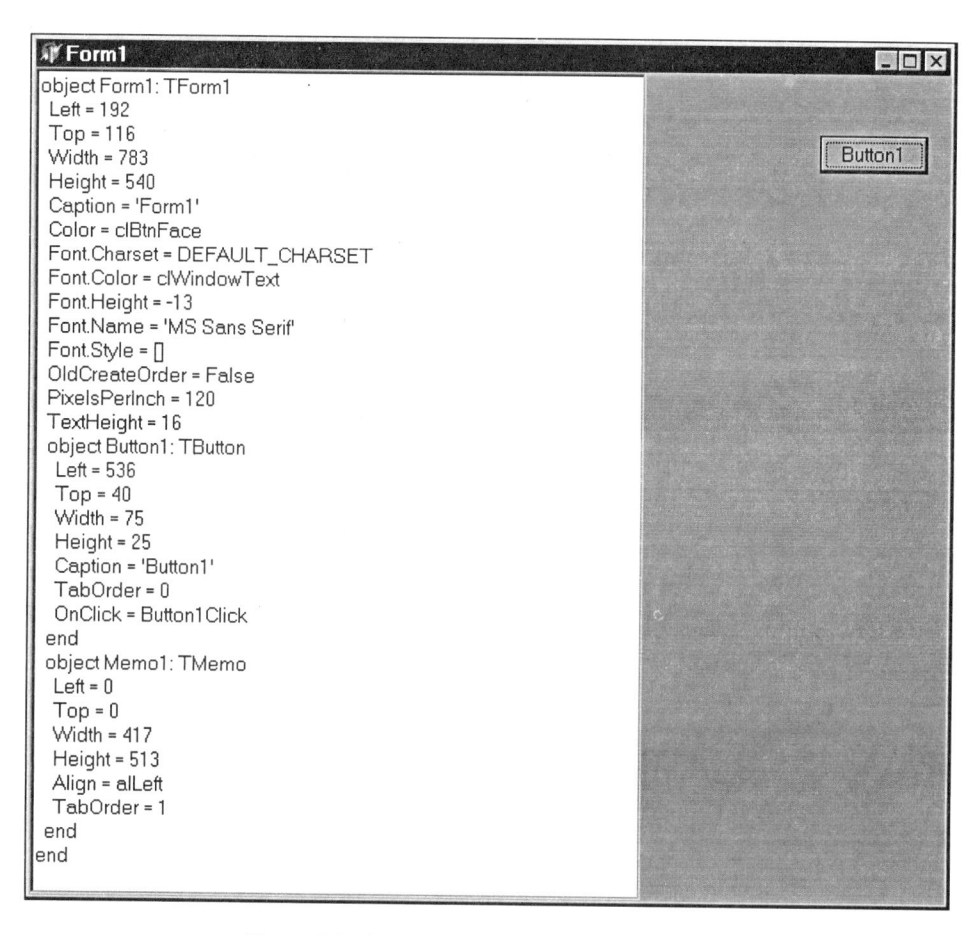

Capítulo 3 - Como examinar classes-chave na arquitetura do Delphi | **123**

```
object Form1: TForm1
  Left = 192
  Top = 116
  Width = 783
  Height = 540
  Caption = 'Form1'
  Color = clBtnFace
  Font.Charset = DEFAULT_CHARSET
  Font.Color = clWindowText
  Font.Height = -13
  Font.Name = 'MS Sans Serif'
  Font.Style = []
  OldCreateOrder = False
  PixelsPerInch = 120
  TextHeight = 16
  object Button1: TButton
    Left = 536
    Top = 40
    Width = 75
    Height = 25
    Caption = 'Button1'
    TabOrder = 0
    OnClick = Button1Click
  end
  object Memo1: TMemo
    Left = 0
    Top = 0
    Width = 417
    Height = 513
    Align = alLeft
    TabOrder = 1
  end
end
```

Figura 3.11 *Um objeto FileStream abre um arquivo .dfm que contém um TButton e um TMemo*

Quando você define métodos que tomam argumentos de seqüência, também define o argumento como a classe abstrata TStream. Depois, passa uma subclasse particular de TStream como o argumento atual. A interface tem pelo menos os mesmos atributos da classe TStream; por esse motivo o código no método pode ser genericamente escrito, permitindo que ele trabalhe bem com qualquer instância de seqüência.

Finalmente, sempre que possível, evite usar tipos de arquivo bruto ou caracteres de buffers. Ao contrário, use o tipo apropriado de seqüenciamento. Há uma quantidade de funcionalidade e compatibilidade cruzada entre classes em seqüência que você não pode obter com simples tipos de dados. Ao usar classes seqüenciais, você descobrirá que é mais fácil movimentar os dados e manipulá-los de uma maneira consistente.

Classe TStrings

A classe TStrings é uma classe de base abstrata que define uma interface para uma coleção de *strings*. Subclasses implementam comportamentos, inclusive o gerenciamento de pares nome e valor, tratando *strings* de múltiplas linhas como uma *string* contígua, buscando *string* e listas *string* seqüenciais para e de outras seqüências e arquivos externos.

NOTA

TStrings é uma classe abstrata; portanto é uma boa idéia declarar as variáveis como TStrings, mas, de fato, você precisa instanciar uma subclasse de TStrings e designá-la a uma variável TStrings.

Da mesma maneira que com TStreams, você deverá declarar variáveis e argumentos como TStrings e passar instâncias específicas de subclasses aos argumentos. A interface comum compartilhada por TStrings garantirá que o código é válido para subclasses, e o polimorfismo garantirá que seja chamada a implementação certa de um método específico. (Consulte o uso da propriedade Lines da classe TMemo para um exemplo de uso de TStrings.)

Classe TParser

A classe TParser requer uma investigação no Project Browser ou no VCL para ser encontrada. Ela não é documentada na ajuda *online*, o que torna suspeito seu uso para implementar Delphi, mas, talvez, os implementadores de Delphi não tenham pensado que alguém mais poderia estar interessado nesse aspecto. Em ocasiões em que você venha a precisar de capacidades de análise, a TParser na unidade classes.pas e um grupo de classes TIdiomParser em idiom.pas estão à sua disposição. A seguir está um pequeno exemplo para demonstrar a mecânica de um objeto de análise, analisando um arquivo de uma seqüência.

```
const
     KEYWORD_COUNT = 'Keywords used: %d';
var
     FileStream : TFileStream;
     Parser : TParser;
     count : Integer;
begin
     Count := 0;
     FileStream := TFileStream.Create('uparser.pas', fmOpenRead );
     try
          Parser := TParser.Create( FileStream );
          try
```

```
            repeat
                if( IsReservedWord(Parser.TokenString)) then
                    Inc(Count);
                until ( Parser.NextToken = toEOF );
                Memo1.Lines.Add( Format( KEYWORD_COUNT, [Count] ));
            finally
                Parser.Free;
            end;
        finally
            FileStream.Free;
        end;
end;
```

Depois da linha Count := 0, é criado um objeto FileStream. Este objeto lê o arquivo que contém o código-fonte listado, uparser.pas. Um recurso de proteção de bloco — = try..finally — envolve os objetos FileStream e Parser criados depois dele para garantir que eles sejam apagados quando o código terminar ou resultar em erro. (Leia a seção "Como lidar com exceção" para mais informações.) Um bloco repeat until é usado, comparando o Parser.TokenString a uma lista de palavras reservadas na função IsReservedWord. Cada ocorrência de uma palavra reservada aumenta a contagem até que o analisador atinja o final do arquivo de entrada. Neste ponto NextToken retorna o símbolo especial toEOF. O resultado é exibido em um controle TMemo.

Como lidar com exceção

As guerras para lidar com erro terminaram. Até que haja um novo competidor, o campeonato de manuseio de exceção é disputado. Não se imagina mais que alguém escreva funções que retorne códigos de erro. Sempre há tempo antes que as palavras saiam. Como um lembrete, antes de saber como Delphi implementa o manuseio de exceção, eis uma rápida revisão da batalha que é lidar com erro.

NOTA

Há algumas razões pelas quais você pode querer retornar códigos de erro. Uma delas é para funções chamadas através de limites de processo. DLLs Delphi podem propagar exceções através de limites de processo, mas VB para exceções Delphi não funciona. Se você tem uma DLL ou outro aplicativo que retorna um código de erro, considere implementar uma função wrapper que converta o código de erro para uma exceção.

Conscienciosamente, os programadores acostumaram-se a escrever funções que retornavam uma faixa arbitrária de valores inteiros que, supostamente, indicavam a situação de erro de uma função. Com freqüência, um valor zero indicava que uma função tinha completado com sucesso a missão a que se destinava, e um negativo ou algum outro valor diferente de zero indicava algum tipo de falha. Engenheiros de software, chamando essas funções, deveriam então verificar o erro resultante e a existência de uma condição de erro e realizar algum tipo de limpeza.

Essa técnica parece boa na teoria, mas a realidade é que nem sempre os programadores testavam os códigos de erro; a função nunca retornava, por não poder lidar com o erro, ou acontecia um erro para o qual não havia código de erro. Além disso, todo esse teste de erros levava os programas a se comportarem como paranóicos e amontoavam os trabalhos de muitos programas, em geral, causando lentidão.

Alguém mais esperto teve a idéia de que todo o mecanismo envolvido poderia detectar problemas apenas e quando eles acontecessem, não importando qual fosse o problema. As exceções nasceram. O que as exceções fazem é envolver o código em um *wrapp* como uma proteção — se elas são usadas — e pegar qualquer mau comportamento sério. Se você não usa um acionador de exceção e acontece uma exceção, a pilha de chamada do programa não é atingida até que o próximo acionador de exceção seja encontrado. Uma chamada à pilha é semelhante à noção de pilha de algoritmo: os itens são empurrados e apresentados para e da pilha. Os compiladores criam o código para gerenciar a *chamada à pilha* que será usada para passar argumentos, para a frente e para trás, entre funções.

Considere uma função de conversão que converta uma *string* de caracteres numéricos para um valor inteiro. Um algoritmo ao estilo antigo poderia ser escrito como a seguir: para cada caractere na *string* de caracteres, assegure-se de que cada caractere é um de 0, 1, 2, 3, 4, 5, 6, 7, 8, 9. Se todos os caracteres passam, converta a *string* para um inteiro. Este tipo de verificação acrescenta muito código extra. Considere a alternativa da era moderna: tente converter a *string* para um inteiro, mas não me aborreça, a menos que não possa fazê-lo.

Conforme mencionado, todas as discussões sobre esse assunto são acadêmicas, pois a prática mais aceita é usar o manuseio de exceção. Vejamos como as exceções são implementadas no Delphi.

Como usar um bloco
Try Except (Tentar, exceto)

O Delphi define todo um ramo de sua arquitetura como subclasses da classe Exception. O acionador básico de exceção é usado para detectar erros da seguinte maneira:

```
try
      // code goes here
except
      // fix any problem here!
end;
```

Todo o código necessário para solucionar o problema básico é escrito na parte try do bloco de exceção. Todo o código que lida com uma inabilidade para solucionar o problema vai na parte except do bloco. O acionador de exceção padrão do Delphi levanta a exceção em uma simples caixa de diálogo e permite que programa prossiga. A regra geral que se aplica aqui é: se você não tiver uma solução para uma exceção, não escreva um acionador para ela. O acionador de exceção padrão cuidará dela. Entretanto, se você tiver código de resolução que corrigirá o problema, escreva aquele código no bloco de exceção. Esta é uma boa medida.

Como pegar
exceções específicas

Além do acionador de exceção geral, você pode especificar as exceções que deseja pegar. Você obtém isso com uma sintaxe ligeiramente diferente, conforme demonstrado a seguir.

```
try
     // do something
except
     // on ExceptionClass do
          // something to fix the specific problem here
end;
```

A cláusula On *ExceptionClass* pega uma exceção específica do tipo indicado pela *ExceptionClass*. No Project Browser há uma série de classes exceção. Para determinar qual usar, basta ver o que acontece quando ocorre uma exceção não acionada.

Por convenção, o Delphi prefixa cada classe exceção com um E maiúsculo e a classe exceção é nomeada de acordo com a classe de erro que ela pega. No exemplo do início desta seção, discutimos a conversão de uma *string* para um inteiro. O código que segue mostra um bloco lidando com uma exceção:

```
try
     StrToInt('123er45');
except
     on E: EConvertError do
          ShowException(E, Addr(E));
     end;
```

(Veja, na próxima seção, uma discussão de E : exception do no idioma.) Enquanto o exemplo demonstra como pegar uma classe específica de exceção, o código não oferece uma resolução construtiva. Lembre-se de que o melhor uso de um acionador de exceção é lidar com um problema antes que ele quebre o seu programa.

Como pegar
o objeto Exception

Na verdade, às vezes você pode querer tomar o objeto Exception para outro processamento, ainda que não possa fazer nada para resolver o problema. Você pode querer personalizar a forma de exibição de um evento para o usuário ou registrar todas as exceções no Windows NT Event Log para rastreá-las. O código a seguir demonstra como pegar a Exception genérica, mas também funciona para subclasses específicas de Exception.

```
try
     // some code here
except
     // on E : Exception
          LogException( E );
end;
```

DICA

Cada classe root pode também referir-se a todas as suas subclasses. O mesmo aplica-se às exceções. Se você lidar com uma exceção genérica com um onException do, aquele acionador pegará também todas as classes filho exceção.

AVISO

Nunca libere explicitamente um objeto exceção. O código que lida com exceção inclui código acrescentado de compilador para liberar o objeto exception ao lidar com ele.

A sintaxe E : *ExceptionClass* instrui o compilador para criar uma variável temporária representando a Exception em E. (E é usado por convenção para representar uma exceção.) A propriedade mais comum de um objeto exceção é o tipo de tempo de execução da exceção específica de uma propriedade mensagem, que é o conteúdo de texto da exceção.

Como usar um bloco de proteção de recurso

Para todos os objetivos práticos, os recursos são tudo o que um computador não tem como suprimento ilimitado. Espaço em disco, disparadores de arquivo e memória são exemplos de recursos. Se um programa precisar de um recurso e ele não estiver disponível, então acontecerá uma condição de erro que não se pode recuperar. O bloco de proteção de recurso é um tipo especial de acionador de exceção que garante que recursos sejam reciclados em um programa. A sintaxe geral é a seguinte:

```
// create a resource
try
     // do something with the resource
finally
// release the resource
end;
```

A diferença entre um bloco try except e um bloco try finally é que o bloco except só é chamado durante uma condição de erro, e o bloco finally é sempre chamado, acontecendo ou não uma condição de erro. A nossa seção sobre a classe TParser apresenta o código que demonstra um bloco de proteção de recurso, protegendo a memória alocada para a seqüência de arquivo e objetos analisados, garantindo que aqueles objetos serão liberados ao final do procedimento.

Capítulo 3 - Como examinar classes-chave na arquitetura do Delphi | **129**

Como é evidente a partir do exemplo de TParser, blocos de proteção de recurso podem ser aninhados. O mesmo é válido para blocos de exceção. Embora cada recurso possa ser protegido com seu próprio bloco, se você precisar de acionadores de exceção aninhados em um procedimento, provavelmente há muito mais coisas acontecendo naquele procedimento. Considere dividir a funcionalidade do procedimento em partes menores. O código de demonstração com blocos aninhados try...except foi projetado para evitar a confusão de tentar seguir múltiplos procedimentos ao mesmo tempo que se aprende a ordem básica do código.

Como levantar uma exceção

Em um código novo, passível de criar uma condição de erro, surge uma exceção em vez de ser retornado um código de erro. Classes Exception, afinal, são classes, portanto você precisa criar uma instância do objeto Exception e levantar a exceção. Apresentamos um exemplo que demonstra como os desenvolvedores da Inprise fazem com StrToInt.

DICA

Uma alternativa à StrToInt, que levanta uma exceção se o argumento string for um inteiro inválido, é a função StrToIntDef(const S: string; Default: Integer): Integer;. StrToIntDef retorna o inteiro passado como o argumento Default se S não for uma string de dígitos.

```
procedure ConvertErrorFmt(ResString: PResStringRec; const Args:
array of const);
begin
     raise EConvertError.CreateResFmt(ResString, Args);
end;
function StrToInt(const S: string): Integer;
var
     E: Integer;
begin
     Val(S, Result, E);
     if E <> 0 then ConvertErrorFmt(@SInvalidInteger, [S]);
end;
```

NOTA

Existem exceções para cada regra. Val viola a regra de retornar um código de erro. Entretanto, em algum nível, a verificação limitada de código de erro existirá, mas os programadores estão limitados a usar Val e, depois, a verificar o código de erro, pois ele é envolvido em uma função que levanta uma exceção.

> **DICA**
>
> *Estilos de codificação são altamente subjetivos. O método empírico é que procedimentos devem ser curtos e ir ao ponto, realizando apenas a tarefa indicada pelo nome de procedimento. Muitos dos desenvolvedores talentosos da Inprise parecem ter ensinado essa noção, conforme ilustrado pela listagem de código anterior. Enquanto algumas pessoas podem detestar o estilo de codificação exibido na função StrToInt de SysUtils.pas, ele produz resultados que podem ser facilmente mantidos e altamente extensíveis.*

A função StrToInt chama o procedimento Val com S representando o valor *string*; o resultado é o valor de retorno de StrToInt e E é um inteiro representando um código de erro (veja a nota sobre romper a regra de código de erro). StrToInt converte imediatamente um código de erro a uma exceção, o que obriga os programadores a usar StrToInt a partir da verificação de códigos de erro. Se E < > 0, então um procedimento de objetivo geral, ConvertErrorFmt é chamado. ConvertErrorFmt demonstra como criar e levantar uma exceção.

Camada multithreading (múltiplo encadeamento)

Delphi inclui uma classe abstrata Thread (Encadeamento) em classes.pas, que pode ser feita subclasse para acrescentar capacidade de múltiplo encadeamento ao seu aplicativo. O único método que você precisa sobregravar em subclasses é o procedimento Execute, o qual é definido como virtual e abstrato. (Como lembrete: procedimentos virtuais permitem que você acrescente outra versão da função na subclasse, e diretivas abstratas indicam que não há função corpo.) A seguir, um simples exemplo para demonstrar as mudanças básicas necessárias à subclasse TThread.

```
Type
TClockChanged = procedure(ADateTime : TDateTime ) of object;
TClockThread = class(TThread)
      private
            FOnClockChanged : TClockChanged
      protected
            procedure Execute; override;
      public
            property OnClockChanged : TClockChanged read FOnClockChanged
write FOnClockChanged;
      end;
implementation
procedure TClockThread.Execute;
begin
      while( Not Terminated ) do
      begin
            if( Assigned(FOnClockChanged)) then
                  FOnClockChanged( Now );
            Sleep(1000);
      end;
end;
```

TClockChanged define um tipo procedimental que permite que variáveis de tipo TClockChanged sejam definidas. Essencialmente, esses tipos procedimentais permitem declarações de cursores de função. (O Capítulo 6 aprofunda este tema.) TClockThread faz de Tthread uma subclasse, acrescentando um campo de tipo TclockChanged, uma sobregravação do método Execute e uma propriedade pública que permite aos usuários de TClockThread designar um acionador de evento ao campo subjacente FOnClockChanged. A implementação do método Execute define um loop contínuo que se executa até que o encadeamento seja Terminated (terminado). Cada passagem através do *loop* e do procedimento designado a FOnClockChanged é chamada, passando a data e o horário atuais; depois a seqüência "dorme" por um segundo.

Qualquer classe pode usar TClockThread. Crie uma instância de TClockThread e designe a propriedade FOnClockChanged a um procedimento que seja um membro da classe. Tome um argumento TDateTime. Enquanto o encadeamento está sendo executado, o relógio é atualizado. Embora você possa usar o evento OnIdle de um aplicativo, ou um TTimer da guia System da paleta componente, TClockThread demonstra a técnica básica de colocar TThread como subclasse para acrescentar capacidades de multitarefas. Muitos programas avançados têm sido escritos sem acrescentar encadeamentos múltiplos, mas eles são ótimos quando você precisa deles. O Capítulo 6 inclui tópicos sobre a definição e tipos procedimentais e as essências de herança.

OpenTools API

OpenTools API é uma coleção de classes definidas para oferecer ganchos no próprio Delphi IDE. O código-fonte das OpenTools API está contido no subdiretório Source\Toolsapi do diretório no qual você instalou o Delphi 6. O código é escrito em Object Pascal. Uma vez que você tenha a noções firmes sobre alguns dos recursos avançados de Pascal baseado em objeto, será capaz de ampliar o Delphi usando o conjunto de ferramentas em API. Para ajudá-lo a obter o máximo das OpenTools API, o Apêndice B oferece um exemplo de extensão demonstrando como usar a API.

Serviços Microsoft Office

No Microsoft Office 2000, quase tudo é um servidor de Automation (Automação). Isso significa que você pode usar a unidade comobj.pas e CreateOleObject, executar uma cópia de Excel, Word, Access, Outlook, Binder ou PowerPoint e manipulá-los programaticamente. Um exemplo que demonstra como executar o Excel está a seguir.

```
uses
     comobj;
var
     Excel : Variant;
procedure TForm1.Button1Click(Sender: TObject);
begin
     Excel := CreateOleObject( 'Excel.Application' );
     Excel.Visible := True;
end;
```

Algumas pessoas são anti-Microsoft, talvez bem raivosamente. Antes de você zombar do uso dos servidores de automação Microsoft, pense sobre o desenvolvimento baseado em objeto em geral. Uma das maiores reclamações na indústria de montagem de software é que o desenvolvimento baseado em objeto não sobreviveu à sua promessa. Onde estão os tempos do desenvolvimento mais rápido? As equipes e orçamentos menores? Atualmente, a resposta parece ter muitas partes. Primeiro, muitas das ferramentas baseadas em objeto estão sendo usadas para montar aplicativos estruturados com pouco ou nenhum *design* discernível e sem objetos. Segundo, a maioria dos objetos que temos na forma de componentes é por demais trivial. Os problemas que eles resolvem não são grandes o bastante. Por exemplo, um controle de calendário é divertido, mas que problema ele resolve senão permitir a um usuário saber a data?

A primeira parte do problema refere-se ao treinamento, Objetos são tão novos que o primeiro par da nova leva de programadores com alguma formação quanto a objetos está apenas terminando os programas de universidade, aprendendo de professores que só agora estão entendendo como definir objetos; agora eles têm que aprender como ensiná-los. Há apenas um par de anos, desde que surgiu a modelagem de linguagem, ela foi aceita como padrão, a *Unified Modeling Language* (Modelagem de linguagem unificada). A educação está progredindo, mas quanto a todos os programadores Cobol e C? A segunda parte depende da primeira parte. Como objetos podem ser maiores, no sentido de que eles resolvem uma classe de problemas não triviais, se o processo de formação ainda está na infância? A resposta é que temos um caminho a seguir.

Uma empresa em progresso é a Microsoft. Uma vez que os aplicativos Office são servidores de Automation, eles são objetos de efeito; e são grandes objetos que resolvem toda uma série de classes de problemas. Access é uma poderosa máquina de banco de dados. Excel tem uma máquina muito poderosa de cálculo e Word pode produzir um amplo espectro de documentos, inclusive páginas HTML e WML. De fato, o Office 2000 é uma das primeiras entradas na qual estará uma longa lista de componentes para resolver todas as categorias de problemas.

Nos últimos dois anos, a Microsoft e a Borland (agora chamada Inprise) chegaram a um acordo para incluir *servlets* Office no Delphi. Eles ficam na guia Servers da paleta componente envolvida em uma classe TComponent, tornando-os fáceis de usar. Arraste e solte um componente Word em um formulário ou módulo de dados e você terá um controle completo sobre uma poderosa e compreensível máquina de processamento de palavras. Um capítulo inteiro é dedicado ao uso dos novos componentes servidores Office (Capítulo 12).

Resumo

A unidade classes.pas tem 10.000 linhas de código. Existem centenas de classes que formam o Delphi, totalmente implementado em Object Pascal. Este capítulo apenas arranhou a superfície de uma ampla variedade dessas classes para oferecer-lhe uma idéia do que está disponível. Um guia cobrindo todas as classes, todos os códigos e todos os atributos exigiria vários milhares de páginas. Este livro existe: é a documentação de ajuda *online*. O Capítulo 3 encaminhou você na direção certa, destacando as classes principais que criam a base da classe mundial do Delphi, Visual Component Library e cobrindo algumas das classes que podem não estar na frente de cada programação diária, mas o ajudarão a resolver alguns problemas desafiadores. Esperamos que esse tenha sido um processo agradável e que ele tenha aberto o seu apetite para mais descobertas.

Capítulo

4

Como definir procedimentos polimórficos e dinâmicos

A necessidade de linguagens dirigidas a contexto surgiu a partir da confusão causada pelas limitações da memória de curto prazo. Naturalmente, as pessoas agrupam muitas coisas em um conceito, mas elas podem ser expressas em termos simples. O carro é um bom exemplo. É um exemplo concreto de maquinário complexo, ainda que seja capturado em uma palavra de cinco letras: carro. O amor é uma idéia abstrata que abrange a batida aumentada do coração, tensão sexual, perda de apetite ou, às vezes, constrangimento e até sofrimento. Por exemplo, a perda de um amor causa sentimentos de angústia física. De novo, tudo arranjado em um pequeno pacote: "amor".

A agregação parece ser muito natural. Até as crianças pequenas são capazes de entender que um pote de biscoitos contém muitos biscoitos, estando ele vazio a mamãe ou o papai precisam ir à loja. A nossa capacidade de tomar idéias complexas parece ser limitada apenas pela nossa capacidade de guardar interminavelmente estas idéias em envelopes sempre bem arrumados. A nossa memória de curto prazo, em comparação, é limitada para a armazenagem, mas é excelente para pensar. Portanto, é natural que as linguagens de programação, como outras linguagens, evoluam para nos permitir converter idéias não maleáveis em conceitos bem acondicionados e compactados. Nas linguagens faladas, aprendemos que palavras têm significado dependente de outras palavras e contextos e novas palavras são apoiadas nas palavras existentes. Em uma linguagem de programação, para nos comunicarmos eficientemente, precisamos desenvolver a mesma capacidade, isto é, gerenciar idéias complexas e pesadas de uma maneira simples, baseada em contexto, e desenvolver novos e mais elaborados conceitos sobre a base dos conceitos existentes.

Como usar parâmetros padrão

Especificar um parâmetro padrão significa especificar um valor para cada argumento em um procedimento. Um sinônimo para parâmetro é *argumento*. O termo é tomado da gramática da Object Pascal e torna-se claro que parâmetros podem ser designados a uma expressão constante depois do nome identificador, dois pontos literais, um simples tipo de dados e um operador de igual literal. Nesse contexto, o operador = significa designação.

```
Parameter -> IdentList [':' ([ARRAY OF] SimpleType | STRING |
FILE)]
        -> Ident ':' SimpleType '=' ConstExpr
```

Seguem várias aplicações da regra.

```
Procedure Proc1( I : Integer = 5 );
Function Func1( S : String = 'Hello World!') : Integer;
Procedure Proc2( D : Double; C : Char = 'S' );
```

NOTA

Se examinarmos a forma canônica de uma função, parece que o Delphi não dá permissão para um tipo de retorno padrão.

```
FunctionHeading > FUNCTION Ident [FormalParameters] ':'
(SimpleType | STRING)
```

Talvez essa seja uma extensão simétrica da regra de parâmetro padrão.

Um ou mais parâmetros podem ter um valor padrão expresso. Cada parâmetro à direita do primeiro parâmetro que tenha um valor padrão também precisa ter valores padrão.

Quando um procedimento é chamado, o valor de qualquer parâmetro padrão pode ser passado ao procedimento, como qualquer outro procedimento. Se um valor não é passado, então não é exigido nenhum separador de vírgula. Se valores não forem passados de forma alguma não são exigidos os parênteses. Novamente, a regra para parâmetros padrão é que todos os valores à direita do valor mais à esquerda sejam passados. Nenhum valor pode ser pulado. Considere o seguinte procedimento.

```
Procedure Proc3( S : String = 'S'; I : Integer = 0; D : Double = 1.0 );
The following are legal calls to Proc3.
Proc3;
Proc3( 'T' );
Proc3( 'U', 5 );
Proc3( 'V', 6, 2.0 );
```

Na linha um, o valor para S é 'S', I é 0 e D é 1. Na linha dois, o valor para S é 'T', I é 0 e D é 1.0. Na linha três, o valor para S é 'U', I é 5 e D é 1.0. Na linha quatro, o valor para S é 'V', I é 6 e D é 2.0. Todas as chamadas antes de Proc3 são legais. Pular quaisquer valores em parâmetros à esquerda de quaisquer parâmetros onde valores são expressados resulta em contagem de vírgula, o que pode gerar erro, não sendo, portanto, suportado. Confira o exemplo que segue.

```
Proc3( , 5);
Proc3( 'W',, 3.0);
```

Ambos são exemplos de chamadas ilegais a Proc3. O compilador reclamará com uma "Expression expected but, found" (Expressão esperada, mas encontrado) erro, com o cursor localizado no ponto em que o parâmetro foi pulado. Use os parâmetros padrão quando souber de um valor que será razoável na maior parte do tempo, mas que possa mudar ocasionalmente.

Como criar comportamento polimórfico

Mesmo os procedimentos básicos tornam-se descontrolados quando os dados de uma operação divergem. Considere um exemplo comum. Escreva um procedimento que imprima um inteiro. Agora, imprima uma *string*, um double, um file e um graphic. Um código pobremente escrito tentaria resolver o problema em uma função baseada nos tipos de dados demonstrados com o seguinte procedimento.

```
type
      TDataType = (dtInteger, dtString, dtDouble, dtFile, dtGraphic);
Procedure Print( P : Pointer; DataType : TDataType );
begin
      case DataType of
           dtInteger:
                // ... etc
      end;
end;
```

Uma variação do procedimento prévio poderia tomar um argumento de cada tipo, ou uma variante. Pior seria tentar implementar o comportamento impresso no mesmo método.

Há muitos anos atrás, programadores iluminados começaram a escrever procedimentos acrescentando tipos de dados ao nome do procedimento para solucionar esse tipo de problema. Aplicar a revisão iluminada ao problema original resulta nas seguintes funções: PrintInteger, PrintString, PrintDouble, PrintFile e PrintGraphic. Cada vez que um novo tipo de dados deve ser processado, um novo procedimento precisa ser chamado. Atualmente, em vez de colocar a declaração case dentro de um procedimento, ela é colocada em algum outro lugar fora dos procedimentos, mas ela ainda existe.

Procedimentos longos, retorcidos, são difíceis de depurar e estender. Muitas funções que realizam semanticamente a mesma operação têm nomes diferentes. Distingui-las, é um aborrecimento de memorização para o programador. Esse tipo de memorização é entediante. É preferível deixar os aspectos tediosos para o computador, por isso foram definidos os *procedimentos sobrecarregados*.

Como introduzir nome retalhado

Pelo fato de que o compilador designa endereços a procedimentos por ocasião da compilação, nomes de procedimento precisam ser únicos. Isso não significa que eles precisam ser nomeados exclusivamente pelo programador, apenas que eles precisam ser únicos quando o compilador termina com eles. Isso permite ao vinculador distinguir entre nomes e designar endereços únicos àqueles nomes.

Retalhar o nome resolve esse problema. O compilador faz os cortes com qualquer nome, incluindo nomes de procedimento, combinando o nome de tipos de um programador e acrescentando informações relativas aos tipos de dados. Um exemplo simples de um nome retalhado é combinar a primeira letra de um tipo de dados com o nome do procedimento. Por exemplo, um procedimento Foo(I : Integer) poderia ser compilado como iFoo. Assim, um procedimento Foo(D : Double) seria dFoo, um nome internamente diferente. Todas as referências aos Foos podem, então, ser resolvidas com base no tipo de dados passado aos argumentos.

Efetivamente, isso coloca o aborrecimento de solucionar os dados nos quais um procedimento atua, no compilador ou na pessoa. Como resultado, é necessário somente um nome de procedimento — a partir do nosso exemplo anterior, todas as formas de Print seriam chamadas Print — e nenhuma declaração *case* seria necessária para descobrir que forma o procedimento chamaria.

Procedimentos sobrecarregados

Procedimentos sobrecarregados são procedimentos com nomes são idênticos, mas cujos tipos de dados de argumento diferem. O aborrecimento de criar internamente nomes únicos é colocado no compilador, como é o caso de solucionar chamadas a diferentes versões, com base nos tipos de dados passados. Tudo o que reduz o aborrecimento de memorizar aumenta a capacidade de pensar.

Definir a sobrecarga de procedimentos no Delphi exige apenas que você acrescente diretiva de sobrecarga ao compilador ao final da declaração do procedimento. A listagem demonstra isso.

```
Procedure Print( I : Integer ); overload;
Procedure Print( S : String ); overload;
```

Tudo o que o programador precisa lembrar é que o procedimento Print.Print (5) ou Print('Hello World!') resolve a implementação certa de Print. Você pode sobrecarregar procedimentos que são membros de uma classe, global ou local. Os procedimentos não precisam ser métodos de uma classe para serem sobrecarregados. Para sobrecarregar qualquer procedimento, use o mesmo nome, parâmetros razoavelmente diferentes e a palavra-chave *overload* (sobrecarregar).

AVISO

O compilador reclamará se os procedimentos sobrecarregados forem ambíguos. O compilador dará a você uma "Chamada de sobrecarregamento ambíguo ao 'nome de procedimento'" quando você declarar procedimentos que tentem sobrecarregar procedimentos nos quais os tipos sejam iguais, mas um procedimento tem um valor padrão e o outro não. Por exemplo, Procedure Foo(I : Integer) e Procedure Foo(J : Integer; S : string = ''), resultaria em um erro de ambigüidade no tempo de compilação.

A chave de sobrecarregar com sucesso é que, ao escrever funções que realizam a mesma operação, se você se descobrir acrescentando os tipos de dados ao nome do procedimento, por clareza, precisará sobrecarregar os procedimentos.

Como escolher entre procedimentos sobrecarregados e parâmetros padrão

Escolher entre sobrecarregar procedimentos e fornecer argumentos padrão depende de duas concepções. Se os dados operados são diferentes, mas a operação semântica é igual, então você precisa sobrecarregar o procedimento. Se os tipos de dados são iguais e um valor padrão geralmente é suficiente, então você precisa de um parâmetro padrão. Procedimentos sobrecarregados geralmente precisam de código diferente, o que implica procedimentos separados. Normalmente, argumentos padrão trabalham com o mesmo código, apenas o valor muda.

Herança

Herança é o nome dado ao processo de definir novos atributos para código existente. Quando o código é escrito, ele precisa ser testado e depurado. Se o código é modificado, então ele precisa ser testado novamente e depurado. Qualquer código que usa aquele código precisa ser testado de novo e depurado. Todas essas coisas são verdade, a menos que você herde o comportamento existente e estenda-o para uma nova classe, uma subclasse.

Quando quiser estender o comportamento de uma classe, pergunte se o novo comportamento completa a classe ou torna-a uma classe ligeiramente diferente. Um mamífero poderia ser uma classe. Quando você lembra que um ornitorrinco é um mamífero e põe ovos, você acrescenta "pôr ovos" como um atributo para mamífero ou faz uma subclasse mamífero para criar uma nova classe EggLayingMammal? Geralmente, pelo fato de que os mamíferos não põem ovos, o atributo "pôr-ovos" sugere que uma nova classe seja definida.

```
TMammal = class
public
     procedure GiveBirth; virtual;
end;
TEggLayingMammal = class(TMammal)
private
     procedure LayEggs;
public
     procedure GiveBirth; override;
end;
{ TMammal }
procedure TMammal.GiveBirth;
begin
     ShowMessage('Live young!');
end;
```

```
{ TEggLayingMammal }
procedure TEggLayingMammal.GiveBirth;
begin
     LayEggs;
end;

procedure TEggLayingMammal.LayEggs;
begin
     ShowMessage('Laying eggs');
end;
```

A classe EggLayingMammal herda de TMammal e redefine o comportamento de GiveBirth, chamando o método privado LayEggs. Sem a herança, LayEggs teria sido incluído em TMammal, com lógica adicional para compensar para o *platypus* (ornitorrinco).

```
TMammal = class
private
     IsPlatypus : Boolean;
     procedure LayEggs;
public
     procedure GiveBirth; virtual;
end;
{ TMammal }
procedure TMammal.GiveBirth;
begin
     if( IsPlatypus ) then
          LayEggs
     else
          ShowMessage('Live young!');
end;
procedure TMammal.LayEggs;
begin
     ShowMessage('Laying eggs');
end;
```

A implementação monolítica anterior, incluindo o atributo IsPlatypus e sua bagagem inerente, apresenta um estilo mais fraco. Sem herança, ele é uma das escolhas que nos resta. A outra escolha é ter duas classes distintas, TMammal e TPlatypus, resultando na reprodução de código, que é semelhante em ambas as classes. A herança é a escolha preferida.

Existem vantagens para fazer subclasses. Primeiro, você não está alterando o código existente na classe, portanto não precisa fazer novo teste com a classe ou código original que o utiliza. Segundo, você só precisa testar o novo código na subclasse. Visto que a subclasse é nova, ela ainda não tem código dependente, que exige teste. Finalmente, você obtém o benefício de ter duas classes úteis em vez de uma classe ligeiramente mais útil. Antes de modificar uma classe existente, faça a pergunta "estou alterando a origem da classe de tal forma que o antigo entendimento não mais se aplica?" Se a resposta for sim, então defina uma subclasse. Se a resposta for "não, estou apenas completando a definição de classe", então modifique a classe existente. Lembre-se de que mudar uma classe exige mais esforço.

Como entender o papel dos especificadores de acesso em relacionamentos herdados

A herança é indicada, especificando a superclasse quando você define a nova classe. (Lembre-se, o termo superclasse refere-se apenas à classe de onde uma classe é herdada.) A sintaxe a seguir demonstra herança.

```
type
    TNewClass = class(TParentClass)
    // new attributes
    end;
```

No Delphi, cada classe é uma subclasse de TObject, se nenhuma classe pai for indicada; portanto, você está sempre usando herança cada vez que definir uma nova classe. Quando você especifica uma classe pai, está indicando descendência direta. O que você herda são todos os atributos da classe pai. Assim, a nova classe é tudo da antiga classe e tudo das propriedades e métodos acrescentados na nova subclasse.

As subclasses herdam tudo do pai, exceto os especificadores de acesso no limite de superclasse, que você pode acessar na subclasse. Subclasses não podem acessar diretamente atributos privados na classe pai. A exceção a essa regra é as duas classes serem definidas na mesma unidade. Se B for subclasse de A e A e B forem classes na mesma unidade, então B pode acessar, diretamente, atributos privados em A. Acesso privado limita o acesso a membros no mesmo código de classe na mesma unidade, como a definição de classe.

Atributos de acesso protegido podem ser acessados por subclasses, sendo ou não pai e filho, se estiverem na mesma unidade. As subclasses e quaisquer usuários da classe podem acessar atributos públicos. A mesma regra aplica-se a métodos sobregravados. As suas subclasses podem sobregravar métodos privados, protegidos e públicos em uma classe pai, se as classes forem definidas na mesma unidade, mas apenas os métodos de sobregravação protegida e pública se as subclasses não estiverem definidas na mesma unidade que os pais.

Herança única

O Delphi suporta herança única. Isso significa que uma classe só tem uma classe pai direta. A herança única usa a sintaxe conhecida na seção anterior.

```
TClassName = class(TParentClass)
```

NOTA

Delphi suporta COM. Quando uma interface COM é herdada, ambos, o nome da interface e a classe pai, são listados na declaração classe. Isso se parece com herança múltipla, mas é definido para suportar COM, não a herança múltipla tradicional.

Conforme mostrado, uma classe à direita da declaração de classe denota herança única.

Herança múltipla

Herança múltipla é um daqueles idiomas incluídos em C++, mas deixados de fora em Object Pascal e Java. Muitas pessoas reclamam que a herança múltipla apresenta mais problemas do que soluções. Considere a situação em que as classes A e B implementam um método chamado DoIt. Suponha também que a classe C seja uma subclasse herdando atributos de ambas, A e B. Chamar C.DoIt é ambíguo — qual DoIt é chamado, DoIt de A ou de B?

NOTA
Existem linguagens que suportam herança múltipla, como Eifell e C++. Autores como James Coplien e Grady Booch demonstram usos idiomáticos de heranças múltiplas, que sugerem que o benefício supera o custo. Quase que universalmente, a herança múltipla é concebida como um dos aspectos mais desafiadores de programação baseada em objeto, introduzindo, com freqüência, tantos problemas quantos soluções. Nem boa e nem má, a herança múltipla exige mais cuidado na implementação e foi intencionalmente deixada de fora em Delphi.

Considere o exemplo do pobre ornitorrinco. Em C++, podemos definir a classe Paltypus como uma subclasse pública de Mammal e uma subclasse privada de Reptile (réptil) para obter os atributos *egg-laying* (pôr ovos). Mas um ornitorrinco não é um réptil e a herança demonstra um relacionamento Isa (É um). Modelamos corretamente mamífero pondo ovos, mas, de fato, não capturamos o que é um ornitorrinco, pois ele não é um réptil mamífero.

Para resolver problemas apresentados pela herança múltipla, foram introduzidas diversas técnicas. Reconsidere as classes A, B e C. Em C++, poderíamos reintroduzir um método DoIt em C e depois chamar DoIt de A, de B ou de ambos, em C.DoIt. Na essência, o conflito é resolvido, implementando um novo DoIt em termos do comportamento atual. Essa mesma técnica pode ser usada para simular herança múltipla, se isso for realmente necessário. Veja a listagem.

```
TClassA = class
      Procedure ProcA;
end;
TClassB = class
      Procedure ProcB;
end;
TClassC = class(ClassA)
private
            ClassB : TClassB;
public
            Procedure ProcB;
```

```
end;
impl  entation
Procedure ClassC.ProcB;
begin
     ClassB.ProcB;
end;
```

ClassA define um procedimento, ProcA. ClassB define um procedimento, ProcB. ClassC é uma subclasse de A, logo herda todos os atributos de A. Introduzindo em ClassB os atributos encontrados em ClassC, a herança de ClassB é simulada. Os atributos da ClassB são implementados em ClassC, quanto ao objeto ClassB contido. Tecnicamente, ClassC Isa ClassA e HasA ClassB, mas ClassC exibe o comportamento e também a posição de um objeto ClassB.

NOTA
Idiomas como herança múltipla, operador de sobrecarga e gabaritos estão sendo abandonados pelas linguagens que seguiram C++ ou que foram revisadas depois que C++ entrou em cena. Esses idiomas são interessantes em um sentido puramente lingüístico, mas descobriu-se que têm implicações contraproducentes em um mundo não teórico. Em resumo, parece difícil implementá-los bem e rapidamente.

Às vezes, para a herança múltipla funcionar em C++, precisa ser usada a técnica exemplificada no último parágrafo. Delphi elimina problemas relacionados com herança múltipla, permitindo ainda que você simule-a, se necessário.

Métodos estáticos, virtuais e dinâmicos

Métodos estáticos em Object Pascal são métodos não declarados como virtuais ou dinâmicos. Não há diretiva de compilador para métodos estáticos. Métodos virtuais e métodos dinâmicos são idênticos para todos os objetivos práticos. Acrescentar uma diretiva de compilador virtual ou dinâmica ao final de uma declaração de método é tudo o que você precisa para criar um método virtual ou dinâmico.

NOTA
Não confunda o conceito de estático em Object Pascal com o seu significado em C++ ou Java. O equivalente de um método estático C++ ou Java é referido como um método classe. Em Object Pascal, métodos estáticos significam simplesmente métodos não virtuais e não dinâmicos. O Capítulo 7 demonstra como definir métodos da classe Pascal.

No Capítulo 2, métodos virtuais foram acrescentados a uma VMT — *Virtual methods table*, que usa um campo índice oculto para indexar o *array* de procedimentos, ao determinar qual procedimento chamar. Métodos dinâmicos são acrescentados a uma DMT — *Dynamic methods table* (Tabela de métodos dinâmicos). VMTs e DMTs são mantidas pelo compilador. Uma VMT completa é mantida em cada classe para encontrar uma versão específica de um procedimento virtual, e uma DMT mantém apenas uma tabela de métodos dinâmicos parcial e um único sistema de numeração, buscando através de todas as DMTs em seu ancestral para encontrar uma versão específica de um método. A diferença prática é que métodos virtuais são otimizados para velocidade e métodos dinâmicos são otimizados para tamanho. Delphi usa a diretiva de compilador dynamic para métodos polimórficos que podem ser sobregravados muitas vezes em subclasses, como o método Paint, que é sobregravado por dúzias de componentes TControl. No exemplo que segue, temos a extração da classe TControl em classes.pas, demonstrando métodos estáticos, dinâmicos e virtuais.

```
procedure SetBiDiMode(Value: TBiDiMode); virtual;
procedure SetZOrder(TopMost: Boolean); dynamic;
procedure UpdateBoundsRect(const R: TRect);
```

A primeira linha contém o método virtual SetBiDiMode; a segunda é um método dinâmico SetZOrder e UpdateBoundsRect é um método estático. Quando você estiver definindo uma subclasse com o objetivo de modificar um comportamento existente, você deverá interessar-se mais pelos métodos virtual e dinâmico. A seção a seguir demonstra como aumentar comportamento existente em uma subclasse com a diretiva de sobregravar.

Como sobregravar métodos

As diferenças entre métodos virtuais e dinâmicos são responsabilidade do compilador. Para os objetivos de nossa discussão, virtuais serão usados para significar os métodos que usam o compilador virtual ou dinâmico.

Quando um método é declarado virtual, o significado implícito é que, em algum ponto, uma classe será feita subclasse, e o comportamento virtual será sobregravado em uma subclasse. O comportamento será sobregravado, seja para permitir uma maneira do método comportar-se, seja para mudá-lo completamente. A diretiva de sobregravar é usada em ambas as circunstâncias. Somente métodos declarados como virtuais em um dos ancestrais de uma classe podem ser sobregravados. Métodos estáticos não podem ser sobregravados, pois a diretiva reintroduce compiler (reintroduzir compilador) (ver a próxima seção) pode ser usada para alterar o comportamento da subclasse de métodos estáticos. Métodos virtuais são o mecanismo aos quais nos referimos ao falar sobre *polimorfismo*.

NOTA

Tenha em mente, através da discussão, que um objeto completo de uma classe é capaz de manter a sua própria posição e realizar tarefas pelas quais ele é responsável. Uma dessas tarefas em um controle gráfico de usuário é uma habilidade de pintar em um desktop.

Um ótimo exemplo de comportamento polimórfico é o método Paint, introduzido em TCustomControl, para responder a uma mensagem Windows WM_PAINT. Quase todo controle em uma interface gráfica de usuário é pintado para parecer diferente de outros controles. Esse comportamento divergente implica que cada classe filho de TCustomControl sobregrava o comportamento de pintar. A listagem de código a seguir demonstra a diretiva override e o resultado de chamar o método a partir de objetos diferentes.

```
      TBaseClass = class
      public
            Procedure WhoAmI; virtual;
      end;
      TSubClass = class(TBaseClass)
      public
            Procedure WhoAmI; override;
      end;
{ TBaseClass }
procedure TBaseClass.WhoAmI;
begin
      ShowMessage( 'TBaseClass' );
end;
{ TSubClass }
procedure TSubClass.WhoAmI;
begin
      ShowMessage( 'TSubClass' );
end;
```

Chamar WhoAmI com uma instância de TBaseClass resulta em uma mensagem de caixa de diálogo exibindo ' TbaseClass '. Chamar WhoAmI com uma instância de TSubClass resulta em uma caixa de diálogo tendo 'TSubClass' como o texto. A listagem que segue demonstra uma técnica para criar cada classe e chamar o método WhoAmI.

```
with TBaseClass.Create do
     begin
            WhoAmI;
            Free;
     end;
     with TSubClass.Create do
     begin
            WhoAmI;
            Free;
end;
```

As primeiras cinco linhas criam um objeto TBaseClass na cláusula with, chamam WhoAmI no bloco e liberam o objeto. As cinco linhas seguintes repetem o processo com a TSubClass.

A seguir, considere o que aconteceria nas duas cenas a seguir. Primeiro, declare uma variável TBaseClass e designe uma instância de TSubClass para ela. Chame WhoAmI. O que acontece? O código a seguir demonstra a solução.

```
var
     BaseClass : TBaseClass;
begin
     BaseClass := TSubClass.Create;
     try
          BaseClass.WhoAmI;
     finally
          Free;
     end;
```

A linha 4 cria uma cópia de TSubClass. A resposta é que WhoAmI exibirá TSubClass. Falando tecnicamente, uma instância de uma TSubClass é uma TBaseClass, exatamente como um Viper é um tipo de carro. A resposta para a pergunta "Que tipo de objeto é uma subclasse?" é: o mesmo tipo que cada classe pai.

Como usar a palavra reservada herdada

Às vezes, você irá querer um método sobregravado para mudar completamente o comportamento em uma subclasse e, às vezes, só é preciso estender o comportamento existente. Quando você quiser estender o comportamento de um método, escreva apenas o comportamento adicional no método que foi sobregravado e chame o método herdado para completar as tarefas dele. Como regra geral, chame primeiro o método herdado. Você pode usar uma das duas formas para a chamada, como a seguir.

```
Procedure TMyClass.InheritedMethod( I : Integer );
begin
       inherited InheritedMethod(I);
       // do new stuff here
end;
// alternative use of inherited
Procedure TmyClass.InheritedMethod( I : Integer);
begin
  inherited;
       // do new stuff here
end;
```

AVISO — Se você esquecer de usar a palavra chave inherited, o compilador ainda compilará, mas o procedimento entrará em um loop infinito, chamando a si próprio até que a pilha fique sem espaço. Excesso de mensagem na pilha com freqüência indica repetição infinita.

> **DICA**
>
> *Use o formulário longo para chamar um método herdado. Ele é menos ambíguo aos leitores humanos.*

A primeira abordagem nomeia explicitamente o método na declaração herdada e passa o argumento. A segunda usa apenas a palavra chave inherited. No segundo exemplo, automaticamente o compilador encaminha para a chamada o método correto e preenche, no argumento passado, o método sobregravado.

Como sobregravar construtores

Você pode sobregravar um construtor em uma subclasse se o construtor pai for virtual. Apenas acrescente a diretiva override ao final da declaração construtor. Tecnicamente, você não precisa chamar primeiro o construtor da classe pai, mas como uma regra geral deveria fazê-lo; do contrário, a classe pode não ser suficientemente construída para uso seguro. Por exemplo, uma classe pai pode alocar objetos acumulados. Ocorrerá uma exceção de acesso se você tentar acessar um objeto na classe pai antes que o construtor pai tenha executado.

> **NOTA**
>
> *O acionador de evento FormCreate é usado para ser chamado a partir do construtor da classe TForm. Agora, ele é chamado a partir do método AfterConstruction, apresentado na classe TObject.*

Geralmente, construtores são sobregravados em subclasses para alocar memória para objetos na subclasse. No caso de classes TForm, você pode sobregravar o construtor, embora não precise fazê-lo. Simplesmente, acrescente qualquer código que acrescentaria no construtor ao acionador de evento FormCreate de Form.

Como sobregravar destruidores

Os construtores herdados são chamados antes que qualquer código no construtor com subclasses seja executado. Chamar o construtor herdado é coerente com a prática geral de chamar primeiro os métodos herdados. O oposto é verdade para os destruidores. Se você sobregravar um destruidor, então chame o destruidor pai por último. Se você chamar o pai primeiro, pode liberar objetos ainda em uso por classes filho. O fragmento a seguir demonstra a ordem de chamada para destruidores.

```
Destructor TMyClass.Destroy;
begin
      // your code here
      inherited Destroy;
end;
```

TObject introduz um método virtual BeforeDestruction, que é chamado antes que o destruidor seja chamado. Você pode sobregravar BeforeDestruction, embora em geral, tudo o que é preciso fazer seja sobregravar Destroy. O acionador de evento OnDestroy é chamado de BeforeDestruction e ele pode ser usado em objetos Form, em vez de sobregravar um Destructor de Form.

Como reintroduzir métodos

Quando um método é definido como uma subclasse, o compilador gera um aviso (veja a Figura 4.1), indicando que esse método oculta o método virtual na classe base. Conforme mostrado no diagrama, o nome do método e a classe de base estão relacionados.

Uma boa prática é eliminar todos os avisos do compilador e avisos de erros antes de distribuir um módulo. Se a sua intenção for apresentar um novo comportamento em uma subclasse, ocultando o comportamento existente, então a diretiva de compilador {$WARNINGS} deve ser usada para desativar os avisos. A diretiva é o reconhecimento de que o programador está ciente de que um aviso de compilador havia sido induzido e que este e o comportamento desejado. A diretiva {$WARNINGS} é colocada perto da classe, induzindo o aviso, como a seguir.

```
TMyClass = class
      Procedure Foo; virtual;
end;
{$WARNINGS OFF}
TMySubClass = class(TMyClass)
      Procedure Foo;
end;
{$WARNINGS ON}
```

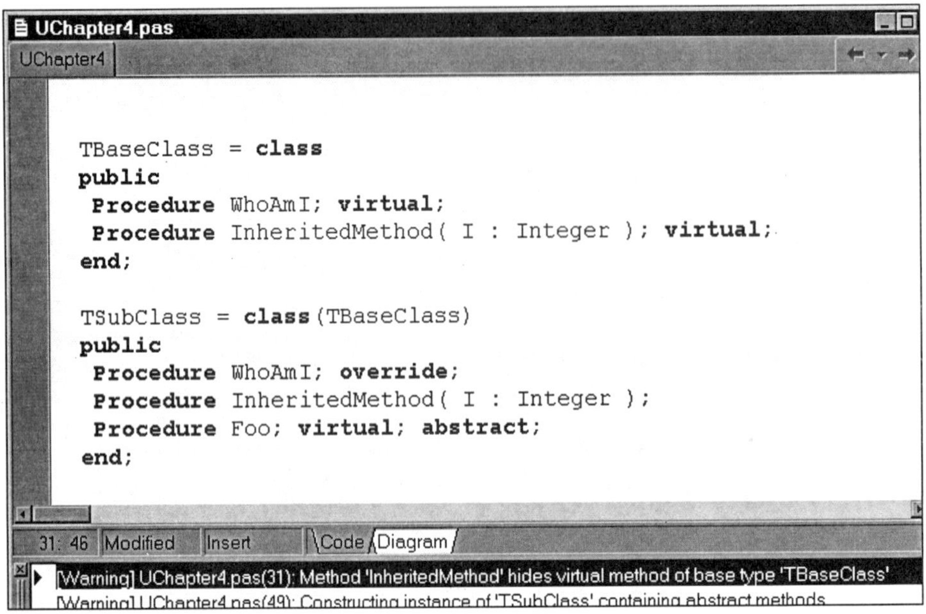

```
TBaseClass = class
public
 Procedure WhoAmI; virtual;
 Procedure InheritedMethod( I : Integer ); virtual;
end;

TSubClass = class(TBaseClass)
public
 Procedure WhoAmI; override;
 Procedure InheritedMethod( I : Integer );
 Procedure Foo; virtual; abstract;
end;
```

[Warning] UChapter4.pas(31): Method 'InheritedMethod' hides virtual method of base type 'TBaseClass'
[Warning] UChapter4.pas(49): Constructing instance of 'TSubClass' containing abstract methods

Figura 4.1 Declarar um método com o mesmo nome de um método virtual em uma classe pai gera um aviso do compilador

TMySubClass é uma subclasse de TMyClass. TMySubClass.Foo oculta o método virtual na base, classe pai, TMyClass.Foo. Se aquele fosse o resultado desejado, então a diretiva de compilador {$WARNINGS OFF} ocultaria o aviso. Entretanto, se a diretiva de compilador mascarar o aviso, o que você realmente deseja fazer é introduzir o novo comportamento; a diretiva reintroduce foi acrescentada no Delphi para suprimir avisos quando você deseja definir completamente o novo comportamento em métodos definidos nas classes pai.

Apresentamos a seguir uma versão modificada da listagem anterior para reintroduzir comportamento em Foo.

```
TMyClass = class
     Procedure Foo; virtual;
end;
TMySubClass = class(TMyClass)
     Procedure Foo; reintroduce;
end;
```

Remova as diretivas de compilador {$WARNINGS} e a guia ao final do método Foo — o método que conterá o novo comportamento — com a diretiva reintroduce. Use reintroduce quando não pretender usar um comportamento herdado além do novo comportamento.

Classes abstratas

Uma classe abstrata é qualquer classe que tenha pelo menos um método definido como virtual e abstrato. (Essas diretivas de compilador são acrescentadas ao final de um método, virtual primeiro, seguido pelo abstrato.) Métodos virtuais abstratos são usados para definir classes que não serão instanciadas, mas que definem interfaces para subclasses. Métodos virtuais abstratos significam que qualquer classe querendo ser uma subclasse precisa implementar esses métodos. Por exemplo, você pode definir uma classe de mamífero, mas não há tal animal como um mamífero. A classe mamífero seria uma classe abstrata e poderia definir uma interface para incluir o nascimento de jovens e alimentação por amamentação. As subclasses da classe mamífero teriam que implementar esses métodos. (Leia o Capítulo 7 para aprender mais sobre o *design* de classes e interfaces abstratas.)

Declarações Forward (Encaminhar)

A diretiva forward é usada para introduzir um nome de procedimento antes que o procedimento atual seja definido. Quando um procedimento é global, a declaração está na seção interface e a definição é colocada na seção implementação. Quando um procedimento é local, não existe declaração na seção interface, embora a seção implementação ainda contenha a definição. Às vezes, você descobrirá que dois procedimentos são interdependentes. Procedure A chama Procedure B e B chama A. Suponha que a definição de A esteja primeiro lugar e a de B em segundo. Nessa situação, A refere-se a B antes de B ser introduzido, resultando em um erro de identificador não declarado. Inverter a ordem da definição de A e B ainda resulta em um erro de identificador não declarado.

Usando a diretiva forward você pode declarar o nome do procedimento na seção implementação, resolvendo o problema. A seguinte listagem demonstra isso.

```
implementation
Procedure A; forward;
Procedure B; forward;
Procedure A;
begin
     B;
end;
Procedure B;
begin
end;
```

Agora, os procedimentos podem ser chamados independentemente de sua ordem de definição. Supondo que A e B tenham parâmetros, se você declarar os parâmetros na declaração forward, não precisará declará-los novamente na declaração definição. A seguinte listagem demonstra este fato.

```
implementation
Procedure A( I : Integer ); forward;
Procedure B( S : String ); forward;
```

```
Procedure A;
begin
     B( 'Test' );
end;
Procedure B; forward;
begin
     A( -1 );
end;
```

Evite usar a versão abreviada da definição, pelas mesmas razões que deve evitar usar a chamada abreviada aos métodos herdados. Exige apenas um minuto de digitação para erradicar qualquer ambigüidade. Entretanto, é importante estar ciente da forma abreviada, pois outros podem usá-la.

Resumo

O Capítulo 4 demonstra como sobrecarregar métodos e fornecer argumentos padrão. Métodos sobrecarregados são usados quando o algoritmo exigido difere, com base nos tipos de dados que são operados. Os parâmetros padrão são usados quando o valor dos dados são, geralmente, um valor conhecido, mas que pode mudar. Depois da seção de introdução, você aprendeu como sobregravar métodos, implementar relacionamentos de herança e polimorfismo. Herança e polimorfismo são dois dos conceitos mais úteis na programação baseada em objeto. Neste capítulo, os exemplos foram projetados para demonstrar a mecânica, limitando, ao mesmo tempo, a quantidade de barulho em volta.

Nos capítulos a seguir, você terá uma oportunidade de empregar essas técnicas, bem como usar técnicas mais avançadas, como definir classes abstratas (Capítulo 7) em exemplos que demonstram ambos os problemas de programação, teórico e prático.

Capítulo

5

Como programar com conjuntos, constantes e tipos de informações de tempo de execução

Muitos obstáculos de programação podem ser resolvidos com base em boas abstrações. Em uma linguagem de programação baseada em objeto, a dedução é o que queremos dizer com "criação de classes". Isso é parcialmente verdadeiro. Muitos projetos falham, porque muito poucas classes são criadas, resultando em classes monolíticas que executam muitas tarefas, tornando-se difíceis de manter.

As boas abstrações também referem-se a abstrações em um nível de tipos micro. Um compilador fortemente digitado, como o do Delphi ajuda, mas definir os tipos que fazem sentido no domínio do problema também ajuda. Comumente, são os atributos de classes que podem beneficiar-se do tipo de refinamento. Inteiros e *strings* podem capturar a maioria dos atributos, mas não são tão significativos quanto os tipos declarados, isto é, conjuntos, faixas, constantes, *arrays* e enumerações derivados dos tipos originais.

A Object Pascal é uma expressiva linguagem baseada em objeto, que facilita definir tipos que fazem sentido no contexto de problemas específicos. Por exemplo, se uma faixa de valores específica faz sentido, então defina uma faixa, conjunto ou enumeração como um tipo para nomear os dados representados por aqueles valores. Este capítulo demonstra como usar aqueles idiomas na Object Pascal, o que facilita a definição de boas abstrações. Essas técnicas tornarão seu código mais legível e exigirão menos verificação quanto a erro de código do que usar tipos de dados originais.

A constante imutável

Constantes são ótimas. Uma constante é uma das peças mais confiáveis de código que há. Defina algo como constante e, faça chuva ou faça sol, seu valor será sempre confiável. Não há má utilização acidental ou intencional, nem preocupação. Existem muitas maneiras como as constantes podem ser usadas no Delphi para tornar o código mais legível.

> **NOTA**
> O Delphi suporta constantes digitadas, cujos valores podem ser mudados. Veja a seção "Como usar const para criar variáveis locais estáticas" para obter mais informações sobre constantes designáveis.

Constantes globais e locais

Quando uma variável é definida no escopo local, qualquer fragmento de código que pode acessar aquele escopo pode emprestar aquela variável. Emprestar temporariamente variáveis é um problema pernicioso, especialmente em aplicativos multiencadeados, nos quais a seqüência pode ser dependente do valor e outra seqüência altera esse valor. Se um valor precisa permanecer imutável, então ele deve ser expresso como const. Constantes globais são constantes definidas na seção interface de uma unidade. Constantes locais são definidas na seção implementação.

Além disso, qualquer valor que pode ser reutilizado em muitos lugares deve ser definido como uma constante. Suponha que o valor de Pi seja significativo em todo o seu programa — o nome Pi deve ser introduzido na seção interface como uma constante inicializada ao valor de Pi, que tem a quantidade certa de dígitos significativos para se adequar às suas necessidades.

NOTA
A nova unidade ConvUtils.pas contém muitas centenas de constantes e unidades de conversão. Embora ela contenha uma constante para MetersPerParSec, não contém um valor constante para Pi. A unidade System.pas contém uma função Pi que retorne um ponto de flutuação de tipo estendido para Pi.

O objetivo é definir a constante no escopo o mais estreito possível. Se uma constante só é necessária dentro do bloco de procedimento, então aquele é o escopo apropriado. A concepção existente por trás do estreitamento do escopo é reduzir o número de elementos nos quais um programador que use o seu código tem para pensar em determinada ocasião a fim de entender a intenção do código. A sintaxe para uma constante depende parcialmente do contexto no qual ela é definida. Constantes globais, locais e de procedimento geralmente tomam a seguinte forma:

```
const name = value;
```

ou,

```
const name : type = value;
```

Const é uma palavra-chave literal que indica que se seguem constantes. Você só precisa digitar const uma vez para todas as constantes na lista. Por exemplo, para definir três constantes na seção implementação, veja a próxima listagem.

```
implementation
const
    I : Integer = 3;
    S = 'Bachman Turner Overdrive';
    F : Double = 4000000000000.0;
```

Há muitas maneiras como as constantes podem ser usadas para formar programas mais confiáveis. As regras gramaticais para todas as variações podem ser vistas no contexto de ajuda, no índice, pesquisando *grammar* (gramática). Seguem mais exemplos.

Constantes parâmetros

Quando um procedimento não deve mudar o valor de um parâmetro, declare o parâmetro como um parâmetro const. Se o qualificador const estiver incluído, há garantia de que o valor não será mudado. Garantias são sempre difíceis de conseguir e são ótimas de obter, quando você puder. Parâmetros constantes podem incluir valores padrão. O fragmento que segue demonstra um parâmetro constante com um valor padrão.

```
procedure DisplayBandName( const Value : String = 'R.E.O.' );
begin
     ShowMessage( Value );
end;
Procedure SomeProc;
const
     BTO = 'Bachman Turner Overdrive';
begin
     DisplayBandName;
end;
```

O procedimento DisplayBandName é definido para tomar um argumento com valor padrão. Se nenhum argumento é passado, então o valor do parâmetro Value será o 'R.E.O.'. Se a constante BTO fosse passada para DisplayBandName, então a função ShowMessage exibiria Bachman Turner Overdrive. A existência de um parâmetro constante garante que o método chamado não mudará inadvertidamente o valor do parâmetro passado. Usar const é muito melhor do que esperar e rezar.

Como usar const para criar variáveis locais estáticas

Variáveis definidas em um procedimento são alocadas na pilha da memória. Constantes são compiladas *inline*, existindo apenas no procedimento no qual elas são definidas. A pilha da memória diminui e cresce de forma semelhante a um acordeão, quando procedimentos são chamados e saem. Normalmente, um nome introduzido em um procedimento tem escopo procedimental. Isto é, seu nome e valor são acessíveis apenas dentro do escopo no qual são definidos. Às vezes você pode querer criar um contentor de classificações, um nome que é acessível dentro do escopo de um procedimento, mas mantém o seu valor até depois que o procedimento retorna. C e C++ referem-se a isso como variáveis estáticas. Delphi usa a designação constante para criar o mesmo efeito.

Usando a sintaxe a seguir, você pode definir uma variável que parece ser constante, mas trata-se de uma variável estática mutável.

```
Procedure MutableConst;
const
     I : Integer = 0;
```

```
begin
     Inc(I);
     ShowMesage(IntToStr(I));
end;
// ...
for I := 0 to 3 do MutableConst;
```

MutableConst acima, define uma constante designável digitada que mantém o seu valor entre chamadas ao procedimento. A declaração for, na última linha, chama MutableConst quatro vezes, o que resulta na exibição do valor 4 na última chamada, na caixa de diálogo exibida por ShowMessage. Por padrão, constantes digitadas são designáveis. Essa é a opção $J+ que pode ser modificada, colocando a diretiva de compilador no código ou mudando a caixa de verificação Assignable de constantes digitadas, na guia Compiler da caixa de diálogo Project Options, conforme mostra a Figura 5.1.

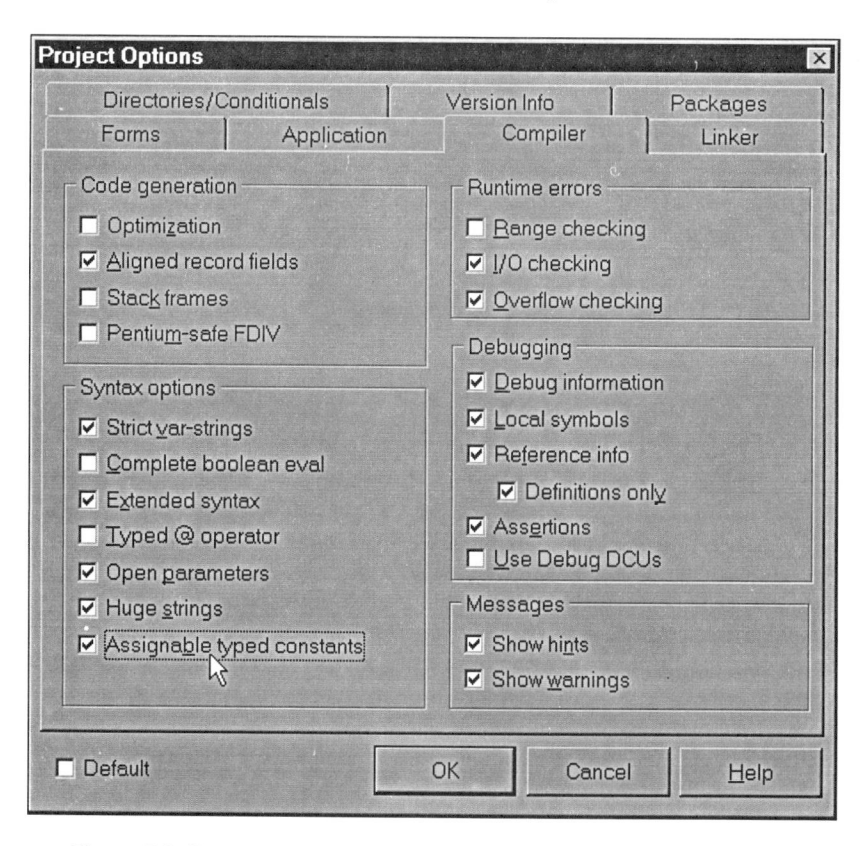

Figura 5.1 Por padrão, as constantes digitadas são designáveis e mantêm seus valores entre chamadas sucessivas aos procedimentos que as contêm. Para torná-las não designáveis, desmarque as constantes digitadas em Compiler Project Options Assignable. O padrão é marcado

Constantes digitadas designáveis permitem que você defina um contentor de valor em um procedimento, cujo valor é mantido cada vez que o procedimento é chamado. Usando constantes digitadas designáveis é possível simular propriedades estáticas. (Leia o Capítulo 7 para saber mais sobre propriedades estáticas.)

Constantes array

Uma constante *array* é mais uma ferramenta que você pode acrescentar ao seu arsenal. Talvez uma constante *array* não seja algo que você use todos os dias, mas existem exemplos diários de constantes *array*. Considere os exemplos que seguem.

```
Procedure ArrayExamples;
const
      DaysOfWeek : array[1..7] of string = ('Sunday', 'Monday',
      'Tuesday', 'Wednesday', 'Thursday', 'Friday', 'Saturday' );
MonthsOfYear : array[1..12] of string = ('.January', 'February',
      'March', 'April', 'May', 'June', 'July', 'August',
      'September', 'October', 'November', 'December' );
EXAMPLE1 = 'February 12, 1966 occurred on a %s';
EXAMPLE2 = 'The fourth month is %s';
var
      Output : string;
      Day : Integer;
begin
      Day := DayOfWeek( StrToDate('02/12/1966'));
      Output := Format( EXAMPLE, [DaysOfWeek[Day] ] );
      ShowMessage( Output );
      Output := Format( EXAMPLE2, [ MonthsOfYear[4] ] );
      ShowMessage(Output);
end;
```

O *array* DaysOfWeek contém sete elementos, todos *strings*. O *array* MonthsOfYear contém doze elementos, todos *strings*. Ambos os *arrays* são inicializados como constantes *arrays*. A terceira linha depois do bloco usa o número do dia da semana para indexar o *array*. A saída do primeiro procedimento chamado — ShowMessage — é 'February 12, 1966 occurred on a Saturday'. A quarta linha do bloco begin realiza uma operação semelhante com os meses do ano.

Claro que você poderia ter escrito o código precedente como uma declaração case de testes condicionais if aninhados, porém constantes *arrays* produzem código menor e mais otimizado em uma operação compacta. Considere o seguinte exemplo, que apresenta uma comparação entre uma posição capacitada com uma condição if para ajustar a cor de fundo de um controle e o mesmo código implementado como um *array*.

```
if( Edit1.Enabled = False ) then
      begin
            Edit1.Enabled := True;
            Edit1.Color := clWhite;
      end
```

```
else // True
begin
      Edit1.Enabled := False;
      Edit1.Color := clBtnFace;
end;
```

O código acima avalia a posição Enabled de um controle TEdit (selecionado aleatoriamente), alterna a posição e ajusta a cor. Esse código é funcional e direto, mas pode ser mais eficiente com uma constante *array*. Veja, a seguir, uma versão revisada, usando uma constante *array*.

```
const
      Colors : array[Boolean] of TColor = (clBtnFace, clWhite);
begin
      Edit1.Enabled := Not Edit1.Enabled;
      Edit1.Color := Colors[Edit1.Enabled];
end;
```

O *array* const nos garante, aproximadamente, uma redução cinco-para-um no código. Use o operador não unário para alternar a posição Enabled e use o valor booleano da propriedade Enabled como um índice na constante *array* Colors. Usando um valor booleano como um índice, False tem o valor menor. O código é muito mais compacto, menor e mais rápido. Leia a próxima seção sobre registro de constantes para ter um exemplo de um *array* de registros de constante.

Registro de constantes

Registro de constantes são constantes de dados, cujo tipo é um registro. Um registro comum é o TPoint. TPoint define duas coordenadas em um sistema coordenado cartesiano. TPoint é definido na unidade Windows.pas como a seguir:

```
TPoint = record
      x: Longint;
      y: Longint;
end;
```

Para inicializar um registro de constante, você precisa especificar cada campo como *fieldname : value*, separando cada par nome e valor de campo por um ponto e vírgula. Veja o exemplo.

```
const Point : TPoint = (X:100; Y:100);
```

Um *array* de registros de constante exige que você inicialize cada elemento *array* com um par nome e valor de campo agrupado com parentesco ajustado de valores de registro. Adiante, um *array* de constante de quatro pontos.

```
const
      Points : array[0..3] of TPoint = ((X;10;Y:10), (X:10;Y:100),
(X:100;Y:100), (X:100; Y:10));
Procedure DrawRect( const Points : Array of TPoint );
var
      I : Integer;
begin
      Canvas.PenPos := Points[0];
      for I := Low(Points) to High(Points) do
            Canvas.LineTo( Points[I].X, Points[I].Y );
      Canvas.LineTo( Points[0].X, Points[0].Y );
end;
```

Conforme as proporções de um monitor, o *array* constante de registros define grosseiramente um quadrado, conforme mostrado na Figura 5.2. O *array* Points foi passado ao procedimento DrawRect contido na listagem, para criar o quadrado mostrado na Figura 5.2.

Figura 5.2 Um quadrado desenhado em uma tela de formulário com o método LineTo e um array de constante de registros TPoint

Combinando alguns idiomas básicos da Object Pascal, você pode criar facilmente muitas espécies de constantes de dados para representar uma imensa variedade de informações. Use constantes *array* e de registro para tornar o seu código mais expressivo. Quanto mais controle você exercer sobre o código, com a definição exata de dados que mapeiam para informações no problema de domínio, menos código terá que ser escrito para gerenciar os dados.

Constantes procedimentais

Constantes procedimentais são nomes const cujos tipos de dados são um tipo procedimental. Um tipo procedimental é, grosseiramente, um indicador para um procedimento que permite a você tratar procedimentos e funções como valores que podem ser designados a variáveis de um tipo procedimental combinando o tipo de procedimentos — função ou procedimento — e argumentos. Leia o Capítulo 6 para obter mais informações sobre tipos procedimentais. Um exemplo de um tipo procedimental é o TNotifyEvent, definido em classes.pas. O código apresentado a seguir é uma extração de classes.pas mostrando a definição de TNotifyEvent.

```
type TNotifyEvent = procedure (Sender:TObject) of object;
```

A listagem nos diz que tipos TNotifyEvent são procedimentos que tomam um argumento TObject nomeado Sender. O of object, ao final do tipo definição, indica que tipos TNotifyEvent são tipos procedimentais especiais, conhecidos como *métodos indicadores*.

TNotifyEvent pode parecer familiar, visto que esse é o tipo de muitas das propriedades de evento listadas no Object Inspector. Dê duplo clique em um formulário em branco e o Delphi gerará a seguinte definição de método vazio para o evento propriedade OnCreate do formulário.

```
procedure TForm1.FormCreate(Sender: TObject);
begin
end;
```

NOTA

Por convenção, o Delphi usa o prefixo On para indicar que uma propriedade é uma propriedade evento. O On sugere uma resposta a uma ação, isto é, a um evento.

A parte TForm1. da listagem indica que esse método pertence à classe TForm1. FormCreate indica que ele é o acionar de eventos para o evento OnCreate, e, se você afastar a classe e o nome do método, tudo o que é deixado é o procedure (Sender : TObject), uma combinação perfeita para o TNotifyEvent. Se você selecionar a propriedade evento OnCreate no Delphi e pressionar **F1**, o contexto de ajuda para CustomForm.OnCreate será exibido. A ajuda indica claramente que OnCreate é definido como propriedade OnCreate: TNotifyEvent; isto é, uma propriedade cujo tipo é TNotifyEvent.

Ponteiro de constantes

Em qualquer linguagem, o que podemos pensar é limitado apenas pela linguagem que usamos para articular nossos pensamentos e como os administramos. Alguns idiomas serão usados com menos freqüência do que outros. Um ponteiro de constante é um desses idiomas. Na programação cotidiana de aplicativos para Windows, provavelmente você não usará ponteiros tão freqüentemente, mas não está limitado a escrever estritamente programas clássicos ao estilo Windows com o Delphi. Um ponteiro de constante é um ponteiro que se refere a um endereço específico. O código a seguir é obscuro e frívolo e serve tãosomente para demonstrar os mecanismos necessários.

```
type
      TDateTimeFunc = function : TDateTime;
const
      NowP : Pointer = @SysUtils.Now;
var
      MyNow : TDateTimeFunc absolute NowP;
```

A linha 2 define um tipo procedimental que é um ponteiro para uma função que retorna um TDateTime. O ponteiro de constante é inicializado como o valor da função Now, definida em SysUtils.pas. A variável MyNow é uma TDateTimeFunc (definida na seção tipo) e é compilada para o endereço absoluto da função SysUtils.Now.

Procedimentos usados para inicializar constantes

Na seção anterior, sobre constantes procedimentais, você aprendeu que tipos procedimentais podem ser definidos como constantes e inicializados para um procedimento específico. Usando o exemplo da seção anterior, uma constante de referência à função SysUtils.Now poderia ser definida, em vez de você usar um Pointer.

```
type
TDateTimeFunc = function : TDateTime;
const
      ConstNow : TDateTimeFunc = SysUtils.Now;
```

A chamada ConstNow tem o mesmo efeito que chamar a função SysUtils.Now. Uma vez que o Delphi suporta tipos procedimentais, é preferível usar essa forma ao definir constantes ou variáveis que se referem a procedimentos. Para todos os tipos que não têm um idioma específico, use um Pointer para referir-se a um endereço específico na memória.

Como usar enumerações

Enumerações são listas de nomes que representam um valor. Prefira enumerações a tipos de dados originais quando fizer sentido fazê-lo. Um exemplo perfeito de uma enumeração é TFontStyle. Existem quatro estilos de fonte básicos: *bold* (negrito), *italic* (itálico), *underline* (sublinhado) e *strikeout* (tachado). Claramente, um inteiro poderia ser usado para armazenar a posição de um estilo de fonte, mas uma lista de estilos específica é mais significativa. A unidade graphics.pas define o tipo TFontStyle.

```
type TFontStyle = (fsBold, fsItalic, fsUnderline, fsStrikeout);
```

Definir uma TFontStyle permite ao programador declarar variáveis de TFontStyle, garantindo que todos os valores designados a uma FontStyle sejam válidos, eliminando a necessidade de verificação de faixa ou a verificação de erro de qualquer espécie. Como o compilador é strongly typed, apenas valores que são definidos como um dos quatro valores possíveis podem ser designados a uma FontStyle. Em resumo, o compilador faz todo o trabalho pesado, e o código é mais significativo ao programador.

Como definir limites de array com enumerações

Via de regra, é preferível utilizar uma TList ou uma TCollection a um simples *array*. Vamos rever as razões por que usar um objeto para armazenar dados em vez de um *array*: a coleção ou lista pode diminuir ou crescer dinamicamente, a faixa de verificação é incorporada às classes lista e coleção, e capacidades adicionais, como classificação e busca de itens, já existem. Usar um *array* exige que você implemente todos esses comportamentos.

Ocasionalmente, você pode decidir usar um *array*. Uma maneira de eliminar a necessidade de indexar a faixa de verificação é refinar a faixa dos dados, usando uma enumeração como o tipo de índice. O exemplo demonstra um tipo TNote que emprega a função Beep Windows API para tocar uma nota. (A freqüência e a duração das notas são simuladas.)

```
type
      TNote = (doDo, doRe, doMi, doFa, doSo, doLa, doTi, doDo2 );
Procedure PlayNote( Note : TNote );
const
      DoReMi : array[TNote] of Integer = (
            500, 600, 700, 800, 900, 1000, 1100, 1200 );
begin
      Windows.Beep( DoReMi[Note], 750 );
      Sleep(250);
end;
Procedure PlayNotes;
```

```
var
    I : TNote;
begin
    for I := Low(TNote) to High(TNote) do
        PlayNote( I );
end;
```

As linhas 1 e 2 definem uma enumeração TNote, contendo oito elementos. O procedimento PlayNotes itera sobre cada elemento na enumeração, usando as funções Low e High para retornar a faixa de valores. Note que o índice I é definido como um tipo TNote, em vez de um inteiro. A cada passagem através do *loop*, o procedimento PlayNote é chamado, passando o valor enumerado atual. PlayNote espera um argumento TNote, define um *array* de constante TNote e usa a função Windows API Beep (isso não ocorre com a versão Delphi) para tocar a freqüência indicada em cada nota. Observe que é necessária a verificação de faixa, pois todos os valores possíveis de Note serão corrigidos para o *array* DoReMi, visto que ambos são limitados pela extensão da enumeração.

Definir enumerações e usar outros tipos de definições refinados tem um efeito cumulativo. Eles serão, cumulativamente, menos código para depurar, e o seu código retornará de forma mais eficiente.

Enumerações predefinidas

Existem muitas enumerações predefinidas; de certa forma, enumerações demais para cobri-las todas. É melhor deixar aquele tipo de referência para a documentação de ajuda *online*. No entanto, você pode aplicar um grau muito mais refinado de controle sobre a VCL, à medida que se acostumar com as enumerações usadas para controlar componentes de comportamento. Um exemplo é TControlStyle. Todos os controles têm uma propriedade ControlStyle, definida como um conjunto de uma enumeração. (Refira-se à próxima seção, sobre operações set para saber mais a respeito de definição de conjuntos.)

```
type TControlStyle = set of (csAcceptsControls, csCaptureMouse,
csDesignInteractive, csClickEvents, csFramed, csSetCaption,
csOpaque, csDoubleClicks, csFixedWidth, csFixedHeight,
csNoDesignVisible, csReplicable, csNoStdEvents,
csDisplayDragImage, csReflector, csActionClient, csMenuEvents);
```

Um ControlStyle pode ter zero, um ou muitos dos valores definidos na enumeração acima. Por exemplo, se ControlStyle tem o valor csAcceptsControls no conjunto, então aquele controle pode ser pai de outros controles. Assim, um form pode aceitar controles, exceto uma grid, por padrão.

Em controles existentes, você obtém o comportamento definido pelo autor. Entretanto, você tem a liberdade de criar uma subclasse em um controle e sintonizar o seu comportamento para quaisquer necessidades que você possa ter. Por exemplo, a classe que segue define um TControlGrid que demonstra como o pai controla as células do grid (veja a Figura 5.3).

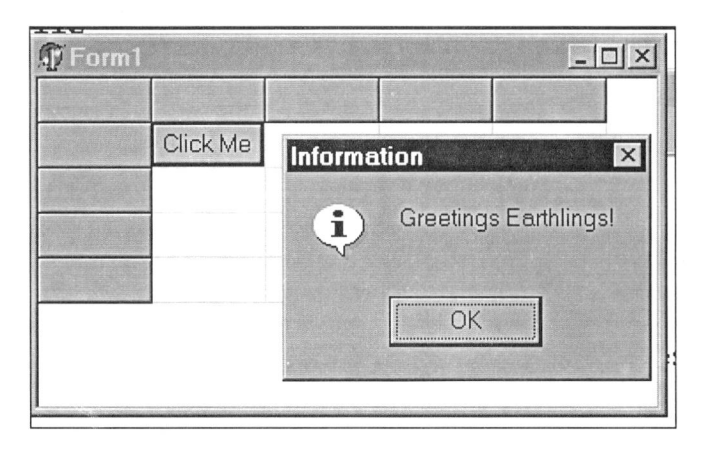

Capítulo 5 - Como programar com conjuntos, constantes e tipos de... | **163**

Figura 5.3 Um controle grid capaz de ser pai de controles em células individuais da grade

```
TControlGrid = class(TStringGrid)
private
      FButton : TButton;
protected
      Procedure WMCommand( var Message : TWMCommand ); Message
WM_COMMAND;
      Procedure OnClick( Sender : TObject );
      Procedure Paint; override;
public
      constructor Create( AComponent : TComponent); override;
      destructor Destroy; override;
end;
```

NOTA

O TControlGrid seria mais útil se permitisse aos controles serem definidos no grid em tempo de desenvolvimento. Usando o código apresentado nas listagens anterior e a seguir, seria possível completar o controle grid, oferecendo controle de pai dinâmico em tempo de desenvolvimento e no tempo de execução. Para experimentar uma demonstração de um componente grid, vá, online, para http://www.softconcepts.com/demos/componentgrid.htm. A demonstração carregará um controle ActiveX em seu PC, o que demonstra um controle grid totalmente funcional.

A classe contém um campo privado, FButton, o controle usado para demonstrar as capacidades de pai. O método protected message sobreescreve o handle de mensagem WM_COMMAND. Isto é necessário para garantir que controles pai enviem as mensagens pretendidas por eles; StringGrid não faz isso, porque não foi designado a controles pai. O acionador de eventos OnClick é usado para demonstrar que o TButton responde à entrada do usuário. O construtor e o destruidor sobreescreve a propriedade ControlStyle e alocam e liberam o TButton.

```
{ TControlGrid }
constructor TControlGrid.Create(AComponent: TComponent);
bejín
     inherited Create(AComponent);
     ControlStule := ControlStyle + [csAcceptsControls];
     FButton :+ TButton.Create(Self);
     FButton.Parent := Self;
     F.Button.BringToFront;
     FButton.OnClick := OnClick;
     Repaint;
end;
Procedure TControlGrid.Paint;
begin
     inherited Paint;
     FButton.Visible := (LeftCol = 1) and (TopRow = 1);
     FButton.Enabled := FButton.Visible;
     FButton.BoundsRect := CellRect( 1, 1 );
end;
destructor TControlGrid.Destroy;
begin
     FButton.Free;
     inherited;
end;
procedure TControlGrid.OnClick(Sender: TObject);
begin
     MessageDlg('Greetings Earthlings!', mtInformation, [mbOK], 0);
end;
Procedure TControlGrid.WMCommand( var Message : TWMCommand );
begin
     inherited;
     if( ControlCount > 0 ) then
          FindControl( Message.Ctl ).Dispatch(Message);
end;
```

O construtor ControlGrid chama o construtor de TStringGrid, cria o botão e associa o handler de eventos ao evento OnClick, definido para o botão usar. O método Paint é sobreescrito para desenhar o controle na célula 1, 1 se a célula for visível. Em um controle dinâmico, seria necessário um meio para rastrear as células pertencentes a um controle. O destruidor libera o botão e chama o destruidor de TStringGrid. O método OnClick exibe uma saudação amigável quando o botão é clicado. Finalmente, o método WMCommand responde a todas as mensagens — chama primeiro o handler de mensagens herdado, depois envia quaisquer mensagens para os controles pais. (Para saber mais sobre handler de mensagem, leia o Capítulo 6.)

À medida que você começa a administrar a arquitetura do Delphi, os atributos de classes existentes simplificarão a tarefa de tornar controles simples ou muito complexos, com isso seus aplicativos terão maior flexibilidade e utilidade.

Procedimentos
para tipos enumerados

Um grupo de funções foi projetado para trabalhar especificamente com tipos enumerados. A Tabela 5.1 mostra os procedimentos de tipos enumerados e descreve as operações realizada por eles.

Tabela 5.1 Procedimentos de enumeração

Procedimento	Descrição
Ord	Retorna um inteiro, indicando o valor da enumeração relativa à sua posição
Pred	Retorna a enumeração antes de uma passada à função
Succ	Retorna a próxima enumeração, depois que uma é passada à função
High	Retorna o maior valor enumerado
Low	Retorna o menor valor enumerado

Enumerações são valores ordinais, valores consecutivos automaticamente associados, baseados em seu aspecto na enumeração, contando de zero na primeira posição a n-1 no último valor enumerado. Por exemplo, você pode usar High e Low para obter os níveis de limite maior e menor da enumeração. Se incluir os RTTI (tipos de informações do tempo de execução), então o nome simbólico da enumeração também estará disponível. O código do programa demonstra as cinco funções de enumeração e como incluir os RTTI.

```
uses typinfo;
{$M+}
type
      TEnums = ( Enum0, Enum1, Enum2, Enum3, Enum4);
{$M-}
procedure ShowEnum( Enum : TEnums );
const
      MASK = '%s=%d';
var
      Name : String;
      Value : Integer;
begin
      Name := GetEnumName( TypeInfo(TEnums), Ord(Enum) );
      Value := GetEnumValue( TypeInfo(TEnums), Name );
      ShowMessage( Format( MASK, [Name, Value] ));
end;
procedure TestEnumerated;
begin
      ShowEnum( Enum3 );
      ShowEnum( Pred( Enum3 ));
```

```
    ShowEnum( Succ( Enum3 ));
    ShowMessage( IntToStr(Ord( Enum4 )) );
    ShowEnum( Low(TEnums));
    ShowEnum( High( TEnums ));
end;
```

> **NOTA**
> *Por alguma razão, GetEnumName e GetEnumValue não estão incluídas na ajuda sensível a contexto, ainda que elas sejam fundamentais dentro do próprio Delphi. Os RTTI são usados para ler e escrever propriedades e nas OpenTools API. (Refira-se ao Apêndice B para mais informações sobre as OpenTools API.)*

A declaração uses (linha 1) indica que a unidade typinfo deve ser incluída. Essa unidade contém procedimentos de tipos de informações de tempo de execução, incluindo GetEnumName e GetEnumValue, empregadas no exemplo. A linha 4 define uma enumeração TEnums, que contém as diretivas de compilador {$M+} e {$M-}. A diretiva de compilador {$M} instrui o compilador para incluir tipos de informações de tempo de execução para o tipo TEnums.

ShowEnum, no início da linha 6, demonstra como usar os procedimentos GetEnumName e GetEnumValue definidos em typinfo.pas. O primeiro argumento é um indicador para um registro TTypeInfo. Passar o nome de enumeração à função TypeInfo, como mostrado, retorna um indicador ao registro de tipos de informações. O segundo argumento para GetEnumValue é o valor ordinal de um elemento específico da enumeração. GetEnumValue retorna o valor ordinal fornecido ao registro de tipos de informações e o nome enumerado. A saída produzida por TestEnumerated é apresentada a seguir.

```
ShowEnum( Enum3 );  // outputs Enum3=3
ShowEnum( Pred( Enum3 ));  // outputs Enum2=2
ShowEnum( Succ( Enum3 ));  // outputs Enum4=4
ShowMessage( IntToStr(Ord( Enum4 )) );  // outputs 4
ShowEnum( Low(TEnums));  // outputs Enum0=0
ShowEnum( High( TEnums ));  // outputs Enum4=4
```

Os tipos de informações de tempo de execução são usados em determinados procedimentos VCL de baixo nível. Estes tipos são especialmente úteis para criar componentes e enumerações. As enumerações tornam o seu código mais robusto, expressivo e legível.

Conjunto de operações

O termo conjunto indica um grupo de elementos relacionados; como um conjunto de louça ou um conjunto de artigos de golfe. Conjuntos de operações podem ser uma das coisas mais antigas de matemática com que as pessoas (pelo menos nos Estados Unidos e na Europa Ocidental) aprenderam a trabalhar. Por pelo menos 30 anos, Vila Sésamo tem ensinado a canção *"Qual dessas coisas não é como a outra? Qual dessas coisas não faz parte?"* Isto é, quais são os membros do conjunto e quais não são? Conjuntos são ocorrências comuns no mundo físico, assim, é simples e natural que um mundo abstrato tenha idiomas que permitam aos desenvolvedores expressar conjuntos e realizar com eles operações aritméticas. A Object Pascal tem: tudo o que precisamos fazer é mapear o nosso entendimento para a implementação de conjuntos encontrados em Delphi.

Como entender conjunto e declarações de conjunto

Conjuntos são uma coleção de valores com o mesmo tipo ordinal. Exemplos de conjuntos incluem o conjunto de todos os números inteiros, todos os elementos em uma enumeração, ou todas as cores do arco-íris. Em Object Pascal, conjuntos são limitados a um byte em tamanho, o que significa que o tipo base de um conjunto em particular precisa ser restrito a 256 elementos, cujos valores ordinais precisam se situar entre 0 e 255. A faixa de valores de um conjunto é o *power set* do tipo básico, o que é definido como todos os subconjuntos possíveis de um conjunto, incluindo o conjunto vazio. A sintaxe para definir um tipo de conjunto é SetType -> SET OF OrdinalType, onde um OrdinalType é definido como OrdinalType -> (SubrangeType | EnumeratedType | OrdIdent). Isto é, um conjunto é definido na seção tipo com um nome designado ao conjunto de uma subfaixa, tipo enumerado ou tipo ordinal. Cada um dos OrdinalTypes precedentes é demonstrado a seguir.

```
TRangeSet = set of 0..255;
TCharSet = set of char;
TPrimaryColors = set of (pcRed, pcBlue, pcGreen);
```

TRangeSet demonstra uma subfaixa de conjunto de inteiros, cujos valores vão de 0 a 255. TCharSet define um conjunto do tipo de caracteres ordinal e TPrimaryColors define um conjunto de valores enumerados para as cores primárias. Definir um tipo de conjunto restringe todas as instâncias possíveis do tipo de conjunto para subconjuntos que contenham elementos do tipo de conjunto.

Como usar conjunto de construtores

A declaração set of (conjunto de) define um tipo que é uma faixa limitada de valores de um tipo ordinal. Variáveis que são o subconjunto de tipo podem conter qualquer subconjunto no Power Set limitado pela definição tipo. Para inicializar uma cópia específica do tipo de conjunto, use o construtor set.

O construtor set é indicado por [ ] (par de chaves à esquerda e à direita), contendo uma combinação de vírgulas ou .. (faixa) delimitando valores. Considere o TCharSet da seção anterior. Para construir uma variável de TCharSet que contém caracteres maiúsculos, o código que segue é suficiente.

```
var
     UpperCaseChars : TCharSet;
begin
     UpperCaseChars := ['A'..'Z'];
     // ...
end;
```

A variável UpperCaseChars é um subconjunto de TcharSet inicializado para conter os caracteres maiúsculos. UpperCaseChats é definido como uma variável, por isso é possível acrescentar membros ao conjunto. Para tornar UpperCaseChars limitada apenas a caracteres alfabéticos maiúsculos, defina-a como uma constante, usando a diretiva de compilador $J- para tornar a constante não designável ou definir um tipo que contenha apenas caracteres maiúsculos.

```
const
     {$J-}
     UpperCaseChars : TCharSet = ['A'..'Z'];
{$J+}
or
type
     TUpperCaseChars = set of   'A'..'Z';
```

DICA

O Delphi permite escrever constantes tipadas, por padrão. Para limitar UpperCaseCharts apenas a 'A' a 'Z', remova o tipo do conjunto, ou envolva a diretiva de compilador de digitáveis conforme o exemplo: {$J-} const UpperCaseChars : TCharSet = ['A'..'Z']; {$J+}.

UpperCaseChars é uma constante não designável que contém apenas caracteres de A até Z; TUpperCaseChars é um tipo limitado a caracteres A para Z. Para usar TUpperCaseChars, defina variáveis daquele tipo. Por exemplo:

```
var
     UpperCaseChars : TUpperCaseChars;
```

O significado implícito de UpperCaseChars é que ela é limitada a valores 'A' até 'Z'. Lembre-se de que, por padrão, constantes tipadas em Delphi são de escrita. (Refira-se ao lembrete de uma rápida discussão sobre possíveis revisões que reforçam o código pretendido.) Para incluir caracteres alfabéticos maiúsculos e minúsculos, amplie o construtor set para incluí-los.

```
const
     AlphabeticChars : TCharSet = ['A'..'Z', 'a'..'z'];
```

Agora, o TCharSet AlphabeticChars contém todos os caracteres alfabéticos maiúsculos e minúsculos. Para simplificar conjuntos algébricos, existem muitos operadores que realizam operações aritméticas em conjuntos.

Conjunto de operadores

A Tabela 5.2 contém uma listagem completa de conjuntos de operadores aritméticos e descreve a operação realizada nos conjuntos. Todas as operações de conjunto avaliam um valor booleano ou um novo conjunto, indicando as operações que permitem um conjunto e aquelas que permitem um resultado booleano.

Tabela 5.2 Conjunto de operadores e tipos de resultados; todos os conjuntos de operadores, exceto na tomada dois, conjunto de operandos

Operador	Operação	Resultado	Exemplo
+	união	conjunto	Set1 + Set2
-	diferença	conjunto	Set1 − set 2
*	interseção	conjunto	Set1 * Set2
<=	subconjunto de	booleano	Set1 <= Set2
>=	superconjunto de	booleano	Set1 >= Set2
=	igualdade	booleano	Set1 = Set2
<>	desigualdade	booleano	Set1 <> Set2
in	pertence a/existe em	booleano	Ordinal em Set1

A listagem a seguir demonstra todos os conjuntos de operação nos quatro conjuntos definidos como subconjuntos do conjunto char.

```
type
      TCharSet = set of char;
const
A : TCharSet = ['A'. .'M', 'R', 'S', 'U'];
B : TCharSet = ['B', 'G', 'H', 'L'. .'Z'];
SubsetA : TCharSet = ['A'..'G'];
SupersetA : TCharSet = ['A'. .'M', 'R', 'S', 'U', 'V'];

Procedure TForm1.DisplayResultSet( OperationName : String; const
CharSet : TCharSet );
var
      I : Char;
      Count : Integer;
begin
      Memo1.Lines.Add( '***' + OperationName + '***' );
      Count := 0;
```

```
        for I := Low(Char) to High(Char) do
            if( I in CharSet ) then
            begin
                Memo1.Lines.Add(I);
                Inc(Count);
            end;
        Memo1.Lines.Add( '*** Elem Count: ' + IntToStr(Count) + ' ***'
);
end;

Procedure TForm1.SetTests;
const
    BOOLS : array[Boolean] of String = (' is False', ' is True' );
begin
    Memo1.Clear;
    DisplayResultSet( 'union', A + B );
    DisplayResultSet( 'difference, A - B );
    DisplayResultSet( 'intersection', A * B );
    Memo1.Lines.Add( 'A < SubSetA (Not A >= SubSetA)' +
        BOOLS[ Not (A >= SubSetA)] );
    Memo1.Lines.Add( 'A > SuperSetA (Not A <= SuperSetA)' +
        BOOLS[ Not (A <= SuperSetA) ] );
    Memo1.Lines.Add( 'A <= SupersetA' + BOOLS[ A <= SuperSetA ] );
    Memo1.Lines.Add( 'A >= SubsetA' + BOOLS[A >= SubsetA          ] );
    Memo1.Llines.Add( 'A = B' + BOOLS[A = B ] );
    Memo1.Lines.Add( 'A <> B' + BOOLS[A <> B] );
    Memo1.Lines.Add( '"A" in B' + BOOLS[ 'A' in B ] );
end;
```

A declaração type contém um tipo de definição para um conjunto de caracteres. As declarações const contêm quatro conjuntos de definições que são subconjuntos do conjunto de caracteres. Os conjuntos A e B são distintos, e SubsetA é inicializado para ser um subconjunto do conjunto A; SuperSetA é inicializado para ser um superconjunto de A. O operador in foi usado no método DisplayResultSet para testar se um caractere específico é membro de um conjunto de resultado. A saída do exemplo é a seguinte:

- a união A + B é o conjunto de todos os caracteres alfabéticos maiúsculos, visto que todos os caracteres alfabéticos estão em A ou em B;
- a diferença A – B de conjuntos A e B permitem que um conjunto contenha A, C, D, E, F, I, J, K, visto que esses são os elementos em A que não estão em B. B – A permite uma diferença no conjunto de resultado;
- a interseção A * B de conjuntos A e B permite um conjunto contendo B, G, H, L, M, R, S, U, pois esses são os elementos em ambos, A e B;
- se SubSetA é um subconjunto de A, então A < SubSetA implementado por Not (A >= SubSetA) permite False;

- Se SuperSetA é um superconjunto de A, então A . SuperSetA implementado por Not (A <=SuperSetA) permite False;
- A <= SuperSetA é True, porque SuperSetA contém todos os elementos em A e 'V';
- A >= SubSetA também é True, pois SubSetA tem alguns, não todos, os elementos em A;
- A = B é igual a False, visto que todos os elementos em A não são encontrados em B;
- A <> B é True (veja o teste de igualdade anterior);
- o caractere 'A' não é um membro do conjunto B, portanto, 'A' em B é False.

O cálculo do predicado e a proposição definem as regras de álgebra para operações lógicas que se aplicam a conjuntos, bem como a declarações de predicado. Entretanto, em vez de fazer, discretamente, um curso universitário de matemática e esperar que os seus usuários também o façam, considere subdividir conjuntos de operações no plural por conjuntos de operações no singular, com resultados intermediários.

Como realizar conjuntos de álgebra

As quatro leis básicas da álgebra se aplicam à lógica dos conjuntos. Isto significa que conjuntos são transitivos: *se* A = B e B = C, *então*, A = C. Conjuntos são A = A simétricos; são reflexivos para adição, mas não para subtração, A + B = B + A. Conjuntos são também distributivos A * B + A * C (B + C). Estas quatro leis matemáticas permitirão que você simplifique algebricamente equações de conjuntos plurais se precisar. A seguir está o código que demonstra as leis distributiva, simétrica e reflexiva, aplicadas a conjuntos de bytes.

```
type
    TSet = set of byte;
const
    Set1 : TSet = [1, 2, 3, 4];
    Set2 : TSet = [3, 4, 5, 6];
    Set3 : TSet = [5, 6, 7, 8];

procedure DisplayResult( ASet : TSet );
var
    I : Byte;
begin
    for I := Low(Byte) to High(Byte) do
        Form1.Memo1.Lines.Add( IntToStr(I) );
end;

procedure SetTest;
const
    BOOLS : array[Boolean] of string = ('False', 'True');
var
    ResultSet : TSet;
```

```
begin
     // Distributive Law
     // ResultSet := (Set1 * Set3) + (Set2 * Set3);
     ShowMessage( BOOLS[ Set3 * (Set1 + Set2) = (Set3 * Set1) + (Set3
* Set2)] );
     ResultSet := Set3 * (Set1 + Set2);
     DisplayResult( ResultSet );
     // reflexive A + B = B + A
     ShowMessage( BOOLS[Set1 + Set2 = Set2 + Set1] );
     ShowMessage( BOOLS[Set1 - Set2 = Set2 - Set1] );
     // symmetric A = A
     ShowMessage( BOOLS[Set1 = Set1] );
end;
```

> *SysUtils.pas contém dois métodos, StrToBool e BoolToStr que convertem uma string a um valor booleano e um valor booleano a um valor string, respectivamente.*
>
> **NOTA**

A declaração type, no início da listagem, define o tipo TSet como um conjunto de bytes. Três conjuntos, Set1, Set2 e Set3 são definidos como conjuntos de tipo TSet contendo inteiros específicos de tamanho de byte menor do que 10. (Os membros do conjunto foram intencionalmente mantidos simples para você realizar os cálculos do conjunto de cabeça, se quiser.) O procedimento DisplayResult aceita um TSet e itera através de todos os bytes possíveis, acrescentando os bytes do conjunto a um TMemo. O procedimento SetTest define uma constante *array* de valores booleanos para fornecer uma *string* de valor de um resultado booleano. O primeiro grupo de declarações demonstra que usar distributivamente Set1, Set2 e Set3, ilustra que Set3 * (Set1 + Set2) = (Set3 * Set1) + (Set3 + Set2). O segundo bloco demonstra reflexividade para adição e exibe True, mas a caixa de diálogo ShowMessage exibe False para Set1 – Set2 = Set2 – Set1. Finalmente, a simetria é intuitiva.

Testes de conjunto membro

O operador in é empregado para testar a associação de conjunto. Ele é um operador binário. O esquerdo é um valor ordinal, e o lado direito é um conjunto. A sintaxe é ordinal InSet, lida como "é o valor ordinal de um membro do conjunto representado por Set." Na seção "Enumerações predefinidas", antes apresentada neste capítulo, um teste poderia ser escrito para determinar a capacidade de um controle ser pai de controles.

```
if( csAcceptsControl in ControlStyle ) then
     // perhaps assign the parent property of the control
```

Capítulo 5 - Como programar com conjuntos, constantes e tipos de... | **173**

O operador in é um valioso teste para determinar a posição objetos, especialmente para controlar como eles transitam através de seus ciclos de vida. O operador in requer um operando ordinal esquerdo, por esse motivo ele não pode ser usado para testar se múltiplos elementos estão em um conjunto. Você precisará continuar a ajustar a álgebra para testar a associação de múltiplos elementos.

Testar a interseção de dois conjuntos pode ser usada para determinar se dois ou mais elementos estão contidos em ambos os conjuntos. Dados dois conjuntos [1, 2, 3] e uma variável ASet, ambos definidos como conjuntos de bytes; a declaração de interseção será verdadeira se a variável ASet contiver o subconjunto [1, 2, 3].

```
if( [1, 2, 3] * ASet = [1, 2, 3] ) then
    // true test code here
```

O operador * (interseção de conjunto) é equivalente a um teste de AND lógico. O operador + (união de conjunto) é equivalente a um teste OR lógico.

Procedimentos Include (Incluir) e Exclude (Excluir)

Se conjunto de álgebra parece um pouco-muito esotérico, então você pode usar os procedimentos Include e Exclude, definidos na unidade System.pas. Include e Exclude esperam dois parâmetros e retornam um conjunto modificado no primeiro parâmetro. Os procedimentos são definidos como a seguir.

```
procedure Include( var S : set of T; I : T );
procedure Exclude( var S: set of T; I : T );
```

Passe o conjunto onde você deseja incluir membro, ou no ponto em que ele deverá ser excluído, e o elemento para acrescentar ou remover. O procedimento retorna o resultado do conjunto. Include é equivalente a S := S + [I] e Exclude é equivalente a S := S – [I]. Como um brinde, a documentação de ajuda do Delphi sugere que os procedimentos Include e Exclude produzem código mais eficiente do que as declarações literais aritméticas de conjunto. Se usarmos o TSet da seção anterior para demonstrar, membros de bytes podem ser acrescentados e removidos de TSets:

```
var
    ASet : TSet; // TSet = set of byte;
begin
    ASet := [4, 5, 6]/ // set construction
    Include( ASet, 8 );
    Exclude( ASet, 6 );
end;
```

A variável ASet é definida como TSet, na seção anterior. (Lembre-se de que TSet foi definida como um conjunto de bytes.) ASet é inicializada para [5, 5, 6]. A chamada Include acrescenta 8 ao conjunto, e a chamada Exclude remove 6 do conjunto. O resultado do conjunto é [4, 5, 8]. Se você tentar incluir um item que não seja um elemento do tipo base do conjunto, a inclusão será ignorada. O mesmo vale para exclude: exclua um membro que não pertença ao conjunto, e o procedimento é ignorado.

Como administrar arrays

Arrays existem no código legado da Object Pascal e ainda são usados ocasionalmente no novo código. Sempre que possível, a melhor pratica é usar uma TList ou uma TCollection. Entretanto, você ainda encontrará *arrays* e pode julgá-los úteis para novo código. Diversas variações contextuais de arrays que você usa ou encontra são apresentadas aqui.

Arrays de exceção

Arrays têm uma faixa de índices definida, que caracteriza a quantidade e o índice de cada elemento no *array*. Portanto, *arrays* Delphi podem ter qualquer índice de início e qualquer índice de final, em vez de estarem limitados a *arrays* baseados em zero ou em 1. Se um *array* estiver indexado fora da faixa válida, então ocorre uma exceção. Quando a faixa de verificação é selecionada na guia do compilador da caixa de diálogo Project, Options (Figura 5.4), é levantada uma exceção ERangeError no tempo de execução. Caso a opção de faixa de verificação não estiver marcada, o seu programa pode levantar ou não uma exceção EAccessViolation. Pelo menos, quando há uma violação de acesso, você fica ciente de que a memória está sendo sobregravada.

```
var
      S : array[1..10] of strings;
      I : integer;
begin
      I := 11;
      S[I] := 'Delphi 6 Developer's Guide';
      S[11] := 'Written by Paul Kimmel';
end;
```

A linha S[I] compila, ainda que I seja um índice inválido, mas levanta uma exceção no tempo de execução. A segunda linha, contendo o valor literal 11, não compila. O segundo tipo de faixa de violação causa um erro de compilador, estando ou não marcada a opção de verificação de faixa.

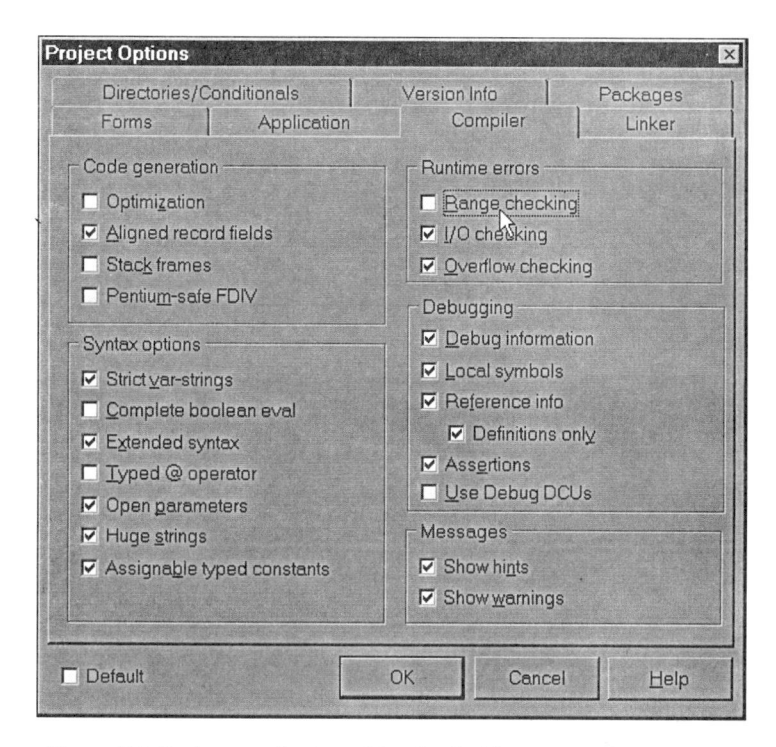

Capítulo 5 - Como programar com conjuntos, constantes e tipos de... | **175**

Figura 5.4 Ajuste a opção de verificação de faixa nas opções de projeto do compilador quando testar e depurar o seu programa. Isso acrescentará mais código extra ao seu programa compilado, mas você pode removê-la quando o programa estiver livre de erro e pronto para decolar

A opção de verificação de faixa levará o compilador a acrescentar código ao seu aplicativo compilado, portanto esta é uma boa opção para depuração e teste. Uma vez que todas as faixas de erros estejam erradicadas de seu programa e você esteja pronto para decolar, desmarque a opção de verificação de faixa. Tenha em mente, porém, que uma violação de acesso significa falha de memória ou memória sobregravada e é o mais pernicioso dos dois erros. O ajuste Project, Options Range Checking acrescentará a verificação de faixa a todo o seu programa, ao passo que usar a diretiva {$R}acrescentará pontos de verificação de faixa ao código entre as diretivas do compilador (consulte a seção "Como usar conjuntos construtores", para um exemplo).

Como definir
valores de subfaixa

Uma subfaixa pode ser definida como um tipo literal ou um nomeado. Uma subfaixa literal tem a sintaxe *n..n+m*, onde n e m são tipos ordinais. Assim, *arrays* são indexados por tais tipos como caracteres, valores booleanos, tipos enumerados ou inteiros. Em um esforço para tornar o seu código mais conciso, você pode definir uma faixa de valores como um tipo, usando uma variedade de técnicas. Por exemplo, se quiser um *array* de possíveis 10.000 índices inteiros, use a faixa 1..10000. Para tornar o seu código mais legível, defina a faixa como um tipo nomeado.

```
type
     TIntegerRange = 1..10000;
var
     Ints : array[TIntegerRange] of Integer;
```

NOTA — *O limite de tamanho de um* array *é de 2 gigabytes. Portanto, você não pode criar uma pilha de* arrays *usando inteiro como o tipo índice, visto que existem aproximadamente 2.147.000.000 (mais de 2 bilhões) de valores. Ainda que um* array *inteiro de chars exceda a capacidade de limite de 2 gigabytes.*

A declaração anterior possibilita usar valores inteiros como o índice para o array e evitar exceder a limitação de array de 2 gigabytes. Delphi permite que faixas iniciem a partir de qualquer vínculo mais baixo para qualquer vínculo mais alto, desde que o valor de vínculo alto seja maior do que o valor de vínculo baixo. Assim, você não precisa especificar uma Option Base de 0 ou 1, como faz em Visual Basic, nem está limitado a *arrays* baseados em 0, como em C e C++.

Use tipos para eliminar erros de faixa

Para reduzir a semelhança ao indexar um *array* fora dos limites inferior e superior do *array*, use um tipo enumerado, tipo *alias* ou um novo tipo, para garantir que todos os índices estejam dentro da faixa aceitável.

```
type
     TEnums = (Enum1, Enum3, Enum4);
     TAlias = byte;
     TChar = type Char;
```

DICA — *Use o type newtype = type oldtype quando quiser introduzir um tipo novo, distinto, que pode ter um significado mais intuitivo no problema de domínio do que o tipo de dados genéricos do qual ele é derivado. O compilador Pascal, strongly typed, reforçará a compatibilidade para os parâmetros var e out mas, implicitamente, estes permitirão a coerção de tipo em procedimentos esperando o tipo antigo.*

TEnums define um tipo enumerado que pode ser usado para indexar um *array*. Isto resulta em índices que são mais compreensíveis do que simples inteiros. TAlias é um nome alternativo para o tipo de byte. Um *array* contendo elementos TAlias é idêntico a um *array* contendo um byte de número de elementos. A definição do terceiro tipo introduz um novo tipo, TChar, não um *alias*, mas um tipo que o compilador reforçará por compatibilidade de tipo.

Usar tipo no lado direito do operador de designação em uma declaração tipo (veja a listagem anterior) introduzirá um novo tipo. Portanto, a partir do exemplo, TChar não é um char. O compilador forçará o tipo em procedimentos que requerem tipo do qual o novo tipo foi derivado, mas não compilará quando os tipos não combinam exatamente em parâmetros var ou out. O procedimento ArrayRange demonstra como definir arrays que usam os tipos introduzidos como o índice de valor.

```
Procedure ArrayRange;
type
      TEnums = (Enum1, Enum3, Enum4);
      TAlias = byte;
      TChar = type Char;
var
      E : array[Tenums] of string;
      A : array[TAlias] of char;
      C : array[TChar] of byte;
begin
      E[Enum1] := 'An enumerated index.';
      A[255] := #65;
      C['C'] := 255;
      ShowMessage( E[Enum1] );
      ShowMessage( A[255] );
      ShowMessage( IntToStr(C['C']) );
end;
```

Quando você fornece um *alias*, no mínimo o seu código será mais legível. Introduzir um novo tipo permitirá ao compilador ajudá-lo a reforçar o uso de um novo tipo. Escolha enumerações, tipos de *aliases* e novos tipos para tipos originais em índices *array*.

Funções de vínculo alto e baixo

Duas funções podem ser usadas para garantir que você não exceda os valores de vínculo do *array*: Low e High. A função Low toma um argumento não de tipo e retorna o limite de vínculo inferior de um *array*. Por exemplo, var S : array[5..7] de char resulta em 5 quando S é passado como um argumento para Low. High retorna o vínculo superior do *array*.

> *Low e High sempre funcionam corretamente em* arrays *em tipos ordinais, inclusive enumerações.*
>
> **DICA**

Use as funções Low e High em vez de valores literais ou constantes. Isto elimina a necessidade de lembrar os vínculos inferior e superior de um *array*, e o código ainda estará certo se você precisar mudar os limites de vinculação do *array*. Os dois exemplos de código a seguir demonstram um *array* sem enfeites, indexando exemplo e um exemplo mais preferível, que reduz erros de indexação.

```
Procedure IndexingExample;
type
     TLimit = 1..100;
var
     OldStyle : array[1..100] of Integer;
     PreferableStyle : array[TLimit] of integer;
     I : Integer;
     J : TLimit;
begin
     for I := 1 to 100 do
          OldStyle[I] := I;
     for J := Low(TLimit) to High(TLimit) do
          PreferableStyle[J] := J;
end;
```

No exemplo anterior, OldStyle define um *array* com uma subfaixa literal de índices de 1..100. O bloco begin end tem índices difíceis codificados. Mudar a faixa de OldStyle e o código é um procedimento errado. O *array* PreferableStyle usa um tipo *alias*, TLimit e índice de tipo TLimit, além das funções de vínculo Low e High que garantem duplamente contra um índice errante, mesmo que a faixa de TLimit seja mudada.

Parâmetros de array aberto

Os procedimentos podem ser definidos como tendo uma extensão não especificada, com um tipo de dados indicado ou um tipo variante. Um exemplo de parâmetro de *array* de caracteres abertos é C : array or char. O número de elementos é desconhecido, e cada elemento é um caractere. Usar as funções Low e High da última seção fornecerá os índices superior e inferior. Um parâmetro de *array* variante é escrito V : array of const. O primeiro é o tipo mais fácil de *array* para usar, visto que você conhece o tipo e só precisa determinar a extensão. O último *array* de variantes exige que você faça a verificação de tipo, bem como a verificação de faixa.

Array de parâmetros de tipo

Um *array* de parâmetros de tipo é um *array* de parâmetro em que o tipo dos elementos do *array* é indicado na declaração parâmetro. Por exemplo, um *array* de inteiros pode ser expresso como IntArray : array of Integer. A classificação de algoritmo que segue toma um *array* de inteiros e faz uma classificação simples, empolada nos elementos.

> *Constantes não podem ser usadas como argumentos em parâmetros de arrays abertos.*
>
> **DICA**

```
procedure BubbleSort( var IntArray : array of Integer );
var
      I, J, Temp : integer;
begin
      for I := Low(IntArray) to High(IntArray) -1 do
            for J := I + 1 to High(IntArray) do
                  if( IntArray[I] > IntArray[J] ) then
                  begin
                        Temp := IntArray[J];
                        IntArray[J] := IntArray[I];
                        IntArray[I] := Temp;
                  end;
end;
```

A definição de procedimento demonstra como declarar um *array* de parâmetros de tipo. (Provavelmente, você já conhece a classificação empolada.) Chame o procedimento BubbleSort com um *array* de qualquer número de inteiros e ele classificará corretamente o *array*.

Vamos prosseguir a discussão de parâmetros de *array* de tipo, elaborando a implementação de BubbleSort. Por um momento, considere que você precise classificar o *array* em ordem descendente. (A listagem anterior classifica em ordem ascendente.) Uma escolha óbvia é implementar outra versão do procedimento de classificação, invertendo o teste, realizando uma escolha óbvia, porém não muito avançada. Se você considerar que apenas uma linha de código é claramente diferente nas duas versões da classificação, então é possível introduzir uma revisão apenas para aquela única linha. Considere a seguinte revisão para a classificação.

```
type
      TCompareProc = Function(Elem1, Elem2 : Variant ) : Boolean;

Function GreaterThan( Elem1, Elem2 : variant) : Boolean;
begin
      result := Elem1 > Elem2;
end;
```

```
Function LessThan(Elem1, Elem2 : Variant ) : Boolean;
begin
     result := Elem1 < Elem2;
end;

procedure Swap( I, J : Integer; var IntArray : array of Integer
);
var
     Temp : Integer;
begin
     Temp := IntArray[I];
     IntArray[I] := IntArray[J];
     IntArray[J] := Temp;
end;

procedure BubbleSort( var IntArray : array of Integer;
CompareProc : TCompareProc );
var
     I, J : integer;
begin
     for I := Low(IntArray) to High(IntArray) - 1 do
         for J := I + 1 to High(IntArray) do
             if( CompareProc( IntArray[I], IntArray[J] )) then
                 Swap( I, J, IntArray );
end;
```

A declaração type define um tipo procedimental TCompareProc, cuja assinatura indica que qualquer função, tomando duas variantes parâmetros e retornando um booleano, satisfarão valores variáveis para TCompareProcs. As duas funções seguintes, GreaterThan e LessThan combinam exatamente a assinatura de TCompareProc. O procedimento Swap foi definido para limpar o algoritmo de classificação; por exemplo, para uma classificação de seleção, classificação rápida e algum outro tipo de classificação que exija elemento de troca. Finalmente, o procedimento BubbleSort revisado toma um argumento adicional, um tipo procedimental. Observe que a implementação também é muito menor. Quando você passa o *array* e o procedimento que faz um tipo específico de comparação ao algoritmo BubbleSort, a classificação funciona em qualquer direção. Usando o código revisado, uma chamada a BubbleSort se pareceria tanto como BubbleSort(intarray, GreaterThan); como com BubbleSort(intarray, LessThan); onde *intarray* representa um array de inteiros e LessThan ou GreaterThan são as funções de comparação que devem ser usadas, dependendo da ordem de classificação desejada.

Uma outra revisão que torna o código tão flexível quanto possível, mantendo-o ainda fácil de usar, é envolver a chamada a BubbleSort em um procedimento que indique a ordem de classificação por nome e não exija que o usuário passe o tipo procedimental. Ou, como alternativa, usar um valor padrão para a função Compare, assim o usuário só precisa passar a função compare quando o caso geral — em ordem ascendente — não é solicitado. Combinando técnicas de maneira cumulativa, você será capaz de criar código conciso, evitar redundância e obter mais flexibilidade, exigindo uma quantidade mínima de teste.

Arrays de constantes
ou variante de arrays

Quando um parâmetro é declarado como um array of const, o tipo é dinâmico e desconhecido por ocasião da compilação. O tipo de cada elemento é um tipo de dados variante. Tipos variante carregam muita coisa com eles. O que você ganha em flexibilidade é pago pelo tamanho. Às vezes, porém, o que você precisa é o que impõrta. O array of const é equivalente a um *array* de TVarRec. TVarRec é um registro empacotado, tal como a união de construção C ou C++, em que os dados residem em um único lugar. Como ele é apresentado depende do membro do registro usado para acessá-lo.

```
procedure OpenArray( S : array of const );
var
    I : Integer;
begin
    for I := Low(S) to High(S) do
        ShowMessage(S[I].VPChar) );
end;

OpenArray( ['This', 'is', String('a'), 'test'] );
```

No exemplo anterior, OpenArray tem um parâmetro, S, definido como um array of const (ou TVarRec). Tenha em mente que cada elemento do *array* é um TvarRec; este segue o que é necessário para acessar um membro específico de TVarRec para referenciar os dados contidos. O membro VType do TVarRec pode ser usado para determinar dinamicamente o tipo dos dados. Se o tipo é conhecido por ocasião da compilação, como visto no exemplo, então você pode acessar diretamente o elemento do VarRec, conforme mostrado na chamada a ShowMessage na listagem anterior. (Refira-se à ajuda sobre o tipo TVarRec ou à unidade system.pas para todos os tipos possíveis contidos em um VarRec.)

Para determinar dinamicamente o tipo de um elemento em um *array* de constantes, use o elemento VType do VarRec em uma condicional if, ou a declaração case. A listagem demonstra uma declaração case.

```
for I := Low(S) to High(S) do
    case S[I].VType of
    vtAnsiString : ShowMessage( S[I].VPChar );
    vtChar : ShowMessage( S[I].VChar );
    vtInteger : ShowMessage( IntToStr( S[I].VInteger ));
    else
        // do nothing!!
    end;
```

A declaração for é uma revisão da declaração original for no procedimento OpenArray. Cada elemento do array é confrontado com três dos possíveis tipos e impresso de acordo com o seu tipo. Você não pode usar o TVarRec para realizar conversão de tipo implícito. Por exemplo, acessar um inteiro através de VPChar resultará na exceção EAccessViolation.

Como definir arrays estáticas e dinâmicos

Arrays estáticos são aqueles cujo número de elementos é especificado na declaração definição. A cláusula de array[n..m+n] na declaração de *array* indica o número de elementos e designa o *array* como estático. Você deve ter visto muitos *arrays* desse tipo no capítulo. Uma definição de *array* dinâmico assemelha-se a um parâmetro de *array* aberto; o número de seus elementos não é indicado e ele é definido no tempo de execução.

Como dimensionar arrays dinâmicos

Um *array* dinâmico é declarado praticamente da mesma maneira que um *array* estático. A diferença sintática mais óbvia é a ausência de [ ] com o número de elementos especificado. Por exemplo, Ints : array of integer define uma variável de array dinâmico de inteiro sem elementos.

Quando arrays são declarados como dinâmicos, a variável tem o valor nulo; assim o teste if(Ints = Nil) then resulta sempre True. *Arrays* dinâmicos começam a vida sem elementos. O tamanho do *array* é tal que ele pode conter certa quantidade de elementos e passar o *array* e o tamanho que você quiser que ele tenha para o procedimento SetLength.

```
var
     B : array of integer;
begin
     if( B = Nil ) then ShowMessage( 'B = Nil' );
     SetLength(B, 10);
     if( B = Nil ) then ShowMessage( 'B = Nil' );
end;
```

Na listagem, B é um *array* dinâmico de inteiros. O primeiro teste — B = Nil — é verdadeiro, e a caixa de diálogo ShowMessage é exibida. A segunda linha de código dimensiona dinamicamente a largura do array o suficiente para conter dez elementos. Arrays dinâmicos são sempre indexados com inteiros, e o primeiro índice de array é 0, e o último é *n −1*. Assim, na listagem, B tem índices válidos de 0 a 9. Uma vez que um *array* dinâmico tenha alocado algum espaço de armazenagem, ele pode ser usado como um *array* estaticamente dimensionado.

NOTA

Enquanto este capítulo estava sendo escrito, a documentação de ajuda Beta 2 declarava que arrays dinâmicos de strings curtas estavam limitados entre 0 e 255 elementos. Nenhuma limitação foi reforçada pelo compilador quando essa declaração foi testada.

Capítulo 5 - Como programar com conjuntos, constantes e tipos de... | **183**

Não use o operador de desreferenciamento ^ ou os procedimentos New ou Dispose em *arrays* dinâmicos. Se o fizer, o compilador irá lembrá-lo de um erro de tempo de compilação. Para truncar um *array*, a sugestão é que você use o método Copy, embora o SetLength também funcione e preserve os elementos no array. Por exemplo, para truncar B acima de cinco elementos, Copy(B, 0, 5) eliminará os cinco últimos elementos.

Como criar variantes arrays

Variantes *arrays* podem ser dinamicamente alocadas com a função VarArrayCreate. Variáveis declaradas como tipos variante podem ser designadas a uma variante *array*, designando o valor de retorno de VarArrayCreate à variável. Os argumentos para a função VarArrayCreate são um *array* de inteiros, indicando os vínculos do *array* e um código tipo variante. Os códigos tipo variante são definidos em system.pas.

NOTA
As funções VarArrayOf e VarArrayCreate são usadas para serem definidas em system.pas no Delphi 5. Como você deve-se lembrar, system.pas é automaticamente incluído. No Delphi 6, VarArrayOf e VarArrayCreate são definidas em Variant.pas, que você precisará incluir em uma cláusula Uses antes de poder as essas duas funções.

```
var
     V : Variant;
begin
     V := VarArrayCreate( [0, 3], varVariant);
     V[0] := 1;
     V[1] := 'Test';
     V[2] := VarArrayOf( [1, 'a', 1.0] );
end;
```

O código na listagem demonstra como criar uma variante *array* e designá-la à variável V. O tipo de cada elemento é definido como uma varVariant; isto é, um tipo variante. Uma vez alocado o *array*, a designação a itens indexáveis funciona exatamente como com outros *arrays*, conforme mostrado na listagem. A última linha de código demonstra um meio alternativo de criar e inicializar uma variante *array*, a função VarArrayOf.

A função VarArrayOf toma um argumento, uma variante *array*, como demonstrado na última linha da listagem. Internamente, o argumento chama VarArrayCreate e copia cada elemento do argumento para um elemento da variante *array* criada pela função VarArrayCreate. Você pode perguntar: por que não poderia, simplesmente, fazer o seguinte tipo de designação V := [1, 2, 3] para a variante V? A resposta é, em parte, porque esse é o formulário de conjunto construtor e, provavelmente, porque conjuntos vêm antes de variantes, que foram introduzidas com COM. (A complexidade do código para VarArrayCreate em variants.pas também pode dar alguma luz às revoluções necessárias para criar e inicializar variante *arrays*.)

Arrays empacotados

Elementos em um *array* são alinhados a um vínculo de palavra ou palavra dupla, para acesso de compilador mais rápido. Com o uso da palavra chave *packed* (empacotado) na declaração definição, os dados são compactados, mas o acesso pode ser mais lento.

```
var
U : array[1..100] of record R : Real; S : String; end;
P : packed array[1..100] of record R : Real; S : String; end;
```

A listagem define U como um *array* de um tipo registro, contendo um R real e uma String S, e P, um *array* empacotado do mesmo tipo. Quando SizeOf é chamado por U, o tamanho é de 1200 bytes; em P o tamanho é de 1600 bytes. Em geral, você não deve precisar de *arrays* empacotados nos programas de cada dia, mas eles estão lá, se necessário.

Informações de tipo em tempo de execução

As unidades typinfo.pas e system.pas contêm procedimentos para gerenciar informações de tipo de tempo de execução. Informações de tipo de tempo de execução são implementadas como um registro Pascal que armazena informações adicionais sobre uma variável, indicando o seu tipo e o seu nome. Estas informações adicionais possibilitam ao código consultar um objeto ou variável para determinar os seus tipos de dados subjacentes. Por exemplo, o TNotifyEvent passa um TObject aos acionadores de evento, mas o tipo atual raramente é, se houver, um TObject. Ter TNotifyEvent definido com um parâmetro TObject torna possível que um acionador de evento seja usado por muitos tipos de objetos. As informações de tipo de tempo de execução tornam possível determinar o atual objeto tipo.

TObject é definido na unidade system.pas e define vários métodos classe, que tornam possível determinar o nome, tipo, tamanho, ancestral e pai de um objeto. Esses métodos são demonstrados na Tabela 5.3.

Muitos desses métodos são usados em capacidades de baixo nível da VCL, mas, ocasionalmente, você pode usá-los quando escrever componentes ou aplicativos.

A diretiva de compilador RTTI {$M} enfeitada com o + indica que RTTI será incluída no código compilado. No que se refere a VCL, a RTTI é introduzida na classe TPersistent; assim, cada descendente de TPersistent já contém informações de tipo de tempo de execução. O uso mais comum de identificação de tipo de tempo de execução dinâmica é dentro dos acionadores de eventos para componentes, o que será discutido na próxima seção.

Tabela 5.3 Métodos de informações de tipo de tempo de execução (RTTI) que facilitam descobrir o tamanho e o nome de um objeto

Declaração	Descrição
class function ClassName:ShortString;	Um método classe que retorna o nome da classe de uma entrada na tabela de métodos virtuais
function ClassType: TClass;	Uma função que retorna a classe do objeto
class function InheritsFrom(AClass: TClass): Boolean;	Retorna um valor booleano, indicando se o argumento classe é ou não um ancestral da classe do objeto que faz a chamada
class function ClassParent: TClass;	Retorna a classe do ancestral imediato (não o controle pai)
class function InstanceSize: Longint;	Um método classe que retorna uma entrada da Virtual Methods Table que indica quanta memória é necessária para alocar objetos desse tipo
class function ClassInfo: Pointer;	Retorna um indicador para um registro TTypeInfo (definido em TypInfo.pas)

Typecasting

RTTI é chave para fazer o Delphi funcionar. Considere como seria se cada componente tivesse o seu próprio clique de acionador de eventos. Em vez de um tipo procedimental TNotifyEvent, haveria um único tipo procedimental para cada componente. (Lembre-se de que TNotifyEvent tem um parâmetro, Sender : TObject.) De fato, cada acionador de evento tem pelo menos um parâmetro, que é um TObject. Conseqüentemente, cada acionador de evento para cada componente exigiria um tipo procedimental diferente, tornando a VCL muito mais complexa, se não fosse por RTTI.

RTTI permite que o operador is realize a verificação de tipo no tempo de execução. Por exemplo, um código como if (Sender is TButton) then permite a um programador determinar o tipo específico de um objeto. Se um objeto for de um tipo específico, então o TObject genérico pode fazer o cast(molde), forçada ou dinamicamente, ao tipo apropriado. O código a seguir demonstra os tipos *typecasting* e forçado.

```
if( Sender is TButton ) then
     ShowMessage( TButton(Sender).Name ); // type.coercion
if( Sender is TButton ) then
     ShowMessage( (Sender As TButton).Name ); // type.casting
```

A primeira condicional if realiza o cast forçado de Sender em um TButton. O segundo exemplo faz o cast do tipo dinâmico. Ambas as formas permitirão que você acesse os dados e métodos de um TButton através do argumento genérico Sender (TObject), mas a segunda forma levantará uma exceção EInvalidCast se o objeto não for do tipo especificado no lado direito do operador As. O código a seguir é um clique de acionador de evento, designado apenas a um form . Quando o form é clicado, o acionador de evento FormClick é chamado e Sender é um TForm.

```
procedure TForm1.FormClick(Sender: TObject);
begin
      ShowMessage( TButton(Sender).Name );
      ShowMessage( (Sender As TButton).Name );
end;
```

A primeira linha de código, miraculosamente, funciona mesmo quando Sender não é um TButton. A segunda de linha de código levanta uma exceção EInvalidCast, como deveria. Se um método fosse chamado, ou dados fossem acessados, que não existissem porque o tipo forçado seria falso, o comportamento seria indefinido. O resultado, provavelmente, seria uma desagradável violação de acesso ou uma sobregravação de memória.

Resumo

O Capítulo 5 demonstra enumerações, constantes, *arrays* e informações de tipo de tempo de execução. Você pode usar essas técnicas para fazer com que o seu código seja mais expressivo, exija menos verificação de faixa e seja mais forte e dinâmico. Os idiomas discutidos neste capítulo foram introduzidos com o tempo, à medida que engenheiros de compilador começaram a compreender os tipos de problemas que levavam os programas a falhar. Quanto mais informações o seu código conferir ao compilador, e quanto mais restrições forem colocadas em seu uso, mais provavelmente o código se comportará de uma maneira restritiva e confiável.

Capítulo

6

Está tudo na interface

Acionadores de mensagem, tipos procedimentais e acionadores de evento — são eles que unem os programas do Delphi ao Windows. A implicação é o que os programas se conectam ao Windows e o Windows não sabe, antecipadamente, de que programas se trata, nem poderia saber, pois a maior parte dos softwares interessantes ainda está por ser escrita.

Quando o Windows foi criado, foi necessário desenvolver uma maneira fazer com que os programas respondessem ao sistema operacional. O resultado final foi que o Windows tornou-se um sistema operacional baseado em mensagem, e os programas para o Windows precisam responder às mensagens. Comparo isso à arquitetura de um serviço de correio. O aspecto importante é que, respondendo a mensagens, os aplicativos Windows só estão fracamente acoplados ao Windows.

Todos os programas do Windows precisam responder a mensagens, e os programas em Delphi são capazes de fazer isso particularmente bem. Os programas do Windows precisam ser capazes de se comunicar com qualquer programa sem conhecimento prévio específico de qual programa em particular precisará responder e como deverá responder. Emulando o Delphi, você pode ocultar a embaraçosa arquitetura de mensagem e direcionada a evento do Windows com tipos procedimentais, propriedades de evento e acionadores de evento, mascarando a confusão de mensagens do Windows e registros de mensagens desiguais. Na verdade, você mascara complexos acionadores de mensagem Windows e registros de mensagens com procedimentos Pascal normais.

Acionadores de mensagem, tipos procedimentais e acionadores de evento são discutidos neste capítulo, porque eles estão em todo o Delphi para programas Windows. Eles estão cuidadosamente cobertos, pois assim podem ajudar a transformar seus programas em pacotes organizados, blindados, de subsistemas independentes e trabalhando perfeitamente.

Como vencer as "Guerras do Spaghetti"

Código *spaghetti* é um código vagamente acoplado. Todo mundo se empenha para evitar o código *spaghetti*, mas, na depuração, às vezes, o código é cortado junto. Uma estratégia-chave na guerra contra o código *spaghetti* é praticar as técnicas gerais que ajudam a evitá-lo e torná-las a segunda origem. Para fazer isso, é essencial que você aprenda os idiomas que ajudam a manter módulos de código como códigos separados, independentes, em vez de punhados de código, co-dependentes. A seguir, temos um exemplo pernicioso de código *spaghetti* que talvez você já tenha visto antes.

```
unit Unit1;
 interface
uses
     Windows, Messages, SysUtils, Classes, Graphics, Controls,
 Forms, Dialogs,
     StdCtrls;
```

```
type
      TForm1 = class(TForm)
            Button1: TButton;
            procedure Button1Click(Sender: TObject);
      private
            { Private declarations }
      public
            { Public declarations }
            Canceled : Boolean;
            Procedure Process;
      end;
var
      Form1: TForm1;

implementation
uses Unit2;
{$R *.DFM}

procedure TForm1.Button1Clock(Sender: TObject);
begin
      Process;
end;

procedure TForm1.Process;
var
      I : Integer;
begin
      Canceled := False;
      Form2 := TForm2.Create(Self);
      try
            Form2.Show;
            for I := 1 to 10 do
            begin
                  if( Canceled ) then break;
                  Sleep( 1000 ); // simulates some processing
                  Form2.ProgressBar1.Position := Trunc(I *
                        Form2.ProgressBar1.Max / 10);
                  Application.ProcessMessages;
            end;
finally
      Form2.Free;
end;
end.

unit Unit2;
interface
uses
      Windows, Messages, SysUtils, Classes, Graphics, Controls,
Forms, Dialogs,
      StdCtrls, ComCtrls;
```

```
type
    TForm2 = class(TForm)
        Button1: TButton;
        ProgressBar1: TProgressBar;
        procedure Button1Click(Sender: TObject);
    private
        { Private declarations }
    public
        { Public declarations }
    end;
var
    Form2: TForm2;

implementation
uses Unit1;
{$R *.DFM}

procedure TForm2.Button1Click(Sender: TObject);
begin
    Form1.Canceled := True;
end;
end.
```

Na listagem, Form1 simula um formulário principal contendo código de processamento no procedimento Process. A classe define um booleano público chamado Canceled. Form1 instancia Form2. A chamada para Sleep simula o processamento que pode estar acontecendo em Form1. Form1 modifica a barra de progresso diretamente em Form2 (veja a Figura 6.1). O processamento ocorre até que todos os itens tenham sido processados ou, no caso de Canceled ser ajustado para True. A propriedade Canceled é modificada em Form2, no acionador de eventos Button1Click, para Form2. O resultado é que Form1 é intimamente ciente de Form2, e vice-versa. (Também está claro que ambos os formulários são "cientes" um do outro, pois cada formulário refere-se ao outro na cláusula implementation uses.)

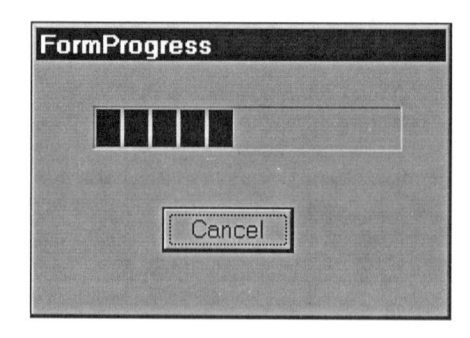

Figura 6.1 Formulário de atualização Progressbar

Em uma escala muito limitada, esse tipo de código passa despercebido. Infelizmente, um software útil raramente permanece simples. O problema torna-se mais complexo se um ou outro dos formulários é convertido em um componente de caixa de diálogo. Considere o caso em que Form2 é convertido em um componente de caixa de diálogo. (Consulte o Capítulo 10 para mais informações sobre componentes de caixa de diálogo.) Alguns autores consideram que Form1 é o principal formulário em um aplicativo complexo, portanto ele se refere à maioria dos outros formulários no aplicativo. Acrescente Form2 a VCL (é um componente, é o que fazemos) e você tem todo o seu aplicativo engolido pela VCL. (Não ria, isso acontece.) O resultado final é uma VCL inchada, dependente de código não VCL. O código VCL será recompilado quando você compilar o seu aplicativo. O seu aplicativo será compilado quando você montar a VCL. Se você tiver algum erro, os seus componentes não serão montados, portanto, não carregarão. É uma confusão. Tente convencer outros desenvolvedores por que isso é uma confusão, como ficou desse modo e como corrigir é caro e pode levar a verdadeiros sacrifícios humanos.

NOTA
Para ser justo, é preciso mencionar que definir interfaces também introduz uma certa complexidade. Apresenta-se questão: é melhor pagar antecipadamente ou depois? Pague antecipadamente e você escreve mais código, mais cedo do que mais tarde. Pagar antecipadamente no formulário de código aumentado para interfaces refinadas é preferível a pagar mais tarde, quando os inter-relacionamentos são maiores em número e mais complexos; aí, então, pode ser muito tarde para separá-los. Mesmo para os aplicativos mais simples, uma abordagem de "pagar antecipadamente" deve permitir um resultado melhor. Infelizmente, uma abordagem de pagar antecipadamente requer disciplina. Os programadores e revisores de código precisam fazer bloqueios, revisar constantemente e sugerir simplificações para os inter-relacionamentos entre código. Uma abordagem de pagar mais tarde provavelmente custará muito mais caro a longo prazo e, a certa altura, identificadas as deficiências, pode ser muito tarde para solucioná-las.

Código estreitamente acoplado não precisa estar em formulários ou módulos de dados para causar problemas. Duas classes que não sejam formulários podem criar os mesmos tipos de problemas que o código anterior causará. Fazer isso muito tarde no projeto causará sérios problemas de prazo e entrega. Claramente, se Form1 utilizar e exibir Form2, então o relacionamento entre Form1 e Form2 é um relacionamento de propriedade: Form1 possui Form2. Sempre que o vínculo de classe é rompido, há um acréscimo de complexidade em seus programas. No exemplo apresentado anteriormente, existem duas instâncias em que ocorre isso: quando Form1 se refere a Form2.ProgressBar1.Position e quando Form2 se refere a Form1.Canceled.ProgressBar1.Position. Nesse caso, ProgressBar1.Position é o pior ofensor, visto que ele rompe vínculos de dois objetos: Form1 e ProgressBar1. Se a implementação do *status* how fosse mudada, ambos, Form2 e Form1, teriam que ser alterados. Mudar custa caro. As estratégias no restante deste capítulo oferecem a você um nível maior de conhecimento dos idiomas avançados do Delphi e o ajudarão a escrever código que funciona de maneira mais independente, exigindo menos mudanças (e menos aspirinas), à medida que o seu código evolui.

Diretrizes práticas para definir classes

Cursos de gramática e estruturas de dados parecem ser os tópicos predominantes nos currículos da área de computação. Talvez menos universidades e colégios ensinem o que constitui um bom programa, porque a resposta é subjetiva demais. Entretanto, se você sobreviver, o colegial, de longas horas e duras provas, provavelmente ensinou-lhe uma ou duas coisas. De fato, não é necessário ir para a escola e prestar duras provas para aprender as melhores práticas. Entretanto, programação é antiga o bastante, e muitos programadores têm estado programando há bastante tempo. Algumas das melhores práticas estão, pois, muito bem estabelecidas. Se forem seguidas, elas darão excelentes exemplos de programas. Delphi é um desses exemplos. O código-fonte do Delphi é o Michael Jordan do software.

Claro, para aprender a partir do código-fonte do Delphi, você precisa ler muito código. A fonte Delphi não é apenas o lugar para obter conhecimento das melhores práticas. Não faltam exemplos de boas práticas e diretrizes, mas não há uma única fonte, algo como "Um manual das melhores práticas". Algumas idéias ainda são consideradas questionáveis, muito subjetivas. Ainda existem algumas ótimas práticas, cuja adoção não está em discussão; elas ajudarão você a escrever melhor o seu código.

O que há em uma classe

Conheça a meia-dúzia de "melhores práticas" que ajudam a definir boas classes.

1. De Booch (Booch, p. 137), sabemos que classes devem ser originais. Isso sugere alguns atributos públicos. Há cerca de uma meia-dúzia de métodos e propriedades em classes Delphi.
2. Manter interfaces públicas pequenas e estabilizá-las cedo, possibilita aos programadores montar comportamentos avançados a partir de comportamentos de classe original.
3. Cada classe tem uma função original identificável.
4. Encapsular dados na interface original e oferecer acesso através de propriedades públicas e suportar métodos propriedade.
5. Ampliar o comportamento de classe com subclasse, reduzindo o impacto no código existente e diminuindo a necessidade de fazer novos testes.
6. Entender que pode ser difícil conseguir a melhor abstração da primeira vez. Estar preparado para revisar abstrações, à medida em que mais informações sobre o problema de domínio são entendidas.

Certa vez um programador sugeriu que várias classes em um único aplicativo indicavam uma falta de entendimento fundamental de programação. Falando com clareza, este é exatamente o ponto de vista errado. Do latim *divide et impera* (dividir e regular), sabemos que o oposto é verdade. Geralmente, ter abstrações em excesso e abstrações erradas é evidência de falta de conhecimento fundamental de programação baseada em objeto.

NOTA

Declarações feitas para assegurar a qualidade de um segmento de código são baseadas em opiniões. Ou seja, "isso é assim, porque fizemos dessa forma na empresa XYZ, portanto essa é a melhor maneira." Com freqüência, essa é uma doença de programadores que trabalham isolados. Existem declarações que podem ser feitas, sobre as melhores práticas, mas a maioria daquelas que reflete descobertas apuradas, científicas, é feita após cuidadosa consideração de montanhas de evidências empíricas. Por exemplo, de Booch, sabemos que medidas de avaliação de qualidade são baseadas em acoplamento, coesão, suficiência, compleição e originalidade (Booch, 1994). Considere altamente suspeita a simples opinião subjetiva apoiada apenas pela voz mais alta e sem informações empíricas ou de suporte.

Em um aplicativo da advertência "dividir e regular", o que estamos tentando dividir é o nosso entendimento de um problema complexo em uma série de problemas mais simples, originais, e administrá-los. As diretrizes no início da seção são diretrizes gerais, que oferecem um bom ponto de partida. Se você estiver definindo classes com dúzias de atributos na interface pública, o código se tornará mais complexo, afetando contrariamente a sua habilidade, e a de outros, de manter controle sobre o código.

Classes com No Data (Sem dados)

Muitas regras têm exceções. Em geral, se uma classe é definida como não tendo dados, então a regra geral é que a classe deve ser incorporada em alguma outra classe, pois ela não captura — em sua forma *no-data* — uma abstração completa. A exceção a essa regra é uma categoria de classes conhecidas como *classes de utilidade*. Todas as classes método, com freqüência, são definidas como classes que contêm todos os métodos classe; elas podem ser usadas com ou sem instanciamento de um objeto.

DICA

Como regra geral, as classes devem ter dados e métodos. Os dados capturam a posição, e os métodos definem capacidades. Desvie disso apenas quando estiver seguro de que precisa fazê-lo.

No Delphi, a classe TObject é a classe de base para todas as outras classes. Ela contém diversos métodos classe e geralmente só é criada indiretamente quando subclasses são instanciadas. TObject é uma exceção à regra geral de que classes devem ter dados; ela é definida para garantir que todas as classes tenham algumas capacidades básicas que as ajudem a funcionar dentro de um programa Delphi.

Como nomear convenções

Delphi não impõe convenções de nomeação opressivas. Algumas convenções usadas pelos desenvolvedores Delphi são baseadas em regra, em vez de serem prefixos baseados em memória. Você pode escolher entre aderir ou não. Entretanto, ao experimentá-las, você concorda que elas são fáceis de seguir e facilitam a programação.

Como nomear convenções para métodos

Os métodos são uma combinação de verbos e substantivos. O verbo descreve a ação e precede o substantivo, que descreve a ação realizada. Também sabemos que um substantivo e um verbo, juntos, são suficientes para formular toda uma frase, falada ou escrita. Assim, nomes de métodos verbo-e-substantivo são altamente legíveis.

Como regra, limite o escopo de um método para a ação e o sujeito declarado no nome de método. Se você se vir com apenas um substantivo no nome de método, então você deve estar lidando com algo que deve ser uma propriedade. Métodos propriedade, por convenção, são prefixados com o verbo Get, para ler métodos, e Set, para escrever métodos, seguido pelo nome da propriedade. (Leia o Capítulo 8, para saber mais sobre programação de propriedades avançadas.)

Convenções de nomeação para acionadores de evento

O Delphi usa a preposição On como um prefixo para propriedades de evento. On demonstra ação ou movimento, como em OnClick ou OnDragDrop. Aderindo a um conjunto de convenções, você perderá pouco ou nenhum tempo para descobrir nomes de método, evento ou propriedade. O tipo do idioma, a ação e o sujeito da ação nomearão o código para você.

Convenções de nomeação para dados

Os atributos de dados em Delphi são referidos como *campos*. Campos privados, por convenção, são prefixados com F, de *field* (campo). Simplesmente solte o F e você tem um nome conveniente para a propriedade que representa o campo subjacente. Lembre-se dos tipos procedimentais —isto é, eventos — e os dados podem ser campos; portanto terão um prefixo F. É uma simples questão de combinar um campo com a sua propriedade, buscando no nome de campo sem o prefixo F.

Conforme mencionado anteriormente, as convenções baseadas em regra são designadas para tornar o código consistente e confiável em sua aparência e para aliviar o tédio de derivar de nomes espertos. Aderir ou não às convenções do Delphi é uma escolha individual. Entretanto, é recomendado que um estilo escolhido esteja presente e que, dogmaticamente, seja aceito.

Convenções de nomeação para acionadores de mensagem

Os acionadores de mensagem são métodos especiais que respondem ao modelo de envio de mensagem Dispatch, implementado em Delphi. Como uma regra, um acionador de mensagem tem mais ou menos o nome da mensagem que ele manuseia. Muitas mensagens do Windows têm um prefixo WM_ para mensagens; você descobrirá que o Delphi usa WM como os dois primeiros caracteres no nome de método de mensagem. Mensagens relacionadas a controles específicos, como caixas suspensas, que têm prefixo CB_ terão um prefixo específico de mensagem. Você pode encontrar o nome de constante para essas mensagens em messages.pas.

Como usar especificadores de acesso

A ajuda do Delphi refere-se aos especificadores de acesso para definir a visibilidade do membro. Entretanto, essa é uma nomeação inadequada, visto que o código não é mais ou menos visível, porém mais ou menos acessível. Os especificadores de acesso possibilitam compartimentalizar código em quatro níveis distintos de acessibilidade e três regiões gerais de acessibilidade. As regiões pública e editada designam código que os usuários de uma classe podem acessar e com o qual devem se preocupar. Acesso protegido indica código com que os programadores que gerarão a classe devem preocupar-se, além dos atributos de acesso público. Finalmente, acesso privado é, parafraseando Carly Simon, somente para os seus olhos.

Moderando cuidadosamente o código em diferentes regiões de acesso aumenta a utilidade que as suas classes devem conseguir com a audiência pretendida. Menos é mais quando se fala de acesso público. Mantenha a rédea curta em atributos públicos, como uma maneira de garantir que as suas classes transmitam a medida de bondade da originalidade.

Editada ou pública, por padrão

Por padrão, todos os atributos são públicos, diferente de C++, cujos atributos são privados por padrão. Se uma classe é compilada com informações de tipo em tempo de execução (na posição $M+), como são as classes TPersistent e todas as subclasses, então, todos os atributos são editados por padrão. Quando você cria um novo formulário para o seu projeto, todos os componentes são colocados no alto da definição de formulário.

AVISO

É melhor deixar o Delphi gerenciar os atributos no alto da classe formulário e no arquivo .DFM. Você pode gerenciá-los manualmente, se quiser, embora isso exija mais cuidado.

Não é que o Delphi se comporte inconsistentemente, tratando controles colocados em um formulário diferentemente de outras classes; ao contrário, classes encadeadas do Delphi lêem e escrevem definições de formulário que sabem como ler o arquivo .DFM e usam as informações de *script* para instanciar automaticamente tais documentos.

Considere o formulário Progress do exemplo apresentado no início deste capítulo. Ele tem um TProgressBar e um TButton. Delphi estabelece a seqüência de informações necessárias para esses componentes para criá-los cada vez que uma instância de Form2 é criada.

```
object Form2: TForm2
      Left = 441
      Top = 222
      Width = 263
      Height = 163
      Caption = 'Progress'
      Color = clBtnFace
      Font.Charset = DEFAULT_CHARSET
      Font.Color = clWindowsText
      Font.Height = -13
      Font.Name = 'MS Sans Serif'
      Font.Style = []
      OldCreateOrder = False
      PixelsPerInch = 120
      TextHeight = 16
      object Button1: TButton
            Left = 88
            Top = 88
            Width = 75
            Height = 25
            Caption = 'Cancel'
            TabOrder = 0
            OnClick = Button1Click
      end
      object ProgressBar1: TProgressBar
            Left = 24
            Top = 24
            Width = 217
            Height = 25
            Min = 0
            Max = 100
            TabOrder = 1
      end
end
```

Uma vez que a declaração objeto seja lida (há três na lista .DFM anterior), Delphi determina a classe do objeto a partir da linha do objeto, instancia uma cópia daquele objeto e lê o restante de seus atributos, que é o núcleo do método DefineProperties. Entretanto, os componentes têm construtores e destruidores, como qualquer outro objeto; portanto, você pode escolher acrescentá-los ao seu aplicativo por em tempo de desenvolvimento ou criá-los no tempo de execução.

Dinamicamente, você pode criar e iniciar um controle em qualquer TWinControl. Um TWinControl é capaz de ser pai de controles. Para alocar um TButton dinamicamente em um Form, o código que segue funciona, onde o argumento Self representa o formulário que contém o TButton.

```
with TButton.Create(Self) do
begin
      Parent := Self;
      Name := 'ButtonProcess';
      OnClick := Button1Click;
      SetBounds( 10, 10, Width, Height );
      Caption := 'Process';
end;
```

NOTA

TWinControls mantém uma lista de TControls — controles filho — que são de propriedade de TWinControl. Portanto, ainda que a referência ao objeto dinamicamente criado na listagem não seja explicitamente mantido, ele pode ser obtido, buscando a lista Controls em um controle TButton chamado ButtonProcess.

O código anterior simula o que o Delphi faz quando um arquivo de recursos de formulário é lido e o formulário é construído. A distinção entre a lista precedente e acrescentar um botão em tempo de desenvolvimento é que a lista precedente acrescenta um botão ao formulário sem manter uma referência ao botão no arquivo DFM, e o botão criado no ar não pode ser manipulado em tempo de desenvolvimento.

Interface Published

O especificador de acesso Published é usado para indicar atributos que serão exibidos no Object Inspector. Caso contrário, ele tem a mesma acessibilidade do acesso público. Não faz sentido colocar métodos na seção Published; isto é o mesmo que colocá-los na seção pública.

Publique as propriedades quando estiver definindo as propriedades do componente que podem ser modificadas durante o *desenvolvimento* ou no tempo de execução. Você também pode escolher não publicar propriedades se não as quiser modificadas por ocasião do *desenvolvimento*. Propriedades de evento também podem ser publicadas; propriedades publicadas de evento de um componente são listadas na guia Events do Object Inspector. A concepção de publicar propriedades de objeto é nova no Delphi 6. Em versões anteriores do Delphi, se você criasse componentes que contivessem outros componentes, teria que usar a promoção de atributo para acessar as propriedades de um objeto subjacente. Por exemplo, para modificar uma propriedade picture em um controle de caixa de diálogo em tempo de desenvolvimento, você tinha que acrescentar uma propriedade picture ao componente conteiner e usar os métodos da propriedade picture para modificar a propriedade picture da imagem subjacente. Agora, você pode tornar a imagem uma propriedade publicada do novo controle e acessar, diretamente, a sua propriedade picture . Isso constitui uma boa mudança na região de acesso publicado. (Leia o Capítulo 10 para mais informações sobre propriedades objeto, inclusive exemplos.)

Interface pública (Public)

A interface pública é o determinante que controla como uma classe pode ser usada. Para os objetivos de uma classe, se ela não estiver na interface pública, ela não existe. Aplicando o teste de bondade de Booch, os atributos da interface pública precisam suficientes, completos e originais. Suficiente significa que a classe tem o que ela precisa para resolver o problema que deve resolver. O *yin* e o *yang* estão na interface pública. Por exemplo, um arquivo de classe encadeada que tem uma capacidade de escrita precisa de uma capacidade compatível de leitura para ser suficiente e completa. Original significa que a classe tem funções atômicas; se um método é montado no alto de outro método público, na interface pública, então o segundo método não é um original e, provavelmente, pode ser deixado fora da classe.

Mantenha a interface pública concisa e defina e estabilize cedo a interface pública de classes. Quando você tiver montado outras classes que dependem da interface pública da primeira classe, mudanças na classe exigirão uma mudança subseqüente nas classes dependentes. Tudo o que não precisa ser público deve ser protegido ou privado.

Interface protegida (Protected)

A interface protegida, para os generalistas, é tudo o que é baseado em objeto. Generalizar significa derivar uma subclasse de uma classe existente, ampliando o seu comportamento e posição. Quando os atributos são postos na interface protegida, você está sugerindo que aqueles atributos estão disponíveis ao generalista para modificação. Como diz o antigo ditado "o que pode ser feito, será feito"; se você não quiser métodos alterados em subclasses ou atributos diretamente mudados, faça-os privados.

Interface privada (Private)

A interface privada é justaposta à interface pública. Apenas os atributos que compreendem os comportamentos fundamentais e a posição de uma classe da vista externa devem ser colocados na interface pública; a interface privada é o armário das vassouras. Tudo e cada elemento que implementa os comportamentos públicos de uma classe vai na interface privada, a menos que você, intencionalmente, pretenda que tais elementos estejam disponíveis ao generalista.

NOTA

Escolher entre interface protegida e privada é, com freqüência, difícil, visto que é quase impossível determinar antecipadamente como os outros desenvolvedores usarão o seu código. Se a sua audiência for especificamente compreendida de desenvolvedores, por exemplo, como são de componente de escritores, considere errar em favor de tornar o seu código extensível, fazendo mais métodos e dados protegidos. Isso permitirá mais flexibilidade aos desenvolvedores que venham a estender os seus componentes.

Coloque todos os detalhes de implementação — os dentes da engrenagem e acessórios, se quiser — de suas classes na região de acesso privado. Fazendo isso, claramente você informa aos usuários que eles não precisam se preocupar com esses itens e, por fim, você torna a sua classe mais fácil de usar. Quando as classes são definidas, os detalhes de implementação privada podem ser solucionados por último, visto que eles têm menor impacto sobre os usuários de uma classe quando são mudados.

Como criar tipos procedimentais personalizados

Delphi e C++ suportam ponteiros para funções. Visual Basic e Java, não. A expressão do ponteiro de função é poderosa; oferece um nível adicional de dinamismo procedimental. Como já discutimos, o Windows permite que procedimentos de chamada de retorno sejam enviados ao Windows, permitindo que você se encaixe no sistema operacional. Um exemplo de um ponteiro de função em C++ é apresentado a seguir.

```
#include "stdafx.h"
#include <iostream.h>
void (*fp) ();
void Function()
{
     count << "Hello World!" << endl;
}
int main(int argc, char* argv[])
{
     fp = Function;
     fp();
     return 0;
}
```

A linha void (*fp) ( ) ; define uma variável ponteiro de função chamado fp. Designando o nome do procedimento Function para fp, Function pode ser chamado através do ponteiro adequado a ele. O ponteiro de função é um avanço, que oferece aos programadores opções adicionais de implementação (veja a seção "Procedimentos de chamada de retorno", para um exemplo).

Delphi oferece um suporte menos obscuro para os ponteiros de função. O ponteiro de função em Delphi é referenciado como um tipo procedimental. Uma declaração de tipo procedimental é consistente em aparência com outras declarações tipo, e o desreferenciamento não é exigido, como em C++. Os tipos procedimentais permitem que você escreva código que suporta chamadas de retorno Windows, parâmetros procedimentais dinâmicos e acionadores de evento. Coletivamente, tudo isso facilita a obtenção de um código expressivo e dinâmico, difícil de reproduzir em qualquer outra linguagem.

Como definir tipos procedimentais

Quando você define um tipo procedimental, pode introduzir o tipo como um *alias* (nome alternativo) ou como um novo tipo que será fortemente verificado quanto a tipo pelo compilador; o tipo pode ser designado como um tipo procedimental método ou não método.

Tipos procedimentais

Um simples tipo procedimental é definido na seção de declaração tipo. Um tipo consistente com a listagem C++ anterior seria declarado como a seguir.

```
type TProcedure = Procedure;
```

A declaração significa que qualquer procedimento sem parâmetros poderia ser designada a variáveis de TProcedure. Para definir um tipo procedimental com argumento parâmetros, inclua a lista de parâmetros como se você fosse declarar um procedimento; apenas deixe de fora o nome do procedimento.

```
type
    TIntegerProcedure = Procedure( I : Integer );
    TObjectProcedure = Procedure( Sender : TObject );
    TManyParams = Procedure( S : String; I : Integer );
```

Você pode declarar uma lista de parâmetros tão variada quando uma lista para qualquer declaração procedimento. Isso inclui parâmetros *array*, listas variáveis, constantes e parâmetros externos. O determinante é a sua necessidade. Especificamente, o tipo procedimental que você precisa é definido pelo tipo de procedimento ao qual deseja se referir.

Tipos função

Não há diferença prática entre tipos procedimentais que, por acaso, são procedimentos, ou tipos procedimentais que, por acaso, são funções. As declarações de definição são idênticas; exceto onde normalmente você usaria a palavra-chave Procedure, substitua-a pela palavra chave Function e acrescente um tipo de retorno ao final da declaração de definição.

```
type
    TFunction = Function : Integer;
    TStringFunction = Function( S: String ) : Boolean;
    TVarFunction = Function( var D : Double ) : String;
```

Como com os tipos procedimentais, a lista de parâmetros é definida pelos parâmetros nas funções a que o tipo está se referindo. O tipo de retorno também precisa combinar.

Método de tipos procedimentais

Os tipos procedimentais que referem-se a métodos podem ser funções ou procedimentos que são membros de uma classe. Quando você define o método indicador — um tipo procedimental de um método — precisa indicar qual tipo procedimental refere-se a um membro da classe. Isso é conseguido, rotulando o tipo definição com a designação of object.

```
type
      TFunctionMethod = Function : Integer of Object;
      TProcedureMethod = Procedure( var S : String ) of Object;
```

O tipo definição é idêntico a tipos procedimentais não de método, exceto pelo acréscimo do qualificador of Object ao final da definição.

Em geral, você encontrará tipos procedimentais em Delphi como tipos de propriedades evento. O método indicador mais comum é o TNotifyEvent, definido em classes.pas.

```
type TNotifyEvent = procedure (Sender: TObject) of object;
```

Esse é o tipo de muitas propriedades evento, incluindo eventos OnClick, que você usará com freqüência.

Procedimentos de callback (chamada de retorno)

Um *procedimento de callback* é um procedimento cujo endereço é passado como um parâmetro, ou designado a uma variável com o objetivo de chamar a um tempo determinado. Ambos, Windows e Delphi, suportam *callbacks*. O uso mais comum de uma *callback* é oferecer um ponto de acoplamento vago entre um objeto e uma ação tomada quando ocorre um evento. Por exemplo, a noção de comportamento de um clique do mouse é introduzida em TControls.

```
procedure WMLButtonUp( var Message: TWMLButtonUp); message
      WM_LBUTTONUP;
procedure TControl.WMLButtonUp(var Message: TWMLButtonUp);
begin
      inherited;
      if csCaptureMouse in ControlStyle then MouseCapture := False
      if csClicked in ControlState then
      begin
            Exclude(FControlState, csClicked);
            if PtInRect(ClientRect, SmallPointToPoint(Message.Pos)) then
                  Click;
      end;
      DoMouseUp(Message, mbLeft);
end;
```

```
procedure TControl.Click;
begin
      { Call OnClick if assigned and not equal to associated action's
        OnExecute. If associated action's OnExecute assigned then
        call it, otherwise, call OnClick. )
      if Assigned(FOnClick) and (Action <> nil)
        and (@FOnClick <> @Action.OnExecute)
        then FOnClick(Self)
      else if not (csDesigning in ComponentState)
        and (ActionLink <> nil) then
        ActionLink.Execute
      else if Assigned(FOnClick) then
        FOnClick(Self);
end;
```

A classe TControl estabelece o seu procedimento WndProc como uma chamada de retorno para mensagens Windows. Quando WndProc recebe uma mensagem WM_LBUTTONUP do Windows, ele despacha a mensagem para o controle, com o método Dispatch introduzido em TObject. Dispatch chama o método de mensagem WMLButtonUp, listado acima. O método de mensagem garante que o controle é designado para receber cliques do mouse.

```
if( csClicked in ControlState ) then
```

Se o controle aceitar cliques, então o procedimento dinâmico Click é chamado. A tabela de métodos dinâmicos chama o método Click certo. O método clicado verifica se o acionador de evento FOnClick aponta para um procedimento válido.

```
if( Assigned(FOnClick)) then FOnClick(Self);
```

Se Assigned(FOnClick) indicar True, então o procedimento é chamado. A primeira pergunta que uma pessoa razoável pode fazer é: "por que tenho que dar todas essas voltas para saber se houve um clique do mouse?" A resposta e óbvia apenas sob uma perspectiva. Você não precisa dar todas essas voltas, pois todas as informações estão ocultas das operações de desenvolvimento do dia-a-dia. A programação em Windows foi considerada difícil há dez anos atrás. Agora, tudo o que os programadores de Delphi precisam fazer é clicar duas vezes na propriedade evento OnClick no Object Inspector e preencher os espaços em branco.

A complexidade de envio de mensagem de Windows está oculta do programador do dia-a-dia, por encapsulação, ocultando essa complexidade ao máximo. Quando você está escrevendo código para responder a um evento, não deve se preocupar como o Windows funciona. Ao contrário, quando estiver escrevendo código com o objetivo de definir uma interação com Windows, você precisa saber intimamente como o Windows funciona. *Callbacks* são uma parte significativa de Windows. Delphi tem suportado tipos procedimentais, pois *callbacks* existiam antes de Delphi ser chamado de Delphi. Há sete ou oito anos atrás, Object Pascal (Delphi) era conhecido como Turbo Pascal e suportava tipos procedimentais dinâmicos por pelo menos dez anos.

Valores padrão de parâmetro em tipos procedimentais

Você pode definir valores padrão para parâmetros em tipos procedimentais. Como com todas as definições de procedimento, o fato de que a definição é uma definição tipo de um procedimento não muda a sintaxe de um valor padrão. Se você examinar o contexto de ajuda Object Pascal Grammar, é claro que a regra canônica para tipos procedimentais inclui a mesma sub-regra FunctionHeading ou ProcedureHeading (dependendo da espécie do tipo procedimental). Para incluir valores padrão em parâmetros, acrescente a expressão constante depois do tipo do parâmetro.

```
type TDefaultParams = Procedure( const S : String = 'Default' )
of object;
```

NOTA

Se você fornecer um parâmetro padrão a um procedimento e designá-lo a um tipo procedimental que já tenha um valor padrão definido, então o parâmetro usará o valor padrão definido no tipo procedimental e não o valor definido para o procedimento atual.

AVISO

Você pode designar procedimentos com valores padrão a tipos procedimentais que não definem um valor padrão, entretanto não será capaz de chamar o procedimento com um alias de tipo procedimental sem parâmetros. Você receberá um erro de compilação.

A definição anterior define um método de tipo indicador com nome alternativo TDefaultParams, como um Procedure que toma uma constante string com um valor padrão de 'Default'. Você pode declarar variáveis de tipo TDefaultParams e designar métodos àquelas variáveis. Os métodos precisam ter a mesma assinatura, mas não exigem um valor padrão para a constante *string*.

Como passar parâmetro de tipo procedimental

Parâmetros de tipo procedimental exigem que um tipo seja usado para definir o parâmetro procedimental. O compilador não analisa tipos procedimentais com definições de tipo *inline*, por exemplo, Procedure P(P : Procedure(I : Integer));. Você precisará definir primeiro o tipo e, depois, passar o *alias* ou o novo tipo como o parâmetro tipo.

```
type TProcedure = Procedure( I : Integer);
// ...
Procedure P( Proc : TProcedure );
```

O exemplo anterior usa o *alias* TProcedure para o tipo Procedure(I : Integer);. Se você definir um novo tipo, usando a palavra-chave type no lado esquerdo do sinal de igual, então o argumento passado ao parâmetro procedimental precisa combinar exatamente. Imaginando um Procedure Foo(I : Integer), você poderia chamar o Procedure P com o argumento Foo, conforme demonstrado.

```
P( Foo );
```

Entretanto, se você fosse definir TProcedure como um novo tipo, você precisaria fazê-lo em duas etapas.

```
type TProcedure = Procedure( I : Integer );
type TNewProcedure = type TProcedure;
```

DICA — *O compilador apresentará um erro "identificador esperado mas, encontrado 'PROCEDURE'(identifier expected but 'PROCEDURE')" se você tentar definir um tipo procedimental e um novo tipo em uma declaração. (Isso pode ser um erro no compilador beta e estar resolvido com o lançamento do Delphi 6.)*

Neste caso, você pode precisar designar Foo a uma variável de tipo TProcedure e passar a variável a P. Lembre-se do Capítulo 5 — o compilador reforçará estritamente o tipo de um parâmetro se o tipo for um novo tipo (isto é, ele usar a palavra-chave type também no lado direito da definição tipo).

```
type TDummyProcedure = Procedure(I : Integer);
type TProcedure = type TDummyProcedure;
Procedure P( Proc = TProcedure);
// ...
Procedure Foo( I : Integer );
begin
     // some code
end;
// ...
var
     AProc : TProcedure
begin
     AProc := Foo;
     P( AProc );
end;
```

O bloco ao final da listagem demonstra a designação de procedimento a uma variável do tipo TProcedure. Isso é necessário quando o tipo é definido como um novo tipo.

Tipos procedimentais de constante

Uma vez que um tipo é definido, ele pode ser usado de uma maneira consistente com qualquer outro tipo. Você pode declarar variáveis ou constantes daquele tipo ou criar novos subtipos.

```
const MyNowProc : Function : TDateTime = SysUtils.Now;
```

A listagem anterior declara uma constante, MyNowProc, como um tipo procedimental que refere-se a uma Function que retorna uma TDateTime e designa-a à função Now, definida em SysUtils.pas. Use tipos procedimentais de constante nas mesmas instâncias em que usaria constantes de qualquer tipo: você pode criar o equivalente de uma variável estática local, ou pode querer definir uma constante procedimental imutável.

Acionadores (Handlers) de evento

Acionadores de evento são procedimentos designados com o objetivo de responder a mensagens do Windows. No Delphi, acionadores de evento são criados com mais freqüência quando você clica duas vezes em uma propriedade evento. O código de corpo que Delphi gera é um acionador de evento, que é um valor da propriedade evento, uma propriedade de tipo procedimental. Definir um acionador de evento dessa maneira é o meio mais direto de designar código para responder a eventos gerados pelo Windows e, internamente, pelo Delphi.

Você não está limitado aos eventos listados no Object Inspector, nem é obrigado a usá-los da forma prescrita. Provavelmente, o momento mais propício para você definir suas próprias propriedades evento e escrever acionadores para elas será ao instanciar dinamicamente os componentes, ou quando você criar seus componentes personalizados. Existem algumas diretrizes importantes a lembrar, ao escrever código acionador de evento.

1. Mais de uma propriedade evento pode ser designada a um acionador de evento. Selecione múltiplos controles, arrastando o cursor do mouse sobre os controles (ou pressionando e mantendo pressionado **Shift**, clicando em cada controle) e criando o acionador de evento, clicando duas vezes no campo de edição para aquele evento, da propriedade evento. (Refira-se à Figura 6.2 para ver como o Object Inspector reflete que mais de um componente é afetado.)

2. Evite escrever código diretamente no acionador de evento. Em vez de fazer isso, chame um método que, de fato, faça o trabalho. Isso impedirá que você tenha que chamar o acionador de evento, como OnClick(Nil) para usar aquele comportamento em outro contexto; isso resulta em código mais legível.

3. Use o parâmetro Sender para determinar qual componente, de fato, chamou o acionador de evento, se mais de um componente estiver compartilhando uma única propriedade evento.

Se você seguir essas etapas, o seu código será mais legível e mais extensível. Button1Click, contendo um punhado de código é menos significativo do que uma chamada a um procedimento bem nomeado.

Como definir acionadores de evento

Um acionador de evento é um método. Para designar um acionador de evento para uma propriedade de evento específica, você precisa definir o método para que ele tenha o mesmo número, ordem e tipo de parâmetros que o evento com o qual o seu método estará lidando. Por exemplo, eventos OnClick são TNotifyEvents. Se você ver TNotifyEvent na ajuda do Delphi, perceberá que ele é definido como um procedimento que toma um TObject chamado Sender.

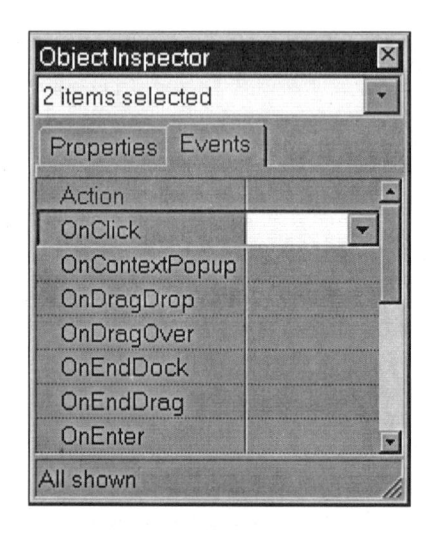

Figura 6.2 *Múltiplos componentes selecionados são indicados, exibindo o número de objetos selecionados no seletor de objeto, ao alto (com referência à figura, dois objetos estão selecionados)*

DICA

Em eventos preexistentes, a lista de parâmetros pode ser determinada, buscando a definição de tipo procedimental da propriedade evento e copiando-a com exatidão.

```
type TNotifyEvent = Procedure(Sender : TObject ) of Object;
```

O qualificador of Object significa que o procedimento precisa ser membro de uma classe. Imaginando uma classe TForm1, um possível acionador de evento, segue um possível evento OnClick.

```
TForm1 = class(TForm)
protected
       Procedure OnClick( Sender : TObject );
public
       // ...
end;
```

Designar o procedimento OnClick a qualquer propriedade evento definida como TNotifyEvent, compilará e é a técnica certa.

```
Button1.OnClick := OnClick;
```

Imagine que Buton1 é um membro de TForm, então o código anterior está certo.

É tecnicamente correto designar OnClick a qualquer propriedade evento que seja uma TNotifyEvent, mas é uma violação semântica fazê-lo se o evento não for um evento Click. A convenção é prefixar acionadores de evento com On e usar uma palavra de ação que descreva o evento.

Como chamar métodos evento

A única proibição quanto a chamar um método evento refere-se ao estilo. Supondo que um acionador de evento OnClick(Sender : TObject) tenha algum código que seja desejável usar, você poderia chamar OnClick(Nil) ou OnClick(Self) para chamar aquele comportamento. Por uma questão de estilo, é preferível definir um método nomeado que ofereça o comportamento OnClick. Considere um método OnClick para um comando exit do menu, em que exit encerre o aplicativo.

```
Procedure TFormMain.Exit1Click( Sender : TObject );
begin
       // cleanup
       Application.Terminate;
end;
```

O código precedente faz a limpeza do aplicativo e o encerra. Novamente, por questões de estilo, a seguinte listagem seria preferível.

```
Procedure TFormMain.TerminateApplication;
begin
       // cleanup
       Application.Terminate;
end;
```

```
Procedure TFormMain.Exit1Click( Sender : TObject );
begin
      TerminateApplication;
end;
```

> **NOTA**
>
> Quando você está trabalhando com UML — Unified Modeling Language (Linguagem de modelagem unificada), especialmente com seqüência de diagramas, rapidamente torna-se evidente que acionadores de evento contêm código de comportamento definível para um objeto, quando o acionador de evento aparece na seqüência; por exemplo, Exit1Click aparece quando a seqüência que demonstra o encerramento do aplicativo atinge o ponto em que o comportamento de encerramento é necessário. Quebras na seqüência, onde existe um comportamento, mas um método não está definido, normalmente indica uma classe que não é completa ou suficiente. Esse é apenas um exemplo de como encaminhar e inverter a engenharia poderá ajudar a garantir que você está definindo classes completas e suficientes.

Agora o comportamento é evidente por si mesmo e o comportamento TerminateApplication pode ser chamado de outro contexto, sem passar pelo acionador de evento.

Como levantar eventos

Quando você deseja gerar um evento, precisa chamar o procedimento associado à propriedade evento. Na seção "Como vencer as 'Guerras do *Spaghetti*", os relacionamentos entre o formulário principal(main) e o formulário FormProgress mostram como a barra de progresso pode ser simplificada com o acionador(handler) de evento.

```
unit UFormMain;
interface
uses
     Windows, Messages, SysUtils, Classes, Graphics, Controls
Forms, Dialogs,
     StdCtrls;
type
     TForm1 = class(TForm)
          Button1: TButton;
          procedure Button1Click(Sender: TObject);
     private
          { Private declarations }
          FCanceled : Boolean;
          Procedure OnCancel( Sender : TObject );
          Procedure Cancel;
          Procedure Process;
     public
          { Public declarations }
     end;
```

```
var
      Form1: TForm1;

implementation
uses UFormProgress;
{$R *.DFM}
procedure TForm1.Button1Click(Sender: TObject);
begin
      Process;
end;

procedure TForm1.Cancel;
begin
      FCanceled := True;
end;

procedure TForm1.OnCancel(Sender: TObject);
begin
      Cancel;
end;

procedure TForm1.Process;

type
      TRange = 1..10;

      Function PercentComplete( I : TRange ) : Double;
      begin
            result := I / High(TRange);
      end;

var
      I : Integer;
begin
      FormProgress := TFormProgress.Create(Self);
      FormProgress.Show;
      FormProgress.OnCancel := OnCancel;
      try
            for I := Low(TRange) to High(TRange) do
            begin
                  if( FCanceled ) then break;
                  FormProgress.UpdateProgress( PercentComplete(I) );
                  Application.ProcessMessages;
                  Sleep( 300 );
            end;
      finally
            FormProgress.Free;
      end;
end;
end.
```

```
unit UFormProgress;
interface
uses
      Windows, Messages, SysUtils, Classes, Graphics, Controls,
Forms, Dialogs,
      ComCtrls, StdCtrls;
type
      TFormProgress = class(TForm)
            Button1: TButton;
            ProgressBar1: TProgressBar;
            procedure Button1Click(Sender: TObject);
      private
            { Private declarations }
            FOnCancel : TNotifyEvent;
            function GetMax: Integer;
      public
            { Public declarations }
            procedure UpdateProgress( PercentComplete : Double );
            property OnCancel : TNofityEvent read FOnCancel write
FOnCancel;
            property Max : Integer read GetMax;
      end;
var
      FormProgress: TFormProgress;

implementation
{$R *.DFM}
{ TFormProgress }

function TFormProgress.GetMax: Integer;
begin
      result := ProgressBar1.Max;
end;

procedure TFormProgress.UpdateProgress(PercentComplete: Double);
begin
      ProgressBar1.Position := Trunc(PercentComplete *
            ProgressBar1.Max);
end;

procedure TFormProgress.Button1Click(Sender: TObject);
begin
      if( Assigned(FOnCancel)) then
            FOnCancel( Self );
end;
end.
```

O método Process de FormMain cria o formulário de progresso como antes, mas anexa um acionador de evento OnCancel a uma propriedade evento em FormProgress. Como você pode ver na listagem de FormProgress, ele está completamente inconsciente de FormMain por ocasião do *design*. Isso significa que FormProgress é totalmente independente de FormMain. Quando o botão em FormProgress é clicado, ele chama qualquer acionador de evento que esteja associado à propriedade FormProgress.OnCancel. FormMain também esquece como o progresso é implementado; ele chama um método UpdateProgress, passando o que sabe sobre a sua porcentagem completa, sem se preocupar como FormProgress implementa esse comportamento, Usando essa abordagem, FormMain não sabe (ou não se importa em saber) qual barra de progresso é usada para indicar a complementação, e nem FormMain se preocupa com o valor máximo de ProgressBar.

O procedimento Assigned, definido em system.pas, só chama o acionador de evento OnCancel se ele for designado. Conseqüentemente, apenas FormMain está ciente de sua relação com FormProgress, e todas as interações são mantidas na interface de ambos os formulários.

O estilo de codificação demonstrado aqui pode exigir um pouco de prática de escrita para abrir o portão e, inicialmente, exigir um pouco mais de código. Os dividendos são ceifados, pois cada aspecto tem um grau maior de reutilização, o código é autodocumentado e os inter-relacionamentos simplificados significam que FormProgress pode ser reutilizado em outro contexto. FormProgress também poderia ser implementado com outro indicador de progresso, não tendo impacto negativo em FormMain. Os idiomas apresentados neste capítulo foram apresentados para promover esse estilo de codificação, o que tem determinado um resultado final mais forte.

Como definir propriedades evento

Propriedades evento são propriedades de tipo procedimental. Uma propriedade definida como

```
property OnCancel : TNotifyEvent read FOnCancel write FOnCancel;
```

é equivalente a

```
property OnCancel : Procedure( Sender : TObject ) of Object read
FOnCancel
     write FOnCancel;
```

A última, entretanto, representa uma sintaxe ilegal. Além do mais, ela é muito confusa para ler. A agregação deve acontecer em um sentido natural, gradual, colocando níveis de complexidade em apresentações mais simples; isso é mais fácil no aspecto bruto.

O tipo de propriedade evento será determinado pelo tipo do evento ao qual você deseja responder. A nomeação do evento pode ser dirigida pela convenção: um prefixo On seguido pelo tipo de evento, sem o T ou o tipo de mensagem ao qual o acionador responderá. Assim, um evento que responda a um evento MouseDown é adequadamente nomeado OnMouseDown. (Leia o Capítulo 8 para mais informações sobre definição de propriedades.)

Acionadores de evento encaminham mensagens a aplicativos

Em um comercial sobre os Marines, é mostrado um ferreiro criando uma espada, rolando o metal, afiando as bordas várias vezes. A idéia é que o metal se torna mais forte, colocando muitas vezes camadas de aço, uma sobre a outra. O código de força industrial é malhado da mesma forma. Ocultando as camadas de complexidade, o aplicativo torna-se mais forte. O relacionamento entre eventos e mensagens é semelhante a uma camada. Acionadores de evento são pontes de mensagens entre o Windows e o Delphi e o que o seu código faz com eles. Por causa das camadas, a complexidade do sistema operacional direcionado a evento Windows é oculto, mas acessível. Esta é uma razão pela qual o Delphi parece, inicialmente, tão fácil de programar como Visual Basic, mas é muito mais poderoso. Em Visual Basic não há camadas discretas; a espada VB tem uma força de tensão muito menor.

Métodos de mensagem

Os acionadores de mensagem estão um nível mais perto do Delphi e do Windows do que os acionadores de evento. É esperado que pegar eventos ao nível da mensagem oferecerá maior grau de controle e mais opções. A maioria dos controles tem um significativo número de acionadores de mensagem para pegar muitos dos tipos comuns de mensagem, e as mensagens são enviadas a métodos que chamam os acionadores de evento designados. Na maior parte da programação do dia-a-dia, você descobrirá que existe um acionador de evento para uma mensagem em especial.

Se quiser definir novo comportamento para uma mensagem, você pode simplesmente escrever um acionador de evento para o evento gerado por aquela mensagem. Por exemplo, para escrever código quando uma janela recebe uma mensagem pintada, acrescente código ao acionador OnPaint daquela janela. Você também pode pegar o evento no próximo ponto mais baixo, a própria mensagem. Você tem assim maior grau de controle e mais responsabilidade.

Sobrepor uma mensagem é semelhante a sobrepor uma função virtual. A diferença está na declaração. Um método virtual é sobreposto em uma subclasse, usando o mesmo nome de método e acrescentando a diretiva override ao final da declaração. Os acionadores de mensagem não exigem a diretiva override, ao contrário, usam a diretiva message (descrita na seção "Como definir acionadores de mensagem"). Você não é obrigado a usar o mesmo nome de procedimento para acionadores de mensagem, embora o seu código se torne mais fácil se o fizer.

Como encontrar constantes predefinidas de mensagem

Constantes de mensagem são definidas nas unidades messages.pas e windows.pas na ajuda do Windows API e do Delphi. Mensagens Windows na API serão listadas no índice, em ordem alfabética, com o prefixo WM_. A maioria das mensagens no Windows são definidas como constantes nomeadas em messages.pas, evitando que você precise definir uma constante. Inclua a unidade messages.pas e você poderá usar o nome da constante em seu código.

Existe um par de procedimentos básicos de envio de mensagens definido em Windows.pas (importado de user32.dll) que facilita enviar mensagem bruta: SendMessage e PostMessage. Você também pode usar o método Dispatch, contido em cada objeto, para passar a mensagem diretamente para um objeto. O código que segue implementa os comportamentos Windows Undo, Cut, Copy e Paste de um menu em um aplicativo Delphi.

```
Function TForm1.ActiveHandle : Integer;
begin
      result := 0;
      if( Assigned(ActiveControl)) then
      try
            result := ActiveControl.Handle
      except
      end;
end;
Procedure TForm1.SetMenuStates( const Enabled : Boolean );
begin
      CanUndo;
      Cut1.Enabled := Enabled;
      Copy1.Enabled := Enabled;
      Paste1.Enabled := Enabled;
end;
procedure TForm1.Edit1Click(Sender: TObject);
begin
      SetMenuStates( ActiveHandle <> 0 );
end;
procedure TForm1.Undo1Click(Sender: TObject);
begin
      SendMessage( ActiveHandle, WM_UNDO, 0, 0 );
      CanUndo;
end;
procedure TForm1.Cut1Click(Sender: TObject);
begin
      SendMessage( ActiveHandle, WM_CUT, 0, 0 );
      CanUndo;
end;
procedure TForm1.Copy1Click(Sender: TObject);
```

```
begin
    SendMessage( ActiveHandle, WM_COPY, 0, 0 );
    CanUndo;
end;
procedure TForm1.Paste1Click(Sender: TObject);
begin
    SendMessage( ActiceHandle, WM_PASTE, 0, 0 );
    CanUndo;
end;
procedure TForm1.CanUndo;
begin
    Undo1.Enabled := Boolean(SendMessage( ActiveHandle, EM_CANUNDO,
0, 0 ));
end;
```

Para implementar o exemplo, siga as etapas indicadas.

1. Crie um novo projeto.
2. A partir da paleta de controle padrão, pinte um TMainMenu em qualquer lugar no formulário principal.
3. Clique duas vezes no componente menu do formulário, para exibir o editor de propriedade para o TMainMenu (veja a Figura 6.3).
4. Acrescente o código da listagem para cada um dos acionadores de evento de item de menu, conforme mostrado na listagem, clicando na propriedade evento OnClick para cada um dos itens de menu implementados (Undo, Cut, Copy e Paste).
5. Acrescente declarações de método privado à classe de formulário: Function ActiveHandle : Integer;, Procedure SetMenuStates(const Enabled : Boolean);, e Procedure CanUndo.
6. Acrescente o código para cada um dos métodos e acionadores de evento da listagem.

Você poderia ser mais esperto, acrescentando o valor subjacente de cada uma das mensagens à propriedade tag de cada item de menu e implementando um novo clique de acionador de evento e usando a propriedade tag de itens de menu como o argumento para o parâmetro SendMessage Msg, como a seguir: SendMessage(ActiveHandle, TMenuItem(Sender).Tag, 0, 0);. Embora tal código, definitivamente se qualifique tão obscuro e não satisfaça a autodocumentação ideal, você pode usá-lo se incluir um bloco de comentário que esclareça o que significa o código. Uma vez que você está controvertendo o uso de constantes, codificando literais na propriedade Tag, o código pode ser menos portável do que se você, simplesmente, definisse os quatro acionadores de evento separadamente.

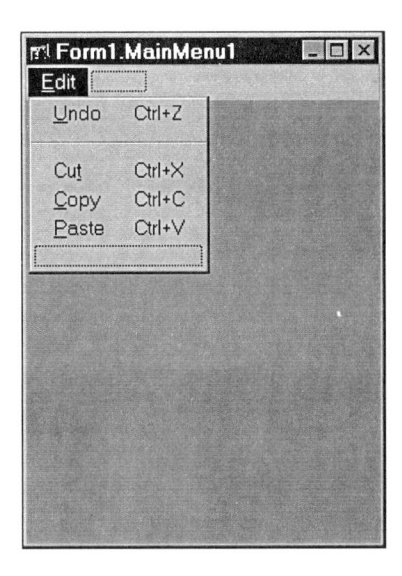

Figura 6.3 O editor de propriedade em tempo de desenvolvimento para o componente TMainMenu

Agora que você escreveu um exemplo prático que demonstra como enviar mensagens em seu aplicativo, vamos dar uma olhada em como iremos definir acionadores de mensagem.

Como definir acionadores de mensagem

Acionadores de mensagem têm uma gramática básica, como todos os outros idiomas. A gramática é definida pelas seguintes regras:

- Defina o acionador de mensagem na região de acesso privado de uma classe.
- Defina o acionador de mensagem como um procedimento.
- Acionadores de mensagem sempre tomam um único parâmetro, o qual é um registro, seja TMessage ou um tipo analogamente definido. (Consulte a ajuda para verificar as limitações quanto a definir os seus próprios registros de mensagem.)
- Acionadores de mensagem não exigem a diretiva override.
- Acionadores de mensagem não exigem o mesmo nome que um acionador em uma classe pai, entretanto, por clareza, esta é uma boa idéia.
- Chame inherited para processar a mensagem pai, exatamente como faria em qualquer método sobreposto. Se não existir nenhum acionador pai, então o método DefaultHandler será chamado.

- Escreva código para um acionador de mensagem em um método separado e chame aquele método a partir do acionador.
- Em geral, evite chamar diretamente o acionador; em vez disso, chame SendMessage, SendNotifyMessage, Postmessage ou o método Dispatch, passando o parâmetro mensagem como argumento.

TMessage é o tipo de registro genérico em acionadores de mensagem Windows. TMessage é definido em messages.pas como um registro empacotado.

```
TMessage = packed Record
    Msg: Cardinal;
    case Integer of
        0: (
            WParam: Logint;
            LParam: Logint;
            Result: Logint);
    1: (
            WParamLo: Word;
            WParamHi: Word;
            LParamLo: Word;
            LParamHi: Word;
            ResultLo: Word;
            ResultHi: Word);
end;
```

A declaração case em um registro (como mostrado) é semelhante a uma união em C e C++, embora ele não seja intuitivo. Cada item em case representa as representações possíveis do campo no registro. Você pode acessar qualquer dos campos no valor; uma representação é WParam, LParam e results em inteiros longos; outra representação possível com os mesmos valores é apresentá-los separadamente em palavras altas e baixas. O Windows armazena informações internamente, usando armazenagem little-endian; portanto a parte baixa de um valor é armazenada em um endereço inferior, seguida pela parte alta do valor. Por isso o WParamLo é listado antes de WParamHi. WParamLo representa a palavra inferior de WParam e WParamHi representa a palavra de ordem alta de WParam. (Lembre-se de que um *longint* tem 32 bits e uma palavra tem 16 bits.)

Você pode usar TMessage ou definir um registro empacotado que se ajuste dentro do mesmo tamanho de uma variável TMessage, personalizando os membros para se ajustarem às suas necessidades. Messages.pas tem dúzias de registros de mensagem que você pode usar diretamente ou como exemplos ao criar os seus próprios tipos de mensagem. Aplicando todas as diretrizes para definir acionadores de mensagem, a seguinte listagem demonstra um acionador de mensagem para um controle de edição.

```
type
    TMessageEvent = Procedure( const Strings : TStrings ) of
Object;
    TMyEdit = class(TEdit)
    private
        FStrings : TStrings;
        FOnSetSel : TMessageEvent;
```

```pascal
            procedure EMSetSel( var Msg : TMessage ); message EM_SETSEL;
            procedure MessageEvent( Msg : TMessage );
            procedure SetSel( Msg : TMessage );
      public
            constructor Create( AOwner : TComponent ); override;
            destructor Destroy; override;
            property OnSetSel : TMessageEvent read FOnSetSel write
                                    FOnSetSel;
      end;
implementation
constructor TMyEdit.Create(AOwner: TComponent);
begin
      inherited;
      FStrings := TStringList.Create;
end;

destructor TMyEdit.Destroy;
begin
      FStrings.Free;
      inherited;
end;

procedure TMyEdit.EMSetSel(var Msg: TMessage);
begin
      SetSel( Msg );
      inherited;
end;

procedure TMyEdit.MessageEvent(Msg: TMessage);
begin
      with FStrings do
      begin
            Clear;
            Add( 'Msg=' + IntToStr( Msg.Msg ));
            Add( 'WParam=' + IntToStr( Msg.WParam ));
            Add( 'LParam=' + IntToStr( Msg.LParam ));
            Add( 'Result=' + IntToStr( Msg.Result ));
            Add( 'WParamLo=' + IntToStr( Msg.WParamLo ));
            Add( 'WParamHi=' + IntToStr( Msg.WParamHi ));
            Add( 'LParamHi=' + IntToStr( Msg.LParamLo ));
            Add( 'LParamLo=' + IntToStr( Msg.LParamHi ));;
            Add( 'ResultHi=' +  IntToStr( Msg.ResultLo ));
            Add( 'ResultLo=' + IntToStr( Msg.ResultHi ));
      end;
      if( Assigned( FOnSetSel)) then
            FOnSetSel( FStrings );
end;

procedure TMyEdit.SetSel(Msg: TMessage);
begin
      MessageEvent( Msg );
end;
```

A classe TMyEdit demonstra como sobrepor o acionador de mensagem para EM_SETSEL, que é o editor de mensagem quando o texto é selecionado. O tipo de evento TMessageEvent é definido como um tipo procedimental, que passa um objeto TStrings contendo o valor formatado da mensagem EM_SETSEL. A formatação ocorre no método MessageEvent, que também chama o acionador de mensagem, se um estiver designado ao campo FOnSetSel através da propriedade OnSetSel. Observe que o acionador de mensagem EmSetSel delega um procedimento para o trabalho e chama o acionador de mensagem herdado.

Há uma ampla variedade de usos para acionadores de mensagem. O aplicativo WinSight32 utiliza-os para permitir rastrear mensagens Windows durante a depuração. Você pode escrever acionadores de mensagem para bloquear uma mensagem com base em algum código condicional; apenas escreva um acionador de mensagem e simplesmente chame o acionador de mensagem herdado se o teste acontecer. Você também pode usar acionadores de mensagem para implementar o acionamento genérico de evento. Suponha que você saiba que uma classe de objetos responderá às mensagens, embora nem todos os objetos responderão a todas as mensagens. Em vez de tentar determinar qual objeto está no destinatário atual no objeto sendo enviado, mantenha uma referência TObject ao destinatário atual, ou a uma lista de destinatários, e envie um acionador de mensagem definido para aquela mensagem. Se o objeto recipiente quiser a mensagem, então ele pode ter um acionador de mensagem definido para esta mensagem. Do contrário, sem um acionador de mensagem, a mensagem se perde. Quando você tem muitos objetos e muitas mensagens, evite designar dúzias de acionadores de evento a dúzias de propriedades e tente descobrir quais objetos estão relacionados a quais eventos — apenas Dispatch(Envie/Mande) a mensagem a todos os possíveis destinatários e deixe que eles descubram. Esse processo de difusão se parece como a televisão e o rádio funcionam.

Como entender a arquitetura de envio de mensagem do Delphi

Todas as linguagens de programação do Windows precisam suportar o envio de mensagem Windows em algum nível. O suporte para o envio de mensagem Windows foi cuidadosamente grafado e oculta muito da complexidade de programação Windows, enquanto ainda fornecendo acesso a envio de mensagem de baixo nível, se você precisar dela. (Refira-se à demonstração de envio de mensagem Delphi na Figura 6.4.)

Você insere o seu código onde é adequado fazê-lo. Os programas em geral simplesmente exigem que você escreva o acionador de evento. Entretanto, se você já tiver tentado sobrepor o comportamento de pintura em uma etiqueta Visual Basic, sabe quão limitador pode ser não ter acesso à parte de envio de mensagem Windows. Se você já teve que escrever mensagens C++ *malucas* usando o pré-compilador em Visual C++, deve saber que um esforço também é ter uma implementação meio-pronta de acionamento de evento.

Porque todas as classes são TObjects no Delphi, o Delphi é capaz de propagar mensagens para controles que normalmente não as obteriam. Chamando Dispatch com uma mensagem em particular, os controles Delphi VCL são capazes de responder a uma ampla variedade de mensagens que normalmente são enviadas aos controles com acionadores Windows.

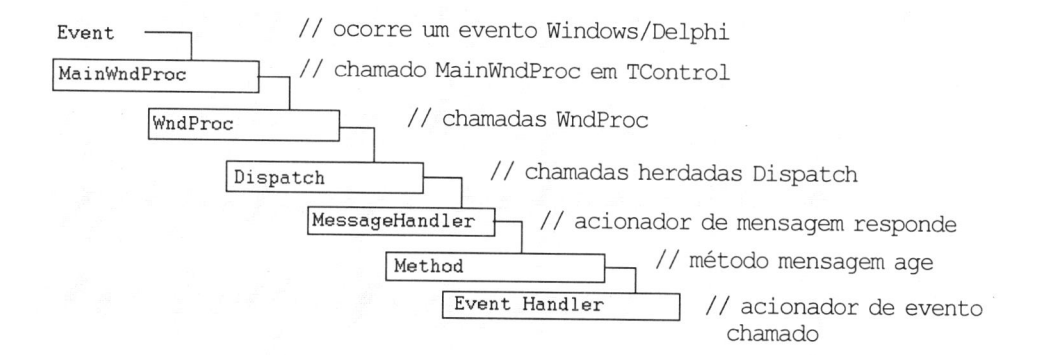

```
Event ─────┐       // ocorre um evento Windows/Delphi
MainWndProc ├──┐   // chamado MainWndProc em TControl
    WndProc ───┤       // chamadas WndProc
        Dispatch ──┤       // chamadas herdadas Dispatch
            MessageHandler ├── // acionador de mensagem responde
                Method ────┤       // método mensagem age
                    Event Handler ── // acionador de evento
                                                chamado
```

Figura 6.4 Uma demonstração visual de envio de mensagem, conforme implementado em Delphi

Resumo

O Windows é um sistema operacional baseado em mensagem, direcionado por evento. Programar em Windows sem o suporte para ambos, envio de mensagem e definição de acionadores de evento, é como pilotar um avião no solo: você tem que pilotar com seus pés, o que parece ser pouco natural e algo desconfortável. Delphi tem uma arquitetura cuidadosamente grafada, que suporta totalmente e com capacidade o ambiente dentro do qual ele se desenvolve mais naturalmente do que outras linguagens de programação Windows.

Agora você entende os detalhes íntimos da arquitetura baseada em mensagem. Esse conhecimento permitirá que você defina arquiteturas de classe vagamente acopladas, escreva código mais expressivo e forte e crie componentes personalizados mais avançados. As técnicas neste capítulo serão especialmente úteis nos capítulos que demonstram a montagem de componentes.

Capítulo

7

Classes abstratas e interfaces estáticas

As interfaces abstratas existem desde muito antes do protocolo COM ser implementado. Uma interface abstrata é um termo orientado a objeto, demonstrando uma interface não implementada que age como um mapa rodoviário para todas as implementações possíveis. Entender como as interfaces abstratas funcionam ajudará no *design* e também a melhor implementar as arquiteturas; isto é como uma pedra fundamental para aprender a usar COM.

Interfaces estáticas referem-se a métodos de classe. Um método de classe é equivalente a um método estático C ou C++. Métodos estáticos existem ao nível das classes. Nenhum objeto precisa chamar um método de classe. Um exemplo de um método comum que exibe o comportamento de um método de classe é um construtor, um método especial usado para construir instâncias de classes. Existem outros objetivos úteis em métodos de classe além da construção de objeto. Combinar interfaces abstratas e métodos estáticos permite que você implemente facilmente aplicativos e aplicações *thin-client* (cliente-magro) DLLs em Delphi e é um bom precursor para programação distribuída com COM e DCOM.

Neste capítulo, você aprenderá como implementar interfaces abstratas, criar bibliotecas de vínculo dinâmico em processo e passar, com eficácia, objetos de DLLs para aplicativos.

Como implementar métodos de classe

A maioria dos métodos tem escopo de instância. Cada instância de uma classe obtém a sua própria cópia dos dados definidos naquela classe. Uma instância precisa existir antes de um método ser chamado, e a gramática exige que você prefixe a chamada a um método com um objeto conectado ao método, com o operador ponto (.). (A menos que você esteja usando a construção with object do.) Isto é verdade para todos os métodos, exceto para métodos de classe.

Métodos de classe têm escopo de classe. Eles se comportam exatamente como métodos estáticos C ou C++. Enquanto eles podem ser chamados com um objeto instância, você só precisa usar o nome da classe afixado ao método de classe com o operador ponto. A sintaxe para um método de classe é idêntica àquela de qualquer método e, além disso, tem a palavra-chave class escrita como a primeira palavra na declaração do método.

```
class methoddeclaration
```

Por exemplo, class Procedure Foo; definida em qualquer classe, indica que Foo é um procedimento de classe. Dada uma class TBoolean, um método de classe que converte um valor booleano à sua *string* equivalente pode ser implementado como demonstrado a seguir.

```
type
     TBoolean = class
     public
          class Function BooleanToString( const Value : Boolean ) : String;
     end;
implementation
```

```
class function TBoolean.BooleanToString(const Value: Boolean) :
String;
const
      BOOLS : array[Boolean] of string = ('False', 'True');
begin
      result := BOOLS[Value];
end;
```

O método de classe é uma função que, dado um valor booleano, retorna uma *string* equivalente. Para chamar o método, tudo o que você precisa fazer é usar o nome da classe e o nome do método de classe.

```
MessageDlg( TBoolean.BooleanToString( False ), mtInformation,
[mbOK], 0);
```

> *Chamar um método não de classe com um objeto não iniciado resultará em uma exceção de violação de acesso EAccessViolation.*
>
> **AVISO**

O código anterior exibe um diálogo de mensagem com o texto 'False'. A partir da listagem da implementação do método class, podemos ver que o valor booleano é usado como um índice em um *array* booleano, retornando uma *string*. É importante notar que não é preciso nenhum objeto para chamar o método class. Um bom uso de um método de classe de todas as classes é definir uma classe sem posição (stateless), que é uma classe sem dados.

Criação de classes sem dados

Como regra geral, geralmente uma classe sem dados sugere que aqueles métodos não constituem uma classe e podem ser encerrados em outra classe existente. Como é o caso da maioria das regras, existem exceções. Classes sem dados podem ser planejadas para definir classes de utilitário; um exemplo simples seria uma biblioteca de matemática, contendo dezenas ou centenas de algoritmos que poderiam ser organizados em um pacote de classe conciso.

A classe de utilitário não tem dados, pois dados implicam posição, o que requer que um objeto exista. Um exemplo de uma classe sem dados seria uma versão completa da classe TBoolean.

```
unit UBoolean;
interface
uses
      SysUtils;
type
      TBoolean = class
      public
```

```
            class function BooleanToString( const Value : Boolean ) :
                String;
            class function StringToBoolean( const Value : String ) :
                Boolean;
            class function BooleanToYesNo( const Value : Boolean ) :
                String;
            class function YesNoToBoolean( const Value : String ) :
                Boolean;
      end;
implementation

{ TBoolean }
class function TBoolean.BooleanToString(const Value : Boolean) :
String;
const
      BOOLS : array[Boolean] of string = ('False', 'True');
begin
      result := BOOLS[Value];
end;

class function TBoolean.BooleanYesNo(const Value: Boolean) :
String;
const
      YES_NO : array[Boolean] of String = ('No', 'Yes');
begin
      result := YES_NO[Value];
end;

class function TBoolean.StringToBoolean(const Value: String) :
Boolean;
begin
      result := CompareText( Value, 'True' ) = 0;
end;

class function TBoolean.YesNoToBoolean(const Value: String) :
Boolean;
begin
      result := CompareText( Value, 'Yes' ) = 0;
end;
end.
```

SysUtils foi acrescentado para incluir a função CompareText sem estilo de letra. Complementando a classe, estão os métodos de classe StringToBoolean, YesNoToBoolean e BooleanToYesNo, arredondando as conversões entre tipos lógicos e *strings*. Definir uma classe de utilitário oferece a você um pacote conciso que você pode ampliar com o tempo.

Como herdar classes estáticas

Uma *classe estática* é definida, para os nossos objetivos, como uma classe que tem apenas métodos de classe. Imagine que a sua implementação de uma classe estática, como TBoolean, precise ser ampliada com o tempo para incluir outros utilitários de conversão que você deseja. Se você for estender TBoolean para incluir diversas capacidades de conversão, escolha estender o comportamento com subclasse; do contrário, você precisaria recompilar todo o código que usou TBoolean. Fazer subclasse, por outro lado, é uma maneira conveniente de obter a capacidade de conversão booleana estendida sem afetar o código existente.

```
uses
     UBoolean;
type
     TConvert = class(TBoolean)
         public
             class function AnyStringToBoolean( const Value : String ) : Boolean;
         end;
implementation
class function TConvert.AnyStringToBoolean( const Value : String
) : Boolean;
begin
     result := (Length(Value) > 0 ) and (value[1] in ['T', 't', 'y', 'Y']);
end;
```

> **DICA**
>
> Por convenção, use o nome de classe, substituindo o prefixo T por um prefixo U, para facilitar encontrar as unidades contendo uma classe em particular. Na listagem anterior, é fácil reconhecer que UBoolean contém a classe TBoolean.

TConvert a classe IsA TBoolean significa que ela herda todos os métodos de classe em TBoolean e, a partir da listagem, implementa AnyStringToBoolean. O novo método de classe garante que a *string* é maior do que uma string de comprimento zero e verifica se o primeiro caractere é T, t, ou Y, sendo y para true ou yes. Qualquer outra *string* será tratada como uma *string* falsa na implementação mostrada. TConvert só contém métodos de classe, não sendo necessária nenhuma instância de TConvert.

Como agregar classes estáticas

Se você tiver mais de uma classe, cujo comportamento deseja colocar em subclasse, pode usar também a agregação. No exemplo anterior, TBoolean soa como se fosse uma subclasse de TConvert, não o contrário. A semântica soa errada. Como regra, é uma boa idéia tentar obter a semântica correta, mas classes estáticas e classes de utilitário, afinal, não são a norma. Caso você não goste da semântica de TConvert IsA TBoolean, pode implementar o relacionamento de TConvert e TBoolean, usando agregação, um relacionamento HasA.

```
type
      TBooleanClass = Class of TBoolean;
      TConvert = class
           public
                class function BooleanClass : TBooleanClass;
                class function AnyStringToBoolean( const Value : String ) :
                     Boolean;
           end;

implementation

class function TConvert.AnyStringToBoolean(const Value: String) :
Boolean;
begin
      result := (Length(Value) > 0 ) and (Value[1] in ['T', 't', 'y',
'Y']);
end;

class function TConvert.BooleanClass: TBooleanClass;
begin
      result := TBoolean;
end;
```

Agora, o relacionamento implementa a contenção em nível de classe. Para chamar métodos estáticos em TBoolean, use a classe TConvert como a seguir.

```
if( TConvert.BooleanClass.StringToBoolean( 'False' ) = False )
then
// ... do something
```

Isso é um pouco cheio de palavras, mas ainda não há necessidade de mudanças para o código depender de TBoolean e estender o comportamento de TBoolean. Se você quiser os benefícios de herança usando agregação, defina métodos de classe na interface de TConvert, que são idênticos àqueles em TBoolean e implemente-os em termos de TBoolean.

```
type
      TConvert = class
           public
                class function YesNoToBoolean(const Value: String) : Boolean;
```

Capítulo 7 - Classes abstratas e interfaces estáticas | **227**

```
            class function AnyStringToBoolean( const Value : String ) :
                Boolean;
    end;

implementation
class function TConvert.YesNoToBoolean(const Value: String):
Boolean;
begin
      result := TBoolean.YesNoToBoolean( Value );
end;
```

O exemplo anterior demonstra *promoção de interface*. TConvert implementa um comportamento YesNoToBoolean, usando o método TBoolean. Como pode ser observado, você tem muitas escolhas. A chave é a capacidade de estender os comportamentos existentes em novas áreas, sem afetar, ou precisar testar novamente, o código existente. Herança, agregação e implementação de uma interface promovida em termos de relacionamento de agregação são possíveis com classes estáticas, bem como com classes regulares.

Construtores e destruidores

Construtores são métodos especiais empregados para criar e iniciar objetos. Um construtor usa a palavra-chave constructor.

```
constructor Create;
```

> **NOTA**
>
> Classes estáticas, na última seção, não exigem construtor ou destruidor, visto que não serão criadas instâncias delas. Todavia, elas herdam todos os métodos, incluindo um construtor e um destruidor de TObject.

Um construtor está mais proximamente relacionado a um método de classe que é uma função. Você poderia simular o comportamento de um construtor, definindo uma função de classe que retorna uma instância de um objeto.

```
class function TFoo.Create : TFoo;
begin
      result := inherited Create;
end;
procedure TFoo.Hello;
begin
      ShowMessage('Hello World!');
end;
```

Com uma variável Foo : TFoo, chamar Foo := TFoo.Create se parece exatamente como uma chamada ao construtor, mas, de fato, é o método estático Create que é chamado; este, por sua vez, chama o construtor herdado de TObject. A função de classe TFoo.Create demonstra o comportamento de um construtor. Construtores têm uma semântica especial, significando "chame-me primeiro para o objeto de iniciação", assim, uma construção especial foi definida para indicar o seu significado especial. Para definir um construtor, acrescente um método com a palavra-chave constructor, onde normalmente estão procedure ou function. Por convenção, os construtores são chamados Create. Você pode passar qualquer número de argumentos necessários para iniciar os seus objetos. Vários exemplos de construtor são apresentados a seguir.

```
constructor Create;
constructor Create(AOwner : TComponent);
constructor Create( const FileName : String; Mode : Word );
```

O primeiro construtor não toma argumentos. O segundo construtor toma um argumento chamado AOwner, que é um TComponent. (A segunda forma é a forma do construtor para componentes.) A terceira formulário toma um parâmetro de constante string chamado FileName e um parâmetro Word, Mode. O terceiro construtor é o forma do construtor para a classe TFileStream.

Um destruidor usa a palavra-chave destructor e requer um objeto instância para chamar; ele não é como um método estático. A palavra-chave destructor é uma construção especial que significa "chame por último o objeto de 'desinicialização'". Por convenção, destruidores são nomeados Destroy e não tomam quaisquer argumentos. Geralmente, destruidores são definidos como a seguir.

```
Destructor Destroy; override;
```

Uma vez que cada classe é tornada subclasse de TObject, e TObject já define um destruidor virtual, você precisa usar a diretiva override se redefinir um destruidor em suas classes.

Como manter posição sem objeto

Java e C++ suportam propriedades estáticas. O Delphi não suporta diretamente dados estáticos, porém você pode implementar o equivalente de dados estáticos em classes sem objeto no Delphi.

```
type
     TNoObject = class
     public
          class Function Data( const NewValue : Integer = 0;
               const Change : Boolean = False ) : Integer;
     end;
```

```
implementation
class function TNoObject.Data(const NewValue: Integer;
    const Change: Boolean) : Integer;
const
{$J+}FData : Integer = 0;{$J-} // make writable
begin
    if( Change ) then FData := NewValue;
    result := FData;
end;
```

A classe acima define uma função de classe que armazena internamente uma constante que pode ser escrita. Definindo dois argumentos padrão, a função pode ser usada como um valor do lado direito, como qualquer outro dado. Você precisará passar dois argumentos para usar os dados estáticos como um valor do lado esquerdo, o que o torna um pouco tedioso.

```
TNoObject.Data( 7, True );
    while( TNoObject.Data > 0 ) do
    begin
        ShowMessage( IntToStr( ToNoObject.Data ));
        TNoObject.Data( TNoObject.Data - 1, True );
    end.
```

Gerenciar dados dessa forma é pesado, mas isso permitirá que você implemente dados estáticos de forma mais eficiente. A listagem a seguir demonstra como implementar uma StringList estática.

```
type
    TStaticStrings = class
        public
            class Function Strings( const Cleanup : Boolean = False ) :
                TStrings;
            class Procedure Finalize;
    end;

class function TStaticStrings.Strings(const Cleanup: Boolean) :
TStrings;
{$J+}
const
    FStrings : TStrings = Nil;
{$J-}
begin
    if( Cleanup ) then
begin
    FStrings.Free;
    FStrings := Nil;
end
else
```

```
begin
      if( FStrings = Nil ) then
            FStrings := TStringList.Create;
end;
result := FStrings;
end;
class Procedure TStaticStrings.Finalize;
begin
      Strings( True );
end;
```

O procedimento TStaticStrings anterior inicia automaticamente o objeto TStrings contido se ele for nil. Você pode usar o método de classe TStaticStrings.Strings no mesmo contexto de *rvalue* onde usaria qualquer objeto. Chamar Finalize para limpar o objeto *string* dinâmico é muito satisfatório e passa True para a variável cleanup.

Como programar Dynamic Link Libraries

As bibliotecas de vínculo dinâmico eram comumente usadas como um procedimento de armazenagem. Muitos procedimentos fracamente relacionados eram contidos em DLLs como procedimentos separados e não como parte de uma construção maior. Mais recentemente, as DLLs têm sido usadas como contentoras em servidores In-Process OLE Automation (Automação OLE de processos) que contêm os assim denominados objetos comerciais.

O Delphi permite que você implemente classes em uma biblioteca de vínculo dinâmico e use-as em um aplicativo, usando a DLL, permitindo que você crie aplicativos em processo de servidor e de *thin-client*. As bibliotecas de vínculo dinâmico são práticas para armazenagem de funções de utilidade geral, objeto servidores comerciais e servidores aplicativos COM. Esta seção apresenta como montar e usar bibliotecas de vínculo dinâmico com o Delphi.

Como chamar procedimentos DLL

Depois de uma DLL ter sido carregada na memória pelo processo que a utiliza, os procedimentos exportados nesta DLL podem ser chamados como qualquer outro procedimento. DLLs executam no espaço de processo do aplicativo que carrega a DLL, compartilhando uma única cópia do código com todos os aplicativos que a utilizam.

Se uma declaração de procedimento inclui a cláusula external e o nome da DLL, o aplicativo tenta carregar a DLL antes que o método Application.Initialize seja chamado, quando o aplicativo inicia. Se uma DLL dinâmica carregando é empregada, então a DLL é carregada quando você chama LoadLibrary. O carregamento dinâmico permite ao programador maior controle e iniciar o aplicativo mais rapidamente. Estático ou implícito, o carregamento da DLL é mais fácil, pois o Windows faz a maior parte do trabalho.

Carregamento implícito de DLL

Para os nossos objetivos, vamos imaginar que exista uma DLL com informações de contato: nome, número de telefone e endereço e-mail. O aplicativo cliente não se preocupa com a implementação da DLL; todas as informações necessárias sob a perspectiva do usuário da DLL são os nomes e as declarações dos procedimentos exportados. A DLL de demonstração exporta cinco procedimentos: AddContact, RemoveContact, CountContacts, Initialize e Finalize. A exigência é que Initialize seja chamado primeiro e Finalize pode ser chamado quando a DLL não for mais necessária para armazenar dados.

NOTA
Os procedimentos mostrados aqui representam um estilo estruturado de programação. Não estamos sugerindo que você adote esse estilo de programação; ele é apresentado aqui com o objetivo de demonstrar como carregar implicitamente uma DLL.

A DLL armazena itens de contato definidos como TContact, um registro em pacote que contém um campo Name, Phone e EMail, que são todos strings.

Para tornar disponíveis os cinco métodos DLL, tudo o que você precisa fazer é declará-los no aplicativo cliente.

```
Procedure AddContact( Contact : TContact ); external
'ContactServer.dll';
Procedure RemoveContact( Phone : String ); external
'ContactServer.dll';
Function CountContacts : Integer; external 'ContactServer.dll';
Procedure Initialize; external 'ContactServer.dll';
Procedure Finalize; external 'ContactServer.dll';
```

As declarações external podem ser definidas na seção interface ou implementation de qualquer unidade em seu aplicativo. Se elas são declaradas na seção implementation, então elas são locais apenas à unidade declarante. Se elas são declaradas na seção interface, então elas são acessíveis a partir de qualquer unidade que inclua a unidade com as declarações. (A última representa como o Delphi importa o Windows API nas unidades Windows.pas e Messages.pas, deixando claro o fato de que você está usando Windows API quando chama os procedimentos.)

Declarar os procedimentos com a cláusula external levará o aplicativo a carregar e a esclarecer o endereço dos procedimentos, imediatamente, quando o seu aplicativo executa. O Windows gerenciará a baixa de ContactServer.dll quando a DLL não for mais usada. A seguinte listagem de código demonstra um exemplo de usar os procedimentos DLL.

```
var
    Contact : TContact;
begin
    Initialize;
    try
        Contact.Name := 'Paul Kimmel';
        Contact.Phone := '(517) 555-1212';
```

```
            AddContact( Contact );
            Contact.Name := 'Frank Arndt';
            Contact.Phone := '(517) 555-2121';
            AddContact( Contact );
            ShowMessage( IntToStr( CountContacts ));
            RemoveContact( '(517) 555-2121' );
            ShowMessage( IntToStr( CountContacts ));
       finally
            Finalize;
       end;
end;
```

NOTA

O benefício de usar uma DLL é que muitos aplicativos podem usar a DLL ao mesmo tempo, e os usuários não precisam se preocupar com detalhes de implementação na DLL. Em nosso exemplo, como as TContacts são armazenadas não importa.

O benefício de carregar implicitamente é que este procedimento é mais fácil, e o Windows gerencia a DLL. O aspecto complicado sobre carregamento dinâmico é usar tipos procedimentais para obter um endereço para um procedimento DLL. Você aprendeu como fazer isso na última seção, assim, isso não é mais problema para nós.

Carregamento dinâmico de DLL

Uma DLL é dinamicamente carregada quando o programador determina quando ela é carregada. Uma DLL é dinamicamente carregada ao chamar LoadLibrary, uma função API definida em kernel32.dll e ao armazenar um acionador de servidor. Uma biblioteca dinamicamente carregada precisa ser liberada no momento em que você tiver terminado com ela, chamando FreeLibrary, passando o acionador retornado de LoadLibrary. Entre esses procedimentos, para usar DLLs dinamicamente carregadas, você precisará chamar GetProcAddress para designar o endereço de um procedimento em uma DLL para uma variável do tipo procedimental certo. É através da variável de tipo procedimental que você chama o procedimento DLL.

Chamado de *lazy instancing* (carregamento lento), o carregamento de uma biblioteca por solicitação permite que o seu aplicativo carregue mais rápido e crie um rastro menor de memória. Se precisar da funcionalidade DLL, carregue-a quando for utilizá-la. Se não for usá-la de forma alguma — nem toda execução de um aplicativo emprega todas as capacidades —, então não carregue a biblioteca.

Empregando o exemplo de contato da última seção, uma versão de código que carrega dinamicamente a biblioteca está a seguir.

```
var
      AddContact : procedure( Contact : TContact );
      RemoveContact : procedure( Phone : String );
      CountContacts : function : integer;
      Initialize, Finalize : procedure;
function SafeGetProcAddress(hModule: HMODULE;
      lpProcName: LPCSTR) : FARPROC;
begin
      result := GetProcAddress( hModule, lpProcName );
      if( result = Nil ) then Abort;
end;
procedure TForm1.FormCreate(Sender: TObject);
begin
      Handle := LoadLibrary( 'ContactServer.dll' );
      try
            AddContact := SafeGetProcAddress( Handle, 'AddContact' );
            RemoveContact := SafeGetProcAddress( Handle, 'RemoveContact'
                        );
            CountContacts := SafeGetProcAddress( Handle, 'CountContacts'
                        );
            Initialize := SafeGetProcAddress( Handle, 'Initialize' );
            Finalize := SafeGetProcAddress( Handle, 'Finalize' );
      except
            Application.Terminate;
      end;
end;
procedure TForm1.FormDestroy(Sender: TObject);
begin
      FreeLibrary( Handle );
end;
```

A revisão acrescenta um acionador de evento OnCreate para o formulário principal do cliente. O acionador de evento OnCreate carrega a biblioteca e armazena o acionador em uma variável definida na classe como Handle : LongWord;, o tipo da variável retornada de LoadLibrary. Cada procedimento exportado é armazenado em variáveis locais com o mesmo nome definido como tipos procedimentais do tipo apropriado a cada método DLL. Um procedimento SafeGetProcAddress é definido para verificar o kernel32.dll API da função GetProcAddress não retorna Nil. O aplicativo é abortado se o procedimento não carregar com sucesso. O acionador de eventos OnDestroy libera a biblioteca.

Essa implementação carrega os procedimentos da DLL de uma maneira que simula o carregamento implícito. Entretanto, se você realmente carregar uma DLL implicitamente e falhar, não será capaz de recuperá-la. O seu aplicativo compilará, mas falhará no tempo de execução, o que será muito embaraçoso. Se você carregar dinamicamente uma DLL, então o seu aplicativo compilará e executará; quando você tentar usar a DLL, aquela parte de seu aplicativo falhará, mas você poderá recuperá-la de maneira elegante.

Como escrever bibliotecas de vínculo dinâmico

Há quatro elementos básicos que você precisa para criar uma DLL. Você deve escrever o código que implementa a DLL. Precisa definir os procedimentos que serão exportados. Precisa definir um aplicativo de teste e testar os procedimentos exportados — em um aplicativo de teste, declare os procedimentos, usando um carregamento implícito e a cláusula externa. Você também precisa investigar quaisquer problemas descobertos no teste. Lembre-se: o benefício de escrever uma DLL em processo é que você oculta os detalhes de implementação da DLL, reduzindo a complexidade de implementar o aplicativo cliente que a usa e aumenta a possibilidade de reutilização. Isto é, mais de um programa poderá vir a utilizar a mesma DLL.

Você já sabe escrever um aplicativo. Criar um aplicativo DLL significa que você precisa criar um projeto biblioteca. É possível fazer isso selecionando **File, New, Other** e clicando no tipo de aplicativo **DLL Wizard** (Figura 7.1). Ao selecionar Project,View Source no menu principal do Delphi, o código-fonte .DPR será exibido. Ele é ligeiramente diferente de um aplicativo executável.

```
library Project1;
{ Important note about DLL memory management: ShareMem must be
    the first unit in your library's USES clause AND your project's
    (select Project-View Source) USES clause if your DLL exports
    any procedures or functions that pass strings as parameters or
    function results.  This applies to all strings passed to and
    from your DLL-even those that are nested in records and
    classes.  ShareMem is the interface unit to the BORLNDMM.DLL
    shared memory manager, which must be deployed along
    with your DLL.  To avoid using BORLNDMM.DLL, pass string
    information using PChar or ShortString parameters. }
uses
    SysUtils,
    Classes;
{$R *.RES}
begin
end.
```

Criado o projeto, resta acrescentar os módulos de formulários, unidades e dados, como você faria com qualquer outro aplicativo. A diferença é que você não precisará executar a biblioteca como um aplicativo individual, e os usuários terão acesso apenas aos procedimentos exportados.

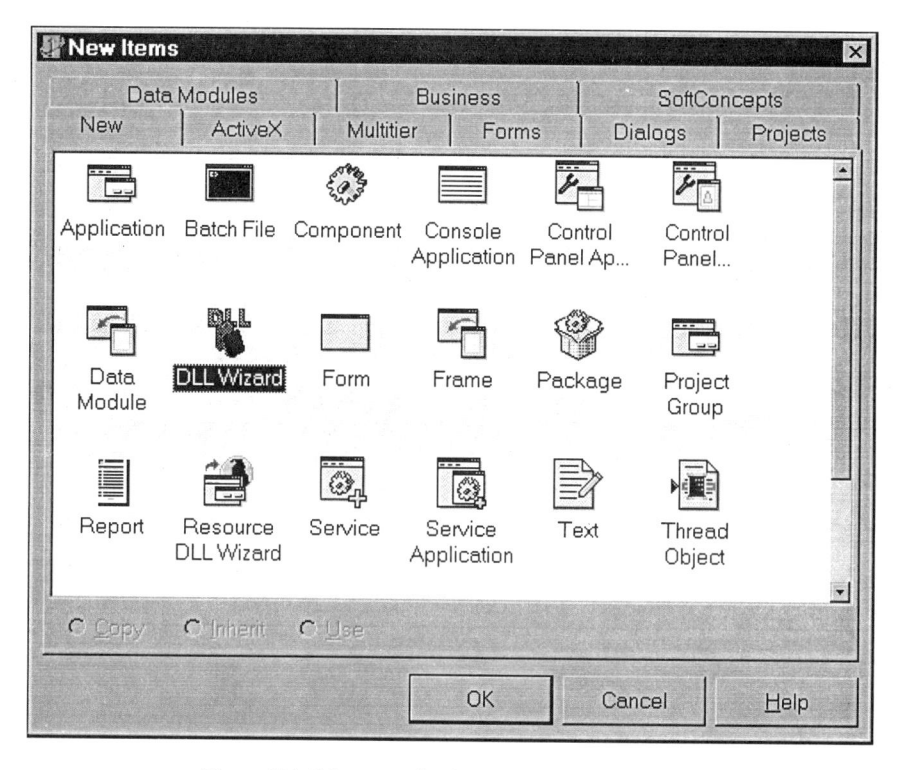

Capítulo 7 - Classes abstratas e interfaces estáticas | **235**

Figura 7.1 Crie um aplicativo DLL selecionando File, New, Other e clicando no ícone DLL Wizard

Como definir a cláusula Exports

Para maior clareza, manteremos a primeira DLL simples. Crie um novo projeto biblioteca, clicando **File, New, Other** e clicando em **DLL Wizard**. Exatamente antes do bloco begin e end., o primeiro bloco a ser executado no arquivo biblioteca, acrescente o código a seguir descrito.

```
Procedure HelloFromServerLand;
begin
     ShowMessage('Hello from server land');
end;
exports
     HelloFromServerLand;
```

Acrescente Dialogs (Diálogos) à cláusula uses da biblioteca; os diálogos incluem o procedimento ShowMessage. A cláusula exports indica que apenas HelloFromServerLand é exportado; esse será o único procedimento que os usuários dessa DLL poderão chamar. A seqüência de etapas que segue tem por objetivo testar a DLL.

1. Clique **View, Project Manager** para exibir o gerenciador de projeto, mostrado na Figura 7.2.

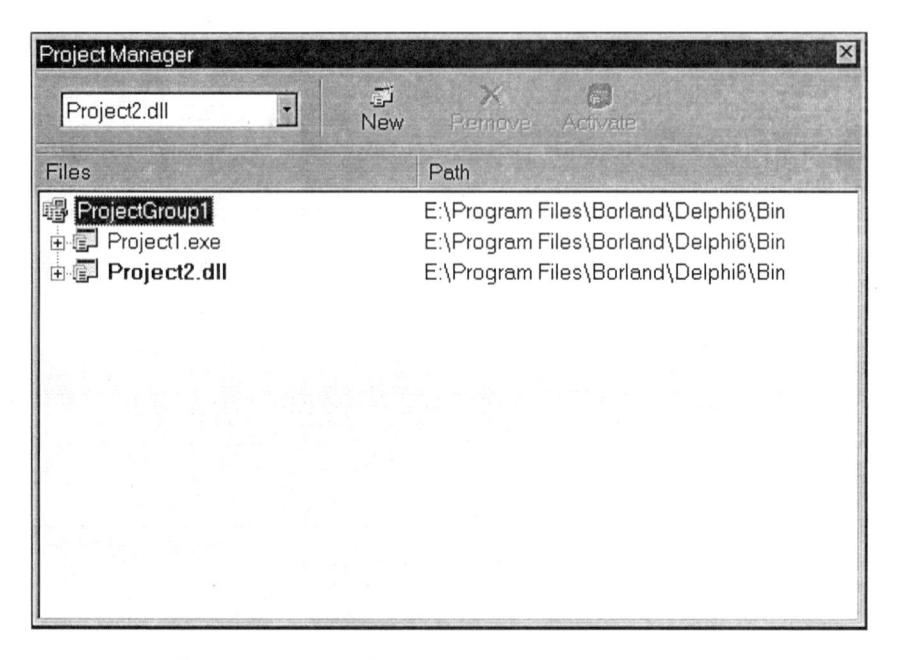

Figura 7.2 Vista do Project Manager, mostrando uma DLL e um projeto executável acrescentado ao grupo do projeto

2. Clique em **ProjectGroup1** e clique o botão **New** na caixa de diálogo Project Manager.
3. Selecione **Application** na caixa de diálogo New Items (Figura 7.3).
4. Selecione **Unit1** da lista de arquivos sob o grupo de arquivos project2.exe.
5. Abra o editor de código e acrescente uma declaração external, que carrega a biblioteca 'Project1.dll' (nomeada por padrão) e importa o procedimento HelloFromServerLand.

   procedure HelloFromServerLand; external 'Project1.dll';

6. Na vista Project Manager, selecione o aplicativo Project2.exe, clicando duas vezes sobre ele.

Capítulo 7 - Classes abstratas e interfaces estáticas | 237

7. Dê duplo clique em **Form1**, do aplicativo executável, para criar o método evento TForm1.FormCreate e digite

   ```
   HelloFromServerLand;
   ```

   no bloco compreendido entre begin e end.

8. Garantindo que o aplicativo executável — o aplicativo de teste — é o aplicativo atualmente selecionado, pressione a tecla **F9** para executá-lo. Uma caixa de diálogo simples deve ser exibida, contendo o texto "Hello from server land".

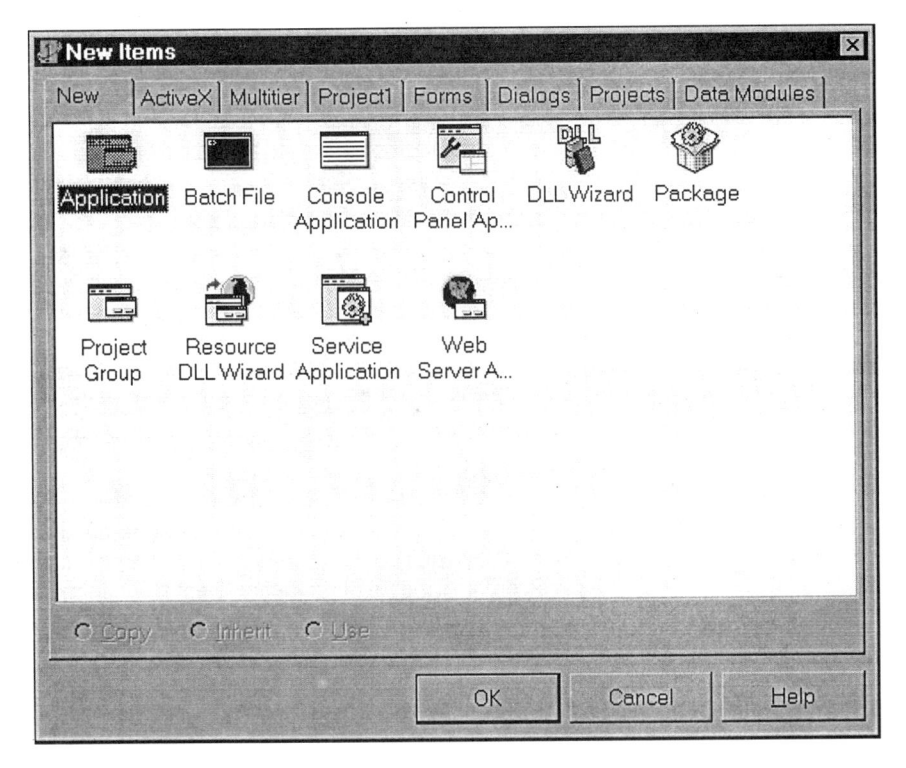

Figura 7.3 A caixa de diálogo New Items aberta após o clique em New, no Project Manager ou em File, New, Other no menu principal do Delphi

Em oito etapas você criou e testou uma DLL. O problema restante é definir o comportamento útil. A seção sobre programação *thin-client* cobre tópicos mais substanciais. O restante desta seção trata da mecânica de programação de uma DLL.

Código de iniciação de biblioteca

Exatamente como o arquivo-fonte DPR em um aplicativo executável, o projeto biblioteca tem um bloco begin e end. Essa é a seção initialization de uma biblioteca de vínculo dinâmico. Você pode colocar o código necessário para iniciar a sua biblioteca no bloco principal begin e end. O bloco principal é praticamente equivalente ao procedimento principal no aplicativo C ou C++, ou ao procedimento LibMain dos aplicativos não escritos em Delphi.

Como um método empírico, mantenha a seção initialization relativamente simples. Você pode ter tantas unidades, formulários e módulos de dados quantos a sua biblioteca precisar e cada um deles pode ter uma seção initialization e uma seção finalization. As seções initialization e finalization de cada unidade executam-se antes do bloco begin e end da biblioteca. Portanto, você pode realizar com confiança a iniciação ao nível da unidade em cada unidade que a requeira. Mantenha simples o código de iniciação de biblioteca.

Proibição de variáveis globais

Variáveis globais não podem ser importadas por um aplicativo Delphi. Aplicando a mesma regra a aplicativos DLL como aplicativos globais, variáveis globais, em geral, não são uma boa idéia. O melhor meio de passar dados entre uma DLL e um aplicativo cliente é usar classes. Você pode passar objetos através de vínculos. Se tiver um tipo mais simples, como um registro ou tipo procedimental, declarar o tipo em uma unidade e incluir aquela unidade no cliente e na DLL permitirá que você compartilhe variáveis daqueles tipos de dados através de módulos vinculados.

A seção sobre carregamento implícito de DLL deixou claro que ContactServer.dll está aceitando registros TContact empacotados. Enquanto você ainda não pode compartilhar dados globais através de vínculos de módulo, o que quer é obter dados através de um vínculo de módulo. É melhor fazer isso através de um procedimento definido em DLL. Leia a seção sobre programação *thin-client* para a construção de implementação de uma DLL e sobre como passar objetos de DLLs a aplicativos.

Como lidar com exceções DLL

Exceções levantadas em um procedimento de biblioteca de vínculo dinâmico que não são manuseadas na DLL são levantadas pelo processo de vínculos e podem ser manuseadas em um bloco try except ou try finally no aplicativo chamado.

```
Procedure RaiseDLLExceptionProc;
begin
      raise Exception.Create('Raised in the DLL!');
end;
exports
      RaiseDLLExceptionProc;
```

Capítulo 7 - Classes abstratas e interfaces estáticas | **239**

Crie um novo projeto de biblioteca e acrescente o código anterior. Para testar a exceção, acrescente um aplicativo simples como teste ao grupo de projeto, declarando RaiseDLLExceptionProc como um procedimento externo. Quando você chamar RaiseDLLExceptionProc a partir do aplicativo, uma exceção será levantada e o seu aplicativo de teste executável poderá responder a ela (veja a Figura 7.4). Acrescente o seguinte código ao seu aplicativo de teste. Isso chamará o procedimento DLL e demonstrará que a exceção gerada pela DLL pode ser tomada do aplicativo cliente. (ShowException representa o comportamento padrão oferecido pelo Delphi para exceções não manuseadas.)

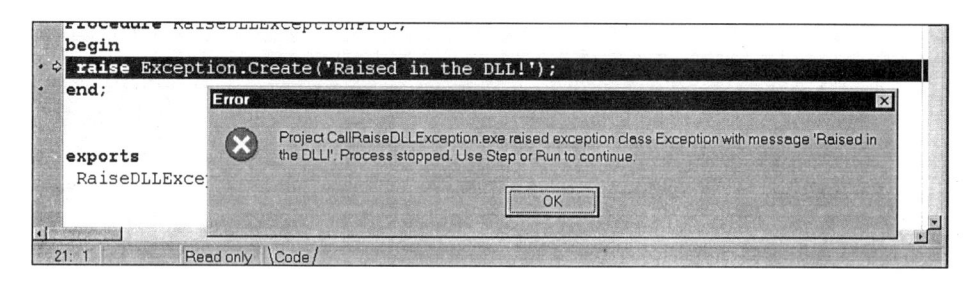

Figura 7.4 A exceção levantada no procedimento DLL, RaiseDLLExceptionProc

```
try
      RaiseDLLExceptionProc;
except
      on E : Exception do
           ShowException( E, ExceptAddr );
end;
```

Para escrever e lidar com exceções em DLLs, aplique as mesmas diretrizes, da mesma maneira como faria com o código escrito e compilado em um único executável. Exceções também são a escolha prudente e correta para lidar com erros em DLLs.

Uso do gerenciador de memória compartilhada em string *de parâmetros*

As *strings* do Delphi não são *strings* ASCIIZ. Uma ASCIIZ ou *string* que termina em nulo, tem o seu primeiro caractere na posição zero e é encerrada por um caractere nulo. Automaticamente, o Delphi realiza o gerenciamento dinâmico de *strings* e contém dados adicionais em um espaço a menos do que a posição de primeiro caractere do texto *string*.

```
Function MyLength( const S: String ) : Integer;
asm
      mov ecx,[eax-4]
      mov result,ecx
end;
```

O código anterior retorna o comprimento *string* da *string* passada como o valor ao parâmetro S. A convenção de chamada padrão é um registro; o primeiro parâmetro na lista de parâmetros é armazenado no registro EAX (acumulador). EAX representa o indicador para a *string*. A instrução mov ecx,[eax-4] lê o valor no início da *string*, menos quatro valores de 32 bits.

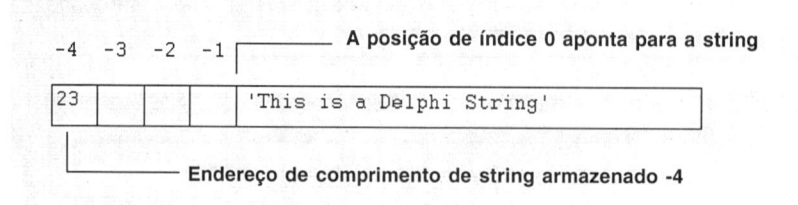

```
    -4   -3   -2   -1 ┌──── A posição de índice 0 aponta para a string
   ┌────┬────┬────┬────┴──────────────────────────────┐
   │ 23 │    │    │ 'This is a Delphi String'         │
   └────┴────┴────┴───────────────────────────────────┘
         └──────── Endereço de comprimento de string armazenado -4
```

Figura 7.5 Strings *Delphi armazenam informações adicionais antes de iniciar a string, conforme demonstrado pelo código e apresentado na figura*

DICA — Como a "nota importante" no alto de cada arquivo de biblioteca sugere, strings de parâmetros ou strings de parâmetros aninhadas exigem que a unidade sharemem na cláusula uses e a BorlandMM.dll sejam encaminhadas com o seu aplicativo ou utilizem os tipos PChar ou shortstring para valores de parâmetro.

No Delphi, as *strings* são compatíveis com *strings* nulas, permitindo chamar métodos que exigem PChar; você precisará incluir a unidade sharemem.pas se passar *strings* de parâmetros em procedimentos exportados. Sharemem.pas deve ser a primeira unidade declarada na cláusula uses da biblioteca e o aplicativo usando a biblioteca. Você também precisará encaminhar a BorlandMM.dll (Borland Memory Manager) com o seu aplicativo; sharemem usa o gerenciador de memória para suportar *strings* de parâmetros Delphi.

Como criar grupos de projeto

Delphi cria um grupo de projeto quando você cria um novo aplicativo. Se você acrescentar mais de um projeto ao grupo, Delphi pedirá que você salve o grupo quando salvar os arquivos. Usar grupos de projeto facilita compilar, testar e depurar múltiplos aplicativos interdependentes. Por exemplo, se você tiver a biblioteca da última seção e quiser testar o RaiseDLLExceptionProc, acrescente um projeto de aplicativo ao grupo. Clique duas vezes no objeto aplicativo para torná-lo o aplicativo atual e pressione **F9** para executá-lo. A DLL no grupo também será compilada. Para atualizar todos os arquivos em um grupo, selecione **Build All Projects** no menu Project.

Como testar DLLs

As bibliotecas de vínculo dinâmico são testadas como qualquer outro aplicativo. É uma boa idéia construir uma armação leve que exercite as capacidades da DLL antes de incorporá-la aos produtos atuais de grupo de projeto de aplicativo.

NOTA

> Armação — código teste (substantivo) ou o processo de montar um aplicativo teste com o objetivo de testar novas unidades, módulos ou classes (verbo). N. da T.

Os benefícios de fazer uma armação incluem ter um ambiente que permita a você focalizar os esforços de depuração e teste em uma única unidade, módulo ou classe. A armação deve ser escrita para que você tenha um meio direto e conveniente de testar todos os caminhos do código. Um benefício adicional é que, se o novo bloco de código não puder ser testado dessa maneira, ele indicará relacionamentos interdependentes — bem acoplados — que podem sugerir que o novo código está incompleto.

Os componentes oferecem excelentes exemplos de código que precisam ser independentes do código, que afinal, usará o componente. É razoável agregar código que ajude a completar um componente, mas geralmente não é razoável para um componente referir-se ao código que o usará. A exceção à última regra é uma associação de relacionamento simplificado de mão dupla no componente TGrid. A grade é ciente das Columns e as Columns são cientes da grade contida. Ao escrever componentes, módulos de utilitário, ou formulários de diálogo, tire o código do contexto do aplicativo no qual ele reside e veja se ele pode ser testado com uma simples armação de aplicativo. Se você descobrir que o código requer uma quantidade significativa de código de aplicativo, é o caso de repensar a interface.

Compilador de trocas

Ao depurar as suas DLLs, use todos os erros de tempo de execução na guia Compiler da página Project Options. Esses incluem a faixa de verificação, verificação de I/O e verificação de código extra; verifique todas as opções de depuração nas guias de compilador. Marcando a opção **Use Debug DCUs** na guia Compiler, você será capaz de entrar no código ao depurá-lo (Figura 7.6).

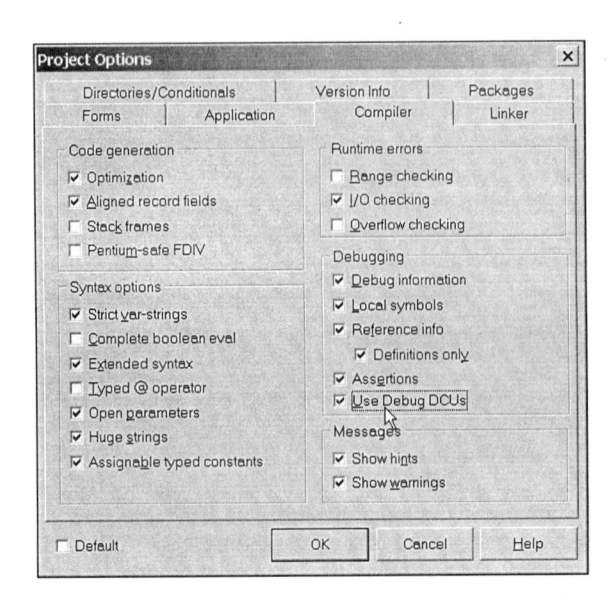

Figura 7.6 Marque a opção Use Debug DCUs na guia Compiler da Project Options. Isso permitirá que você rastreie o código VCL na depuração

Quando você tiver todos os erros fora de sua DLL e estiver pronto para encaminhá-la, desmarque as opções de erro de tempo de execução, as opções de depuração e faça uma montagem completa de seu aplicativo. Isso removerá o código depurado e reduzirá o tamanho de seu aplicativo compilado.

Como usar diretivas de compilador para acrescentar e remover dinamicamente código de teste

É dispendioso escrever código com o objetivo de depurar e testar. Use as diretivas condicionais de compilador para desmontar ou incluir automaticamente o código de depuração, conforme o caso. Você pode usar a diretiva condicional de compilação {$IFOPT} {$SENDIF} com a troca D+ para incluir o código de depuração de uma vez. Use D- para incluir o código se as informações de depuração estiverem desabilitadas.

O código depurado deve ser apenas de leitura. Isto é, ele não deve mudar o caminho de código executado, visto que ele resultará em comportamento divergente, o que é difícil de encontrar quando você alterna a posição de depuração. Considere o seguinte exemplo.

```
var
      Ratio, Numerator, Denominator : Integer;
begin
      Denominator := 0;
      Numerator := 10;
      {$ifopt D+}
            if( Denominator = 0 ) then
```

```
        begin
                // calculate approximation, log error or something
                Ratio := 0;
        end
        else
{$endif}
        Ratio := Numerator div Denominator;
        ShowMessage( IntToStr(Ratio));
end;
```

A listagem de código mostra mudança no caminho de código se as informações de depuração não estiverem incluídas. A primeira parte da declaração if then não será incluída quando as informações de depuração estiverem desativadas. Separar o código que é essencial para a depuração do código que encaminha e envolver o código de depuração na diretiva condicional de compilador oferece o efeito correto.

```
var
        Ratio, Numerator, Denominator : Integer;
begin
        Denominator := 0;
        Numerator := 10;
        try
                Ratio := Numerator div Denominator;
        except
                on EDivByZero do
                begin
                        Ratio := 0;
                        {$IFOPT D+}
                                // calculate approximation, log error or something
                        {$endif}
                end;
        end;
        ShowMessage( IntToStr(Ratio)); ·
end;
```

A revisão melhora consideravelmente o código. Um acionador de exceção pega a divisão por zero assim: nenhuma condicional supérflua if é verificada, e o código de depuração que registra o erro ou realiza alguma outra operação adequada é independente do código, que será encaminhado com o aplicativo. Conseqüentemente, o código de depuração não cria potencial para introduzir comportamento extra baseado na posição das opções do compilador.

Programação thin-client

A programação *thin-client* reina já há muitos anos. Antes mesmo de OLE tornar-se ActiveX e depois COM, Delphi suporta a programação *thin-client*. Thin clients são aplicativos que contêm uma fachada semelhante a um cenário barato de Hollywood. A casa parece real, mas não há cômodos. *Thin clients* contêm mais do que isso, mas, no mundo real, eles contêm apenas as informações necessárias para apresentar dados. As regras comerciais que fornecem o comportamento lógico, além de como a interface se comporta, estão contidas em uma DLL. O objetivo é facilitar a mudança de clientes, sem precisar reimplementar, ou mesmo revisitar, a DLL. Na era da Internet, muitos gerenciadores anteciparam aplicativos que podiam ser reimplementados por menor custo para a Web. Enquanto clientes precisam ser executados em *desktops*, aplicativos de servidor podiam ser executados mais rapidamente, residindo em possantes hardware servidores.

> **NOTA**
>
> Quanto as empresas dispõem-se a pagar por computação distribuída, este fato torna-se tangível quando você vê os históricos preços das ações de empresas como a Citrix Systems. A Citrix produz o WinFrame, um produto com o qual faz tomadas de aplicativos — realmente um thin client — e envia através de WANs — Wide Area Network (Rede remota). WinFrame permite que programas antigos, lentos, monolíticos pareçam ser aplicativos thin-client *distribuídos*. Esses servidores WinFrame custam várias centenas de milhares de dólares.

Todavia, se os desenvolvedores tiverem que voltar para o antigo estilo estruturado de programação para criar objetos servidores comerciais, então os ganhos atuais em potencial para definir novos clientes seria contado por perdas de produtividade. Felizmente, você não precisa usar um estilo estruturado de programação. Existem duas boas escolhas; uma antiga e uma mais nova. Você pode usar interfaces abstratas Delphi e passar objetos de DLLs ao aplicativo (o que é suportado na Object Pascal original) ou pode usar o protocolo COM e DCOM da Microsoft. Ambas são suportadas pelo Delphi. Usar interfaces abstratas no Delphi ou usar COM e DCOM são tipos de técnicas paralelas; ambas oferecem um meio de usar objetos através de processos vinculados. A diferença mais significativa está na maneira como elas são implementadas, e COM e DCOM são tornadas genéricas para linguagens, incluindo (mas não limitadas a) Delphi. COM e DCOM serão discutidas nos capítulos finais deste livro, onde exemplos práticos poderão ser empregados. O restante deste capítulo demonstra como definir os servidores e passar referências a objetos comerciais através de processos vinculados.

Como usar classe de referências

Uma classe de referência define um tipo igual a uma classe. A sintaxe é TTypeClass = class of TType, onde TTypeClass, por convenção, é o tipo da classe com a palavra class anexada ao final e TType refere-se à classe para a qual você está definindo uma referência. Classes como TTypeClass são chamadas de *metaclasses*.

```
type
     TClass = class of TObject;
```

A definição estabelece um novo tipo TClass. Declarando uma variável TClass, você está declarando uma variável que é uma referência a uma classe. Normalmente, quando você escreve código como Foo(AOwner : TComponent) o compilador espera uma referência a um objeto. Entretanto, se você declarar um tipo de classe referência TButtonClass = class of TControl e definir um método Foo(AButtonClass : TButtonClass), o compilador não está esperando uma referência a um objeto, ele está esperando uma referência a uma classe; AButtonClass não é uma instância, é uma classe. Observe o seguinte código.

```
unit UClassOfDemo;
interface
uses
      Windows, Messages, SysUtils, Classes, Graphics, Controls,
Forms, Dialogs,
      StdCtrls, ExtCtrls, Buttons;
type
      TButtonClass = class of TControl;
      TForm1 = class(TForm)
           RadioGroup1: TRadioGroup;
           procedure RadioGroup1Click(Sender: TObject);
      private
           { Private declarations }
           Procedure CreateButton( ButtonClass : TButtonClass );
      public
           { Public declarations }
           Procedure OnClick( Sender : TObject );
           Procedure ClearButtons;
      end;
var
      Form1: TForm1;
implementation
{$R *.DFM}
procedure TForm1.ClearButtons:
var
      I : Integer;
```

```
begin
    for I := 0 to ControlCount - 1 do
        if( Controls[I] Is TButton ) or (Controls[I] Is
TSpeedButton)then
            Controls[I].Free;
end;
type
    TFudgeControl = class(TControl);
procedure TForm1.CreateButton(ButtonClass: TButtonClass);
var
    AButton : TControl;
begin
    AButton := ButtonClass.Create(Self);
    try
        AButton.Parent := Self;
        TFudgeControl(AButton).Caption := ButtonClass.ClassName;
        TFudgeControl(AButton).OnClick := OnClick;
        AButton.SetBounds( 1, 1, 75, 25 );
    except
        AButton.Free;
    end;
end;
procedure TForm1.OnClick(Sender: TObject);
begin
    ShowMessage( Sender.ClassName );
end;
procedure TForm1.RadioGroup1Click(Sender: TObject);
const
    BUTTONS : array[0..2] of TButtonClass = (TBitBtn, TButton,
                                              TSpeedButton);
begin
    ClearButtons;
    CreateButton( BUTTONS[ RadioGroup1.ItemIndex ] );
end;
end.
```

Um grupo *radio* é acrescentado ao formulário. Quando o grupo *radio* é clicado, dinamicamente o código cria um botão do tipo indicado (Figura 7.7). Existem quatro métodos na classe formulário: o método de evento RadioGroup1Click responde a um clique de um botão no grupo *radio*; o método de evento OnClick será designado a um botão dinamicamente criado; o método Clear Buttons mantém o número de botões em um.

Na interface pública, um tipo de classe-referência é definido como TButtonClass = calls of TControl. TControl foi usado, pois TSpeedButton é um controle baseado em gráfico e TButton e TBitBtn têm ancestrais semelhantes. TControl era o ancestral comum mais próximo. Partindo do primeiro método listado, o acionador de eventos Click do grupo *radio* usa o índice de item para determinar qual tipo de controle é solicitado. O *arrays* BUTTONS contém um *array* de três elementos, todos tipos apropriados a TButtonClass. Quaisquer botões existentes são retirados do formulário, e o tipo de botão resultante — uma referência a uma classe, não um objeto — é passado como o argumento a CreateButton.

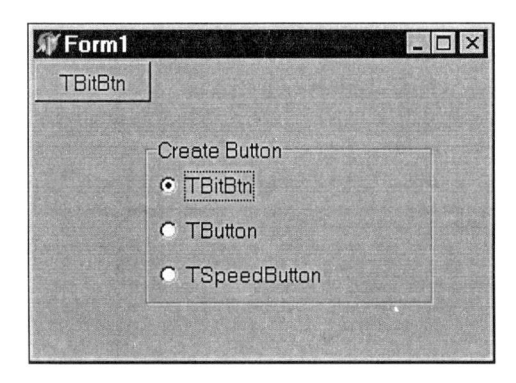

Figura 7.7 Clique um item radio e a listagem de código anterior cria, dinamicamente, o tipo de botão indicado

Note que CreateButton não se importa com o tipo da classe; tudo o que ele precisa saber é que ela é uma referência a TButtonClass. A referência à classe passada no parâmetro ButtonClass é usada para chamar o construtor polimórfico certo, com base no tipo de botão passado. Uma vez que AButton é definido como um TControl, o que define Parent, Caption e OnClick como métodos protegidos, é usado um *alias* para TControl. (Lembre-se de que métodos protegidos são acessíveis em uma unidade na qual eles são definidos. TFudgeControl torna protegidos os atributos acessíveis.) Visto que temos certeza de que apenas classes adequadas serão passadas a CreateButton porque ela é privada, o código funcionará de maneira confiável. A conclusão é que um bloco de código pode ser capaz de criar vários objetos.

Como definir classes abstratas puramente virtuais

Uma classe abstrata puramente virtual é uma classe cujos membros são todos abstratos. Nenhuma instância atual de classes abstratas será criada; elas existem simplesmente com o objetivo de definir os métodos que as classes filho precisam suportar. Um método puramente abstrato tem as diretivas de compilador virtual e abstract rotuladas dentro do final da classe.

```
type
    IAbstract = class
    public
        procedure NoImplementation; virtual; abstract;
    end;
```

A listagem de código define uma classe abstrata, IAbstract, com um método NoImplementation. NoImplementation não terá código definido na seção de implementação. O I em vez do prefixo T é usado por convenção. (COM também usa a convenção de prefixar I em interfaces.) A partir da listagem, sabemos que IAbstract é tornada subclasse de TObject por padrão e que todas as classes filho de IAbstract implementarão, no mínimo, NoImplementation.

```
type
      TSubClass = class(IAbstract)
      public
            procedure NoImplementation; override;
end;

implementation
      procedure TSubClass.NoImplementation;
      begin
            // some code
      end;
```

TSubClass é descendente de IAbstract e tem um método corpo contendo o código que implementa NoImplementation. Porque a classe pai é abstrata, você não precisa chamar o método herdado.

O benefício de classes abstratas é que você pode definir tantas subclasses de um pai abstrato quantas precisar. Declarando variáveis do tipo IAbstract, mas implementando objetos de tipo subclasse, você pode definir código dinâmico que pode implementar qualquer subclasse no tempo de execução. Usar classes abstratas dessa maneira é coerente com a maneira como COM trabalha; mais importante, você pode usar classes abstratas para definir uma interface e implementar a interface onde quiser. A interface pode existir em um outro aplicativo, por exemplo. Essa é a chave para a programação *thin client* em ambos, código original Delphi e COM.

Como criar uma DLL baseada em objeto

Da seção sobre procedimentos de chamar DLL, conforme visto anteriormente neste capítulo, utilizaremos a idéia de um simples gerenciador de contato. Para tornar o código mais robusto e mais fácil de usar, os contatos serão definidos como uma classe, e uma lista de contatos será criada para armazenar e gerenciar itens de contato. Por si mesma, a DLL será incapaz de apresentar dados ao usuário, mas saberá tudo sobre os contatos e as listas de contatos. (O aplicativo cliente será definido na próxima seção.)

Capítulo 7 - *Classes abstratas e interfaces estáticas* | **249**

Como estaremos definindo um aplicativo *thin-client* para gerenciar a entrada de dados do gerenciador de contato, precisaremos definir uma interface abstrata, incluída em ambos — aplicativo cliente e DLL. A implementação atual da classe de contato e a lista só serão definidas na DLL.

```
unit XContact;
// XContact.pas - Contains abstract implementation of a contact
      and contact list.
// Copyright (c) 2000. All Rights Reserved.
// by Software Conceptions, Inc. Okemos, MI USA (800) 471-5890
// Written by Paul Kimmel

interface
uses
      classes;

type
      IContact = class; // forward declaration
      IContactList = class;
      TContactClass = class of IContact;
      TContactClass = class of IContactList;
      IContact = class
      protected
            function GetEMail: string; virtual; abstract;
            function GetName: String; virtual; abstract;
            function GetPhone: String; virtual; abstract;
            procedure SetEmail(const Value: string); virtual; abstract;
            procedure SetName(const Value: String); virtual; abstract;
            procedure SetPhone(const Value; String); virtual; abstract;
      public
            constructor Create( const Name, Phone, EMail : String );
virtual;
            property Name : String read GetName write SetName;
            property Phone : String read GetPhone write SetPhone;
            property EMail : string read GetEMail write SetEmail;
end;

IContactList = class
protected
      function GetList : TList; virtual, abstract;
      function GetContact( Index : Integer ) : IContact; virtual;
                  abstract;
      procedure SetContact( Index : Integer; const Value :
                  IContact); virtual; abstract;
      function GetCount : Integer; virtual; abstract;
public
      constructor Create; virtual;
      procedure Add( Contact : IContact ); virtual; abstract;
      procedure Remove( Contact : IContact ); virtual; abstract;
```

```
        property Contacts[Index : Integer] : IContact read GetContact
                    write SetContact; default;
        property List : TList read GetList;
        property Count : Integer read GetCount;
end;

implementation
{ IContactList }
constructor IContactList.Create;
begin
        inherited;
end;
{ IContact }
constructor IContact.Create( const Name, Phone, EMail : String );
begin
        inherited Create;
        Self.Name := Name;
        Self.Phone := Phone;
        Self.EMail := EMail;
end;
end.
```

A unidade XContact.pas define dois tipos que são classes referenciadas às classes abstratas, IContact e IContactList. Estas são necessárias para passar as classes implementadas através da DLL ao aplicativo que está chamando. Em sua maioria, as classes abstratas definem apenas uma interface e são compostas por métodos abstratos virtuais, sem dados. Observe que métodos de propriedade virtual e abstract são usados para representar dados (leia o Capítulo 8 para saber mais sobre propriedades). A classe abstrata é a única representação do contato e das listas de contatos que o aplicativo cliente obterá.

A implementação de contatos e listas de contatos é definida em UImpContact. Apenas a DLL terá a implementação das duas classes. Se o cliente também tivesse a implementação, não haveria benefício em usar a DLL.

```
unit UImpContact;
// UImpContact.pas - Contains the implementation of contact and
//      contact list
// Copyright (c) 2000. All Rights Reserved.
// by Software Conceptions, Inc. Okemos, MI USA (800) 471-5890
// Written by Paul Kimmel
interface
uses
        XContact, Classes, SysUtils;
type
        TContact = class(IContact)
private
        FEMail : String;
        FName : String;
        FPhone : String;
```

```
    protected
        function GetEMail: string; override;
        function GetName: String; override;
        function GetPhone: String; override;
        procedure SetEmail(const Value: string); override;
        procedure SetName(const Value: String); override;
        procedure SetPhone(const Value: String); override;
    public
        property Name : String read GetName write SetName;
        property Phone : String read GetPhone write SetPhone;
        property EMail : String read GetEMail write SetEmail;
end;

TContactList = class(IContactList)
private
        FList : TList;
protected
        function GetList : TList; override;
        function GetContact( Index : Integer ) : IContact; override;
        procedure SetContact( Index : Integer; const Value : IContact); override;
        function GetCount : Integer; override;
public
        constructor Create; override;
        procedure Add( Contact : IContact ); override;
        procedure Remove( Contact : IContact ); override;
        destructor Destroy; override;
        property Contacts[Index : Integer] : IContact read GetContact write SetContact;
        property List : TList read GetList;
        property Count : Integer read GetCount;
end;

implementation

{ TContact }

function TContact.GetEMail: string;
begin
        result := FEMail;
end;

function TContact.GetName: String;
begin
        result := FName;
end;

function TContact.GetPhone: String;
begin
result := FPhone;
end;
```

```
procedure TContact.SetEmail(const Value: string);
begin
      FEmail := Value;
end;

procedure TContact.SetName(const Value: String);
begin
      FName := Value;
end;

procedure TContact.SetPhone(const Value: String);
begin
      FPhone := Value;
end;

{ TContactList }

constructor TContactList.Create;
begin
            inherited;
      FList := TList.Create;
end;

destructor TContactList.Destroy;
begin
      while( FList.Count > 0 ) do
      begin
            TContact(FList.Items[0]).Free;
            FList.Delete(0);
      end;
      FList.Free;

      inherited;
end;

procedure TContactList.Add( Contact : IContact );
begin
      FList.Add( Contact );
end;

procedure TContactList.Remove( Contact : IContact );
begin
      FList.Remove( Contact );
end;

function TContactList.GetContact(Index: Integer): IContact;
begin
      result := TContact(FList.Items[Index]);
end;
```

```
function TContactList.GetCount: Integer;
begin
      result := FList.Count;
end;

function TContactList.GetList: TList;
begin
      result := FList;
end;
procedure TContactList.SetContact(Index: Integer; const Value:
IContact);
begin
      FList.Insert( Index, Value )
end;
end.
```

Existem aqui algumas surpresas. A chave para lembrar é que apenas a DLL sabe como as coisas são implementadas. A fonte da biblioteca também é direta: exporta duas funções que retornam uma referência para a TContactClass e a TContactListClass. Retorne os formulários implementados dessas classes, não a versão abstrata.

```
library NewContactServer;
uses
      ShareMem,
      SysUtils,
      Classes,
      XContact in 'XContact.pas',
      UImpContact in 'UImpContact.pas';
{$R *.RES}
function ContactClass : TContactClass;
begin
      result := TContact;
end;
function ContactListClass : TContactListClass;
begin
      result := TContactList;
end;
exports
      ContactClass, ContactListClass;
begin
end.
```

Isso é tudo para a DLL. Se você examinar o código atentamente, perceberá que a única diferença entre a DLL e qualquer aplicativo é a camada de interface de classe abstrata acrescentada. Vejamos agora como o cliente é implementado.

Como criar um thin client

Agora que a DLL está completa (veja a seção anterior), o cliente é fácil. O formulário na Figura 7.8 foi criado para facilitar o acréscimo, a remoção e a localização os contatos. Além dos componentes pintados no formulário, o aplicativo cliente é muito simples.

```
unit UTestContact;
interface
uses
      Windows, Messages, SysUtils, Classes, Graphics, Controls,
Forms, Dialogs,
      StdCtrls, XContact, ComCtrls;
type
      TForm1 = class(TForm)
            Label1: TLabel;
            Label2: TLabel;
            Label3: TLabel;
            EditName: TEdit;
            EditPhone: TEdit;
            EditEMail: TEdit;
            ButtonAdd: TButton;
            ButtonRemove: TButton;
            ButtonFind: TButton;
            StatusBar1: TStatusBar;
            procedure FormCreate(Sender: TObject);
            procedure FormDestroy(Sender: TObject);
            procedure ButtonAddClick(Sender: TObject);
            procedure ButtonRemoveClick(Sender: TObject);
            procedure ButtonFindClick(Sender: TObject);
      private
            { Private declarations }
            FCurrentContact : IContact;
            ContactList : IContactList;
            Procedure UpdateCount( Count : Integer );
      public
            { Public declarations }
      end;
var
      Form1: TForm1;

implementation
{$R *.DFM}

function ContactClass : TContactClass; external
'NewContactServer.dll';
function ContactListClass : TContactListClass; external
'NewContactServer.dll';

procedure TForm1.FormCreate(Sender: TObject);
```

```
begin
      FCurrentContact := Nil;
      ContactList := ContactListClass.Create;
end;

procedure TForm1.FormDestroy(Sender: TObject);
begin
      ContactList.Free;
end;

procedure TForm1.ButtonAddClick(Sender: TObject);
begin
      FCurrentContact := ContactClass.Create( EditName.Text,
      EditPhone.Text. EditEMail.Text );
      ContactList.Add( FCurrentContact );
      UpdateCount( ContactList.Count );
end;

procedure TForm1.ButtonRemoveClick(Sender: TObject);
begin
      if( Assigned(FCurrentContact)) then
      begin
            ContactList.Remove( FCurrentContact);
            UpdateCount( ContactList.Count );
      end;
end;

procedure TForm1.ButtonFindClick(Sender: TObject);
var
      I : Integer;
begin
      for I := 0 to ContactList.Count - 1 do
            if( ContactList[I].Phone = EditPhone.Text ) then
            begin
                  FCurrentContact := ContactList[I];
                  EditName.Text := FCurrentContact.Name;
                  EditPhone.Text := FCurrentContact.Phone;
                  EditEMail.Text := FCurrentContact.EMail;
                  exit;
            end;
      MessageDlg( 'Contact phone number not found', mtInformation,
      [mbOK], 0);
end;

Procedure TForm1.UpdateCount( Count : Integer );
begin
      StatusBar1.SimpleText := Format( 'Count: %d', [Count] );
end;
end.
```

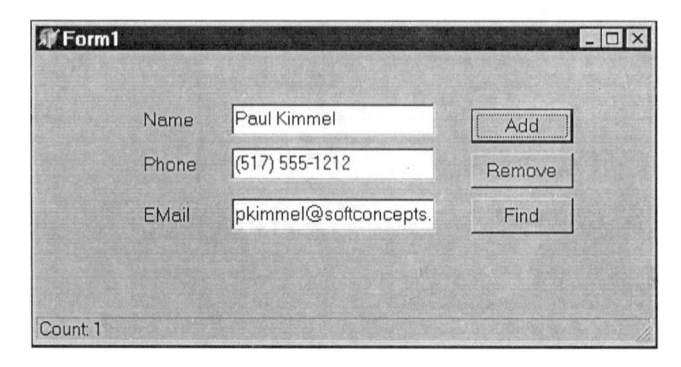

Figura 7.8 O exemplo de formulário de entrada de dados para testar as classes Contact e ContactList

A classe contém os controles para formar a interface e cinco métodos de evento. FormCreate e FormDestroy iniciam as referências abstratas FCurrentContact e FContactList, e os métodos de evento de clique iniciam os comportamentos de acréscimo, remoção e busca.

Na seção de implementação, as funções DLL ContactClass e ContactListClass são importadas, oferecendo acesso à versão de implementação de contatos e à lista de contatos. (Observe, a partir da cláusula uses na interface, que apenas as classes abstratas são usadas diretamente.) FormCreate demonstra como uma ContactList atual é montada, usando a referência ContactListClass, a qual é uma TContactList. (Seria um erro instanciar uma IContactList, a referência tipo declarada.) As funções de serviço importadas oferecem acesso aos objetos implementados, e o restante simplesmente chama os métodos quando eles são necessários.

E aí está. Tudo o que é necessário para usar um objeto através de um processo vinculado é ter uma interface abstrata, a qual indica o que está disponível para usar, e a DLL retorna uma versão em subclasse, que implementa a interface. Este também é um exemplo muito bom de como COM trabalha. Agora que você pode gerenciar os aspectos técnicos, a complexidade da DLL fica com você.

Resumo

O Capítulo 7 cobriu uma variedade de tópicos que suportam a programação *thin-client* e a criação de DLLs. O Delphi suporta passar objetos diretamente através de módulos vinculados. Entender interfaces e classes de referência facilita escrever DLLs reutilizáveis que contêm a sua lógica comercial. Este capítulo também é um bom precursor para entender o COM — Commom Object Model. As semelhanças entre interfaces abstratas do Delphi e as interfaces COM são maiores do que as diferenças. Use as técnicas deste capítulo para escrever aplicativos em Delphi homogêneos e DLLs para pular uma pedra, para entender melhor COM.

Capítulo 8

Como programar propriedades avançadas

As propriedades são essenciais a qualquer ambiente RAD — Rapid Application Development. Dados simples não são inteligentes o bastante para trabalhar em um ambiente em tempo de desenvolvimento, quando os atributos são visualmente manipulados para criar um efeito. Provavelmente, Bjarne Stroustrop sabia disso quando criou a linguagem de programação C++, pois com a sobrecarga de operação é possível redefinir operadores que atuam em objetos. Assim, quando um programa C++ é apresentado a um objeto com um operando à esquerda ou à direita, um método de operador de sobrecarga deve ser chamado. Mas, em ambientes em tempo de desenvolvimento, essa era uma solução muito complexa. Uma solução melhor para o gerenciamento de dados foi criar dados possíveis de serem acessados através de métodos de acesso a leitura e escrita. A propriedade resolveu esse problema. Visual Basic tem propriedades em tempo de desenvolvimento, mas o código que gerencia o que acontece quando você designa valores às propriedades, ou lê propriedades, está além do seu controle. Delphi, de fato, foi o primeiro programa que tornou a leitura e a escrita de dados intuitiva e consistente.

A propriedade idioma reúne tudo. Mensagens e eventos oferecem conectividade ao Windows, métodos descrevem o que um objeto faz, dados descrevem o que um objeto sabe e as propriedades oferecem acesso restrito a dados privados através de métodos sentinela, denominados de especificadores de acesso a propriedade. Evitar corrupção de dados foi uma das promessas de C++. Delphi cumpre essa promessa através de especificadores de acesso a propriedade. Se os dados são usados corretamente dentro da classe, e os especificadores de acesso restringem como os campos privados são usados, então os seus dados devem ser incorruptíveis.

Neste capítulo, examinaremos cada aspecto das propriedades. Você aprenderá como escrever propriedades *array*, propriedades índice e propriedades virtuais. O capítulo também demonstrará como definir propriedades padrão e valores armazenados. Ao terminar este capítulo, você terá um quadro completo de programação orientada a objeto em Delphi.

Declarações de propriedades

As propriedades são representações de dados; elas são as entradas. Em geral, uma propriedade representa dados privados, chamados de campos no jargão da Object Pascal. A convenção é nomear um campo privado com um prefixo F e soltar o F para derivar o nome de propriedade. Geralmente, o nome da propriedade é público ou publicado. Normalmente, propriedades publicadas são reservadas a componentes. Uma declaração de propriedade tem essa sintaxe geral:

```
property PropertyName: DataType read ReadIdentifier write
WriteIdentifier;
```

É necessária a palavra-chave property. O valor PropertyName normalmente é o valor de campo subjacente que a propriedade representa, menos o prefixo F. Portanto, se uma propriedade representa dados usados para armazenar um nome, então o campo privado deveria ser FName e a propriedade seria Name. Se o tipo apropriado de dados fosse uma *string*, então DataType deveria ser uma *string* tanto para o campo como para a propriedade. ReadIdentifier e WriteIdentifier podem ser o campo. A seguir está uma classe que contém o nome de propriedade e o campo adequadamente definidos.

```
type
      TContact = class
      private
            FName : String;
      public
            property Name : String read FName write FName;
      end;
```

Quando você define uma instância de TContact e escreve Contact.Name, na verdade, está modificando o campo de dados FName. O exemplo anterior demonstra o uso mais simples de uma propriedade. No entanto, esse uso não oferece mais controle sobre FName do que se você tivesse que definir FName como um elemento público de dados.

Especificadores de acesso

Às vezes, é suficiente ter propriedades que encaminhem para dados. Outras vezes, você pode querer controlar como os dados são lidos ou escritos. Considere uma propriedade TStrings. Imagine que um contato tenha uma lista de possíveis números de telefone, mas que nem sempre eles são acessados. Você pode querer definir uma longa instância das *strings*. Poderia escrever um algoritmo que acompanhasse a lógica específica da longa instância.

On read instantiate and initialize the list of phone numbers.

A classe que segue demonstra isso.

```
type
      TContact = class
      private
            FName : String;
            FPhoneNumbers : TStrings;
            Function CreatePhones : TStrings;
      protected
            function GetPhoneNumbers : TStrings;
            procedure SetPhoneNumbers( const Value : TStrings );
      public
            constructor Create; virtual;
            destructor Destroy; override;
            property Name ; String read FName write FName;
            property PhoneNumbers : TStrings read GetPhoneNumbers write SetPhoneNumbers;
end;
```

> **NOTA**
>
> *Na listagem, observe que é declarada uma TStrings, mas é criada uma TStringList. TStrings é um tipo abstrato, portanto qualquer subclasse de TStrings poderia ser usada. Muitos procedimentos existentes esperam uma TStrings. Assim, se você declarar uma TStrings, os dados serão compatíveis com procedimentos existentes, porém acessar uma instância de TStrings provoca um erro EAbstractError. Como regra geral, declare uma variável ou um parâmetro como superclasse abstrata, se uma estiver definida, e passe uma instância de uma subclasse.*

A propriedade Name ainda lê e escreve diretamente no campo. No entanto, se o campo Name persistir, você pode querer definir um método write que tenha marcado o objeto como modificado, para garantir que mudanças foram salvas (em um banco de dados ou em outro suporte de dados). A propriedade PhoneNumber demonstra os métodos read e write. Em vez de ler e escrever diretamente no campo quando object. PhoneNumbers é usada, GetPhoneNumbers é chamada quando PhoneNumbers é usada como um rvalue, e SetPhoneNumbers é chamada quando PhoneNumbers é usada como um valor.

Usar métodos de acesso significa simplesmente que uma função ou procedimento é chamado quando a propriedade é referenciada. A implementação do TContact atualizado demonstra como criar uma instância longa de PhoneNumbers no primeiro acesso.

```
implementation
constructor TContact.Create;
begin
      inherited;
      FPhoneNumbers := Nil;
end;
function TContact.CreatePhones : TStrings;
begin
      if( Not Assigned(FPhoneNumbers)) then
            FPhoneNumbers := TStringList.Create;
      result := FPhoneNumbers;
end;
destructor TContact.Destroy;
begin
      FPhoneNumbers.Free;
      inherited;
end;
function TContact.GetPhoneNumbers: TStrings;
begin
      result := CreatePhones;
end;
procedure TContact.SetPhoneNumbers(const Value: TStrings);
begin
      if( Value = FPhoneNumbers ) then exit;
      PhoneNumbers.Assing( Value );
```

```
end;
procedure TForm1.Button1Click(Sender: TObject);
begin
    with TContact.Create do
    begin
        PhoneNumbers := ListBox1.Items;
        Free;
    end;
end;
```

O construtor inicia o campo de números de telefone para nulo. É boa prática iniciar dados, ainda que apenas para Nil. Quando PhoneNumbers é usado como um rvalue, GetPhoneNumbers chama CreatePhone, que cria uma instância de TStringList, se FPhoneNumbers ainda for equivalente a Nil, e retorna a referência a FPhoneNumbers. De qualquer forma, a referência é sempre retornada. SetPhoneNumbers garante que o novo valor não seja realmente uma referência ao valor atual e que exista por si só. Se o parâmetro Value representa um novo conjunto de números, então o PhoneNumbers.Assign(Value) é chamado para garantir que os valores na lista *string* de parâmetros estejam adequadamente designados às *strings* FPhoneNumbers. Observe que PhoneNumbers é a propriedade usada, e não FPhoneNumbers. A utilização de PhoneNumbers em SetPhoneNumbers representa uma utilização de lvalue; isto é, ele chama o método de acesso de leitura, o qual garante a existência da *string* de números de telefone.

O destruidor limpa corretamente as *strings* FPhoneNumbers. O método de evento Button1Click demonstra como designar a propriedade de números de telefone de uma caixa de lista de *strings*. Se o controle de fluxo não estiver claro para você, crie um novo projeto, marque o Use Debug DCUs na guia Compiler nas opções Projects e percorra cada linha do código.

Especificadores de acesso de leitura

Os especificadores de acesso de leitura são sempre uma função que retorna um argumento do tipo da função. Por convenção, o nome de função recebe o prefixo Get, seguido do nome da propriedade, conforme demonstrado na listagem. O especificador de acesso de leitura para PhoneNumber é:

```
function GetPhoneNumbers : TStrings;
```

Especificadores de acesso de leitura para propriedades *array* e propriedades indexadas tomam um único argumento, representando o valor do índice. Veja as seções sobre propriedades *array* e índice para mais detalhes.

Especificadores de acesso de escrita

Os especificadores de acesso de escrita são sempre procedimentos que tomam um único argumento. A convenção para a lista de parâmetro é const Value: DataType, onde DataType é o mesmo tipo que a propriedade. Por convenção, Set prefixado ao nome da propriedade é a convenção de nomeação para especificadores de acesso de escrita. Portanto, o método de acesso de escrita para PhoneNumbers é:

```
procedure SetPhoneNumbers( const Value : TStrings );
```

Especificadores de acesso de escrita para propriedades *array* e propriedades indexadas tomam dois argumentos. O primeiro representa o índice, e o segundo é o novo valor. Veja as seções sobre propriedades *array* e propriedades de índice para mais detalhes.

Como definir propriedades apenas de leitura e apenas de escrita

Algo que você não pode fazer apenas com dados é torná-los apenas de leitura ou apenas de escrita. Para tornar dados apenas de leitura, defina um acesso de leitura; para tornar dados apenas de escrita, declare apenas um acesso de escrita. As propriedades apenas de leitura são semelhantes a constantes. Os usuários de sua classe não podem modificar propriedades apenas de leitura; isso garante que as propriedades não serão modificadas de forma inadequada. Tecnicamente, as propriedades apenas de escrita são possíveis, mas raramente úteis, se houver.

Garantia contra mudanças de propriedade intensa em processador

Os dados que ocasionam uma atualização intensa em processador podem gastar um tempo precioso da CPU, se os dados forem desnecessariamente atualizados. Texto escrito para um campo de banco de dados ou gráficos escritos para a propriedade quadro de um controle de imagem podem ser marcados no especificador de acesso de escrita em propriedades, garantindo que apenas os novos dados, ou os dados alterados, sejam atualizados.

```
TMyGraphicControl = class(TCustomControl)
private
     FImage : TImage;
protected
     function GetPicture : TPicture;
     procedure SetPicture( const Value : TPicture );
```

```
public
      constructor Create( AOwner : TComponent ); override;
      destructor Destroy; override;
      property Picture : TPicture read GetPicture write SetPicture;
end;
implementation
constructor TMyGraphicControl.Create(AOwner:TComponent);
begin
            inherited;
      FImage := TImage.Create(AOwner);
      FImage.Parent := Self;
      FImage.Align := alClient;
end;

destructor TMyGraphicControl.Destroy;
begin
      FImage.Free;
      inherited;
end;

function TMyGraphicControl.GetPicture : TPicture;
begin
      result := FImage.Picture;
end;

procedure TMyGraphicControl.SetPicture(const Value: TPicture);
begin
      if( FImage.Picture = Value ) then exit;
      FImage.Picture.Assign(Value);
      Repaint;
end;
```

O acesso SetPicture verifica a propriedade Picture para garantir que Value não é um *alias* para FImage.Picture. Infelizmente, esse tipo de verificação não pegará imagens idênticas em controles separados. O código precisaria ser mais elaborado do que uma equivalência de teste. Se os objetos quadro não forem o mesmo objeto, então o valor de quadro será designado pela chamada ao método Assign, o qual chama o acesso SetGraphic em TImages e cria um novo objeto Graphic, usando o construtor da classe gráfica para copiar a imagem subjacente. Finalmente, o método repaint é chamado e envia uma mensagem repaint ao controle.

Ao testar o código que verifica a designação para ele mesmo, você pode usar a caixa de diálogo Evaluate/Modify (Avaliar/Modificar), mostrada na Figura 8.1, para examinar o objeto de referência. Acrescentar uma vírgula P (,P) ao final do campo Expression (veja a Figura 8.1), exibirá o endereço do objeto. Se dois endereços forem idênticos, então as duas referências pertencem ao mesmo objeto. Delphi oferece especificadores de formato para a caixa de diálogo Evaluate/Modify, que formatará os dados no campo Result (resultado). (A Tabela 8.1 contém uma lista completa dos especificadores de formato.)

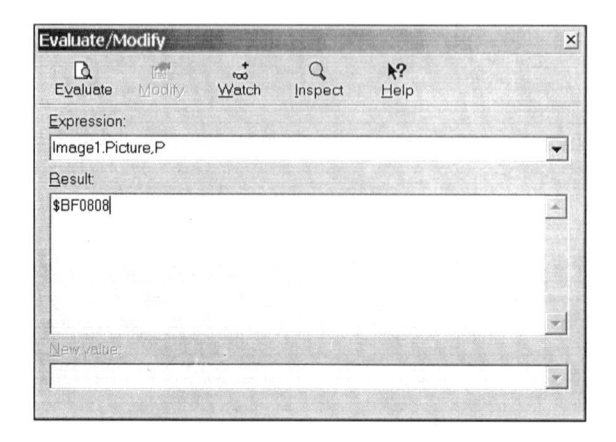

Figura 8.1 Use o especificador de formato R para ver o conteúdo de um objeto

Tabela 8.1 Formatação de caracteres para a caixa de diálogo Evaluate/Modify mostrada na Figura 8.1. Você pode ver os dados de uma maneira mais significativa

Especificador	Tipos afetados	Descrição
,C	Caracteres e *strings*	Exibe caracteres ASCII de 0 a 31 no formato #número Pascal
,S	Caracteres e *strings*	Exibe caracteres ASCII de 0 a 31 no formato #número Pascal
,D	Inteiros	Exibe valores inteiros em formato decimal
,H ou ,X	Inteiros	Exibe inteiros em formato hexadecimal com prefixo $
,Fn	Ponto de flutuação	Exibe n dígitos significativos, onde 2<= n <=18. O padrão é exibir 11 dígitos significativos
,P	Indicadores	Exibe endereços de 32 bits
,R	Registros ou objetos	Exibe os atributos em registros ou objetos, incluindo os nomes e valores de campo
,nM	Todos	Exibe um despejo de memória bruta com n bytes de comprimento. O padrão é a formatação hexadecimal de dois dígitos. Use nM com C, D, H, X ou S para mudar a formatação.

Use os especificadores de formatação na caixa de diálogo Evaluate/Modify (Figura 8.1) para exibir a vista de dados de uma maneira que é mais significativa para resolver o seu problema. Abra a caixa de diálogo Evaluate/Modify, colocando o cursor de editor de código nos dados que deseja ver e pressione **Ctrl+F7**. Você pode avaliar ou modificar dados simples ou objetos e escrever expressões complexas no campo Expression.

Use Assign para designar objeto

Com freqüência, objetos exigem uma instância mais profunda para garantir que valores de campo estão corretamente designados aos campos do objeto de destino. A classe TPersistent introduz os métodos Assign e AssignTo, que oferecem comportamento de instância profunda. Quando você designa um objeto, decide se quer referenciar o objeto ou uma instância do objeto. Use o operador de designação (:=) para designar uma referência a um objeto. Use o método Assign para fazer uma instância profunda dos atributos do objeto.

Se você estiver designando uma referência, não precisará de uma instância de um objeto; uma variável de referência será suficiente. Considere o seguinte código:

```
var
    A, B : TAssignableObject;
begin
    A := TAssignableObject.Create;
    B := TAssignableObject.Create;
    A := B; // error, B's object is lost causing a memory leak
end;
```

A listagem apresentada provoca um vazamento de memória. Vazamentos de memória são menos comuns no Delphi do que em C++, todavia podem acontecer. Esse tipo de vazamento de memória é conhecido nos círculos C++ como o *slicing problem* (problema de particionamento). Remova o objeto de criação do Objeto A, ou libere a memória referenciada por A antes de designar B para A. A := B significa que A é uma referência a B; isto é, eles são o mesmo objeto. Se você fosse escrever A.Assign(B), então A seria um objeto separado, ocupando a mesma posição de B.

Especificadores de armazenagem de propriedade

Os especificadores de armazenagem determinam como o tipo de informações de tempo de execução é mantido. Os especificadores de armazenagem default, nodefault e stored determinam quais propriedades publicadas estão armazenadas em arquivos .DFM quando você salva um módulo de formulário ou dados. Quando o Delphi salva um formulário, ele verifica a posição do componente e armazena propriedades publicadas com base nos especificadores de armazenagem indicados na declaração de propriedade.

```
unit UDemoStorage;
// UDemoStorage.pas - Contains several variations of storage specifiers
// Copyright (c) 2000. All rights Reserved.
// by Software Conceptions, Inc. Okemos, MI USA (800) 471-5890
// Written by Paul Kimmel
interface
```

```
uses
      Windows, Messages, SysUtils, Classes, Graphics, Controls,
      Forms, Dialogs;
type
      TDemoStorage = class(TComponent)
      private
            { Private declarations }
            FAnInteger : Integer;
            FAString : String;
            FADouble : Double;
            FASingle : Single;
            FColor : TColor;
            FFontStyles : TFontStyles; // set
            function IsStored : Boolean;
            function ImplicitDefault : Boolean;
      protected
            { Protected declarations }
      public
            { Public declarations }
      published
            { Published declarations }
            constructor Create( AOwner : TComponent ); override;
            property AnInteger : Integer read FAnInteger write FAanInteger
                  stored True default 13;
            property AString : String read FAString write FAString
                  stored Implicit Default;
            property ADouble : Double read FADouble write FADouble stored
            True;
            property ASingle : Single read FASingle write FASingle stored
            IsStored;
            property Color : TColor read FColor write FColor default
            clBlue;
            property FontStyles : TFontStyles read FFontStyles write
                  FFontStyles stored True default [fsItalic, fsBold];
      end;

procedure Register;

implementation

procedure Register;
begin
      RegisterComponents('PKTools', [TDemoStorage]);
end;
{ TDemoStorage }
constructor TDemoStorage.Create(AOwner: TComponent);
begin
      inherited;
FAnInteger := 13;
FColor := clBlue;
FFontStyles := [fsItalic, fsBold];
```

```
end;
function TDemoStorage.ImplicitDefault: Boolean;
begin
     if( FAString = EmptyStr ) then
          FAString := 'Default';
     result := True;
end;
function TDemoStorage.IsStored: Boolean;
begin
     result := FASingle > 0.0;
end;
end.
```

Depois de ler o restante desta seção, volte à listagem do código anterior para ter uma demonstração das diferentes combinações de especificadores de armazenagem.

Como usar armazenagem Default (Padrão) e Nodefault (Não padrão)

Por padrão, se um especificador de armazenagem estiver indicado, então um valor é armazenado para uma propriedade publicada apenas se o valor for modificado. A partir da listagem no início da seção, aqui estão dois exemplos de uso do especificador de armazenagem padrão.

```
property AnInteger : Integer read FAnInteger write FAnInteger
     stored True default 13;
property Color : TColor read FColor write FColor default clBlue;
property FontStyles : TFontStyles read FFontStyles write
     FFontStyles stored True default [fsItalic, fsBold];
```

DICA
Valores de propriedade são armazenados apenas quando nodefault é especificado e a armazenagem é True, ou quando um default é especificado e o valor é modificado para conter um valor que não o padrão. O programador é responsável por designar o valor padrão no construtor do objeto.

A primeira propriedade, AnInteger, indica que a propriedade está armazenada e o valor padrão é 13. Considere a extração de um arquivo .DFM contendo um objeto DemoStorae pintado no formulário, sem modificações.

```
object DemoStorage2: TDemoStorage
          AString = 'Default'
          Left = 120
          Top = 64
     end
```

No que se refere a AnInteger, um padrão de 13 sugere que o construtor iniciará AnInteger em 13 e depois a construção de propriedades serão lidas a partir do arquivo DFM. O valor padrão não é designado à propriedade; cabe ao programador fazer isso. O especificador de armazenagem padrão 13 significa que, se o valor não for 13, então ele deve ser armazenado. Observe que o padrão para Color é clBlue, e Color não é armazenado. Mude a propriedade Color para clRed e veja como .DFM faz a seleção.

```
object DemoStorage2: TDemoStorage
        AString = 'Default'
        Color = clRed
        Left = 120
        Top = 64
    end
```

Agora, Color está armazenada. O construtor é definido para designar a cor como clBlue. Quando o arquivo .DFM for lido, Color será modificada para conter o valor armazenado. Designando valores padrões, você estará indicando que definirá o construtor de maneira a iniciar as propriedades aos seus valores padrões. Isso reduz a quantidade de informações seqüenciadas para o arquivo DFM.

Como demonstra o conjunto de propriedade FontStyles, você pode indicar valores padrão para conjuntos. Os valores padrão são apenas diretamente suportados para conjuntos e tipos ordinais. Assim, as declarações de propriedade para AString, ADouble e ASingle não podem ter um especificador padrão. Você pode indicar se esses valores são armazenados ou não. Por padrão, números reais, indicadores e strings são iniciados para os seus equivalentes nulos e armazenados apenas se um valor não nulo for indicado no Object Inspector.

```
object DemoStorage2: TDemoStorage
        AString = 'Default'
        ASingle = 0.300000011920929
        Color = clRed
        Left = 120
        Top = 64
    end
```

Por exemplo, se .3 for colocado no campo de edição de ASingle, então a seleção .DFM conterá a propriedade ASingle (veja a extração anterior).

Como usar o especificador de armazenagem

Se nenhum especificador de armazenagem estiver indicado, então uma propriedade pública só é armazenada quando o valor no Object Inspector não for equivalente ao seu valor nulo. Para *strings*, isso é uma *string* vazia; para indicadores; um nulo e para números reais; 0. Você pode indicar que um valor está armazenado ou não, colocando True ou False depois da palavra-chave stored, ou pelo valor de uma função que retorne um booleano.

```
property AnInteger : Integer read FAnInteger write FAnInteger
    stored True default 13;
property AString : String read FAString write FAString
    stored ImplicitDefault;
```

Capítulo 8 - Como programar propriedades avançadas | **269**

```
property ADouble : Double read FADouble write FADouble stored
True;
property ASingle : Single read FASingle write FASingle stored
IsStored;
property Color : TColor read FColor write FColor default clBlue;
property FontStyles : TFontStyles read FFontStyles write
     FFontStyles stored True default [fsItalic, fsBold];
```

AnInteger é armazenado se, e apenas se, AnInteger não contiver o valor 13 no Object Inspector. (Voltaremos a AString e ASingle mais adiante.) ADouble é armazenado quando o valor não for 0. Color é armazenado por padrão quando o valor da propriedade Color não for clBlue. FontStyles é armazenado quando FontStyles não for [fsItalic, fsBold]. Se o especificador de armazenagem for False, então FontStyles será sempre [fsItalic, fsBold], independente do valor definido no Object Inspector. Por isso o valor não persiste.

As propriedades AString e ASingle usam uma função para decidir se elas são ou não armazenadas.

```
function TDemoStorqage.ImplicitDefault: Boolean;
begin
     if( FAString = EmptyStr ) then
            FAString := 'Default';
     result := True;
end;
function TDemoStorage.IsStored: Boolean;
begin
     result := FASingle > 0.0;
end;
```

DICA

Para simular um valor padrão em propriedades que não sejam conjuntos e ordinais, use uma função de armazenagem para ajustar dinamicamente o valor. Você não precisará designar as propriedades desses valores no construtor, visto que eles serão lidos a partir da seqüência da propriedade.

A função IsStored não toma argumentos e retorna um booleano. (Esse é o formato exigido para armazenar funções de especificador.) A função de armazenagem retornará True se FASingle não for negativa.

A função ImplicitDefault define um valor atual para AString, se AString for uma EmptyStr. Com base na forma como a função de armazenagem para AString for definida, AString será sempre armazenada; e se AString for uma *string* nula, 'Default' será armazenado na propriedade. (Verifique os vários excertos de formulário para ver o valor para AString.) Isso equivale a designar a propriedade AString para 'Default' no construtor. A diferença é que, sem a função de armazenagem da propriedade, o valor padrão parecerá ser uma *string* vazia no Object Inspector, quando, de fato, ele conterá o valor 'Default'. A razão disso é que as propriedades são lidas a partir da seqüência .DFM, mas o construtor não é chamado.

Como definir propriedades array

Uma propriedade *array* representa dados que podem ser indexados de maneira semelhante à indexação de um *array* original. O valor atual de dados subjacentes, com muita freqüência, forma uma coleção, como uma TList ou TStrings, mas podem ser um array, e os métodos de acesso podem garantir que o índice fique dentro da faixa válida. Uma vez que as propriedades *array* utilizem os mesmos métodos get e set, você pode definir uma propriedade *array* para os dados que deseja acessar através de uma interface comum.

```
property PropertyName[ Index : IndexType ] : PropertyType read
GetPropertyName write SetPropertyName; [default;]
```

A PropertyName, por convenção, denomina o campo subjacente, se existir um sem o prefixo F, tal como em qualquer outra propriedade. O IndexType pode ser um tipo ordinal, como um índice *array* original, mas diferente de um *array*, ele não é limitado a valores originais de índice. PropertyType é igual ao tipo propriedade do campo subjacente. Por exemplo, se o campo subjacente for um array de inteiros, então PropertyType é inteiro. Os especificadores de acesso para propriedades array devem ser métodos.

> **NOTA**
> Como exemplo de uma propriedade array indexada com um valor const String, veja a declaração da propriedade Values na classe TString: property Values[const Name: string]: string;.

O método de acesso a leitura é definido como uma função que toma um argumento idêntico ao especificador índice na declaração de propriedade e retorna dados do mesmo tipo que a propriedade. O método de acesso de escrita toma dois argumentos: um argumento índice e o novo valor. Supondo uma propriedade *array* de inteiros em uma classe chamada Integers, a classe de declaração seria implementada como a seguir:

```
type
     TIntegers = class
     private
          FIntArray : array[1..10] of integer;
          procedure CheckRange( Index : Integer );
          function GetIntArray(Index: Integer): Integer;
          procedure SetIntArray(Index: Integer; const Value: Integer);
     public
          property IntArray[ Index : Integer ] : Integer
               read GetIntArray write SetIntArray; default;
     end;
```

FIntArray é o valor de campo subjacente. TIntegers representa um array inteligente de inteiros. A propriedade que representa o *array* inteiro é definida como IntArray; o Index é um inteiro; o acesso de leitura é GetIntArray e o acesso de escrita é definido como SetIntArray. Conforme descrito, o único parâmetro no acesso de leitura é o valor Index e o acesso de escrita toma um Index (o que vier primeiro) e o novo valor definido como uma constante. A implementação usa o procedimento CheckRange, o qual garante que o índice está dentro dos limites inferior e superior do *array*.

```
implementation
procedure TIntegers.CheckRange(Index: Integer);
begin
     if( Index < Low(FIntArray) ) or (Index > High(FIntArray)) then
          raise ERangeError.CreateFmt( 'Index %d exceeds array bounds',
          [Index] );
end;
function TIntegers.GetIntarray(Index: Integer): Integer;
begin
     CheckRange( Index );
     result := FIntArray[Index];
end;
procedure TIntegers.SetIntArray(Index: Integer; const Value:
Integer);
begin
     CheckRange(Index);
     FIntArray[Index] := Value;
end;
```

A implementação é simples. Cada acesso chama CheckRange, que levanta uma exceção se o índice estiver fora dos limites. Vendo de fora, um objeto Integers se parece exatamente como um *array* sem enfeites e funciona exatamente como um *array* original, porém com mais segurança.

O exemplo a seguir demonstra a diferença entre um *array* original e a classe *array* Integers.

```
var
     A : array[1..10] of integer;
     Integers : TIntegers;
     I : integer;
begin
{$R-}
     I := 11;
     A[I] := 100;
     ShowMessage( IntToStr(A[I]) );
          Integers := TIntegers.Create;
          try
               Integers[11] := 100;
               ShowMessage( IntToStr( Integers[11] ));
          finally
               Integers.Free;
          end;
{$R+}
end;
```

Na listagem, a diretiva de compilador remove a faixa de verificação, representando a posição para onde o programa será enviado. A seção var define um *array* de inteiros A. O código A[I] não levanta um erro, mas de fato, sobregrava a memória, pois A[11] não existe. Esse código ocasionaria um comportamento passível de erros, não confiável, portanto. A instância Integers funciona corretamente, independente da diretiva do compilador. Passar 11 ao objeto Integers levanta um ERangeError, evitando sobregravação de memória.

Especificador padrão para arrays

No início desta seção definimos uma classe TIntegers como uma classe que contém um *array* de inteiros empregado sem nomear especificamente a propriedade *array*. Isso é obtido com o especificador' padrão. (consulte a listagem.)

```
property IntArray[ Index : Integer ] : Integer read GetIntArray
     write SetIntArray; default;
```

Sem o especificador padrão, o que significa usar esta propriedade se uma não estiver nomeada neste contexto, você precisaria escrever Integers.IntArray[I] para indexar a propriedade IntArray. O especificador padrão permite que o compilador esclareça Integers[I] para Integers.IntArray[I], que chama o método de acesso, conforme Integers seja usado como rvalue ou lvalue.

Segue-se o código que usa Integers como um rvalue.

```
var
     Value : Integer
begin
     Value := Integers[5];
end;
```

O código anterior analisa Value := Integers.GetIntArray(5). Usar Integers como um lvalue, transpondo a linha de código acima para Integers[5] := Value avalia Integers.SetIntArray(5, Value).

Verificação implícita de faixa

A verificação implícita de faixa pode ser acrescentada a propriedades *array*, usando tipos ordinais cuidadosamente definidos como especificadores de índice. Em TIntegers, o literal 1..10 foi usado para definir o tamanho do *array*. Estabelecendo um tipo que define a faixa e usando o tipo em vez de um inteiro para indicar o tipo de especificador de índice, você dispensa o método CheckRange. O compilador pegará o erro.

```
type
     TIntegerRange = 1..10;
     TIntegers = class
```

```
private
    FIntArray : array[TIntegerRange] of integer;
    function GetIntArray(Index: TIntegerRange): Integer;
    procedure SetIntArray(Index: TIntegerRange; const Value:
        Integer);
public
    property IntArray[Index: TIntegerRange] : Integer read
        GetIntArray
        write SetIntArray; default;
end;
```

DICA — Você quer escrever código de modo que o compilador pegue os erros para você. Erros de tempo de compilação são mais fáceis de solucionar do que erros de tempo de execução. Definindo cuidadosamente variáveis digitadas e parâmetros de procedimento fortemente digitados, você pode pegar erros de tempo de compilação.

A classe é redefinida para usar o tipo TIntegerRange para o *array*, os métodos de acesso e o especificador de índice na propriedade *array*. Você ainda pode usar um inteiro para indexar um objeto Integers, mas o compilador pegará o erro se o valor de índice estiver fora de limites. Como alternativa, você pode usar um tipo enumerado como o especificador de índice.

Como definir propriedades indexadas

Propriedades indexadas são propriedades *array* invertidas. Em vez de uma propriedade que olha de fora, como um *array*, as propriedades indexadas olham a partir de fora como propriedades múltiplas, mas analisam um único par de métodos de acesso. O índice é designado em conjunto com a propriedade.

```
property PropertyName : DataType index ordinal GetPropertyName
    write SetPropertyName;
property PropertyName2 : DataType index ordinal + n GetPropertyName
    write SetPropertyName;
```

Imagine que duas propriedades nomeadas estejam contidas na mesma estrutura de dados armazenados subjacente, mas parecem ser dados individualizados. A declaração anterior demonstra a sintaxe para duas propriedades indexadas que se referem ao mesmo *container* subjacente.

Reserve um momento para revisitar a classe TContact do início do capítulo. TContact foi definida para conter três elementos: nome, telefone e e-mail, todos *strings* nativas. Propriedades indexadas poderiam ser usadas para acessar o valor subjacente de dados de cada *string*.

```
type
      TNameRange = 0..2;
      TContactRevisited = class
      private
            FData : TStrings;
      protected
            function GetData( Index : Integer ) : String;
            procedure SetData( Index : Integer; const Value : String );
      public
            constructor Create; virtual;
            destructor Destroy; override;
            property Name : String index 0 read GetData write SetData;
            property PhoneNumber : String index 1 read GetData write SetData;
            property EMail : String index 2 read GetData write SetData;
      end;
```

Cada uma das propriedades analisa as chamadas a GetData ou SetData. A propriedade Fdata é m objeto TStrings capaz de armazenar dados em pares nome=valor, um *array* associativo.

A implementação da classe de contato revisada está listada a seguir.

```
const
      NAMES : array[TNameRange] of String = ('Name', 'PhoneNumber',
            'Email' );
constructor TContactRevisited.Create;
begin
      inherited Create;
      FData := TStringList.Create;
end;
destructor TContactRevisited.Destroy;
begin
      FData.Free;
      inherited;
end;
function TContactRevisited.GetData(Index : Integer): String;
begin
      result := FData.Values[NAMES[Index]];
end;
procedure TContactRevisited.SetData(Index: Integer; const Value:
String);
begin
      FData.Values[NAMES[Index]] := Value;
end;
```

A propriedade Values toma um nome de *string* e retorna o valor de FData. Considere o método SetData. Use a propriedade Name, e SetData será passada ao novo valor; o índice 0. NAMES[0] analisa 'Name'. FData.Values['Name'] := Value verifica o item *string* começando com 'Name=' e ajusta o valor para o valor de parâmetro.

> **NOTA**
> Todos os valores de índice são estaticamente definidos por ocasião da compilação, por isso eles só devem estar errados se o tamanho do container subjacente mudar.

Não há campo de valor subjacente em TContactRevisited. Os valores subjacentes são armazenados em um objeto TStrings. Visto que o código é idêntico para todos os objetos armazenados em TStrings, um par de métodos de acesso é suficiente para todas as propriedades, sejam eles dois ou dez. Se os métodos get e set forem mais complexos do que o exemplo listado acima, então a economia em termos de número de linhas de código seria ainda maior.

Como usar valores de índice enumerados

Especificadores de índice para propriedades enumeradas precisam ser valores inteiros entre a faixa inferior e superior de um tipo inteiro (-2137483647 e 2147483647). Entretanto, você pode usar um valor enumerado como o valor do especificador de índice para restringir a faixa de possíveis valores para aqueles definidos na enumeração. Isso é demonstrável, aplicando as modificações apropriadas à classe TContactRevisited.

```
// include typinfo in the uses statement!!!
{$M+}
    TName = (Name, PhoneNumber, EMail);
{$M-}
    TContactRevisited = class
    private
        FData : TStrings;
    protected
        function GetName( Name : TName ) : String;
        function GetData( Index : TName ) : String;
        procedure SetData( Index : TName; const Value : String );
    public
        constructor Create; virtual;
        destructor Destroy; override;
        property Name : String index Name read GetData write SetData;
        property PhoneNumber : String index PhoneNumber read GetData
            write SetData;
        property EMail : String index Email read GetData write SetData;
    end;
```

Nomes significativos têm sido usados a partir da enumeração TName para valores de índice. Os métodos de acesso GetData e SetData têm sido modificados para tomar um especificador de índice de tipo TName. O *array* de *strings* NAMES já não é mais necessário. GetData foi acrescentado para usar a função GetEnumName de typinfo.pas, que usa RTTI para retornar o valor da *string* de um item enumerado.

Revisões menores à implementação de TContactRevisited completam a modificação.

```
constructor TContactRevisited.Create;
begin
      inherited Create;
      FData := TStringList.Create;
end;
destructor TContactRevisited.Destroy;
begin
      FData.Free;
      inherited;
end;
function TContactRevisited.GetName( Name : TName ) : string;
begin
      result := GetEnumName( TypeInfo(TName), Ord(Name ));
end;
function TContactRevisited.GetData(Index : TName): String;
begin
      result := FData.Values[ GetName( Index ) ];
end;
procedure TContactRevisited.SetData(Index: TName; const Value:
String);
begin
      FData.Values GetName( Index ) ] := Value;
end;
```

Em vez de indexar o *array* NAMES, é chamado GetName. GetName usa RTTI para converter o valor enumerado para uma string. A *string* resultante ainda é usada para indexar a propriedade *array* Values de TStrings.

Propriedades polimórficas

Especificadores de acesso são métodos, pura e simplesmente. Definindo os métodos de acesso como métodos virtuais (ou métodos abstratos, como fizemos no Capítulo 7), você pode criar propriedades virtuais. Uma *propriedade virtual* é uma propriedade cuja posição é modificada de uma maneira dinâmica, baseada na instância atual do objeto. Veja um exemplo básico demonstrando os aspectos técnicos.

```
TVirtualProperty = class
private
      FSomeData : String;
protected
      function GetSomeData : string; virtual;
      procedure SetSomeData( const Value : String ); virtual;
```

Capítulo 8 - Como programar propriedades avançadas | 277

```
public
    property SomeData : String read GetSomeData write SetSomeData;
end;

TSubClass = class(TVirtualProperty)
protected
    function GetSomeData : string; override;
    procedure SetSomeData( const Value : String ); override;
end;
```

A classe TVirtualProperty define uma propriedade SomeData que é acessada através do método de leitura GetSomeData e do método de escrita SetSomeData. Ambos os métodos de acesso são virtuais. TSubClass declara versões descendentes polimórficas de GetSomeData e SetSomeData, formando uma subclasse de TVirtualProperty e usando a diretiva *override*.

Se você quiser ter o comportamento herdado e o novo comportamento, então chame a versão herdada do método, a partir de dentro da implementação da subclasse de GetSomeData ou SetSomeData. Se você quiser o novo comportamento inteiro, não chame a versão herdada. A listagem a seguir é completa e contém a implementação das duas classes e um exemplo de sua utilização.

```
unit UVirtualProperties;
interface
uses
    Windows, Messages, SysUtils, Classes, Graphics, Controls
Forms, Dialogs;
type
    TForm1 = class(TForm)
        procedure FormCreate(Sender: TObject);
    private
        { Private declarations }
    public
        { Public declarations }
    end;

    TVirtualProperty = class
    private
        FSomeData : String;
    protected
        function GetSomeData : string; virtual;
        procedure SetSomeData( const Value : String ); virtual;
    public
        property SomeData : String read GetSomeData write SetSomeData;
    end;

    TSubclass = class(TVirtualProperty)
```

```delphi
    protected
        function GetSomeData : string; override;
        procedure SetSomeData( const Value : String ); override;
    end;

var
    Form1: TForm1;
implementation
{$R *.DFM}

{ TVirtualProperty }
function TVirtualProperty.GetSomeData: string;
begin
    result := FSomeData;
end;

procedure TVirtualProperty.SetSomeData(const Value: String);
begin
    FSomeData := Value;
end;

{ TSubclass }

function TSubclass.GetSomeData: string;
begin
    result := inherited GetSomeData;
end;

procedure TSubclass.SetSomeData(const Value: String);
begin
    if( SomeData = Value ) then exit;
    inherited SetSomeData( Value );
end;

procedure TForm1.FormCreate(Sender: TObject);
var
    VP : TVirtualProperty;
begin
    VP := TSubclass.Create;
    try
        VP.SomeData := 'Follow me';
        ShowMessage( VP.SomeData );
    finally
        VP.Free;
    end;
end;
end.
```

```
Call Stack                              ☒
TVirtualProperty.GetSomeData
TSubclass.GetSomeData
TForm1.FormCreate($C11810)
VirtualProperties
```

Figura 8.2 A pilha de chamadas da linha ShowMessage (VP.GetSomeData) exatamente antes da caixa de diálogo ShowMessage ser exibida

TVirtualProperty.GetSomeData retorna o valor do campo subjacente FSomeData. TSubclass.GetSomeData é implementado em termos do método superclasse; ele chama o método herdado. TVirtualProperty.SetSomeData ajusta o valor de campo subjacente ao parâmetro Value. TSubclass.SetSomeData existe se o valor do campo for igual ao valor do parâmetro; caso contrário, ele usa o método atualmente herdado para ajustar os dados. (Refira-se à Figura 8.2 para um quadro da pilha de chamada quando o cursor está quase pronto para exibir a caixa de diálogo ShowMessage.) O método de evento FormCreate declara uma variável de tipo TVirtualProperty e instancia a subclasse TSubClass. A partir da pilha de chamada, fica claro que a versão em subclasse é chamada e ela chama a implementação de superclasse.

Em geral, a melhor prática é colocar em subclasse as classes existentes, para definir um novo comportamento. Isso elimina a necessidade de mudar e testar novamente o código existente e permite que você tenha uma classe com o antigo e o novo comportamento. A listagem nesta seção demonstra uma modificação menor para uma propriedade da superclasse, por uma subclasse. Modificações não precisam ser profundas para serem úteis. O código também demonstra a aplicação da técnica; como a complexidade ou simplicidade do comportamento adicional dos métodos de acesso à propriedade na subclasse dependem da sua necessidade.

Como promover visibilidade em subclasses

O Delphi VCL emprega a convenção de declarar muitas classes componentes em dois estágios. Uma classe chamada T*CustomClass* é definida com todos os atributos que a classe deve ter, declarando as propriedades como protegidas. Depois, outra subclasse é definida, colocada em subclasse a partir de TCustom*Class*, promovendo a visibilidade das propriedades protegidas para públicas ou publicadas. Por exemplo, TCustomEdit é definida com apenas uma propriedade publicada, TabStop. TEdit é definida como uma subclasse que promove todas as propriedades que o implementador queria publicadas para a região de acesso publicado.

```
TEdit = class(TCustomEdit)
published
        property Anchors;
        property AutoSelect;
        property AutoSize;
        property BevelEdges;
        property BevelInner;
        property BevelKind;
        property BevelOuter;
        property BiDiMode;
        property BorderStyle;
        property CharCase;
        property Color;
        property Constraints;
        property Ctl3D;
        property DragCursor;
        property DragKind;
        property DragMode;
        property Enabled;
        property Font;
        property HideSelection;
        property ImeMode;
        property ImeName;
        property MaxLength;
        property OEMConvert;
        property ParentBiDiMode;
        property ParentColor;
        property ParentCtl3D;
        property ParentFont;
        property ParentShowHint;
        property PasswordChar;
        property PopupMenu;
        property ReadOnly;
        property ShowHint;
        property TabOrder;
        property TabStop;
        property Text;
        property Visible;
        property OnChange;
        property OnClick;
        property OnContextPopup;
        property OnDblClick;
        property OnDragDrop;
        property OnDragOver;
        property OnEndDock;
```

```
    property OnEndDrag;
    property OnEnter;
    property OnExit;
    property OnKeyDown;
    property OnKeyPress;
    property OnKeyUp;
    property OnMouseDown;
    property OnMouseMove;
    property OnMouseUp;
    property OnStartDock;
    property OnStartDrag;
end;
```

AVISO
Se você redefinir a propriedade — definir uma declaração de propriedade completa — em uma subclasse, pode estar ocultando os métodos de acesso de superclasse, ou alterando a disponibilidade da propriedade. Para promover a visibilidade, declare novamente a propriedade, usando apenas a palavra-chave property e o nome da propriedade.

É o controle Tedit que atualmente está na paleta Component na VCL. Como você pode verificar a partir da listagem anterior, TEdit só contém propriedades promovidas. Considere uma propriedade, AutoSelect, como ela é definida na unidade StdCtrls.pas, na classe TCustomEdit.

```
property AutoSelect: Boolean read FAutoSelect write FAutoSelect
default True;
```

A listagem é, de fato, a definição da propriedade. A declaração propriedade em TEdit apenas promove a visibilidade. A regra é que se você estiver promovendo visibilidade, tudo o que precisa é da palavra-chave property e o nome da propriedade. Você só precisa definir a propriedade uma vez.

Resumo

O Capítulo 8 cobriu o ápice da Pascal baseada em objeto: a propriedade. As propriedades tornam os objetos mais fáceis de usar, pois elas permitem que você defina métodos que restringem acesso a dados privados. Propriedades publicadas são exibidas no Object Inspector e são essenciais para criar componentes personalizados. A seguir, você aprenderá tudo sobre a criação de componentes.

As propriedades são essenciais à programação baseada em objeto, visto que elas representam dados inteligentes. Você usará as técnicas descritas nesta seção — definição de métodos de acesso, definição de propriedades *array* e indexadas e criação de propriedades polimórficas — de novo e de novo, através do restante deste livro.

Capítulo

9

Criação de componentes personalizados

A criação de componentes personalizados é uma das perspectivas mais excitantes para os desenvolvedores do Delphi. Delphi foi implementado em Object Pascal e os componentes em Delphi incluem uma imensa variedade de componentes originais Object Pascal e ActiveX. No Capítulo 9, você terá a oportunidade de montar diversos componentes personalizados, incluindo um componente de depuração, que pode ser usado para rastrear código para um arquivo de registro, apanhar caminhos de código e declarar código invariável. Este capítulo trata do uso do assistente de componentes, que compila e testa componentes, associa um ícone a um componente, além de instalar e gerenciar pacotes.

Muitas espécies de classes podem ser convertidas em componentes; com isso, elas se tornam mais fáceis de usar em tempo de desenvolvimento. Os componentes podem ser pequenos e simples, ou grandes e complexos. Exemplos de componentes básicos são o controle TEdit e TLabel. Entretanto, componentes comerciais maiores podem fornecer uma solução completa para toda uma classe de problemas; por exemplo, Word e Excel são componentes grandes e complexos. Em geral, no seu caminho para criar componentes grandes e complexos, você precisará criar muitos componentes menores e subsistemas, organizando blocos para chegar a soluções maiores em pacotes. Este capítulo é a pedra fundamental para montar componentes mais poderosos que resultarão em aplicativos melhores.

Visão geral de uma unidade de componente

A noção mais avançada para a montagem bem sucedida de componentes é reconhecer que um componente é uma classe. Todas as melhores práticas para definir boas classes, aplicam-se para definir bons componentes. O primeiro braço de TObject — que separa um componente de outras classes — é a classe TPersistent.

A classe TPersistent introduz a noção de classes, como tendo uma posição persistente. Isto é, os atributos na classe são armazenáveis e recuperáveis entre as execuções do aplicativo. Outro fator que separa as classes componentes de outros tipos de classe é que os componentes podem ser modificados por ocasião do *design*; eles têm uma interface pública. Nem todos os componentes têm uma interface pública elaborada, mas a maioria deles tem alguns dados e propriedades de evento que você pode modificar visualmente, em tempo de desenvolvimento.

Todas as outras classes são programaticamente modificadas com código, e o efeito não acontece até que o programa seja executado; isso não acontece com componentes. As mudanças em propriedades de dados são imediatas. A primeira etapa, ao usar componentes, é saber como se parece uma unidade que define um componente.

```
unit UEditConvertType;
interface
uses
    Windows, Messages, SysUtils, Classes, Graphics, Controls,
Forms, Dialogs,
    StdCtrls;
```

```
type
     TEditConvertType = class(TEdit)
     private
          { Private declarations }
     protected
          { Protected declarations }
     public
          { Public declarations }
     published
          { Published declarations }
     end;
procedure Register;
implementation
procedure Register;
begin
     RegisterComponents('PKTools', [TEditConvertType]);
end;
end.
```

Observando a listagem, você pode ver que é pouco o que separa uma unidade de componente de qualquer outra unidade. Há uma seção de interface e implementação e os seus objetivos são idênticos àqueles de classes não componentes. Há uma declaração unit e uses. Ambas as seções, interface e implementação, podem ter uma cláusula uses. É na seção de tipo interface que você define a classe que será o componente. A listagem acima define uma classe TEditConvertType como uma subclasse de TEdit. As quatro regiões de acesso de uma classe estão disponíveis para você. Privada, protegida e pública têm o mesmo significado, como sempre, e a seção pública conterá aquelas propriedades de eventos e dados que formam a interface no momento do *desenvolvimento* do seu componente.

A diferença mais significativa é a declaração do procedimento Register e a sua definição na seção de implementação. Quando você instala um componente com Component, Install Component, o Delphi executa o procedimento Register, o qual chama o procedimento RegisterComponents. RegisterComponents indica a guia (da listagem 'PKTools') e a classe do componente como um *array* contendo TComponentClass. O *array* de metaclasses indica que um procedimento Register é capaz de registrar componentes múltiplos em uma declaração. Por exemplo, se UEditConvertType estiver contido em mais de um componente — TEditConvertType e TMaskEditConvertType — então todos as classes nomeadas poderão ser acrescentadas ao *array* e instaladas na paleta PKTools.

```
RegisterComponents('PKTools'), [TEditConvertType,
     TMaskEditConvertType]);
```

É importante lembrar que incrementos e mudanças iterativas podem ser aplicados por componentes cuidadosamente colocados em camadas, com capacidades adicionais. Você não precisa empacotar um componente com toneladas de recursos para justificar a criação e a instalação de novos componentes.

Criar uma unidade de componente a partir do rascunho não é uma tarefa assustadora, mas a maneira mais fácil de pular para o início de um novo componente é usar o assistente de componente. A seção que segue oferece um rápido passeio pelo assistente do componente e um exemplo que demonstra um novo componente. (A seção "Como compilar e testar componentes" dará a você a oportunidade de montar e testar o componente TEditConvertType.)

Como utilizar o Component Wizard (Assistente de componente)

A caixa de diálogo Component Wizard (veja a Figura 9.1) criará para você uma unidade contendo a definição *shell* da classe e o procedimento Register. Usar o assistente é mais conveniente do que digitar as informações da unidade a partir do rascunho. Para criar uma nova unidade de componente, siga as etapas sugeridas; com elas, você iniciará uma etiqueta de componente que exibirá os estilos de fonte ampliados.

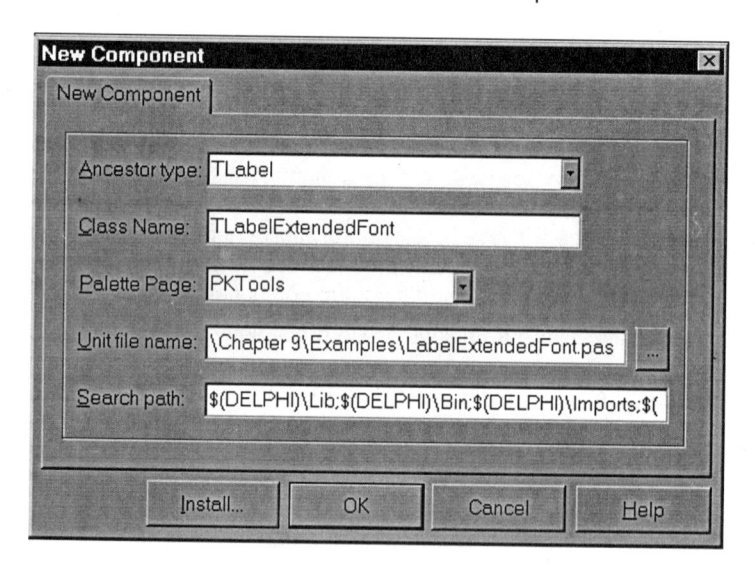

Figura 9.1 *A caixa de diálogo Component Wizard do Delphi gerará automaticamente uma unidade contendo uma definição* shell *dos novos componentes*

1. Em Delphi Component, selecione o novo Component para exibir a caixa de diálogo do assistente de componentes.
2. Na caixa de diálogo New Component, selecione TLabel como o tipo ancestral.
3. Nomeie a nova classe componente TLabelExtendedFont.
4. Use uma página de paleta existente ou uma nova página de paleta para os seus componentes personalizados.

Capítulo 9 - Criação de componentes personalizados | **287**

5. Indique o caminho de unidade. Uma convenção que você pode seguir é mudar o TPrefix da classe por um prefixo U para a unidade, assim o nome da unidade seria ULabelExtendedFont.
6. Atualize o caminho de busca, se ele não contiver o caminho para a nova unidade. Se você precisar clicar o botão de busca — contendo as reticências (...) — adjacente ao nome de arquivo Unit, então o caminho será atualizado automaticamente.
7. Clique **OK** para gerar a unidade.

A TLabelExtendedFont será definida para exibir uma sombra, oferecendo o efeito de texto levantado, com uma sombra por trás dele. A percepção de profundidade será configurável para exibir uma sombra superficial ou profunda.

Como codificar o controle de etiqueta estendido

A etiqueta estendida será definida para exibir profundidades e cores de sombra de etiquetas variáveis. Isso sugere propriedades que indicam se a sombra deve ser exibida, a profundidade e a cor de sombra necessária. A etiqueta da propriedade Color será usada para a cor de fundo. Finalmente, para garantir que o efeito ocorra cada vez que uma mensagem Paint for recebida, precisaremos sobregravar o método paint. A listagem completa para o componente é a seguinte.

```
unit ULabelExtendedFont;
// ULabelExtendedFont.pas - Contains extended fonts, currently
// only defines shadowing text capability
// Copyright (c) 2000. All Rights Reserved.
// by Software Conceptions, Inc. Okemos, MI USA (800) 471-5890
// Written by Paul Kimmel
interface
uses
       Windows, Messages, SysUtils, Classes, Graphics, Controls,
       Forms, Dialogs,
       StdCtrls;
type
       TShadowDepth = (sdShallow, sdDeep);
       TLabelExtendedFont = class(TLabel)
       private
              { Private declarations }
              FHasShadow : Boolean;
              FShadowColor : TColor;
              FShadowDepth : TShadowDepth;
              procedure SetShadowColor( Const Value : TColor );
              Procedure Set ShadowDepth( Const Value : TShadowDepth );
              Procedure SetHasShadow( Const Value : Boolean);
              Procedure DrawShadow;
```

```
protected
      { Protected declarations }
      Procedure Paint; override;
public
            { Public declarations }
published
      { Published declarations }
      Property HasShadow : Boolean read FHasShadow write
      SetHasShadow;
      property ShadowColor : TColor read FShadowColor write
      SetShadowColor;
      property ShadowDepth : TShadowDepth read FShadowDepth write
      SetShadowDepth;
end;

procedure Register;
implementation
procedure Register;
begin
      RegisterComponents('PKTools', [TLabelExtendedFont]);
end;

{ TLabelExtendedFont }
procedure TLabelExtendedFont.DrawShadow;
const
      Alignments: array[TAlignment] of Word = (DT_LEFT, DT_RIGHT,
      DT_CENTER);
var
      Rect : TRect;
      Flags : Word;
begin
      SetBkMode( Canvas.Handle, Windows.Transparent );
      Rect := ClientRect;
      Canvas.Font := Font;
      Canvas.Font.Color := FShadowColor;
      Rect.Left := Rect.Left - Ord(FShadowDepth) - 2;
      Rect.Top := Rect.Top - Ord(FShadowDepth) - 2;
      Flags := DT_EXPANDTABS or Alignments[Alignment];

      if( WordWrap ) then
                  Flags := Flags Or DT_WORDBREAK;
      if not ShowAccelChar then Flags := Flags or DT_NOPREFIX;
      DrawText(Canvas.Handle, PChar(Text), Length(Text), Rect, Flags);
end;

procedure TLabelExtendedFont.Paint;
begin
      if( FHasShadow ) then DrawShadow;
      inherited Paint;
end;
```

Capítulo 9 - *Criação de componentes personalizados* | **289**

```
procedure TLabelExtendedFont.SetHasShadow(const Value : Boolean);
begin
     if( Value = FHasShadow ) then exit;
     Transparent := Value;
     FHasShadow := Value;
     Invalidate; // cause it to repaint
end;

procedure TLabelExtendedFont.SetShadowColor(const Value: TColor);
begin
     if( Value = FShadowColor ) then exit;
     FShadowColor := Value;
     Invalidate;
end;

procedure TLabelExtendedFont.SetShadowDepth(const Value:
TShadowDepth);
begin
     if( Value = FShadowDepth ) then exit;
     FShadowDepth := Value;
     Invalidate;
end;
end.
```

As três propriedades HasShadow, ShadowDepth e ShadowColor retornam ao campo subjacente, diretamente em suas respectivas cláusulas de leitura, e chamam um método de acesso de escrita. Como os três métodos set invalidam o controle, levando a repintar, o valor de propriedade atual é avaliado e o procedimento é cortado, se nenhuma mudança real for solicitada.

A maioria do trabalho é feita no método privado DrawShadow, chamado pelo método Paint. A mudança na posição Transparent é digna de nota, se o método de acesso SetHasShadow for chamado. Isso garante que o fundo da etiqueta não oculte a sombra de fonte. Quando o método Paint é chamado, sendo HasShadow verdadeiro, o texto de fundo é escrito diretamente na tela pelo método DrawShadow. (O método DrawShadow é um bom exemplo de um método que poderia usar um bloco de comentário para clareza, mas foi deixado de fora da listagem para mantê-la mais curta.)

O método DrawShadow cria o efeito de sombra. A chamada SetBkMode é uma chamada API que ajusta a forma da tela para Transparent sem afetar a propriedade. O ClientRect é usado para DrawText na tela, diretamente em um retângulo vinculado, que é ligeiramente espaçado do retângulo do componente. O campo de valor ordinal de FShadowDepth é usado para ajudar a determinar o espaço da sombra de fonte. O *array* Alignments é usado para inverter valores enumerados TAlignment em valores de alinhamento de fonte Windows API. DT_WORDBREAK é acrescentado ao bit de sinalização Flags, se o componente tiver WordWrap ajustado para True. E o DT_NOPREFIX será Or na palavra Flags, se ShowAccelChar estiver ajustado no Object Inspector.

Em resumo, o método DrawShadow leva em consideração todas as propriedades de formatação do componente e as converte aos seus equivalentes em Windows. Por fim, o método API DrawText escreve diretamente na tela do componente etiqueta.

Como testar o controle

A Figura 9.2 mostra duas linhas de texto exibidas em um painel, usando o novo componente etiqueta. Antes de instalar novos componentes, é mais fácil testá-los em um "programa de armação", como faria com qualquer outra classe. Siga estas etapas para testar o componente TLabelExtendedFont.

NOTA *Uma boa convenção para subclasses é nomear a nova classe com o nome da superclasse como a primeira parte do nome do novo componente. Isso permitirá ao Delphi ordenar alfabeticamente os componentes no objeto inspetor e facilitará analisar a partir do geral para o específico, o que a classe faz.*

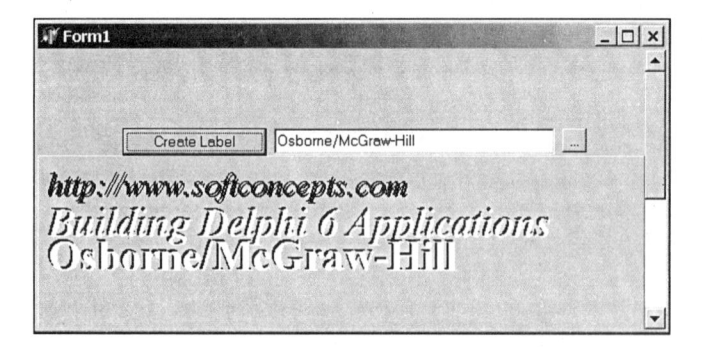

Figura 9.2 Três linhas de texto contidas nas três instâncias de TLabelExtendedFont

1. Crie um novo aplicativo em Delphi.
2. Acrescente a unidade ULabelExtendedFont ao projeto.
3. No formulário padrão do novo projeto, acrescente a unidade ULabelExtendedFont para a declaração uses, na seção de implementação.
4. Acrescente algum código (veja a listagem a seguir) para criar uma instância do componente label.

```
with TLabelExtendedFont.Create( Self ) do
begin
      Top := 10;
      Left := 10;
      Caption := 'http://www.softconcepts.com';
```

```
    HasShadow := True;
    ShadowDepth := sdShallow;
    ShadowColor := clBlack;
    Font.Style := [fsBold, fsItalic];
    Font.Name := 'New Times Roman';
    Font.Size := 16;
    Font.Color := TColor( Random( 1000000 ) ) + 100;
    Parent := Self;
end;
```

> **AVISO**
> *Componentes criados dinamicamente, mas com pai, como na listagem, não precisam ser explicitamente Freed (liberados). Cada componente que tenha controles de proprietário pai é designado para ser o responsável por apagar controles filho. (Veja a listagem de código para o TWinControl.Destroy na unidade de controles, para ver o que acontece quando um TWinControl, como um Form, é destruído.)*

A listagem anterior cria uma instância do controle de sombra, tornando o objeto *container* o proprietário e o pai. (Associar ou designar Self para a propriedade Parent funcionará, desde que Self refira-se a um TwinControl, como um formulário.) As posições de cima e à esquerda do controle de etiqueta são ajustadas. A figura é o texto exibido. HasShadow, ShadowDepth e ShadowColor são as novas propriedades que determinam o aspecto da sombra, em conjunto com a fonte. Finalmente, o pai precisa ser ajustado, visto que é assim que o Windows notifica controles pais quando eles precisam responder a mensagens como WM_PAINT. (Instalar componentes em um pacote, o que permite a eles serem exibidos na Component Palette, é coberto ao final do capítulo, em "Como instalar componentes em um pacote".)

Componentes construtores e destruidores

Componentes são classes. Como classes, eles podem tem uma override de construtor e destruidor, se isso for necessário. O componente construtor é definido como constructor Create(AOwner : TComponent); virtual;. O destruidor toma a mesma forma em todas as classes: destructor Destroy; override;. Para acrescentar um construtor, destruidor (ou ambos) a uma classe componente, declare-os como públicos, como a seguir.

```
constructor Create( AOwner : TComponent ); override;
destructor Destroy; override;
```

Em geral, você precisa de um destruidor quando o seu componente contém objetos alocados dentro do componente pelo construtor. Construtores também são úteis se você acrescentar novas propriedades que são armazenadas e elas precisarem ser iniciadas ou o seu componente contiver objetos de proprietário. Caso contrário, você pode usar o construtor e o destruidor da superclasse. Na seção anterior, o construtor e destruidor TLabel fez todo o trabalho de iniciação e limpeza. (Consulte a explanação sobre como ficar a salvo de mudanças intensas de processador de propriedades, no Capítulo 8, para um exemplo de sobregravação de um construtor do componente.)

Como definir propriedades componente

Propriedades componentes podem ter qualquer visibilidade que faça sentido a elas terem. Se você quiser que elas sejam exibidas no Object Inspector, então elas devem ser declaradas como públicas. O oposto também é verdade. Existem ocasiões em que você deseja limitar as propriedades exibidas no Object Inspector. Quando você define uma subclasse de um componente, obterá automaticamente as propriedades públicas. No entanto, muitos dos componentes originais do Delphi são implementados como TCustomComponent e as propriedades são protegidas. Se você quiser definir um componente que exiba apenas propriedades específicas, herde do ancestral TCustomComponent.

Um exemplo desse tipo de componente é um componente label de versão que pode surgir sobre uma caixa. (Veja a Figura 9.3; ela contém o exemplo sobre uma caixa, com TVersionLabel exibida sobre a nota de direitos autorais.) Um label de versão exibe dinamicamente as informações de versão ajustadas na guia Version Info da caixa de diálogo Project, Options, como mostrado na figura 9.4. Visto que as informações de versão são específicas do Windows, precisaremos usar dois procedimentos da API Windows para obter e decodificar as informações de versão.

Figura 9.3 Acrescente a TVersionLabel ao gabarito AboutBox na guia Forms da caixa de diálogo New Items. A figura acima indica que esta é a versão 1 (um) do aplicativo e que este foi montado duas vezes

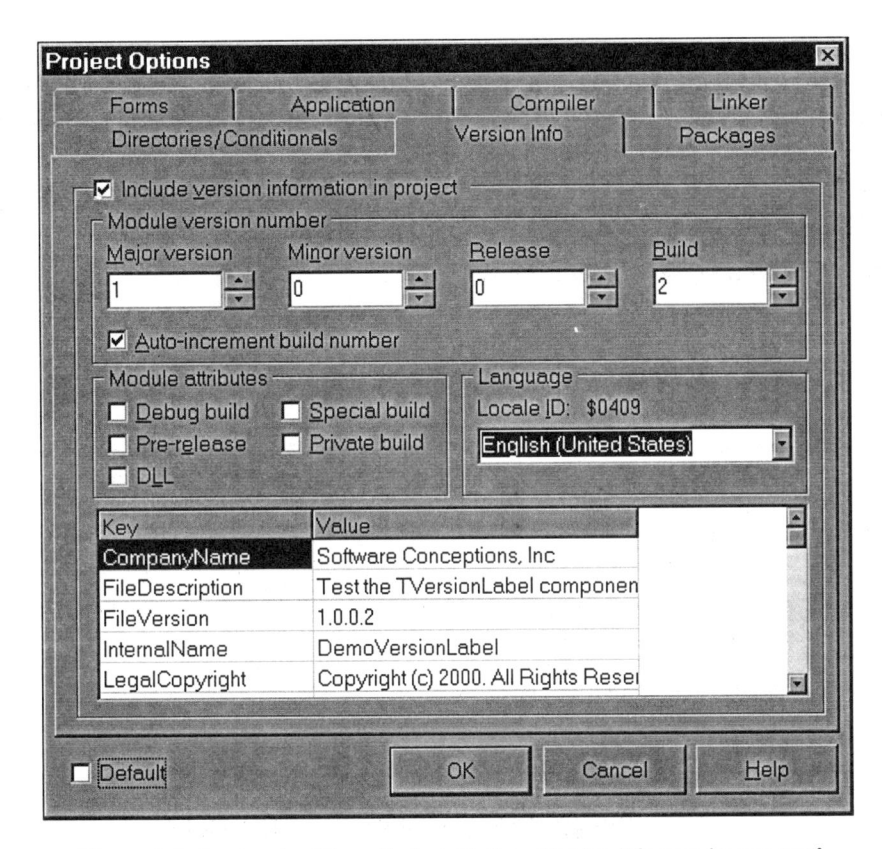

Capítulo 9 - *Criação de componentes personalizados* | **293**

Figura 9.4 A caixa de diálogo Project, Options Version Info permite que você acrescente informações de versão dinâmicas a um aplicativo. A TVersionLabel exibe informações atualizadas no ar, talvez sobre uma caixa de diálogo

DICA

Ao usar informações de versão, assegure-se de marcar a caixa de verificação "Include version information in project" (Incluir informações de versão no projeto) e "Auto-increment project number" (Aumentar automaticamente o número do projeto) se quiser que o compilador rastreie o número de vezes que o aplicativo foi montado.

Nós estabelecemos que um componente label de versão é um componente label com um objetivo especial, não herdado para uso geral. Isso sugere que não queremos que programadores modifiquem diretamente o texto de propriedade. Na verdade, o componente label de versão é muito especializado; não queremos que outro programador modifique qualquer propriedade que não esteja relacionada às informações de versão. Portanto, você precisará pôr em uma subclasse a TVersionLabel de TCustomLabel; todas as propriedades serão protegidas, diminuindo o risco de má utilização, ainda que inadvertidamente. Use o menu Component para iniciar o Component Wizard e crie a unidade para a TVersionLabel. Nomeie a unidade UVersionLabel e coloque em uma subclasse o novo componente de TCustomLabel.

Verifique, a seguir, a seção de interface da unidade UVersionLabel.pas. (Combine a seção de interface com a seção de implementação no parágrafo seguinte, para uma listagem completa.)

```
unit UVersionLabel;
// UVersionLabel.pas - Fills in the version label from the
   FileVersionInfo
// Copyright (c) 2000. All Rights Reserved.
// Written by Paul Kimmel. Okemos, MI USA
// Software Conceptions, Inc 800-471-5890
interface
uses
       Windows, Messages, SysUtils, Classes, Graphics, Controls,
       Forms, Dialogs,
       StdCtrls;
type
       TVersionLabel = class(TCustomLabel)
       private
              { Private declarations }
              FFileName : TFileName;
              FMask: String;
              function GetEnvPathString : String;
              function GetApplicationName( const AppName : String ):
                     String;
       protected
              { Protected declarations }
              procedure SetFileName( Value : TFileName );
              procedure SetVersion;
              procedure SetMask(const Value: String);
              property Caption stored False;
       public
              { Public declarations }
       published
              { Published declarations }
              constructor Create(AOwner : TComponent); override;
              property FileName : TFileName read FFileName write
                     SetFileName;
              property Mask : String read FMask write SetMask stored True;
       end;
procedure Register;
```

A classe define dois campos: FFileName e FMask. O campo FFileName é usado para armazenar o caminho e o nome de arquivo do executável, a partir do qual as informações de versão são lidas. O campo FMask contém a máscara padrão para o título da etiqueta atual. O GetEnvPatchString é implementado para retornar a *string* de caminho do seu ambiente de sistemas. Ele é usado no desenvolvimento para tentar encontrar o executável quando o aplicativo não está executando. GetApplicationName implementa o tempo de *design* dinâmico e o código de tempo de execução que esclarece o executável de nome de arquivo.

SetFileName é o método de acesso de escrita da propriedade FileName. SetVersion atualiza a propriedade Caption para exibir Version Info de forma acurada. SetMask é o método de acesso de escrita do campo FMask. Aviso ou alguma outra indicação de erro está em ordem no caso da máscara definida pelo usuário não conter dados suficientes. A declaração property Caption não promove a propriedade Caption, portanto, ela permanecerá protegida. No entanto, o especificador de armazenagem é mudado para que o texto de versão não seja armazenado. Se for armazenado, então a versão dinâmica terá sido lida; o método DefineProperties teria lido a versão armazenada do arquivo .DFM e sobregravado o texto, resultando em uma versão e montagem incorretas.

A região pública não promove as propriedades protegidas de TCustomLabel. O resultado é que os usuários não podem atualizar programaticamente a etiqueta ou o valor do texto. Um novo construtor é definido, e duas propriedades adicionais são acrescentadas: as propriedades FileName e Mask, que representam os campos privados. Segue-se a implementação da classe TVersionLabel.

```
implementation
procedure Register;
begin
     RegisterComponents('PKTools', [TVersionLabel]);
end;
constructor TVersionLabel.Create(AOwner : TComponent);
resourcestring
     DefaultMask = 'Version %s.%s (Release %s Build %s)';
begin
     inherited Create(Aowner);
     Mask := DefaultMask;
end;
procedure TVersionLabel.SetVersion;
var
     MajorVersion, MinorVersion, Release, Build : String;
     Version : String;
begin
     Version := GetVersionString( FFileName );
     DecodeVersion( Version, MajorVersion, MinorVersion, Release,
     Build );
     Caption := Format(FMask, [MajorVersion, MinorVersion, Release,
     Build] );
end;
```

```
resourcestring
    DefaultPath = '.\;\';
function TVersionLabel.GetEnvPathString : String;
const
    MAX = 1024;
begin
    SetLength( result, MAX );
    if( GetEnvironmentVariable( PChar('Path'), PChar(result), MAX )
    = 0 ) then
        result := DefaultPath;
end;
function TVersionLabel.GetApplicationName(const AppName : String
        ) : String;
begin
    if( csDesigning in ComponentState ) then
        // see if a compiled version already exists, if we are
designing
        result := FileSearch( AppName, GetEnvPathString + DefaultPath)
    else
        result := Application.EXEName;
end;
procedure TVersionLabel.SetFileName( Value : TFileName );
begin
    if( CompareText( FfileName, Value ) = 0 ) then exit;
    FFileName := GetApplicationName( Value );
    SetVersion;
end;
procedure TVersionLabel.SetMask(const Value: String);
begin
    if( FMask = Value ) then exit;
    FMask := Value;
    SetVersion;
end;
end.
```

O construtor usa um recurso de *string* para ajustar o valor de máscara padrão. Com base na implementação atual, a máscara precisará incluir quatro propriedades *string*. Código pode ser acrescentado para definir uma máscara de edição rudimentar, permitindo ao usuário mudar apenas o texto estático atual. SetVersion chama GetVersionString e DecodeVersionString, que usam as informações retornadas da version.dll da Microsoft.

```
function GetVersionString( FileName : String ) : String;
resourcestring
    VersionRequestString =
            '\\StringFileInfo\\040904E4\\FileVersion';
var
    Size, Dummy, Len : DWord;
    Buffer : PChar;
    RawPointer : Pointer;
```

```
begin
    result := '<unknown>';
    Size := GetFileVersionInfoSize( PChar(FileName), Dummy );
    if( Size = 0 ) then exit;

    GetMem( Buffer, Size );
    try
        if( GetFileVersionInfo( PChar(FileName), Dummy, Size,
            Buffer ) = False ) then exit;
        if( VerQueryValue( Buffer, PChar(VersionRequestString),
            RawPointer, Len ) = False ) then exit
        Result := StrPas( PChar(RawPointer) );
    finally
        FreeMem(Buffer);
    end;

end;

procedure DecodeVErsion( Version : String var MajorVersion,
            MinorVersion, Release, Build : String
    function GetValue( var Version : String ) : String;
    begin
        result := Copy( Version, 1, Pos('.', Version ) - 1);
        if( result = EmptyStr ) then result := 'x';
        delete( Version, 2, Post('.', Version ));
    end;
begin
    MajorVersion := GetValue(Version);
    MinorVersion := GetValue(Version);
    Release := GetValue(Version);
    Build := GetValue(Version);
end;
```

GetEnvPathString usa GetEnvironmentVariable de kernel32.dll para ler o caminho de ambiente do sistema. GetEnvPathString é utilizado em GetApplicationName. GetApplicationName encontra o arquivo executável, usando FileSearch, buscando o caminho do sistema e o diretório atual para encontrar um executável existente se estivermos no modo de *design*. (O modo de teste de *design* é avaliado, usando o operador in para determinar se estamos no modo de *design*.) Se o aplicativo estiver sendo executado, então o Application.EXEName contém o aplicativo nome de arquivo que, por sua vez, contém as informações de versão atualizadas. SetFileName e SetMask são métodos de acesso direto a propriedades.

Existem duas deficiências nessa classe. A primeira é que a classe não lida corretamente com valores inadequados (*bad value*) de máscara. A segunda é que o usuário precisará digitar manualmente na propriedade FileName, incluindo quaisquer caminhos longos ou difíceis. A propriedade FileName ofereceria um grau maior de utilidade e facilidade de uso se uma propriedade de edição fosse empregada para encontrar e ajustar a propriedade FileName. Consulte o Capítulo 10 para ver como definir e registrar uma propriedade de edição de nome de arquivo para a propriedade FileName.

O componente TVersionLabel demonstra um componente prático que rastreia automaticamente as informações de versão atuais. O componente emprega a Windows API para recuperar dados de versão e, mais importante, demonstra que as propriedades podem ser cuidadosamente concebidas, ou reveladas, para controlar como um componente é usado. Com o TVersionLabel, uma demonstração de como limitar as propriedades disponíveis restringe o uso (e eventuais abusos) do controle. Se você quiser conceder propriedades existentes, então use o ancestral TCustom de um componente e promova apenas aquelas propriedades cujo acesso você deseja permitir a outros usuários. Se quiser oferecer comportamento existente e novo, então use ou TCustom ou o componente em subclasse. A seção a seguir demonstra, em detalhes, como compilar e testar componentes, apresentando um componente editado por digitação e apanhando o código.

Como compilar e testar componentes

Testar componentes é tão fácil quanto testar qualquer outra classe. É preferível incluir uma unidade contendo um componente, criar uma cópia do componente e caminhar através do código antes de instalar o componente na VCL. Uma violação de acesso em um pacote pode fechar o Delphi e dificultar o teste do componente.

Ao definir um novo componente, crie um aplicativo simples de teste, que instancie o novo componente com código. Crie testes que permitam percorrer cada caminho de código do componente. Tenha em mente que apesar de este teste rigoroso ser demorado, você, ao final, terá pacotes compactos de código confiável. O componente usado para demonstração e testes adequados é o TEditType;. O componente TEditType listado permite ao usuário obter texto de um componente TEdit como um Boolean, Currency, Date, DateTime, Float, Integer, Time ou String.

```
unit UEditType;
// UEditType.PAS - Type Conversion for TEdit
// Copyright (c) 1998. All Rights Reserved.
// Software Conceptions, Inc. Okemos, MI USA
// Written by Paul Kimmel, Okemos, MI USA
interface
uses
      Windows, Messages, SysUtils, Classes, Graphics, Controls,
      Forms, Dialogs,
      StdCtrls;
type
      TEditType = class(TEdit)
      private
            { Private declarations }
      protected
            { Protected declarations }
            Procedure SetAsBoolean( const Value : Boolean );
            Function GetAsBoolean : Boolena;
```

```
            Procedure SetAsCurrency( const Value : Currency );
            Function GetAsCurrency : Currency;
            Procedure SetAsDate( const Value : TDateTime );
            Function GetAsDate : TDateTime;
            Procedure SetAsDateTime( const Value : TDateTime );
            Function GetAsDateTime : TDateTime;
            Procedure SetAsFloat( const Value : Double );
            Function GetAsFloat : Double;
            Procedure SetAsInteger( const Value : Integer );
            Function GetAsInteger : Integer;
            Procedure SetAsTime( const Value : TDateTime );
            Function GetAsTime : TDateTime;
            Procedure SetAsString( const Value : String );
            Function GetAsString : String;
      public
            { Public declarations }
            Property AsBoolean : Boolean read GetAsBoolean Write
                  SetAsBoolean;
            Property AsCurrency : Currency read GetAsCurrency write
                  SetAsCurrency;
            Property AsDate : TDateTime read GetAsDate write SetAsDate;
            Property AsDateTime : TDateTime read GetAsDateTime write
                  SetAsDateTime;
            Property AsFloat : Double read GetAsFloat write SetAsFloat;
            Property AsInteger : Longint read GetAsInteger write
                  SetAsInteger;
            Property AsTime : TDateTime read GetAsTime write SetAsTime;
            Property AsString : string read GetAsString write
                  SetAsString;
      published
            { Published declarations ]
      end;
procedure Register;
implementation
uses
      UBooleanUtil;
procedure TEditType.SetAsBoolean( const Value : Boolean );
begin
      Text := TBooleanUtil.BooleanToStr(Value);
end;

function TEditType.GetAsBoolean : Boolean;
begin
      result := TBooleanUtil.StrToBoolean(Text);
end;
procedure TEditType.SetAsCurrency( const Value : Currency );
begin
      Text := FloatToStr(Value);
end;
```

```pascal
function TEditType.GetAsCurrency : Currency;
begin
      result := StrToFloat(Text);
end;
procedure TEditType.SetAsDate( const Value : TDateTime );
begin
      Text := DateToStr(Value);
end;

function TEditType.GetAsDate : TDateTime;
begin
      result := StrToDate(Text);
end;
procedure TEditType.SetAsDateTime( const Value : TDateTime );
begin
      Text := DateTimeToStr(Value);
end;
function TEditType.GetAsDateTime : TDateTime;
begin
      result := StrToDateTime(Text);
end;
procedure TEditType.SetAsFloat( const Value : Double );
begin
      Text := FloatToStr(Value);
end;
function TEditType.GetAsFloat : Double;
begin
      result := StrToFloat(Text);
end;
procedure TEditType.SetAsInteger( const Value : Integer );
begin
      Text := IntToStr(Value);
end;
function TEditType.GetAsInteger : Integer;
begin
      result := StrToInt(Text);
end;
procedure TEditType.SetAsTime( const Value : TDateTime );
begin
      Text := TimeToStr(Value);
end;
function TEditType.GetAsTime : TDateTime;
begin
      result := StrToTime(Text);
end;
procedure TEditType.SetAsString( const Value : String );
begin
      Text := Value;
end;
function TEditType.GetAsString : String;
```

```
begin
      result := Text;
end;
procedure Register;
begin
      RegisterComponents('PKTools', [TEditType]);
end;
end.
```

O TEditType permite que você ajuste a propriedade Text do componente com a maioria dos tipos originais e converta entre aqueles tipos e um valor *string*, escolhendo a propriedade mais adequada. Um teste cuidadoso e válido do componente TEditType seria para ajustar e obter um valor de cada tipo e ter certeza de que as conversões funcionam corretamente.

Um meio de associar o código de teste com o componente é usar a diretiva de compilação condicional e acrescentar um método de teste. Por exemplo, um método público RunTests, definido como a seguir, funcionaria de maneira eficaz neste caso.

```
procedure TEditType.RunTests;
var
      C : Currency;
begin
{$IFOPT D+}
      Text := 'True';
      if( AsBoolean ) then AsBoolean := Not AsBoolean;
      Text := '300.37';
      C := AsCurrency;
      AsCurrency := 547.29;
      ShowMessage(AsString);
      AsDate := Now;
      if( AsDate <= Now ) then
            AsDatetime := AsDate;
      ShowMessage( 'The date is :' + AsString );
      AsFloat := 12345.67;
      AsFloat := 2 * AsFloat;
      AsInteger := Trunc(AsFloat);
      AsTime := Now;
      ShowMessage( 'The time is: ' + Text );
{$ENDIF}
end;
```

Lembre-se de acrescentar a declaração RunTests à classe. A diretiva {$IFOPT D+} só incluirá o teste se o componente estiver compilado com a depuração ativada. (Na seção "Como usar diretivas de compilador para acrescentar e remover código de teste dinamicamente", Capítulo 7, você encontra uma discussão completa sobre depuração completa de código.) O código de teste examina a maioria dos métodos de acesso — testar os métodos de acesso restantes vale como um exercício —, e o código é listado quando você compila o componente com o depurador ativado.

Usar a técnica de transportar o código teste com o componente facilita ativar e desativar o código de teste se você estender o comportamento do componente. Se você colocar o componente em subclasse, considere tornar o procedimento RunTests virtual e sobregravar RunTests em uma subclasse. Antes de instalar o componente, você pode executar rapidamente um complemento de testes, aplicando as seguintes etapas.

1. Crie um aplicativo em branco.
2. Inclua a unidade (neste caso, UEditType) contendo o componente.
3. Crie uma instância do componente e chame RunTests.

Usando o componente TEditType e essas três etapas, o código descrito a seguir testaria a classe.

```
with TEditType.Create(Self) do
    begin
         Parent := Self;
         RunTests;
end;
```

Uma vez completo o teste de um componente, você precisará adicioná-lo a um pacote e depois instalar o pacote na Component Palette. (Veja a última seção deste capítulo, "Como instalar componentes em um pacote", para detalhes específicos.)

Como apanhar código

Uma técnica muito antiga, conhecida como "apanhar" é apropriada para testar componentes. Pontos de interrupção são ótimos para depuração antiga, mas, infelizmente, eles não podem ser rotulados junto com componentes compilados e instalados. Se você precisar testar de novo o componente por ele ter sido modificado, precisará enfrentar o tédio de testar todos os caminhos de código alterados.

Substituindo uma *trap* (armadilha) diretamente no código, você pode comentar a *trap* quando ela é atirada. Uma *trap* é atirada quando é encontrada no código. Deixando a *trap* em seu lugar, mas comentando-a quando ela for atirada, você deixa um registro visual, indicando o código apanhado e o código que não foi apanhado. Você pode encontrar qualquer caminho de código que não tenha sido apanhado, buscando a unidade por uma guia de *trap*. Como uma *trap* é criada? Use a interrupção *soft-ice* em uma declaração de agrupamento em linha.

```
asm int 3 end; //Trap!
```

NOTA
Apanhar cada caminho de código tem relação com todos os todos os fluxos possíveis. Por exemplo, se você tiver uma condição if then e uma else, então acrescente uma trap à parte if e à parte else. Isso ajudará a garantir que você testou caminhos de código alternados. As traps também ajudarão a identificar código que nunca foi usado. Procurando apenas traps não comentadas, você encontrará código que não é necessário.

Quando a *trap* é encontrada, o IDE pára na linha imediatamente depois da *trap*, como demonstrado na figura 9.5. Se você escrever *traps* à medida que escreve cada caminho de código, elas estarão lá para testar quando você tiver terminado de codificar. Comentando a *trap* quando ela é atirada, você tem um registro do código sendo testado (Figura 9.6).

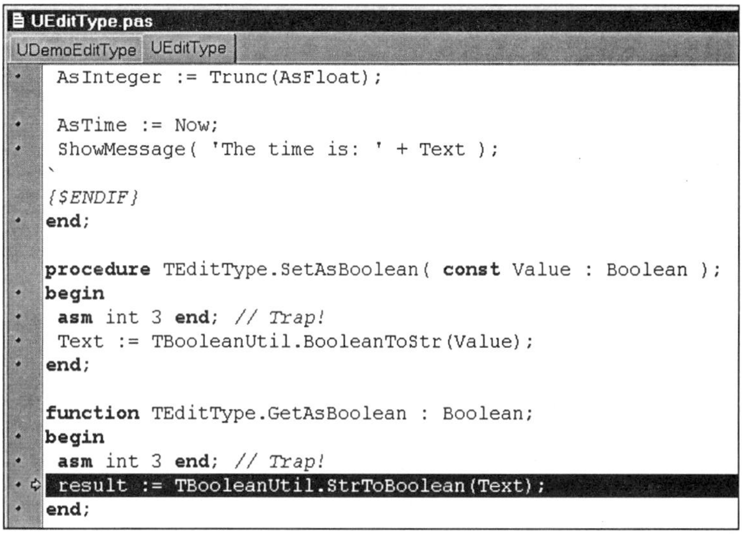
UEditType.pas
UDemoEditType
UEditType
AsInteger := Trunc(AsFloat);
AsTime := Now;
ShowMessage('The time is: ' + Text);
{$ENDIF}
end;
procedure TEditType.SetAsBoolean(const Value : Boolean);
begin
asm int 3 end; // Trap!
Text := TBooleanUtil.BooleanToStr(Value);
end;
function TEditType.GetAsBoolean : Boolean;
begin
asm int 3 end; // Trap!
result := TBooleanUtil.StrToBoolean(Text);
end;

Figura 9.5 *Usar a interrupção 3 de* soft-ice *— denominação que se dá a um produto depois que se usou a interrupção de depurador — interrompe para acrescentar pontos de interrupção em seu código. O código parará, exatamente como se ele tivesse sido atingido um ponto de interrupção, como mostrado*

Se você tentar modificar o código, não comente a *trap* e assegure-se de que ele seja testado novamente. Quando você salva o componente, as *traps* — isto é, os pontos de interrupção — vão para o código.

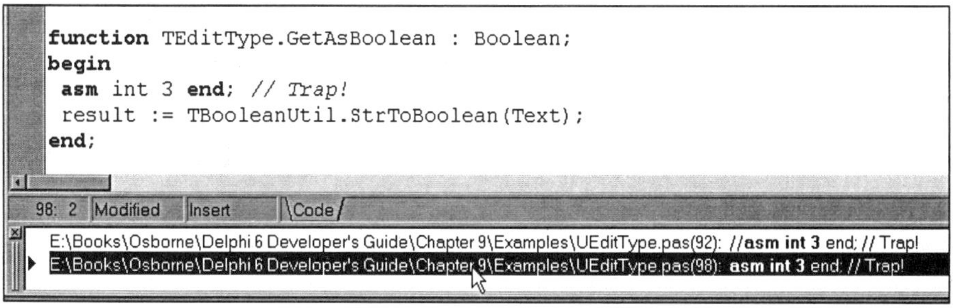
function TEditType.GetAsBoolean : Boolean;
begin
asm int 3 end; // Trap!
result := TBooleanUtil.StrToBoolean(Text);
end;
98: 2
Modified
Insert
Code
E:\Books\Osborne\Delphi 6 Developer's Guide\Chapter 9\Examples\UEditType.pas(92): //asm int 3 end; // Trap!
E:\Books\Osborne\Delphi 6 Developer's Guide\Chapter 9\Examples\UEditType.pas(98): asm int 3 end; // Trap!

Figura 9.6 *Caminhos de código que não foram testados não terão* traps *atiradas (declarações de* traps *comentadas)*

Como definir
a trap no Code Insight

O idioma Trap da última seção é um bom exemplo da espécie de código que pode ser colocado em Code Insight (No interior de código) (veja a Figura 9.7). Para acrescentar o idioma Trap ao Code Insight, selecione a guia Code Insight na caixa de diálogo Editor Properties. A caixa de diálogo Editor Properties é aberta, clicando Tools, Editor Options. Acrescente o código literal, como ele aparece em seguida.

```
asm int 3 end; // Trap |
```

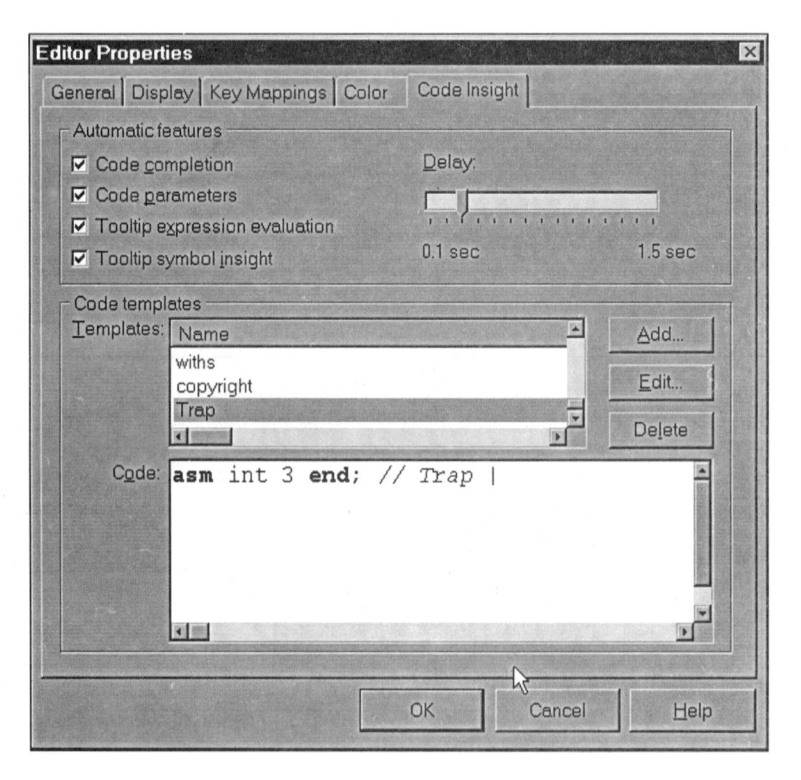

Figura 9.7 Use Code Insight para definir o idioma Trap. Pressione Alt+J e digite T R A P para inserir a declaração de trap em seu código

O símbolo de barra vertical (I) está na tecla de barra invertida do teclado. O caractere de barra vertical indica onde o cursor será colocado depois que o código for inserido. Para acrescentar uma Trap ao seu código, coloque o cursor no editor de código, no ponto em que você deseja a declaração *trap* e pressione **Ctrl+J**. Digite a palavra Trap e pressione **Enter** assim que o Trap Template for selecionado (veja a Figura 9.8).

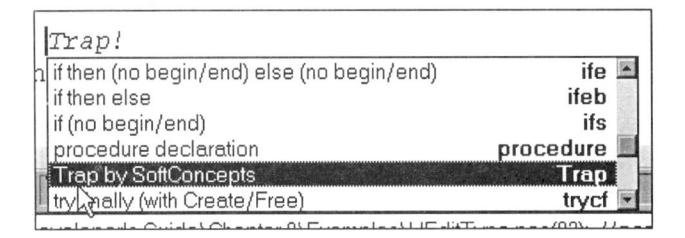

Figura 9.8 Selecione o gabarito Trap da caixa de diálogo Code Completion, exibida ao pressionar Ctrl+J

Como acrescentar um ícone de componente

Parte de um ajuste e acabamento de nível profissional é acrescentar um ícone ao seu componente, fornecendo alguma indicação quanto ao que o componente faz. Colocando em uma subclasse um componente existente, você obterá o ícone daquele componente, a menos que especifique um novo ícone. Se você não especificar um ícone de componente, e o componente não for uma subclasse de um componente existente, que tem um ícone, então o seu componente obterá o ícone genérico, igual ao indicado pelo cursor do mouse conforme demonstrado na Figura 9.9.

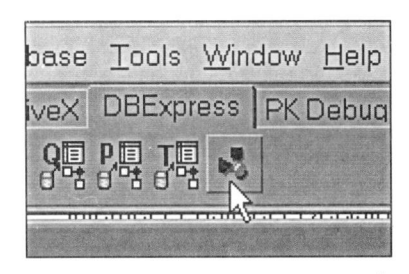

Figura 9.9 O ícone genérico usado em componentes, quando não é indicado nenhum arquivo de recursos contendo um ícone de componente

NOTA

Além de um ícone de componente, acrescentar um arquivo de palavra-chave e um arquivo .HLP compilado permitirá que você integre as suas informações de ajuda do componente às informações do Delphi.

Se você não quiser o ícone genérico, ou se um ícone herdado de um componente ancestral não for o bastante, você pode usar o Image Editor (Editor de imagem) e criar facilmente um novo ícone de componente.

Como criar um Component Resource File com o Image Editor

Suponha que você tenha criado um componente Debug (Depuração) capaz de rastrear o código para um arquivo de texto externo. Você testou o código; ele funciona perfeitamente e você está pronto para definir um componente que encapsula o comportamento de rastreamento. O componente não é um componente visual — isto é, não há controle de tempo de execução para manipular — e não há um ícone ancestral para herdar. Usando as convenções discutidas neste livro até agora, você nomeou a classe TDebug e a unidade UDebug. Você está pronto para definir o arquivo de recursos contendo o ícone de componente.

1. No Delphi, a partir do menu Tools, selecione o Image Editor.
2. No Image Editor, selecione **File**, **New**, **Component Resource File** (Arquivo, Novo, Arquivo de recurso de componente). (Os arquivos de recurso de componente têm uma extensão .dcr.)
3. Um ícone de componente é um *bitmap* de 24x24 pixels. A partir do menu Resource, clique **New**, **Bitmap** para exibir a caixa de diálogo Bitmap Properties, mostrada na Figura 9.10.
4. Mude a Width (Largura) e Height (Altura) para 24 em cada uma e clique **OK**.
5. Clique à direita no item Bitmap1 na caixa de diálogo de recurso untitled1.dcr. Mude o nome do recurso de *bitmap* para combinar o nome de classe, TDEBUG.
6. Quando você tiver o *bitmap* desenhado ou copiado, salve o arquivo .DCR de forma que ele tenha o mesmo nome e esteja no mesmo local da sua unidade de componente. Por exemplo, UDebug.pas precisa de um arquivo UDebug.dcr.

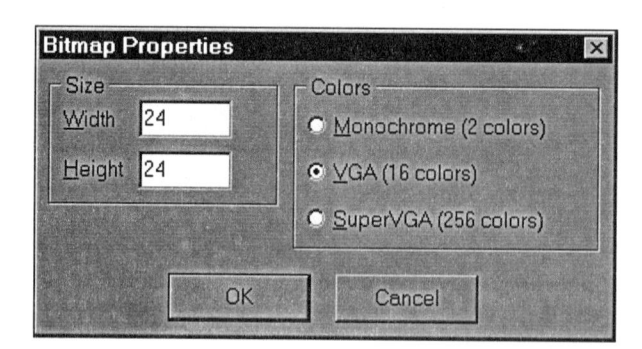

Figura 9.10 A caixa de diálogo Bitmap Properties do Image Editor. Os bitmaps *componentes têm 24x24 pixels,* bitmaps *de 16 cores*

Capítulo 9 - Criação de componentes personalizados | **307**

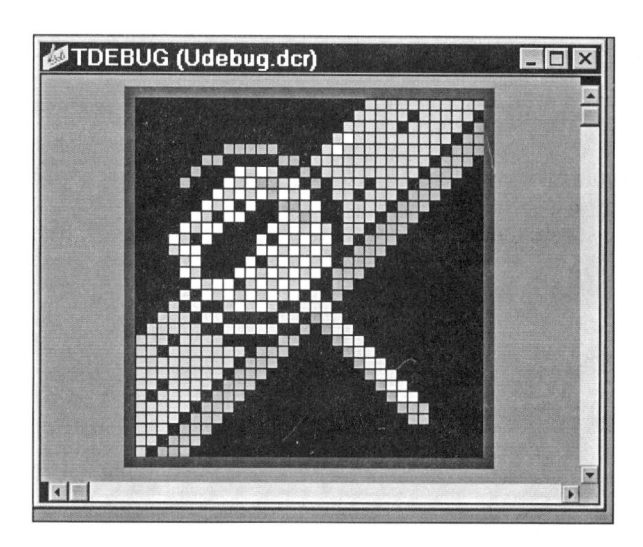

Figura 9.11 Aqui, o bitmap *selecionado para o componente TDebug, aumentado várias vezes.*

Isso é tudo. Ao compilar o seu componente em um pacote, automaticamente o Delphi tomará um arquivo .DCR com o mesmo nome da unidade que contém o componente.

Como encontrar recursos de ícone

Se você é bom em desenhar ícones a partir do rascunho, use o Image Editor e qualquer programa gráfico para desenhar ícones personalizados. Outro recurso possível é pegar ícones de arquivos existentes em DLLs, Executables e Icom (*.ico). Os ícones podem ter proteção de direitos autorais, por isso é importante verificar com o fabricante quem possui os arquivos antes de tomar os ícones emprestados. Existem milhares de ícones na maioria dos computadores. A função Extraction API é capaz de extrair ícones de um arquivo .ico ou qualquer executável. A listagem demonstra um aplicativo simples que lê todos os ícones de um arquivo .EXE ou .DLL.

```
unit UFormIconGrabber;
interface
uses
     Windows, Messages, SysUtils, Classes, Graphics, Controls,
        Forms, Dialogs, StdCtrls, ExtCtrls, ShellAPI;
type
     TForm1 = class(TForm)
        Image1: TImage;
        Button1: TButton;
        Label1: TLabel;
```

```
        EditFileName:Tedit;
        procedure Button1Click(Sender: TObject);
    private
        { Private declarations }
    public
        { Public declarations }
    end;

var
    Form1: TForm1;
implementation
{$R *.DFM}
procedure TForm1.NextIcon;
const
    I : Integer = 0;
    FileName : String = '';
var
    Count : Integer;
begin
    if( FileName <> EditFileName.Text ) then
    begin
        FileName := EditFileName.Text;
        I := 0;
        // Use $FFFFFFFF to get the image count
        Count := ExtractIcon( Application.Handle, PChar(FileName),
                $FFFFFFFF );
    end
    else
        Inc(I);

    if( I < Count ) then
        Image.Picture.Icon.Handle :=
            ExtractIcon( Application.Handle, PChar(FileName), I )
    else
        ShowMessage( 'No more images' );
end;

procedure TForm1.Button1Click(Sender: TObject);
begin
    NextIcon;
end;
end.
```

A partir da definição de classe, você precisará acrescentar um botão, etiqueta, controle de edição e um controle de imagem a um formulário para criar a demonstração. O único método nesse aplicativo é NextIcon. NextIcon determina se o FileName foi mudado desde a última chamada a NextIcon. Se ele tiver sido alterado, o índice I e o FileName serão atualizados. A primeira chamada a ExtractIcon mostra a contagem do número de ícones em FileName, indicado pelo último argumento $FFFFFFFF. Se Count for maior do que o índice, então o próximo ícone é extraído de FileName e exibido no controle TImage.

Com alguns acréscimos, você poderia pegar cada ícone de cada arquivo executável e .ico em seu disco rígido. Há cerca de 10.000 em minha estação de trabalho. Usando o método TImage.Picture.SaveToFile, os ícones podem ser facilmente salvos em um arquivo separado e modificados no Image Editor.

Como instalar componentes em um pacote

Um pacote compilado tem a extensão .bpl. Uma Borland Package Library (Biblioteca de Pacote Borland) é, na verdade, uma DLL com uma extensão especial. Pacotes podem conter um ou mais componentes. É uma boa idéia organizar os seus componentes em pacotes, usando algum esquema que faça sentido para o seu projeto ou equipe. Você pode ter um pacote padrão, contendo componentes personalizados de sua empresa ou criar pacotes por projeto. Quando você estiver trabalhando em um projeto, carregue o pacote do projeto; quando estiver trabalhando em outro, carregue o outro pacote.

Nova em Delphi 6 é a habilidade de incluir um pacote de projeto no Project Manager, conforme mostra a Figura 9.12. Isso facilita trabalhar no pacote de projeto e depurar bibliotecas de componentes, ao desenvolver um aplicativo e seus componentes. De fato, o Package Editor gerencia o acréscimo e a remoção de unidades de componentes em um pacote, compilando e instalando o pacote.

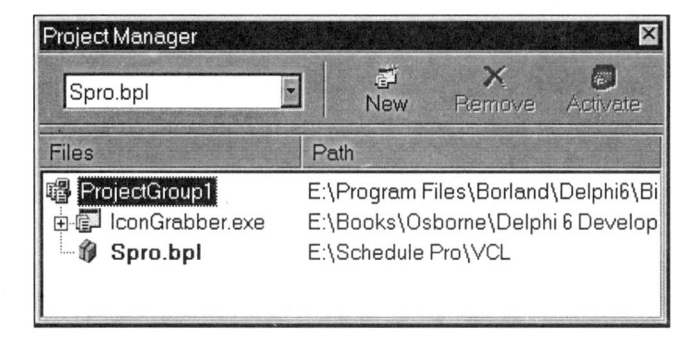

Figura 9.12 *Um pacote de biblioteca chamado SPro no Project Manager, mostrado acima com o Package Editor ancorado na mesma caixa de diálogo do Project Manager*

Depois de testar e depurar um componente e estiver pronto para instalá-lo em um pacote, você pode abrir um pacote existente e instalá-lo com o Package Editor ou usar o menu Component, Install Component (Componente, Instalar componente). O item de menu Install Component permite que você instale um componente em um pacote novo ou em um pacote existente, dependendo da guia a partir da qual você realizará a operação na caixa de diálogo Install Componente (mostrada na Figura 9.13).

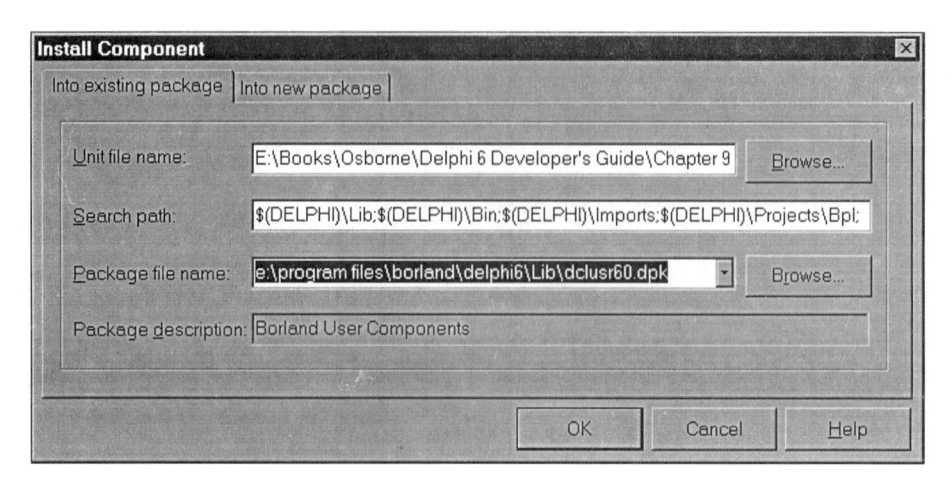

Figura 9.13 A caixa de diálogo Install Component

Por padrão, um componente será colocado em dclusr60.dpk fornecido pela Borland. Isso é chamado de Borland User Package. Para instalar um componente em um novo pacote, siga as etapas a seguir indicadas, usando o componente TEditType como demonstração.

1. Clique **Component**, **Install Component**.
2. Na caixa de diálogo Install Component, clique a guia **Into New Package** (Dentro de novo pacote).
3. Entre com o caminho e o nome do arquivo, indicando o componente que deseja instalar ou use o botão de escolha para navegar para a unidade.
4. Entre com o caminho e o nome de pacote do novo .dpk (arquivo de pacote não compilado).
5. Entre com a descrição do pacote.
6. Clique **OK**.
7. O Delphi pedirá que você compile e instale o pacote. Clique **Yes** para acrescentar a nova biblioteca de pacote à paleta de componentes.

O editor de pacote mostrado na Figura 9.14 apresenta o novo pacote foo.dpk contendo o componente TEditType. A partir do editor de pacote, você pode compilar a biblioteca de pacotes, clicando o botão Compile (Compilar), instalar o pacote ou ajustar as opções do compilador. Tenha em mente que bibliotecas VCL são essencialmente DLLs armazenadas em arquivos, com uma extensão .bpl. Elas precisam ser compiladas e instaladas, e as opções precisam ser gerenciadas, como em qualquer outro projeto DLL. Tudo isso é obtido através do Package Editor, ou clicando à direita no menu de contexto do Project Manager.

Agora que você testou e instalou os seus componentes, eles podem ser pintados em formulários ou módulos de dados, como quaisquer outros componentes. Para compartilhar os seus componentes com outros desenvolvedores, forneça o pacote da biblioteca (arquivo .bpl) e todas as unidades Delphi compiladas (arquivos .dcu). Inclua as unidades de código-fonte, se quiser que outros desenvolvedores tenham acesso à fonte de seu componente.

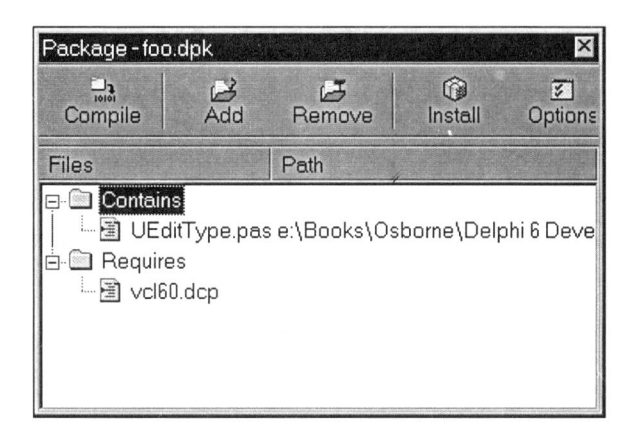

Figura 9.14 O Package Editor é usado para compilar, instalar e ajustar opções de projeto para bibliotecas de componente

Resumo

O Capítulo 9 ensina os rudimentos do *design* profissional de componente. Montar componentes personalizados é programação profissional. A única diferença entre montar componentes e montar aplicativos é o seu público-alvo. Em geral, o público de componentes é formado por outros desenvolvedores; eles são a sua comunidade de usuários. É uma boa idéia incluir arquivos Help (Ajuda) (.hlp) e Keyword (Palavra-chave) (.kwf) que contenham a documentação necessária para que outros possam usar os seus componentes. Um bom modelo a seguir é o formato de ajuda do Delphi, o qual dará ao seu componente uma mistura refinada com a ajuda de Delphi.

Você administrou os fundamentos técnicos de criação componentes personalizados. Os capítulos a seguir demonstram técnicas mais avançadas que destacarão os seus componentes e aplicativos em relação ao que existe.

Capítulo

10

Design avançado de componentes

314 | *Desenvolvendo aplicações em Delphi 6*

O Capítulo 10 demonstra técnicas avançadas que permitirão a você criar uma variedade mais ampla de componentes com maior grau de controle sobre o comportamento desses componentes. O *design* avançado de componentes inclui o carregamento dinâmico de recursos para criar diferentes controles gráficos e publicar componentes proprietários — uma novidade no Delphi 6 é disponibilizar a criação de componentes de diálogo, aliada às propriedades privadas que já existiam nas versões anteriores. Também é nova a possibilidade de criar editores de propriedade.

A publicação de componentes proprietários poupará muito trabalho para você. Você poderá criar componentes oriundos de muitos controles mais facilmente do que com as antigas versões do Delphi.

Como carregar recursos dinamicamente

Analisando profissionalmente, controles atraentes como o TMediaPlayer (mostrado na Figura 10.1) exigem que componentes sejam dinamicamente criados e recursos gráficos sejam carregados nos componentes quando estes são criados. No Capítulo 9, você aprendeu como criar um arquivo Delphi Component Resource (.dcr) com o Image Editor. Se você der ao *bitmap* de 24-24 pixels o mesmo nome da classe e salvar o arquivo DCR com o mesmo nome do arquivo da unidade componente — a menos que as extensões sejam diferentes — o Delphi carrega automaticamente o arquivo DCR quando você acrescentar a unidade ao pacote. Os *bitmaps* são exibidos no botão, representando aquele componente na paleta VCL (consulte o Capítulo 9, "Como criar o Component Resource File com o Image Editor", para rever os detalhes).

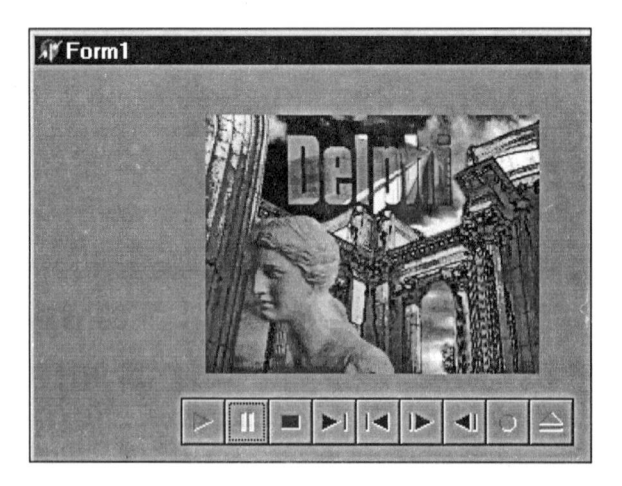

Figura 10.1 O componente MediaPlayer usa bitmaps dinamicamente carregados em tempo de execução de um arquivo de recursos, conferindo aparência profissional ao MediaPlayer. (O speedis.avi mostrado é distribuído com o Delphi; está na pasta demos\coolstuf.) As imagens carregadas do arquivo de recursos são os botões do MediaPlayer.

Acrescentando cursores, ícones e *bitmaps* ao mesmo arquivo DCR, o Delphi compilará tais recursos no componente .DCU e os vinculará à Borland Package Library. (Tenha em mente que a BPL é uma biblioteca de vínculo dinâmico especial.) Uma vez que os componentes estejam no pacote da biblioteca, eles se tornam acessíveis através dos procedimentos de recurso API e podem ser carregados com métodos de componentes que são capazes de carregar recursos. Em geral, os componentes com métodos de carregamento de recursos têm um objeto contido que representa um recurso, como uma propriedade Glyph de TSpeedButton.

Uma montagem visual simples, encontrada em aplicativos de banco de dados, é um controle visual que contém quatro botões (veja a Figura 10.2). Estes indicam que os itens de ambos os lados podem mover-se para a frente e para trás entre as colunas da esquerda e da direita. Um controle como aquele mostrado na Figura 10.2 oferece poucos benefícios. Este controle, escalonado em diversos formulários ou projetos, aumenta o interesse do conjunto. Um componente, TButtonPanel, será usado nessa seção para demonstrar como carregar recursos dinamicamente. Na próxima seção, veremos como publicar componentes proprietários.

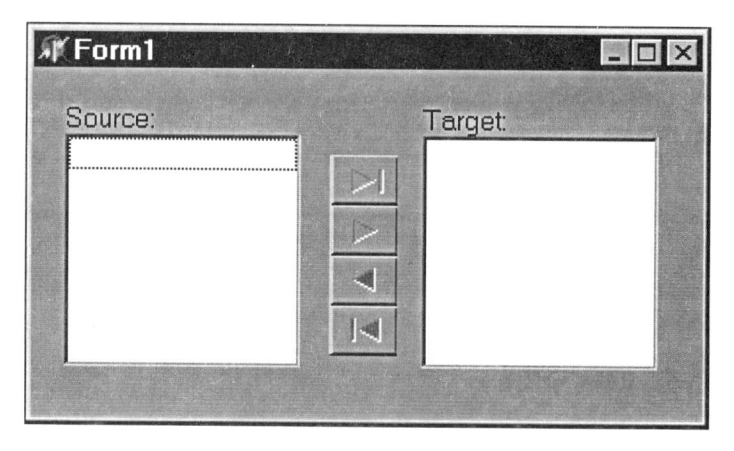

Figura 10.2 Um componente de botão de navegação.
As setas sugerem a direção do movimento

NOTA

Existe um enigma que é mais ou menos assim: você prefere ter um milhão de dólares agora ou um centavo de dólar que tenha seu valor dobrado a cada dia por 30 dias? Evidentemente, a resposta é o centavo dobrado 30 vezes. Os resultados não são interessantes até você ter o vigésimo, através do trigésimo período composto, o que resulta em extraordinários 10.737.418 dólares. O resultado é semelhante a montar aplicativos a partir de componentes. Inicialmente os resultados parecem moderados, mas eles são cumulativos; o resultado final é dramático.

O componente mostrado na Figura 10.2 usa *bitmaps* reciclados do componente TMediaPlayer. A primeira etapa ao usar recursos em um componente é acrescentá-los a um arquivo Delphi Component Resource, um DCR. No TButtonPanel, o nome da unidade é UButtonPanel.pas. Portanto, o arquivo DCR será o UButtonPanel.dcr, e ele será salvo para o mesmo diretório da unidade do componente. Os quatro botões mostrados serão implementados, usando o componente TSpeedButton. TSpeedButton tem uma propriedade Glyph (glifo˙) que será usada para armazenar a imagem gráfica. Um glifo pode ser um *bitmap*; como demonstrado na Figura 10.2, são quatro *bitmaps*.

Criação do arquivo Delphi Component Resource (Componente de Recursos do Delphi)

O Image Editor pode ser usado para criar os recursos *bitmap* para o TButtonPanel. As etapas a seguir guiarão você na criação do arquivo DCR.

1. Inicie o Image Editor do menu Delphi Tools.
2. No Image Editor, clique **File, New, component Resource File**, para criar o arquivo de recurso.
3. Crie quatro *bitmaps*, selecionando os itens de menu Resource, New, Bitmap; aceite o tamanho e as cores padrão. (O tamanho padrão é 32 x 32 pixels e 16 cores modo VGA.)
4. Você pode desenhar os *bitmaps* ou copiar e colar *bitmaps* existentes. (Procure orientação junto ao setor jurídico da sua empresa sobre a utilização de componentes de *bitmaps* que podem estar protegidos por direitos autorais.) Se você quiser copiar recursos do arquivo mplayer.res, então abra aquele arquivo no Image Editor e copie e cole as quatro imagens que deseja usar. (O arquivo mplayer.res está na subpasta Lib, dentro da pasta que você instalou Delphi).
5. Renomeie cada *bitmap* com um nome adequado. (Usaremos uma lista enumerada e RTTI para indexar e carregar os recursos — reporte-se à Figura 10.2 —; nomeie os *bitmaps* de alto a baixo, bpFirst, bpPrior, bpNext, bpLast. O prefixo bp é para manter a convenção do Delphi de nomear elementos enumerados com um prefixo de dois caracteres derivados do primeiro caractere de cada palavra da enumeração. A enumeração será nomeada como TButtonPosition.)
6. Finalmente, salve o arquivo DCR como UButtonPanel.dcr no mesmo diretório em que você colocará o componente.

Se o arquivo DCR estiver no mesmo diretório do componente, quando você acrescentar o componente ao pacote, o arquivo DCR será acrescentado a ele, conforme mostra a Figura 10.3. A unidade será compilada e vinculará o pacote e o arquivo de recursos DCR em uma biblioteca BPL. O arquivo de recursos será incluído na biblioteca, e os recursos ficarão acessíveis com chamadas a método.

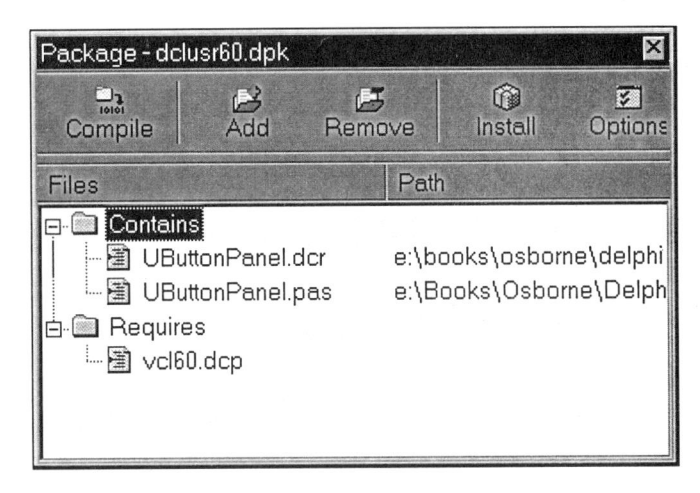

Capítulo 10 - Design avançado de componentes | **317**

Figura 10.3 O Package Editor com o pacote dclusr60.dopk que contém os arquivos UButtonPalen DCR e PAS

Como carregar os recursos

Um meio conveniente de carregar recursos é nomear os recursos como valores ordinais em uma lista enumerada. Continuando com o TButtonPanel, uma definição de tipo para os botões seria nomeada como demonstrado a seguir.

```
type
    {$M+}
    TButtonPosition = (bpFirst, bpPrior, bpNext, bpLast);
    {$M-}
```

Observe que os nomes enumerados são idênticos aos nomes de recurso na subseção anterior. A $M é a diretiva do compilador de tipo de informações de tempo de execução. Se a unidade typinfo.pas for acrescentada à cláusula uses, então os valores ordinais enumerados podem ser usados para extrair a *string* que dá nome à enumeração; isto é exatamente o necessário para ler cada recurso.

```
unit UEnumerationDemo;
interface
uses
     Windows, Messages, SysUtils, Classes, Graphics, Controls,
     Forms, Dialogs,
     StdCtrls, ExtCtrls;
type
    {$m+}
    TButtonPosition = (bpFirst, bpPrior, bpNext, bpLast );
    {$M-}
```

```
        TForm1 = class(TForm)
             Image1: TImage;
             Image2: TImage;
             Image3: TImage;
             Image4: TImage;
             Button1: TButton;
             procedure FormCreate(Sender: TObject);
             procedure Button1Click(Sender: TObject);
        private
             { Private declarations }
             FImages : array[TButtonPosition] of TImage;
        public
             { Public declarations }
        end;

var
      Form1: TForm1;
Implementation
{$R *.DFM}
{$R UButtonPanel.Res}
uses
      typinfo;

procedure TForm1.FormCreate(Sender: TObject);
begin
      FImages[bpFirst] := Image1;
      FImages[bpPrior] := Image2;
      FImages[bpNext]  := Image3;
      FImages[bpLast]  := Image4;
end;

procedure TForm1.Button1Click(Sender: TObject);
var
      I : TButtonPosition;
begin
      for I := Low(TButtonPosition) to High(TButtonPosition) do
           FImages[I].Picture.Bitmap.LoadFromResourceName( Hinstance,
                GetEnumName( TypeInfo(TButtonPosition), Ord(I)));
end;
end.
```

A unidade define o tipo de enumeração TButtonPosition na seção de interface, compilando a enumeração com as informações de tipo em tempo de execução. Quatro imagens foram usadas para agir como depósitos para os *bitmaps*. Um *array* privado de TImages é definido na classe e iniciado no método de evento FormCreate para referir-se aos quatro componentes da imagem.

Na seção implementação, o arquivo UButtonPanel.res é importado pela diretiva de compilador $R. O método de evento Button1Click itera, usando a enumeração TButtonPosition à medida que o *loop* vincula e carrega os *bitmaps* usando o *array* de referências de imagem.

Um objeto TPicture está contido em uma TImage. Por sua vez, Tpicture contém um objeto TBitmap, que tem um método LoadFromResourceName. HInstance é o acionador global do Windows, definido na unidade de System, designada a um aplicativo ou biblioteca, e GetEnumName usa RTTI para converter o valor de enumeração ao seu nome de string. Lembre-se de que os recursos *bitmap* receberam o mesmo nome que os nomes enumerados, permitindo que você concilie programaticamente, com facilidade, o recurso.

Como publicar componentes proprietários

À medida que os componentes crescem em complexidade, mais componentes são definidos em relações de agregação. Versões anteriores do Delphi exigiam que os editores proprietários fossem definidos para fornecer acesso a objetos contidos já no *design* ou, no mínimo, era necessária a promoção de atributo para oferecer acesso por ocasião do *design* a propriedades de dados e evento de objetos de proprietário.

Considere o componente painel de botões mencionado na seção anterior. Implementar o painel de botões com os botões alinhados em um painel, o qual contém os botões, é um meio direto de criar o componente painel de botões. O truque era oferecer acesso aos atributos dos botões por ocasião do *design*. A seguinte listagem parcial de código demonstra a técnica.

NOTA
A promoção de atributo é uma técnica válida que promove atributos de objetos contidos para a interface do container *— referidos como "aplainar a interface" —, mas ela não é mais necessária para fornecer acesso a objetos contidos em tempo de desenvolvimento.*

```
type
TButtonPosition = (bpFirst, bpPrior, bpNext, bpLast);
TButtonPanel = class(TPanel)
Private
     FButtons : array[TButtonPosition] of TSpeedButtons;
protected
     procedure SetClickEvent( Index : TButtonPosition; const Value :
TNotifyEvent );
     function GetClickEvent( index : TButtonPosition) :
TNotifyEvent;
published
     property FirstOnClick : TNotifyEvent index bpFirst read
GetClickEvent
          write SetClickEvent;
     property PriorOnClick : TNotifyEvent index bpPrior read
GetClickEvent
          write SetClickEvent;
     // etc...
end;
```

A listagem parcial demonstra a promoção de atributo. Os botões são objetos contidos, mas, nas versões anteriores, não podia haver propriedades declaradas para eles; assim, eles não podiam ser manipulados diretamente no Object Inspector. Subseqüentemente, cada propriedade de cada componente contido que precisasse ser modificada por ocasião do *design* exigia a promoção de atributo, isto é, muitos métodos extras. Embora esses atributos promovidos e os métodos de acesso associados em geral fossem muito simples, era fatigante, ainda que necessário, escrever o código. O Delphi 6 fornece código para componentes proprietários, reduzindo a necessidade de continuar a criar componentes dessa forma.

Como declarar propriedades públicas de componentes

A versão atual do Delphi pode seqüenciar adequadamente componentes proprietários para o arquivo .DFM e permitir que eles sejam modificados em tempo de desenvolvimento no Object Inspector. Se voltarmos a nos referir ao TButtonPanel, descobriremos que ainda é uma boa prática declarar objetos dados como privados e dar a eles acesso através de uma propriedade representando os objetos. Entretanto, a declaração de propriedade pode estar na seção pública, e o objeto pode ser modificado em tempo de desenvolvimento, um novo recurso abordado de forma introdutória no Capítulo 3, na seção que trata da classe TComponent. A listagem demonstra uma solução parcialmente correta.

```
unit UImagePanel;
interface
uses
      Windows, Messages, SysUtils, Classes, Graphics, Controls,
Forms, Dialogs,
      ExtCtrls;
type
      TImagePanel = class(TPanel)
      private
            FImage : TImage;
      public
            constructor Create(AOwner : TComponent); override;
      published
            property Image : TImage read FImage;
      end;

procedure Register;
implementation
procedure Register;
begin
      RegisterComponents('PKTools', [TImagePanel]);
end;
```

```
constructor TImagePanel.Create(AOwner: TComponent);
begin
        inherited;
    FImage := TImage.Create(Self);
    FImage.Parent := Self;
    FImage.Align := alClient;
end;
end.
```

Sintaticamente, a listagem está correta. O componente TImagePanel compilará e instalará, e a propriedade imagem será exibida como uma propriedade de TImagePanel. Em tempo de desenvolvimento, quando você mudar a propriedade Picture da Image, o painel de imagem parecerá estar funcionando corretamente, como mostrado na Figura 10.4.

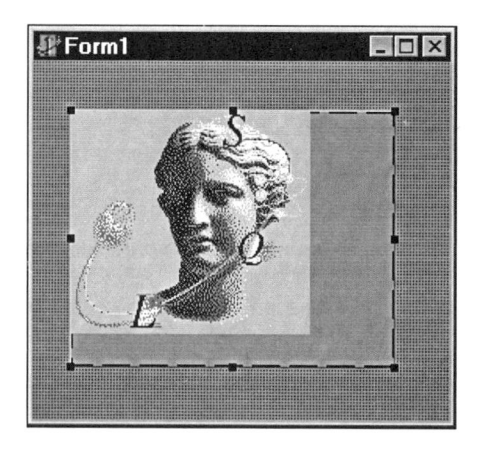

Figura 10.4 O TImagePanel em tempo de desenvolvimento, conforme definido na listagem anterior

Examinando mais acuradamente, você notará que, quando executa o aplicativo, a imagem está em branco. Se você examinar o arquivo DFM como texto (veja a listagem a seguir), perceberá que não há dados seqüenciados referentes à propriedade imagem.

```
object Form1: TForm1
      Left = 342
      Top = 116
      Width = 316
      Height = 400
      Caption = 'Form1'
      Color = clBtnFace
      Font.Charset = DEFAULT_CHARSET
      Font.Color = clWindowText
      Font.Height = -13
      Font.Name = 'MS Sans Serif'
      Font.Style = []
```

```
        OldCreateOrder = False
        PixelsPerInch = 120
        TextHeight = 16
        object ImagePanel1: TImagePanel
            Left = 64
            Top = 64
            Width = 201
            Height = 257
            Caption = 'ImagePanel1'
            TabOrder = 0
        end
end
```

Juntas, essas ocorrências sugerem claramente que algo está estranho. De fato, algo está estranho. Você precisa se lembrar de chamar o novo método na classe TComponent de SetSubComponent, se quiser que as propriedades públicas permaneçam sob tal condição.

Chamada a SetSubComponent para objetos públicos

À primeira vista, a seção anterior parece correta. Após um exame, descobrimos que o painel de imagem não estava suportando a imagem como parte do componente. Isto é evidente quando a breve listagem é acrescentada ao pacote — instalado — e o componente é testado em um formulário, e não antes. Se acrescentarmos uma chamada a SetSubComponent, as modificações feitas aos atributos de um objeto público em tempo de desenvolvimento continuarão a existir no arquivo DFM.

Acrescentar a chamada ao construtor a partir da última seção leva o componente a comportar-se corretamente. Veja, a seguir, o construtor modificado.

```
construtor TImagePanel.Create(AOwner: TComponent);
begin
            inherited;
      FImage := TImage.Create(Self);
      FImage.Parent := Self;
      FImage.Align := alClient;
      FImage.SetSubComponent( True );
end;
```

O método SetSubComponent é definido na classe TComponent, em classes.pas, como demonstrado a seguir:

```
procedure TComponent.SetSubcomponent(Value: Boolean );
begin
      if Value then
            Include(FComponentStyle, csSubComponent)
      else
            Exclude(FComponentStyle, csSubComponent);
end;
```

Capítulo 10 - *Design avançado de componentes* | **323**

SetSubComponent acrescenta csSubComponent ao conjunto ComponentStyle. Mais importante: ele muda a maneira como as propriedades dos subcomponentes são encadeadas ao formulário de arquivo de recurso. O formulário de arquivo de recurso, parcialmente listado como texto, exibe o comportamento certo quando o estilo csSubComponent é acrescentado pela chamada a SetSubComponent.

```
object Form1: TForm1
     Left = 457
     Top = 125
     Width = 316
     Height = 400
     Caption = 'Form1'
     Color = clBtnFace
     Font.Charset = DEFAULT_CHARSET
     Font.Color = clWindowText
     Font.Height = -13
     Font.Name = 'MS Sans Serif'
     Font.Style = []
     OldCreateOrder = False
     PixelsPerInch = 120
     TextHeight = 16
     object ImagePanel1: TImagePanel
          Left = 40
          Top = 40
          Width = 209
          Height = 161
          Caption = 'ImagePanel1'
          TabOrder = 0
          Image.Left = 1
          Image.Top = 1
          Image.Width = 207
          Image.Height = 159
          Image.Align = alClient
          Image.Picture.Data = {
07544269746D6170E62B0000424DE62B000000000000760000002800000099000
```

NOTA

A listagem do formulário de arquivo de recurso foi truncada para economizar espaço. A longa série de números é a representação bit do bitmap e exigiria aproximadamente 15 páginas para ser inteiramente listada.

A chamada a SetSubComponent no construtor era necessária para fazer o mecanismo de seqüência da propriedade encadear corretamente a imagem de componente contida.

Se você quiser que o usuário tenha acesso a propriedades de um objeto, torne o objeto acessível, publicando-o com uma declaração de propriedade. Se quiser que apenas alguns atributos do objeto contido sejam acessíveis, então coloque em subclasse o ancestral personalizado do objeto contido e promova apenas a visibilidade de tais atributos quando quiser que sejam exibidos no Object Inspector. Defina a nova subclasse como a classe no componente *container*, tornando-a assim pública, mas sem limitar efetivamente as propriedades que podem ser modificadas por ocasião do *design*.

Como criar Dialog Components (Caixas de diálogo)

Um componente caixa de diálogo inclui um formulário contido pelo objeto componente. Vários exemplos de componente caixa de diálogo podem ser encontrados na guia Dialog da paleta de componentes, incluindo caixa de diálogo de abrir e salvar, caixa de diálogo de impressão e de configuração de impressora, caixa de diálogo de componentes como fonte e cor e caixa de localizar e substituir. Se o seu componente exigir uma interface complexa, em que, talvez, usuário deva entrar com múltiplas partes de informações para ajustar adequadamente a posição do componente (veja a Figura 10.5), então o que você quer é um componente caixa de diálogo.

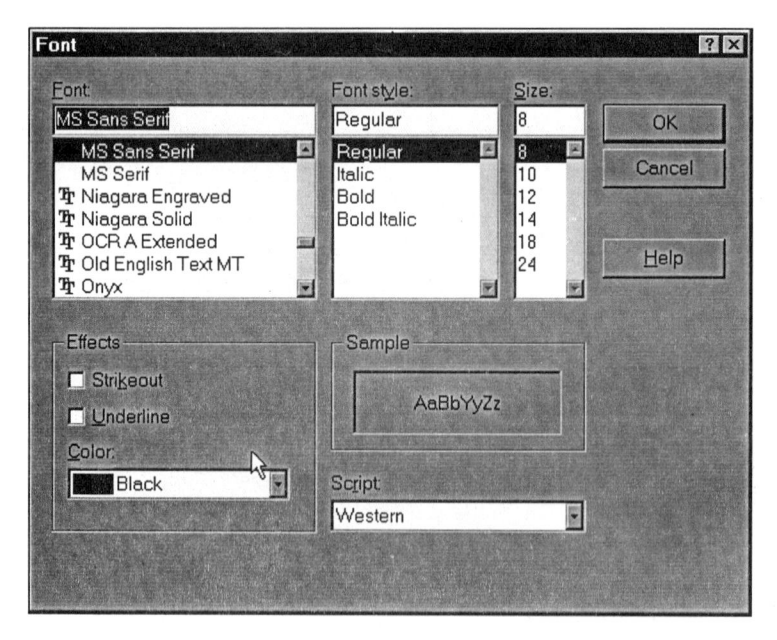

Figura 10.5 *O componente TFontDialog ajusta múltiplas propriedades relacionadas a fontes, exigindo uma interface de caixa de diálogo*

Capítulo 10 - Design avançado de componentes | **325**

NOTA

TForm é um derivado de TComponent. Você pode ter concluído que um formulário pode ser instalado na VCL como um componente. Por convenção, isso nunca é feito. Entretanto, se você acrescentar uma procedure register em um formulário, ele se instalará na VCL; as propriedades, porém, não parecerão seguir a seqüência correta em tempo de desenvolvimento, e os controles desaparecerão no tempo de execução.

Um componente caixa de diálogo envolve um formulário em uma classe componente. Um componente não visual, geralmente derivado de TComponent, é instalado na VCL e é responsável por exibir o formulário que mostra o comportamento da caixa de diálogo. A listagem demonstra um AboutBox tornado componente, que usa o componente VersionLabel do Capítulo 9 (veja a Figura 10-6).

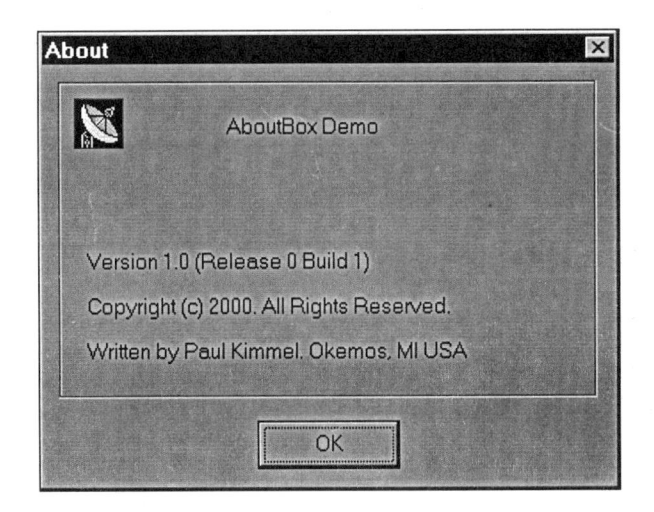

Figura 10.6 Um componente AboutBoxDialog

```
unit UAboutBoxDialog;
interface
uses Windows, SysUtils, Classes, Graphics, Forms, Controls,
StdCtrls,
     Buttons, ExtCtrls, UVersionLabel;

type
    TAboutBox = class(TForm)
        Panel1: TPanel;
        ProgramIcon: TImage;
        ProductName: TLabel;
        OKButton: TButton;
        VersionLabel1: TVersionLabel;
        Copyright: TLabel;
        Comments: TLabel;
```

```delphi
      private
            { Private declarations }
      public
            { Public declarations }
      end;

      TAboutBoxDialog = class(TComponent)
      private
            AboutBox : TAboutBox;
            FProductName, FCopyright, FComments : TCaption;
            FPicture : TPicture;
      protected
            procedure SetPicture(const Value: TPicture);
      public
            function Execute : Boolean;
      published
            constructor Create( AOwner : TComponent ); override;
            destructor Destroy; override;
            property Copyright : TCaption read FCopyright write
                      FCopyright;
            property Comments : TCaption read FComments write FComments;
            property ProductName : TCaption read FProductName write
                      FProductName;
            property Picture : TPicture read FPicture write SetPicture;
      end;

procedure Register;
implementation
{$R *.DFM}
procedure Register;
begin
      RegisterComponents('PKTools', [TAboutBoxDialog]);
end;

{ TAboutBoxDialog }
constructor TAboutBoxDialog.Create(AOwner: TComponent);
begin
            inherited;
      FPicture := TPicture.Create;
end;

destructor TAboutBoxDialog.Destroy;
bejín
      FPicture.Free;
      inherited;
end;
function TAboutBoxDialog.Execute: Boolean;
begin
      AboutBox := TAboutBox.Create(Screen);
```

```
    try
        AboutBox.ProductName.Caption := FProductName;
        AboutBox.Copyright.Caption := FCopyright;
        AboutBox.Comments.Caption := FComments;
        AboutBox.VersionLabel1.FileName := Application.EXEName;
        AboutBox.ProgramIcon.Picture.Assing( FPicture );
        AboutBox.ShowModal;
    finally
        AboutBox.Free;
    end;
    result := True;
end;

procedure TAboutBoxDialog.SetPicture(const Value: TPicture);
begin
    if( Value = FPicture ) then exit;
    FPicture.Assign(Value);
end;
end.
```

O componente é iniciado como um novo formulário, usando o gabarito AboutBox do Delphi, a partir da guia Forms da caixa de diálogo New Items. A TLabel para a versão é substituída por TversionLabel (ver Capítulo 9). Não é necessário nenhum outro código para o formulário que faz parte do componente. Por convenção, componentes caixas de diálogo são exibidos com um método de função que retorna um booleano. A menos que se trate de um contador intuitivo, empregue essa convenção, acrescente o método execute ao componente atual, TAboutBoxDialog. Declare campos para conter dados que serão usados para iniciar o formulário. Na Figura 10-6 fica claro que são necessárias uma propriedade quadro e propriedades nome de produto, comentários e *copyright* (direito autoral). Devido ao fato de que uma TCaption é usada em todas as etiquetas, você só precisará criar o objeto TPicture no construtor do componente e lançá-lo no destruidor do componente.

O método Execute torna os componentes caixa de diálogo mais fáceis de usar, pois são componentes na guia Dialog da VCL. O método Execute instancia o formulário da caixa de diálogo, copia os dados componentes nas propriedades do formulário e mostra o formulário como uma caixa de diálogo modal. Para a maioria, em geral, esse é o ritmo das caixas de diálogo componentes. Crie o formulário, defina o comportamento, envolva a cópia de formulário no componente, exiba o formulário quando o método Execute for chamado e retorne o formulário ao seu estado com valores de propriedade no componente. O exemplo é simples e moderadamente útil; demonstra os aspectos técnicos do *design* de um componente caixa de diálogo.

Sobregravação do método Notification (Notificação)

Algumas classes de componentes referem-se a outros componentes por ocasião do *design*. Como bons exemplos temos os componentes TTable e TQuery, que se referem a um componente TDataSource. O método Notification é introduzido no Tcomponent. Ele é definido como a seguir.

```
procedure Notification(AComponent: TComponent; Operation;
    TOperation); virtual;
```

O parâmetro componente é o componente que está sendo inserido ou removido. TOperation é uma relação com números de tipo opInsert e opRemove. Quando um componente é lançado ou inserido, o seu proprietário, um TWinControl, itera através de cada um de seus componentes e chama seus respectivos métodos de notificação (a Figura 10-7 mostra a pilha de chamada quando um componente TTable é lançado). Se qualquer dos componentes de proprietário tiver uma referência ao componente, o método Notification oferece a eles a oportunidade de ajustar a referência para nulo. Se eles não ajustarem a referência para nulo, então o uso daquela referência causará uma violação de acesso.

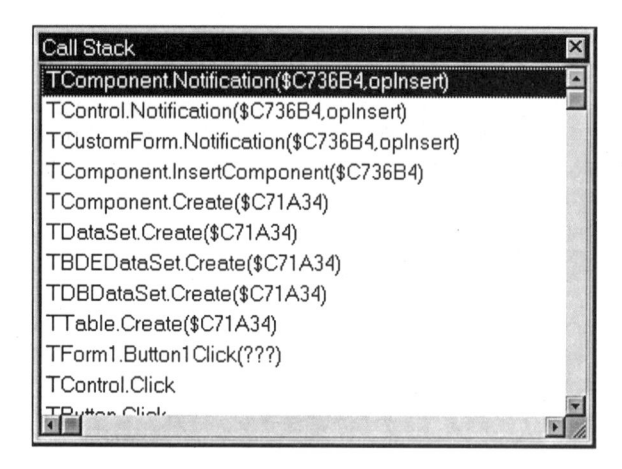

Figura 10-7 A pilha de chamada de um componente sendo inserido na memória

O método Notification deve ser sobregravado em seus componentes se o componente mantém um relacionamento de referência entre ele e um outro objeto. Você não precisa usar o método Notification se o relacionamento for do tipo HasA ou de agregação.

Capítulo 10 - Design avançado de componentes | **329**

A seguinte extração é de duas classes: uma classe gráfica LED e uma LedTimer. Vamos supor que a TLedTimer seja uma subclasse de TTimer e mantenha uma TList de um para muitos *timers* (temporizadores). Cada componente Led tem uma referência para o *timer*. Em cada traço do *timer*, o LED ativa e desativa, de acordo com a freqüência das piscadas.

Se um componente tem um objeto propriedade, então uma caixa *dropdown* está disponível no Object Inspector. A caixa *dropdown* exibirá todos os objetos do tipo apropriado que estão acessíveis no escopo do componente. Isso permitirá que você designe um objeto à propriedade referência, No caso dos LEDs e do *timer* usado para torná-los pisca-pisca, se um LED referir-se ao *timer* e o *timer* for removido, então a referência do LED para o *timer* precisará ser atualizada.

```
Procedure TLed.Notification( AComponent : TComponent; Operation :
TOperation );
begin
     inherited Notification( AComponent, Operation );
     if( Operation = opRemove ) and (AComponent = FLedTimer ) then
          FLedTimer := Nil;
end;
```

No exemplo, o método Notification testa para ver se o argumento AComponent é a referência FLedTimer; se for, então o campo FLedTimer é ajustado para Nil. Como uma regra, chame a versão herdada de Notification, verifique se você está mantendo referência para um componente e se a operação é importante para o seu componente. Se essas condições forem atingidas, então atualize a referência.

Como criar editores de propriedade

Propriedades de tipo de dados originais têm editores de propriedade predefinidos. Normalmente, o editor de propriedade aparece como um simples campo de entrada de texto. O usuário entra com os dados, e o editor de propriedade realiza a validação básica. O campo de entrada de dados, no lado direito do Object Inspector, adjacente à propriedade, é derivado da classe TPropertyEditor. A Figura 10.8 demonstra uma caixa de lista de editor de propriedade, que permite a você pegar um objeto no mesmo escopo do componente. Um outro editor de propriedade usa a FontDialog (Figura 10.5).

Pelo fato de que os editores de propriedade são objetos, eles podem ser simples ou elaborados, conforme suas necessidades. Outros editores de propriedade que você pode ter encontrado incluem o editor para a propriedade TStrings Items, o editor Fields para os componentes TTable e TQuery, o editor Font e o editor Columns para DBGrids. Para definir editores de propriedade, você precisa colocar TPropertyEditor em subclasse, definido em dsgnintf.pas, no diretório Source\ToolsAPI do Delphi, ou colocar em subclasse um outro editor de propriedade que seja descendente de TPropertyEditor. Tendo definido o editor de propriedade, você precisa registrá-lo no procedimento Register, definido para componentes.

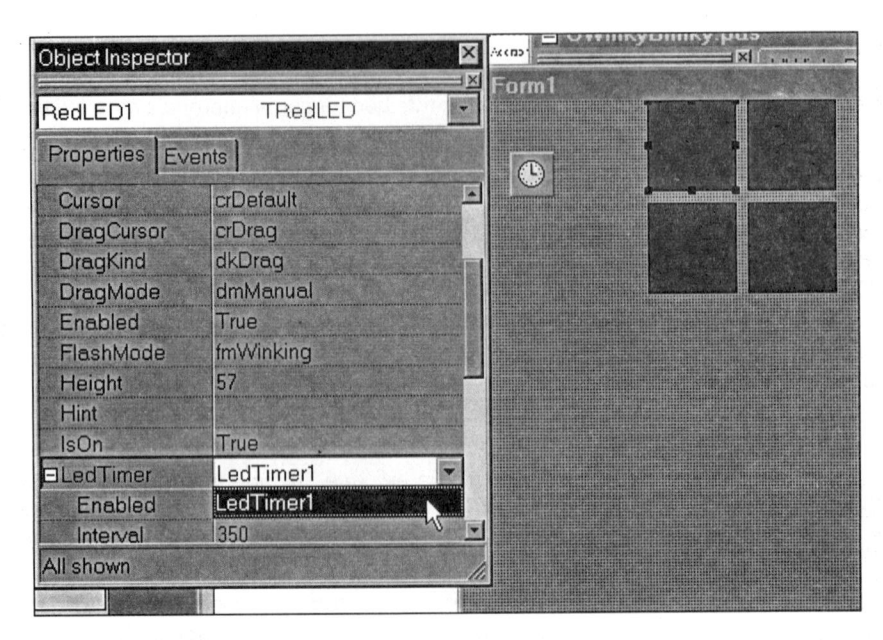

Figura 10.8 *A propriedade LedTimer de um componente LED, mencionada na seção anterior*

```
procedure Register;
begin
     RegisterComponents('PKTools', [TVersionLabel]);
     RegisterPropertyEditor(TypeInfo(TFileName), TVersionLabel,
           'FileName', TFileNameProperty);
end;
```

A listagem demonstra RegisterPropertyEditor, registrando um editor de propriedade classe TFileNameProperty para o componente TVersionLabel do Capítulo 9. O primeiro argumento obtém o registro RTTI para os tipos de dados aos quais o editor de propriedade será associado. No exemplo, o editor será associado às propriedades que são propriedades TFileName. O segundo parâmetro é um parâmetro TComponentClass, a classe do componente no qual será registrado o editor de propriedade. O terceiro parâmetro é o nome da propriedade e o quarto parâmetro é uma TPropertyEditorClass. Uma TPropertyEditorClass é uma subclasse de TPropertyEditor.

Como colocar editores de propriedade existentes em subclasse

Uma das melhores qualidades das classes é que elas são reutilizáveis. É sempre uma boa idéia encontrar código já existente e reutilizá-lo, em vez de definir uma classe (ou algoritmo) a partir do rascunho. Para personalizar um editor de propriedade previamente existente, encontre um que esteja o mais perto possível de preencher as necessidades de sua classe. A VersionLabel, que vimos no Capítulo 9, define uma propriedade FileName como um TFileName, um tipo definido por Delphi em SysUtils como TFileName = string. Em vez de tentar digitar em um caminho de arquivo complicado, o usuário julgará conveniente localizar o arquivo, designando o caminho e o nome de arquivo e realizando qualquer validação necessária.

NOTA

Defina editores de propriedade em uma unidade separada da unidade contendo um componente que usará o editor. Isso permitirá que você reutilize o editor em qualquer componente que tenha uma propriedade de um tipo administrado pelo editor de propriedade.

Felizmente, um editor de propriedade que oferece o comportamento desejável para um TFileName pode ser encontrado associado ao TMediaPlayer. O editor de propriedade TMPFileName é colocado em subclasse de TStringProperty, em dsgnintf.pas. A propriedade TMPFileName está bem perto do que é necessário, exceto que os tipos de dados são TMPFileName e o filtro exibido pelo editor TMPFileNameProperty está incorreto. A propriedade MPFileName exibe arquivos *.avi, *.wav e *.mid na lista de filtros. Revisões muito pequenas para corrigir as falhas da classe existente resolverão os problemas.

Quando um editor de propriedade é chamado, é o método Edit do editor de propriedade que é chamado. Por exemplo, você pode digitar na propriedade FileName do TMediaPlayer e entrar com o nome do arquivo contendo a mídia a apresentar. Todavia, se você clicar duas vezes no campo de editar do Object Inspector ou clicar o botão elíptico, o método Edit do editor de propriedade será chamado. A listagem a seguir demonstra como colocar em subclasse a classe TMPFileName, sobregravando o método Edit para exibir uma caixa de diálogo adequada ao componente TVersionList.

```
unit UFileNameProperty;
 interface
Uses
     Dialogs, DsgnIntf, Forms/
Type
     TFileNameProperty = class(TMPFileNameProperty)
     public
          Procedure Edit; override;
     end;
```

```
implementation
Procedure TFileNameProperty.Edit;
var
      OpenDialog : TOpenDialog;
begin
      OpenDialog := TOpenDialog.Create(Application);
      try
      OpenDialog.FileName := GetValue;
      OpenDialog.Filter := 'Log Files (*.log)|*.log|All Files
              (*.*)|*.*';
      OpenDialog.Options := OpenDialog.Options + [ofPathMustExist];
      if OpenDialog.Execute then SetValue(OpenDialog.Filename);
      finally
            OpenDialog.Free;
      end;
end;
end.
```

O código sobregrava o método Edit apenas como ilustrado na listagem. Usando o método Edit da superclasse como um exemplo, o editor de propriedade cria uma instância de TOpenDialog e deixa que ele faça o trabalho pesado. A opção ofPathMustExist é acrescentada às OpenDialog.Options. O método GetValue herdado de TPropertyEditor é chamado para obter o valor atual da propriedade associada a esse editor, e o objeto OpenDialog é exibido com o método Execute. Se o usuário clicar **OK**, o método herdado SetValue é chamado para atualizar a propriedade associada. A última operação é lançar a instância TOpenDialog. Quando você acrescenta a declaração RegisterPropertyEditor ao procedimento Register de TVersionLabel e acrescenta a unidade do editor de propriedade à implementação da declaração uses do componente, o editor TFileName é associado à propriedade FileName de cada versão de etiqueta.

Como definir editores de propriedade personalizados

Quando você define um editor de propriedade personalizado, há vários métodos definidos como virtuais em TPropertyEditor para sobregravar. A Tabela 10.1 descreve todos os métodos virtuais a partir dos quais você pode criar derivados em classes filho. Tenha em mente que os métodos da Tabela 10.1 não incluem métodos adicionais virtuais protegidos ou públicos em editores de propriedade tornados subclasses existentes.

Tabela 10.1 Métodos virtuais definidos para editores de propriedade; sobregravação de métodos específicos para criar editores de propriedade personalizados

Método	Propriedade
Create	Construtor protegido; cria uma instância do editor de propriedade
Destroy	Destruidor público; sobregrava, se você instanciar objetos de proprietário no editor de propriedade
Activate	Chamado quando a propriedade torna-se ativa no Object Inspector
AllEqual	Chamado quando múltiplos objetos são selecionados. Retorna um valor para a propriedade se todos os objetos tiverem valores de propriedade iguais
AutoFill	Chamado quando TPropertyAttributes contém paValueList para a lista de incremento de possíveis valores de propriedade
Edit	Chamado quando o editor de propriedade é chamado, clicando duas vezes ou clicando o botão elipse('...')
GetAttributes	Retorna o valor de TPropertyAttributes; por exemplo, se os atributos de propriedade contêm paDialog, então o editor de propriedade é uma caixa de diálogo de editor de propriedade, como o editor TFileNameProperty
GetEditLimit	Retorna o número máximo de caracteres que o usuário pode entrar
GetName	Retorna o nome da propriedade
GetProperties	Exibe subpropriedades expandidas se a propriedade contém subpropriedades — como Font; acrescenta paSubProperties aos atributos da propriedade
GetPropInfo	Retorna um indicador à propriedade de registro de informações RTTI
GetValue	Retorna uma *string* com valor para a propriedade
GetValues	Ajusta todos os valores aceitáveis para a propriedade; múltiplos valores definidos são apropriados; o atributo propriedade precisa conter paValueList.
Initialize	Inicia o editor de propriedade antes de ele ser usado
SetValue	Ajusta a representação da *string* do valor da propriedade
ListMeasureWidth	Determina a largura de uma lista *dropdown* de valores de propriedade antes de ela ser exibida
ListMeasureHeight	Retorna a altura de uma lista de valores exatamente antes de a lista ser exibida
ListDrawValue	Permite que dados gráficos sejam desenhados em uma lista de valor de propriedade
PropDrawName	Chamado para desenhar o nome da propriedade no Object Inspector
PropDrawValue	Chamado para desenhar o valor da propriedade no ObjectInspector

TTableBox

Suponha que você tenha definido um componente que relacione todas as tabelas disponíveis, dado um nome de banco de dados. Na *dropdown*, a TableBox, descendente de uma TComboBox, preenche a lista dropdown com todas as tabelas de determinado banco de dados. O novo componente pode ser assim definido.

```
unit UTableBox;
// UTableBox.pas - Contains a tablename combobox
// Copyright (c) 2000. All Rights Reserved.
```

```
// by Software Conceptions, Inc. Okemos, MI USA (800) 471-5890
// Written by Paul Kimmel
interface
uses
      Windows, Messages, SysUtils, Classes, Graphics, Controls,
      Forms, Dialogs,
      DBTables, StdCtrls;
type
      TTableBox = class(TCustomComboBox)
      private
            { Private declarations }
            FSession : TSession;
            FDatabaseName : String;
      protected
            { Protected declarations }
            procedure DropDown; override;
            procedure Notification( AComponent : TComponent;
                   Operation : TOperation ); override;
            procedure SetSession( const Value : TSession );
            procedure SetDatabaseName(const Value: string);
      public
            { Public declarations }
      published
            { Published declarations }
            property Text;
            property OnChange;
            property Session : TSession read FSession write SetSession;
            property DatabaseName : string read FDatabaseName
                        write SetDatabaseName;
      end;

procedure Register;

implementation

procedure Register;
begin
      RegisterComponents('PKTools', [TTableBox]);
end;

{ TTableBox }
procedure TTableBox.DropDown;
begin
      inherited;
      if( FSession = Nil ) then FSession := DBTables.Session;
      if( Items.Count = 0 ) then
            FSession.GetTableNames( FDatabaseName, '*.*', True, True,
                  Items );
end;
procedure TTableBox.Notification(AComponent: TComponent;
      Operation: TOperation);
```

```
begin
      inherited;
      if( Operation = opRemove ) and (AComponent = FSession) then
            Session := Nil;
end;
procedure TTableBox.SetDatabaseName(const Value: string);
begin
      FDatabaseName := Value;
end;

procedure TTableBox.SetSession(const Value: TSession);
begin
      if( Value = FSession ) then exit;
      Items.Clear;
      FSession := Value;
end;
end.
```

A TTableBox é colocada em subclasse de TCustomComboBox para que você limite o acesso a certas propriedades, como Items, a qual permitiria que dados não pertencentes à tabela fossem colocados na lista. Duas propriedades são uma Session e uma DatabaseName. A sessão é um componente TSession e a DatabaseName é uma *string*. Estes dois atributos são usados para olhar no banco de dados o que pode ser um *alias* de ODBC, banco de dados físico ou algo semelhante, e obter a lista de tabelas. O método Notification é sobregravado para garantir que o componente esteja ciente de que o componente Session foi apagado. As propriedades Text e OnChange são promovidas, de protegidas em TcustomComboBox, para públicas, mantendo o componente simples e, ainda assim, permitindo acesso aos dados selecionados pelo usuário. Para garantir que os dados na lista *dropdown* são os mais recentes possível, a lista é preenchida em *dropdown*.

O componente funciona de maneira confiável. Há uma deficiência óbvia na propriedade DatabaseName. Digitar em um nome de banco de dados pode ser passível de erro. Seria mais conveniente pegar um banco de dados válido de uma lista de possíveis escolhas. Para isso, precisaremos definir um editor de propriedade para a propriedade de nome de banco de dados.

Editor de propriedade TDatabaseName

Usando a TTableBox da seção anterior, podemos acrescentar um editor de propriedade para facilitar pegar o nome de banco de dados. Quando revisamos a propriedade DatabaseName, uma definição de tipo acrescentando um novo *alias* à *string* de tipo é definida como a seguir.

```
type TDatabaseName = string;
```

Desenvolvendo aplicações em Delphi 6

Converter tudo dos métodos associados DatabaseName, campos e propriedades para usar esse tipo permitirá ao editor de propriedade uma melhor associação à propriedade. A partir da listagem, as linhas que precisam ser mudadas são as seguintes:

```
FDatabaseName : TDatabaseName;
procedure SetDatabaseName(const Value: TDatabaseName);
property DatabaseName : TDatabaseName read FDatabaseName write
    SetDatabaseName;
```

Você também precisará mudar a implementação de SetDatabaseName para combinar com a declaração acima.

O editor de propriedade de uma propriedade TDatabaseName exibirá uma lista *dropdown* de bancos de dados, nomes alternativos ODBC, dados Excel e o que mais se qualificar. O editor de propriedade é definido a seguir.

```
unit UDBPropertyEditors;
// UDBPropertyEditors.pas - Contains property editors for
    database related objects
// Copyright (c) 2000. All Rights Reserved.
// by Software Conceptions, Inc. Okemos, MI USA (800) 471-5890
// Written by Paul Kimmel
interface
uses
    Classes, SysUtils, Dialogs, DsgnIntf, DBTables,
    StdCtrls;

type
    TDBPropertyEditor = class(TStringProperty)
    protected
        Procedure GetNames(Strings : TStrings);virtual; abstract;
public
    Procedure GetValues(Proc: TGetStrProc); override;
    Function GetAttributes: TPropertyAttributes; override;
end;

TDatabaseNameProperty = class(TDBPropertyEditor)
protected
    Procedure GetName(Strings : TStrings); override;
end;

procedure Register;

implementation
uses
    UTableBox;
procedure Register;
begin
    RegisterPropertyEditor(TypeInfo(TDatabaseName), TTableBox,
        'DatabaseName', TDatabaseNameProperty );
```

```
end;
{ TDBPropertyEditor }
function TDBPropertyEditor.GetAttributes: TPropertyAttributes;
begin
      result := [paRevertable, paMultiselect, paValueList];
end;

procedure TDBPropertyEditor.GetValue(Proc: TGetStrProc);
var
      I: Integer;
      Strings : TStrings;
begin
      Strings := TStringList.Create;
      try
            GetNames( Strings );
            for I := 0 to Strings.Count - 1 do Proc( Strings[I] );
      finally
            Strings.Free;
      end;
end;

{ TDatabaseNameProperty }
procedure TDatabaseNameProperty.GetNames(Strings: TStrings);
begin
      Session.GetDatabaseNames(Strings);
end;
end.
```

A propriedade TDatabaseName é tornada subclasse de TDBPropertyEditor. A TDBPropertyEditor sobregrava GetValues e GetAttributes. Já que o editor de propriedade preencherá uma lista, a paValueList é retornada como um dos atributos do editor (refira-se à Tabela 10.1 para uma descrição dos outros atributos). GetValues cria uma TStringList, chama GetNames (discutido logo adiante) e preenche a lista *dropdown* do editor com cada *string*. Com esse objetivo, GetValues é passado a um tipo procedimental — TGetStrProc.

TDBPropertyEditor definiu GetNames como um método abstrato. Como resultado disso, você nunca copiará um TDBPropertyEditor; será necessária uma subclasse. A subclasse só precisará definir GetNames. A TDatabaseNameProperty — o tópico de nossa discussão — implementa o método GetNames como Session.GetDatabaseNames(Strings). O objeto Session é o objeto Session global definido em DBTables.pas.

O procedimento Register, no alto da seção de implementação, registra o editor de propriedade. Os argumentos são o registro RTTI TypeInfo de TDatabaseName, o componente para o qual o editor é registrado para responder, a propriedade associada e a própria classe do editor de propriedade. Colocando TDBPropertyEditor em subclasse, você pode usar os métodos de sessão global do objeto para preencher uma lista de sessões ou tabelas. Esses editores de propriedade ficam como um exercício. Você também pode criar editores para componentes. Editores Component são classes que exibem menus ao clicar à direita o menu de editor componente, derivado de TComponentEditor e registrado em TRegisterComponentEditor. (Para uma explanação sobre editores componentes e assistentes especialistas de biblioteca, consulte o Apêndice B.)

Como manter propriedades não públicas

Propriedades públicas são seqüenciadas para um arquivo DFM, a menos que a diretiva armazenada seja False ou chame uma função que retorne False. Você pode seqüenciar propriedades de componente não públicas, sobregravando o método DefineProperties herdado de TComponent. DefineProperties é definido como a seguir:

```
procedure DefineProperties(Filer: TFiler); override;
```

A classe TFiler é colocada em subclasse por TReader e TWriter. O método TFiler.DefineProperty permite que você nomeie uma propriedade específica e passe dois argumentos de tipo procedimental que passarão um TReader para ser lido a partir do arquivo DFM, e um TWriter para escrever em um arquivo DFM. A chave para manter (ou instar) objetos não públicos é sobregravar DefineProperties em seu componente e acrescentar um método de escrita e leitura que faça a seqüência da propriedade para o arquivo DFM.

Como sobregravar DefineProperties

Sobregravando DefineProperties, você pode modificar a maneira como as propriedades são seqüenciadas para e de arquivos DFM e seqüenciar propriedades não públicas. O exemplo a seguir demonstra como seqüenciar um inteiro privado para qualquer formulário que tenha uma instância do componente.

```
TStoreProperties = class(TComponent)
private
      FAnInt : Integer;
protected
      procedure ReadAnInt( Reader : TReader );
      procedure WriteAnInt( Writer : TWriter );
      procedure DefineProperties( Filer : TFiler ); override;
public
      constructor Create(AOwner : TComponent ); override;
end;
```

A declaração DefineProperties sobregrava o método herdado e ReadAndInt e WriteAnInt são os métodos que lerão e escreverão a propriedade para o arquivo DFM e do arquivo DFM.

```
procedure TStoreProperties.DefineProperties(Filer: TFiler);
begin
     inherited;
     Filer.DefineProperty( 'AnInt', ReadAnInt, WriteAnInt, True );
end;
```

DefineProperties é implementada para informar ao Filer o nome dos dados e os métodos de leitura e escrita que seqüenciarão os dados. O último argumento indica se a propriedade tem ou não dados. No código acima, o campo AnInt é sempre seqüenciado.

```
procedure TStoreProperties.ReadAnInt(Reader: TReader);
begin
     FAnInt := Reader.ReadInteger;
end;

procedure TStoreProperties.WriteAnInt(Writer: TWriter);
begin
     Writer.WriteInteger( FAnInt );
end;

object StoreProperties1: TStoreProperties
        Left = 256
        Top = 160
        AnInt = 100
     end
```

Os métodos de leitura e escrita chamam o método apropriado de leitura ou escrita para os tipos de dados. Quando esses métodos são chamados, a posição de seqüência do escritor ou leitor já está na posição certa para ler o valor de AnInt. A extração do arquivo DFM mostra o campo seqüenciado de valor AnInt como texto.

TReader e TWriter

TReader e TWriter têm diversos métodos para ler os tipos de dados originais. Por exemplo, ReadString lerá *strings* de dados e ReadChar lerá um caractere. As classes leitor e escritor são simétricas; portanto ao escrever dados com um método de escritor em particular, use o mesmo tipo de dados para o leitor.

Para cada campo ou propriedade adicional que você quiser escrever, acrescente uma chamada adicional a Filer.DefineProperty, passando um procedimento leitor e escritor separado para cada valor de dados. Isso significa que você precisará de dois procedimentos leitor e escritor para cada valor adicional que desejar seqüenciar.

Como escrever tipos complexos

Existem métodos especiais para escrever tipos originais. Tipos agregados ou complexos podem ser quebrados em diversos tipos mais simples; ou, se eles forem componentes, há um método para ler e escrever componentes. As subseções a seguir demonstram como seqüenciar dados que não tipos simples e apresentam considerações relativas a seqüenciar objetos.

Como seqüenciar listas

Listas de dados podem ser armazenadas no arquivo DFM usando a mesma técnica descrita no início desta seção. O exemplo a seguir demonstra o armazenamento de Strings em uma TStringList no arquivo DFM.

```
private
      FStrings : Strings;
protected
      procedure ReadStrings( Reader : TReader );
      procedure WriteStrings( Writer : TWriter );
      procedure DefineProperties( Filer : TFiler ); override;
public
      constructor Create(AOwner : TComponent ); override;
      destructor Destroy; override;
```

Acrescente as declarações anteriores à classe TStoreProperties para testar o processo. Como antes, há um campo privado e nenhuma propriedade pública. Um método leitor e um escritor são declarados junto com DefineProperties sobregravada. Adicionalmente, devido ao fato de TStrings ser um objeto, um construtor e um destruidor são definidos para iniciar e limpar o objeto TStrings. A implementação é a seguinte.

```
constructor TStoreProperties.Create(AOwner : TComponent );
begin
      inherited;
      FAnInt := 100;
      FStrings := TStringList.Create;
      FStrings.Text := ROBERT_HERRICK;
end;

destructor TStoreProperties.Destroy;
begin
      FStrings.Free;
      inherited;
end;
```

Capítulo 10 - Design avançado de componentes | **341**

O construtor e o destruidor são usados para iniciar o objeto TStrings, designando a constante ROBERT_HERRICK à propriedade texto da *string*.

```
procedure TStoreProperties.DefineProperties(Filer: TFiler);
begin
     inherited;
     Filer.DefineProperty( 'AnInt', ReadAnInt, WriteAnInt, True );
     Filer.DefineProperty( 'Strings', ReadStrings, WriteStrings,
True );
end;
```

NOTA *Você não precisa nomear a propriedade na chamada a DefineProperty com o mesmo nome que o campo ou o nome da propriedade. Para melhor legibilidade, o prefixo de campo F ficou solto, deixando o restante do nome igual.*

DefineProperties é modificado para incluir o campo Strings da declaração DefineProperty.

```
procedure TStoreProperties.ReadStrings(Reader: TReader);
begin
     Reader.ReadListBegin;
     FStrings.Clear;
     while( Reader.EndOfList = False ) do
          FStrings.Add( Reader.ReadString );
     Reader.ReadListEnd;
end;

procedure TStoreProperties.WriteStrings(Writer: TWriter);
var
     I : Integer;
begin
     Writer.WriteListBegin;
     for I := 0 to FStrings.Count - 1 do
          Writer.WriteString( FStrings[I] );
     Writer.WriteListEnd;
end;
```

Relembrar que os métodos de leitor e escritor precisam ser simétricos, nos lembrará que cada método chama o método ListBegin e ListEnd apropriado para ler e escrever os marcadores de lista. O leitor limpa a *string*, lê todos os valores *string* até que o marcador EndOfList seja lido, acrescentando cada *string* na lista ao objeto TStrings. O escritor sabe quantos itens há na lista, para que o *loop for* seja usado para escrever tudo das *strings*.

Como seqüenciar herança de objetos e formulário

Quando você acrescenta um formulário ao repositório, ele fica disponível como um gabarito de formulário a partir do qual você pode herdar. Mudanças feitas no formulário pai afetam o formulário filho. Se você seqüência componentes e estes componentes são acrescentados a um formulário na área de armazenagem, então você pode querer garantir que subformulários não seqüenciem os mesmos valores de propriedade; caso contrário, as mudanças no formulário ancestral não serão refletidas no filho. Para garantir isso, acrescente uma função condicional de escrita ao método DefineProperties.

Para garantir que o valor do campo Strings não está salvo nos formulários filhos, acrescente a seguinte função aninhada em DefineProperties.

```
function DoWrite: Boolean;
begin
     if Filer.Ancestor <> nil then
          result := not (Filer.Ancestor is TStoreProperties) or
               not (TStoreProperties(Filer.Ancestor).FStrings.Text =
               FStrings.Text)
     else
          result := not (FStrings.Text = EmptyStr);
end;
```

A função verifica se o Filer.Ancestor não é nulo. Se o ancestral não for nulo, então, se o ancestral não é o mesmo tipo de componente, ou o texto não é igual, o texto é escrito. Se o ancestral for nulo e a *string* não estiver vazia, então o valor de campo é escrito. Segue a listagem completamente revisada de DefineProperties.

```
procedure TStoreProperties.DefineProperties(Filer: TFiler);
     function DoWrite: Boolean;
     begin
          if Filer.Ancestor <> nil then
               result := not (Filer.Ancestor is TStoreProperties) or
                    not (TStoreProperties(Filer.Ancestor).FStrings.Text =
                         FStrings.Text)
          else
               result := not (FStrings.Text = EmptyStr);
     end;
begin
     inherited;
     Filer.DefineProperty( 'AnInt', ReadAnInt, WriteAnInt, True );
     Filer.DefineProperty( 'Strings', ReadStrings, WriteStrings,
DoWrite );
end;
```

Observe que DoWrite só é usado em DefineProperties, portanto é aninhado em DefineProperties. Onde anteriormente o HasData (quarto argumento) era True, agora é o resultado retornado pela chamada a DoWrite. Use uma função semelhante àquela da listagem para escrever condicionalmente campo de dados, garantindo que ele escreve se, e apenas se, as condições elegidas são atingidas.

Como seqüenciar dados binários

Propriedades binárias são seqüenciadas, usando o método DefineBinaryProperty e um leitor e um escritor que têm um argumento TStream. Chamadas de um método sobregravado DefineProperties, usando o mesmo Filer, as propriedades binárias usam seqüências de objetos para leituras e escritas. Uma chamada a DefineBinaryProperty, como ela se pareceria no método DefineProperties é apresentada a seguir.

```
Filer.DefineBinaryProperty( 'Image', ReadImage, WriteImage, True );
```

Os argumentos ReadImage e WriteImage são procedimentos que têm um argumento TStream.

```
procedure TStoreProperties.ReadImage(Stream : TStream);
begin
     FImage.Picture.Bitmap.LoadFromStream(Stream);
end;
procedure TStoreProperties.WriteImage(Stream : TStream);
begin
     FImage.Picture.Bitmap.SaveToStream( Stream );
end;
```

Acrescente as declarações ReadImage e WriteImage à classe e defina-as como na listagem, para seqüenciar um campo Image ao arquivo DFM. Você também precisará acrescentar o campo Image e criá-lo e destruí-lo no construtor e destruidor, respectivamente.

Resumo

O Capítulo 10 apresentou uma matéria muito ampla. Você aprendeu sobre técnicas de montagem de componentes avançados, como definir a carregar recursos dinamicamente, como publicar componentes proprietários (novo em Delphi 6), como criar componentes caixas de diálogo componentes e definir editores de propriedade, além de seqüenciar atributos de objetos não públicos.

A VCL demonstra o quanto Delphi é bem projetado. Além de todas as técnicas avançadas aprendidas no Capítulo 10, inclusive como usar o método Notification, restam alguns recursos da VCL que você pode explorar. No Capítulo 11, você aprenderá mais sobre como ampliar a interface de usuário com componentes. O Apêndice C cobre a OpenTools API, criação de componentes editores e assistente de registro de biblioteca.

Capítulo 11

Como desenvolver interfaces consistentes com componentes

Definir o que é uma boa interface é muito subjetivo. Muitos aplicativos comerciais parecem estar seguindo o aspecto e o sentido do padrão WinTel: campos de botões cinza e controles manchados de branco. Em aplicativos comerciais, talvez esta seja uma boa idéia, visto que oferece certo nível de conforto dados os anos de familiaridade. Mas isso constitui verdadeiramente uma boa interface? Alan Cooper, o pai da Visual Basic, sugere e insiste "que a sua comunidade (Microsoft e Apple) de desenvolvedores independentes siga as diretrizes declaradas; entretanto, furtivamente, eles estão suprimindo a inovação da comunidade de aplicativos" (Cooper, 212). Cooper não está advogando que ignoremos regras de estilo e tornemos a interface um caos. "No meu caso, estou simplesmente dizendo que devemos atentar para as regras de estilo de acordo com a maneira como um senador olha um lobista, e não da maneira que um motorista obedece à polícia rodoviária. O legislador sabe que o lobista tem um machado para afiar; o lobista não é uma terceira parte desinteressada." (Cooper, 212.)

O que constitui a melhor interface em todas as circunstâncias provavelmente não existe; até mesmo o *design* de interface de situação permanece no domínio da alta subjetividade. Se você for capaz de desenvolver interfaces como o novo RealPlayer, apresentado na Figura 11.1, que corresponda aos seus objetivos, ótimo. Se você não for necessariamente bom em criar interfaces de usuário únicas ou interfaces gráficas interessantes e não houver, no orçamento, a verba necessária para contratar um *designer* gráfico, então é provável que você vá desenvolver um aplicativo muito semelhante, em aspecto e sentido, a WinTel. Talvez, para objetivos comerciais, um estilo familiar possa oferecer mais conforto ao usuário.

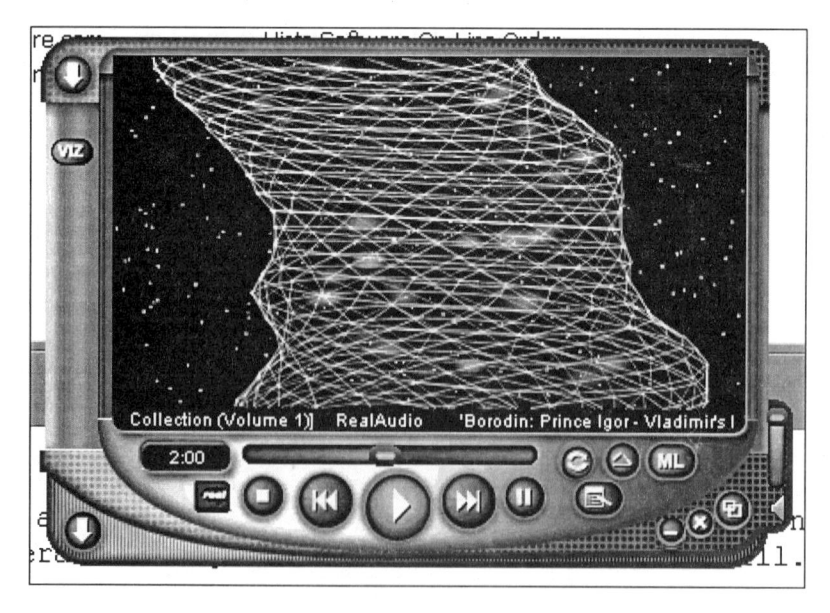

Figura 11.1 O RealPlayer 8 emprega alguns belos botões gráficos e faz uma tentativa de aplicar alguma ergonomia visual. Outros revestimentos (skins) incluem imitações de terracota e estampas zebradas

Capítulo 11 - *Como desenvolver interfaces consistentes com componentes* | **347**

O que não é subjetivo — e constitui o tópico deste capítulo — é que as interfaces devem ser consistentes, coerentes e completas. Inconsistência, incoerência ou falta de complementação, independente do estilo da interface, serão intoleráveis aos seus usuários. O Capítulo 11 demonstra algumas técnicas que você pode usar para simplificar o desenvolvimento e garantir consistência, incluindo como usar componentes personalizados, componentes modelos e formar a herança para oferecer um aplicativo consistente, coerente e completo.

Componentes personalizados oferecem ajuste e acabamento

Os componentes personalizados são divertidos de criar e úteis por duas razões. A primeira, e óbvia: você pode criar objetos reutilizáveis que encapsulam recursos ampliados ou novos. A segunda é oferecer utilidade consistente. Em vez de pintar componentes, tentando garantir tamanho, estilo, fonte, cor ou verbosidade idênticos, você pode personalizar os componentes e atingir o mesmo objetivo.

*Os três elementos dos componentes personalizados**

Os três elementos mais importantes dos componentes personalizados são consistência, coerência e integridade. Consistência significa que cada componente existente em seu aplicativo comporta-se exatamente como todas as outras ocorrências daquela metáfora.

Consistência

Os componentes oferecem consistência, pois cada ocorrência de um componente exibirá o mesmo comportamento e, inicialmente, a mesma posição. Você programa o comportamento ou posição uma vez e todas as instâncias do componente se parecerão e terão comportamento consistente.

É importante observar que consistência não significa quantidade. Um componente personalizado não precisa conter um imenso número de modificações para oferecer consistência. Ainda que o seu componente sobregrave apenas o tamanho e a forma padronizados, criando um componente personalizado você garantirá a consistência. Há duas maneiras diretas de fazer isso. Você pode colocar em subclasse todos os componentes que exigem modificação menor e instalá-los, ou você pode criar rapidamente modelos de componentes, o que é mais fácil. (Consulte a seção sobre a criação de modelos de componentes, mais adiante neste capítulo.)

---

* No original, *Three Cs of Custom Components*, isto é, "Os três 'C' dos componentes personalizados", representados, em inglês, pelas palavras *consistency* (consistência); *coherency* (coerência) e *completeness* (completude). N. da R.

Coerência

A consistência é um atributo de coerência. Se os objetos não parecem consistentes, eles também serão menos coerentes. A coerência é a medida de como parece ser a lógica do fluxo de controle e as operações; ela requer que operações semanticamente semelhantes e metáforas comportem-se consistentemente.

Controles personalizados e modelos de componentes podem ser usados para fornecer um fluxo de comportamento mais coerente. Sem consistência e coerência, um aplicativo não será completo.

Completude/Integridade

Os aplicativos que não são consistentes e coerentes parecerão ilógicos e incorretos e, assim, não parecerão completos. Se um aplicativo não é aceito pela comunidade de usuários, então ele não pode ser considerado completo. Completude é uma medida: o aplicativo realiza ou não as tarefas exigidas; os resultados são corretos, e o aplicativo se realiza dentro de níveis de tolerância razoáveis.

Um aplicativo que, por exemplo, apresente respostas certas, mas atrasadas, não será considerado completo. Oferecendo o resultado errado rapidamente, ele ainda estará errado. Se ele se comportar erradamente, inconsistentemente ou ilogicamente, ele falhará. Mesmo com uma comunidade de usuários, como uma audiência cativa interna, a comunidade pode matar um aplicativo, recusando-se a usá-lo ou, por maliciosa cumplicidade, usando-o, apesar de tudo, e oferecendo os resultados errados ou atrasados.

Por que os componentes ajudam você a vencer

Componentes são objetos. Cada objeto é uma classe. Isso significa que há um conjunto de código para testar, depurar e ampliar. Uma vez que uma classe seja perfeita, cada instância será perfeita. Assim, se uma classe atinge os padrões expostos aqui, então cada instância da classe estará de acordo com o padrão.

NOTA

"Um grande e complexo sistema de software requer um arquiteto para que os desenvolvedores possam progredir na direção de uma visão comum" (Jacobsen, Boock e Rumbaugh 62). Um arquiteto é alguém que pode conceituar uma solução e articular um design para os programadores. Montar a coisa certa, ainda que o avanço inicial pareça mais lento do que o normal, poupará toneladas de dinheiro e dores de cabeça; possivelmente evitará carreiras saindo dos trilhos, em longo prazo.

Gerentes que não conhecem informática, que não são técnicos, podem pensar que escrever um componente é algo extremamente simples, próximo mesmo do simplório, mas trata-se de programação baseada em objeto. Utilizar uma ferramenta baseada em objeto de uma maneira que não seja baseada em objeto é um erro. Escrever programas estruturados em Delphi pode ajudá-lo a obter algo em beta, rapidamente — o que, com freqüência, torna os gerentes felizes em curto prazo — mas é você quem ficará em beta durante um bom tempo. O seu aplicativo pode nunca sair de beta. Obter rapidamente a resposta errada ainda é errado.

Sendo ou não capaz de convencer a gerência a despender dinheiro adiantado para ajudar a garantir o sucesso, você pode garantir-se do prejuízo. Criando um aplicativo a partir de muitos componentes que funcionem corretamente, você pode reduzir a necessidade de escrever códigos extensos, e o código funcionará com mais correção.

Refabricação

Refabricar é o processo de fazer pequenas mudanças incrementais. Os componentes podem ser escritos em uma grande etapa drástica, criando algo completamente novo e único — caro, perigoso e demorado — ou em pequenas etapas, organizando a capacidade — de baixo custo, de baixo risco e rápido. Uma das principais atribuições de um arquiteto é reduzir o risco. Não havendo arquiteto, os programadores devem ir em frente e reduzir os riscos. Os gerentes apreciam o rápido e o barato. É evidente, então, que a melhor escolha em muitas circunstâncias é "cutucar" componentes, promovendo mudanças incrementais nos componentes existentes.

Para demonstrar uma quantidade razoável de código "cutucado", foi previsto o seguinte componente.

```
unit UDBShortNavigator;
// UDBShortNavigator.pas - Toggles between short list of buttons
// and long list
// Copyright (c) 2000. All Rights Reserved.
// by Software Conceptions, Inc. Okemos, MI USA (800) 471-5890
// Written by Paul Kimmel
interface
uses
      Windows, Messages, SysUtils, Classes, Graphics, Controls,
Forms, Dialogs,
      ExtCtrls, DBCtrls;

type
      TNavigatorButtonSet = ( nbsFull, nbsPartial );
      TDBShortNavigator = class(TDBNavigator)
      private
            { Private declarations }
            FButtonSet : TNavigatorButtonSet;
            procedure SetButtonSet(const Value: TNavigatorButtonSet);
      protected
            { Protected declarations }
      public
            { Public declarations }
```

```
       published
              { Published declarations }
              property ButtonSet : TNavigatorButtonSet read FButtonSet
write SetButtonSet;
       end;
procedure Register;
implementation
procedure Register;
begin
       RegisterComponents('PKTools', [TDBShortNavigator]);
end;

{ TDBShortNavigator }
procedure TDBShortNavigator.SetButtonSet(const Value:
TNavigatorButtonSet);
Const
       FULL_SET = [nbFirst, nbPerior, nbNext, nbLast, nbInsert,
              nbDelete, nbEdit, nbPost, nbCancel, nbRefresh];
       PARTIAL_SET = [nbFirst, nbPrior, nbNext, nbLast];
       SETS : array[TNavigatorButtonSet] of TButtonSet = (FULL_SET,
              PARTIAL_SET);
begin
       if( FButtonSet = Value ) then exit;
       FButtonSet := Value;
       VisibleButtons := SETS[FButtonSet];
end;
end.
```

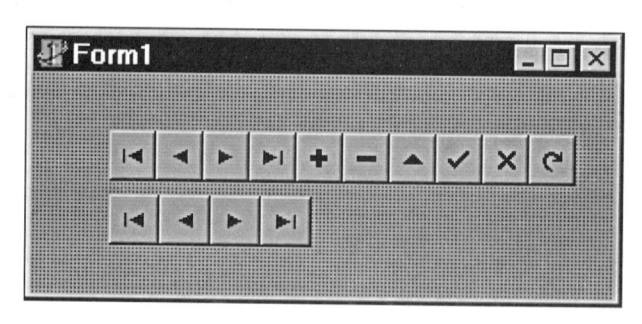

Figura 11.2 O TDBShortNavigator pode alternar rapidamente entre um conjunto parcial ou um conjunto completo de botões de navegação visíveis

O TDBNavigator é um TDBNavigator com uma propriedade a mais — ButtonSet. Mude ButtonSet entre nbsFull e nbsPartial, e os botões visíveis serão alterados para exibir todos os botões de navegação ou apenas os quatro botões básicos (conforme mostra a Figura 11.2).

Claramente, esse componente não tem uma quantidade significativa de código. Isto é exatamente o que queremos. Uma pequena mudança é rápida, barata e confiável. No entanto, pode-se argumentar que ela é insignificante e irrelevante. Aqueles que estudam o caos teorizam que o bater das asas da mariposa pode ter um impacto de longo alcance. Considere a mariposa que foi apanhada em um relé da tomada de um computador Mark II. É atribuído a Grace Hopper, o criador da Cobol, ter cunhado o termo *bug*, usado em toda a indústria e que foi considerado como um dos maiores eventos de mídia na história mundial, o *bug* Y2K (o *bug* do ano 2000).

Não sugerimos que a subclasse navegador venha a ter papel tão auspicioso na história; a anedota foi escrita para dramatizar um ponto. Pequenos eventos podem desempenhar um papel valioso e ter um impacto quantitativo. Exatamente como uma viagem de milhares de quilômetros começa com um único passo, um sistema coletivamente superior é compreendido de pequenos pedaços de bom código.

O que é bom nas pequenas mudanças

Além dos benefícios descritos no início da seção, que incluem serem rápidos, baratos e confiáveis, outros benefícios são oriundos de mudanças pequenas, incrementais. Um componente como o TDBShortNavigator contribui para a convergência de código. Convergência é a reunião de código em um algoritmo; se nenhum código for o melhor código, uma instância do código é a segunda melhor possibilidade, e mais de uma instância é inferior. Divergência é a ocorrência de mais de uma cópia de um algoritmo — este é o pior caso.

Quando você coloca um componente como TDBNavigator em subclasse, para fazer uma pequena mudança, você está facilitando a convergência de código. Todo o código que muda entre muitos ou poucos botões está contido em um lugar. Assim, há apenas um fragmento para testar, depurar e ampliar. Caso você escolha definir três posições de botão, pode modificar o código em um lugar, rápida e eficientemente.

NOTA

Você já deve ter ouvido menção ao fato de que há programadores que estão entre os mais produtivos. Isso é, um indivíduo é dez vezes mais produtivo do que outros programadores. Como isso é possível? Obviamente, não é provável que alguém digite dez vezes mais depressa do que um programador mediano. É uma questão de habilidade e estratégia. O melhor programador nem sempre é dez vezes mais habilitado na gramática e na codificação de idiomas do programa médio; ele apenas usa estratégias que têm um efeito composto cumulativo. Uma dessas estratégias, certamente, deve ser uma tendência no sentido de escrever código convergente. O programador pode ser dez ou mais vezes mais rápido do que a média e, provavelmente, o código também é melhor do que a média.

Conforme mencionado, uma mudança não é grande coisa, mas ela significa uma grande coisa. Encontrar componentes como TDBShortNavigator indica uma tendência na direção de escrever código convergente. O efeito cumulativo dessa tendência é perturbador na vida de um projeto ou na carreira de um programador.

Como adotar boas estratégias

Escrever código convergente ou código que encaminha para uma única cópia de um algoritmo é uma estratégia. Pode ser uma das melhores maneiras de tornar-se um desenvolvedor hiperprodutivo. O meio pelo qual esta estratégia de convergência pode ser adotada e tornar-se a segunda natureza é desenvolvendo dois hábitos. Primeiro, considere revisar muitas vezes o seu código. O ditado diz: "um gênio é 1% de inspiração e 99% de transpiração". Pode parecer ingênuo, mas realmente é isso que chega a afiar a solução de alguém, até que ela tenha uma fina margem de superioridade. Segundo, adotar o hábito de transformar, imediatamente, um algoritmo em um procedimento tão logo seja detectada a periodicidade de grupo de algumas linhas ou mais.

Esses tipos de revisões iterativas começarão a ser descobertas mais naturalmente com a prática, e se as revisões forem completadas à medida que você prossegue, mais facilmente elas surtirão efeito. Contrariamente, se você esperar até que o programa esteja completamente escrito antes de começar o processo de revisão e refinamento, provavelmente encontrará resistência. Gerentes e outros programadores podem não querer alocar um grande período de tempo, de uma só vez, para revisões, e o código pode ser tão alterado que pequenas revisões podem acabar por desestabilizá-lo.

Formação de componentes

Prosseguindo no tema da seção anterior, se você achar que está escrevendo código que manipula dados internos em um componente, então coloque o componente em subclasse para encapsular o novo comportamento. A regra para formar um componente é: se os dados são internos ao componente, por exemplo, se o componente possui uma lista de objetos, então o código descreve um comportamento do componente. Comportamento de Objeto implica métodos.

Promovendo algoritmos externos, implícitos em métodos, você converge o código para o nível de classe. A classe não precisa, necessariamente, ser um componente; qualquer método que represente o comportamento de uma classe pode ser fundido na classe como um método.

Existem três lugares convenientes onde você pode, facilmente, reutilizar código. Você pode pôr em subclasse qualquer classe, inclusive componentes, para reutilizar o código. Pode definir componentes gabaritos, um acréscimo recente ao Delphi, que é uma maneira fácil de reutilizar novos comportamentos em componentes únicos ou em grupos. Você pode também criar gabaritos formulários ou molduras, que permitem reutilizar formulários ou molduras inteiras e tudo o que possa estar contidos neles.

Como criar modelos de componentes

Acrescente componentes a um módulo ou formulário de dados, ajuste as suas propriedades, crie acionadores de evento e escreva código. Selecione um único componente, ou componentes múltiplos, e selecione Create Component Template (Criar Componente Gabarito) no menu Component. Todos os componentes selecionados, acionadores de evento e código associado são acrescentados à paleta VCL na tabela de gabarito. Selecione o modelo de componente e solte-o em qualquer formulário ou módulo de dados. Ele será recriado, incluindo o código. Uma vez que os gabaritos sejam acrescentados a um formulário ou módulo de dados, você pode modificar a localização, o tamanho e as propriedades, se os tiver acrescentado individualmente.

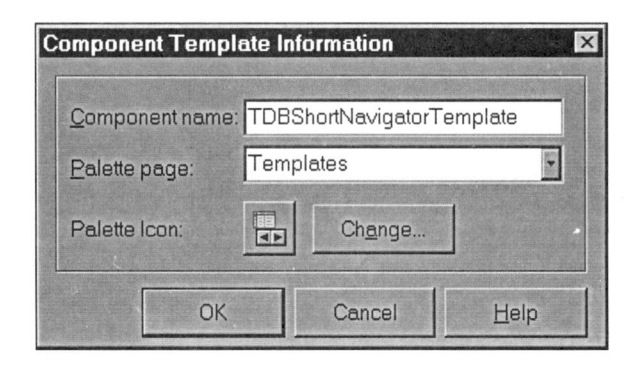

Figura 11.3 A caixa de diálogo Component Template

Ao selecionar o item de menu Create Component Template, a caixa de diálogo Component Template Information (Figura 11.3) é exibida. Clique **OK** para aceitar o padrão de nome de Component, página de Palette e o ícone de componente, ou, se quiser, modifique essas informações. Você pode nomear o modelo de componente como quiser e colocá-lo em qualquer página de paleta. Se você entrar com o nome de uma página que não existe, o Delphi criará uma página rotulada para você. A única limitação é que o ícone para o modelo de componente precisa ser um *bitmap* de 24x24 pixels, exatamente como qualquer outro ícone de componente.

Como definir
o modelo de componente

Escrever um componente básico é fácil. Criar modelo de componentes é ainda mais fácil. Para definir um modelo de componente, siga as mesmas etapas utilizadas para criar um formulário. Acrescente componentes, modifique suas propriedades e escreva propriedades de evento. Teste a unidade no formulário (ou módulo de dados), como faria com qualquer unidade. Quando tiver terminado, crie o modelo de componente, selecione os componentes e acrescente-os ao modelo de componente.

NOTA

Os modelos de componentes do Delphi são armazenados no arquivo binário Delphi.dct, no diretório Bin do Delphi. O Windows associa incorretamente esse arquivo a um arquivo FoxPro Database Container.

Considere o menu Edit do Capítulo 3. Empregue algum tempo para verificar todas as mensagens Windows e escreva o código SendMessage para um menu Edit em seu aplicativo, só para ter que fazê-lo novamente na próxima vez que criar um menu Edit no próximo aplicativo.

Como recriar um menu
a partir de Menu Resource Template
(Menu de Recurso de Gabarito)

Você poderia escolher usar o menu Edit da caixa de diálogo Insert Template (Inserir gabarito), que aparece na Figura 11.4, como uma opção. As etapas para inserir um menu usando o Menu Designer Context são as seguintes.

1. Selecione o componente MainMenu na página de paleta Standard da VCL.
2. Clique duas vezes no ícone MainMenu, para acrescentar um menu ao formulário.
3. Clique à direita do componente MainMenu para exibir o menu de editor de componente para o componente TMainMenu, e selecione o item Menu Designer (mostrado na Figura 11.5). Isso abrirá o menu editor, mostrado ao fundo da Figura 11.4.
4. Abra o menu de contexto Menu Editor com um clique à direita do mouse e selecione Insert From Template, como mostrado na Figura 11.6.
5. A partir da caixa de diálogo Insert Template (Figura 11.4), clique duas vezes o gabarito de menu Edit para inserir o menu de editor.

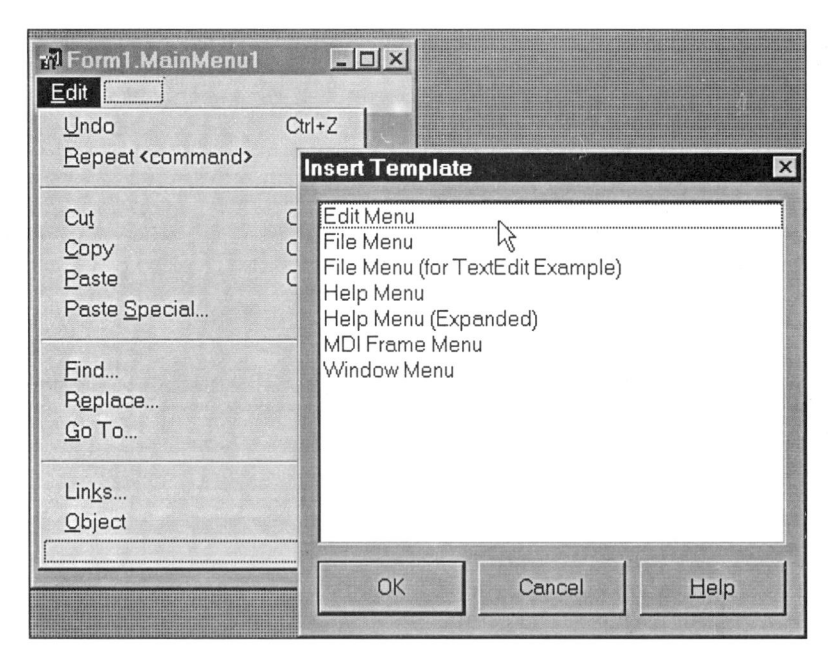

Capítulo 11 - Como desenvolver interfaces consistentes com componentes | **355**

Figura 11.4 A caixa de diálogo Insert Template permite que você recrie um menu a partir de recursos armazenados, mas não inclui código

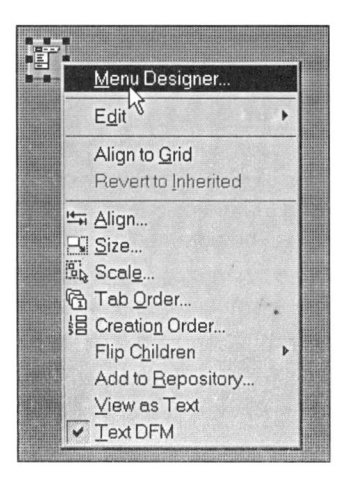

Figura 11.5 Clique o item de menu Menu Designer no menu Component Editor para obter um TMainMenu

E isso é tudo. A operação de cinco etapas acima, inserirá os componentes TMenuItem no início da definição de classe formulários. Usar o menu de recursos de gabarito exigirá que você codifique novamente os métodos de evento OnClick. Uma abordagem preferível seria usar o Component Template, que incluiria código.

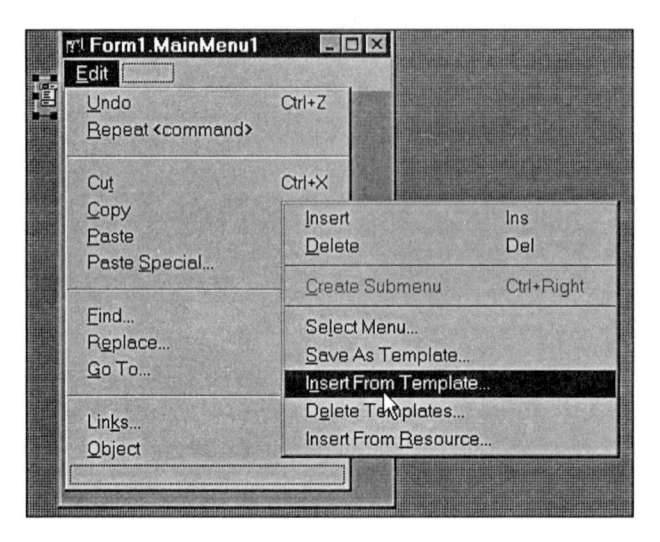

Figura 11.6 O menu de contexto do designer de menu facilita gerenciar o menu de recursos de gabaritos

Como criar e instalar um Menu Component Template

Os modelos de Componentes são novos no Delphi. Em vez de usar um menu de recurso de gabarito para armazenar menus, você tem código escrito para isso — use o Component Template. Novamente, use o menu Edit mencionado na seção anterior, e implementado no Capítulo 3. Vamos poupar todo o menu com código como um Component Template.

1. Codifique o menu Edit (use o exemplo do Capítulo 3, ou a listagem de código depois das etapas numeradas) para comportar-se corretamente no controle ativo.
2. Quando tiver testado o menu Edit com o código, selecione o componente TMainMenu contendo o menu Edit e clique Component, Create Component Template.

```
procedure TForm1.Edit1Click(Sender: TObject);
begin
      // CanUndo test
      Undo1.Enabled := Boolean(SendMessage(
              Screen.ActiveControl.Handle,
          EM_CANUNDO, 0, 0 ));
end;

procedure TForm1.Copy1Click(Sender: TObject);
```

```
begin
     // Copy menu
     SendMessage( Screen.ActiveControl.Handle, WM_COPY, 0, 0 );
end;

procedure TForm1.Cut1Click(Sender: TObject);
begin
     // Cut menu
     SendMessage( Screen.ActiveControl.Handle, WM_CUT, 0, 0 );
end;

procedure TForm1.Paste1Click(Sender: TObject);
begin
     // Paste menu
     SendMessage( Screen.ActiveControl.Handle, WM_PASTE, 0, 0 );
end;

procedure TForm1.SelectAll1Click(Sender: TObject);
begin
     // Select all text
     SendMessage( Screen.ActiveControl.Handle, EM_SETSEL, 0, -1 );
end;

procedure TForm1.Undo1Click(Sender: TObject);
begin
     // Undo menu
     SendMessage( Screen.ActiveControl.Handle, WM_UNDO, 0, 0 );
end;
```

O código é semelhante àquele descrito no Capítulo 3, por isso não o cobriremos novamente em detalhes. Agora que você tem um modelo de componente para o menu Edit, use-o cada vez que precisar do menu, dos seus itens beneficiados e do código.

Como usar
o Component Template Menu

Agora que você tem o menu Edit, ele está disponível para uso como qualquer outro componente. Para usar o modelo de componente, selecione-o na página de paleta Templates e solte-o em um formulário, como qualquer outro menu. O menu de componente, o de TmenuItems e o código anteriormente escrito serão acrescentados a qualquer formulário no qual você soltá-los, sem teste, sem confusão, sem barulho.

Como estender
Component Templates

Pense em modelos de componentes como classes componentes. Quando você cria um Component Template como o menu Edit, apresentado na primeira metade desta seção, não o apague e comece de novo quando precisar de um novo comportamento. Estenda o componente existente, acrescentando um novo comportamento; você terá o original e o novo Component Template.

Suponha, agora, que você tenha o menu Edit onde deseja definir o item de menu Find. Use a TFindDialog da paleta de componentes Dialog. Siga estas etapas para acrescentar a capacidade Find e criar o novo modelo de componente.

1. Em qualquer formulário, solte o gabarito salvo no início da seção.
2. Na página Dialogs, largue um TFindDialog no mesmo formulário.
3. No formulário, clique o item de menu Edit, Find e acrescente o código FindDialog1.Execute.
4. Acrescente um método de evento ao método de evento FindDialog OnFind, acrescentando algum código ao acionador de evento para lembrar o usuário de implementar o comportamento Localizar.
5. Selecione o componente TMainMenu e o componente FindDialog e clique o item de menu Component, Create Component Template, para acrescentar os controles combinados e o código ao menu de gabarito. O código adequado para o FindDialog é o que segue.

```
procedure TForm1.Find1Click(Sender: TObject);
begin
      FindDialog1.Execute;
end;

procedure TForm1.FindDialog1Find(Sender: TObject);
begin
      MessageDlg( 'Implement find behavior!', mtInformation, [mbOK],
            0 );
end;
```

> **AVISO**
>
> Ao salvar o modelo de componente, assegure-se de usar um nome único. Se você usar um nome que já existe, o Delphi pedirá que você substitua um gabarito existente, inclusive o código.

Isso é tudo. Organizando o código nos gabaritos, você pode criar interfaces elaboradas de grupos de componentes completos e código funcional.

No entanto, há alguns retrocessos ao usar Component Templates. Os Component Templates realmente não são componentes; eles são texto escrito seqüencialmente no arquivo binário Delphi.dct. Se eles oferecem vantagens, também renunciam à flexibilidade. Lembre-se da primeira implementação do item de menu SelectAll. O ToDo mostrado na listagem, no início do capítulo, indicou que o método de evento precisava ser modificado para responder adequadamente a outros tipos de controle; atualmente, SelectAll não responde a controles como o TComboBox. Infelizmente, se você voltar e completar o comportamento SelectAll, pode salvar rapidamente o novo gabarito sobre o gabarito original. Isso não afetará o gabarito combinado, contendo o menu e a caixa de diálogo Find. Aquele gabarito original estará mais certo, e o gabarito derivado conterá a versão antiga de SelectAll.

Seria bom se o código de gabarito fosse herdado e atualizasse, automaticamente, gabaritos dependentes, mas essa não é herança baseada em objeto; é uma espécie de moda nova de seqüenciamento de recurso. Se você quiser herança, então precisará criar novas classes e colocá-las em subclasse, para consegui-la. Mas, Component Templates ainda estão em voga e tendem a melhorar. Talvez não estejamos tão longe de montar visualmente a maioria dos componentes, ou todos.

Como apagar Component Templates

Modelos de Componentes são contidos em Delphi.dct. Esse arquivo não é um pacote de biblioteca, como outras bibliotecas de componentes; portanto, você não pode gerenciar Component Templates da mesma maneira com gerencia outros componentes. Para remover um Component Template, encontre o componente na paleta na qual ele reside e clique o item de menu Properties, no menu de contexto da paleta componente. Com referência à Figura 11.7, selecione o componente gabarito da lista de componentes à direita e clique o botão **Delete**.

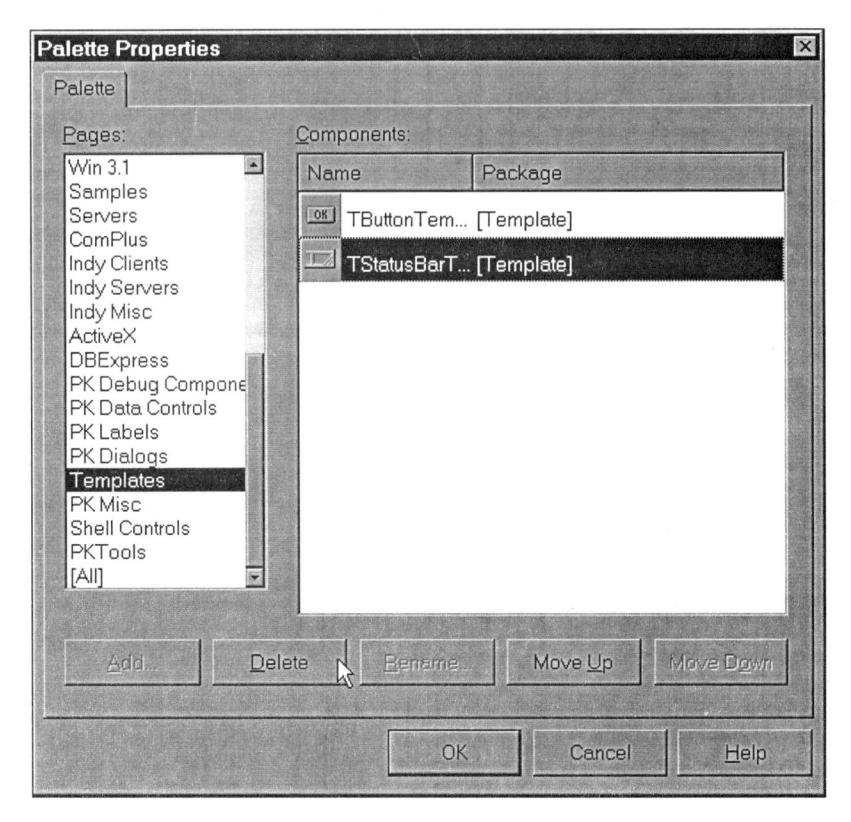

Figura 11.7 A caixa de diálogo Palette Properties pode ser usada para apagar modelos de componentes ou para ocultar componentes

DICA

Você não pode apagar acidentalmente um componente da caixa de diálogo Palette Properties, mostrada na Figura 11.7. Se selecionar um componente, o botão à direita do botão Add será um botão Hide (Ocultar); se o componente atual for um Component Template, então o mesmo botão lerá Delete.

Só podemos falar da diferença entre um componente e um modelo de componente, pois você só pode ocultar componentes Hide da caixa de diálogo Palette Properties, mostrada na figura 11.7. Se você apagar um Component Template, todo o código associado a ele também será apagado. É uma boa idéia salvar o código em um Component Template para um arquivo externo, para o caso de remoção acidental.

Uma palavra final sobre Component Templates. Component Templates são convenientes e fáceis de usar, mas, de fato, não são componentes. No caso do menu Edit, eles são mais convenientes do que simples menus de recursos. Enquanto é possível criar gabaritos elaborados, os relacionamentos de código complicado e componente misturado crescerão melhor em longo termo se forem encapsulados em uma classe.

Modelos de Formulário e herança de formulário

Modelos de Formulários existem há mais tempo do que os modelos de componentes . Eles foram criados em versões mais antigas do Delphi para solucionar o problema de que, enquanto formulários são subclasses de TComponents, eles não se comportam bem se instalados diretamente na VCL. (Consulte aConsulte a seção sobre caixas de diálogo de componentes, no Capítulo 10, para maiores informações.)

O que foi rapidamente descoberto é que os formulários, tipicamente, exigiam muito código, e existem muitos tipos de formulários que se repetem na maioria dos aplicativos — um formulário óbvio é a caixa de diálogo About. Quase todos os aplicativos têm essa caixa de diálogo. Mas, por que um desenvolvedor deveria pintar uma caixa About para cada aplicativo e acrescentar o código necessário para exibi-lo só porque arquivos DFM e a VCL não se misturam bem? A resposta é: você não deveria. O resultado é que formulários podem ser acrescentados ao repositório, e formulários no repositório podem ser usados diretamente, herdados de, ou copiados.

NOTA

Provavelmente, a maior dificuldade técnica relacionada à herança de formulário foi fazer com que o mecanismo de seqüenciamento DFM funcionasse corretamente. Para visões internas de seqüenciamento de propriedade, veja a seção "Como seqüenciar objetos e herança de formulário", no Capítulo 10. A herança de formulário funciona bem e tem funcionado por algum tempo.

O que tudo isso significa para você, como um desenvolvedor, é que você tem uma maneira mais poderosa de reutilizar todos os fragmentos de um programa. As opções disponíveis para facilitar o código e reutilizar o *design* da interface, são salvar o menu de recursos, criar Component Templates, acrescentar formulários ao repositório e reutilizá-los; o idioma mais poderoso é criar novas classes.

Criação de um formulário modelo

Formulários modelos são formulários que foram salvos e acrescentados ao repositório. Da seção anterior, lembramo-nos de que um formulário contendo um TMainMenu, com um menu de edição praticamente todo definido, incluindo capacidades Find, foi acrescentado como um Component Template. Colocando o Component Template em um formulário, você também poderia acrescentar o formulário à ao repositório, tornando todo o processo de iniciar um formulário principal uma operação rápida.

Como acrescentar formulários ao repositório

Para praticar a criação de um formulário gabarito, solte o componente gabarito contendo o MainMenu e o FindDialog em um formulário em branco. (Se você não tiver criado o componente gabarito na última seção, então solte um TMainMenu e um TFindDialog em um formulário em branco, seguir conosco.) Para acrescentar o formulário ao repositório, siga as etapas indicadas (veja a Figura 11.8).

1. Clique à direita no formulário que deseja acrescentar como um gabarito para exibir o menu de contexto do *designer* do formulário.
2. Selecione Add to Repository (Acrescentar ao repositório).
3. Preencha a caixa de diálogo Add To Repository, fornecendo um título para o seu formulário gabarito e descrevendo-o (veja a Figura 11.8). Selecione uma página, entre com a autoria das informações e com um ícone.
4. Clique **OK**. Se você não tiver salvo o arquivo, Delphi pedirá que você o salve, acrescentando-o ao repositório.

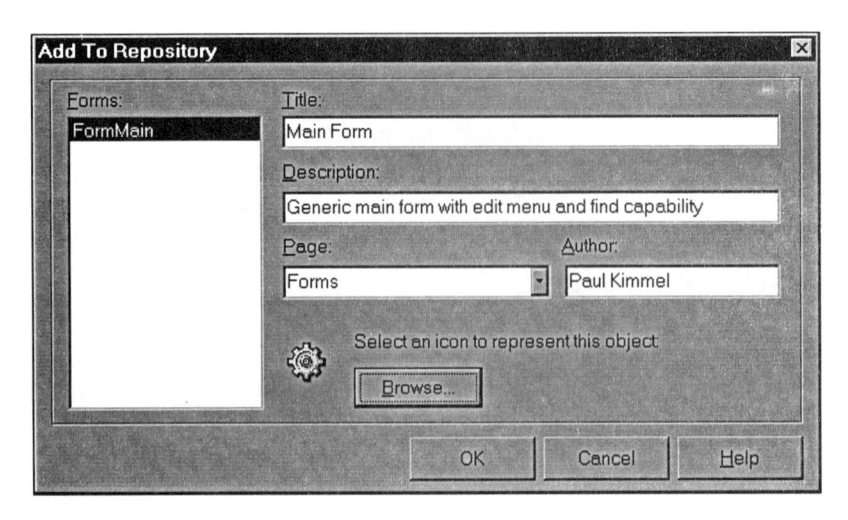

Figura 11.8 O MainForm Template contendo um MainMenu e um FindDialog

Se você entrar com uma página que não existe no campo de texto da caixa de lista Page, da caixa de diálogo Add To Repository, o Delphi criará uma nova página Repository. Esta é uma boa maneira de organizar seus formulários modelos.

Agora, sempre que você quiser um formulário com um menu principal, incluindo recursos de edição e busca, tudo o que tem a fazer é selecionar **File, New, Other** e selecioná-lo na guia Forms, na caixa de diálogo New Items (Figura 11.9).

Como manter o repositório

A maioria das pessoas tem um lugar onde elas guardam as suas coisas. O Repository (Depósito/Área de armazenamento) é um lugar onde as coisas podem ser empilhadas. Eventualmente, você pode querer reorganizar, ou se livrar de alguns gabaritos guardados no depósito. O menu Tools tem um item de menu Repository que abre a caixa de diálogo Object Repository (veja a Figura 11.10). Do lado esquerdo da caixa de diálogo, estão todas as páginas Repository que podem ser modificadas, inclusive a página Forms, contendo os formulários modelos definidos pelo usuário. Você não pode modificar páginas como New ou guia ActiveX.

Para acrescentar, apagar ou renomear uma das páginas disponíveis, selecione a página e pressione o botão adequado Add Page, Delete Page ou Rename Page. Para editar ou apagar um objeto, selecione a página contendo o objeto, à esquerda, e clique o objeto à direita. Por exemplo, para apagar o gabarito FormMain definido na seção anterior, clique a página Forms na caixa de lista Pages, à esquerda. Todos os formulários modelos serão listados na caixa de lista Objects à direita. Encontre o gabarito Main Form, clique uma vez para selecioná-lo e clique o botão **Delete Object** (mostrado selecionado na Figura 11.10).

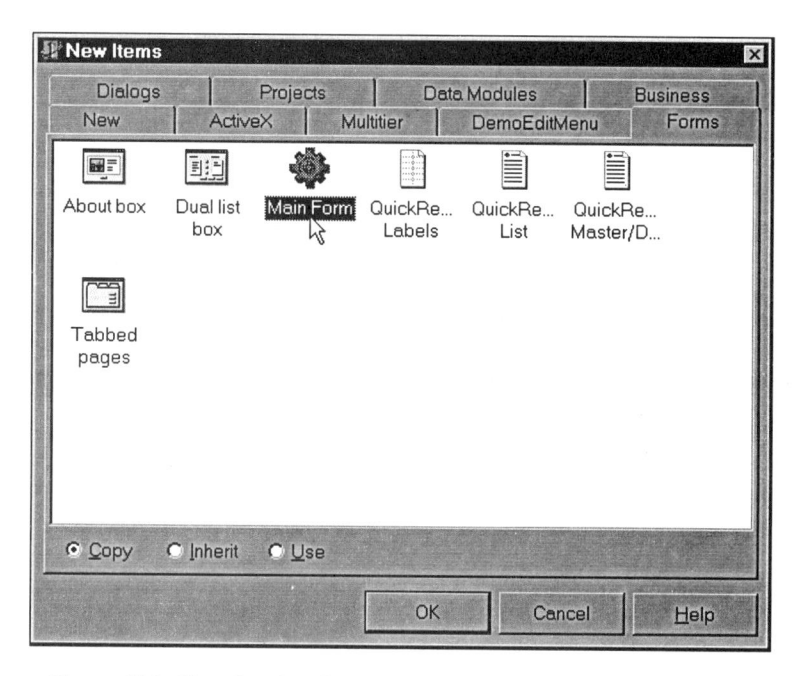

Capítulo 11 - Como desenvolver interfaces consistentes com componentes

Figura 11.9 Na caixa de diálogo New Items, escolha qualquer formulário modelo que você colocará o mais próximo possível do seu objetivo

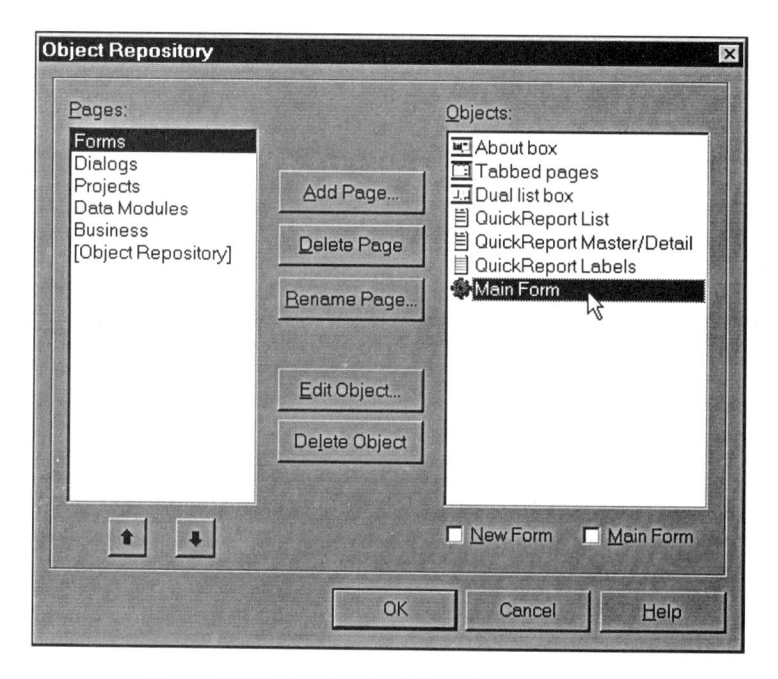

Figura 11.10 A caixa de diálogo Object Repository

NEW FORM Você também pode selecionar a caixa de verificação padrão new form (novo formulário) no Object Repository para indicar que formulário será criado quando você pegar File, New, Form no Delphi. Por padrão, o New Form está em branco, entretanto, você poderia pegar facilmente o FormMain como o seu novo formulário padrão. (Veja a seção anterior para instruções sobre como pegar um formulário.) Tendo selecionado o formulário, marque a caixa de verificação New Form, mostrada na figura 11.10 e clique o botão **OK**.

MAIN FORM Quando é criado um aplicativo executável — por exemplo, quando o Delphi inicia — por padrão, ele é um formulário em branco. Como uma alternativa, você pode abrir o Object Repository, clicando **Tools, Repository** no Delphi. Quando o depósito é aberto, pegue o formulário que você gostaria que fosse o novo formulário principal e marque a caixa de verificação Main Form (Formulário principal) (mostrado na Figura 11.10). Cada vez que um novo aplicativo é criado, o formulário selecionado será o formulário principal padrão.

Como acrescentar projetos ao repositório

Projetos completos podem ser acrescentados ao repositório. Um projeto completo consiste do arquivo DPR e toda a fonte, formulários e módulos de dados em um projeto. Se você tiver um ou mais formulários que deseja definir como um projeto modelo, pode acrescentar o projeto ao Repository a partir do menu Project. Para acrescentar um projeto, selecione o projeto que deseja acrescentar e clique Project, Add to Repository. Uma caixa de diálogo Add to Repository é semelhante àquela exibida para Form Templates (veja a Figura 11.8), mostrado a exclusão das informações de seleção de formulário, visto que todos os formulários serão acrescentados.

Depois que o projeto estiver no Repository, você pode iniciar um novo projeto baseado em um existente. Clique **File, New, Other** e pegue o seu projeto na caixa de diálogo New Items. Um bom lugar para colocar projetos modelos pode ser a guia Projects, embora você possa criar novas guias ao acrescentar um projeto.

DICA
Se você quiser mudar o projeto padrão de um executável padrão para um projeto no Repository, abra o Object Repository a partir do menu de ferramentas e selecione o projeto para ser o novo padrão. Ao pegar um projeto, as caixas de verificação sob a lista Objects tornam-se uma caixa de verificação New Project. Marque a caixa, e o projeto selecionado torna-se o novo projeto padrão.

Quando você pegar um projeto gabarito da caixa de diálogo New Items, será solicitado a entrar com um caminho para o projeto, visto que o Delphi estará criando todos os arquivos no projeto. Evite pegar o caminho original no qual você salvou o projeto; se fizer isso, você sobregravará os arquivos do repositório original. Você também pode apagar projetos modelos da caixa de diálogo Object Repository. Consulte a seção anterior, "Como manter o depósito", para detalhes.

Como usar formulários gabarito

Existem três escolhas disponíveis para criar um novo formulário a partir de um gabarito. Você pode optar entre Copy, Inherit ou a guia Use on the Forms (Usar nos formulários) da caixa de diálogo New Items. Por padrão, Copy é selecionado. Você obtém uma reprodução completa do formulário, mas nenhum outro relacionamento é mantido entre o formulário modelo e o novo formulário. (Se você pegar Use, então de fato, estará modificando o formulário no Repository; isto é, quaisquer mudanças serão mudanças na versão do formulário do Repository.)

Escolher herdar um formulário modelo significa herdar no sentido da palavra orientado a objeto. As mudanças na versão de um formulário do Repository serão exibidas também no formulário filho. Considere o formulário principal contendo o menu Edit e a caixa de diálogo Find. Se você criar um novo formulário a partir do formulário modelo principal, então o seu formulário será uma subclasse daquele formulário. Mais tarde, pegue o formulário principal e selecione a opção Use; acrescente uma caixa de diálogo Replace, e todos os filhos obterão, automaticamente, o comportamento Replace na próxima vez em que forem compilados.

A diferença entre o formulário original, uma cópia e um formulário filho criado a partir de um formulário modelo é ilustrada, em parte, pela maneira como o arquivo DFM é escrito. As três extrações de três arquivos DFM separados demonstram a maneira como os dados são seqüenciados, conforme o formulário tenha sido criado com Copy, Inherit ou Use. Todos os três formulários estão relacionados a um formulário classe TFormMain.

```
objetct FormMain: TFormMain
    Left = 435
    Top = 254
    Width = 418
    Height = 320
    Caption = 'Application Title Here'
```

A listagem anterior é o formulário atual. Quando você pega Use na guia Forms da caixa de diálogo New Items, obtém o modelo do formulário.

```
object FormMain1: TFormMain1
    Left = 435
    Top = 254
    Width = 418
    Height = 320
    Caption = 'Application Title Here'
```

Ao pegar Copy, você obtém o que parece ser uma subclasse, chamada TFormMain1, mas, na verdade, o formulário está como subclasse de TForm. Os componentes são copiados e seqüenciados para o arquivo DFM, mas não existe mais relacionamento entre o gabarito e o formulário copiado.

```
inherited FormMain4: TFormMain4
    Caption = 'FormMain4'
    PixelsPerInch = 120
    TextHeight = 16
end
```

A herança de TFormMain cria a listagem completa do arquivo DFM anterior. Em vez de a primeira palavra ser object, como nas duas listagens anteriores, ela é inherited. Essa convenção foi acrescentada para indicar que informações seqüenciadas adicionais devem ser lidas a partir de um formulário ancestral.

Modifique o formulário original quando quiser fazer mudanças permanentes em todos os ancestrais. Use uma cópia quando quiser desfazer a associação de quaisquer mudanças no formulário pai para o filho e utilize herança quando você quiser definir e manter um conjunto central de comportamentos e aspectos dentro de uma família de formulários. Componentes modelos, formulários modelos e projetos modelos são três excelentes meios para obter consistência intra e interprojeto dentro de uma família de aplicativos. Consistência é um fator de coerência. Mesmo que seu aplicativo ofereça alguma capacidade "ainda-por-ser-vista", se as interações forem consistentes, então as novas tarefas parecerão mais coerentes depois de uma moderada curva de aprendizado. Um aplicativo precisa ser consistente e coerente antes de ser considerado como completo. Além disso, a complementação exigirá que você siga as exigências de seu público-alvo.

Utilização de componentes estáticos e dinâmicos

Quando você acrescenta um formulário a um aplicativo, uma linha de código é acrescentada ao DPR — Project Source (Fonte de projeto) que, automaticamente, cria o formulário na iniciação.

```
Application.CreateForm(TForm1, Form1);
```

Com isso, torna-se mais fácil para programadores de Visual Basic ou programadores mais novos, que não estão bem acostumados com o balanço de objetos e a criação dinâmica de objeto, acrescentar e usar formulários. De fato, isso faz o Delphi e a Visual Basic parecerem semelhantes à pessoa leiga: criar um formulário, executar o programa e chamar show ou show modal e o formulário está disponível para o usuário. O mesmo é verdade quando componentes são pintados em um formulário. Como por um passe de mágica, eles parecem surgir, no tempo de execução, junto com a posição de tempo de *design* e qualquer código que possa ter sido escrito.

Terminam aí as semelhantes entre Delphi e Visual Basic. A Object Pascal (a linguagem do Delphi) é mais como C++ do que como Visual Basic. Delphi tem a facilidade da Visual Basic e o poder da C++. Isso significa que programadores novatos podem começar imediatamente, e os veteranos ocasionais podem criar aplicativos muito complexos.

Quando o Delphi automaticamente cria formulários ou cria componentes automaticamente no tempo de execução, ele não está se comportando de forma inconsistente. Ao contrário, o mecanismo de seqüenciamento foi codificado para saber como solucionar referências de componente, ler os atributos do arquivo DFM e montar os objetos. Quando o Delphi cria automaticamente formulários e componentes, ele o faz de uma maneira consistente, tal como faríamos com código.

Como criar um formulário no ar

Agora você já está familiarizado com pintar formulários. Você pode pintar todos os formulários que quiser que o seu aplicativo tenha. Alguns programadores permitirão que todos eles sejam autocriados, mas isso resultará em um razoavelmente grande e estático e maior lentidão no tempo de iniciação. Os usuários, em sua maioria, geralmente, empregarão um conjunto principal de recursos e nunca, ou raramente, se importarão com os demais. O resultado líquido é que eles estão pagando com o desempenho do seu sistema por recursos que nunca utilizarão.

Uma alternativa melhor é criar os formulários, módulos de dados e carregar bibliotecas por demanda. Essa técnica tem um nome; quando você amortiza o custo de criar formulários, deferindo o custo de acumular alocação e leitura da seqüência de formulário, ela é referenciada como *lazy instancing*.

Movendo formulários e módulos de dados da coluna autocriada para a coluna disponível na guia Forms de Project Options, você pode ter o tempo gasto por alocação mais tarde. Posteriormente, você terá que gastar o tempo no aperfeiçoamento de desempenho inicial; a menos que ele seja um recurso de tempo crítico ou usado excessivamente, espere, pois você pode estar melhor do que perdendo tempo adiantado. Para criar a instância longa há um par de técnicas que você pode empregar, cada qual discutida abaixo.

Construção explícita

Construção explícita significa que você cria o formulário chamando o seu construtor, usando o formulário e depois liberando a memória.

```
Form := TForm.Create(self);
try
     if( Form.ShowModal = mrOK ) then
           // doe here
finally
     Form.Free;
end;
```

Essa técnica funciona bem se você estiver mostrando o formulário como uma caixa de diálogo modal, pois o código executa assincronamente no ponto em que ShowModal é chamado. Assim que o formulário é fechado, sua memória é liberada. Como uma alternativa, você pode mostrar o formulário e deixar que o formulário libere a sua memória quando ele fechar.

```
TForm.Create(Self).Show:
```

O formulário criado precisará de um acionador de evento OnClose que significa, para o formulário construído, que ele deve liberar a memória quando for fechado.

```
procedure TForm1.FormClose(Sender: TObject; var Action:
TCloseAction);
begin
      Action := caFree;
end;
```

Supondo que a classe seja TForm1, o método de evento OnClose seria escrito como na listagem anterior. O TCloseAction caFree libera a memória alocada para o formulário.

Instância longa (Lazy instantiation)

A chave para a instância longa é que você quer que ela pareça como se o objeto existisse, sendo que ela só foi criada no último momento possível. No que se refere a formulários, essa é uma questão relativamente fácil. Substitua a declaração variável automática acrescentada pelo Delphi por uma função do mesmo nome, retornando uma cópia do formulário. A função retorna um formulário alocado em memória, que é destruído quando o formulário fecha. O *caller* refere-se a uma variável local do formulário, que o código externo não pode acessar. Se a variável de formulário for nula, então o objeto é criado; a referência ao objeto é sempre retornada.

```
interface
...
var
      Form1 : TForm1;
implementation
```

Substitua o fragmento do código anterior encontrado em todos os novos formulários por uma função. Olhando de fora, eles parecem idênticos.

```
function Form2 : TForm2;

implementation
{$R *.DFM}
var
      FForm : TForm2
```

```
function Form2 : TForm2;
begin
     if( FForm = Nil ) then
          FForm := TForm2.Create(Application.MainForm);
     result := FForm;
end;

procedure TForm2.FormClose(Sender: TObject; var Action:
TCloseAction);
begin
     Action := caFree;
     FForm := Nil;
end;

initialization
     FForm := Nil;
end.
```

A interface variável foi substituída por uma função que se parecerá e se comportará como uma variável. A função refere-se à variável local FForm. Se a variável FForm for nula —tendo sido ajustada para nula na seção de inicialização — então o formulário será criado. O método de evento FormClose ajusta Action para caFree, permitindo ao formulário ser liberado; a referência FForm é ajustada para Nil.

O código é ligeiramente mais complexo do que simplesmente criar dinamicamente o formulário, como demonstrado na seção "Construção explícita", mas usar a instância é muito fácil.

```
Form2.ShowModal;
```

ou

```
Form2.Show;
```

Há um perigo em potencial ao usar essa técnica. Se outra instância do formulário for criada, usando outra referência variável que não a função Form2, então designar FForm := Nil no evento FormClose criaria uma situação na qual a memória alocada para FForm seria liberada. Para evitar essa situação, modifique o método de evento FormClose para comparar FForm a Self.

```
if( FForm = Self ) then FForm := Nil;
```

Agora, a referência de FForm não será inadvertidamente misturada.

Uma outra alternativa é evitar definir qualquer formulário. A seção a seguir demonstra um formulário de banco de dados totalmente dinâmico.

Um formulário de banco de dados dinâmico

Descobrir que você tem muitos formulários com uma alta incidência de semelhanças, permite que você evite a redundância excessiva de recursos, criando formulários dinamicamente. De fato, é perfeitamente possível criar formulários muito complexos sem criar um novo formulário por ocasião do *design*. A listagem a seguir demonstra um componente chamado TDBFormWizard. O componente copia um formulário com um DBNavigator, um botão Close e um campo DBEdit, representando cada TField em um conjunto de dados.

> **NOTA**
> *Antes de Delphi, C++ Builder e Visual Basic — nos últimos dez anos — a maioria dos aplicativos tinha que ser criada dessa maneira. A nova tecnologia representa um avanço. Há ainda, entretanto, ocasiões em que você pode querer formulários totalmente dinâmicos.*

```
unit UDBFormWizard;
// UDBFormWizard.pas - Creates a formless data edit form on the fly
// Copyright (c) 2000. All Rights Reserved.
// by Software Conceptions, Inc. Okemos, MI USA (800) 471-5890
// Written by Paul Kimmel
interface

uses
     Windows, Messages, SysUtils, Classes, Graphics, Controls,
  Forms, Dialogs,
     StdCtrls, DBCtrls, ExtCtrls, DB, DBGrids, DBTables;

type
     TDBFormWizard = class(TComponent);
     private
          { Private declarations }
          Form : TForm;
          TopPanel, BottomPanel : TPanel;
          Navigator : TDBNavigator;
          ScrollBox : TScrollBox;
          CloseButton : TButton;
          FDataSet : TDataSet;
          FDataSource : TDataSource;
          FTitle : TCaption;
          Function LargestLabelWidth( const DataSet : TDataset ) :
Integer;
          procedure CloseClick(Sender : TObject );
     protected
          procedure Notification(AComponent : TComponent;
             Operation : TOperation ); override;
```

```
          procedure InitializeBasicForm; virtual;
          procedure AddFields( const DataSet : TDataSet ); virtual;
          procedure SetDataSource( const Value : TDataSet );
          procedure SetTitle( const Value : TCaption );
     public
          { Public declarations }
          function Execute : Boolean;
     published
          property Title : TCaption read Ftitle write SetTitle;
          property DataSet : TDataSet read FDataSet write FDataSet;
          property DataSource : TDataSource read FDataSource write
FDataSource;
     end;

procedure Register;

implementation
{ TDBFormWizard }
function TDBFormWizard.Execute : Boolean;
begin
     Form :=     TForm.Create(Screen.ActiveForm);
     try
          Form.Caption := FTitle;
          Form.SetBounds(382, 223, 487, 386 );
          AddFields( DataSet );
          result := Form.ShowModal = mrOK;
     finally
          Form.Free;
     end;
end;

procedure TDBFormWizard.InitializeBasicForm;
begin
     TopPanel := TPanel.Create(Form);
     with TopPanel do
     begin
          Name := 'TopPanel';
          Caption := EmptyStr;
          Parent := Form;
          Align := alTop;
          Width := Form.ClientWidth;
          Height := 50;
     end;

     CloseButton := Tbutton.Create(TopPanel);
     with CloseButton do
     begin
          Parent := TopPanel;
          Caption := '&Close';
          SetBounds( TopPanel.Width - Width - 20,
```

```
            TopPanel.Height - Height - 20, Width, Height);
            Anchors := [akRight, akBottom];
            OnClick := CloseClick;
            Name := 'ButtonClose';
      end;

      Navigator := TDBNavigator.Create(TopPanel);
      with Navigator do
      begin
            Name := 'Navigator';
            Parent := TopPanel;
            SetBounds( 10, 10, Width, Height );
            DataSource := FDataSource;
            ShowHint := True;
      end;

      BottomPanel := TPanel.Create(Form);
      with BottomPanel do
      begin
            Name := 'BottomPanel';
            Caption := EmptyStr;
            Parent := Form;
            Align := alClient;
            BevelInner := bvLowered;
            BorderWidth := 4;
            TabOrder := 1;
      end;

      ScrollBox := TScrollBox.Create(BottomPanel);
      with ScrollBox do
      begin
            Name := 'ScrollBox';
            Parent := BottomPanel;
            Align := alClient;
            AutoScroll := True;
            BorderStyle := bsNone;
      end;
end;

procedure TDBFormWizard.AddFields( const DataSet : TDataSet );
var
      LabelWidth : Integer;
      ALabel : TLabel;
      DBEdit : TDBEdit;
      I : Integer;
begin
      FDataSet := DataSet;
      SetDataSource( FDataSet );
      InitializeBasicForm;
            // in characters
```

```
        LabelWidth := LargestLabelWidth( FDataSet );
        for I := 0 to FDataSet.FieldCount -1 do
        begin
              ALabel := TLabel.Create(ScrollBox);
              ALabel.Parent := ScrollBox;
              ALabel.SetBound( 10, 10 + (I*26), ALabel.Width, ALabelHeight
                    );
              ALabel.Caption := FDataSet.Fields[I].DisplayLabel +':';
              ALabel.Width := LabelWidth;
              ALabel.Alignment := taRightJustify;

              DBEdit := TDBEdit.Create(ScrollBox);
              DBEdit.Parent := ScrollBox;
              DBEdit.SetBounds( ALabel.Width + 14, 6 + (26 * I),
                    DBEdit.Width, DBEdit.Height);
              DBEdit.DataSource := FDataSource;
              DBEdit.DataField := FDataSet.Fields[I].FieldName;
              // Used M arbitrarily because I liked the result
              DBEdit.Width := FDataSet.Fields[I].DisplayWidth *
                    Form.Canvas.TextWidth( 'M' );
              DBEdit.ReadOnly := FDataSet.Fields[I].ReadOnly;
        end;
end;

procedure TDBFormWizard.CloseClick(Sender: TObject);
begin
      Form.Close;
end;

function TDBFormWizard.LargestLabelWidth(const DataSet:
TDataset): Integer;
var
      I : Integer;
      TextMetrics : TTextMetric;
begin
      result := 0;
      for I := 0 to DataSet.FieldCount -1 do
              if( Length(Dataset.Fields[I].DisplayLabel) > result ) then
                    result := Length(Dataset.Fields[I].DisplayLabel);

      if( GetTextMetrics( Form.Canvas.Handle, TextMetrics )) then
            result := (TextMetrics.tmAveCharWidth +
                  TextMetrics.tmMaxCharWidth) div 2 * result
      else
            result := 120;
end;

procedure TDBFormWizard.SetDataSource(const Value: TDataSet);
begin
      FDataSource := TDataSource.Create(Form);
      FDataSource.DataSet := Value;
end;
```

```
procedure TDBFormWizard.SetTittle(const Value: TCaption);
begin
      FTitle := Value;
end;

procedure TDBFormWizard.Notification(Acomponent : TComponent;
      Operation: TOperation);
begin
      inherited;
      if( Operation = opRemove ) then
            if( AComponent = FDataSet ) then
                  FDataset := Nil
            else if( AComponent = FDataSource ) then
                  FDataSource := Nil;
end;

procedure Register;
begin
      RegisterComponents( 'PKTools', [TDBFormWizard] );
end;
end.
```

O componente dialog não acrescenta código extra ao aplicativo, visto que não há arquivos de recursos adicionais (DFM) e toda a criação de componentes é dinâmica. O formulário e os componentes são gerados no método Execute, empregando as propriedades DataSet e DataSource para criar todos os componentes de banco de dados. O formulário básico é criado no método InitializeBasicForm. A Figura 11.11 mostra o componente criado com DataSet ajustada para a tabela biolife em DBDEMOS.

Enquanto o formulário não é especificamente criativo, ele é totalmente capaz de gerenciar um conjunto de dados. Designar uma consulta à propriedade DataSet levaria o formulário a gerar um formulário de tabelas múltiplas apenas de leitura. Revisões a esse componente poderiam facilitar a geração de um formulário mais flexível. Por exemplo, o usuário poderia ter permissão para escolher entre controles de banco de dados dinâmicos, como usar um DBGrid, ou talvez AddFields para usar a propriedade DataType de cada TField para determinar qual tipo de controle de banco de dados criar.

Um bom uso para o TDBFormWizard é oferecer capacidades de edição por solicitação para um conjunto de dados, sem criar um TForm por ocasião do *design*, para cada conjunto de dados possível. Isso poderia ajudar a oferecer flexibilidade adicional, sem aumento significativo de código adicional.

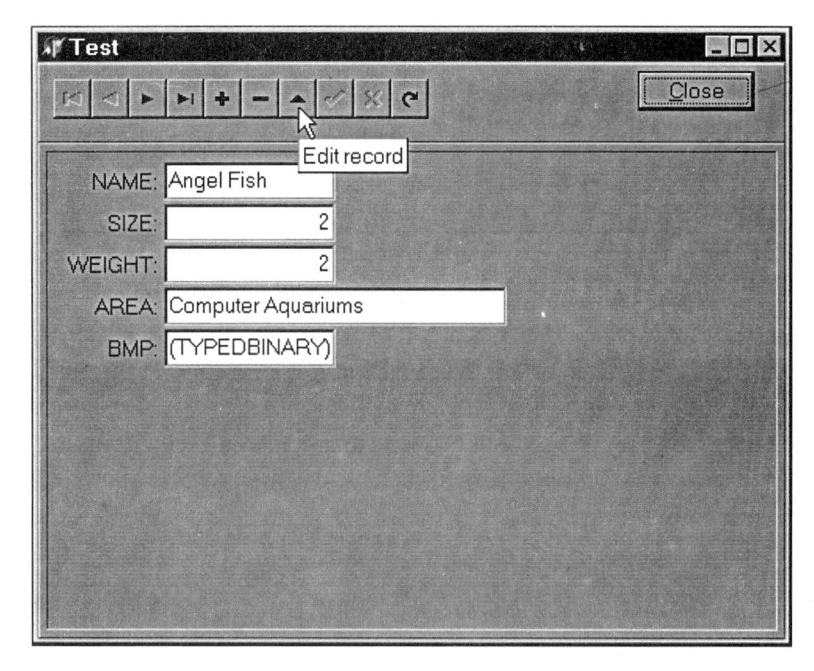

Capítulo 11 - Como desenvolver interfaces consistentes com componentes | **375**

Figura 11.11 Um formulário TDBFormWizard gerado

Design de componentes proprietários

Ampliar a aparência de um controle pode oferecer ajuste e acabamento personalizados. Todos os controles visuais que têm um acionador Windows, ou que podem receber uma mensagem WM_PAINT, podem ser tornados subclasse, e o método Paint pode ser definido para criar efeitos de boa definição visual. Entretanto, vários controles têm sido definidos antecipadamente, com propriedades e métodos de evento que permitem a você personalizar o aspecto. Por exemplo, o TListView tem uma propriedade OwnerDraw Boolean. Se OwnerDraw for True, então os métodos de evento OnAdvancedCustomDraw, OnAdvancedCustomDrawItem, OnAdvancedDrawCustomDrawSubItem e OnDrawItem são chamados, possibilitando que você defina comportamentos personalizados de *design*.

O exemplo de código abaixo demonstra um componente StringGrid estendido que usa um efeito visual para indicar uma coluna selecionada; você poderia usar esse efeito para indicar uma coluna distribuída em DBGrid ou StringGrid.

```
TExStringGrid = class(TStringGrid)
private
      { Private declarations }
      FColumnIndex : Integer;
      procedure DrawFixedColumnCell( ACol, ARow : Integer );
```

```
protected
    { Protected declarations }
    procedure MouseDown(Button: TMouseButton; Shift; TShiftState;
        X, Y: Integer); override;
    procedure DrawCell(ACol, ARow: Longint; ARect: TRect;
        AState: TGridDrawState); override;
    procedure Paint; override;
public
    property ColumnIndex : Integer read FColumnIndex;
end;
```

O componente TExStringGrid é transformado em subclasse a partir de TStringGrid. Ele sobregrava MouseDown, DrawCell e Paint e a classe introduz um método privado, DrawFixedColumn, e um campo FColumnIndex. O método DrawFixedColumn é implementado para realizar o desenho especial para a coluna selecionada indicada por FColumnIndex.

O código é implementado para invalidar a célula de colunas escolhidas em uma fileira fixa. Consulte a Figura 11.12 para ter uma idéia do efeito visual do código.

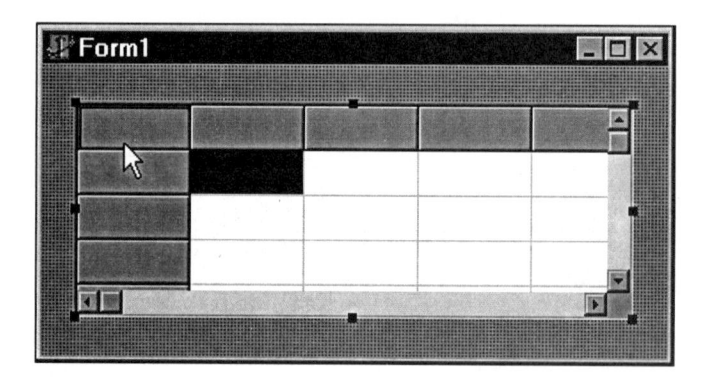

Figura 11.12 *O TExStringGrid cria um efeito visual para uma coluna selecionada*

```
procedure TExStringGrid.DrawFixedColumnCell( ACol, ARow : Integer );
var
    Rect : TRect;
begin
    if( not Ctl3D ) then exit;
    Rect := CellRect(ACol, ARow);
    DrawEdge(Canvas.Handle, Rect, EDGE_SUNKEN, BF_TOPLEFT);
end;

procedure TExStringGrid.DrawCell(ACol, ARow: Integer; ARect: TRect;
    AState: TGridDrawState);
```

```
begin
    inherited;
    if( gdFixed in AState ) and (ARow < FixedRows) and (ACol =
        FColumnIndex) then
        DrawFixedColumnCell( FColumnIndex, ARow );
end;

procedure TExStringGrid.MouseDown(Button: TMouseButton; Shift:
TShiftState;
    X, Y: Integer);
var
    ACol, ARow : Integer;
    OldColumnIndex : Integer;
begin
    inherited;
    MouseToCell( X, Y, ACol, ARow );
    if ( ARow >= FixedRows ) or ( ARow < 0 ) then exit;
    OldColumnIndex := FColumnIndex;
    FColumnIndex := ACol;
    InvalidateCell( OldColumnIndex, ARow );
    InvalidateCell( FColumnIndex, ARow );
end;

procedure TExStringGrid.Paint;
begin
    inherited;
    DrawFixedColumnCell( FColumnIndex, 0 );
end;
```

DrawEdge usa uma API de user32.dll, declarada em Windows.pas para criar o efeito visual. DrawCell chama a implementação padrão de DrawCell, herdada de TStringGrid; além disso, se ela for a ColumnIndex e uma fileira fixa, então o efeito especial é desenhado para indicar a coluna selecionada. O procedimento MouseDown rastreia a célula da coluna selecionada e invalida as células nova e antiga quando uma nova coluna é selecionada, levando-as a serem repintadas. O método Paint garante que o efeito seja criado cada vez que a grade é repintada.

Como desenhar grade personalizada

Como o início do capítulo indica, você pode usar propriedades e eventos para criar efeitos visuais personalizados em componentes. No início da seção, foi usada a subclasse TExStringGrid para demonstrar um efeito que indica uma coluna selecionada. O mesmo código poderia ser colocado nos eventos de uma *string* de grade para criar um resultado visual semelhante.

```
procedure TForm1.StringGrid1MouseDown(Sender: TObject;
    Button: TMouseButton; Shift: TShiftState; X, Y: Integer);
```

```
var
    ACol, ARow : Integer;
begin
    StringGrid1.MouseToCell(X, Y, ACol, ARow);
    if ( ARow >= StringGrid1.FixedRows ) or ( ARow < 0 ) then exit;
    FColumnIndex := ACol;
    StringGrid1.Invalidate;
end;

procedure TForm1.StringGrid1.DrawCell(Sender: TObject; ACol, ARow:
    Integer; Rect: TRect; State: TGridDrawState);
begin
    if( gdFixed in State ) and (ARow < StringGrid1.FixedRows) and
       (ACol = FColumnIndex) and (StringGrid1.Ctl3D) then
    begin
        Rect := StringGrid1.CellRect(ACol, ARow);
        DrawEdge(StringGrid1.Canvas.Handle, Rect, EDGE_SUNKEN,
            BF_TOPLEFT);
    end;
end;
```

Um clique do mouse sobre uma TStringGrid faz com que o método de evento MouseDown armazene o índice de coluna e invalide a grade. Invalidate garante que a grade seja repintada. O método de evento DrawCell garante que a célula seja fixa e a fileira e coluna sejam as células de coluna fixas indicadas, e usam o mesmo método API DrawEdge para criar o efeito visual.

Resta a pergunta: é apropriado colocar em subclasse a *string* de grade ou usar os métodos de evento de TstringGrid? Se você está fazendo o protótipo de um novo componente, com freqüência é mais fácil fazê-lo como um componente de métodos de evento existentes. Depois, quando o componente for aperfeiçoado, provavelmente você irá querer colocá-lo em subclasse e acrescentar um novo comportamento. Semanticamente, o efeito é um comportamento da nova grade e, conseqüentemente, pertence à grade. Alternativamente, se você tiver um componente que não expõe os métodos necessários para criar o comportamento, mas expõe métodos de evento, então você pode não ter outra escolha senão usar o que estiver disponível.

Com freqüência, o código parece amontoado quando formulários tornam-se terrenos de despejo para o comportamento de outras classes. A melhor prática é encapsular o comportamento de objetos dentro da definição de classe do objeto, exibindo o comportamento.

OwnerDraw TMainMenu

Às vezes é difícil antecipar o que será o desenho personalizado. Por exemplo, a *string* de grade pode antecipar e rastrear qual célula de coluna seria desenhada; portanto, seria possível colocar em subclasse a *string* de grade. Alternativamente, considere um TMainMenu; Usando a sugestão da ajuda, vamos supor que você queira usar um menu codificado por cor para indicar cor em vez de texto, ou além de texto. Seria impossível saber quais os itens de menu que seriam necessários por ocasião do *design*; isso dificultaria colocar em subclasse TMainMenu. Da mesma forma, porque TMenuItem é usado de qualquer forma por TMainMenu, uma subclasse de TMenuItem seria ignorada por TMainMenu. Em tal circunstância, você teria que usar propriedades e eventos para criar o efeito.

Menus codificados por cor

As seguintes etapas são tomadas da sugestão de ajuda TMenu.OwnerDraw e indicam como desenhar itens de menu personalizados para usar itens de menu codificados por cor.

1. Crie um novo aplicativo.
2. Coloque um componente TMainMenu no formulário principal.
3. Acrescente um item de menu denominado Color e um submenu denominado Background (Fundo).
4. Crie três submenus a partir de Background, chamados Gray (cinza), White (branco) e Aqua (azul-piscina) (veja a Figura 11.13).
5. Acrescente os valores TColor na propriedade Tag para os três itens de menu nomeados com cor. As cores são definidas em graphic.pas como clGray = TColor($808080), clAqua = TColor($FFFF00) e clWhite = TColor($FFFFFF); corte e cole os valores numéricos hexadecimais de graphic.pas diretamente na propriedade de guia em cada item de menu.
6. No Object Inspector, ajuste a propriedade OwnerDraw de TMainMenu para True.
7. Crie um método de evento OnClick e um OnDrawItem e designe as propriedades de evento OnClick e OnDrawItem a cada cor de item de menu ao único método de evento. (Por exemplo: Gray1.OnClick, White1.OnClick e Aqua1.Onclick, todos devem referir-se ao mesmo método OnClick. O mesmo é válido para a propriedade OnDrawItem.)
8. Defina os dois métodos de evento usando o seguinte código como um exemplo. (No exemplo de código, o item de menu Gray foi selecionado primeiro, daí o nome.)

```
procedure TForm1.Gray1DrawItem(Sender: TObject; ACanvas:
    TCanvas; ARect: TRect; Selected: Boolean);
begin
    ACanvas.Brush.Color := TMenuItem(Sender).Tag;
    ACanvas.FillRect( ARect );
end;

procedure TForm1.Gray1Click(Sender: TObject);
begin
    Color := TMenuItem(Sender).Tag;
end;
```

O método de evento DrawItem ajusta a cor do pincel para o valor do campo guia (lembra-se de que o valor de cor foi designado para a propriedade Tag). Quando o item de menu é clicado, o fundo do formulário é mudado para aquela cor (Consulte a Figura 11.13).

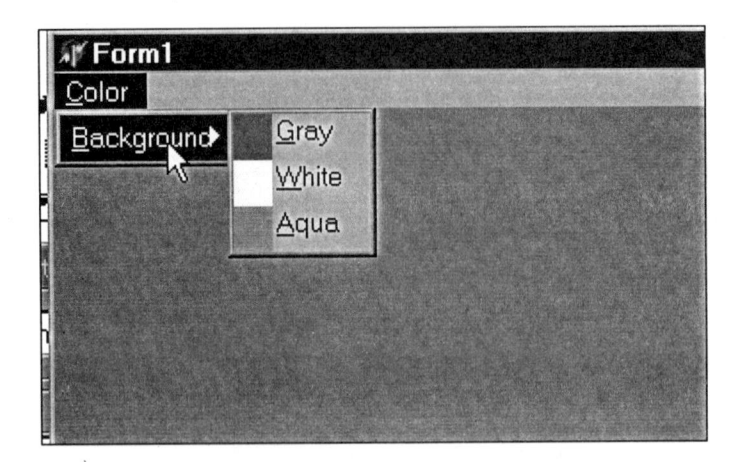

Figura 11.13 Itens de menu codificador por cor usando a propriedade OwnerDraw e o evento DrawItem

Menus codificador por cor com texto

O código necessário para incluir ambos os valores, texto e cor codificada, é mais complexo. As mudanças necessárias para exibir o texto e reajustar o pincel estão listadas abaixo. O código usa a nova classe TBrushRecall e uma coerção simulada para acessar um método protegido para desenhar a etiqueta.

```
type
      TDummyMenuItem = class(TMenuItem);
procedure TForm1.Gray1DrawItem(Sender: TObject; ACanvas: TCanvas;
      ARect: TRect; Selected: Boolean);
var
      Recall : TBrushRecall;
      CopyRect : TRect;
begin
      Recall := TBrushRecall.Create(ACanvas.Brush);
      try
            ACanvas.Brush.Color := TMenuItem(Sender).Tag;
            CopyRect := ARect;
            ARect.Right := 20;
            ACanvas.FillRect( ARect );
            ACanvas.Brush.Assign( Recall.Reference );
finally
      Recall.Free;
end;
CopyRect.Left := 22;
with TDummyMenuItem(Sender) do
      DoDrawText( ACanvas, Caption, CopyRect, Selected, 0);
```

```
end;
procedure TForml.GraylMeasureItem(Sender: TObject; ACanvas:
TCanvas;
     var Width, Height: Integer);
begin
     Width := Width + 20;
end;
```

TDummyMenuItem é declarado para permitir acesso a métodos protegidos em TMenuItem (mais sobre isso em um momento). O novo acionador de eventos DrawItem cria um objeto TBrushRecall. Depois que o bloco de cor é exibido, o Brush é rearmazenado, exatamente antes do bloco finally e do objeto TBrushRecall serem liberados. Uma cópia do registro Trect foi salva em CopyRect e o campo Left de CopyRect foi ajustado para acomodar o espaço usado para o retângulo de cor.

> **NOTA**
> Você pode moldar subclasses para superclasses, mas o oposto não é verdadeiro. Se B for definido como uma subclasse de A, então um objeto B Isa A é verdade, mas um A Isa B é False. Assim (B As A) é válido, mas (A As B) não é válido. É ilegal diminuir o molde de um objeto.

Um método protegido DoDrawText foi usado para evitar duplicação de código em TMenuItem. Porque Sender é um tipo TMenuItem, é necessária a coerção para calcular Sender para um TDummyMenuItem. Na realidade, Sender é um ancestral de TMenuItem, portanto usar o operador as (Sender As TDummyMenuItem) não funcionaria. Finalmente, o acionador de evento OnMeasureItem foi definido para aumentar a largura de cada menu codificado por cor em 20 pixels para acomodar o espaço extra necessário para a troca de cor retangular.

Resumo

O Capítulo 11 demonstra técnicas para escrever componentes — como criar gabaritos componentes, formulários e projetos. Os gabaritos permitem que você reutilize código e trabalho de *design* virtual, e também oferecem um dispositivo conveniente pelo qual você pode pular para o início de aplicativos consistentes, A consistência intra-aplicativo ajuda a fazer seus aplicativos parecerem mais profissionais e coerentes — mais fáceis de utilizar. Ambas, consistência e coerência, são ingredientes necessários para a complementação. Aplicativos inconsistentes podem ser mais difíceis de aprender a usar e parecem comportar-se erradamente; isto é, eles podem parecer comportar-se incoerentemente.

Este capítulo também demonstrou como criar formulários dinâmicos, possibilitando a você evitar criar formulários estáticos, altamente redundantes, mantendo razoável o uso de memória do seu aplicativo. Combine gabaritos e formulários dinâmicos com componentes personalizados e desenho de componentes aperfeiçoados e o seu aplicativo pode oferecer aos seus usuários uma experiência profissional e destacada.

Capítulo

12

Como usar componentes de automação da Microsoft

Os componentes na página Servers (Servidores) são descendentes de TOleServer. As bibliotecas tipo (.TLB) foram importadas para o Delphi. Uma biblioteca tipo é um arquivo especial que descreve a interface de um servidor Automation (servidor de automação). Quando uma TLB é importada para o Delphi, ele envolve a biblioteca tipo em uma classe de componentes, e o componente resultante pode ser instalado na VCL. Os componentes na guia Servers, na paleta de componentes, são servidores Automation, representando parte dos aplicativos do Microsoft Office.

> **NOTA**
>
> Este capítulo contém uma discussão que incorpora material detalhado do Evil Empire *(Império do Mal)*. Orientação paterna é sugerida. Se você for anti-Microsoft, pode pular o capítulo, mas tenha em mente que a Inprise pensou muito para conseguir gerar componentes representando esses aplicativos servidores para usarmos. Pense neles como o Delphi controlando o Microsoft Office, se isso ajudar.

A automação é parte do protocolo COM. Ela descreve como aplicativos para o servidor expõem uma interface para aplicativos cliente, e como os clientes podem controlar programaticamente o servidor. Aplicativos cliente são chamados de *Automation controllers* (controladores de automação). Controladores de automação podem ser aplicativos ou bibliotecas de vínculo dinâmico escritos em qualquer linguagem que suporte Automation. Com o Delphi, você pode criar facilmente controladores cliente e servidores Automation.

Este capítulo demonstra como usar alguns dos objetos de recurso mais ricos existentes hoje, os aplicativos do Microsoft Office. A maior parte do Office, talvez todo ele, é implementada como servidores Automation. Isto significa que os servidores podem ser usados como aplicativos individuais e aplicativos servidores. Empregar esses poderosos aplicativos servidores permite a um desenvolvedor oferecer grande poder de processamento de palavras, banco de dados, numeração decisiva e gerenciamento de capacidades de contato, nivelando o código existente, pelo qual a maioria dos clientes já pagou.

TOleServer

TOleServer é uma subclasse de TComponent. Um objeto OleServer tem todas as propriedades e métodos de um TComponent e todos aqueles definidos na classe TOleServer. TOleServer é o antecessor imediato dos componentes da guia Servers, os servidores Microsoft Office Automation. Entendendo desta maneira, TOleServer oferecerá a você um bom ponto de partida. A Tabela 12.1 lista todas as propriedades em um OleServer, e a Tabela 12.2 relaciona todos os métodos. Além dos atributos OleServer, cada subclasse de TOleServer introduzirá comportamentos e dados definidos na biblioteca de tipos daquele servidor. Falaremos sobre alguns desses comportamentos e dados, em outras partes deste capítulo.

Tabela 12.1 Propriedades TOleServer; AutoConnect, ConnectKind e RemoteMachineName são propriedades públicas introduzidas em TOleServer

Propriedade	Descrição
AutoConnect	Se a propriedade for True, então o servidor é conectado em tempo de execução. Mudar a propriedade AutoConnect em tempo de execução para False não tem efeito no tempo de execução.
ConnectKind	Definida como uma enumeração TConnectKind, descreve como o servidor é conectado. ckRunningOrNew conecta a uma instância do servidor sendo executada, ou inicia uma nova instância, por exemplo. As escolhas são ckRunningOrNew, ckNewInstance, ckRunningInstance, ckRemote, ckAttachToInterface.
EventDispatch	Propriedade protegida, usada pelos descendentes que servem propriedades de evento COM.
RemoteMachineName	Especifica o nome da máquina que executa o servidor. Ajuste ConnectKind para ckRemote e você pode conectar-se com o servidor de um computador separado.
ServerData	Uma propriedade de registro protegida que armazena informações sobre o servidor de automação conectado.

Usando as propriedades da Tabela 12.1 como demonstração, siga as etapas indicadas a seguir para conectar-se a uma instância do Microsoft Word executando em outra máquina em sua rede. Você precisa do nome da máquina remota, e ela precisará ter uma cópia do Microsoft Word para esse exercício funcionar. O nome da máquina pode ser obtido a partir do campo Computer Name (Nome de computador) na guia Identification (Identificação) do *applet* Network (Rede) no Control Panel (Painel de controle).

1. Crie um novo aplicativo Delphi.
2. Pinte um TButton no formulário em qualquer lugar.
3. Pinte um TWordDocument no formulário.
4. No Object Inspector (aberto com F11), ajuste a propriedade RemoteMachineName do componente WordDocument para o nome da máquina que tem o Microsoft Word. (O nome da máquina pode ser obtido a partir da guia Identification do *applet* Network, ou você pode usar o endereço IP da máquina em RemoteMachineName.)
5. A Etapa 4 mudará a propriedade ConnectKind para ckRemote.
6. Clique duas vezes o Button pintado no formulário na Etapa 2, para acrescentar o acionador de evento Click ao botão.
7. Acrescente o código para o acionador de evento criado na Etapa 6, conforme listado abaixo.

```
procedure TForm1.Button1Click(Sender: TObject);
var
     FileName : OleVariant;
begin
     WordDocument.Connect;
```

```
        try
              WordDocument1.Content.Text := 'Viva Las Vegas!';
              FileName := 'c:\temp\vegas.doc';
              WordDocument1.SaveAs(FileName);
        finally
              WordDocument1.Disconnect;
        end;
  end;
```

NOTA

Não é possível criar uma instância do servidor Word visível em uma máquina remota. Você pode torná-la visível na mesma máquina na qual o controlador cliente está sendo executado.

O WordDocument é conectado. Se você estiver próximo da máquina remota, poderá detectar a luz do disco rígido sendo rapidamente ativada no momento em que o Word é carregado. A propriedade Content de um WordDocument representa todo o conteúdo de documento; a propriedade text é o texto atual exibido no corpo do documento. O método SaveAs precisa ter uma variável de tipo OleVariant. Assegure-se de que o caminho é válido. O bloco final desconecta do documento Word. TWordDocument é um descendente de TOleServer. Connect e Disconnect são os únicos métodos usados na listagem. Estes métodos são herdados de TOleServer. A propriedade Content e o método SaveAs são introduzidos em TWordDocument. Consulte aConsulte a Tabela 12.2 para uma lista de métodos TOleServer.

DICA

A guia _, em métodos de interface, como _AddRef, é automaticamente acrescentada a esses métodos para distinguir de outros métodos. Em geral, normalmente não é necessário chamar esses métodos.

Cada classe que herda TOleServe terá as propriedades e métodos relacionados nas Tabelas 12.1 e 12.2. Todos os servidores Automation na guia Servers de paleta componente têm TComponent e TOleServer como seus ancestrais imediatos.

Capítulo 12 - Como usar componentes de automação da Microsoft | 387

Tabela 12.2 Métodos TOleServer; os servidores MS Office Automation herdam esses métodos

Método	Descrição
_AddRef	Um método protegido que aumenta a contagem de referência do número de objetos referentes ao servidor
_Release	Método protegido que diminui a contagem de referência; se a contagem de referência é igual a 0, então o objeto é liberado da memória
Connect	Um método abstrato virtual implementado por descendentes, para conectar ao servidor; se ConnectKind é ckAttachToInterface, então use ConnectTo implementado pelos descendentes
ConnectEvents	Um método protegido usado internamente para implementar acionadores de evento COM
Create	Monta uma cópia da classe servidor
Destroy	Desmonta uma cópia da classe servidor
Disconnect	Um método abstrato virtual implementado pelos descendentes para encerrar uma conexão com o servidor
DisconnectEvents	Encerra uma conexão criada pelo método ConnectEvents
GetAutoConnect	Método assessor de leitura protegido para a propriedade AutoConnect
GetConnectKind	Método assessor de leitura protegido para a propriedade ConnectKind
GetServer	Método protegido que retorna uma interface ao servidor
InitServerData	Método protegido que inicializa a propriedade ServerData
InvokeEvent	Despacha um evento para o acionador de evento certo, para o objeto COM
Loaded	Carregamento é chamado depois que propriedades seqüenciais públicas são lidas do arquivo DFM; a carga é sobrecarregada para conexão com o servidor COM se AutoConnect for True
QueryInterface	Retorna uma referência à interface especificada se o servidor suportar aquela interface
SetAutoConnect	Método de acesso protegido de escrita para a propriedade AutoConnect
SetConnectKind	Método de acesso protegido de escrita para a propriedade ConnectKind

Servidores de automação Microsoft

A reutilização de código é o impulso existente por trás da COM e DCOM (COM distribuído), e a biblioteca de vínculo dinâmico é o pai de COM. Não é surpresa que a Microsoft, criadora de COM, incluísse interfaces COM em muitos de seus aplicativos. Para a Microsoft, e todos nós, COM é um meio pelo qual a interoperabilidade pode ser obtida. Muitos dos aplicativos da Microsoft são servidores Automation, inclusive Access, Schedule+, Word, Excel, PowerPoint, PhotoDraw, Outlook, FrontPage, MS-Project e Visual Source Safe. Isso significa que você pode reutilizar esses aplicativos ricos em recursos como servidores para os seus aplicativos.

Há várias maneiras diferentes de usar um servidor Automation, e algumas delas serão demonstradas nesta seção.

Uma visão geral dos componentes do servidor de automação

A maneira mais fácil de usar um servidor Automation a partir de um aplicativo Delphi é verificar a guia Servers das versões Enterprise ou Professional para um componente representando o servidor no qual você está interessado em usar. Pelo fato de que essas bibliotecas de servidores são importadas em Delphi e tornadas componentes, todas elas terão a classe interface TOleObject. Elas também terão os métodos, propriedades e eventos expostos na interface COM do servidor específico, ditados pelas necessidades do servidor. A Tabela 12.3 lista todos os componentes Server atualmente disponíveis.

> **NOTA**
> Uma interface é uma interface, é uma interface, é uma interface. No entanto, a mecânica de uma classe Delphi, definida como uma interface, e as interfaces COM, descritas em arquivos .TLB (biblioteca) são semanticamente semelhantes, mas gramaticalmente diferentes. Neste capítulo, estaremos usando todo o código Delphi para acessar o servidor Automation, portanto, por ora, vamos adiar a discussão sobre interfaces COM.

Tabela 12.3 Servidores de automação Microsoft incorporados como componentes da biblioteca VCL

Componente	Descrição de servidor
TWordDocument	A interface Document de Microsoft Word. Ela contém a interface Content, a qual inclui o documento de texto atual.
TWordFont	A interface Font permite que você gerencie fontes.
TWordParagraphFormat	A interface Paragraph facilita o gerenciamento de recuos fora de linha, parágrafos pendentes e outros gerenciamentos de texto relativos a parágrafo.
TWordLetterContent	A interface LetterContent suporta gerenciamento de destinatário, assunto, cópia carbono e outras tarefas de criação de carta.
TWordApplication	Essa interface Application representa o próprio servidor Word Automation.
TExcelQueryTable	A interface QueryTable permite recuperação de dados de um Recordset (conjunto de registros) (Recordset está em um objeto ActiveX Data Objects —ADO— equivalente, em linhas gerais, a TDataSet em Delphi.)
TExcelApplication	Essa interface Application representa o servidor Excel Automation.
TExcelChart	A interface Chart oferece suporte a representações gráficas.
TExcelWordsheet	A interface Wordsheet representa uma planilha baseada em célula.
TExcelWordbook	A interface Workbook representa a visualização de arquivo contendo todas as planilhas do arquivo.
TExcelOleObject	OleObject é uma interface para um objeto Ole embutido em uma planilha.
TPowerPointSlide	A interface Slide representa um único fotograma (eslaide) em uma apresentação.

Capítulo 12 - Como usar componentes de automação da Microsoft | **389**

Tabela 12.3 (Continuação)

Componente	Descrição de servidor
TPowerPointPresentation	Interface para uma apresentação Powerpoint; a interface é a apresentação.
TPowerPointApplication	O servidor Power Point Automation.
TMaster	A interface TMaster representa o PowerPoint Slide Master, controlando elementos como o fundo, esquemas de cor e estilos de texto de uma apresentação.
TBinder	A Interface Binder (disponível apenas no Office 97) suporta acrescentar Documentos díspares de aplicativos Office em um documento unificado.
TFormatCondition	Formatação condicional de texto de uma caixa de lista ou caixa de texto em Access.
TAccessHyperlink	Interface de *hyperlink* em Access.
TAccessForm	Access tem a habilidade de projetar interfaces gráficas de usuário, essa classe representa a interface Form.
TAccessReport	Interface Access Report.
TAccessApplication	A interface de servidor Access Application Automation.
TAccessReferences	Na Access Reference, isso relaciona-se a bibliotecas externas às quais um aplicativo Access se refere. A coleção References contém uma lista das referências da biblioteca em uso. Por exemplo, o Visual Basic Editor em Access tem uma referência para msado15.dll, suportando ADO — ActiveX Data Objects.
TDataAccessPage	Uma interface de página Web habilitada por dados, DataAccessPage refere-se a páginas Web externas criadas por Access.
TAllForms	A interface de coleção AllForms mantém todos os formulários em um banco de dados Access.
TAllReports	A interface de coleção AllReports mantém todos os relatórios em um banco de dados Access.
TAllMacros	A interface AllMacros contém todos os macros em um banco de dados.
TAllModules	AllModules retorna todos os módulos Visual Basic (.BAS) e arquivos (.CLS) em um banco de dados Access.
TAllDataAccessPages	Todas as páginas de acesso a dados em um banco de dados Access.
TAllTables	Todas as tabelas em um banco de dados Access.
TAllQueries	AllQueries é uma interface para a coleção de todas as consultas por tabela.
TAllViews	Projetos Access 2000 suportam vistas e procedimentos armazenados; AllViews é uma interface para todas as Views em um projeto Access 2000 e usa o banco de dados SQL Server.
TAllStoredProcedures	Todos os procedimentos armazenados em um projeto Access.
TAllDatabaseDiagrams	Projetos Access 2000 usar o banco de dados SQL Server e suportam a criação de Entity Relationship Diagrams (ERDs — diagramas de relacionamento de entidade). Essa coleção é a interface de todos os ERDs em um projeto Access 2000.

Tabela 12.3 (Continuação)

Componente	Descrição de servidor
TCurrentProject	A interface CurrentProject refere-se à cópia do próprio Access sendo executada.
TCurrentData	Uma interface que contém referência a todas as coleções em um projeto Access 2000 (por exemplo, AllDatabaseDiagrams, AllStoredProcedures, etc.).
TCodeProject	A interface que refere-se a objetos contendo código em banco de dados Access (.MDB) ou projetos (.ADP).
TWizHook	Gancho para o Answer Wizard (assistente de resposta).
TDefaultWebOptions	Interface para DefaultWebOptions, incluindo codificação por cor para *hyperlinks*.
TAccessWebOptions	WebOptions para Access, sobregrava DefaultWebOptions.
TClass_	Implementa a interface básica de um módulo classe Visual Basic, incluindo acionadores de evento para iniciar e encerrar.

DICA

O código-fonte para o servidor de componentes pode ser encontrado no diretório OCX\Servers, onde você instalou Delphi.

Os componentes VCL da guia Servers são mais fáceis de usar do que criar os servidores Automation usando CreateOleObject (veja a seção a seguir) por dois motivos. Primeiro, as bibliotecas de tipos dos componentes foram importadas e foi criada uma interface Delphi em uma subclasse de TOleServer. Isso permite que você empregue código mais coerente com a Object Pascal do que com o Windows para usar os servidores. Segundo, o recurso Code Complete exibirá automaticamente as propriedades, eventos e métodos quando você estiver usando um objeto servidor de um tipo específico. Se você criar o servidor COM usando um tipo de dados variáveis, então precisará ter uma referência alternativa para os atributos do servidor.

O restante do capítulo demonstra exemplos de usar o servidor de componentes Automation. Entretanto, se o componente não existir, você ainda pode usar o servidor Automation; só precisará usar um nível mais baixo de abstração. Por exemplo, Visual SourceSafe não é representado por um componente na paleta VCL, mas é um servidor Automation para o qual você pode definir um controlador cliente.

Como importar a biblioteca tipo

Se houver um servidor Automation, mas nenhum componente estiver definido para ele, é possível criar o componente, importando a biblioteca tipo. Um bom exemplo é Visual SourceSafe. SourceSafe é uma fonte de controle de aplicativo da Microsoft, que é vendida com as ferramentas Visual Studio e Microsoft Office Development. Você pode incorporar capacidades de proteção de dados em seu aplicativo, usando o servidor SourceSafe Automation para arquivar dados automaticamente.

Como importar uma biblioteca

Ao importar uma biblioteca para um servidor Automation, Delphi envolve-a em um componente descendente, que é subclasse TOleServer, conforme mencionado no início do capítulo. Automaticamente, o componente envoltório inclui um procedimento Register, necessário para instalar o componente na VCL. Para importar uma biblioteca, selecione Import Type Library no menu Project. Uma lista de bibliotecas tipo disponíveis será exibida na Import Type Library, como na Figura 12.1.

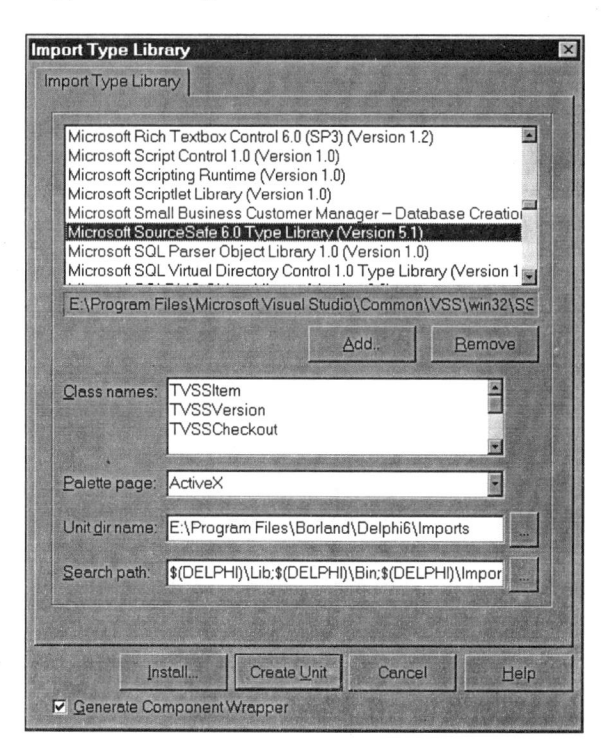

Figura 12.1 A Import Type Library facilita a criação de uma biblioteca tipo a partir de objetos COM registrados (a figura mostra a biblioteca tipo Visual SourceSafe selecionada).

A caixa de listas, ao alto da caixa de diálogo Import Type Library, listou todas as bibliotecas dos servidores registrados. (A Figura 12.1 mostra que o servidor SourceSafe foi registrado no PC usado para a demonstração.) Clique o botão Create Unit (Criar unidade) para criar a unidade biblioteca. Se a unidade já existir, então você será solicitado, por uma caixa de diálogo, a substituir a unidade de biblioteca tipo existente. Se selecionar Yes, uma nova unidade será gerada; No abrirá a unidade existente.

Examine a unidade SourceSafe; o procedimento Register está listado ao final da Unit, como a seguir:

```
procedure Register;
begin
     RegisterComponents('ActiveX', [TVSSDatabase] );
end;
```

É possível registrar o componente (revisão a seguir), ou criar dinamicamente uma instância do servidor, programaticamente. A instalação do componente é descrita a seguir, e um exemplo do uso do componente sem ele ter sido instalado é demonstrado na seção CreateOleObject, que segue.

Como registrar um servidor Automation

Quando uma biblioteca tipo é importada, ela vem em um envoltório componente TOleServer. Nesse ponto, você pode instalá-la como qualquer outro componente, usando o menu Component. Supondo que você tenha criado uma biblioteca tipo para o componente Visual SourceSafe ou aberto um existente, complete as etapas a seguir para instalar o componente.

> *Você precisará uma cópia de Visual SourceSafe 6.0 em seu PC para realizar as etapas numeradas e instalar um componente SourceSafe.*
>
> **NOTA**

1. Com a biblioteca tipo para SourceSafe no fundo, selecione, no Delphi, **Component, Install Component.**
2. Selecione a guia New Package para instalar o componente em um novo pacote.
3. Assegure-se de que o nome de arquivo da unidade consulte aafazia referência à biblioteca SourceSafe; o nome de arquivo deve ser semelhante a SourceSafeTypeLib_TLB.pas.
4. Pegue um nome de arquivo Package. (Se você selecionou a guia Into New Package — em novo pacote —, como mostrado na Figura 12.2, então entre com um nome e caminho de novo pacote.)
5. Entre com uma rápida descrição de pacote, conforme mostrado na Figura 12.2.
6. Clique **OK** e a unidade de componente será compilada; o pacote de biblioteca será vinculado e instalado na paleta de componente VCL.

Capítulo 12 - Como usar componentes de automação da Microsoft | 393

Lembre-se da listagem do procedimento Register, na seção anterior, "Como importar uma biblioteca": o componente TVSSDatabase será instalado na guia ActiveX, na paleta de componente. Para mudar a guia de destino, modifique o texto 'ActiveX' para 'Server', a fim de instalar o servidor na guia Servers. (A última etapa é opcional. É apenas uma questão de organização, segundo preferências pessoais.)

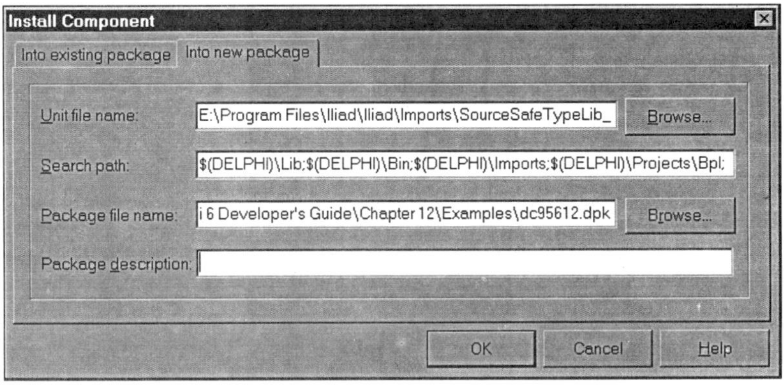

Figura 12.2 A caixa de diálogo Install Component, contendo informações para instalar um componente SourceSafe

Tendo criado o componente, você pode usá-lo como qualquer outro componente servidor Automation. Ele terá a mesma interface básica de qualquer TOleServer, e ainda os atributos adicionais que são distintos de SourceSafe.

O exemplo de programa tem um menu com um item de menu File, Import File, um controle Listbox e um Memo. O exemplo de programa preenche a caixa de lista com arquivos de um banco de dados SourceSafe. Ao selecionar um arquivo na caixa de lista e clicar **File, Import File**, o método de evento OnClick de Import File obtém uma cópia do arquivo de SourceSafe e carrega-a no controle Memo. A listagem a seguir demonstra o uso do componente TVSSDatabase criado nas Etapas 1-6.

```
unit USourceSafeDemo;
 interface
uses
      Windows, Messages, SysUtils, Classes, Graphics, Controls,
           Forms, Dialogs,
      StdCtrls, comobj, OleServer, access2000, SourceSafeTypeLib_TLB,
           Menus;
type
      TForm1 = class(TForm)
           Memo1: TMemo;
           MainMenu1: TMainMenu;
           File1: TMenuItem;
           ImportFile1: TMenuItem;
           ListBox1: TListBox;
```

```
        procedure FormCreate(Sender: TObject);
        procedure FormDestroy(Sender: TObject);
        procedure ImportFile1Click(Sender: TObject);
    private
        { Private declarations }
        procedure PopulateList;
    public
        { Public declarations }
    end;

var
    Form1: TForm1;

implementation
{$R *.DFM}
procedure TForm1.FormCreate(Sender: TObject);
const
    DatabaseName = 'xxxxxxxxxxxxxxx\srcsafe.ini';
    UserName = 'xxxxxxx';
    Password = 'xxxxxxxx';
begin
    VSSDatabase1.Connect;
    VSSDatabase1.Open( DatabaseName, UserName, Password );
    PopulateList;
end;

procedure TForm1.FormDestroy(Sender: TObject);
begin
    VSSDatabase1.Disconnect;
end;

procedure TForm1.PopulateList;
const
    ProjectPath = '/xxxxxxxx xxx/xxxxxx';
var
    I : Integer;
begin
    VSSDatabase1.CurrentProject := ProjectPath;
    with VSSDatabase1.VSSItem[VSSDatabase1.CurrentProject,
         False].Items[False] do
         for I := 1 to Count do
             ListBox1.Items.Add( Item[I].Name );
end;

procedure TForm1.ImportFile1Click(Sender: TObject);
const
    Path = 'c:\temp\';
var
    FileName, Target, Source: WideString;
begin
    try
        FileName := ListBox1.Items[ListBox1.ItemIndex];
```

Capítulo 12 - Como usar componentes de automação da Microsoft | 395

```
            Target := Path + FileName;
            Source := VSSDatabase1.CurrentProject + '/' + FileName;
            VSSDatabase1.VSSItem[ Source, False ].Get( Target,
                VSSFlag_USERROYES );
            Memo1.Lines.LoadFromFile( Output );
        except
            on E : EListError do
                ShowException( E, Addr(E));
        end;
    end;
end.
```

AVISO

Esse aplicativo, utilizado como exemplo, exige o Visual SourceSafe 6.0, um banco de dados SourceSafe atual com arquivos nele; o diretório c:\temp precisa existir, ou o programa não funcionará.

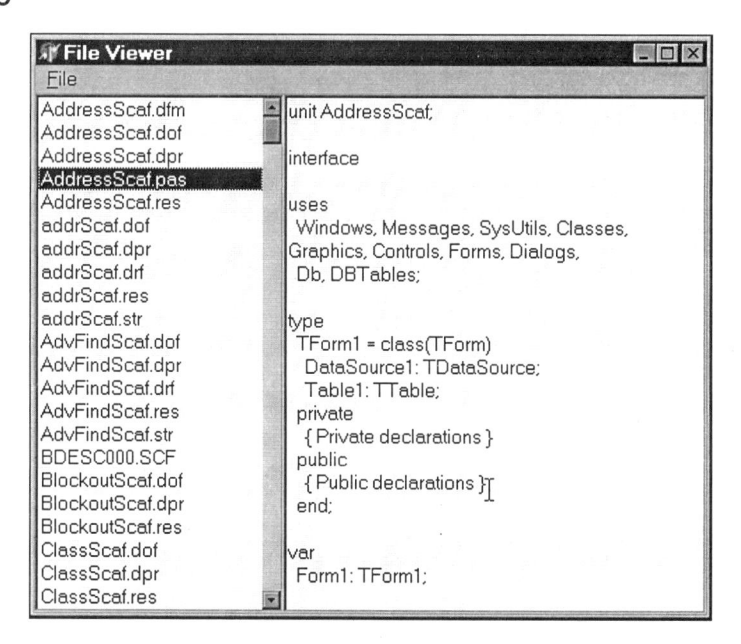

Figura 12.3 A lista de arquivos, cheia, de um projeto SourceSafe

O acionador de eventos FormCreate conecta-se com o servidor e abre o banco de dados SourceSafe utilizando o usuário e a senha especificados. (O caminho, o nome de usuário e a senha atuais foram apagados, à medida que o exemplo do programa foi testado em um banco de dados atual, em uso.) Lembre-se de acrescentar o arquivo srcsafe.ini ao final do DatabaseName. PopulateList é chamada para preencher uma caixa de lista com os nomes dos arquivos que fazem parte do projeto (veja a Figura 12.3). O destruidor desconecta do servidor Automation.

O método PopulateList itera através de todos os itens na coleção Items. A cláusula with está em PopulateList, relacionada a seguir, VSSDatabase1., VSSItem[VSSDatabase1 .CurrentProject, False].Items[False] é partida, como a seguir. VSSDatabase1 é o componente que faz referência ao servidor Automation. O array VSSItem é indexado pelo nome de projeto — um projeto em SourceSafe se parece com uma estrutura de diretório — e o segundo parâmetro é True ou False; False indica que os arquivos apagados não devem ser incluídos. A propriedade Items refere-se a projetos e arquivos contidos dentro de VSSDatabase1.CurrentProject, e o valor False indica que itens apagados não devem ser incluídos. (Isso tudo é um pouco redundante.)

Quando o acionador de eventos ImportFile OnClick é chamado, o nome de arquivo selecionado é usado para indexar VSSItem e o método Get de VSSItem é chamado, tornando o arquivo apenas de leitura — VSSFLAG_USERROES ajusta o atributo Read para o arquivo. O arquivo é escrito a partir de SourceSafe para um arquivo externo, e o objeto TString, representado pela propriedade Lines de Memo1, carrega o código-fonte de um arquivo externo.

Empregando o código como ponto de partida nesta seção, facilmente seria possível incorporar a versão de controle em qualquer software que você criasse. Algumas pequenas revisões ajudariam. Considere a possibilidade de envolver o componente VSSDatabase em uma classe e prendê-lo a desajeitadas etapas de obter uma lista de arquivo ou fazer verificações.

A seção a seguir demonstra como criar uma instância de Automation, ainda que você não tenha a biblioteca tipo, ou um envoltório de componente adequado.

CreateOleObject

CreateOleObject é definido em comobj.pas. Ele é implementado, chamando o procedimento CoCreateInstance na biblioteca ole32.dll. Ao criar um servidor Automation com CreateOleObject, você precisará do nome de classe e terá que designar o valor de retorno a um tipo de dados Variant. Embora você também possa ser capaz de usar a interface definida no servidor, não precisará saber quais são elas. O Code Completion do Delphi não poderá ajudá-lo. Por esse motivo, use um envoltório de componente sempre que puder.

```
procedure TForm1.PopulateList;
var
      I : Integer;
      VSS : Variant;
begin
      VSS := CreateOleObject('SourceSafe');
      try
            VSS.Open( 'xxxxxxxxxxxx xxx\srcsafe.ini', 'xxxxxxx';
                  'xxxxxxxx');
            VSS.CurrentProject := '/xxxxxxxx xxx/xxxxxx';
            for I := 1 to VSS.VSSItem[Vss.CurrentProject].Items.Count do
                  ListBox1.Items.Add(

VSS.VSSItem[VSS.CurrentProject].Items.Item[I].Name );
      finally
            VSS := varNull;
      end;
end;
```

Capítulo 12 - Como usar componentes de automação da Microsoft | **397**

A listagem anterior implementa novamente a PopulateList, demonstrando como criar uma instância do servidor SourceSafeAutomation, abrir o banco de dados, ajustar o projeto atual e preencher a caixa de lista, tudo em uma função. Comparativamente, o código não parece tão completo quanto o da versão de componente anterior no capítulo. Provavelmente, a única grande diferença é que a versão anterior permite a Code Completion oferecer muita ajuda, no que se refere a obter as propriedades e os métodos de forma correta.

CreateRemoteComObject

CreateRemoteComObject é definido em comobj.pas. Ele é implementado, chamando a função CoCreateInstanceEx, definida em ole32.dll. Se você examinar a função, verá que muito trabalho extra está oculto em CreateRemoteComObject.

Essa função cria uma instância de um servidor Automation, embora seja mais fácil usar um componente Server, se houver um disponível. O exemplo a seguir é idêntico ao exemplo do início do capítulo, exceto que ele usa a função CreateRemoteComObject para executar a instância do Word, em vez de usar o componente de servidor TWordDocument.

```
var
      Document : OleVariant;
begin
      Document := CreateRemoteComObject( 'PTK300',
             StringToGuid('Word.Document'))
             As WordDocument;
      Document.Content.Text := 'Viva Las Vegas!';
      Document.SaveAs('c:\temp\viva_vegas.doc');
end;
```

CreateRemoteComObject retorna uma interface de tipo IUnknown; a cláusula As WordDocument. Essa cláusula se parece com um tipo de trajeto dinâmico. Com isso, ela instrui o compilador para chamar o método QueryInterface de IUnknown para determinar se o objeto COM suporta a interface WordDocument. No exemplo, ele suporta. O aplicativo Word é executado na máquina remota, a propriedade Context.Text é designada 'Viva Las Vegas!', e o documento é salvo para o arquivo.

O restante deste capítulo mostra como usar os componentes existentes. Voltaremos a tratar de COM no Apêndice C, demonstrando como montar servidores de automação.

Access

Como um desenvolvedor Delphi, você pode se opor a usar ferramentas Microsoft em geral. Mas, claramente, o Microsoft Access pode ser usado para montar aplicativos de banco de dados *desktop*, assumindo o papel de banco de dados. Devemos lembrar, também, que o Access é uma ferramenta de desenvolvimento completa, incluindo uma linguagem baseada em objeto, o Visual Basic for applications, e que o Access é um servidor de automação.

Podem surgir situações em que um corpo de código já tenha sido implementado no Access ou que existam algumas ferramentas convenientes do Access. Seria demorado e inconveniente reinventar essas ferramentas no Delphi. Um exemplo é o recurso Get External Data (Obter dados externos). Access possui um dispositivo interno de análise, que pode ler e analisar arquivos de texto fixos ou delimitados e importá-los para bancos de dados. Se você tiver um processo que envolva leitura de arquivos de texto em um banco de dados, por que não usar o Access como servidor para completar a tarefa para você? O resultado será mais poderoso e bem menos oneroso para implementar, do que começar do rascunho.

Como analisar dados de comprimento fixo com Access

Parece haver uma imensa quantidade de dados de comprimento fixo. Por exemplo, a NSCC — National Securities Clearing House — armazena dados comerciais para aproximadamente 8.500 corretoras de valores nos Estados Unidos. A NSCC é uma carteira de compensação de dois dos maiores mercados de bolsa de valores e de transação de títulos não cotados na bolsa (OTC — *over-the-counter*). Milhões de confirmações comerciais são processadas diariamente na NSCC. As corretoras precisam processar comissões para os seus representantes registrados, usando os dados de confirmação comercial NSCC. Os dados da NSCC são um exemplo. Grandes bancos, seguradoras, corretoras e muitas outras empresas também têm que processar dados de formato fixo, regularmente.

NOTA
Empresas como a IBM e a Microsoft estão trabalhando em protocolos de transação que permitirão que esses dados possam ser transmitidos diretamente para aplicativos cliente-servidor. Até que esses protocolos estejam no mainstream, você pode encontrar-se tendo que lidar com dados de texto de formato fixo.

Qualquer desenvolvedor pode ter uma noção para escrever uma análise de algoritmo, analisar dados de formato fixo, convertê-los a um formato mais utilizável. Mesmo uma classe como a TParser do Delphi, apresentada no Capítulo 3, tornará o trabalho de analisar dados de formato fixo mais fácil do que partir do rascunho, mas isso não é totalmente fácil. As poucas etapas precisam incluir a consideração de empregar uma solução completa. Aqui entra o Microsoft Access.

Como definir a especificação de importação

O Microsoft Access tem um poderoso dispositivo de análise que permite analisar visualmente um exemplo de arquivo de dados. Qualquer regra de análise visual que você definir pode ser salva como uma Import Specification (especificação de importação). Futuros arquivos de formato fixo podem ser importados rapidamente, reutilizando qualquer Import Specification salvo. Pelo fato de que o Access expõe essa capacidade através da interface Application.DoCmd, você pode controlar a importação de tarefas de análise periódicas.

> **NOTA**
>
> Os exemplos desta seção foram completados com o Access 2000. Você precisará de uma cópia do Access 2000 para tentar executar o exemplo.

Importar especificações pode ser tão simples, ou tão complexo, quanto precisar ser. O Access não impõe limites. Para garantia de espaço e clareza, o arquivo de exemplo será mantido simples. Para demonstrar, suponhamos que você tenha um arquivo de comprimento fixo, contendo a data em formato yyyymmdd (aaaammdd). Um número de conta baseado em um número de novo dígitos da carteira de identidade e uma quantia de transação de comprimento variável, sem valores decimais. O exemplo do arquivo mostra os valores do cabeçalho de coluna. (Os cabeçalhos não serão incluídos no arquivo de dados atual.)

```
Date        Account     Transaction
2000021255512456713056
2000030155523678945607
20000417666561 23456
```

Os campos e valores lógicos são mostrados delimitados na Tabela 12.4.

Tabela 12.4 Um arquivo de comprimento fixo, contendo datas, números de conta e número da transação

Data	Conta	Transação
20000212	555124567	13056
20000301	555236789	145607
20000417	666561234	56

A fileira 1 contém os cabeçalhos de coluna. A fileira 4 contém o valor 56, representando 56 centavos, para os nossos objetivos. Para definir uma especificação de importação no Access, complete as etapas numeradas a seguir.

1. Crie o arquivo de comprimento fixo, usando a listagem anterior à Tabela 12.3 Não use os cabeçalhos de coluna. Nomeie o arquivo anydata.txt e salve-o no diretório c:\temp.
2. Inicie o Microsoft Access 2000.
3. Quando o Access abrir, ele pedirá que você abra um banco de dados existente. Na caixa de grupo, no alto, rotulada "Create a new database using" (criar um novo banco de dados usando), selecione o botão de rádio próximo a Blank Access Database (banco de dados Access em branco) (consulte a Figura 12.4). Selecione um nome e um local para o banco de dados. Lembre-se do nome e do local. Para o exemplo, use c:\temp\anydata.mdb.

4. Em Access, clique **File, Get External Data, Import**. Na caixa de diálogo Import, mude o campo de tipo Files para Text Files. Escolha o arquivo c:\temp\anydata.txt e clique o botão **Import**. O assistente Import Text será exibido, como mostrado na Figura 12.5.
5. Clique **Next**. Crie quebras de linha verticais nas posições 8 e 17, clicando ao longo dos vértices, abaixo da marca, contando da esquerda.
6. Clique o botão **Advanced**. O botão Advanced abrirá a caixa de diálogo Import Specification, conforme mostrado na Figura 12.6.
7. Em Import Specification, mude o File Format (formato de arquivo) para Fixed Width (largura fixa); mude a ordem de data para YDM (ano-dia-mês) e marque as caixas de verificação Four Digit Years (quatro dígitos para anos) e Leading Zeros in Dates (zeros diante dos anos). (Utilize a Figura 12.6 como um guia gráfico para completar a especificação de importação.)

Figura 12.4 Crie um novo banco de dados Access em branco

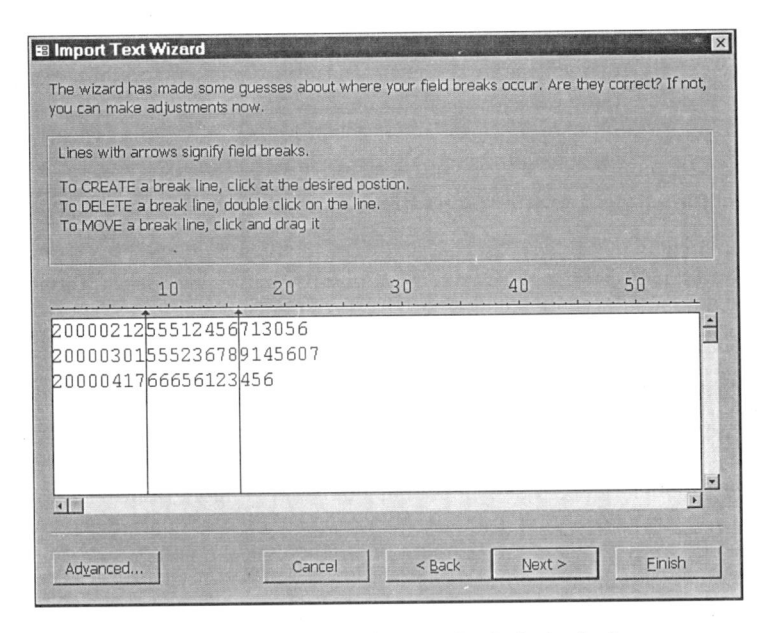

Capítulo 12 - Como usar componentes de automação da Microsoft | **401**

Figura 12.5 Assistente de importação de texto do Access

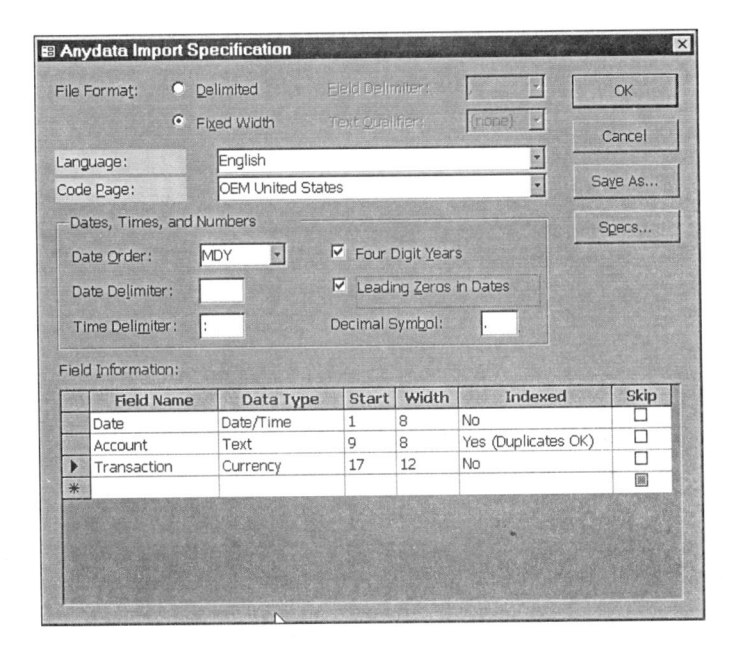

Figura 12.6 Empregue a caixa de diálogo Import Specification, que aparece na figura para definir e salvar uma especificação de importação que pode ser reutilizada pelo Access, e um controlador Automation

8. Clique o botão **Save As** e grave a especificação de importação como "AnyData Import Specification" (especificação de importação de quaisquer dados). Você precisará lembrar-se do nome da especificação de importação, visto que ele será usado pelo controlador Automation para executar a importação.
9. Clique **OK** para fechar Import Specification.
10. Clique **Finish para aceitar os padrões restantes.**

Usando as três fileiras de teste de dados e acompanhando as etapas apresentadas acima, o Access criará uma tabela chamada AnyData (o nome de arquivo parte do arquivo importado) e acrescentará uma coluna para a chave principal. O Access, automaticamente, fornecerá uma chave única para o campo de chave principal e a nomeará ID, por padrão.

Como testar a especificação de importação

Sempre que receber dados que combinem com uma Import Specification, você pode reutilizar a especificação para importar e colar, rapidamente, dados adicionais. Usando a especificação de importação, você também pode escrever um controlador Automation que executará automaticamente o processo.

Utilizando Import Specification e o arquivo de texto do exemplo da seção anterior, o código a seguir demonstra o uso do aplicativo Access como um servidor Automation para importar os dados.

```
const
      DatabaseName = 'c:\temp\anydata.mdb';
      SpecificationName = 'AnyData Import Specification';
      FileName = 'c:\temp\anydata.txt';
      TableName = 'AnyData';
procedure TForm1.ImportTextData1Click(Sender: TObject);
begin
      AccessApplication1.Connect;
      try
            AccessApplication1.OpenCurrentDatabase( DatabaseName, False );
            AccessApplication1.DoCmd.TransferText( acImportFixed,
                  SpecificationName, TableName, FileName, False, '', 0);
            AccessApplication1.CloseCurrentDatabase;
      finally
            AccessApplication1.Disconnect;
      end;
end;
```

O componente TAccessApplication é acrescentado à guia Server, a partir da paleta de componentes. Este componente muda a propriedade ConnectKind para ckNewInstance. Se você utilizar o padrão ckRunningOrNew, então o AccessApplication1.OpenCurrentDatabase lançará uma exceção se o banco de dados já estiver aberto. A constante acImportFixed é definida na unidade Access2000.pas; que é acrescentada quando você adiciona o componente TAccessApplication Server. SpecificationName é o nome definido na especificação de importação. TableName pode ser um nome de tabela novo ou existente. O argumento DatabaseName é o arquivo de banco de dados Access MDB, e o arquivo de texto a importar é qualquer arquivo que precise ser importado.

Como ver os dados

É possível acrescentar um *alias* ODBC para facilitar o uso da tabela no Delphi. Utilize o *applet* ODBC no Windows Control Panel para criar um *alias*. Os componentes Data Access (acesso de dados) e Data Controls (controles de dados) podem ser usados para criar um *browser* para os dados importados. (Consulte o início do Capítulo 13 para um exemplo de como criar um *browser* de tabela.)

Resumo

O poder exercido pelos controladores Automation pode ser tão rico e diversificado quanto a capacidade de uso do Automation Server. Escolhas possíveis incluem controlar Access e Word para tarefas de banco de dados e processamento de palavras e incorporar capacidades controladas por versão em seus aplicativos. Você pode ler dados de Contact (Contato) diretamente do Outlook, controlar apresentações em PowerPoint e muito mais. As possibilidades são tremendas. As complexidades de cada um desses aplicativos são tais que, cobrir extensivamente cada uma delas, com relação ao seu uso em servidores Automation, exigiria várias centenas de páginas para cada aplicativo. Manter o Server ativo e em execução e conseguir um objeto é a primeira etapa; o resto deve ser aprendido com o uso das interfaces.

Neste capítulo, você sentiu o gosto de uma parte importante de automação COM. Aprendeu como criar uma instância de um servidor Automation, importar bibliotecas tipo e escrever controladores Automation. Você também aprendeu que o Delphi envolve objetos COM em classes de componentes, de subclasses de TOleServer. Criar, primeiro, um componente é o meio mais direto de simplificar a tarefa de usar servidores Automation. Consulte o Apêndice D para obter exemplos como de criar seus próprios aplicativos para o servidor Automation.

Capítulo 13

Como usar os componentes de acesso de dados

Ambas as versões de Delphi, Professional e Enterprise, contêm duas guias de componentes que ajudam a montar aplicativos para bancos de dados. A guia Data Access (acesso a dados) contém componentes de conectividade que facilitam a conexão a uma ampla variedade de fontes de dados. A guia Data Controls (Controles de dados) contém vários controles visuais que podem ser usados para montar interfaces gráficas de dados voltadas ao usuário. As versões Professional e Enterprise do Delphi incluem controles adicionais que permitem usar ADO — ActiveX Data Objects (Objetos de dados ActiveX), componentes específicos Interbase, que são projetados para trabalhar com o servidor Interbase DataBase, da Inprise, componentes MIDAS (Multi-Tier Distributed Application Services Suite — Pacote de serviços de aplicativo distribuído de multicamada) e DBExpress. (Mais detalhes sobre os serviços de cada um desses grupos de componentes serão fornecidos adiante, neste capítulo.)

NOTA Com freqüência, ao longo do Capítulo 13, usaremos as palavras componente e controle. Um controle é um componente, mas um componente não é um controle. A diferença entre um controle e um componente, é que um controle tem um WndProc (um acionador do Windows) e um controle tem um aspecto visual. Componentes podem ter um ou mais desses elementos; por exemplo: TApplication é um componente que tem um acionador Windows e um WndProc, mas não tem nenhum aspecto visual.

Os controles básicos de dados tornam enganosamente fácil criar formulários 'cientes de dados' (data-aware) e, conseqüentemente, aplicativos de banco de dados para a desktop ou a empresa. Entretanto, há mais de uma corrente de pensamento sobre como os aplicativos de banco de dados devem ser construídos. Das duas correntes, a primeira é constituída por desenvolvedores que usam uma abordagem RAD — Rapid Application Development de duas camadas. A Segunda corrente é formada por aqueles que pensam que *"RAD é ruim!"* e preferem uma abordagem de *múltiplas camadas*. Tipicamente, um aplicativo de duas camadas refere-se a um aplicativo de banco de dados em que a interface gráfica de usuário tem conexão direta com o banco de dados. Em geral, aplicativos de duas camadas são montados, colocando controles de dados e componentes de acesso a dados diretamente em um formulário. Os controles são conectados diretamente em um banco de dados. Os aplicativos de três camadas, em geral, implicam uma discreta camada, pelo menos, separando o banco de dados e a interface gráfica de usuário.

Em aplicativos de três camadas, o mais comum é os formulários conterem uma quantidade limitada de lógica comercial, sendo, principalmente, capazes de transportar dados para o usuário e do usuário. A camada central, ou a camada do meio, geralmente é composta pelos objetos de regra comercial, objetos de conectividade de banco de dados e objetos que facilitam transportar dados para e da interface gráfica de usuário. Ambos os modelos de aplicativos — de duas e três camadas — constituem estilos válidos de desenvolvimento.

Em geral, as interfaces de aplicativo de três camadas são direcionadas pelas necessidades dos dados — elas são consideradas como uma composição de banco de dados; inicialmente, seu custo de implementação é menor e podem ser mais adequadas para pequenos aplicativos de *desktop*. Os aplicativos de duas camadas são mais adequados a aplicativos utilitários que têm apenas uma plataforma como alvo pretendido (Windows, por exemplo) e a orçamentos pequenos. Porém, com freqüência, a abordagem de duas camadas torna-se uma permissão para qualquer tipo de brecha, fica com pouco ou nenhum *design* inicial e torna-se, rapidamente, muito difícil de administrar. Embora seja possível projetar e implementar aplicativos de duas camadas bem talhados, eles ainda são menos passíveis de serem independentes de plataforma.

Geralmente, um aplicativo de três camadas é considerado mais robusto, mais escalonável e mais caro para implementar. Inicialmente, será exigido muito mais *design* de um aplicativo de três camadas; se ele for pobremente escalonado, pode mesmo não existir, e o aplicativo pode ser lento e caro para montar e utilizar. Um aplicativo de três camadas pobremente implementado pode ser tão ruim quanto que um aplicativo de duas camadas cortado*, ou pior.

A chave para o sucesso é a conceituação do *design*. Um bom arquiteto e uma equipe de dedicados programadores de nível médio, trabalhando em conjunto, chegarão a um melhor resultado. Uma vez que os controles de dados suportam diretamente o estilo de desenvolvimento de duas camadas, e a apresentação de controles de dados será o modelo (ou o esqueleto, a simulação), este capítulo demonstra o uso de componentes de acesso de dados e controles de dados em aplicativos de duas camadas. Tenha em mente que não se trata de privilegiar um estilo com relação a outro. A abordagem preferencial deve considerar orçamento, plataforma-alvo, complexidade do aplicativo, comunidade usuária e evoluções futuras não previstas, contratação de um arquiteto e *design*, *design*, *design*. (O Capítulo 15 demonstra como montar produtos de camada central e usar MIDAS para computação distribuída.)

ODBC — Open Database Connectivity

ODBC tornou-se popular na década de 1990 para estabelecer um protocolo para aplicativos se comunicarem com bancos de dados. É uma definição API. Cada fabricante é responsável por montar DLLs que implementam um conjunto idêntico de procedimentos API consistente com ODBC API; a API do fabricante específico oferece um dispositivo consistente, através do qual um desenvolvedor pode comunicar-se programaticamente com a máquina de banco de dados do fabricante.

Por exemplo, a Microsoft Access e a Oracle implementaram *drivers* ODBC para seus respectivos bancos de dados em 1996, mas a DB2 não. Assim, os métodos de conexão para um banco de dados Access ou Oracle eram muito semelhantes, mas conectar-se a um banco de dados DB2 exigia o uso de procedimentos armazenados, escritos em C e conectividade proprietária da IBM.

O objetivo por trás de ODBC é que os aplicativos são escritos para ODBC API, e os desenvolvedores podem mudar equipamentos de banco de dados sem mudar o código. Essa capacidade e flexibilidade ainda é um bom motivo para usar ODBC.

---

* No original, *hacked*. N. da R.

Como criar um alias (nome alternativo) de ODBC

A Microsoft começou a incluir o ODBC Data Source Administrator (administrador de fontes de dados ODBC) no Windows no início da década de 1990 (veja a Figura 13.1). O administrador ODBC armazena nomes associados a *drivers* ODBC, arquivos de banco de dados específicos e quaisquer outras informações que um equipamento de banco de dados em especial requeira. Quando o nome criado é usado em um programa, a ODBC DLL adequada pode ser usada com o banco de dados do tipo certo.

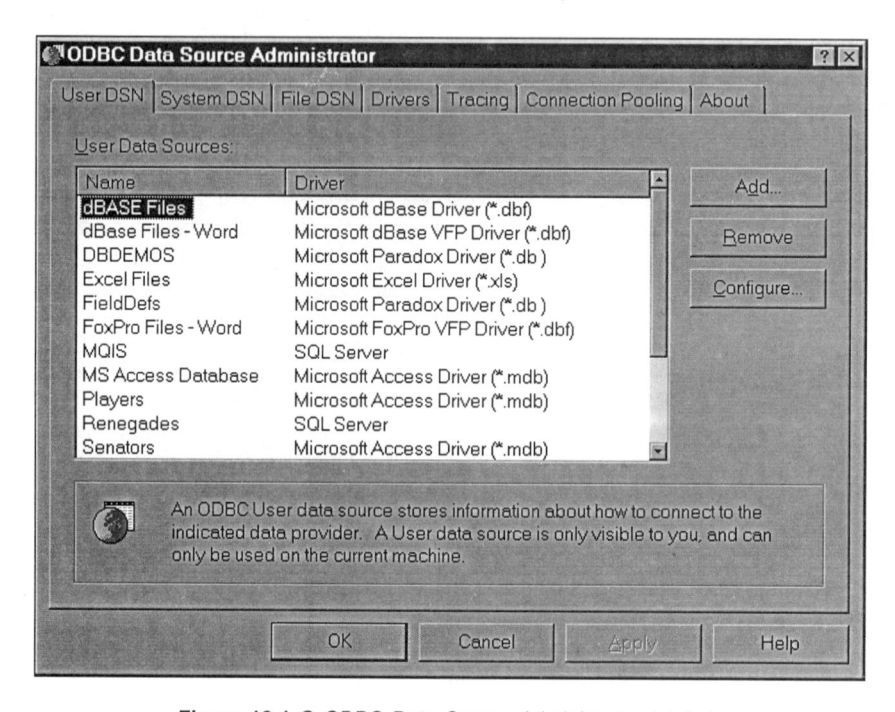

Figura 13.1 O ODBC Data Source Administrator iniciado a partir do applet Control Panel Data Sources (ODBC)

O exemplo a seguir usa uma tabela Paradox, visto que você não precisa de uma cópia de Paradox para criar bancos de dados Paradox.

1. A partir do Control Panel, clique duas vezes no *applet* **Data Sources** para executar o ODBC Data Source Administrator (c:\winnt\system32\odbcad32.exe, onde c:\winnt é o diretório no qual você instalou o Windows).

2. Para criar um *alias* para ODBC para o seu perfil de usuário (apenas o seu registro de entrada Windows), selecione a guia User DSN. Para criar um nome alternativo ODBC para todos os usuários, selecione a guia System DSN. (Qualquer guia funcionará para os nossos objetivos, mas se você compartilhar a sua estação de trabalho com outros usuários, eles serão capazes de usar o *alias* que você está criando).

3. Para começar a criar o *alias*, clique o botão **Add** (veja a Figura 13.1). A Etapa 3 iniciará a caixa de diálogo assistente Create New Data Source.

4. A caixa de diálogo Create New Data Source (não mostrada) foi reformada para o Office 2000, mas, basicamente, ela relaciona todos os *drivers* que você instalou. Cada *driver* representa um banco de dados diferente e a versão. Encontre e selecione o *driver* Microsoft Paradox.

5. Clique **Finish**. Essa etapa abrirá a caixa de diálogo de inicialização do ODBC, adequada ao *driver* que você selecionou. Equipamentos de banco de dados mais simples, como Paradox, abrirão uma caixa de diálogo semelhante àquela mostrada na Figura 13.2, dependendo da versão do administrador ODBC que você estiver usando, além de uma série de caixas de diálogo mais complexas para configurações mais complicadas, como SQL Server da Microsoft.

6. Para o nosso exemplo, digite Test no Data Source Name (Nome de fonte de dados) (como mostrado na Figura 13.2).

7. Desabilite a caixa de verificação Use Current Directory (Usar diretório atual) e clique o botão **Select Directory** (mostrado na Figura 13.2).

8. Navegue para o diretório <Delphi>\Borland Shared\Data, onde foram instalados os bancos de dados de demonstração. <Delphi> representa o local de instalação do Delphi.

9. Clique **OK**.

10. No ODBC Data Source Administrator, verifique se o novo *alias* Test está listado na caixa de lista User Data Sources (Fontes de dados do usuário) ou System Data Sources (Fontes de dados do sistema), dependendo de qual guia — User ou System — que você usou para acrescentar a fonte de dados.

11. Clique **OK** para fechar o administrador ODBC.

Tabelas ODBC são armazenadas em arquivos separados. Quando você aponta para um banco de dados Paradox, na verdade está se referindo a um diretório em que esses arquivos de tabela estão armazenados.

NOTA

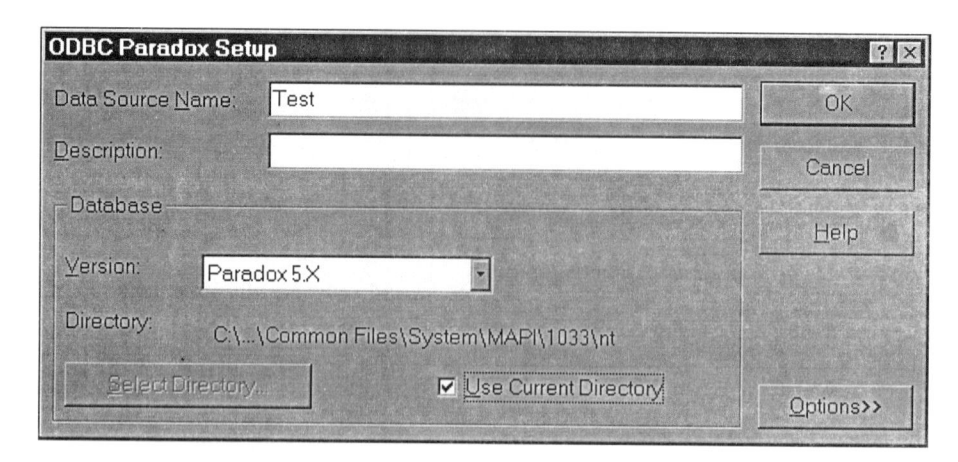

Figura 13.2 A caixa de diálogo de iniciação do ODBC exibida para os equipamentos da desktop de banco de dados

Agora, quando você se referir ao *alias* Test, o Delphi saberá usar os *drivers* Paradox ODBC da Microsoft e saberá que as tabelas estão no diretório <Delphi>\Borland Shared\Data.

Como mudar uma configuração de alias do ODBC

Se o seu banco de dados se move ou se você precisa modificar o banco de dados ao qual se refere um *alias*, ou se precisa atualizar um *alias* ODBC por algum outro motivo, então use o *applet* ODBC Data Source no Control Panel. Inicie o *applet* ODBC, encontre o *alias* que deseja modificar e clique o botão **Configure**. Faça as mudanças apropriadas e clique **OK** para salvá-las. Essa é uma maneira conveniente de alternar entre um banco de dados de teste e um de produção, por exemplo, quando estiver desenvolvendo um aplicativo.

Como testar a conexão

Para testar uma conexão ODBC, use o SQL Explorer (SQL — Structured Query Language). Isso permitirá que você veja as conexões ODBC e as tabelas referenciadas por um *alias* (há muitos outros recursos, discutidos em detalhe nas seções sobre SQL Explorer e Monitor, mais adiante neste capítulo). Você pode executar o SQL Explorer a partir do banco de dados do Delphi, do menu Explorer, ou do grupo de programas do Delphi, clicando **Start**, **Program Files**, **Borland Delphi** e **SQL Explorer**. O SQL Explorer é mostrado na Figura 13.3.

Usando um dos métodos anteriores, abra o SQL Explorer. Com relação ao SQL Explorer mostrado na Figura 13.3, clique na guia Databases. A guia Databases lista todos os *aliases* armazenados no SQL Explorer. Encontre o *alias* Test e clique no símbolo [+], próximo ao *alias*.

Capítulo 13 - Como usar os componentes de acesso de dados | **411**

Quando for solicitada uma senha, clique o botão **OK**; não é necessário senha. Clique o [+] próximo ao item Tables para expandir a lista de tabelas. Clique na tabela Biolife. No lado direito do Explorer, uma guia Data aparecerá. Clique a guia de dados; você deve ver os dados semelhantes àqueles mostrados na Figura 13.3.

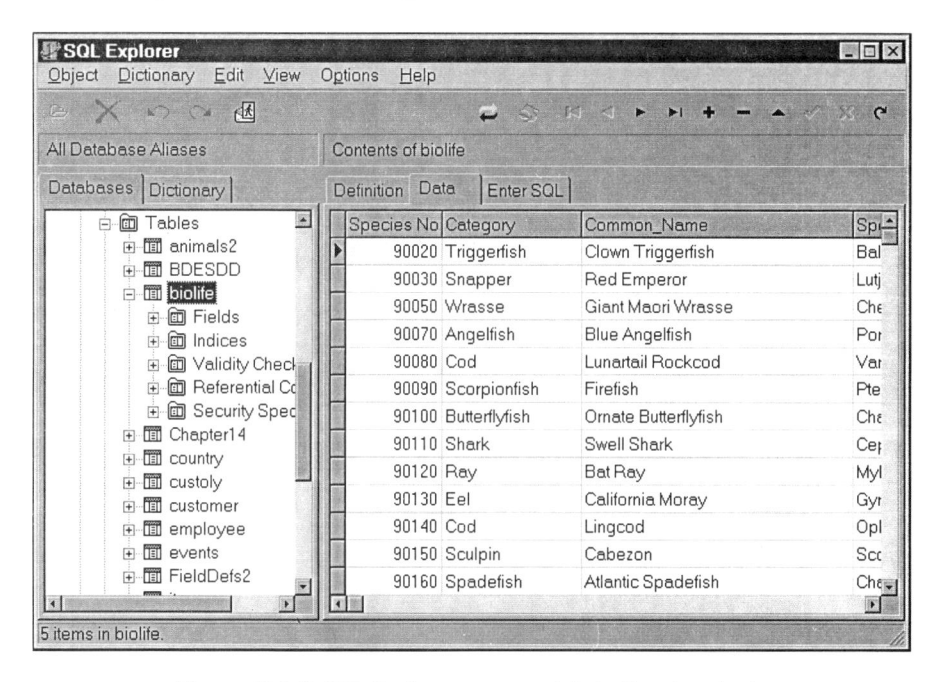

Figura 13.3 O SQL Explorer com uma tabela Paradox aberta, usando o alias Test ODBC criado em Como criar um alias no ODBC

É possível usar o SQL Explorer como plataforma de teste também em declarações SQL.

DICA

Você também pode entrar com a SQL (Linguagem de consulta estruturada, uma linguagem de programação de banco de dados) no campo de edição, na guia Enter SQL. Clique o ícone do relâmpago para executar a consulta. (A seção sobre SQL em Data Access Components — apresenta uma SQL básica.)

Borland Database Engine

O BDE — Borland Database Engine é uma API que oferece suporte de banco de dados original a aplicativos da Inprise, incluindo o Delphi. O Borland Database Administrator oferece gerenciamento de configuração para o BDE. O administrador de BDE está no *applet* Control Panel e permite que você especifique *alias* que usam os *drivers* de banco de dados originais BDE em cada banco de dados suportado e em *alias* ODBC. Ao incluir a unidade BDE em um aplicativo, você pode usar chamadas API de estilo original C/C++ para gerenciar diretamente um banco de dados.

O BDE é isolado pelos componentes Data Access. Você pode montar todos os seus aplicativos sem jamais usar chamadas API a banco de dados Native BDE. Com freqüência, o que podemos ganhar em um ótimo desempenho é perdido em manutenção e robustez. TBDEDataSet, tornada subclasse da classe TDataSet, encapsula a funcionalidade BDE. Se você quiser usar o BDE, então ponha em subclasse as classes TBDEDataSet ou TDBDataSet. Em geral, objetos BDEDataSet nunca são copiados, em vez disso, o comportamento fornecido é acessível através de TTable, TQuery e TStoredProcedure. (Para mais detalhes, veja a seção sobre *componentes de acesso de dados*, que apresentam comportamentos BDE.)

Assistente Database Form

O assistente Database Form nos permitirá montar um aplicativo de banco de dados "baixo-e-sujo", que demonstra os ingredientes mínimos necessários de um aplicativo de banco de dados de duas camadas. Embora o aplicativo de exemplo seja comum, sua utilidade é prática.

DICA
Softwares não escalonam bem. Um fform data-aware montado com um assistente Database Form não pode tornar-se parte de um sistema completo, baseado em objeto, quando mais 50 de tais formulários são acrescentados. A complexidade do software é explicativamente escalonada, à medida que crescem a quantidade e a diversidade de relacionamentos. Como alternativa, criar três ou quatro formulários de banco de dados é uma maneira ótima, de baixo custo, de montar utilitários econômicos, e não está além do alcance do desenvolvedor ainda que iniciante.

Para criar um único utilitário de tabela de banco de dados, siga as etapas numeradas, substituindo a tabela nomeada por qualquer tabela criada com qualquer banco de dados que você quiser. A tabela de exemplo contém estatísticas de jogo do Lansing Capitol City Renegades, uma divisão da equipe de hóquei Peewee.

A tabela PLAYER_STATISTICS foi criada usando o *designer* SQL Server 2000. O *script* a seguir foi exportado do *designer* e salvo como um arquivo de texto, com uma extensão .SQL. (Veja a subseção sobre SQL, na seção *Componentes de acesso de dados*, para mais informações sobre a SQL.)

```
if exists (select * from dbo.sysobjects where id =
object_id(N' [dbo].[PLAYER_STATISCICS]') and OBJECTPROPERTY(id,
N' IsUserTable') = 1)
drop table [dbo].[PLAYER_STATISTICS]
GO
CREATE TABLE [dbo].[PLAYER_STATISTICS] (
      [ID]     [int]   NOT NULL ,
      [PLAYER_NAME]  [varchar]  (25)   COLLATE
SQL_Latin1_General_CP1_CI_AS NULL ,
      [NUMBER_OF_GAMES]  [int]   NULL ,
      [GOALS]  [int]  NULL ,
      [ASSISTS]   [int]  NULL ,
      [POINTS]    [int]  NULL ,
      [PENALTY_MINUTES]  [int]   NULL
) ON   [PRIMARY]
GO
```

> **NOTA**
> *Por convenção, os comandos da SQL e os nomes de tabela com freqüência são escritos em maiúsculas. O código na listagem é uma combinação de linguagem ANSI-92 SQL e T-SQL da Microsoft para SQL Server 2000.*

Em resumo, o *script* gerado pelo SQL Server 2000 verifica se a tabela PLAYER_STATISTICS existe. Caso exista, o comando DROP TABLE é executado. Finalmente, o comando CREATE TABLE é executado para gerar a tabela.

A primeira etapa é criar um *alias* ODBC que se refira à tabela de banco de dados que você escolheu usar para neste exemplo. A partir do texto, é necessário um *alias* que se refira ao banco de dados Renegades. (Substitua o *alias* Renegades pelo nome de seu banco de dados.) O assistente Database Form desativa os *aliases* BDE, portanto, você terá que pegar uma tabela com um *alias* BDE ou criar um *alias* BDE, quando tiver criado o nome alternativo ODBC. Pense em BDE como uma camada encapsulando ODBC em benefício das ferramentas de desenvolvimento da Inprise, inclusive Delphi. A seção a seguir demonstra como usar o assistente de formulário.

Como usar SQL Explorer para criar um alias BDE

Você pode criar um *alias* BDE com o menu Database, Explorer no Delphi. Se tiver a versão Standard do Delphi, esse item de menu abre o Database Explorer. Com as versões Professional e Enterprise, é aberto o SQL Explorer. Ambos os programas podem ser usados para administrar *aliases* BDE. (O SQL Explorer é mostrado na Figura 13.4.) Usando o banco de dados Renegades SQL Server do início da seção, siga as etapas a seguir enumeradas para criar o *alias* BDE. (Lembre-se de substituir as informações de seu banco de dados, se estiver criando um *alias* para algum outro banco de dados.)

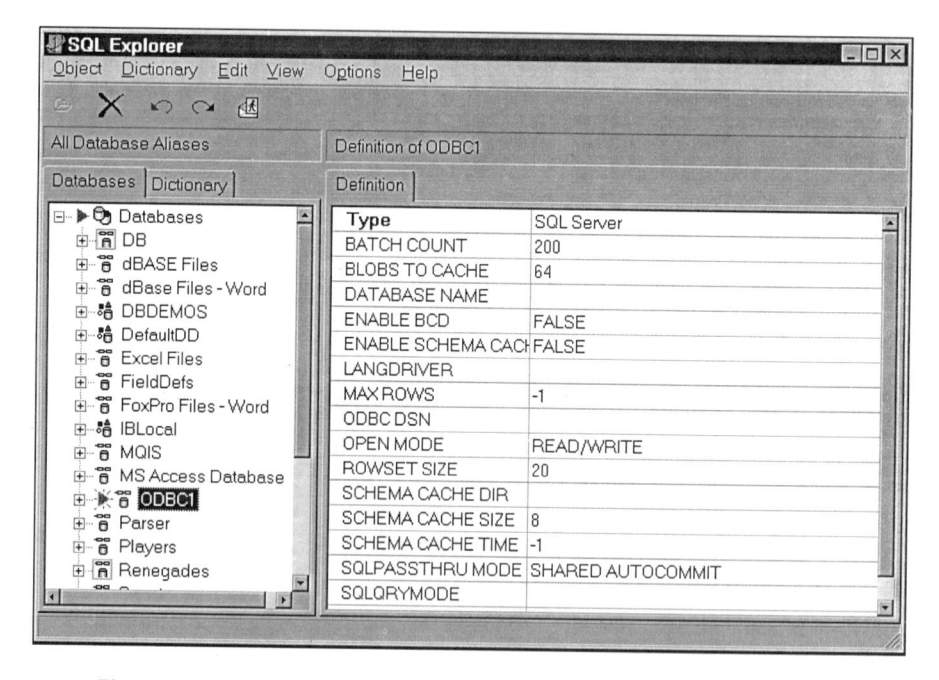

Figura 13.4 O SQL Explorer nas versões Professional e Enterprise do Delphi podem ser usados para administrar aliases BDE. A versão Standard do Delphi usa um programa semelhante, o Database Explorer, com o mesmo objetivo

1. Consultando a Figura 13.4, clique os itens de menu **Object**, **New** para abrir a caixa de diálogo New Database Alias.
2. A partir da caixa de listas, pegue o *driver* do banco de dados para o qual você está criando um *alias*. Para o exemplo Renegades, pegue o SQL Server Database Driver Name e clique **OK**. (O resultado será semelhante àquele mostrado na Figura 13.4.)
3. Na guia Definition (Definição), à direita (Figura 13.4), digite Renegades (o seu *alias*) próximo ao indicador ODBC DSN.
4. Clique o nome padrão ODBC1 e clique **Object, Rename** (Objeto, Renomear). Renomeie o *alias* ODBC1 para Renegades (o seu *alias*).

5. Clique **Object, Apply** para aplicar as mudanças.
6. Clique **Object, Open** para verificar se o *alias* pode ser usado para abrir o banco de dados.
7. Quando tiver certeza de que o *alias* está corretamente configurado — que você pode abri-lo — clique **Object, Close** para fechar o banco de dados.

Os *aliases* ODBC e BDE estão configurados. Executemos o assistente Database Form para criar o aplicativo.

Como usar o assistente Database Form

Para os objetivos desse exercício, iniciaremos o assistente Database Form a partir do menu File, New, mas você também pode executar o assistente, em qualquer ocasião, a partir do menu Database, Form Wizard. Para criar um novo aplicativo com o banco de dados definido no início desta seção, siga as etapas enumeradas a seguir descritas.

1. Inicie o Delphi.
2. Clique **File, New, Other**, para abrir a caixa de diálogo New Items.
3. Clique a guia **Business** e clique duas vezes o item **Database Form Wizard**. O assistente Database Form (mostrado na Figura 13.5) será iniciado.
4. Aceite os padrões para criar um formulário simples com um componente TTable.
5. Clique **Next**.
6. Selecione o nome **Renegades** da caixa de lista Drive ou de *aliases* (use a Figura 13.6 como guia) e clique a tabela dbo.PLAYER_STATISTICS. (Lembre-se de substituir o *alias* de seu banco de dados nesse ponto.)
7. Clique **Next**.
8. Clique o botão >> (Figura 13.7) na próxima etapa, para acrescentar todas as colunas à caixa de lista Ordered Selected Fields (Campos selecionados ordenados). (Você pode usar as setas para cima e para baixo, mostradas desabilitadas, para reordenar colunas.)
9. Clique **Next**.
10. Na etapa seguinte, selecione o botão de rádio **Vertically** (sem figura) para criar o formulário com as etiquetas e campos exibidos em uma coluna vertical.
11. Clique **Next** (aceite os padrões).
12. Clique **Next** (de novo, aceite os padrões).
13. Clique **Finish** para gerar o formulário (mostrado na Figura 13.8).

Pressione **F9** para executar o aplicativo contendo o assistente de formulário. Seguindo as etapas indicadas, o assistente de formulário cria para você um único aplicativo de formulário de banco de dados contendo TFields, uma TDataSource, uma TTable, um TBDNavigator e vários controles TDBEdit e TLabels (conforme mostrado na Figura 13.8). A seção a seguir descreve esses componentes em mais detalhes. Com a prática, todas as etapas podem ser completadas em torno de 10 minutos, sendo relativamente rápida a criação de aplicativos básicos para utilitários. (Para um exemplo de um componente que cria automaticamente um formulário de banco de dados no tempo de execução, veja o Capítulo 11.)

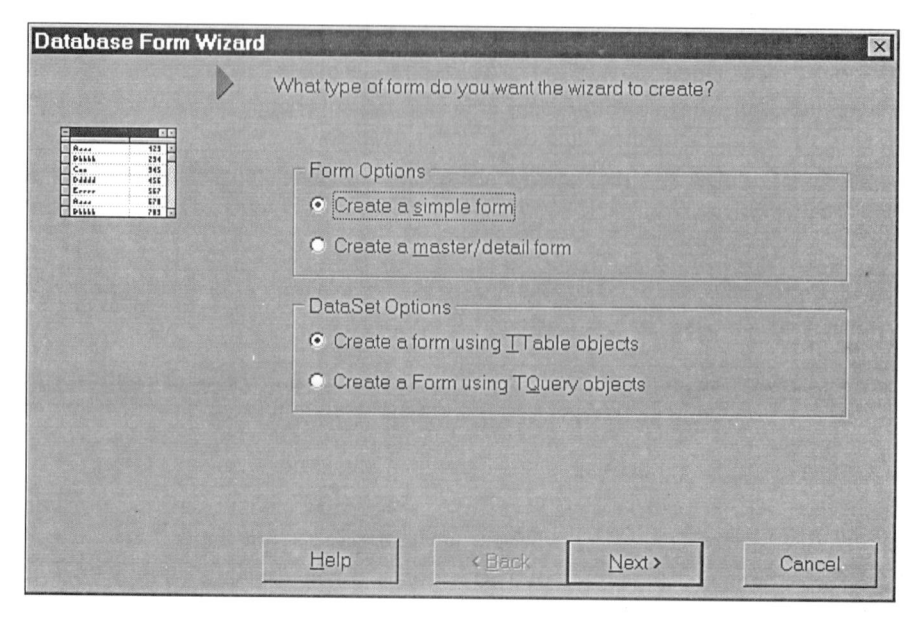

Figura 13.5 Etapa 1 do assistente Database Form. O assistente pode ser iniciado a partir da caixa de diálogo New Items, quando você criar um novo aplicativo, ou no menu Database Form Wizard, a qualquer momento

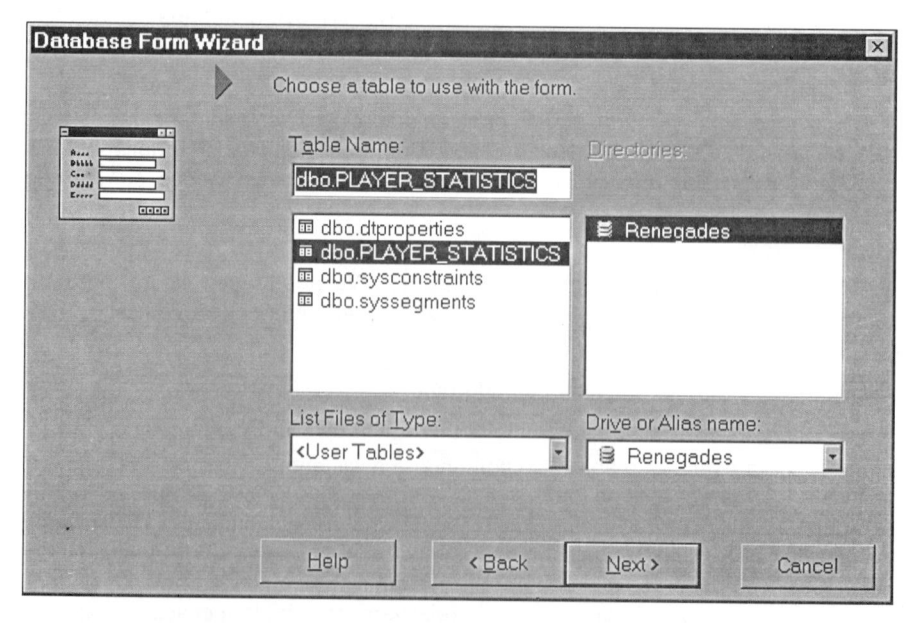

Figura 13.6 Na Etapa 2 do assistente, pegue o driver ou o alias e o nome da tabela para escolher a tabela a partir da qual você estará criando o formulário

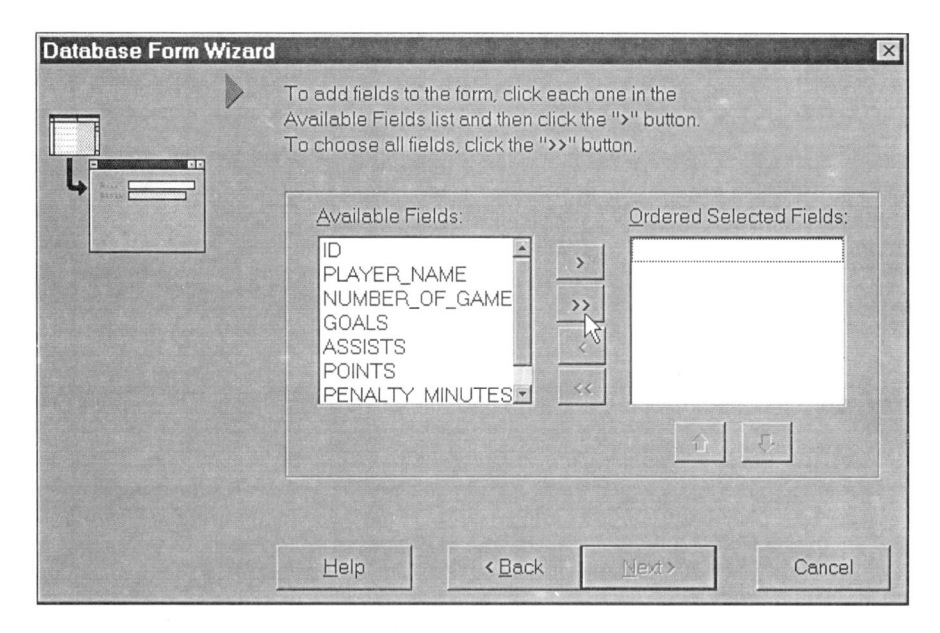

Figura 13.7 Use a Etapa 3 para acrescentar e ordenar
os campos exibidos no formulário de banco de dados

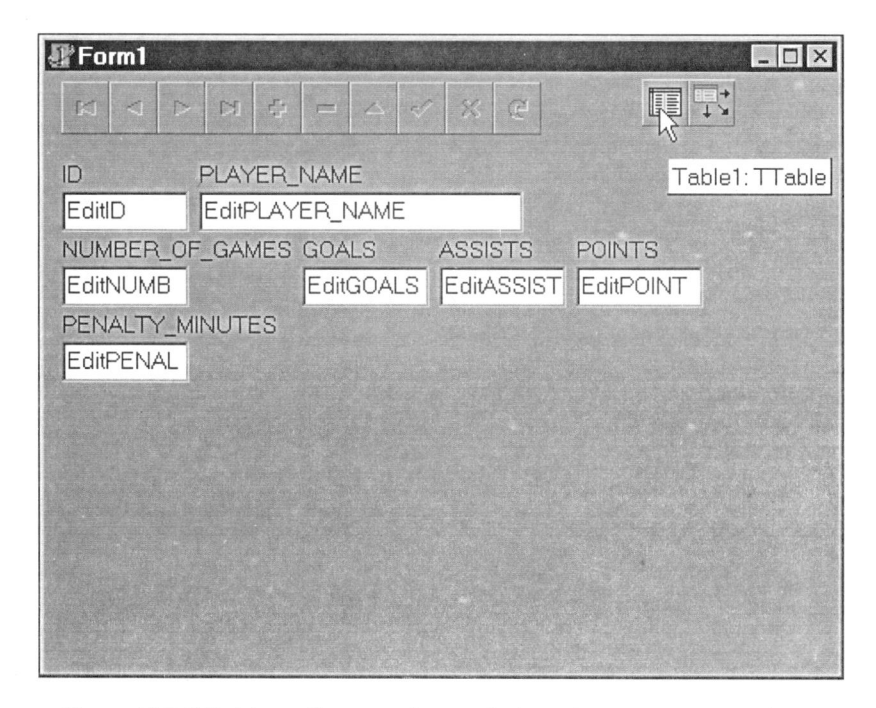

Figura 13.8 O Database Form gerado a partir do assistente, nas etapas 1 a 13

Componentes de acesso de dados

Sempre é possível descascar as camadas profundas de complexidade e programas, até a moldura. Compre uma cópia de Borland Assembler (BASM) e você pode começar a montar uma estrutura a partir do rascunho. As camadas de código acrescentadas são adicionadas para ocultar os problemas complexos relacionados à montagem de uma estrutura de aplicativo, dando a você um nível mais alto de abstração, com o qual começar a desenvolver.

> **NOTA**
>
> Uma analogia escolhida para montar softwares é o setor de construção civil especializado em casas. Casas são construções complexas. Depois de milênios construindo moradias, os construtores comprometeram-se em dúzias de sistemas de padronização. Os construtores de casas também usam arquitetos, em geral contratados, subcontratados, pintores, decoradores, paisagistas, fiscais, bombeiros e eletricistas. Assim, o software, que é infinitamente mais complexo, ainda é montado em partes personalizadas e por equipes de programadores e gerenciadores de projeto. A menos que você seja um felizardo, muitas equipes de desenvolvimento não têm membros equivalentes a arquitetos, projetistas, construtores de ferramentas, especialistas e equipe de garantia de qualidade. (Envie um email para Paul_Kimmel@hotmail.com para que eu saiba como a sua empresa constrói softwares.)

Os componentes de acesso a dados oferecem um nível de abstração moderadamente alto, facilitando acesso a banco de dados. o TDataSet é um descendente direto de TComponent, que introduz a noção de dados de banco de dados como uma classe.

TDataSet

A classe TDataSet introduz o denominador menos comum de propriedades e métodos essenciais para facilitar a conexão a um banco de dados e para gerenciar registros e campos. A Tabela 13.1 lista as propriedades; a Tabela 13.2, os métodos e a Tabela 13.3 lista as propriedades Event de TDataSet que serão herdadas por TTable e TQuery, derivados de TDataSet e representados por componentes na guia Data Access da paleta de componente.

Tabela 13.1 Propriedades TDataSet

Propriedade	Descrição
Active	Propriedade pública que abre ou fecha uma conexão para um banco de dados; em ordem de ocorrência, o método de evento BeforeOpen é chamado, o dataset (conjunto de dados) é colocado no modo dsBrowse, um cursor de dados é aberto e o método de evento AfterOpen é chamado
ActiveRecord	Propriedade protegida que retorna o índice do registro ativo
AggFields	Propriedade pública que retorna uma coleção de campos agregados; usada em componentes descendentes, comoTClientDataSet(disponível na guia MIDAS em Delphi Enterprise), o qual suporta campos agregados
AutoCalcFields	Se True, o evento OnCalcFields é chamado, permitindo que você crie campos derivados de mais de um valor de campo (por exemplo, FULL_NAME := LAST_NAME + ',' + FIRST_NAME)
BlobFieldCount	Projetada; número de campos que são campos BLOB — Binary Large Object (Objeto binário grande)
BlockReadSize	Ajuste para o bloco 0; o modo de leitura é desabilitado; ajuste para um valor maior do que 0 para digitalizar rapidamente um número maior de registros e inibir atualizações de Data Control
BOF	Testa o início do arquivo; testa se o cursor está localizado no primeiro registro no dataset
Bookmark	Caracteriza uma fileira única em um dataset, usada para obter ou ajustar o registro atual em um dataset
BookmarkSize	Protegida; indica o número de bytes exigido para armazenar um marcador de página em um dataset específico
BufferCount	Protegida; o número de registros armazenado
Buffers	Protegida; um *array* de PChar (indicadores para caracteres), a *string* de estilo C, para os *buffers* (áreas de armazenamento temporário) de registro interno armazenado
CalcBuffer	Protegido; valores calculados e pesquisados são armazenados em CalcBuffer
CalcFieldsSize	Protegida; tamanho de *buffer* dedicado para armazenagem de campo calculado
CanModify	Determina de o dataset é passível de escrita ou não
Constraints	TCheckConstraints contendo exigências de registro que precisam ser atendidas ao editar um registro
CurrentRecord	Protegida; índice de registro atual no *buffer* de registro internamente armazenado
DataSetField	Designa a um campo em um dataset principal quando esse campo é o valor de um campo em um dataset principal
DataSource	Datasource (fonte de dados) para outro dataset que é um fornecedor para esse dataset
DefaultFields	Se True, então o dataset usa campos dinamicamente alocados; caso contrário, o dataset tem componentes campo acrescentados pelo editor de campos por ocasião do *design*

Tabela 13.1 (Continuação)

Propriedade	Descrição
Designer	Usada para determinar se um *designer* de dataset está ativo, retornando a referência ao *designer* se ela não for nulo (por exemplo, o editor de campos é um Designer) (consulte, neste capítulo, a seção sobre objetos de campo dinâmico e estático)
EOF	*Buffer* de registro é indicado no último registro no dataset
Fieldcount	Número de componentes campo associados a esse dataset
FieldDefList	Lista de definições de campo representando uma vista plana das definições de campo
FieldDefs	Lista hierárquica de definições de campo de um dataset (por exemplo, pode ser usada para definir campos em uma nova tabela — refira-se à listagem após a Tabela 13.1)
FieldList	Lista seqüencial de componentes campo em um dataset
FieldNoOfs	Protegida; espaço usado para converter índices de campo em números de campo
Fields	Coleção TField de campos em um dataset, usada para acessar campos dinâmicos; acessa campos estáticos através do componente campo gerado por ocasião do *design*
FieldValues	*Array* de propriedade padrão para a coleção Fields; indexado pelo nome de campo
Filter	Registros de filtro; comportam-se como uma cláusula WHERE em uma declaração SQL (refira-se à subseção sobre cláusulas WHERE, mais adiante, nesta seção)
Filtered	Propriedade booleana, indicando se o filtro é ou não aplicado
FilterOptions	TFilterOptions(foCaseInsensitive, foNoPartialCompare); não realiza sensibilidade de estilo, ignorando estilo, e não compara tratamentos parciais em asterisco (*) como um valor literal — se foNoPartialCompare não estiver nas opções, então * é tratado como um caractere de máscara
Found	Indica se um FindFirst, FindNext, FindLast ou FindPrior foi bem sucedido
InternalCalcFields	Propriedade booleana protegida que indica se campos internamente calculados estão incluídos no dataset
Modified	Indica se o dataset foi ou não modificado
Name	Nome componente de dataset
NestedDataSetClass	Referência classe da classe NestedDataSet
NestedDataSets	Uma TList de todos os NestedDataSet
ObjectsView	Quando True, campos em um dataset são hierarquicamente armazenados; quando False, os campos são aplainados e campos aninhados são armazenados como parentes
RecNo	Um número de registro para datasets que não suportam números de registro; por padrão o valor é –1 em TDataSet
RecordCount	Número total de registros associados a um dataset

Tabela 13.1 (Continuação)

Propriedade	Descrição
RecordSize	Tamanho de um registro
Reserved	Indicador protegido reservado para uso interno
SparseArrays	Indica se um TField é criado para cada elemento do *array*; o padrão é False; um *array* espaçado é usado e cada elemento do *array* não obtém um TField
State	TDateSetState, indicada por um dos valores possíveis enumerados (dsInactive, dsBrowse, dsEdit, dsInsert, dsSetKey, dsCalcFields, dsFilter, dsNewValue, dsOldValue, dsCurValue, dsBlockRead, dsInternalCalc, dsOpening)

A listagem a seguir demonstra algumas das propriedades TDataSet acessadas através de um componente TTable. O exemplo demonstra como criar dinamicamente uma tabela, usando a propriedade FieldDefs. (Consulte a Tabela 13.2 para métodos TDataSet.)

```
procedure TForm1.Button1Click(Sender: TObject);
var
        FieldDef : TFieldDef;
        IndexFed : TIndexDef;
begin
        Table1.DatabaseName := 'DBDEMOS';
        Table1.TableType := ttParadox;
        Table1.TableName := 'FieldDefs';
        Table1.FieldDefs.Clear;
        FieldDef := Table1.FieldDefs.AddFieldDef;
        Field.Def.Name := 'Greetings';
        FieldDef.DataType := ftString;
        FieldDef.Size := 25;
        Table1.CreateTable;
        Table1.Open;
        Table1.Insert;
        Table1.FieldName('Field').AsString := 'Hello World!';
        Table1.Post;
        Table1.Close;
end;
```

Métodos TDataSet são chamados por instâncias de componentes de classe filho, incluindo TTable, TQuery e TStoredProcedure.

Tabela 13.2 Métodos TDataSet

Método	Descrição
ActiveBuffer	Retorna um PChar contendo os dados do registro ativo.
Append	Anexa um novo registro ao dataset.
AppendRecord	Anexa um registro ao dataset, preenchendo os campos com valores passados no *array* de parâmetro.
BookmarkValid	Toma um argumento Bookmark, retornando True, se o Bookmark for válido para o dataset
Cancel	Cancela modificações para o dataset e ajusta a posição do dataset ao DsBrowse.
CheckBrowseMode	Encaminha mudanças se o conjunto de dados tiver sido modificado e cancela mudanças se a posição for dsEdit ou dsInsert, e Modified se False
ClearFields	Limpa todos os valores de campo de um registro ativo
Close	Fecha o dataset
CompareBookmarks	Compara dois marcadores de página, retornando 0 se os marcadores se referirem ao mesmo registro, um valor menor do que 0 se o primeiro marcador de página indicar um registro anterior no dataset, depois o segundo marcador de página e um valor maior do que 0, no caso contrário
ControlsDisabled	Propriedade booleanas indicando se controles associados estão ou não desabilitados
Create	Construtor
CreateBlobStream	Cria um BlobStream do argumento Field (veja TStream e TblobStream na ajuda do Delphi para mais informações)
CursorPosChanged	Invalida a posição interna do cursor
Delete	Apaga o registro atual
Destroy	Destruidor
DisableControls	Desabilita controles associados durante atualizações
Edit	Ajusta a posição de registro para dsEdit; o registro está no modo de edição
EnableControls	Habilita controles associados
FieldByName	Retorna TField dinâmico, buscando pelo nome de campo
FindField	Retorna um TField se o nome de campo for encontrado; caso contrário, retorna nulo
FindFirst	Retorna um valor booleano, indicando sucesso ou falha; posiciona o cursor no primeiro registro em um dataset
FindLast	Retorna um valor booleano, indicando sucesso ou falha; posiciona o cursor no último registro em um dataset
FindNext	Retorna um valor booleano, indicando sucesso ou falha; posiciona o cursor no próximo registro em um dataset
FindPrior	Retorna um valor booleano, indicando sucesso ou falha; posiciona o cursor no registro anterior em um dataset
First	Procedimento que posiciona o cursor para o primeiro registro
FreeBookmark	Passa um marcador de página retornado por GetBookmark para lançar o marcador de página

Tabela 13.2 (Continuação)

Método	Descrição
GetBlobFieldData	Retorna o valor de campo BLOB referenciado por FieldNo no *array* de bytes, TBlobFieldData
GetBookmark	Retorna um marcador de página representando o registro atual
GetCurrentRecord	Retorna um valor booleano, indicando se o parâmetro Buffer foi preenchido com o valor do *buffer* de registro atual
GetDetailDataSets	Preenche o parâmetro TList com cada dataset aninhado
GetDetailLinkFields	Preenche dois parâmetros TList com os componentes Field que compreendem um relacionamento de detalhe principal
GetFieldData	Uma função sobrecarregada preenche um *buffer* com dados de campo, se bem-sucedida
GetFieldList	Copia todos os componentes de campos especificados pelo parâmetro FieldNames, delimitado por ponto e vírgula, no parâmetro TList
GetFieldNames	Retorna uma lista de todos os nomes de campo em um dataset no parâmetro TStrings
GoToBookmark	Posiciona o cursor para o registro indicado pelo argumento Bookmark
Insert	Coloca o dataset no modo Insert (State = dsInsert)
InsertRecord	Insere um registro, preenchendo os valores de campo com os valores passados na *array* constante de uma variante de dados
IsEmpty	Um valor booleano indicando se o dataset está ou não vazio
IsLinkedTo	Retorna True se o dataset estiver vinculado ao argumento TDataSource
IsSequenced	Retorna True se a tabela de banco de dados for representada pelo dataset para indicar se números de registro indicam ordem de registro
Last	Posiciona o cursor para o último registro no dataset
Locate	Pesquisa um dataset por valores e campos-chave passados como argumentos, com base no parâmetro TLocateOptions; retorna True se o registro for localizado
Lookup	Retorna os valores de campo se o registro for encontrado
MoveBy	Posiciona o cursor para o registro indicado pelo registro atual, mais o argumento de distância
Next	Posiciona o cursor para o próximo registro
Open	Abre o dataset
Post	Encaminha mudanças no registro para o banco de dados
Prior	Posiciona o cursor para o registro-1 atual
Refresh	Relê dados do banco de dados
Resync	Refaz a busca por registros anterior, atual e seguinte do banco de dados
SetFields	A variante *array* de parâmetro ajusta os valores de campo passados no *array* aos campos no registro; a posição precisa ser dsEdit ou dsInsert

Tabela 13.2 (Continuação)

Método	Descrição
Translate	Copia a *string*-fonte para a *string* de destino, convertendo os valores *string* entre o mapeamento de caractere ANSI e o mapeamento de caractere BDE
UpdateCursorPos	Usado internamente para garantir que o cursor subjacente seja colocado no registro ativo
UpdateRecord	Usado para atualizar controles data-aware e detalhar o dataset para refletir mudanças de registro
UpdateStatus	O *status* atualizadzo de armazenagem de um registro (usUnmodified, usModified, usInserted, usDeleted)

Tabela 13.3 Métodos de evento para TDataSet

Propriedade de evento	Descrição
AfterCancel	Chamada depois do método Cancel
AfterClose	Chamada depois do método Close
AfterDelete	Chamada depois do método Delete
AfterEdit	Chamada depois que o dataset é colocado no modo Edit
AfterInsert	Chamada quando um novo registro é inszzerido no dataset
AfterOpen	Chamada depois que o dataset é aberto
AfterPost	Chamada depois do método Post (por exemplo, quando o registro atual é alterado e o registro ativo foi modificado)
AfterRefresh	Evento chamado depois do método Refresh
AfterScroll	Chamada depois que a posição do cursor (registro) é alterada
BeforeCancel	Quando o método Cancel é chamado, esse procedimento de evento é chamado antes que o comportamento Cancel seja executado
BeforeClose	Chamada de Close antes que o comportamento de fechar seja executado
BeforeDelete	Chamada de Delete antes que o comportamento Delete seja executado (consulte a listagem que segue esta tabela, de DB.pas, mostrando a implementação do método Delete)
BeforeEdit	Chamada do método Edit antes que o comportamento Edit seja executado
BeforeInsert	Chamada de Insert antes que o registro seja inserido no dataset
BeforeOpen	Chamada do método Open antes que, de fato, dataset seja aberto
BeforePost	Chamada de Post antes que o registro seja, de fato, encaminhado ao dataset
BeforeScroll	Chamada de Scroll antes que a posição do cursor mude
OnCalcFields	Chamada quando os campos Calculated precisam ser designados a um valor

Tabela 13.3 (Continuação)

Propriedade de evento	Descrição
OnDeleteError	Chamada de CheckOperation se ocorrer uma exceção EDatabaseEngine quando a operação Delete for realizada
OnEditError	(Veja OnDeleteError)
OnFilterRecord	Escreva esse acionador de eventos para testar registros individuais em uma condição Filter
OnNewRecord	Evento chamado quando um novo registro é acrescentado ao dataset
OnPostError	(Veja OnDeleteError).

Você pode designar métodos de evento a toda e qualquer propriedade de evento de determinado componente DataSet, o que permitirá ao seu código responder às ações antes e depois de elas serem tomadas. Veja a listagem a seguir, de DB.pas, a qual ilustra como TDataSet implementa esse comportamento harmonioso.

```
procedure TDataSet.Delete;
begin
      CheckActive;
      if State in [dsInsert, dsSetKey] then Cancel else
      begin
            if FRecordCount = 0 then DatabaseError(SDataSetEmpty, Self);
            DataEvent(deCheckCheckBrowseMode, 0);
            DoBeforeDelete;
            DoBeforeScroll;
            CheckOperation(InternalDelete, FOnDeleteError);
            FreeFieldBuffers;
            SetState(dsBrowse);
            Resync([]);
            DoAfterDelete;
            DoAfterScroll;
      end;
end;
```

As propriedades para um componente DataSet são modificadas em componentes descendentes, por ocasião do *design*. Acionadores de evento para DataSets e métodos são chamados através de componentes descendentes usados em seus aplicativos. (Veja nas seções mais adiante, sobre TTable, TQuery e TSstoredProcedure, exemplos de como usar alguns desses atributos.)

TDBEDataSet e TDBDataSet

TDBEDataSet é o próximo descendente de TDataSet. Um TBDEDataSet foi definido para incorporar comportamento original BDE API no comportamento TDataSet. TBDEDataSet introduz a habilidade de armazenar atualizações, permitindo ao seu aplicativo reduzir o tráfego de rede, aplicando modificações em muitos registros de uma só vez.

TDBDataSet introduz conectividade de banco de dados a TBDEDataSet. O motivo para colocar classes em camadas dessa maneira (um TDBDataSet é um TBDEDataSet, é um TDataSet, é um TComponent) é para introduzir comportamentos adicionais, em vez de criar uma classe monolítica, toda englobada. Por exemplo, se você quiser definir uma classe que estenda funcionalidade BDE, então, pode herdar de TBDEDataSet e não obter todos os itens introduzidos em TDBDataSet.

Os componentes usados para projetar aplicativos data-aware são derivados diretamente de TDBDataSet, inclusive os acima mencionados TTable, TQuery e TStoreProcedure. Visto que obtivemos todas as propriedades e métodos herdados de classes ancestrais (TDBDataSet, TDBEDataSet, TDataSet, TComponent, TPersistent e TObject), direcionaremos a nossa energia para esses componentes.

Componente TTable

O assistente Database Form padroniza seleções colocadas em um TTable, um TDataSource, um TDBNavigator e vários controles de dados em um formulário (veja a Figura 13.8). Para um banco de dados *desktop* de formulário data-aware, isso é tudo o que você realmente precisa.

NOTA   Bancos de dados de desktop *(computador de mesa), ao contrário dos bancos de dados cliente-servidor, são bancos de dados como Paradox, dBase, Access e FoxPro. Bancos de dados cliente-servidor incluem Interbase, Oracle, SQL Server, UDB e Sybase. Arquivos de texto e planilhas básicas Excel estão incluídos entre os elementos que podem representar um conjunto de dados com os objetivos de programação em Delphi.*

O componente TTable representa aquela tabela de banco de dados. Descendendo diretamente de TDBTable, um TTable herda todas as capacidades, dados e propriedades de evento de todos os seus ancestrais, incluindo TObject, TPersistent, TComponent, TDataSet, TBDEDataSet e TDBDataSet. (Consulte as tabelas 13.1, 13.2 e 13.3 para uma lista de atributos introduzidos no nível de TDataSet.

NOTA   *"OLE DB é uma especificação aberta, projetada para montar sobre o sucesso de ODBC, oferecendo um padrão aberto para acessar todos os tipos de dados." OLE DB introduz a noção de um Provider (Provedor), ampliando o que pode representar um* container *de dados para bancos de dados não tradicionais.*

O componente TTable é um componente não visual — isto é, ele não tem presença visual no tempo de execução — o que representa uma tabela física ou dataset (conjunto de dados) em qualquer banco de dados. Para usar um TTable, pinte um componente TTable a partir da guia DataAccess na paleta de componente e modifique as propriedades DatabaseName e TableName no Object Inspector. Na seção "Como usar o assistente Database Form", o TTable acrescentado pelo assistente tem o valor "Renegades" para a propriedade DatabaseName e "dbo.PLAYER_STATISTICS" para TableName. Para ver os valores da propriedade, abra o formulário criado pelo assistente, selecione o componente Table no formulário e pressione **F11**, conduzindo o foco para o Object Inspector. (Lembre-se de que as propriedades Object Inspector estão em ordem alfabética, e a caixa de listas seletora de objetos, no alto do Object Inspector, indica o componente cujas propriedades estão atualmente exibidas. Os resultados serão diferentes se você usar um *alias* e a tabela BDE diferentes do exemplo do assistente.)

Propriedades SessionName e DatabaseName

Cada componente de tabela incluirá uma propriedade SessionName e uma propriedade DatabaseName. A propriedade DatabaseName é um alias, representando um banco de dados, ou um nome de componente TDatabase. No último caso, o componente TDatabase irá referir-se ao *alias* atual do banco de dados. (Consulte a seção sobre o componente TDatabase para mais informações.)

> **NOTA**
>
> *O objeto global Session sugere a existência de cópias únicas de objeto, chamadas de objetos singleton. Um singleton é um objeto global que tem apenas uma cópia; na verdade, você pode criar múltiplas cópias de objetos Session, usando o componente TSession. Um exemplo de um objeto singleton é um objeto Application. Cada Delphi executável tem uma cópia de um objeto singleton. Com freqüência, o construtor de singletons tem visibilidade limitada para coibir cópias adicionais de serem montadas. Normalmente, cópias são criadas através de um método de classe que usa uma sentinela para verificar se apenas uma cópia foi criada.*

Você pode escolher ajustar SessionName para um componente Session, deixá-lo em branco, ou selecionar Default da caixa de lista. Se você não indicar um componente Session, então o objeto global Session criado na seção de inicialização de DBTables.pas é usado. Se nenhum componente TDatabase for usado, então um objeto Database é criado e designado para a propriedade pública apenas de leitura Database, introduzida em TDBDataSet. Conseqüentemente, se você usar ou não componentes Session e Database, eles são criados e usados automaticamente. (TSession e TDatabase fornecem serviços valiosos. Refira-se às seções sobre TSession e TDatabase para mais informações sobre como usar explicitamente componentes Session e Database.)

Atributos Table

Você já examinou as propriedades DatabaseName, SessionName e TableName de TTables. Os componentes Table publicam algumas propriedades adicionais. MasterSource, MasterFields e FieldIndexNames permitem que você defina relacionamentos de detalhe principal. MasterSource refere-se a um componente DataSource. MasterFields refere-se aos campos no dataset principal, aos quais esse dataset está relacionado, e FieldIndexNames refere-se a índice de campos no dataset principal. (Veja a seção sobre relacionamentos de detalhe principal no Capítulo 14 para mais informações sobre esse tópico. Isso nos permitirá uma oportunidade ampla para discutir primeiro DataSources e Fields.)

Fields

TDataSet introduziu a coleção Fields, que representa o dataset Fields. Um campo, nesse contexto, é a interseção de um único registro e uma coluna. Você pode acessar os campos individuais de uma tabela, usando o método FieldByName, ou a coleção Fields.

```
procedure ShowFieldNames;
var
     I : Integer;
begin
     // walk fields
     for I := 0 to Table1.Fields.Count - 1 do
          ShowMessage( Table1.Fields[I].FieldName );

     ShowMessage(
          'Table1.FieldByName('' ID'').FieldNo=' +
              IntToStr(Table1.FieldByName('ID').FieldNo) );
end;
```

A coleção Fields e o método FieldByName, ambos, retornam um objeto TField. A listagem anterior mostra como iterar sobre todos os Fields em uma coleção, e a segunda declaração exibe a caixa de diálogo ShowMessage, mostrada na figura 13.9, a qual inclui a declaração usada para criar o retorno do resultado FieldNo e o FieldNo.

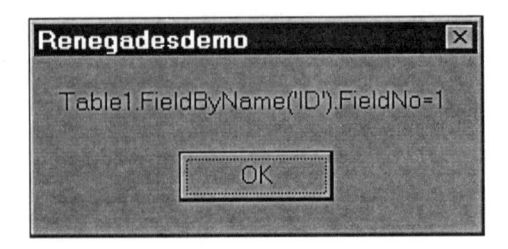

Figura 13.9 FieldByName retorna um objeto Field. A declaração e o resultado usados para retornar o FieldNo da ID de campo na tabela PLAYER_STATISTICS

Capítulo 13 - Como usar os componentes de acesso de dados | **429**

Quando você usa o assistente Database Form, ele cria componentes TField estáticos. Esses são componentes não visuais que pertencem a um DataSet. É possível vê-los listados no início de uma definição de classe de formulário (ou de DataModule). Eles são referenciados como campos estáticos, pois são criados por ocasião do *design* e suas propriedades são persistidas no arquivo DFM. Você também pode criar TFields estáticos usando o editor Fields (Veja "Componentes campo dinâmicos e estáticos", no Capítulo 14, *Como montar objetos comerciais*, para mais informações.) Se você não criar componentes TField por ocasião do *design*, então o DataSet Object irá criá-los no tempo de execução, antes que DataSet seja, de fato, aberto. (A chamada a CreateFields é feita do método InternalOpen de TBDEDataSet.) Vamos mover-nos para o componente TQuery, o qual também usará TFields dinâmicos ou estáticos, e retornaremos à discussão sobre objetos Fields na seção sobre objetos campo dinâmicos e estáticos.

Component TQuery

Um componente TQuery é um parente de TTable. Ao invés de referenciar diretamente a uma tabela designando um valor, uma propriedade TableName, o componente Query tem uma propriedade SQL. A propriedade SQL é um objeto TStrings que toma o código válido SQL. O SQL atual que você escreve no editor Strings (veja a Figura 13.10 para um exemplo de SQL no editor de propriedade Strings), depende da SQL exigida pelo equipamento de banco de dados que você estiver usando. O equipamento BDE é compatível com ANSI-92 SQL, mas o texto SQL exato usado dependerá do banco de dados usado.

NOTA
Compatibilidade ANSI-92 SQL refere-se ao American National Standards Institute, 92 refere-se ao ano em que o padrão foi adotado e SQL refere-se a Structured Query Language. O comitê ANSI SQL é um grupo de fabricantes de banco de dados, profissionais e partes interessadas, que trabalha para estabelecer o que constitui padrão SQL.

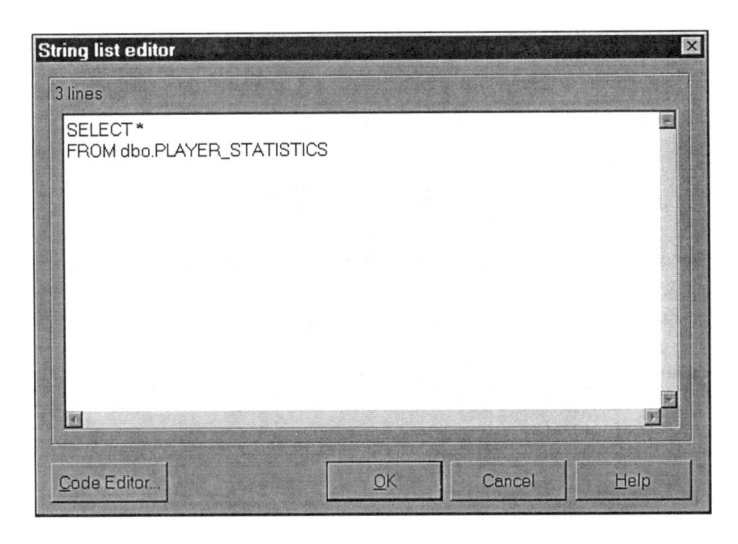

Figura 13.10 O editor Strings modificando a propriedade SQL de um TQuery

De alguma forma, você pode usar componentes Table e Query intercambiavelmente. Por exemplo, você pode criar uma tabela em um banco de dados, apagar, editar, inserir, buscar ou atualizar registros com o componente Table ou com o Query. Pelo fato de que o Query tem a mesma linhagem de um componente Table, é possível chamar os mesmos métodos tanto para objetos Query quanto para objetos Table. Assim, você pode criar um registro de uma de duas maneiras com um objeto Query: encontre o registro certo e chame o método Delete, ou escreva uma declaração DELETE SQL e execute a consulta com o método ExecSQL.

Como escrever uma declaração SQL SELECT

Conforme mencionado no parágrafo anterior, você pode realizar operações semelhantes em tabelas em uma de duas maneiras com um componente Query: use os métodos herdados de TDataSet ou escreva SQL. Para demonstrar, vamos usar o formulário Player Statistics gerado pelo assistente e substituir o componente Table por um componente Query. Siga as etapas numeradas para fazer as mudanças.

1. Abra Delphi.
2. Abra o projeto Player Statistics, selecionando o assistente de formulário (ou use qualquer formulário de banco de dados com TTable).
3. A partir da guia Data Access da paleta de componente, clique duas vezes em um componente TQuery (ele é o terceiro da esquerda e tem o texto SQL no ícone), para acrescentá-lo ao formulário de banco de dados.
4. Encontre o componente TDataSource, acrescentado pelo assistente, já no formulário, e clique uma vez para selecioná-lo. Pressione **F11** para focalizar o Object Inspector.
5. O componente DataSource tem uma propriedade DataSet. A partir do editor Property (uma caixa de listas), pegue o componente Query recém acrescentado como a propriedade DataSet.
6. Clique o componente Query. Encontre a propriedade SQL no Object Inspector e clique o botão elíptico, para abrir o editor Strings. (Lembre-se de que a propriedade SQL é um objeto TStrings.)
7. Digite a seguinte declaração SQL (use a Figura 13.10 como um quadro guia): "SELECT * FROM dbo.PLAYER_STATISTICS" . (Substitua o seu nome de tabela por 'dbo.PLAYER_STATISTICS" se estiver usando uma outra tabela.)
8. No editor de código do formulário de banco de dados, encontre o método de evento FormCreate. Mude o código Table1.Open; para Query1.Open. (Se não existir um método de evento, crie um, clicando a propriedade de evento OnCreate para o componente Form.)
9. Pressione **F9** para executar o exemplo.

Capítulo 13 - Como usar os componentes de acesso de dados | **431**

NOTA

É importante notar que se Table e Query não tiverem um ancestral DataSet comum, o DataSource exigiria duas propriedades, uma para Query e uma para Table. Isso complicaria o código DataSource. Usar o ancestral comum TDataSet simplifica o código em TDataSource.

Os resultados das Etapas 1 a 9 serão idênticos àqueles exibidos usando o componente Table. Quando você usa um componente tabela, a propriedade TableName é usada para criar uma declaração SQL semelhante àquela digitada no editor Strings, na Etapa 7. (Isso torna-se claro se você executar o programa com o SQL Monitor aberto. Veja a Figura 13.11, etapa 97, na figura.)

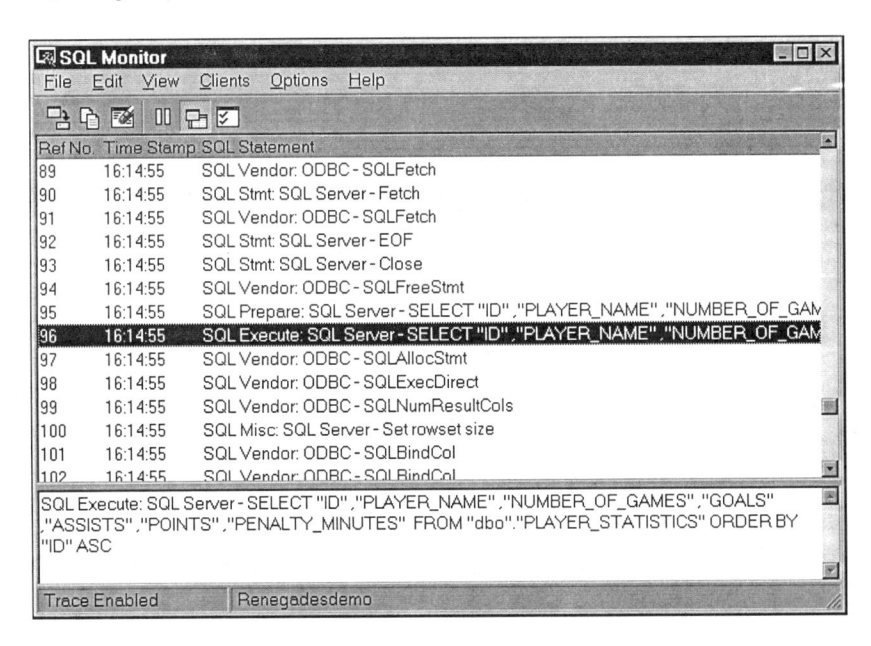

Figura 13.11 O SQL Monitor, mostrando todas as coisas que acontecem ao fundo quando uma Table é aberta. A Etapa 97 mostra como uma declaração SELECT é agrupada para o componente Table, listando explicitamente todos os nomes de colunas, em vez de usar o * equivalente

A fórmula geral para a declaração SELECT é:

SELECT fieldname1[,fieldname2, fieldname| *] FROM tablename

SELECT e FROM são palavras-chave na linguagem SQL. Os parâmetros *fieldname* (grafados em itálico) indicam os campos que serão retornados no conjunto de dados resultante, e *tablename* é a tabela de banco e dados a partir da qual o conjunto de dados resultante será obtido.

SQL é, por excelência, uma linguagem de programação. Muitos ótimos livros completos foram escritos para ela. Além de considerar diversas fontes para a SQL atual usada pelo seu fabricante de banco de dados, o Capítulo 19, "Como criar um construtor Query", mostra o construtor de consultas SQL e oferece uma ampla cobertura das construções SQL mais comuns.

Open versus *ExecSQL*

O componente Query acrescenta um método adicional não existente no componente Table, ExecSQL. Quando você define uma declaração SQL, SELECT, o resultado da Query é um conjunto de dados. Use o método Open em declarações SELECT. Quando você utilizar INSERT, DELETE, UPDATE, CREATE TABLE, DROP TABLE, ou qualquer operação que não SELECT, que não retorne um resultado, conjunto de dados, use o método ExecSQL.

Propriedade RequestLive

Todas as consultas, exceto consultas SELECT, são apenas de leitura. A propriedade RequestLive levará o componente Query a retornar um conjunto de dados que pode ser modificado. Por exemplo, se você escrever uma consulta homogênea que contenha apenas uma tabela no resultado de conjunto de dados, então ela pode retornar uma consulta modificável, se RequestLive for True. No entanto, se você criar consultas aninhadas, ou reunir duas ou mais tabelas — uma consulta heterogênea — então o componente Query não retornará um conjunto de dados modificável. (Consulte o Capítulo 19 para mais informações sobre consultas aninhadas e uniões.)

Params (Parâmetros)

O componente Query tem uma propriedade Params. Params representa parâmetros substituíveis em declarações SQL às quais você pode acrescentar código depois que a declaração SQL tiver sido definida. Por exemplo, se você quiser apenas retornar um resultado de conjunto de dados refinado, então, poderá definir uma cláusula WHERE como parâmetro e passar valor para o parâmetro, no tempo de execução. Usando SELECT, já definida, uma cláusula WHERE poderia ser acrescentada para limitar o número de linhas retornadas.

```
SELECT *
FROM dbo.PLAYER_STATISTICS
WHERE ASSITS > :ASSISTS_PARAM
```

A cláusula WHERE filtra o resultado do conjunto de dados, retornando apenas aqueles registros que atingem a condição da cláusula. WHERE ASSISTS > :ASSISTS_PARAM significa que apenas registros com um valor maior do que o valor designado a ASSISTS_PARAM serão retornados quando o Query for aberto. O uso de dois pontos (:) como o primeiro caractere no nome marca ASSISTS_PARAM como um TParam para o componente Query.

Capítulo 13 - Como usar os componentes de acesso de dados | **433**

Depois que você tiver digitado a declaração SQL no editor Strings, precisará completar a definição de Param no editor Collection. Isso é obtido, clicando no botão elíptico adjacente à propriedade Param da consulta. O editor Collection e o focalizado ASSISTS_PARAM são mostrados na Figura 13.12. Ajuste o DataType para ftInteger — o tipo de campo ASSISTS — e o ParamType para ptInputOutput.

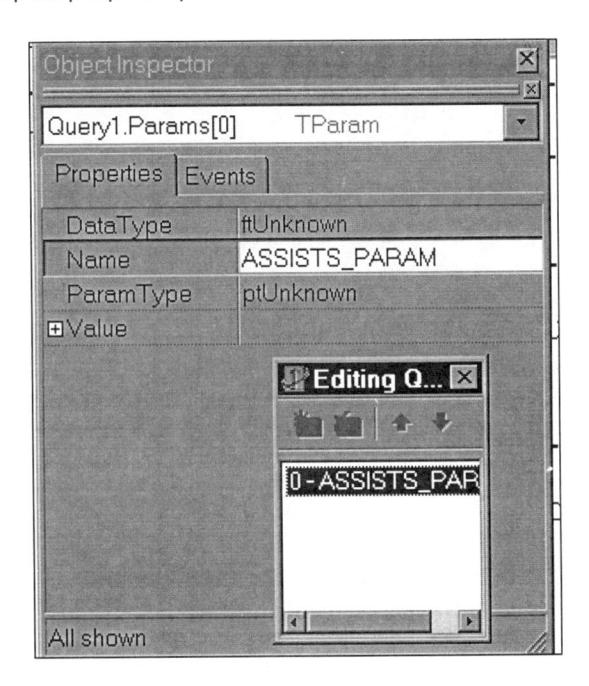

***Figura 13.12** O editor Collection e o Object Inspector com ASSISTS_PARAM em destaque*

Para designar um valor ao Parameter, use o método ParamByName do objeto Query, como mostrado a seguir.

```
Query1.ParamByName('ASSISTS_PARAM').AsInteger := 6;
Query1.Open;
```

Esse código levará o componente Query a passar a declaração SQL equivalente a

```
SELECT *
FROM dbo.PLAYER_STATISTICS
WHERE ASSISTS > 6
```

para o Borland Database Engine e para o próprio banco de dados. Apenas registros na tabela PLAYER_STATISTICS na qual um jogador venha a ter mais de 6 pontos serão retornados.

UpdateObject

TDBEDataSet introduz a propriedade UpdateObject. Uma UpdateObject é uma TDataSetUpdateObject. O único componente que qualifica é o componente TUpdateSQL. Um objeto UpdateSQL pode ser designado para a propriedade UpdateSQL de uma TTable, TQuery ou TStoreProcedure. O componente TUpdateSQL oferece um mecanismo para evitar uma limitação na SQL-92 observada.

Se um conjunto de dados for apenas de leitura por escolha, ou baseado no tipo de consulta, uma UpdateObject pode ser usada para atualizar tabelas associadas no *background*. Se CachedUpdates for usado, então a SQL em uma declaração UpdateSQL será executada quando ApplyUpdates for chamado. Reporte-se à seção sobre o componente UpdateSQL para um exemplo de atualizações armazenadas e o uso da propriedade UpdateObject.

Component TDataSource

Quando surge código em mais de uma classe, em geral é sugerido que o código comum é um bom candidato para a sua própria classe. TDataSource é esta classe. A classe DataSource é usada para conectar DataControls a DataSets. Na seção sobre controles de dados, você verá que cada controle data-aware tem uma propriedade DataSource, mas nenhuma referência direta a DataSet. A DataSource rastreia a conexão para DataSet. Além de para a propriedade DataSet, uma DataSource introduz as propriedades AutoEdit, Enabled e State, e os métodos Create, Destroy, Edit e IsLinkedTo. TDataSource também tem os métodos OnDataChange, OnStateChange e OnUpdateData.

Claramente, TDataSource não introduz um número significativo de propriedades públicas e métodos. O que ela *faz* é evitar que essas capacidades sejam reproduzidas em todas as subclasses de TDataSet. Considere a TQuery. É razoável executar uma consulta sem controles de dados. Por exemplo, uma declaração SQL DELETE, para ser útil, não exige controles para executar. Alternativamente, a TQuery pode ser usada como o conjunto de dados em controles de dados. Às vezes, é conveniente associar uma DataSource a uma consulta, e às vezes não.

Se retornar ao assistente de formulário Player Statistics, a DataSource é usada para conectar todos os controles (veja a Figura 13.8) ao conjunto de dados. Lembre-se da última seção, na qual fomos capazes de trocar a DataSet de uma tabela para uma consulta, sem modificar a propriedade DataSource dos controles de dados. Para identificar o ponto de conexão entre um controle de dados e a propriedade DataSource, examine a propriedade DataSource do controle EditID (qualquer TDBEdit).

Capítulo 13 - Como usar os componentes de acesso de dados

```
Formulário
┌─────────────────────────────────────────────────┐
│  ┌─────────────────────────────┐                │
│  │ TDataSet (por exemplo, TTable ou│──┐ ┌──────────┐
│  │ TQuery)                     │  └─│ TDatabase│
│  │ { DatabaseName,             │    └──────────┘
│  │   SessionName,              │    ┌──────────┐
│  │   TableName                 │──  │ TSession │
│  │ }                           │    └──────────┘
│  └─────────────────────────────┘
│        <Conexão por propriedade DataSet>
│  ┌─────────────────────────────┐
│  │ TDataSource                 │
│  │ {                           │
│  │   DataSet                   │
│  │ }                           │
│  └─────────────────────────────┘
│  <DataSource conecta; DataField indica campo>
│  ┌─────────────────────────────┐
│  │ Controles de dados          │
│  │ (por exemplo, TDBEdit, TDBComboBox,│
│  │ TDBMemo ou TDBImage         │
│  │ {                           │
│  │   DataField,                │
│  │   DataSource                │
│  │ }                           │
│  └─────────────────────────────┘
└─────────────────────────────────────────────────┘
                                            ┌────┐
                                            │ BD │
                                            └────┘
```

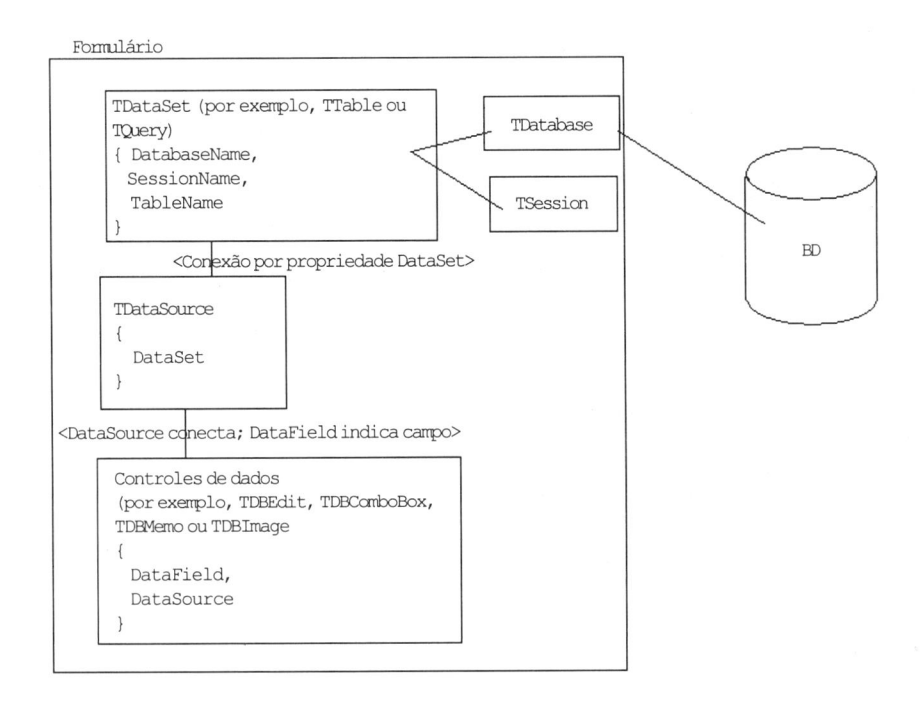

Figura 13.13 *Uma representação gráfica do relacionamento entre DataSets, DataSources e controles de dados. TDataSource é a conexão entre dados e controles visuais*

Em resumo, um formulário data-aware básico precisa de DataSet, DataSource e controles para exibir os dados e para permitir ao usuário modificar os dados. O assistente DatabaseForm e o componente DBFormWizard, discutidos no Capítulo 11, demonstram a necessária conexão de pontos. A Figura 13.13 contém uma representação visual dos relacionamentos entre DataSets, DataSource e controles data-aware.

O código abaixo demonstra como usar a propriedade de evento DataSource.OnDataChange.

```
procedure TForm2.DataSource1.DataChange(Sender: TObject; Field:
TField);
begin
     if(Field <> Nil ) then
          StatusBar1.SimpleText := Field.DisplayName + ' changed to ' +
               Field.AsString;
end;
```

DICA

O Field.DisplayName pode ter um valor diferente de FieldName; por exemplo, PLAYER_NAME poderia ter sido fornecido como "Player Name" na propriedade DisplayName de um componente TField.

OnDataChange é chamado quando um registro tiver sido modificado e o usuário se mover de um controle para outro. A listagem demonstra a atualização de um controle StatusBar — um controle não de banco de dados — para mostrar a última modificação. O texto é o DisplayName do campo e o novo valor exibido em uma StatusBar.

TDatabase

O componente TDatabase está na representação de aplicativos do banco de dados físico. Quando o seu aplicativo cria um componente DataSet, ele também obtém um componente Database, estando ou não um acrescentado em seu aplicativo. O componente Database armazena as propriedades que indicam o banco de dados AliasName, o DatabaseName e a posição Connected. Ele também introduz métodos para atualizações em lotes e processamento de transações. Apenas determinados bancos de dados suportam o processamento de transações. Em aplicativos de banco de dados de *desktop*, é suficiente usar o objeto Database autocriado.

O aplicativo de banco de dados PlayerStatistics exibe uma caixa de diálogo Login (registro de entrada). Visto que esse é um utilitário pessoal, é desejável evitar o processo de registro de entrada e iniciar imediatamente. Para realizar essa tarefa, acrescentar um componente Database ao assistente de formulário ajudará. Siga estas etapas para acrescentar um componente Database e evitar o processo de registro de entrada.

1. Abra o Delphi e o projeto contendo o formulário gerado pelo assistente.
2. Pinte um componente Database a partir da guia Data Access da paleta de componente, no formulário.
3. Designe o nome alternativo Renegades à propriedade AliasName do componente Database.
4. Acrescente um nome para esse Database, entrando um valor na propriedade DatabaseName. Você pode usar o nome alternativo BDE ou criar um novo nome alternativo; para este exercício, digite DB na propriedade DatabaseName.
5. Mude o valor de Login Prompt para False.

DICA

Um uso conveniente do componente Database é que você pode criar um aplicativo em nível de nome alternativo. Depois, se você quiser alternar entre um banco de dados atuante e um de teste, durante o desenvolvimento, tudo o que precisa fazer é mudar a propriedade AliasName do componente Database, e ter certeza de que todos os componentes DataSet referem-se ao valor fornecido na propriedade DatabaseName do banco de dados.

Quando você executar o aplicativo de demonstração depois das mudanças da lista numerada, não precisará mais registrar-se no banco de dados. Essa estratégia também é útil em aplicativos que são executados sem assistência, onde não há operador disponível para registrar a entrada. Material adicional referente ao componente TDatabase pode ser encontrado nos Capítulos 15 e 19.

CachedUpdates

Ao criar um formulário data-aware e modificar um registro, tal registro é encaminhado quando você navega para outro registro. Se você estiver usando processamento de transação, então os dados não são, de fato, mudados permanentemente no banco de dados até que você comprometa os dados.

DataSets têm uma propriedade CachedUpdates. Se essa propriedade for True, então as atualizações são armazenadas em um *cache* (armazenagem temporária) local e não encaminhadas para o conjunto de dados até que ApplyUpdates seja chamada. Aplicativos de *desktop* com bancos de dados residindo no mesmo PC, como o aplicativo cliente, provavelmente não precisam de atualizações armazenadas temporariamente, mas os aplicativos que usam um servidor de banco de dados residindo através de uma rede, podem obtruir desnecessariamente a rede, sem atualizações temporariamente armazenadas. O registro de armazenagem temporária de atualização também é essencial para o componente UpdateSQL, um componente auxiliar que realiza atualizações em outros conjuntos de dados que são apenas de leitura. (Veja a seção sobre o componente UpdateSQL para mais informações e um exemplo de programa.)

Níveis de isolamento de transação

Os níveis de isolamento de transação indicam quanto do que acontece em uma transação é visto por outras transações simultâneas, no mesmo banco de dados. A propriedade TDatabase.TranIsolation pode ter uma das três posições: tiDirtyRead, tiReadCommitted ou tiRepeatableRead. tiDirtyRead permite outras transações lerem mudanças não comprometidas feitas por outras transações; uma mudança não comprometida pode ser retomada, invalidando os dados lidos por outras transações. Read-Committed é o nível de isolamento padrão, que permite a outras transações lerem mudanças comprometidas — permanentes. O nível de isolamento Repeatable-Read permite ao banco de dados ler uma vez, garantindo que as transações vistas dos dados não mudem, a menos que a transação mude isso.

> **NOTA**
> *Por padrão, os tipos de banco de dados dBase e Paradox exigem um nível tiDirtyRead TranIsolation. Você só precisa modificar esse valor se estiver usando transações, como faria, por exemplo, com o componente UpdateSQL.*

Se você usar o BDE, então, níveis TranIsolation podem ser indicados com o componente TDatabase. Você não precisa usar o BDE; por exemplo, os componentes de dados ADO não usam o BDE. Um meio alternativo de especificar o nível de isolamento de transação apropriado, diferente do valor padrão é oferecido por componentes não BDE.

TSession

O componente Session é usado para gerenciar múltiplas conexões de banco de dados dentro de um único aplicativo. Se você não acrescentar um componente Session ao seu aplicativo, então, é usado na seção de iniciação da unidade o objeto padrão Session instanciado em DBTables.pas. Sessões são usadas em aplicativos de banco de dados padrão, aplicativos que acessam múltiplas tabelas Paradox, residentes em diferentes locais de rede e aplicativos de banco de dados multisseqüenciados.

O objeto padrão Session e a sua posição padrão são suficientes para aplicativos de banco de dados de *desktop*. Mais informações sobre sessões podem ser encontradas nos Capítulos 15 e 19.

TBatchMove

Suponha que você receba dados em um formato e queira colocá-los em seu aplicativo de banco de dados principal. Considere o banco de dados de estatística de jogador. No outono e na primavera, os desafios de hóquei acontecem, e a lista da equipe muda um pouco. A lista da equipe é enviada para você em um formato Microsoft Access e você deseja colocá-la em seu banco de dados SQL Server. O componente BatchMove pode ser usado em cena, exatamente como este.

O componente BatchMove permite que você especifique um conjunto de dados Source e Destination. Source pode ser uma consulta ou tabela e Destination precisa ser uma tabela (porque o componente BatchMove não gera SQL). Inclua o Mode (batAppend, batAppendUpdate, batCopy, batDelete ou batUpdate) e o componente pode mover um bloco de registros da mesma fonte de conjunto de dados para o conjunto de dados de destino. Os conjuntos de dados não precisam estar no mesmo banco de dados.

Como um benefício extra, o componente BatchMove tem uma propriedade Mappings — um objeto TStrings — que permite a você especificar mapeamentos de campo, se os nomes de campo nas tabelas não combinarem. Dado um banco de dados Access com campos ID, FIRSTNAME e LASTNAME, você pode usar BatchMove para mover os dados Access na tabela PLAYER_STATISTICS SQL Server.

1. Defina um nome alternativo ODBC e a entrada BDE para o banco de dados Access.
2. Acrescente um componente TBatchMove e TQuery ao formulário de assistente Player Statistics.
3. Defina a consulta para retornar o campo ID e um campo calculado que concatena o primeiro e o último nomes juntos, da propriedade SQL de Query.

   ```
   SELECT ID, FIRSTNAME + ' ' + LASTNAME AS PLAYER_NAME from
   Players
   ```

4. Ajuste a propriedade DatabaseName de Query para o Alias criado na Etapa 1.
5. Ajuste a propriedade BatchMove Mode para batAppend; isso instruirá BatchMove para anexar todos os nomes de jogador do banco de dados Access à tabela SQL Server PLAYER_STATISTICS.

6. Mude a propriedade BatchMove Destination para referir-se à tabela original acrescentada ao formulário pelo assistente.
7. Mude a propriedade BatchMove para a nova consulta acrescida na Etapa 2.
8. Acrescente um botão ao formulário e mude a propriedade Caption do botão para Load (carregar).
9. No acionador de evento OnClick do botão, acrescente o texto BatchMove1.Execute;.
10. Pressione **F9** para executar o aplicativo.

Quando você clica o botão Load, é executada a declaração BatchMove.Execute. O componente TBatchMove tentará anexar todos os registros no banco de dados Access ao banco de dados SQL Server.

Essa técnica funcionará, desde que o conjunto de dados fonte tenha dados válidos para o componente de conjunto de dados. Arquivos de texto e outros formulários de fontes de dados funcionarão bem. Claro, você pode mover dados usando duas tabelas, iterando através de cada registro no conjunto de dados fonte e inserindo registros no conjunto de dados de destino, mas BatchMove é mais fácil de usar e mais eficaz. Acrescentando um meio dinâmico de mapeamento de campos, você pode facilmente criar uma importação de dados personalizada e o utilitário de conversão que mapeará qualquer conjunto de dados fonte para qualquer conjunto de dados de destino, e importar os dados no ar.

TUpdateSQL

Uma Query ou StoredProcedure podem ser apenas de leitura, pelo *design* do programador, ou por causa de uma restrição reforçada pelo padrão ANSI-SQL do equipamento de banco de dados que você estiver usando. Demonstraremos com os exemplos de bancos de dados Customer.db e Orders.db em \Program Files\Borland\Borland Shared\Data; se você escrever uma consulta de tabela múltipla, então obterá um conjunto de dados apenas de leitura.

NOTA
Uma consulta para obter dados de mais de uma tabela é uma consulta heterogênea; isso é oposto a um conjunto de dados que adquire seus dados de uma tabela. Conjuntos de dados de tabela única são homogêneos. Consultas heterogêneas retornam conjuntos de dados resultantes apenas de leitura.

```
SELECT * FROM Customer, Orders WHERE Customer.CustNo = Orders.CustNo
```

Esse meio de consulta retorna todas as fileiras de Customer com fileiras combinando em Orders, combinando por número de cliente. Como um resultado da consulta, os dados de cliente serão repetidos cada vez que houver uma fileira Order para aquele cliente, mas os dados Order só aparecerão uma vez.

Como criar um exemplo de aplicativo UpdateSQL

Um simples formulário de *browse* (veja a Figura 13.14) seria útil para ver dados, porém a consulta é apenas de leitura, conforme definido pelo padrão ANSI-92 SQL. Isso parece ser uma limitação. Claramente, a consulta sabe de onde cada coluna foi derivada. O UpdateSQL, trabalhando com CachedUpdate, permite que você suplante essa imposição. As exigências para modificar um conjunto de dados heterogêneo apenas de leitura através de Data Control consistem em usar ChachedUpdate e designar um acionador de evento para a propriedade de evento OnUpdateRecord do conjunto de dados ou designar um componente TUpdateSQL para a propriedade UpdateObject do conjunto de dados. O código de DBTables que ajusta a exigência para editar um conjunto de dados apenas de leitura é o seguinte.

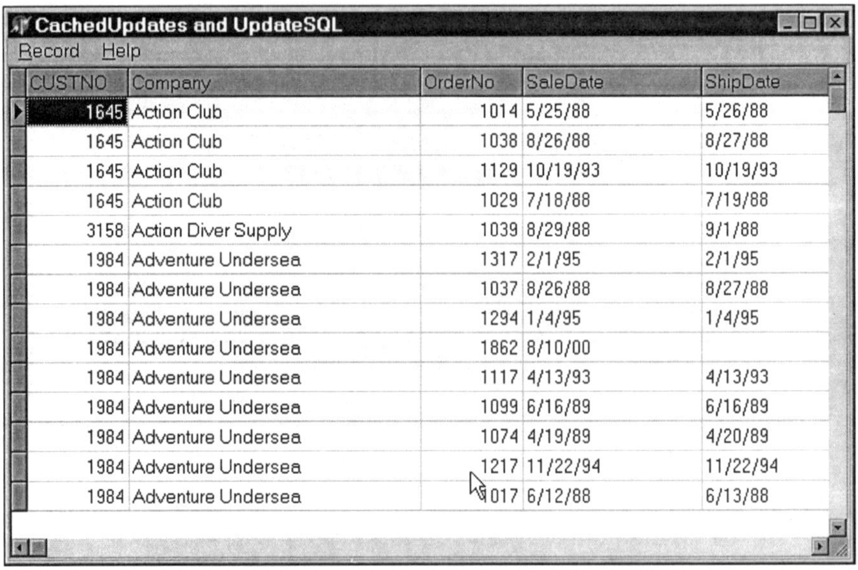

CUSTNO	Company	OrderNo	SaleDate	ShipDate
1645	Action Club	1014	5/25/88	5/26/88
1645	Action Club	1038	8/26/88	8/27/88
1645	Action Club	1129	10/19/93	10/19/93
1645	Action Club	1029	7/18/88	7/19/88
3158	Action Diver Supply	1039	8/29/88	9/1/88
1984	Adventure Undersea	1317	2/1/95	2/1/95
1984	Adventure Undersea	1037	8/26/88	8/27/88
1984	Adventure Undersea	1294	1/4/95	1/4/95
1984	Adventure Undersea	1862	8/10/00	
1984	Adventure Undersea	1117	4/13/93	4/13/93
1984	Adventure Undersea	1099	6/16/89	6/16/89
1984	Adventure Undersea	1074	4/19/89	4/20/89
1984	Adventure Undersea	1217	11/22/94	11/22/94
1984	Adventure Undersea	1017	6/12/88	6/13/88

Figura 13.14 *CachedUpdates e o aplicativo de demonstração UpdateSQL*

```
function TBDEDataSet.GetCanModify: Boolean;
begin
     Result := FCanModify or ForceUpdateCallback;
end;

function TBDEDataSet.ForceUpdateCallback: Boolean;
begin
     Result := FCachedUpdates and (Assigned(FOnUpdateRecord) or
          Assigned(FUpdateObject));
end;
```

Capítulo 13 - Como usar os componentes de acesso de dados | **441**

NOTA
> *O procedimento Assigned é semelhante a uma comparação de igualdade para Nil (Nulo). Assigned é montado no compilador. Se você usar o menu Code Editor e selecionar Find Declaration (Localizar declaração), então o cursor será colocado no início da unidade System.pas.*

GetCanModify retorna o valor do campo FCanModify transformado em OR com o resultado de ForceUpdateCallback. ForceUpdateCallback é True se FCachedUpdates for True e o resultado de Assigned(FOnUpdateRecord) ou Assigned(FUpdateObject). Lembre-se de que o método Assigned é equivalente a marcar um valor Nil. Para demonstrar o componente TUpdateSQL: um formulário DBGrid foi criado a partir de uma consulta de tabelas múltiplas e um DBGrid (veja a Figura 13.15 para uma vista da ocasião de *design* do componente usado).

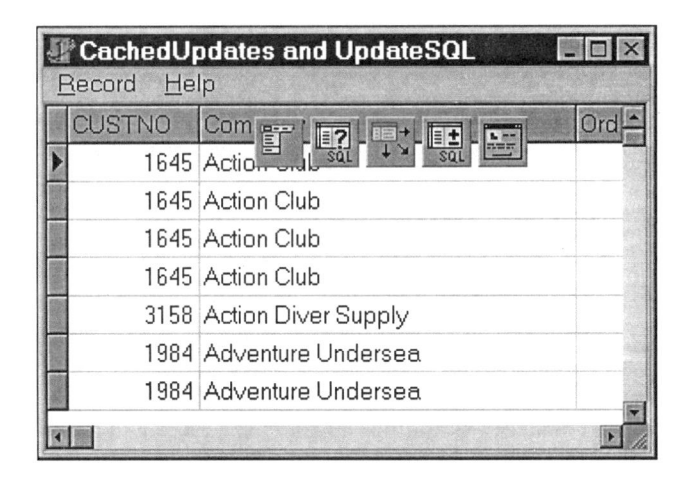

Figura 13.15 Vista da ocasião de design do formulário UMasterAppDemo, que demonstra CachedUpdates e o componente TUpdateSQL

Para criar o formulário, siga as etapas.
1. Para criar um novo aplicativo, solte em TMainMenu, TBDGrid, TQuery, TDataSource, TUpdateSQL e um componente TAboutDialogBox (criado no Capítulo 10).
2. Mude a propriedade Align de DBGrid para alClient.
3. Defina o MainMenu para conter um menu Record, com itens de submenu Apply, Cancel e Exit, e um menu Help com um item de menu About.
4. Designe a propriedade TDataSource.DataSet ao componente Query.

5. Ajuste as propriedades do componente Query como a seguir: DatabaseName = DBDEMOS, SessionName = Default, UpdateObject = componente UpdateSQL, CachedUpdates = True, RequestLive = True, use o editor Strings da propriedade SQL e acrescente a seguinte declaração SQL:

```
SELECT C.CustNo, C.Company, O.* FROM CUSTOMER C, ORDERS O
WHERE C.CUSTNO = O.CUSTNO ORDER BY C.Company ASC
```

A declaração SQL seleciona todas as linhas e colunas da tabela Orders e todas as linhas e apenas as colunas CustNo e Company da tabela Customer; onde os campos CUSTOMER.CUSTNO e ORDERS.CUSTNO têm o mesmo valor, ele ordena o resultado de conjunto de dados em ordem alfabética, por empresa.

6. Crie um método de evento TQuery.OnUpdateRecord.
7. Designe a propriedade TDBGrid.Datasource ao componente DataSource na grade.
8. Mude a propriedade TQuery.Active para True; se tudo estiver corretamente conectado, então você deve obter os dados na grade por ocasião do *design*.
9. Clique à direita sobre DBGrid e selecione o editor Component para o DBGrid; o item de menu que chama o editor Component é Columns Editor... (mostrado na figura 13.16).
10. Com a propriedade TQuery.Active ajustada para True, clique à direita sobre o editor Columns (mostrado na Figura 13.16) e clique **Add All Columns**. Todas as colunas do conjunto de dados resultante da Query serão acrescentadas.
11. Com o editor Column aberto, clique em cada coluna **CustNo** e **Company,** pressione **F11** para abrir o Object Inspector e mude a coluna da propriedade ReadOnly para True.
12. Deve haver duas cópias da coluna CustNo: uma de Customer e outra de Orders. Clique na associada com a tabela Orders CustNo_1 e pressione a tecla **Delete** para remover. (Não queremos que o usuário mude, inadvertidamente, os campos de índice.)

Depois que você tiver completado as etapas de 1 a 12, precisará definir o código que faz tudo funcionar. Felizmente, não é muito grande; a maioria do código será gerada pelo Delphi.

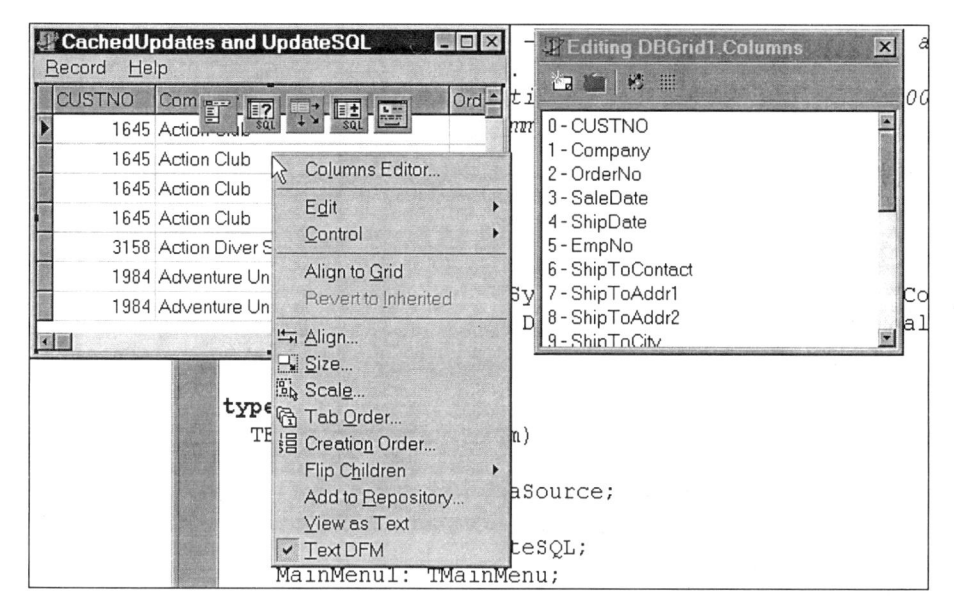

Capítulo 13 - Como usar os componentes de acesso de dados | **443**

Figura 13.16 O editor DBGrid Columns é um editor de componente acessado do menu Componente, com um clique à direita do mouse sobre o controle de grade

Como codificar o aplicativo UpdateSQL

O código para UMasterAppDemo, demonstrando o componente UpdateSQL, é listado a seguir. A maioria do código compreende declarações acrescentadas pelo Delphi, à medida que você completou as 12 etapas da seção anterior.

```
unit UMasterAppDemo;
/ UMasterAppDemo.pas - Demonstrates CachedUpdates and the
UpdateSQL component
// Copyright (c) 2000. All Rights Reserved.
// by Software Conceptions, Inc. Okemos, MI USA (800) 471-5890
// Written by Paul Kimmel

interface
uses
     Windows, Messages, SysUtils, Classes, Graphics, Controls,
Forms, Dialogs,
     Grids, DBGrids, DB, DBTables, Menus, UAboutBoxDialog;

type
     TForm1 = class(TForm)
          Query1: TQuery;
          DataSource1: TDataSource;
          DBGrid1: TDBGrid;
```

```
            UpdateSQL1: TUpdateSQL;
            MainMenu1: TMainMenu;
            Record1: TMenuItem;
            Apply1: TMenuItem;
            Cancel1: TMenuItem;
            N1: TMenuItem;
            Exit1: TMenuItem;
            Help1: TMenuItem;
            About1: TMenuItem;
            AboutBoxDialog1: TAboutBoxDialog;
            procedure Query1UpdateRecord(DataSet: TDataset;
                  UpdateKind: TUpdateKind; var UpdateAction: TUpdateAction);
            procedure Apply1Click(Sender: TObject);
            procedure Cancel1Click(Sender: TObject);
            procedure About1Click(Sender: TObject);
            procedure FormCreate(Sender: TObject);
      private
            { Private declarations }
      public
            { Public declarations }
      end;
var
      Form1: TForm1;
implementation
uses
      TypInfo;
{$R *.DFM}
{$I UMasterAppDemo.Inc}

procedure TForm1.Query1UpdateRecord(DataSet: TDataSet;
      UpdateKind: TUpdateKibnd; var UpdateAction: TUpdateAction);
begin
      if( UpdateKind = ukModify ) then
      begin
            UpdateSQL1.Apply(UpdateKind);
            UpdateAction := uaApplied;
      end
      else
      begin
            UpdateAction := uaSkip;
            ShowMessage( Format( NoImplemented, [GetEnumName(
                  TypeInfo(TUpdateKind), Ord(UpdateKind))]));
      end;
end;

procedure TForm1.Apply1Click(Sender: TObject);
begin
      Query1.Database.ApplyUpdates( [Query1] );
end;
```

Capítulo 13 - Como usar os componentes de acesso de dados | 445

```
procedure TForm1.CancellClick(Sender: TObject);
begin
     Query1.CancelUpdates;
end;
procedure TForm1.About1Click(Sender: TObject);
begin
     AboutBoxDialog1.Execute;
end;

procedure TForm1.FormCreate(Sender: TObject);
begin
     UpdateSQL1.ModifySQL.Text := ModifySQL;
     Query1.Open;
     Query1.Database.TransIsolation := tiDirtyRead;
end;
end.
```

Por volta da metade do caminho da listagem, exatamente depois da palavra-chave implementation, é o ponto em que começaremos. A diretiva include {$I UMasterAppDemo.inc} instrui o compilador Delphi para colocar o código no arquivo, diretamente na unidade, à medida em que ele compilar. Essa é uma boa técnica para obter strings de recursos não visíveis, e outros recursos, úteis mas sem apelo visual. (A listagem UMasterAppDemo.inc acompanha a analise do código da unidade nesse parágrafo.) O acionador de eventos OnUpdateRecort está a seguir; em sua atual encarnação ele só lida com atualizações Modify. O método TUpdateSQL.Apply(UpdateKind) leva os valores Param a serem ajustados (chegaremos a eles em um pouco tempo), e chama o método ExecSQL. Finalmente, o parâmetro Var, UpdateAction é designado ao valor uaApplied. As atualizações Insert e Delete são puladas, designando a UpdateAction o valor uaSkip. Uma rápida mensagem é mostrada para lembrar ao desenvolvedor que o comportamento de Insert e Delete ainda não foi definido.

DICA

Se você não acrescentar um componente Database ao seu aplicativo por ocasião do design, então um é dinamicamente criado para você, pelo código do Delphi, no tempo de execução.

O acionador de eventos ApplyClick é criado para o menu Record, Apply. Ele chama o método TDatabase.ApplyUpdates, passando um *array* de conjuntos de dados. Cada conjunto de dados no *array* é usado para chamar o seu método ApplyUpdates. O menu Record, Cancel chama o método TQuery.CancelUpdates para cancelar todas as mudanças armazenadas temporariamente que não foram aplicadas. O método de evento FormCreate designa a *string* de recurso ModifySQL à propriedade TUpdateSQL.ModifySQL, abre a consulta e ajusta a propriedade TranIsolation, de Database para tiReadOnly.

Segue a listagem do arquivo UMasterApp.Demo.inc.

```
// UMasterAppDemo.inc

resourcestring
NotImplemented = '% not implemented;
DeleteSQL = 'DELETE FROM tablename WHERE field = value';
InsertSQL = 'INSERT INTO (field1, field2, etc) VALUES( value1,
            Value2, value3)';
ModifySQL = 'UPDATE Orders ' +
            'SET OrderNo = :OrderNo, SaleDate = :SaleDate, ' +
            'ShipDate = :ShipDate, EmpNo = :EmpNo, ShipToContact =
            :ShipToContact, ' +
            :ShipToAddr1 = :ShipToAddr1, ShipToAddr2 =
            : ShipToAddr2,
             ShipToCity = :ShipToCity, ' +
            'ShipToState = :ShipToState, ShipToZip = :ShipToZip,
            ShipToCountry = :ShipToCountry, ' +
            'ShipToPhone = :ShipToPhone, ShipVia = :ShipVia, PO =
            :PO, Terms =
            :Terms, ' +
            'PaymentMethod = :PaymentMethod, ItemsTotal =
            :ItemsTotal,
            TaxRate = :TaxRate, ' +
            'Freight = :Freight, AmountPaid = :AmountPaid ' +
            'WHERE OrderNo = :OrderNo';
```

A *string* de recurso ModifySQL contém uma declaração em parâmetro UPDATE SQL. A fórmula geral da declaração UPDATE é:

```
UPDATE tablename SET fieldname1 = value1 [, fieldname2 = value2,
... fieldnamen = valuen];
```

O valor tablename é a tabela atual sendo atualizada. UPDATE e SET são palavras-chave. Depois da palavra-chave SET vêm pares de nome de campo e valor, onde o nome de campo representa um campo na tabela e valor são os dados combinando com o tipo de campo. Na sintaxe do exemplo, valores de parâmetro são usados do lado direito do operador de igualdade. Os parâmetros são indicados por: (dois-pontos) antecedendo o nome do parâmetro. Parâmetros em declarações UpdateSQL precisam combinar exatamente o nome de campo do componente para serem capazes de preencher automaticamente nos valores de parâmetro.

Um arquivo include é usado como um conveniente mecanismo de arrumação. Como você pode ver a partir do código, as *strings* de recurso da declaração SQL são longas e um pouco confusas e não acrescentam à legibilidade da unidade.

Resumo

O Delphi tem uma arquitetura bem organizada, em camadas. Vendo de fora, parece ser muito com a Visual Basic. Descascando apenas algumas camadas, aquela ilusão se desfaz rapidamente. O Capítulo 13 demonstrou apenas um pequeno número de componentes e controles usados para manejar aplicativos de bancos de dados. Em algumas curtas etapas, você viu como o assistente Database Form pode ser usado para criar aplicativos de banco de dados com qualidade de utilitário. (O Capítulo 11 demonstra um componente que faz isso automaticamente.) Sob a perspectiva do desenvolvedor, a complexidade está oculta. Sob a perspectiva de um construtor de ferramentas, depende de quanto você deseja se aprofundar.

A criação cuidadosa de subdivisões entre as classes e as camadas de capacidade tornam o componente VCL Delphi a razão de Delphi ser mais do que apenas Object Pascal. O Capítulo 13 cobriu todos os componentes Data Access e incluiu controles de dados em um par de aplicativos de demonstração. Existem muitas outras facetas do Delphi a explorar. Na metade deste livro, juntos, começaremos a transição para montar aplicativos.

Capítulo

14

Como usar controles de dados

A guia Data Controls da paleta de componente contém controles VCL que têm um objeto auxiliar TFieldDataLink. O auxiliar TFieldDataLink permite que os controles de dados sejam conectados a um DataSource. DataSource age como uma ponte entre o controle — com o qual o usuário interage — e o DataSet — que interage com os dados.

Os controles data-aware têm propriedades e eventos adicionais que tornam possível escrever lógica comercial e associá-la àqueles controles. A lógica comercial refere-se às regras que definem como os dados são usados. Por exemplo, um número de registro da seguridade social nos Estados Unidos, por exemplo, tem nove dígitos de extensão e o seguinte formato ###-##-####. Escrever um aplicativo que inclua números da Seguridade Social pode definir uma regra de formatação e uma verificação de validade para garantir que cada elemento seja um dígito decimal ou um traço. A regra de formatação e a verificação de validade restringem o que é, ou não, um número da Seguridade Social. As regras para definir como os dados são restritos são parte do que forma o termo genérico de regras comerciais.

Existem três lugares práticos onde as regras comerciais podem ser colocadas: camada do banco de dados, do centro ou do cliente. Quando as restrições são colocadas na camada do cliente, o cliente é referido como um *fat client*. Aplicativos *fat client* geralmente têm duas camadas. Quando as regras são colocadas na camada do banco de dados — por exemplo, com acionadores, restrições de dados e procedimentos e vistas armazenadas — isso é referido como um *fat server*. Esse também é um aplicativo de duas camadas. Quando é definida uma discreta camada central para conter as regras comerciais, podemos chamá-la *three tiered* (três camadas).

Controles de dados suportam clientes *fat* e *thin*, servidores *fat* e *thin* e ambos os desenvolvimentos, de duas e três camadas. Os controles de dados permitirão que você associe restrições de formatação em propriedades para o controle e outras espécies de lógica comercial em eventos, como o evento OnChange, do controle TBDEdit. A Delphi Enterprise encaminha os componentes MIDAS — Multitier Distributed Application Services Suite, que facilitam a criação de uma camada central, e a maioria dos servidores RDBMS — Relational Database Management Systems (Sistemas de gerenciamento de banco de dados relacional) tem vários meios para restringir dados. Onde você coloca as restrições depende de qual tipo de *design* está empregando. Neste capítulo, cobriremos os controles de dados e seus associados, os objetos TField, demonstrando os controles e suas propriedades e eventos que facilitam a definição de regras comerciais de gerenciamento de dados. (O Capítulo 15 demonstra a montagem de *thin-client*, aplicativos de três camadas.)

Uma breve discussão sobre design de duas e três camadas

O desenvolvimento de aplicativo de duas camadas emprega um aplicativo cliente e um servidor de banco de dados. O desenvolvimento de um aplicativo de três camadas emprega um aplicativo cliente, um aplicativo servidor, que define a lógica comercial, e uma terceira camada de servidor de banco de dados. A camada central pode ser um aplicativo servidor ou mais, que a camada cliente usa para falar com a camada banco de dados.

Uma boa regra geral em programação é colocar restrições de dados tão perto quanto possível dos dados. Isso é demonstrado pela maneira como as propriedades funcionam. De fora, a propriedade se parece com dados; o que é transparente ao usuário é que a propriedade tem métodos de acesso para leitura e escrita em dados que restringem como o atual campo subjacente é usado.

Colocar restrições próximas aos dados significa que as regras viajam com os dados. Considere a alternativa, um aplicativo *fat-client* contendo as regras comerciais. Cada vez que você deseja acessar os dados em outra parte do cliente, precisa reproduzir as regras que restringem como os dados são usados. Isso significa que você tem muitas peças de código repetindo a mesma regra, o que, por sua vez, significa mais código para escrever, testar e manter em sincronização. Os RDBMSs também são definidos para trabalhar com muitos aplicativos cliente, permitindo a alguém usar um programa como Microsoft Access para modificar os dados. Se a lógica comercial reside em seu aplicativo cliente, então não há como coibir a má utilização por parte de outro aplicativo cliente.

Um *design* de *fat server* coloca as regras comerciais no servidor. Um *design* de *fat server* ainda pode ser usado em um aplicativo de duas camadas, pelo menos as regras comerciais são adjacentes aos dados, diminuindo assim a possibilidade de má utilização por outro aplicativo cliente. Como um benefício extra, definir um *fat server* significa que você só precisaria definir as regras comerciais uma vez em cada parte de dados. É interessante que parece haver mais aplicativos *fat-client* do que *fat servers*; talvez essa condição exista porque os programadores estão montando também bancos de dados.

Acrescentando uma camada central a um *design* de *fat server*, você tem um maior grau de controle sobre como o banco de dados é acessado, e o número e variedade de tipos de aplicativos cliente aumenta; quaisquer regras comerciais adicionais, o que pode parecer pouco natural definir na camada servidor de banco de dados, podem ser escritas em uma camada central. Usar uma camada central separada também significa que múltiplos clientes de tipos diferentes podem reutilizar a mesma camada central, ao mesmo tempo. O desafio parece ser que aplicativos de duas camadas, *fat-client*, parecem ser mais baratos de desenvolver. Empregar restrições de banco de dados, disparadores, procedimentos armazenados e vistas exige um desenvolvedor de banco de dados que entenda os RDBMS escolhidos, em detalhe. Projetar uma camada central baseada em objeto sugere que a arquitetura baseada em objeto é absolutamente necessária para conseguir uma coerente camada central. Infelizmente, muitos projetos de software parecem ter no seu pessoal apenas especialistas em programação e gerenciamento, o que pode explicar a predominante implementação de *design* de *fat-client* de duas camadas. A questão é: os aplicativos *fat-client*, de duas camadas, são mais baratos de desenvolver? A resposta, provavelmente, é não. Pode parecer mais barato, devido aos artefatos de progresso tangíveis; um banco de dados e um aplicativo cliente começam a brotar muito mais depressa, mas, por fim, perdemos o controle sobre eles. O que parecia ser ganho no início do desenvolvimento é perdido para sempre no final.

Os aplicativos de três camadas, *fat server*, são mais baratos de desenvolver? Geralmente, esses aplicativos exigem arquitetos mais altamente gabaritados e analistas de bancos de dados, mais tempo gasto antes do *design* e um processo bem organizado. Os artefatos tradicionais, tangíveis, demonstrando progresso são deferidos por novos artefatos, adicionais: o modelo de objetos e o modelo banco de dados. Modelos também implicam que precisam ser compradas caras ferramentas CASE (Computer Aided Software Engineering). O Delphi client/server custa cerca de US$ 2.500; a Rational Rose — uma ferramenta de modelagem de objetos — custa acima de US$ 4.500 por estação de trabalho. Todas essas despesas adicionais não garantem o sucesso.

O tamanho, a complexidade e a disponibilidade de ferramentas e pessoal treinado, junto com o temperamento do gerenciamento, decidirão os fatores de como um aplicativo em particular é montado. Ambos os aplicativos, *fat* e *thin-client* de duas e três camadas, apresentaram defeitos e foram bem-sucedidos. Somente diretrizes gerais práticas podem ser usadas para ajudar a determinar como um aplicativo em especial deve ser montado. Utilitários, protótipos e pequenos aplicativos são ótimos candidatos para o desenvolvimento de *fat-client* de duas camadas. Complexos e grandes aplicativos de missão crítica terão melhor chance de frutificarem se forem empregadas ferramentas CASE, arquitetos treinados e analistas de banco de dados para montar aplicativos *fat server* de três camadas. Recém-chegados provavelmente acabarão recriando o que a VCL já faz, se tentarem montar um aplicativo de três camadas. Temperar a sua equipe com veteranos em regime temporário e mentores pode ajudar a garantir o sucesso.

Neste capítulo, os programas de exemplo demonstram como montar aplicativos *fat-client* como um meio de demonstrar os recursos dos controles de dados e objetos TField. Entretanto, aplicativos *fat-client* de duas camadas não são necessariamente o método preferido, nem o único método. As necessidades de cada projeto são determinadas pelo orçamento, escala, complexidade do projeto e treinamento dos participantes. MIDAS, apresentada no Capítulo 15, pode tornar o desenvolvimento de aplicativo de três camadas mais fácil de abordar.

Uma visão geral de Data Controls

A guia Data Controls da paleta de componente contém muitos dos controles na paleta Standard. Controles de dados são feitos subclasses dos controles padrões, acrescentando um objeto TFieldDataLink, que facilita conectar o controle a uma fonte de dados. Propriedades e eventos adicionais são acrescentados em uma base caso a caso, conforme determinam as necessidades do controle. Pense nos controles de dados como controles normais, mas os dados são diretamente escritos em um valor de campo subjacente. Por exemplo, um TDBEdit é um controle TEdit, com um FieldDataLink.

Essa seção oferece uma visão geral dos controles de dados. Vários controles específicos são apresentados mais adiante, no capítulo.

DBGrid

TDBGrid é um TCustomGrid. Ele contém fileiras e colunas de dados. Cada fileira na grade representa uma fileira em um *dataset*. Cada coluna representa um campo em um *dataset*. Um banco de dados relacional pode retornar fileiras derivadas de tabelas múltiplas no banco de dados. (Veja a seção sobre o componente TUpdateQuery no Capítulo 13 para saber como fazer consultas heterogêneas se comportarem como consultas homogêneas, o que as faz parecerem passíveis de escrita.)

O DBGrid introduz uma coleção Columns e um editor de coluna por ocasião do *design*, facilitando a apresentação de dados de banco de dados em uma grade. (Veja a seção intitulada "Controle DBGrid" para detalhes sobre DBGrid.)

DBNavigator

TDBNavigator é um TCustomPanel com um *array* de botões. Ele é conectado a uma fonte de dados e cada botão é uma metáfora visual para um método de chamada de *dataset*. As operações da esquerda para a direita (veja a Figura 14.1) são First, Prior, Next, Last, Insert, Delete, Edit, Post, Cancel e Refresh.

O navegador não implementa esses comportamentos. DBNavigator tem uma propriedade DataSource. Como você deve lembrar-se do Capítulo 13, cada DataSource refere-se a um *dataset* (conjunto de dados); o método BtnClick do DBNavigator determina qual botão foi clicado pelo usuário e chama o método usando o objeto referência DataSource.DataSet. Por exemplo, clique o botão **Insert** (mostrado na figura) e DataSource.DataSet.Insert é chamado.

Figura 14.1 O controle TDBNavigator, usado para chamar os métodos DataSet mostrados

DBText

TDBText é um controle TCustomLabel, que é especialmente útil para exibir dados apenas de leitura de um banco de dados. O usuário não pode editar o texto diretamente em um controle TDBText. Para associar um campo *dataset* com um controle DB, designe um componente DataSource à propriedade DataSource e um nome de campo de um componente DataSet — uma tabela ou consulta. A lista de campos disponíveis será derivada da DataSet designada à propriedade do mesmo nome da DataSource.

DBEdit

Um descendente de TCustomEdit, ele é um controle de banco de dados de objetivos gerais, que pode ser usado para editar quaisquer dados que possam ser apresentados como texto de dados. Campos alfabéticos e numéricos estão incluídos na lista de campos de banco de dados adequados.

DBMemo

DBMemo é um controle TCustomMemo. O tipo de campo de dados adequado a ser apresentado em um TDBMemo é um campo *memo*. (Veja a seção sobre Campos dinâmicos e persistentes, para mais informações sobre campos.) Tipos de dados subjacentes que podem ser representados como TMemoFields são os tipos *memo* atuais em bancos de dados que suportam o tipo *memo*, ou campos de caráter de comprimento variável, como o tipo *varchar*.

DBImage

O controle DBImage é feito subclasse a partir de TCustomControl, não de TImage. Esse controle é capaz de exibir qualquer tipo de imagem que pode ser incluída na categoria de uma TPicture. Tipos válidos em objetos Picture incluem *bitmap*, ícones e gráficos *metafile*. Os arquivos de tipo filtro incluem arquivos .jpg, .jpeg, .bmp, .iço, .emf e .wmf.

DBListBox

Exibe uma lista de valores estáticos e designa o valor selecionado da caixa de lista para o DataField indicado pelo valor da propriedade DataField e a DataSource. As escolhas DBListBox são acrescentadas por ocasião do *design* ou tempo de execução, usando a propriedade Items, uma propriedade TStrings. Se você precisar de valores de busca de tabela dinâmica, então use o TDBLookupListbox.

DBComboBox

O DBComboBox é um TCustomComboBox. As escolhas são acrescentadas na propriedade TStrings Items e armazenadas no campo indicado nas propriedades DataField e DataSource. Você pode acrescentar itens a um DBComboBox ou DBListBox no tempo de execução da seguinte maneira:

```
DBComboBox.Items.Add( 'True' );
DBComboBox.Items.Add('False');
```

Supondo que outros valores não foram acrescentados, as duas possíveis escolhas para essa caixa de lista seriam 'True' e 'False', escolhas ideais para um booleano ou campo de texto.

DBCheckBox

Como uma alternativa para um DBComboBox, para verdadeiro ou falso, você poderia usar um DBCheckBox. True é indicado por uma marca e False é indicado pela ausência de uma marca. Além das propriedades DataField e DataSource, existem duas propriedades de transposição, ValueChecked e ValueUnchecked, que permitem que você indique a representação subjacente do DBCheckBox com ou sem uma marca. Os valores-padrão são True e False, mas você poderia usar preto e branco, vermelho e verde, 0 e 1, ou Sim e Não, ou seja, o que melhor se adeque à suas necessidades.

DBLookupListBox

O DBLoopupListBox tem as propriedades agora familiares, DataField e DataSource, indicando que a escolha se inclina e, também, tem ListSource, ListField e KeyField. Essas três propriedades determinam de onde vêm as escolhas de dados. ListSource é a DataSource que contém a lista de dados. As propriedades ListSource e DataSource não podem referir-se ao mesmo componente TDataSource. Isso significa que você precisará de dois *datasets* e duas fontes de dados para usar um DBLoopupListBox.

ListField é a lista de escolhas exibida em ListBox, e KeyField representa os dados que de fato são escritos em DataField de DataSource. KeyField e DataField não têm o mesmo nome, mas precisam ter o mesmo tipo e tamanho de dados. KeyField e ListField podem ser o mesmo campo ou você pode usar valores amigáveis de exibição para a lista de campo e valores indexados para KeyField.

DBLookupComboBox

O DBLookupComboBox é o parente de DBLookupListBox. Indica ListSource, ListField e KeyField e a lista *dropdown* é cheia com valores na coluna ListField, de ListSource. Quando um dos itens da lista *dropdown* é escolhido, o valor KeyField para aquela fileira de item é ajustado na DataField do *dataset* referenciado pelo componente DataSource.

DBRichEdit

O controle TDBRichEdit está em ambos os controles, Memo e TCustomRichEdit (TCustomRichEdit é herdeiro de TCustomMemo). Rich text permite que o usuário entre com comandos de rich text, que controlam atributos de fonte e informações de formatação de parágrafo. Designando as propriedades DataField e DataSource, você pode armazenar *memos* RichText em um banco de dados. (Veja a seção "DBRichEdit" para exemplos de como usar esse controle.)

DBCtrlGrid

O DBCtrlGrid é um WinControl personalizado que permite a você colocar controles múltiplos em um único painel por ocasião do *design*. Cada painel de controle representa uma fileira no *dataset*. Quando você percorre a grade, os controles são reproduzidos em painéis subseqüentes e uma fileira de dados adicional é apresentada naquelas fileiras. A Figura 14.2 mostra a imagem de um TDBCtrlGrid por ocasião do *design*. Ajuste a DataSource do DBCtrlGrid e todos os controles de dados colocados na grade usarão aquela DataSource. Depois, ajuste a DataField para cada um dos controles de dados. Projete um painel e o DBCtrlGrid preencherá os outros painéis com controles reproduzidos e a próxima fileira seqüencial no *dataset* (veja a Figura 14.3, a qual mostra o tempo de execução do DBCtrlGrid, como projetado a partir da Figura 14.2).

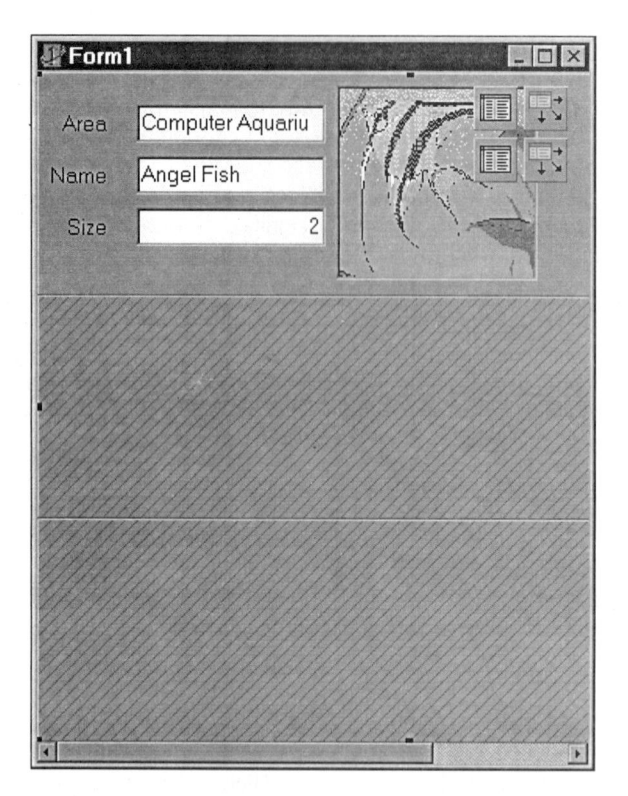

Figura 14.2 Projete um painel do DBCtrlGrid com controles de dados e os outros painéis serão preenchidos com controles idênticos, referindo-se a registros subseqüentes (como mostrado na Figura 14.3)

Você pode especificar ColCount e RowCount para exibir fileiras múltiplas de dados de uma vez. A Figura 14.3 mostra a tabela animals.dbf, que exibe três fileiras e duas colunas de dados, ou seis registros de uma vez.

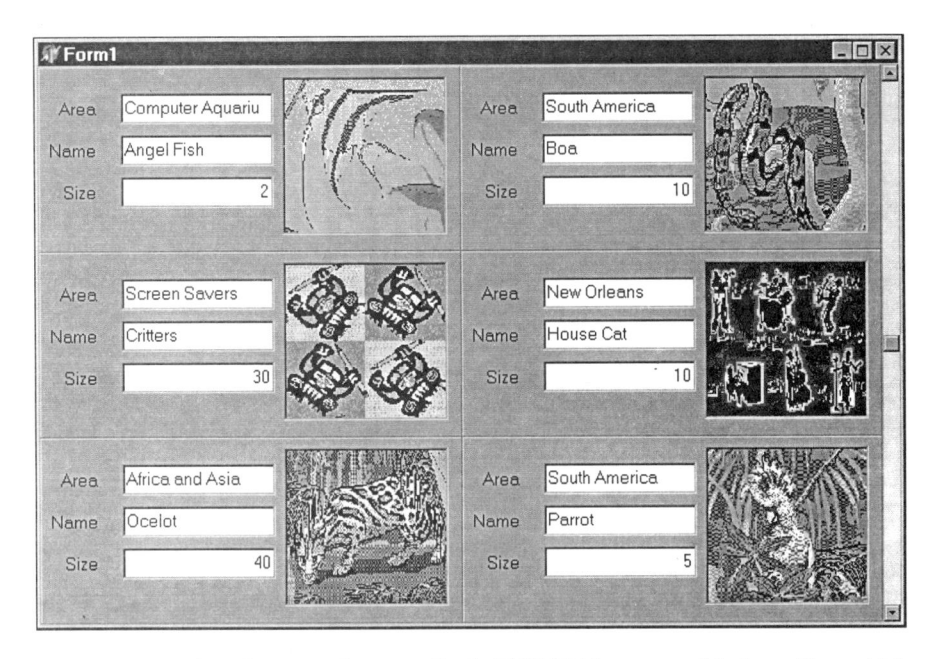

Figura 14.3 A vista de tempo de execução do DBCtrlGrid, como projetado na Figura 14.2

DBChart

DBChart é parte de uma história de Cinderela. Dave Berneda desenvolveu o componente TChart há muitos anos atrás. Ele tornou-se tão popular que a Inprise incluiu o controle em VCL e Dave Berneda tem um crédito Delphi Staff (pessoal Delphi) na caixa de diálogo About de Delphi. O DBChart é um controle Tchart com um avançado editor componente; ele tem a sua própria seção neste capítulo, sob o título de seção "Controle DBChart".

Como se conectar a uma DataSource e DataSet

Essa é uma rápida revisão, se você pulou o Capítulo 13. Os controles de dados exigem pelo menos um componente TDataFource e um TDataSet para anexar a um banco de dados. O componente TDataSource tem uma propriedade DataSet. DataSet representa os dados no banco de dados e DataSource conecta os controles de dados à DataSet.

O código TDataSource poderia ter sido incorporado em TdataSet, mas então, cada DataSet teria crescido, pelo tamanho acrescido do TDataSource. Isso significa que TBDEDataSet, TDBDataSet, TQuery, TstoredProcedure, TnestedTable e TQuery teriam "inchado". Entretanto, há ocasiões em que você precisa de uma DataSet, mas não de uma DataSource. Por exemplo, uma consulta que contém SQL para apagar uma fileira não retorna um conjunto de dados; assim, não faz sentido associar uma DataSource a TQuery, usado para apagar fileiras. Outras vezes, uma consulta é definida para retornar um *dataset* resultante e precisa de uma DataSource para exibir os campos no *dataset* resultante.

Cada controle de dados é conectado a um campo específico em uma DataSet, ajustando a propriedade DataSource do controle da dados e escolhendo um dos DataFields disponível.

Propriedades de controle de dados

Todos os controles de dados têm propriedades e eventos que eles herdam de suas classes ancestrais. TDBEDit herda de TEdit e tem todas as propriedades de um controle TEdit. A visibilidade da propriedade não pode ser rebaixada, por exemplo, de pública para pública — portanto, todas as propriedades públicas de TEdit estarão presentes no objeto inspetor do controle TDBEdit.

Propriedades aninhadas

O Delphi permite que você modifique propriedades aninhadas. Um controle DBEdit tem uma propriedade Font, a qual contém uma propriedade Style que você pode modificar no Object Inspector. É possível ver o valor de propriedades aninhadas, clicando o [+] para expandir a lista de propriedades aninhadas ou o [-] para reduzir as propriedades aninhadas. O Delphi 6 introduz referências e subcomponentes de propriedade *inline*.

Referências e subcomponentes de propriedades inline

Os componentes agora possuem seus próprios componentes. Para criar um componente que possui um outro, chame o método SetSubComponent. (Consulte o Capítulo 10 para mais informações sobre subcomponentes e um exemplo de como usar SetSubComponent.) Referências de componentes públicos serão exibidas no Object Inspector.

> **DICA**
> Os botões de expandir e reduzir não serão apresentados se nenhum componente for referenciado. Propriedades e eventos referenciados aninhados têm cor de fonte vermelha no Object Inspector.

Os componentes publicados referenciados também serão listados no Object Inspector (novo no Delphi 6). O resultado é que você pode modificar propriedades e eventos em DataSource e DataSet de um controle TDBEdit com o componente DBEdit focalizado. (Qualquer componente publicado referenciado pode ser modificado dessa forma.) A Figura 14.4 mostra um controle TDBEdit selecionado no Object Inspector. A guia Events é focalizada no TDataSet duplamente aninhado. Para modificar o evento TDataSource.OnDataChange para o controle DBEvent selecionado no Object Inspector, você tem duas escolhas: pode encontrar o DataSource referenciado para modificar as propriedades e eventos, ou modificá-los através da referência aninhada.

Capítulo 14 - Como usar controles de dados | 459

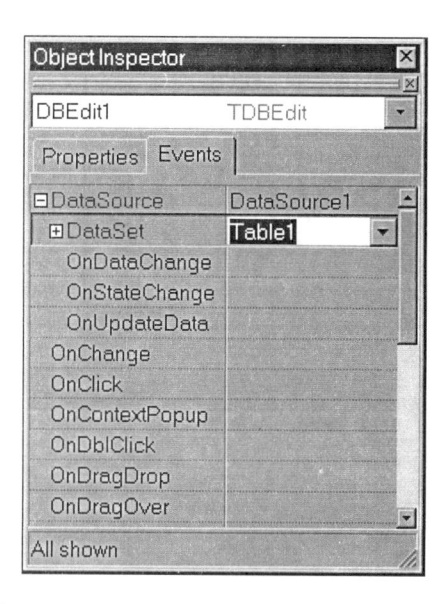

Figura 14.4 DataSource aninhado e propriedades TDataSet duplamente aninhadas de um controle DBEdit

Controle DBRichEdit

O controle DBRichEdit é descendente de TCustomRichEdit. Rich text permite que comandos sejam embutidos no corpo do documento. O controle de rich text inclui informações de formatação de fonte e parágrafo para que o aspecto do texto possa variar através do documento.

Formatação de texto

Texto RichEdit e DBRichEdit podem ser formatados com a propriedade SelAttributes, uma propriedade pública TTextAttributes. SelAttributes pode ser usada para especificar o conjunto de caráter, cor, atributo de consistência, altura, nome, largura, tamanho, estilo e se o texto é protegido ou não.

NOTA
As imagens usadas para o RichEditDemo.exe não são encaminhadas com o Delphi. Elas são botões de barra de ferramentas Windows 95; os bitmaps podem ser encontrados em \Program Files\Microsoft Visual Studio\Common\Graphics\Bitmaps\TlBr_W95 (se você tiver instalado o Visual Studio 6.0).

Existem dois programas de exemplo a escolher para aprender como usar o controle RichEdit. Abra o projeto Demos\RichEdit\RichEditor.dpr no diretório Demos do Delphi para um exemplo de um editor RichText, ou o exemplo DBRichText contido no CD-ROM deste livro (veja a Figura 14.5).

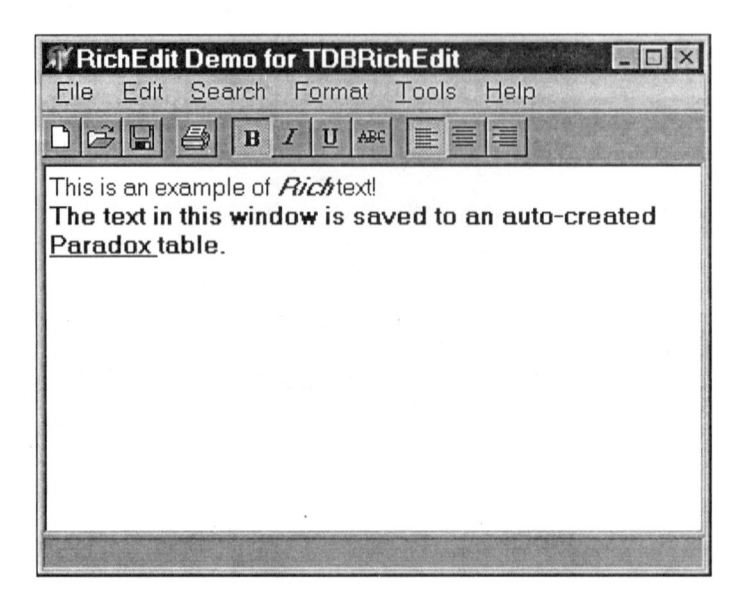

Figura 14.5 RichEditDemo.exe, um exemplo que demonstra o controle TDBRichEdit

Como ajustas estilos de fonte

A propriedade TDBRichEdit.SelAttributes.Style é um conjunto de TFontStyle. O valor pode ser qualquer um de fsBold, fsItalic, fsUnderline ou fsStrikeOut. A propriedade Style de SetAttributes é um conjunto. Use um conjunto aritmético para incluir ou excluir um estilo em especial ao conjunto. Na Figura 14.5, foram usados botões de ferramenta com **B**, **I**, **U** e **abe** para representar esses estilos definíveis pelo usuário. O código de suporte foi escrito em um acionador de evento e a propriedade de evento OnClick para todos os botões de ferramenta, representando os estilos (anteriormente mencionados), foi designada para o único acionador de evento.

```
procedure TFormRichEditDemo.ToolButtonBoldClick(Sender: TObject);
const
      STYLES : array[1..4] of TFontStyle = (fsBold, fsItalic,
                                fsUnderline, fsStrikeOut );
begin
// Use ToolButton for Down and Tag
with Sender As TToolButton do
      // Use DBRichEdit1.SelAttributes for Style
```

```
        with DBRichEdit1.SelAttributes do
            if( Down ) then
                Style := Style + [ STYLES[Tag] ]
            else
                Style := Style - [ STYLES[Tag] ];
end;
```

> **NOTA**
> *Usar múltiplas declarações with pode ser um pouco confuso. A listagem anterior pode ser implementada usando testes condicionais if, uma declaração case ou um uso prolixo dos objetos e propriedades. Por exemplo, o teste if poderia ser escrito como if (DBRichEdit1.SelAttributes.Down) then; qualquer estilo que seja mais fácil para você entender é o melhor.*

Cada botão que representa um estilo de fonte tem um valor inteiro ajustado na propriedade Tag. Por exemplo, o botão Bold tem uma propriedade Tag de 1. Se TToolButton.Down é verdadeiro, então o estilo é incluído no conjunto TFontStyles. Se TToolButton.Down for falso, então o estilo será excluído do conjunto FontStyles. A guia é usada para indexar o *array* STYLES, para retornar um estilo de fonte em especial. Os comentários indicam que Down e Tag são propriedades pertencentes a ToolButton, e Style é uma propriedade de SelAttributes.

Como mudar a cor de fonte

TColorDialog é um conveniente componente de caixa de diálogo para pegar visualmente uma TColor. Localizado na guia Dialogs da paleta de componente, essa propriedade Color do componente pode ser designada para a propriedade SelAttributes.Color de um controle RichEdit.

```
procedure TFormRichEditDemo.Color1Click(Sender: TObject);
begin
    if( ColorDialog1.Execute ) then
        DBRichEdit1.SelAttributes.Color := ColorDialog1.Color;
end;
```

Alternativamente, o TFontDialog poderia ser usado, e todos os valores Font designados de uma vez.

```
if( FontDialog1.Execute ) then
    begin
        DBRichEdit1.SelAttributes.Style := FontDialog1.Font.Style;
        DBRichEdit1.SelAttributes.Size := FontDialog1.Font.Size;
        DBRichEdit1.SelAttributes.Color := FontDialog1.Font.Color;
        DBRichEdit1.SelAttributes.Charset := FontDialog1.Font.Charset;
        DBRichEdit1.SelAttributes.Name := FiontDialog1.Font.Name;
end;
```

SelAttributes não tem uma propriedade Font; portanto, os atributos Font precisam ser ajustados individualmente, conforme demonstrado.

Como modificar atributos de parágrafo

A propriedade Paragraph de um controle TRichEdit (e TDBRichEdit) é um objeto TParaAttributes. A propriedade Paragraph pode ser usada para indicar valores Alignment (Alinhamento), FirstIntend (Primeiro recuo), LeftIndent (Recuo à esquerda), Numbering (Numeração), RightIndex (Índice à direita), Tab e TabCount. A propriedade Paragraph.Alignment é um TAlignment enumerado, tendo possíveis valores de tsLeftJustify ou tsRightJustify. Esses valores são mutuamente exclusivos, portanto os botões representando alinhamento de texto (veja a Figura 14.5) foram agrupados e AllowAllUp foi ajustado para False. Você pode mudar essas propriedades, mantendo pressionada a tecla Shift e clicando em cada um dos três botões. Ajuste Grouped (apenas para esses três controles) para True, mude AllowAllUp para False e mude a propriedade Down para True para o botão representando a justificativa à esquerda. O código que muda o alinhamento de texto é o que segue:

```
procedure TFormRichEditDemo.Tool.ButtonLeftJustifyClick(Sender:
        TObject);
const
      ALIGNMENTS ; array[1..3] of TAlignment = (taLeftJustify,
          taCenter, taRightJustify);
begin
      if( (Sender As TToolButton).Down ) then
          DBRichEdit1.Paragraph.Alignment := ALIGNMENTS[Tag];
      Table1.Edit;
end;
```

Para ser consistente, a mesma técnica de *array* que foi usada para modificar estilos de fonte foi usada para modificar o alinhamento de texto selecionado. Nos três botões contendo linhas e alternando o comprimento horizontal, propriedades de evento OnClick foram designadas ao acionador de evento anterior. O código é equivalente ao seguinte código, usando uma declaração case.

```
case (Sender As TToolButton). Tag of
      1: DBRichEdit1.Paragraph.Alignment := taLeftJustify;
      2: DBRichEdit1.Paragraph.Alignment := taCenter;
      3: DBRichEdit1.Paragraph.Alignment := taRightJustify;
end;
```

O uso do *array* favorece melhor desempenho, resultando em significativamente menos *bytes* de código de máquina (Thorpe, 1996).

Como encontrar texto

FindDialog é um conveniente componente de caixa de diálogo para muitas espécies de operação de busca. Os controles RichEdit têm um método, FindText, que toma um argumento de busca de texto, iniciando e encerrando posições de busca, e um *array* de parâmetros de tipo de combinação, que define como as *comparações* são feitas. FindText retorna um espaço inteiro, indicando a posição relativa ao início do texto onde foi encontrada a combinação. Acrescentar o comprimento do texto de busca ao espaço retornado por FindText resulta no texto precisamente combinado.

As propriedades SelStart e SelLenght indicam o texto selecionado. Combinar essas duas propriedades com o método FindText permite que você implemente as capacidades Find e Find Again. A listagem a seguir é uma parte do programa RichEditDemo.

```
procedure TFormRichEditDemo.FindText( const FindText : String;
     IsNewSearch : Boolean );
const
     StartPos : Integer = 0;
var
     EndPos, FoundPos : Integer;
begin

     if( DBRichEdit1.SelLength = 0 ) of (IsNewSearch) then
          StartPost := 0
     else
          StartPos := DBRichEdit1.SelStart + DBRichEdit1.SelLength;
     EndPos := Length(DBRichEdit1.Lines.Text) - StartPos;
     FoundPos := DBRichEdit1.FindText( FindText, StartPos, EndPos,
               [stMatchCase]);
     if( FoundPos <> - 1 ) then
     begin
          DBRichEdit1.SetFocus;
          DBRichEdit1.SelStart := FoundPos;
          DBRichEdit1.SelLength := Length( FindText );
     end;

end;
```

O procedimento FindText (que espelha o método DBRichEdit usado) toma dois argumentos: o texto a encontrar, FindText e IsNewSearch, que tem um valor booleano padrão de True. Se a busca for a primeira depois que FindDialog for exibido, então StartPos é ajustado para 0 (o início do texto). StartPos é definido como uma constante designável; ele manterá o seu valor entre chamadas subseqüentes a FindText. FindText é chamado para ambas as operações, Find e Find Again. O StartPos em buscas subseqüentes é o atual SelStart mais SelLength; que é o ponto depois do final da combinação anteriormente encontrada. EndPos é o comprimento do valor Text do controle RichEdit menos StartPos, representando o texto que já foi buscado.

Se a posição de texto for encontrada, então o controle é focalizado e o texto encontrado é destacado, ajustando a posição TDBRichEdit.SelStart para FoundPos e a posição TDBRichEdit.SelLength para o comprimento do texto procurado.

Como seqüenciar campos BLOB

BLOB é um acrônimo para Binary Large Object. O controle DBRichEdit usa um ftFmtMemo TFieldType. Esse tipo é um campo *blob* (consulte a seção sobre TFields dinâmicos e persistentes no final deste capítulo, para saber mais a respeito objetos TField). O valor de

```
Table1.FieldsByName('RICH_MEMO').IsBlob
```

ou

```
Table1.FieldsByName('RICH_MEMO') Is TBlobField
```

ambos resultam em uma avaliação para True. Uma característica de TBlobFields é que eles podem ser seqüenciados para e das classes TStream, como TFileStream. Isso significa que campos Blob podem ser facilmente escritos para um arquivo, ou de um arquivo, usando os métodos TBlobField SaveToFile e LoadFromFile, conforme demonstrado.

```
procedure TFormRichEditDemo.ExportMemo;
begin
    SaveDialog1.InitialDir := ExtractFilePath(Application.EXEName);
    if( SaveDialog1.Execute ) then
        (Table1.FieldByName(1TICH_MEMO') As
            TBlobField).SaveToFile(SaveDialog1.FileName);
end;
```

Em RichEditDemo, o valor do campo de registros atuais RICH_MEMO, um ftFmtMemo TFieldType, é salvo para um arquivo externo se o usuário clicar o botão Save no SaveDialog. Carregar o arquivo RichEdit de uma fonte externa é possível, usando o método LoadFromFile. Porque estamos lendo um arquivo em um controle DBRichEdit, o DataSet do controle precisa estar no modo Edit.

Controle DBGrid

O controle DBGrid é um TCustomerGrid que representa uma tabela inteira, ou o *dataset* em um controle. Porque cada campo retornado no *dataset* resultante é representado em uma coluna, apenas a propriedade TDataSource tem que ser ajustada; não existe uma única propriedade DataField. A partir da propriedade DataSource.DataSet, a grade pode garantir dinamicamente os campos e a ordem de campo do *dataset*. Uma fileira na grade representa uma fileira no *dataset*; uma coluna na grade representa todos os valores (visíveis) de campo em um campo no *dataset*.

Um *dataset* (conjunto de dados) pode ser compreendido de uma única tabela, por exemplo, quando a TDataSet referenciada por DataSource é uma TTable, a DataSet refere-se a uma única tabela em um banco de dados. Bancos de dados relacionais são campos indexados para associar logicamente tabelas disparatadas em uma variedade de maneiras, com base em relacionamentos perceptíveis existentes. Um exemplo é o relacionamento de pessoas com números de telefone. A maioria das pessoas nos Estados Unidos tem vários números de telefone que podem ser usados para contatá-las, dependendo de onde um indivíduo pode estar em determinado momento. A maioria dos adultos tem um telefone residencial, um telefone comercial e, possivelmente, um telefone celular. O relacionamento descrito entre uma pessoa e seus números de telefone de contato é um para muitos. Em um banco de dados relacional, duas tabelas, uma para o indivíduo e uma para os números de telefone de contato, poderiam ser definidas. Uma chave lógica pode manter o relacionamento entre uma pessoa e seus números de telefone. Veja a seção sobre TUpdateSQL no Capítulo 13, para conhecer um exemplo que reúne as tabelas Customer e Orders de um exemplo de aplicativo MasterApp que vem com o Delphi.

Tabelas logicamente reunidas podem ser retornadas em um componente TQuery, um TDataSet pode ser usado para preencher o DBGrid. Assim, uma fileira em DBGrid pode representar campos selecionados de mais de uma tabela.

Coleção de colunas e coleção de objetos

A unidade dbgrids.pas define um TCollectionItem classe TColumn. Um objeto TColumn representa uma coluna no controle DBGrid. Você pode usar o componente editor DBGrid (veja a Figura 14.6) para gerenciar colunas DBGrid por ocasião do *design*. Se você não definir as colunas nesta ocasião, então um objeto-coluna será criado, representando cada campo no *dataset* resultante no tempo de execução. Isso pode ou não ser o que você deseja. Como um benefício extra, você pode obter uma vista WYSIWYG (What You See Is What You Get) de como os dados serão apresentados na grade por ocasião do *design*.

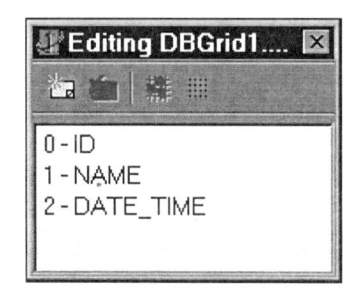

Figura 14.6 As colunas de editor DBGrid (mostradas) são um componente editor, acessado a partir do menu de contexto DBGrid

Continuando com o RichEditDemo, podemos criar a grade de colunas por ocasião do *design*, ajustando o componente *dataset*, seja TQuery ou TTable, para ativar por ocasião do *design*, ou definindo um TFields estático nesta ocasião. (Por ora, ajustaremos a propriedade Query.Active para True em RichEditDemo; veja a seção "Campos dinâmicos e persistentes" mais adiante, neste capítulo, para colher mais informações sobre objetos TFields.) O aplicativo TichEditDemo cria automaticamente uma tabela Paradox com os campos ID, NAME, DATE_TIME Erich_MEMO. A consulta é definida para retornar apenas os três primeiros campos no aplicativo. Para se exercitar no editor Columns, use qualquer tabela e escreva a consulta para retornar todos os campos.

SELECT * FROM MEMOS.DB

NOTA *Se você não tiver um nome alternativo ODBC definido que indique o diretório que contém a tabela, então use todo o caminho entre aspas duplas (") na cláusula FROM da consulta. Por exemplo, SELECT * FROPM "C:\TEMP\MEMOS.DB".*

Acrescente a consulta à propriedade SQL de um componente TQuery e ajuste a propriedade Active para True. Lembre-se de que DBGrid é conectado a um DataSet através de DataSource. Ajuste um DataSource ao formulário com DBGrid. Ajuste a propriedade TDataSource.DataSet ao componente Query. A Figura 14.7 mostra a imagem por ocasião do *design* da caixa de diálogo Open Memo, a partir do programa RichEditDemo. O formulário é usado para pegar uma fileira do campo MEMOS.DB e retornar o valor ID selecionado.

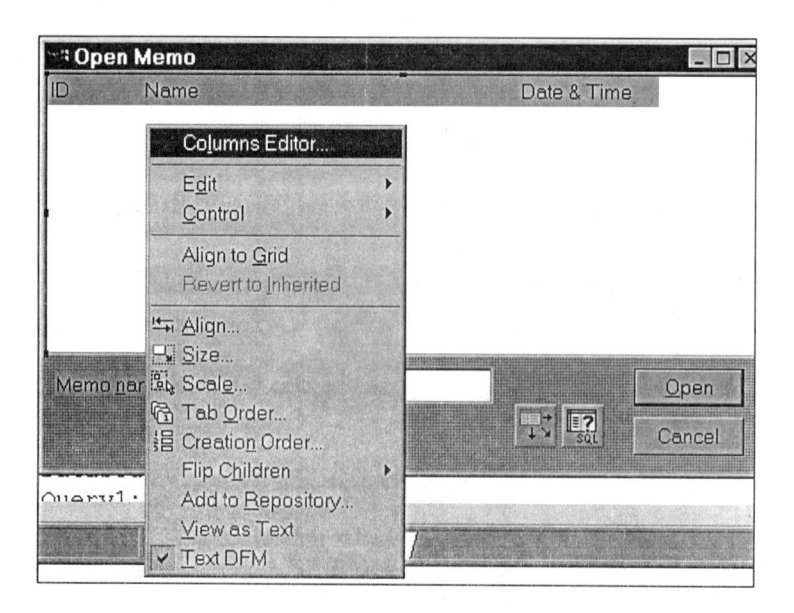

Figura 14.7 A caixa de diálogo Open Memo (com o menu de contexto DBGrid \ao fundo) antes dos objetos Columns serem acrescentados por ocasião do design

Como acrescentar colunas em tempo de desenvolvimento

Acrescentar colunas em tempo de desenvolvimento permite que você manipule visualmente cada aspecto de uma coluna através do Object Inspector. Supondo que você tenha propriedades DataSet e DataSource configuradas (veja o início desta seção), ative o editor Columns, clicando à direita sobre o DBGrid, por ocasião do *design*, para exibir o menu de contexto DBGrid. Pegue o editor Columns do menu de contexto (veja a Figura 14.7) para abrir o editor Columns, mostrado na Figura 14.6.

> *Alternativamente, o editor Columns pode ser ativado a partir da propriedade TDBGrid.Columns no Object Inspector.*

DICA

Uma vez que Query é Active, clique à direita sobre o editor Columns, para exibir o menu de contexto editor Columns. Se o *dataset* estiver ativado, então o item de menu Add All Fields será habilitado. Outras opções incluem Add, Delete, Select All, Restore Defaults (recuperar padrões) e Toolbar, que podem ser usadas para acrescentar colunas, uma de cada vez, apagar colunas, selecionar todas as colunas no editor, recuperar padrões de coluna e alternar a visibilidade da barra de ferramentas do editor Columns. Clique Add All Fields para acrescentar uma coluna para cada campo retornado no *dataset* resultante. A Figura 14.8 mostra o Object Inspector e o editor Columns depois dos campos terem sido acrescentados.

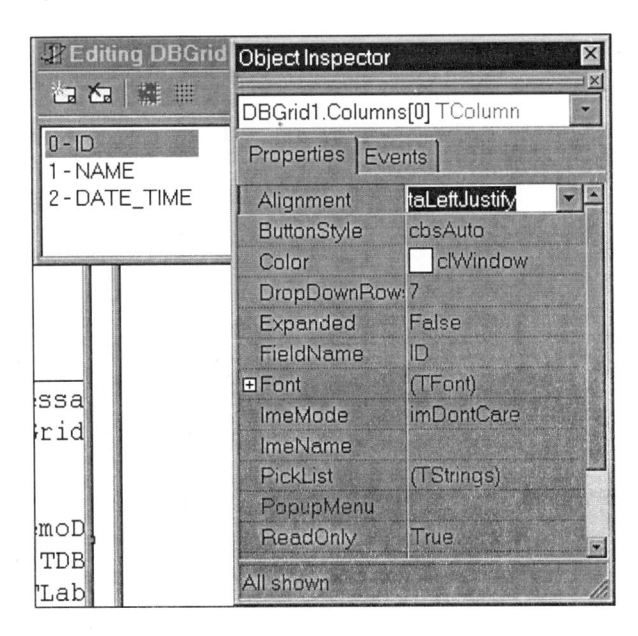

Figura 14.8 O Object Inspector com a coluna ID selecionada ao fundo e o editor Columns depois dos campos terem sido acrescentados no fundo

Uma vez acrescentadas as colunas, é possível selecionar cada uma individualmente e modificar as propriedades de colunas por ocasião do *design*

Como modificar propriedades de colunas em tempo de desenvolvimento

Para modificar propriedades de coluna, pegue uma ou mais colunas no editor Columns e mude quaisquer propriedades, de acordo com a(s) coluna(s) escolhida(s). A Tabela 14.1 lista todas as propriedades Column disponíveis por ocasião do *design*.

As etapas que seguem descrevem uma personalização do aspecto da coluna MEMOS.DB. (Elas são aplicáveis a quaisquer colunas.)

1. Apague a coluna RICH_MEMO do *dataset* resultante, clicando a coluna no editor e pressionando o botão Delete.
2. Mude o NAME Title.Caption para Name e o caption(titulo) DATE_TIME para Date & Time.

Tabela 14.1 Propriedades TColumn que podem ser modificadas por ocasião do design se colunas estáticas forem criadas com o editor Columns, ou no tempo de execução, à medida que elas são criadas dinamicamente por DBGrid, se você não as definir por ocasião do design

Propriedades de coluna	Descrição
ButtonStyle	TColumnButtonStyle definindo um botão de edição exibido na célula grade; possíveis escolhas são cbsAuto, cbsEllipsis e cbsNone
Color	Cor de fundo das células de campo
DropDownRows	Número de fileiras exibidas se ButtonStyle for cbsAuto e a coluna tiver um campo de busca ou PickList definido
Expanded	Se True, então ObjectFields é expandido, mostrando uma coluna adicional para objeto campos
FieldName	O nome de campo a partir do qual a coluna deriva os valores em cada campo
Font	A fonte de célula para cada célula nessa coluna
ImeMode	Método editor de entrada para a coluna usada por um tradutor de caractere asiático
ImeName	O nome do método editor de entrada usado
PickList	Uma lista de pegar (TStrings) estática de possíveis escolhas para campos nessa coluna; por exemplo, um campo booleano poderia usar valores True e False na lista de pegar
PopupMenu	Um TPopupMenu que pode ser exibido em uma coluna em especial
ReadOnly	Determina se os dados na coluna são editáveis
Title	Um objeto TColumnTitle que define o aspecto da célula de coluna fixa dessa coluna
Visible	Controla a visibilidade da coluna
Width	Controla a largura da coluna

3. Mude a propriedade ID Alignment para taLeftJustify.
4. Mude a propriedade NAME columns Width (nomeie a largura das colunas) para 255.
5. Porque essa caixa de diálogo é usada para selecionar um *memo* em particular, assegure-se de que cada propriedade ReadOnly da coluna seja True.
6. Ajuste a propriedade TQuery.Active para True, para ver o resultado das Etapas 1 a 5.

As Etapas de 1 a 5 foram realizadas na tabela MEMOS.DB e a aparência por ocasião do *design* da caixa de diálogo Open Memo é mostrada na Figura 14.9. A sua grade só terá dados se você copiar de MEMOS.DB, que tem *memos* nela.

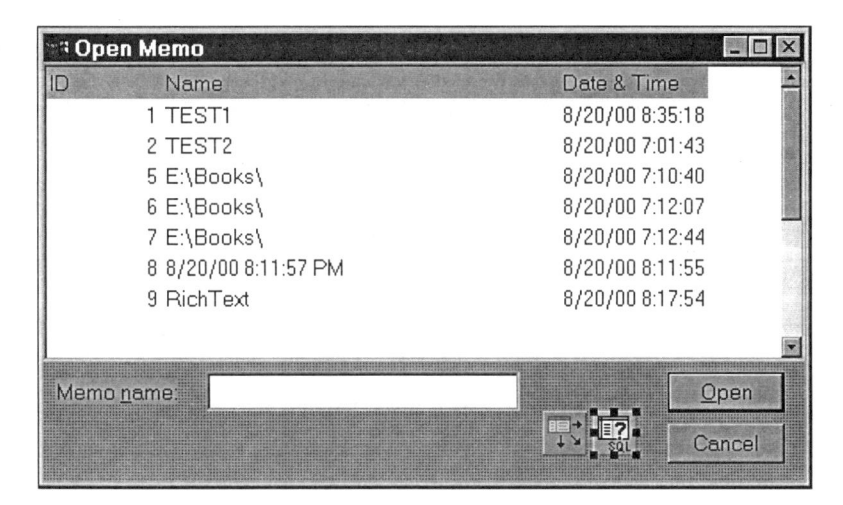

Figura 14.9 A caixa de diálogo Open Memo por ocasião do design. (A sua grade estará vazia, a menos que você tenha acrescentado memos, como demonstrado na figura.)

Eventos de grade

O controle DBGrid introduz vários eventos benéficos ao gerenciamento de grade data-aware. A Tabela 14.2 descreve propriedades de evento introduzidas na classe TDBGrid.

Desenvolvendo aplicações em Delphi 6

Tabela 14.2 Propriedades de evento adicionais para o controle TDBGrid

Propriedade e evento	Descrição
OnColEnter	Acionador de evento chamado quando uma nova coluna recebe o foco
OnColExit	*Acionador* de evento chamado quando uma coluna perde o foco
OnDrawDataCell	Obsoleto; em vez de, use OnDrawColumnCell
OnDrawColumnCell	Chamado quando uma célula de grade precisa ser repintada
OnEditButtonClick	Acionador de evento chamado quando o botão de edição indicado pela propriedade ButtonStyle da coluna é clicado
OnColumnMoved	Acionador de evento chamado quando o usuário move uma coluna com o *mouse*
OnCellClick	Chamado quando a célula é clicada; exige que TDBGrid.Options não inclua dgRowSelect
OnTitleClick	Chamado quando o título da coluna é clicado.

Use os acionadores de evento para codificar lógica comercial ou para criar efeitos de desenho personalizados. Por exemplo, para desenhar um retângulo destacado em uma coluna, acrescente o seguinte código ao acionador de evento OnTitleClick.

```
type
      TFudgeGrid = class(TCustomGrid);
procedure TFormOpenMemoDialog.DrawFocusColumn(
      AColumn : Integer = -1 );
const
      Column : Integer = -1;
var
      ARect : TRect;
begin
      if(AColumn <> - 1) then Column := AColumn;
      if( Column = -1 ) then exit;
      DBGrid1.Refresh;
      ARect := TFudgeGrid(DBGrid1).CellRect( Column, 0 );
      ARect.Bottom := ARect.Bottom * TFudgeGrid(DBGrid1).RowCount;
      DBGrid1.Canvas.DrawFocusRect( ARect );
end;
```

O método DrawFocusColumn pode ser chamado dos acionadores de evento OnTitleClick e OnCellClick. Se AColumn não for – 1, então a constante designável é atualizada. Se AColumn for – 1 e Column não for – 1, então a grade é atualizada e o retângulo destacado é desenhado em torno de toda a coluna. Pelo fato de que o método CellRect é protegido e o código está chamando-o do acionador de evento do formulário, a "técnica de espionagem" introduzida no Capítulo 2 é usada para diminuir a classificação de DBGrid1 para TFudgeGrid.

Capítulo 14 - Como usar controles de dados | **471**

NOTA

Uma rápida nota sobre estilo: se você quiser um retângulo de foco vertical, então o código da listagem precedente é adequado para uma rápida correção ou fazer protótipo. Entretanto, a habilidade de manter um foco de retângulo define uma capacidade de uma grade e uma boa implementação baseada em objeto nos anima a refinar o TDBGrid e incorporar a capacidade de foco vertical no componente que, semanticamente, possui o comportamento, a grade.

Chamar DrawFocusColumn com Column.Index a partir do acionador de evento OnTitleClick atualiza o foco de retângulo vertical. Chamar DrawFocusColumn sem parâmetros, a partir de OnCellClick, atualiza o último foco de retângulo vertical desenhado. (Consulte a seção a seguir para conhecer um exemplo de desenho personalizado de célula.)

Como desenhar uma célula personalizada

O DBGrid tem uma limitação irritante. Você pode decidir ter linhas de grade verticais e horizontais — resultando em um belo efeito em 3D para os títulos de coluna e linhas de grade para as células de dados — ou sem linhas de grade, mas você perde o efeito de título em 3D. Empregando o evento OnDrawColumnCell, pode criar células de título de coluna em 3D sem as linhas de grade resultantes. (Veja a Figura 14.10.) O código que segue define o efeito.

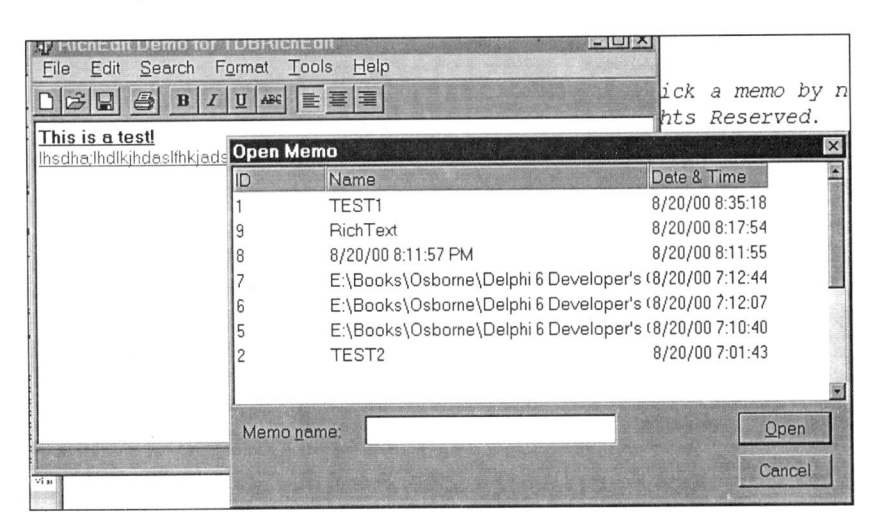

Figura 14.10 Células de coluna em 3D sem as linhas de grade de célula horizontal e vertical

```
type
     TFudgeGrid = class(TCustomGrid);
procedure TFormOpenMemoDialog.DBGrid1DrawColumnCell(Sender:
TObject;
     const Rect: TRect; DataCol: Integer; Column: TColumn;
     State: TGridDrawState);
var
     ARect : TRect;
begin
     ARect := TFudgeGrid(DBGrid1).CellRect( DataCol, 0 );
     if( Rect.Top <= ARect.Bottom + 5 ) then
     begin
           DrawEdge(DBGrid1.Canvas.Handle, ARect, EDGE_ETCHED,
                BF_TOPLEFT);
           DrawEdge(DBGrid1.Canvas.Handle, ARect, EDGE_ETCHED,
                BF_BOTTOMRIGHT);
     end;
end;
```

A classe de "espionagem" TFudgeGrid é usada para obter o TRect para a célula de título a ser desenhada. Depois que a célula de coluna é determinada, a API DrawEdge é usada para criar o efeito visual. Infelizmente, o acionador de evento não é chamado para a linha fixa contendo valores de coluna; como resultado, as células de título ou têm que ser pintadas quando qualquer outra célula for pintada, ou um esquema cru precisa ser revisado para limitar o número de pinturas (como fizemos na listagem anterior).

DICA

Esse problema, como o na listagem de grade de desenho de cabeçalhos de coluna em 3D, em que é difícil realizar naturalmente uma tarefa, devido à inacessibilidade de propriedades ou métodos necessários, favorece a criação de subclasses.

NOTA

Decidir a que classes pertencem propriedades e métodos é uma tarefa fundamental. Faça a seguinte pergunta a si mesmo: "É bom para uma ou todas as cópias?" A propriedade ou o método deve ser contido pela classe que os tornam bons para todas as cópias. Considere o código de desenho da margem de título. Definido no formulário, o código só é útil para uma grade; se ele for definido em uma subclasse DBGrid, todas as grades podem fazer uso do código. A resposta, então, é: "Se a capacidade de desenho de margem estiver em uma subclasse TDBGrid, um novo componente precisa ser criado."

Revisitando a nota da última seção, se esse código fosse afinal, colocado em uma subclasse TDBGrid com a definição de onde ele pertence, então o efeito de coluna poderia ser pintado o número certo de vezes e o código viajaria com o componente. Como é, o código de desenho de margem viaja com o formulário e só é útil para o DBGrid no formulário Open Menu. Criar uma TDBGrid com títulos em 3D é deixado como um exercício.

Controles DBLookupListBox e DBComboBox

DBListBox e DBComboBox permitem que você defina uma lista de escolhas estáticas, acrescentando *strings* à propriedade Items daqueles controles. Um item selecionado é escrito para o campo indicado pelas propriedades DataField e DataSource. DBLookupListBox e DBLookupComboBox derivam de suas escolhas de um segundo conjunto de dados e banco de dados. Além de DataField e DataSource, esses dois controles têm propriedades ListSource, ListField e KeyField. Essas propriedades definem os dados exibidos como as escolhas possíveis. (Veja o MastApp Order Form — formulário de pedidos MastApp — na Figura 14.11.)

Usando Bill To DBLookupBomboBox do formulário Order como um guia completo, os relacionamentos são definidos como a seguir. As propriedades DataField e DataSource representam o campo de dados que será atualizado, e ListSource, ListField e KeyField indicam a lista de possíveis escolhas. À medida que o *dataset*, que contém a fonte de dados, é atualizado, as escolhas adicionais serão disponibilizadas na lista Items. DataField e DataSource, como você lembra, indicam o *dataset* e o campo usados para armazenar os dados. ListSource refere-se ao TDataSource contendo os dados buscados, e TDataSource.DataSet mantém a referência ao TDataSet. TDataSet pode ser um componente Query ou Table. ListField é o campo que contém os Items que serão exibidos na lista *dropdown* da caixa de lista e KeyFields é o valor que será copiado ao campo referenciado por DataField.

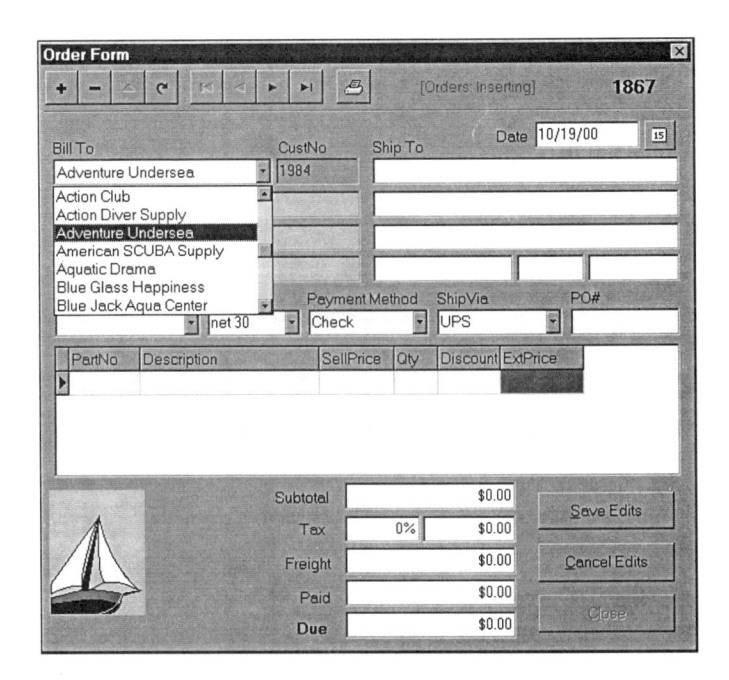

Figura 14.11 O MastApp Order Form. (O programa de demonstração vem com o Delphi.)

ListField e KeyField podem ser campos iguais ou diferentes. KeyField e DataField não precisam ter o mesmo nome mas precisam ter o mesmo tipo. É mais conveniente, no entanto, que KeyField e DataField recebam o mesmo nome. A CompanyCombo no Order Form (formulário de pedido) tem os seguintes valores de propriedade.

- DataField = CustNo
- DataSource = MastData.OrdersSource (MastData é um TDataModule)
- KeyField = CustNo
- ListField = Company
- ListSource = MastData.CustByCompSrc

Quando o usuário pega uma empresa na lista de itens, o cursor no *dataset* referenciado por CustByCompSrc é movido para aquela fileira. O valor CustNo, representado por KeyField, para aquela fileira é copiado ao campo CustNo no MastData.OrderSource.Dataset da fileira atual, no conjunto de dados-alvo.

Controle DBChart

O controle TChart foi implementado há muitos anos atrás. O DBChart é um controle data-aware que deriva os seus valores chart de um *dataset*. O TDBChart é, de longe, o controle mais elaborado, englobando uma multiplicação de editor de componente aninhado, rotulado (veja a Figura 14.12). Esse controle é elaborado o suficiente para garantir o seu próprio guia de bolso. Em um esforço para demonstrar algumas de suas capacidades, foi criado um gráfico Volume By Customer Pie, usando as tabelas customer.db e orders.db para o programa demonstrativo MastApp. O gráfico de torta mostrado na Figura 14.13 foi criado completamente por ocasião do design, não exigindo código adicional.

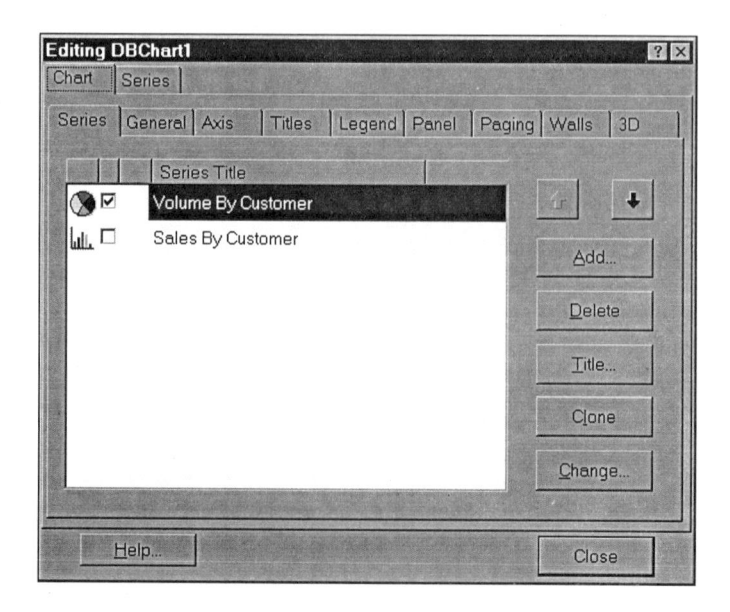

Figura 14.12 *O editor de componente DBChart*

Capítulo 14 - Como usar controles de dados | **475**

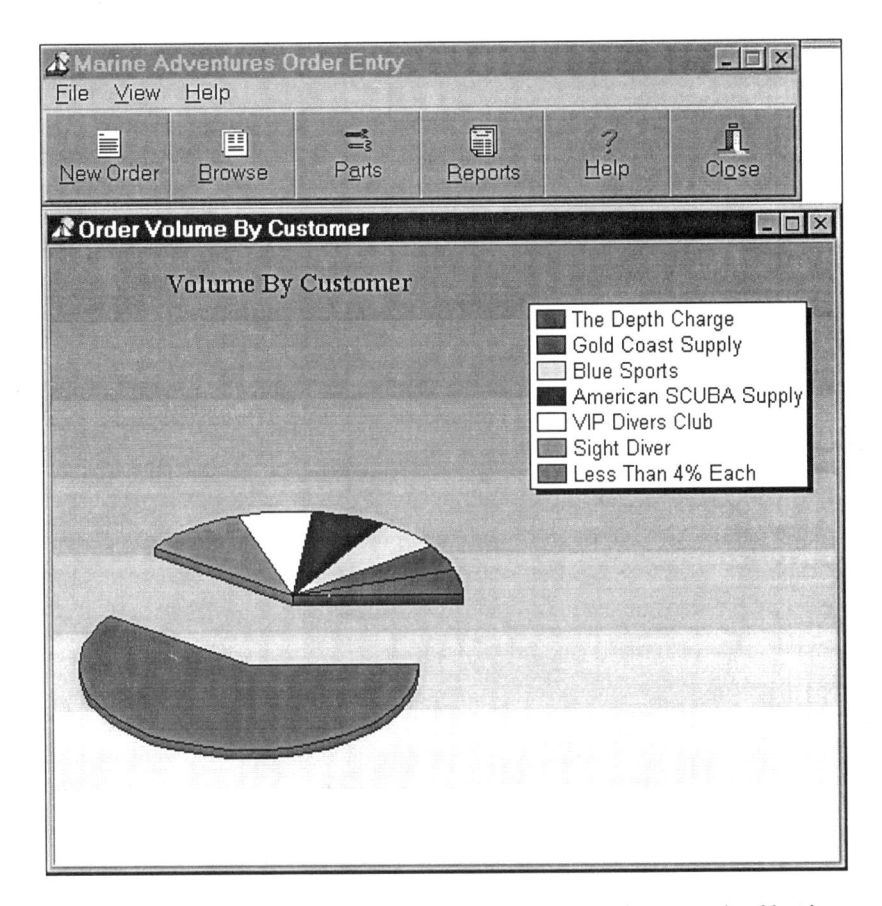

Figura 14.13 Uma edição personalizada para o programa demonstrativo MastApp, que vem com o Delphi, mostrando as vendas por cliente em um gráfico de torta. (O que você não pode ver na figura são as partes de torta coloridas e o fundo gradiente azul.)

DICA

Você pode usar o TeeChart Wizard na guia Business da caixa de diálogo New Items. Inicie o TeeChartWizard, selecionando File, New, Other, Business (guia), TeeChart Wizard na caixa de diálogo New Items. (A tabela já precisa existir se você for usar o TeeChart Wizard e um DBChart, e você só pode selecionar uma tabela. O nosso exemplo usa duas tabelas e uma consulta reunida.)

Para completar um gráfico semelhante ao mostrado, siga as etapas detalhadas na lista abaixo, substituindo as suas tabelas e dados onde necessário.

1. Abra o arquivo de projeto \Program Files\Borland\Demos\Db\MastApp\MastApp.dpr.
2. Clique **File, New, Form** para acrescentar um novo formulário ao projeto MastApp. Salve o novo formulário como ChartForm.pas.
3. O formulário principal é Main.pas. Abra o formulário principal e acrescente o novo ChartForm.pas à declaração uses do formulário Main.pas, clicando **File, Use Unit** e pegando a unidade ChartForm.
4. A partir da guia Data Access na paleta de componente, acrescente um TDataSource e um TQuery a ChartForm.
5. Na guia DataControls, na paleta de componente, acrescente um controle TDBChart. Mude o DBChart1 (o que acabou de acrescentar) da propriedade Align do controle para alClient no Object Inspector. A seguir, prepara a SQL para recuperar os dados necessários.
6. (Lembre-se de que um TDataModule é um componente como formulário, normalmente usado para controles não visuais; os controles mais comuns colocados em um módulo de dados são os componentes Table, Query, DataSource e Database.) No projeto MastApp, um TDatabase contendo o MAST DatabaseName, foi acrescentado à unidade DataMod. Imitando as etapas no item 3, acrescente a unidade DataMod à declaração *uses* da unidade ChartForm.
7. No Object Inspector, ajuste a propriedade TDataSource.DataSet para referir-se a TQuery, acrescentado a ChartForm na etapa 4. Modifique o TQuery.DatabaseName para MAST, mude a propriedade TQuery.SessionName para Default e clique duas vezes no botão elíptico de edição da propriedade TQuery.SQL, para chamar o editor de propriedade TStrings.
8. O gráfico em forma de torta mostra a soma das quantidades de todos os pedidos, a partir da tabela orders.db, reunindo a tabela Company para ler o nome Company (usado na legenda, confira na Figura 14.13). Consulte o Capítulo 19 para um tutorial sobre SQL. Basicamente, a consulta seleciona os campos CustNo, Company e AmountPaid, totalizando AmountPaid e colocando o resultado no campo de nome alternativo Total. A cláusula Where reúne as duas tabelas, customer.db e orders.db, no campo CustNo. A declaração GROUP BY é necessária sempre que são usadas funções agregadas como Sum, e a cláusula ORDER BY classifica as fileiras na ordem da maior para a menor.

```
SELECT DISTINCT d.CustNo, d.Company, Sum(d1.AmountPaid) As
    Total
FROM "customer.db" d, "orders.db" d1
WHERE (d1.CustNo = d.CustNo)
GROUP BY d.CustNo, d.Company
Order by total Desc
```

9. Agora, comece a definir o gráfico. Clique à direita sobre o DBChart para exibir o menu de componente DBChart. Clique a opção **Edit Chart**, a qual exibirá o editor de componente DBChart, na Figura 14.12.
10. Clique na guia **Chart**. Na guia Chart, clique a guia **Series** e clique o botão **Add** para pegar um tipo de gráfico. A guia Standard da caixa de diálogo TeeChart Galery tem um tipo de gráfico de torta. Clique o gráfico de torta e clique **OK**. Clique o botão **Title** e mude o título para Volume By Customer.
11. Fora de PageControl, pegue a guia Series. Aqui, você definirá as informações DataSet e DataSource.
12. Na guia Series, clique a guia aninhada DataSource. A DataSource tem uma ComboBox. Mude o valor da ComboBox para DataSet; serão exibidos campos de edição adicionais. Mude o valor na ComboBox com a etiqueta "DataSet", para referir-se à consulta colocada no formulário na etapa 4. Mude as Labels ComboBox para Company e a Pie ComboBox para Total.
13. Clique a guia Format. Na Format, mude o campo Explode Biggest (explodir o maior) para 85, Group slices Style (Agrupe pedaços de estilos) para abaixo de % (a partir da ComboBox), o valor para 4 e a etiqueta para "Less Than 4% Each" (menos de 4% cada).
14. Acrescente um fundo gradiente, clicando a guia Chart externa e depois a guia interna Panel. Localize a caixa de grupo Gradient no canto inferior direito da guia Panel. Marque a caixa de verificação visível e pegue uma cor gradiente de início e encerramento.

DICA

Se você não estiver familiarizado com SQL, tem a opção de usar o recurso Database Desktop QBE (Query By Exemple — consulta por exemplo) para montar visualmente declarações SQL. Ou, se você tiver a edição Enterprise do Delphi, pode usar o mais avançado SQL Builder, acessado através do menu de componente TQuery (clique à direita sobre um TQuery). A Query, na etapa 8, foi designada usando o QBE no aplicativo Database Desktop.

É isso. Como você pode ver, há dezenas de opções que não cobrimos, oferecendo uma combinação muito grande de opções de configuração para testar. Quando você for capaz de definir um gráfico básico, vá adiante experimentando os efeitos criados pelas outras opções. Por baixo, ainda estão apenas propriedades, métodos e eventos Object Pascal. Todos os efeitos que podem ser criados por ocasião do *design* podem ser programaticamente modificados no tempo de execução.

Para provar as diversas possibilidades dos controles TChart e TDBChart, veja os projetos teedemo.dpr na pasta Demos\TeeChart, onde você instalou Delphi.

Campos dinâmicos e persistentes

A classe TField é a classe base para um punhado de componentes que representam a vista de campos baseados em objeto em um banco de dados. Ela é subclasse de TComponent; Fields são componentes não visuais. Há cerca de 34 descendentes de TField, representando a maioria das espécies conhecidas de tipos de bancos de dados. Por exemplo, na seção sobre seqüenciar campos *blob*, foi demonstrado que um campo RichMemo é copiado como um campo seqüenciável TBlobField.

Qualquer componente *dataset* capaz de retornar um *dataset* resultante terá componentes TField associados ao *dataset*. Quando você acrescenta componentes TDataSet — TTable ou TQuery — a um formulário, classe ou unidade, são criados componentes Field. A única distinção é se eles são criados dinamicamente no tempo de execução, ou estaticamente por ocasião do *design*. Considere a tabela MEMOS.DB da seção Controle DBGrid. A tabela MEMOS.DB foi definida para ter campos ID, NAME, DATE_TIME e RICH_MEMO. ID foi definido como um campo auto-aumentado; NAME era um campo *string*; DATE_TIME era um campo de data e horário e RICH_MEMO era um campo de *memo* formatado. No tempo de execução, automaticamente o programa RichEditDemo cria objetos TFields, usando a subclasse TField que melhor combina os tipos de dados. Um objeto TAutoIncField foi criado para o campo ID. Um TStringField foi criado para o campo de nome. Um TDateTimeField foi criado para o campo DATE_TIME e um TBlobField foi criado para o campo RICH_MEMO.

Lembre-se de que, na Tabela 13.1, você lembrou que cada DataSet contém uma coleção Fields. As referências aos campos, em um *dataset*, são mantidas na coleção Fields. É possível referenciar qualquer campo em particular, indexando a coleção Fields ou usando o método FieldByName (veja a Tabela 13.2), o que toma um argumento de campo de nome e retorna o objeto Field se o campo estiver na coleção. Veja, na seção "Como seqüenciar campos *blob*", um exemplo de FieldByName. Um exemplo de demonstração de coleção Fields segue.

```
procedure TFormRichEditDemo.DisplayFieldDefs1Click(Sender:
    TObject);
var
    I : Integer;
begin
    // insert a new memo
    New2Click(Sender);
    // walk the table and write the field definitions to the Memo
    for I := 0 to Table1.Fields.Count -1 do
    begin
        DBRichEdit1.Lines.Add( 'object ' + Table1.Fields[I].Name
            + ' ' + Table1.Fields{I}.ClassName );
        DBRichEdit1.Lines.Add( #9 + 'DisplayText=' +
            Table1.Fields[I].DisplayText );
        DBRichEdit1.Lines.Add( #9 + 'DataType=' + GetEnumName(
            TypeInfo(TFieldType), Ord(Table1.Fields[I].DataType)) );
```

```
            DBRichEdit1.Lines.Add( #9 + 'DisplayWidth=' +
                IntToStr(Table1.Fields[I].DisplayWidth) );
            DBRichEdit1.Lines.Add( #0 + 'FieldName=' +
                Table1.Fields[I].FieldName );
            DBRichEdit1.Lines.Add( #9 + 'FieldNo=' +
                IntToStr(Table1.Fields[I].FieldNo) );
            DBRichEdit1.Lines.Add( #9 + 'FullName=' +
                Table1.Fields[I].FullName );
            DBRichEdit1.Lines.Add( 'end' );
        end;
end;
```

O código precedente foi acrescentado a RichEditDemo, a partir do anterior, no capítulo. O código formata algumas das propriedades de Fields no controle DBRichEdit, exibindo-as em um formato semelhante em aparência a como elas são seqüenciadas para arquivos DFM.

```
object TAutoIncField
      DisplayText=
      DataType=fAutoInc
      DisplayWidth=10
      FieldName=ID
      FieldNo=1
      FullName=ID
end
```

Conforme mostrado na saída da única iteração através do *loop*, objetos TField foram criados. Observe que não há valor para a propriedade Name. O Delphi não nomeia componentes Field dinâmicos.

É importante ter em mente, no entanto, que TFields são componentes que podem ser modificados por ocasião do *design*. Os benefícios de modificar componentes por ocasião do *design* são semelhantes aos benefícios de modificar qualquer componente por ocasião do *design*: conveniência.

Editor Fields

Componentes Field por ocasião do *design* são criados usando o editor Fields, um editor de componente chamado clicando à direita sobre um componente TQuery ou TTable, e mostrado na Figura 14.14 com o componente Table1ID, selecionado no Object Inspector.

Para criar os componentes por ocasião do *design*, o componente tabela ou consulta precisa ter todas as propriedades essenciais necessárias para abrir a tabela e ler as definições de campo. Para um TTable, você precisa especificar um nome de caminho totalmente qualificado ou um DatabaseName e TableName. Para um TQuery, você precisará de uma declaração SQL SELECT com um nome de tabela totalmente qualificado ou um DatabaseName e uma declaração SQL SELECT.

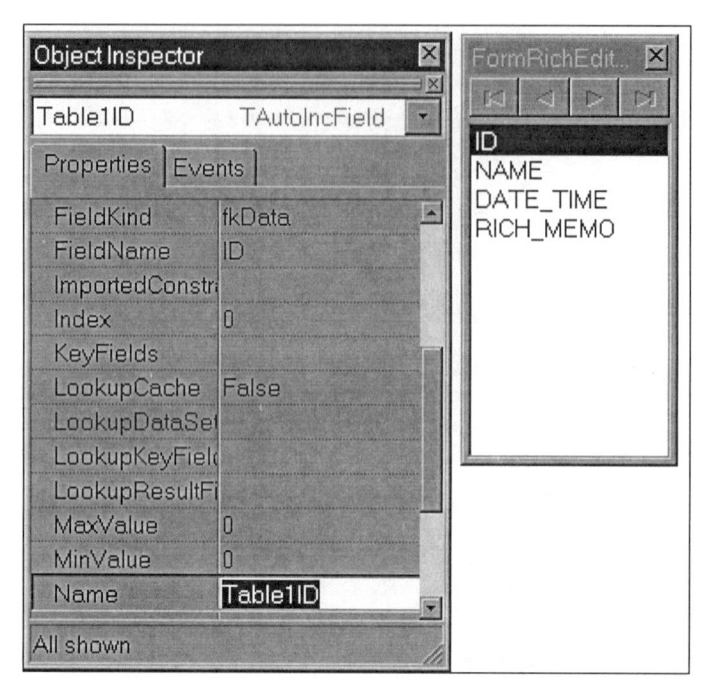

Figura 14.14 Use o editor de componente Fields (mostrado à direita do Object Inspector) para criar componentes TField por ocasião do design

Quando você exibe o menu de contexto do editor Fields, pode acrescentar campos individuais, todos os campos, ou apagar campos conforme necessário. (Consulte a seção sobre Database Dictionary — Dicionário de banco de dados — para informações sobre o uso de opções de menu de atributo de campo.) Por exemplo, para acrescentar todos os campos de MEMOS.DB, o componente Table1 no formulário de demonstração RichEdit precisa ter um valor de propriedade TableName totalmente qualificado. Do exemplo anterior no capítulo, você pode ter usado c:\temp\memos.db. As etapas numeradas demonstram como completar o processo.

1. Garantindo que o componente Table tem as informações completas de nome de caminho e tabela, clique à direita sobre o menu de componente Table1 para abrir o seu menu de contexto.
2. Clique o item de menu FieldsEditor para abrir o editor Fields.
3. Clique à direita sobre o editor Fields, para chamar o seu menu de contexto e clique o item de menu Add All Fields. Os resultados devem ser semelhantes à Figura 14.14.

Capítulo 14 - *Como usar controles de dados* | **481**

Se você examinar a parte superior da definição do formulário, verá que os componentes foram acrescentados. As entradas devem parecer similares ao seguinte.

```
Table1ID: TAutoIncField;
Table1NAME: TStringField;
Table1DATE_TIME; TDateTimeField;
Table1RICH_MEMO: TBlobField;
```

NOTA
Por convenção, nomes de componente campo são prefixados com o componente dataset que os possui. Dado um componente Table chamado Table1, um componente campo para um campo ID seria Table1ID por padrão. Usar o nome da tabela diferencia campos ID de tabelas separadas pelo nome de tabela.

O componente também pode ser selecionado individualmente no Object Inspector, a partir da caixa de lista Object Inspector ou clicando-os no editor Fields e pressionando **F11**, abrindo o Object Inspector. Embora os componentes campo não sejam visuais por ocasião do *design* e no tempo de execução, eles podem ter muitas propriedades e eventos que você modifica por ocasião do *design*.

Propriedades campo: como usar restrições de campo, expressões padrão e máscaras de edição

Existem diversas propriedades em componentes Field. Refira-se à documentação de ajuda integrada para uma extensa referência a todas as 34 subclasses de TFields. Vamos rever aqui algumas interessantes.

Ao criar componentes Field por ocasião do *design*, você pode modificar propriedades nessa ocasião. Alternativamente, se não criar componentes Field por ocasião do *design*, então precisará usar código para modificar as propriedades no tempo de execução.

Restrições de campo

As propriedades ConstraintErrorMessage, CustomConstraint e HasConstraints permitem que você coloque restrições nos dados introduzidos no campo. A restrição é tratada como uma condição de teste de validação. Se a restrição falha, então é levantada uma Exception. Se você entrar com uma ConstraintErrorMessage, então aquela mensagem de erro é exibida, caso contrário, é exibida uma mensagem de erro padrão.

DICA
Verifique as propriedades de um componente TField em particular antes de definir restrições personalizadas. Um tipo de campo em particular pode ter propriedades para um tipo específico de restrição. Por exemplo, TIntegerFields tem propriedades Min e Max, que restringem valores de limite inferior e superior de um inteiro de campo.

Suponha que você seja supersticioso. Nunca irá querer que a ID de um *memo* seja 13. Pode querer acrescentar a restrição ID <> 13 à propriedade CustomConstraint, e a mensagem "13 é má sorte" como a ConstraintErrorMessage. Quando um aumentador automático chegar a 13, uma exceção será gerada, contendo o texto da propriedade Constraint ErrorMessage.

As restrições precisam ser testes que são avaliações apropriadas aos tipos de dados do campo. NAME <> 13 para o TStringFieldNAME não faz sentido, pois os tipos de dados do name formam uma *string*. Você também pode usar predicados lógicos em CustomConstraints: ID <> 13 AND ID <> 43, por exemplo. Se restrições são impostas do lado do banco de dados, elas aparecerão na propriedade ImportedConstraints.

Expressões-padrão

DefaultExpression é uma propriedade *string*. No entanto, você precisa fornecer texto de dados como uma representação *string* de dados apropriados ao tipo de campo. Um possível valor para uma DefaultExpression de TDateTimeField é '12:00PM'. Valores de expressão padrão apressam a entrada de dados. Se um valor em particular em um campo em particular for adequado para algum tempo, então o componente Field vai acrescentá-lo para você, e o usuário sempre poderá sobregravar o valor padrão.

Máscaras de edição

A propriedade EditMask impõe outro tipo de restrição. Ela preenche como os dados serão fornecidos. A propriedade EditMask está disponível para uma variedade de componentes-campo, inclusive os TStringField e TDateTimeField. Clique duas vezes próximo à propriedade EditMask para abrir a caixa de diálogo Input Mask Editor (Entrada de máscara de edição), mostrada na Figura 14.15.

Várias máscaras estão predefinidas na lista Sample Masks (exemplos de máscaras) à direita, e a documentação de ajuda para TCustomEditMask.EditMask contém a lista completa de filtros de edição. A partir da lista, podemos tomar um exemplo para descrever o comportamento das máscaras. A seguinte máscara é a Social Security Mask (máscara seguridade social):

```
000\-00\-0000;1;_
```

Os zeros exigem um valor de dígito apenas nessa posição. A \ funciona como \ na linguagem de programação C usada com dados de texto; ela permite que um formato de caractere seja tratado como uma literal. A submáscara \- significa que – é uma literal, o que faz sentido, visto que os números do Social Security dos Estados Unidos geralmente têm a forma ###-##-####, conforme mencionamos. O ;1 indica que caracteres literais devem ser salvos com os dados. Novamente com referência aos números SSB, o comprimento de um campo SSN precisaria ser de 11 caracteres para englobar dois traços literais. O separador de ponto e vírgula final é usado para definir locais de entrada que não têm valor. Você pode usar qualquer caractere para representar dados em branco.

Capítulo 14 - Como usar controles de dados

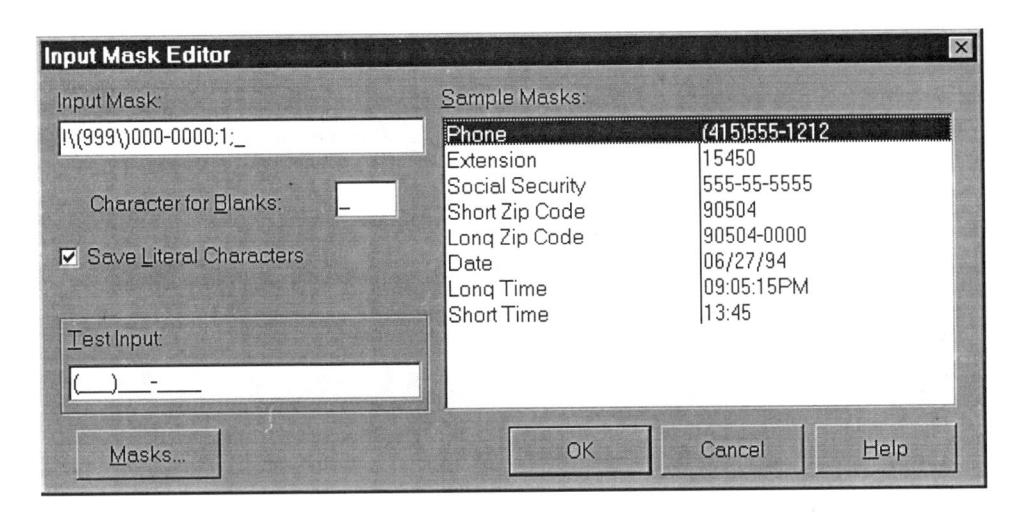

Figura 14.15 O editor Input Mask é idêntico ao editor de propriedade usado com o controle TMaskEditor

Como acionar eventos em nível de campo

Quatro acionadores de evento podem ser definidos para componentes Field: OnChange, OnGetText, OnSetText e OnValidate. Os eventos permitem que você codifique regras e comportamentos adicionais que facilitam ou restringem a entrada de dados.

Campo OnChange

O acionador de evento OnChange é chamado sempre que os dados são escritos com sucesso no *buffer* do campo. Por exemplo, mude programaticamente o valor de um campo ou em seu Data Control. Saia do campo, e o evento OnChange é chamado. A listagem de código demonstra a atualização de um StatusBar, para refletir o valor depois da mudança, e OldValue.CacheUpdates precisa ser True para OldValue ser mantido.

```
procedure TForm1.Query1CompanyChange(Sender: TField);
const
     MASK = '%s: %s';
begin
     StatusBar1.Panels[0].Text := Format( MASK, [Sender.FieldName,
              Sender.Value] );
     StatusBar1.Panels[1].Text := Format( 'Old' + MASK,
              [Sender.FieldName, Sender.OldValue] );
end;
```

Usando a classe base como o tipo de parâmetro, todos os tipos de campo podem ser passados para esse acionador de evento. Se você precisar de uma capacidade específica de um campo em uma subclasse, como um TBlobField, então pode usar os operadores Is e As para diminuir a classificação do valor de campo.

Campos OnGetText e OnSetText

Os eventos OnGetText e OnSetText são chamados quando o *buffer* (área de armazenamento temporário) de texto de um campo é solicitado. Escreva o acionador de evento OnGetText quando o DisplayText precisar ser diferente do valor do campo ou para realizar uma formatação personalizada. Use OnSetText quando o *buffer* de texto exigir formatação especial não usada no valor exibido. OnGetText e OnSetText são eventos simétricos; se você escrever um acionador de evento OnGetText para formatar o texto, especialmente antes que o usuário o veja, use OnSetText para inverter a formatação especial de exibição. O comportamento padrão é que a exibição e os valores de texto são equivalentes ao valor da propriedade AsString.

Um exemplo em que esses dois eventos são úteis é com campos MS-Access Date/Time. Você pode querer apenas um valor Time, enquanto MS-Access deseja fornecer mais informações. Para demonstrar campos de formatação personalizada de data e horário, qualquer data e horário servirão. O código abaixo demonstra isso.

```
procedure TForm1.Query2OrderNoGetText(Sender: TField; var Text: String;
      DisplayText: Boolean);
begin
      Text := Sender.AsString;
      if ( Sender Is TDateTimeField = False ) then exit;
      try
            Text := FormatDateTime( 'dd/mm/yyyy', Sender.AsDateTime );
      except
            on E : EConvertError do
                  ShowException( E, Addr(E) );
      end;
end;

procedure TForm1.Query2OrderNoSetTe(Sender: TField; const Text: String);
begin
      if( Sender is TDateTimeField = False ) then exit;
      try
            Sender.AsDateTime := StrToDate(Text);
      except
            on E : EConvertError do
      end;
end;
```

Os acionadores de evento foram indiscriminadamente designados a cada campo. O acionador OnGetText oferece o comportamento padrão, ajustando o parâmetro de texto var ao parâmetro AsString, e saindo se o campo não for um TDataTimeField. Se o campo for um TDateTimeField, então, o texto, que será exibido no controle, usa o formato de ano de quatro dígitos. O OnSetText converte a constante de texto de volta para um valor DateTime com StrToDate.

Campo OnValidate

O método OnValidate é chamado antes do evento OnChange, quando o *buffer* do campo está prestes a ser mudado. Se OnValidate não levantar uma exceção, então o *buffer* é atualizado e o evento OnChange é chamado. OnValidate é especialmente útil quando você está atualizando programaticamente um campo. Ao escrever código semelhante a Field.Text := 'value', a propriedade EditMask não é usada, pois nenhum controle está agindo como intermediário para a entrada de dados.

```
procedure TForm1.Query1ZipValidate(Sender: TField);
resourcestring
      ZipCodeError =
           'Zip code can not be less than 5 digits in length';
begin
      if Length(Sender.AsString) < 5 then
           raise Exception.Create( ZipCodeError );
end;
```

A listagem anterior valida o comprimento do texto. Esse acionador de evento foi escrito para um campo de *zip code* (código postal). Se o código postal tiver menos do que 5 dígitos de comprimento, então é levantada uma exceção e o *buffer* de campo não é atualizado.

Como definir buscas em nível de campo

A propriedade FieldKind de um componente TField é fkData, por padrão. O valor fkData FieldKind representa a entrada de dados. Mudar a propriedade FieldKind para fkLookup permite que você use uma busca de *dataset*, permitindo ao campo preencher automaticamente o valor do campo buscado. Na última sentença está implícito um segundo *dataset*.

Um bom exemplo de candidato a campo buscado é um campo de código postal. Dada uma cidade e um estado, é possível retornar o código postal. Ainda que cidades, de tamanho médio para grande, tenham múltiplos códigos postais, dados autocompletados apressam a entrada de dados e reduzem, ou eliminam, erros de entrada de dados. Além de dois *dataset*s, você precisará, para completar, quatro propriedades para um componente campo para buscar corretamente um campo. Aqui estão as precondições necessárias para buscar campos:

- A busca e os campos-chave, em ambos, o alvo e a fonte (*dataset* de busca) precisam ser idênticos em tipo e tamanho.
- O campo que obterá o valor buscado no *dataset* alvo precisa ter a propriedade FieldKind ajustada para True.

- O LookupDataSet do campo alvo refere-se ao *dataset* buscado; não é necessária nenhuma fonte de dados nessa cópia.
- LookupKeyFields identifica os campos a combinar no momento da busca e precisa existir em ambas as tabelas.
- O LookupResult Field DataType do componente campo precisa ser igual a DataType do componente campo.
- KeyFields do componente campo precisa combinar com os campos LookupResultField. Separe campos múltiplos com um ponto e vírgula.

A seguir está um excerto de um arquivo DFM contendo um detalhe principal de formulário criado pelo assistente Database Form. O terceiro *dataset* foi acrescentado como o *dataset* buscado para o campo QueryZip. O terceiro *dataset* contém uma única chave ID e campos City, State e Zip. O tipo e tamanho dos campos City, State e Zip no *dataset* buscado combinam com city, State e zip no *dataset* alvo. (A tabela alvo usada na demonstração — FieldEventsDemo.dpr no CD-ROM deste livro — refere-se a customer.db.Customer.db, um banco de dados demonstrativo que acompanha o Delphi.)

```
object Query1Zip: TStringField
    FieldKind = fkLookup
    FieldName = 'Zip'
    LookupDataSet = TableZipCode
    LookupKeyFields = 'City;State'
    LookupResultField = 'Zip'
    KeyFields = 'City;State'
    OnChange = Query1CompanyChange
    OnValidate = Query1ZipValidate
    Size = 10
    Lookup = True
end
```

Como pode ser determinado a partir da listagem, todas as propriedades que compõem a busca são definidas para o componente campo que é um campo de busca. As propriedades em negrito são essenciais ao funcionamento apropriado de busca. A propriedade Lookup está incluída por compatibilidade de suporte; ela foi preterida em favor da propriedade FieldKind. KeyFields refere-se aos campos nesse *dataset* de componente campo que precisa combinar com LookupKeyFields. Eles são idênticos na listagem. O valor desse campo é derivado de LookupResultField, e LookupDataSet TableZipCode contém os valores de busca.

Você ainda pode entrar manualmente com dados em um campo de busca, entretanto, quando os valores de campo City e State mudam, o valor Zip automaticamente será atualizado. Entre com um novo valor para o campo Zip se a busca não retornar um valor, ou o valor for incorreto. Você não precisa escrever qualquer código adicional para fazer a busca funcionar adequadamente.

Uma palavra final sobre componentes TField dinâmicos e persistentes

Inprise recomenda que você use TFields persistentes ao invés de TFields dinâmicos. Para suportar essa recomendação, foi acrescentada uma tabela, comparando os recursos de componentes campo persistentes *versus* dinâmicos.

Tabela 14.3 Uma comparação entre componente campo persistente e dinâmico

Recurso	Persistente	Dinâmico
Recomendado	Sim	Não, exceto onde definições de campo mudam intencionalmente no tempo de execução
Levanta exceção se definição de campo muda	Sim	Não; leva a uma violação de acesso se o campo Nil for retornado
Permite modificação de execução, com design	Sim	Não; modificações são feitas no tempo de propriedade por ocasião do código
Atributos de dicionário de dados associados por ocasião do *design*	Sim	Não
Criado e destruído uma vez	Sim	Não; criado e destruído cada vez que o *dataset* é aberto e fechado.

NOTA
Os campos dinâmicos existem pelo mesmo motivo que o_Application. CreateForm foi inventado: para facilitar programadores de não baseados em objeto e desenvolvedores Visual Basic começar a usar Delphi. No entanto, nem todos os formulários autocriados, nem campos dinâmicos são práticas recomendadas.

Como pode ser visto a partir da Tabela 14.3, os benefícios são pesadamente empilhados em favor dos TFields persistentes. A única vez em que campos dinâmicos fazem sentido é quando o *dataset* subjacente é projetado para ser freqüentemente mudado, como no caso de ferramentas dinâmicas de consulta.

Dicionário de banco de dados

Um dicionário de banco de dados é um banco de dados usado para armazenar atributos para propriedades de campo. Você pode criar e modificar dicionários de banco de dados a partir da guia Dictionary do SQL Explorer, enviado junto com o Delphi Enterprise e o DatabaseExplorer, enviado com o Delphi Professional.

NOTA

Os exemplos desta seção são demonstrados usando o SQL Explorer que vem com o Delphi Enterprise. (Se você tiver a versão Professional de Delphi, use o Database Explorer.)

O dicionário de banco de dados é usado para definir atributos centralizados de campo. Tendo definidos os atributos em um dicionário, é possível então aplicá-los cada vez que for criado um TField do tipo de atributo. O resultado é que todos os objetos campo de um tipo semelhante terão atributos consistentes e você só precisará defini-los em um lugar, o dicionário de banco de dados. Um benefício extra é que você pode definir o controle de classe que deseja associado àquele tipo de campo. Quando você arrastar um TField do editor de campo para dentro de um formulário, o *designer* Delphi criará um componente do tipo definido no tipo Database Dictionary Attribute (Atributo de dicionário de banco de dados), acrescentará uma etiqueta e aplicará os atributos de campo definidos no dicionário.

Como criar um dicionário de dados

Um dicionário de banco de dados é um tipo especial de banco de dados contendo atributos de campo. Use o SQL Explorer iniciado a partir do menu Database, Explorer em Delphi, ou do grupo Delphi, a partir do menu Start, Program Files em seu *desktop*. As operações de dicionário são selecionadas do menu Dictionary no SQL Explorer (ou Database Explorer) e são realizadas em objetos na guia Database do SQL Explorer (consulte a Figura 14.16).

Há um "Sample Data Dictionary" (exemplo de dicionário de dados) para DBDEMOS e DBDEMOS e pode ser examinado e modificado, selecionando-o no SQL Explorer com os itens de menu Database, Select.

Para modificar um banco de dados existente no Explorer, clique **Dictionary**, **Select**, ou clique **Dictionary**, **New** para definir um novo dicionário de banco de dados. Tendo aberto ou criado um dicionário, você modifica os atributos de campo e os associa a tabelas e campos em bancos de dados existentes. Para criar um novo dicionário para os bancos de dados DBDEMOS, que acompanha o Delphi, siga estas etapas numeradas.

Capítulo 14 - Como usar controles de dados | **489**

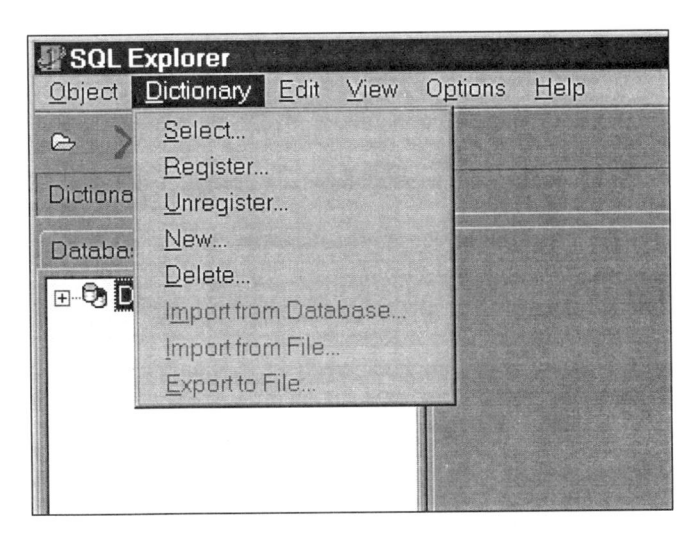

Figura 14.16 As operações de Database Dictionary são chamadas a partir do menu Dictionary do SQL ou de Database Explorer (dependendo da versão do Delphi que você tem)

1. Abra o SQL Explorer (ou Database Explorer, a partir do menu Database, Explorer do Delphi).
2. Selecione a guia **Dictionary**.
3. Clique o item de menu **Dictionary**, New.
4. Na caixa de diálogo Create a New Dictionary, entre com um nome de dicionário (para o exemplo, use "Chapter 14"), pegue DBDEMOS para a tabela nome de banco de dados, que armazena os valores Dictionary "Chapter 14", e entre com uma rápida descrição (por exemplo, exemplo de dicionário de dados de como montar aplicativos com Delphi 6).
5. Clique **OK**.

Para criar um novo dicionário para um novo banco de dados, crie um nome alternativo BDE referenciando o novo banco de dados. Selecione o novo nome alternativo BDE na etapa 4, acima.

DICA

A Etapa 5 cria uma tabela vazia sem bancos de dados ou atributos em especial, definidos. A seguir, a parte essencial é definir os atributos e associá-los a colunas de dados.

Como definir os atributos de campo

A segunda metade deste capítulo demonstrou a criação de buscas de campo e o uso de componentes TFields em tabelas customer.db e orders.db que acompanham o Delphi. O projeto MastApp.dpr, que está no subdiretório Demos\DB\MastApp usa essas tabelas demonstrativas pra criar um sistemas de pedido de cliente. O exemplo de busca de campo demonstrou como códigos postais poderiam ser automaticamente retornados, com base nos campos City e State. Vamos continuar com os refinamentos dessas tabelas, definindo um dicionário de banco de dados que permite trabalhar mais com essas tabelas.

Nas etapas 1 a 5, no início desta seção, você teve a oportunidade de criar um novo dicionário de dados. A próxima etapa é definir os atributos de campo. Como demonstração, você criará atributos para CustNo, State e LastInvoiceDate.

EXIBIR FORMATO O atributo DisplayFormat (Exibir formato) permite que você descreva como um valor é exibido ao usuário. Suponha, por exemplo, que você deseje que o campo de número de cliente (CustNo) em Customer.db seja formatado com texto adicional, indicando o valor. Você pode definir um DisplayFormat personalizado para o campo CustNo dessa maneira (use a Figura 14.17 como um guia).

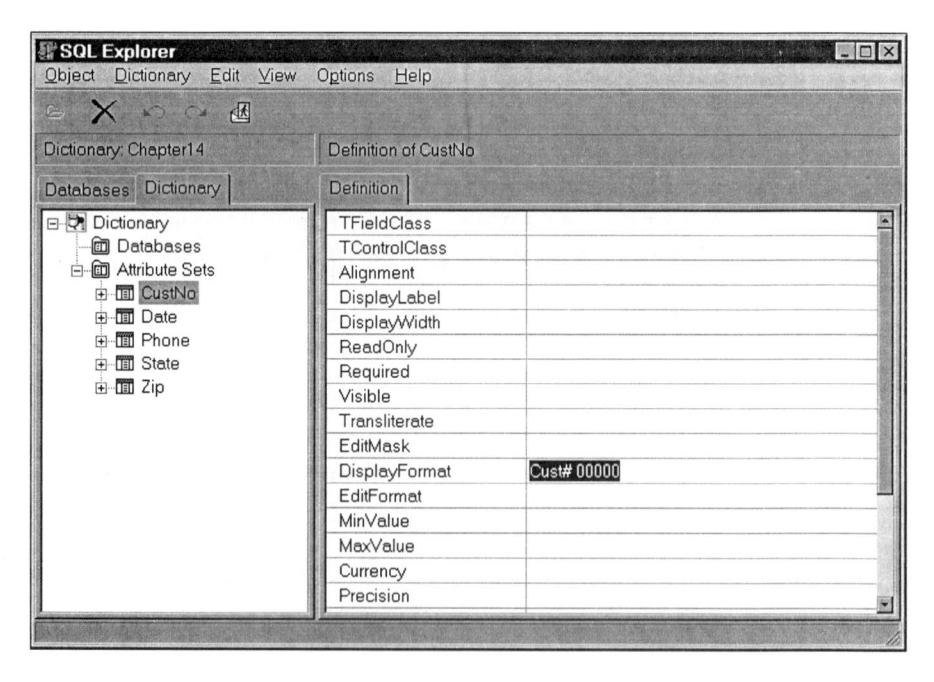

Figura 14.17 O dicionário de dados focalizado na definição CustNo Attribute, no dicionário Capítulo 14

1. No dicionário de dados criado no início desta seção, clique no item de lista **Attributes** na guia Dictionary do SQL Explorer.
2. Clique à direita para abrir o menu de contexto Attributes e clique **New**.
3. Nomeie o campo CustNo.
4. Na guia Definition, à direita, encontre o campo DisplayFormat e digite Cust# 00000. O Cust# é o texto literal e 00000 representa a máscara numérica de cinco dígitos para o valor de campo.
5. Clique **Apply** para salvar a definição Attribute.
6. (Consulte a seção, a seguir, "Como associar um dicionário a um conjunto de dados", para associar o atributo CustNo ao campo CustNo.)

Agora, em qualquer lugar que CustNo for usado em um aplicativo, você pode associar esse atributo com o componente campo, e o formato será consistente em aspecto.

DEFINIÇÃO DE RESTRIÇÕES Suponha que Marine Adventures, a empresa fictícia do aplicativo MastApp, só ofereça vendas em alguns estados. Além de solucionar tal problema com um *site* de *e-commerce* implementado no Delphi, uma CustomConstraint poderia ser definida para evitar o pedido acidentalmente aceito de um estado onde o pedido não pode ser feito.

Para criar uma CustomConstraint para um atributo State, repita as etapas 1 a 3 da seção anterior, nomeando o novo atributo como estado. Na guia Definition, clique duas vezes a definição CustomConstraint para abrir o Expression Editor. Entre com CustomConstraint

X in ('MI', 'OH', 'IN', 'IL')

e clique o botão **Validate**. Se a restrição tiver um erro lógico ou sintático, aparecerá uma caixa de diálogo Database Engine Error, caso contrário, uma restrição válida não produzirá resposta. Observe o uso de X. Você pode usar qualquer variável de nome para representar o campo nome. Acrescente uma ConstraintErrorMessage para garantir que o texto exibido seja compreensível ao usuário, se ocorrer uma exceção de restrição.

COMO DEFINIR ATRIBUTO DE MÁSCARAS DE EDIÇÃO EditMask de atributos do dicionário é o mesmo tipo de máscara usado para a propriedade EditMask de TFields. Definindo a máscara no dicionário, você só precisará defini-la uma vez para cada tipo Attribute, por exemplo, números de telefone, datas e horários. Para definir uma máscara de edição de data que pode ser usada com o Customer.LastInvoiceDate, crie um novo atributo chamado data e entre com a máscara de edição de data apropriada, no campo EditMask Definition. Uma máscara de edição de data apropriada garantirá que o usuário entre com data e horário válidos. Veja um exemplo:

!99/99/0000;1;#

A máscara de edição acima exige 1 ou 2 dígitos para o mês, dia e ano de quatro dígitos. O 1 indica que a máscara é salva com o valor, e o símbolo # é um contentor de espaço para cada dígito que ainda precisa de dados.

Complemento EditMask Definition com uma DisplayMask, como mm/dd/yyyy, para fornecer uma aparência de exibição uniforme. A máscara mm/dd/yyyy preencherá com zero campos de dígito único de dia e mês, sem exigir que, de fato, o usuário entre com os zeros.

Como especificar uma TFieldClass e uma TControlClass

As primeiras duas propriedades Definition são TFieldClass e TControlClass. TFieldClass é definida como uma classe de TField. Isso significa que o nome de qualquer subclasse de TField pode ser fornecido aqui e indica o tipo de TField a ser criado quando um campo é acrescentado a DataSet; se ele é deixado em branco, então o tipo TField criado depende dos tipos de dados subjacentes.

DICA — *Para criar um controle ciente de dados a partir de um componente TField, arraste o campo do editor Fields para dentro de um formulário. Essa operação criará automaticamente uma etiqueta e o controle de dados e atualizará as propriedades de Data Control, se um atributo de dicionário de dados estiver associado ao campo.*

A TControlClass indica a espécie de controle que será criada para o campo quando ele for arrastado para dentro do formulário. Por exemplo, se TControlClass for TDBComboBox, então quando você arrastar um TField para fora do editor de campos um formulário, um controle TDBControl será acrescentado ao formulário para representar o componente TField.

Como associar um dicionário a um conjunto de dados

Para usar as definições em um dicionário de dados você precisa associar os tipos de Attribute com campos específicos. Se definir um atributo genérico State, então qualquer componente TField que você queira que tenha aqueles ajustes da propriedade inicial precisa ser associado ao atributo Data Dictionary.

Para associar um atributo Data Dictionary a um campo específico, abra o editor Fields e clique o campo para o qual você deseja recuperar atributos de dicionário. Clique à direita no campo, para exibir o menu de contexto do editor Fields e clique os atributos Associate. Na caixa de diálogo de atributos Associate, selecione o nome do atributo para associar com o componente campo e clique **OK**. Você pode atualizar os atributos associados, clicando os atributos Retrieve a partir do mesmo menu de contexto.

O menu de editor Fields também pode ser usado para atualizar o dicionário de dados. Se você mudar as propriedades de campo e decidir que todos os campos, compartilhando os atributos associados com o campo devem incorporar as mudanças de propriedade, clique **Save Attributes**. Como uma alternativa, selecione **Save Attribute as** do menu de editor Fields e crie um novo atributo de dicionário.

Como criar um controle de dados personalizado

Um controle ciente de dados personalizado é desenvolvido como qualquer outro controle. Na preparação para montar um novo controle personalizado, responda às seguintes perguntas:

1. Qual o problema geral que o componente resolverá?
2. Qual controle existente oferece a combinação mais próxima?

Há uma boa chance de que um candidato adequado existente já esteja na VCL de Delphi. Além de colocar em subclasse um componente existente, controles cientes de dados exigem um objeto TDataLink. A classe TDataLink é uma classe auxiliar, que oferece a conectividade a um DataSource e um DataSet. Voltaremos a DataLinks num momento. Vamos começar, definindo o componente que vamos montar, acompanhado das etapas necessárias.

Com propósitos de demonstração, precisamos de um calendário ta-aware dos. DateTimePicker existe na guia Win32 VCL; ele tem tudo o que é necessário, exceto que não é data-aware. Ele é atraente em aparência, profissionalmente desenvolvido e parece familiar aos desenvolvedores. As etapas gerais necessárias são listadas na ordem.

1. Defina o problema.
2. Encontre uma combinação completa existente (se pudermos). Se não existir nenhuma combinação adequada, então selecione um componente existente que ofereça o maior grau de adequação.
3. Abra o Delphi.
4. Crie uma nova unidade.
5. Escreva um corpo de classe, incluindo a unidade que define a classe da qual estamos fazendo subclasse e quaisquer unidades auxiliares, e defina a classe a partir da qual herdar, que seja uma combinação adequada parcial.
6. Acrescente um membro privado TFieldDataLink à classe, defina um construtor e um destruidor e conecte o objeto DataLink ao componentes existente.
7. Acrescente quaisquer propriedades e métodos adicionais verdadeiramente necessários.
8. Determine se o componente ciente de dados será passível de reprodução e ative nos ingredientes necessários (veja na seção "Como tornar o controle reproduzível").
9. Finalmente, teste o componente. Quando tiver terminado, instale-o no pacote.

As etapas 1 e 2 são completas. Um componente calendário data-aware será criado a partir do existente TDateTimePicker. Você sabe como fazer a Etapa 3. A Etapa 4 pode ser completada a partir do item de menu File, New, Unit, embora seja mais fácil usar a caixa de diálogo New Component, a qual também completará a maior parte da etapa 5. (Consulte a seção "Como usar o assistente de componente", no Capítulo 9, para ajuda, se tiver esquecido.) Continuaremos com o processo a partir da etapa 6.

Como acrescentar um FieldDataLink

TFieldDataLink funciona por trás das cenas, como uma classe auxiliar, para conectar o controle a um campo ou tabela. Para o nosso exemplo, acompanharemos a convenção e nomearemos o novo componente de TDBDateTimePicker.

A classe precisará de um membro TFieldDataLink. Como essa é uma classe auxiliar usada internamente, ela será declarada privada. Quando você vincula o controle às propriedades FieldName e DataSource de TFieldDataLink, o controle será capaz de conectar-se a um campo em um banco de dados. O componente precisará de um construtor para criar o DataLink e de um destruidor para liberá-lo. Como é o caso com outros controles de dados, nomearemos as propriedades de conexão de banco de dados DataField e DataSource. Finalmente, o controle precisará responder a mudanças no campo de dados subjacente, entrada de usuário e cliques do *mouse* e do teclado. As modificações do usuário ou programáticas ao controle precisarão ser refletidas no campo e conjunto de dados subjacente. O resultado é listado.

```
TDBDateTimePicker = class (TDateTimePicker)
private
      { Private declarations }
      FDataLink : TFieldDataLink;
      procedure DataChange( Sender : TObject );
      procedure EditingChange( Sender : TObject );
      function GetDataField : String;
      function GetDataSource : TDataSource;
      function GetField : TField;
      function GetReadOnly : Boolean;
      procedure SetDataField( const Value : String );
      procedure SetDataSource( Value : TDataSource );
      procedure SetEditReadOnly;
      procedure SetReadOnly( Value : Boolean );
      procedure UpdateData( Sender : TObject );
      procedure CMExit( var Message : TCMExit); message CM_ECIT;
protected
      { Protected declarations }
      procedure Change; override;
      procedure Click; override;
      procedure CreateWnd; override;
      procedure KeyDown( var Key : Word; Shift : TShiftState );
            override;
      procedure KeyPress( var Key : Char); override;
      procedure Loaded; override;
      procedure Notification( AComponent : TComponent; Operation :
            TOperation ); override;
public
      { Public declarations }
      constructor Create( AOwner : TComponent ); override;
```

Capítulo 14 - Como usar controles de dados | 495

```
    destructor Destroy; override;
    function ExecuteAction( Action : TBasicAction ) : Boolean;
        override;
    function UpdateAction( Action : TBasicAction ) : Boolean;
        override;
    property Field : TField read GetField;
published
    { Published declarations }
    property DataField : string read GetDataField write
        SetDataField;
    property DataSource : TDataSource read GetDataSource write
        SetDataSource;
    property ReadOnly : Boolean read GetReadyOnly write
        SetReadOnly default False;
end;
```

NOTA

Não confunda o campo Object Pascal, um atributo datum (dado) de uma classe, com o significado de campo na referência a um dataset. A palavra é a mesma, mas o significado depende do contexto.

O objetivo de cada membro é descrito na Tabela 14.4, para simplificar.

A listagem completa de código está na próxima seção. Apenas com as propriedades e métodos listados na Tabela 14.4, o controle funciona corretamente, exceto com DBCtrlGrid. Os recursos adicionais para fazer o controle funcionar corretamente com DBCtrlGrid e a listagem completa de código estão na próxima seção.

Tabela 14.4 Propriedades e métodos para TDBDateTimePicker

Membros TDBDateTimePicker	Papel na classe
FDataLink	Uma TFieldDataLink, fornecendo facilidade de conexão a um *dataset*
DataChange	Acionador de evento que responde ao evento TFieldDataLink OnDataChange
EditingChange	Salto Salto Salto Salto Salto Salto Salto Salto Salto Salto Salto de dados muda
GetDataField e SetDataField	Métodos de acesso de leitura e escrita da propriedade DataField
GetDataSource e SetDataSource	Métodos de acesso de leitura e escrita da propriedade DataSource
GetField	Método de acesso de leitura para a propriedade Field; retorna o objeto associado TField
GetReadOnly e SetReadOnly	Métodos de acesso de leitura e escrita para a propriedade ReadOnly

Tabela 14.4 (Continuação)

Membros TDBDateTimePicker	Papel na classe
SetEditReadOnly	Reforça a propriedade CanModify de TDataSet
UpdateData	Responde a TFieldDataLink.UpdateData, atualizando o valor do campo subjacente com a cópia dos dados do controle
CMExit	Chama TFieldDataLink.UpdateRecord; se a atualização falhar, então o foco permanece no controle
Change	Coloca o DataLink no EditMode
Click	Realiza a mesma função que o método Change
CreateWnd	Cria a janela subjacente com uma chamada a CreateWindowEx, uma Windows API
KeyDown	Coloca DataLink no modo de edição
KeyPress	Valida a entrada para os tipos de dados subjacentes e coloca o DataLink no modo de edição, ou reajusta o valor se o caractere for uma tecla [Esc]
Loaded	Atualiza o valor de exibição do controle depois que todas as propriedades são lidas a partir do arquivo DFM
Notification	Atualiza a referência DataSource se o componente DataSource referenciado for removido
Create	Constrói FDataLink e conecta propriedades de evento TFieldDatalink a acionadores de evento internos
Destroy	Libera o objeto FDataLink
ExecuteAction	Processa o parâmetro Action do controle e ExecuteAction de DataLink
UpdateAction	Realiza a atualização de comportamento quando ocorre o evento Action para atualizar
Field	Uma propriedade apenas de leitura que chama GetField para retornar a referência associada Field
DataField	*String* contendo o nome do campo referenciado
DataSource	Componente TDataSource referenciado
ReadOnly	Reflete a posição apenas de leitura de DataLink

Como tornar controle reproduzível

DBCtrlGrids funciona reproduzindo todos os controles em um painel da grade e atualizando os valores exibidos ao registro referenciado pelo índice de painel da grade. O DBCtrlGrid faz tudo isso internamente, entretanto você precisa certificar-se de que seus controles sabem como, eles próprios, pintar réplicas.

A primeira modificação é o acréscimo de um objeto TPaintControl, o qual mantém um acionador do Windows próprio e pode responder a mensagens indicando quando o controle deveria pintar e atualizar os valores exibidos. Além disso, o controle precisa responder à mensagem CMGetDataLink. O DBCtrlGrid envia a mensagem

CM_GETDATALINK, retornando uma referência ao objeto FDataLink. O DBCtrlGrid usa o FDataLink para ler valores de campo adicionais. Um método de mensagem WMPaint também é acrescentado. Quando acontece uma mensagem pintada, o TDBDateTimePicker envia mensagens ao objeto PaintControl, se ControlState contém csPaintCopy. Por último, mas não finalmente, WndProc é sobregravado para destruir o acionador de PaintControl. A listagem de extração de código mostra a definição do código que usa PaintControl e os métodos acrescentados.

```
procedure TDBDateTimePicker.WMPaint( var Message : TWMPaint);
var
      D : TDateTime;
      T : TSystemTime;
begin
      if csPaintCopy in ControlState then
      begin
      if FDataLink.Field <> nil then D := FDataLink.Field.AsDateTime
            else D := Now;
      DateTimeToSystemTime(D, T);
      SendMessage(FPaintControl.Handle, DTM_SETSYSTEMTIME, 0,
            Logint(@T);)
      {$R-}
      SendMessage(FPaintControl.Handle, WM_PAINT, Message.DC, 0);
      {$R+}
end else
      inherited;
end;

procedure TDBDateTimePicker.WndProc(var Message: TMessage);
begin
      if not (csDesigning in ComponentState) then
            case Message.Msg of
                  WM_CREATE,
                  WM_WINDOWPOSCHANGED,
                  CM_FONTCHANGED:
                        FPaintControl.DestroyHandle;
            end;
      inherited WndProc(Message);
end;
```

Não mostrados na listagem há o construtor e o destruidor. O objeto PaintControl precisa ser construído e destruído. Ele toma dois argumentos: o proprietário e o ClassName que a classe Windows registrada deve pintar. A classe registrada para TDateTimePicker é 'SysDateTimePick32'. A chamada do construtor é

```
FPaintControl := TPaintControl.Create(Self, 'SysDateTimePick32');
```

e a chamada para destruí-lo é

```
FPaintControl.Free;
```

O construtor também acrescenta a posição csReplicatable à propriedade ControlState.

O método de mensagem WMPaint chama o acionador de mensagem herdado, a menos que ControlState contenha o valor csPaintCopy. Se Paint for chamado para uma réplica do controle, então a data e o horário do campo são convertidos para um TSystemTime. A mensagem DTM_SETSYSTEMTIME é enviada, passando o endereço do registro TSystemTime como um inteiro à janela SysDateTimePick32, referenciada pelo FPaintControl.Handle. Depois que a data e horário da réplica são atualizados, uma mensagem Paint é enviada; o Device Context — pense em acionador Canvas — é enviado ao objeto PaintControl.

O método de mensagem WndProc incorpora o comportamento adicional de destruir o acionador do PaintControl se uma mensagem WM_CREATE, WM_WINDOWPOSCHANGE ou CM_FONTCHANGED for recebida. Finalmente, o método WndProc herdado é chamado. A listagem completa de código do controle TGBDateTimePicker segue.

```
unit UDBDateTimePicker;
// UDBDateTimePicker.pas - A DateTimePicker/Data Control Custom
// Component
// Copyright (c) 2000. All Rights Reserved.
// by Software Conceptions, Inc. Okemos, MI USA (800) 471-5890
// Written by Paul Kimmel
interface
uses
     Windows, Messages, SysUtils, Classes, Graphics, Controls,
Forms, Dialogs,
     ComCtrls, Db, DbCtrls;
type
     TDBDateTimePicker = class(TDateTimePicker)
     private
          { Private declarations }
          FDataLink : TFieldDataLink;
          FPaintControl : TPaintControl;
          procedure DataChange( Sender : TObject );
          procedure EditingChange( Sender : TObject );
          function GetDataField : String;
          function GetDataSource : TDataSource;
          function GetField : TField;
          function GetReadOnly : Boolean;
          procedure SetDataField( const Value : String );
          procedure SetDataSource( Value : TDataSource );
          procedure SetEditReadOnly;
          procedure SetReadOnly( Value : Boolean );
          procedure UpdateData( Sender : TObject );
          procedure CMExit(var Message : TCMExit); message CM_EXIT;
          procedure CMGetDataLink( var Message : TMessage); message
               CM_GETDATALINK;
          procedure WMPaint( var Message : TWMPaint); message WM_PAINT;
     protected
          { Protected declarations }
```

```
        procedure WndProc(var Message: TMessage); override;
        procedure Change; override;
        procedure Click; override;
        procedure CreateWnd; override;
        procedure KeyDown( var Key : Word; Shift : TShiftState );
            override;
        procedure KeyPress( var Key : Char); override;
        procedure Loaded; override;
        procedure Notification( AComponent : TComponent; Operation :
            TOperation ); override;
    public
        { Public declarations }
        constructor Create( AOwner : TComponent ); override;
        destructor Destroy; override;
        function ExecuteAction( Action : TBasicAction ) : Boolean;
            override;
        function UpdateAction( Action : TBasicAction ) : Boolean;
            override;
        property Field : TField read GetField;
    published
        { Published declarations }
        property DataField : string read GetDataField write
            SetDataField;
        property DataSource : TDataSource read GetDataSource write
            SetDataSource;
        property ReadOnly : Boolean read GetReadOnly write
            SetReadOnly default False;
    end;
procedure Register;
implementation
uses
    CommCtrl;
procedure Register;
begin
    RegisterComponents('PKTools', [TDBDateTimePicker]);
end;
{ TDBDateTimePicker }
constructor TDBDateTimePicker.Create(AOwner: TComponent);
begin
    FDataLink := TFieldDataLink.Create;
    inherited Create(AOwner);
    ControlStyle := ControlStyle + [csReplicatable];
    FDataLink.Control := Self;
    FDataLink.OnDataChange := DataChange;
    FDataLink.OnUpdateData := UpdateData;
    FDataLink.OnEditingChange := EditingChange;
    FPaintControl := TPaintControl.Create(Self,
        'SysDateTimePick32');
    FPaintControl.Ctl3DButton := True;
end;
```

```
destructor TDBDateTimePicker.Destroy;
begin
      FPaintControl.Free;
      FDataLink.Free;
      FDataLink := nil;
      inherited Destroy;
end;

procedure TDBDateTimePicker.CreateWnd;
begin
      inherited CreateWnd;
      SetEditReadOnly;
end;

procedure TDBDateTimePicker.WMPaint( var Message : TWMPaint);
var
      D : TDateTime;
      T : TSystemTime;
begin
      if csPaintCopy in ControlState then
      begin
            if FDataLink.Field <> nil then D := FDataLink.Field.AsDateTime
                  else D := Now;
            DateTimeToSystemTime(D, T);
            SendMessage(FPaintControl.Handle, DTM_SETSYSTEMTIME, 0,
                  Longint(@T));

            {$R-}
            SendMessage(FPaintControl.Handle, WM_PAINT, Message.DC, 0);
            {$R+}
      end else
            inherited;
end;

procedure TDBDateTimePicker.WndProc(var Message: TMessage);
begin
      if not (csDesigning in ComponentState) then
            case Message.Msg of
                  WM_CREATE,
                  WM_WINDOWPOSCHANGED,
                  CM_FONTCHANGED:
                        FPaintControl.DestroyHandle;
            end;

      inherited WndProc(Message);
end;
```

```
procedure TDBDateTimePicker.DataChange(Sender: TObject);
begin
      if FDataLink.Field <> nil then
            DateTime := FDataLink.Field.AsDateTime
      else
            if( csDesigning in ComponentState ) then
                  DateTime := Now;
end;

procedure TDBDateTimePicker.Change;
begin
      FDataLink.Edit;
      inherited Change;
      FDataLink.Modified;
end;

procedure TDBDateTimePicker.Click;
begin
      FDataLink.Edit;
      inherited Click;
      FDataLink.Modified;
end;

procedure TDBDateTimePicker.CMExit(var Message: TCMExit);
begin
      try
            FDataLink.UpdateRecord;
      except
            SetFocus;
            raise;
      end;
      DoExit;
end;

procedure TDBDateTimePicker.CMGetDataLink(var Message: TMessage);
begin
      Message.Result := Integer(FDataLink);
end;

procedure TDBDateTimePicker.EditingChange(Sender: TObject);
begin
      SetEditReadOnly;
end;

function TDBDateTimePicker.ExecuteAction(Action: TBasicAction):
            Boolean;
begin
      Result := inherited ExecuteAction(Action) or (FDataLink <> nil)
            and FDataLink.ExecuteAction(Action);
end;
```

```
function TDBDateTimePicker.GetDataField: String;
begin
     Result := FDataLink.FieldName;
end;

function TDBDateTimePicker.GetDataSource: TDataSource;
begin
     Result := FDataLink.DataSource;
end;

function TDBDateTimePicker.GetField: TField;
begin
     Result := FDataLink.Field;
end;

function TDBDateTimePicker.GetReadOnly: Boolean;
begin
     Result := FDataLink.ReadOnly;
end;

procedure TDBDateTimePicker.KeyDown(var Key: Word; Shift:
     TShiftState);
begin
     inherited KeyDown(Key, Shift);
     if Key in [VK_BACK, VK_DELETE, VK_UP, VK_DOWN, 32..255] then
     begin
          if not FDataLink.Edit and (Key in [VK_UP, VK_DOWN]) then
               Key >= 0;
     end;
end;

procedure TDBDateTimePicker.KeyPress(var Key: Char);
begin
     inherited KeyPress(Key);
     if (Key in [#32..#255] and (FDataLink.Field <> nil) and
          not FDataLink.Field.IsValidChar(Key) then
     begin
          MessageBeep(0);
          Key := #0;
     end;
     case Key of
          ^H, ^V, ^X, #32..#255;
               FDataLink.Edit;
          #27:
               begin
                    FDataLink.Reset;
               end;
     end;
end;
```

```
procedure TDBDateTimePicker.Loaded;
begin
      inherited Loaded;
      if (csDesigning in ComponentState) then DataChange(Self);
end;

procedure TDBDateTimePicker.Notification(AComponent: TComponent;
      Operation: TOperation);
begin
      inherited Notification(AComponent, Operation);
      if (Operation = opRemove) and (FDataLink <> nil) and
            (AComponent = DataSource) then DataSource := nil;
end;

procedure TDBDateTimePicker.SetDataField(const Value: String);
begin
      FDataLink.FieldName := Value;
end;

procedure TDBDateTimePicker.SetDataSource(Value: TDataSource);
begin
      if not (FDataLink.DataSourceFixed and (csLoading in
ComponentState)) then
            FDataLink.DataSource := Value;
      if Value <> nil then Value.FreeNotification(Self);
end;

procedure TDBDateTimePicker.SetEditReadOnly;
begin
      SendMessage(Handle, EM_SETREADYONLY, Ord(not FDataLink.Editing),
            0);
end;

procedure TDBDateTimePicker.SetReadOnly(Value: Boolean);
begin
      FDataLink.ReadOnly := Value;
end;

function TDBDateTimePicker.UpdateAction(Action: TBasicAction):
      Boolean;
begin
      Result := inherited UpdateAction(Action) or (FDataLink <> nil)
            and FDataLink.UpdateAction(Action);
end;

procedure TDBDateTimePicker.UpdateData(Sender: TObject);
begin
      FDataLink.Field.AsDateTime := DateTime;
end;
end.
```

Resumo

O Capítulo 14 cobriu muito material. Começando com uma rápida discussão sobre *design* de duas e três camadas, este capítulo demonstrou como usar alguns dos controles de dados mais interessantes. Controles data-aware com freqüência são usados para montar aplicativos de duas camadas. No entanto, se você usar os componentes MIDAS, pode usar controles data-aware os em aplicativos de três camadas, como verá no próximo capítulo.

Por ora, você aprendeu como usar os controles DBGrid, DBChart e DBRichEdit, e a utilizar TBlobFields para seqüenciar campo de dados. O Capítulo 14 discutiu as diferenças entre componentes TField dinâmicos e persistentes, destacando as razões para preferir campos persistentes a dinâmicos. Envolvendo o capítulo, houve uma discussão detalhada sobre a criação de controles data-aware personalizados. A chave para criar controles data-aware é TFieldDataLink; para fazer o controle funcionar com o DBCtrlGrid, use um objeto PaintControl, como um auxiliar. Mais idéias sobre controles de dados personalizados podem ser obtidas a partir da unidade DBCtrls.pas.

Capítulo 15

Programação com MIDAS

MIDAS — Multitiered Distributed Application Services suíte (Pacote de serviços de aplicativo distribuído em camadas múltiplas) é um pacote de componentes que facilita a montagem de aplicativos de banco de dados cliente-servidor de camadas múltiplas. Este é um dos motivos pelo qual as empresas gastam vários milhões de dólares com o Delphi Enterprise, o que é válido. Se você estiver comprando a sua cópia pessoal de Delphi, terá que comprar a edição Enterprise para obter os componentes MIDAS e DLLs. Se tiver as edições Standard ou Professional, então você não será capaz de experimentar os exemplos desta seção. Entretanto, ainda poderá ler a seção, para ver se Delphi Enterprise é para você.

Para os demais, esta seção demonstra, por exemplo, como usar alguns dos principais recursos de MIDAS. Isso é obtido mostrando como os controles de núcleo são usados para montar ambos, cliente e servidor, demonstrando tais controles com três exemplos: um programa de consulta dinâmica, que conecta a um servidor, na mesma máquina e na máquina remota, usando DCOM, um programa que demonstra reconciliação de erros, e uma caixa de exemplos.

Lembre-se de que, geralmente, um aplicativo-cliente é um aplicativo dotado de interfaces gráficas com o usuário, com as quais o usuário interage. O servidor é um aplicativo que oferece serviços ao aplicativo-cliente. O termo cliente-servidor implica uma interface gráfica de usuário e um servidor de banco de dados. Os termos *n-tiered* (n-camadas), *multitiered* (camadas múltiplas) ou *three-tiered* (três camadas) significam mais ou menos a mesma coisa. Uma camada é um aplicativo-cliente; a segunda camada, ou central, contém a codificação das regras comerciais sendo, normalmente, um aplicativo-servidor, e a última camada é o próprio servidor de banco de dados (veja a Figura 15.1). O Capítulo 15 oferece exemplos de programas que demonstram executáveis no padrão Windows, implementados em Delphi para o cliente, automação de servidor — isto é, servidores COM fora de processo, implementados com Delphi e MIDAS para a camada central — e qualquer banco de dados é adequado para o exemplo. Para evitar criar exemplos que você pode não ser capaz de acompanhar, apenas tabelas DBDEMO e bancos de dados Local Interbase foram usados. Tenha em mente que qualquer servidor de banco de dados, SQL Server, Oracle ou Sybase poderia ser usado com poucas ou nenhuma mudanças nos aplicativos cliente e servidor.

Uma visão geral dos componentes MIDAS

Os componentes que você precisará, em geral, são discutidos nesta seção. Os componentes MIDAS usados para implementar um aplicativo de três camadas são divididos entre aqueles necessários para aplicativos-cliente e para o servidor. Além disso, você precisará de todos os outros componentes que normalmente necessitaria para montar o aplicativo-cliente.

PC do aplicativo-cliente

```
Conexão MIDAS/TDCOM
```

MIDAS/TClientDataSet
(conjunto de dados cliente)   **PC de aplicativo servidor/estação de trabalho**
   MIDAS/TDataSetProvider (conjunto de dados de provedor)
   TDataBase (banco de dados)
   TSession (sessão)
   TDataSet (conjunto de dados)

Servidor de banco de dados
(por ex., Oracle, Interbase, SQL Server ou Sybase)

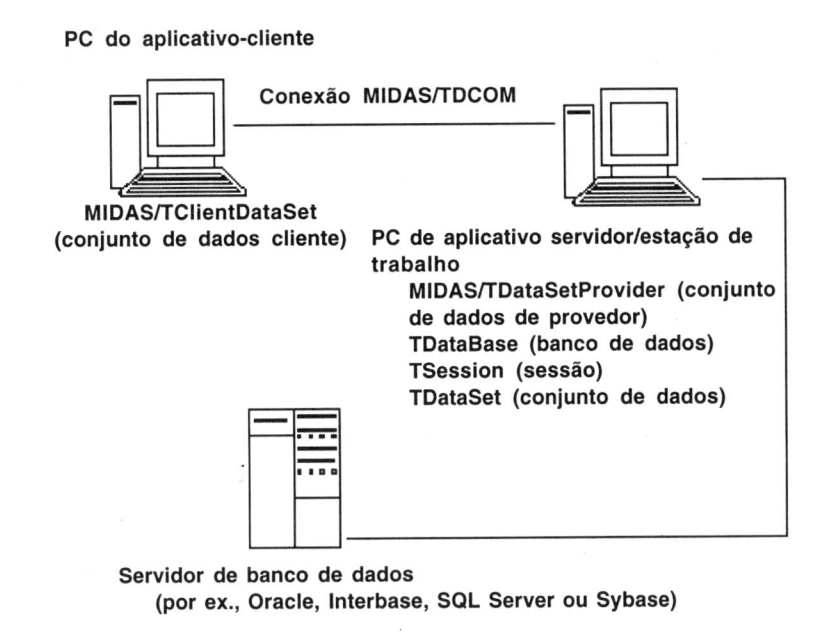

Figura 15.1 Uma configuração básica de aplicativo-cliente-servidor de três camadas, usando três computadores físicos para ilustrar os papéis separados de cada camada. Todas as três camadas ficam em um computador físico

> **NOTA**
>
> *Não é oferecida aqui uma exaustiva apresentação dos componentes MIDAS. O pacote MIDAS é extenso e parece não haver nenhum livro atual de Delphi dedicado a MIDAS.*

O que MIDAS faz para o desenvolvedor é fornecer uma ponte entre um aplicativo-cliente e um aplicativo-servidor. Quando você houver criado o aplicativo-servidor contendo um TRemoteDataModule, então pode montar o seu aplicativo-cliente, como faria um aplicativo de duas camadas. Isto é, você pode usar os dados praticamente da mesma forma como se tivesse incluído o conhecimento do banco de dados no aplicativo-cliente. Porque o aplicativo-servidor — a camada central — é uma nova peça, começaremos apresentando os componentes usados para montar aplicativos servidores.

Como definir o aplicativo-servidor

Aplicativos cliente/servidor de duas camadas consistem de um servidor de banco de dados e um aplicativo ciente de dados. O cliente é o programa que você escreve, e o servidor é o aplicativo de banco de dados. Sistemas de três camadas acrescentam um aplicativo-servidor central entre as camadas cliente e banco de dados. Esta seção demonstra alguns dos componentes necessários para montar um aplicativo-servidor.

> **NOTA**
> *Tenha em mente que não há diferença programática entre n-camadas, três camadas e camadas múltiplas. Para os nossos objetivos, elas são a mesma coisa; ainda precisa ser determinado se há ou não qualquer diferença entre elas.*

TRemoteDataModule

TRemoteDataModule é um descendente de TDataModule e é usado quase da mesma forma. Use um módulo remoto de dados em seu aplicativo-servidor como um depósito para todos os componentes não visuais usados no servidor. RemoteDataModule implementa a interface IAppServer, e quando você acrescenta uma a um aplicativo-padrão, implementa quaisquer capacidades que você deseja que o seu servidor ofereça a seus aplicativos-cliente.

Para criar um servidor MIDAS, comece com um projeto de aplicativo-padrão no Delphi. Acrescente um módulo Remote Data a partir da guia Multitier da caixa de diálogo New Items. O New Remote Data Module Wizard (Assistente de novo módulo de dados remotos) será exibido (veja a Figura 15.2), exigindo que você selecione o nome CoClass, o método Instancing e o modelo Threading. Quando você tiver fornecido essas informações, Delphi criará uma biblioteca Type e um novo RemoteDataModule, como subclasse de TRemoteDataModule, que herdará a interface do CoClass que você definiu.

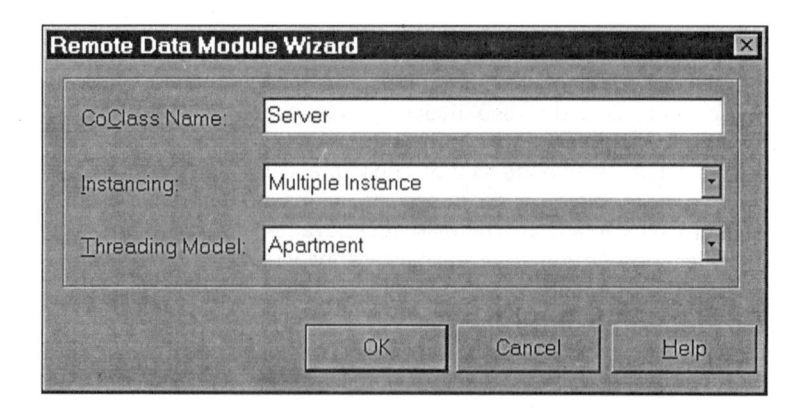

Figura 15.2 O assistente Remote Data Module gera um TRemoteDataModule e uma biblioteca Type para a sua interface de servidor COM

O aplicativo-servidor MIDAS será um aplicativo Automation. Você pode acrescentar quaisquer propriedades ou capacidades à interface e implementá-las no módulo remoto de dados. (Veja a seção "Consulta a um servidor MIDAS", para ter um exemplo de uma interface implementada que retorna todos os nomes de tabela que o servidor pode acessar.) RemoteDataModule implementará um método, UpdateRegistry, o qual é responsável por registrar o seu servidor com Windows NT, na primeira vez em que o servidor é executado.

Não há exigência quanto a acrescentar capacidades ao módulo remoto de dados, mas você precisará acrescentar um par de componentes, no mínimo um TProvider e um TDataSet. Será útil incluir também um TDatabase e TSession. Conjuntos de dados, banco de dados e componentes de sessão são introduzidos no Delphi Professional e são os mesmos componentes usados em aplicativos de banco de dados de duas camadas. TProvider vem com MIDAS e é representado por TDataSetProvider e TXMLTransformProvider.

Recapitulando, um servidor MIDAS consistirá de um TDataSet, como um TTable ou TQuery, um TProvider, como TDatasetProvider e um TDatabase e TSession. Reveremos rapidamente cada uma dessas peças, a seguir.

TDataSetProvider

TDataSetProvider é subclasse de TbaseProvider. O trabalho de um provedor de *dataset* (conjunto de dados) é agir como o intermediário para o *dataset* cliente no aplicativo-cliente e o aplicativo-servidor. Provedores mantêm uma referência a um *dataset* a partir da qual eles obtêm seus dados e uma propriedade Options, que descreve como um provedor em especial será usado.

Para um provedor *dataset* ter dados, será necessário designar a propriedade DataSet a um NestedTable, Query, Table ou StoredProcedure. Se você quiser que um ClientDataSet seja capaz de se comunicar com um provedor, então terá que ajustar a propriedade Exported para True. Há 14 valores disponíveis que podem ser incluídos na propriedade Options. Por exemplo, para permitir ao provedor a capacidade de aceitar SQL dinâmica, você precisará acrescentar o valor poAllowCommandText ao conjunto Options. Isso pode ser feito em tempo de desenvolvimento no Object Inspector. Veja, na ajuda do Delphi, uma explicação completa de TProviderOptions. Retornaremos às configurações específicas quando montarmos os aplicativos de exemplo, mais adiante no capítulo.

TDatabase

Acrescente um TDatabase ao módulo remoto de dados. O componente banco de dados é usado para referir-se ao nome alternativo BDE — Borland Database Engine ou ao banco de dados físico. A propriedade TDatabase.AliasName pode ser designada a um nome alternativo existente, se um já tiver sido definido. A propriedade Connected abre e fecha o banco de dados. A propriedade DatabaseName especifica o nome para associar com o banco de dados. Se a propriedade DatabaseName se refere a um nome alternativo BDE existente, então você não precisa designar valores às propriedades AliasName e DriverName do banco de dados. Para definir um nome alternativo de banco de dados como ainda não existente, deixe a AliasName em branco e acrescente um DatabaseName e um DriverName.

A propriedade TDatabase.Params é uma propriedade TStrings usada para definir parâmetros em pares name = value que precisam ser passados ao banco de dados para conectar. A propriedade TDatabase.SessionName é o nome de um componente TSession.

TSession

O componente TSession é usado para gerenciar conexões de banco de dados. Um de seus usos principais é para aplicativos de banco de dados de camadas múltiplas. Ajustar AutoSessionName para True garantirá que cada instância do servidor terá um nome de sessão único; isso e necessário para clientes múltiplos se conectarem com múltiplas instâncias do RemoteDataModule. (Consulte TClassInstance para TComponentFactory para mais informações.)

TDataSet

TDataSet é a classe ancestral de TTable, TQuery, TNestedTable a TStoredProcedure. Cada um dos componentes *dataset* mencionados é uma fonte de dados válida para a propriedade DataSet do TDataSetProvider. (Consulte o Capítulo 13 para obter detalhes completos sobre componentes de acesso de dados.)

TDataSetProvider

DataSetProvider é a ponte entre o cliente MIDAS e o servidor MIDAS. O cliente obtém dados a partir de DataSetProvider, o qual, por sua vez, obtém seus dados de um DataSet. O cliente, por sua vez, usa o DataSetProvider para atualizar mudanças no banco de dados.

DataSet, Exported e ProviderName são propriedades que você precisa ajustar para permitir a TClientDataSets obter dados de um servidor MIDAS. Conforme mencionado, um DataSet fornece um DataSetProvider com dados do banco de dados. Exported precisa ser True para o cliente ser capaz de se conectar com o provedor, e o nome do provedor é usado como o valor para a propriedade TClientDataSet.ProviderName. Os valores de propriedade na listagem a seguir demonstram ajustes básicos para os quatro componentes críticos em um Remote Data Module. (Note que um TTable é usado na listagem, mas quaisquer dos três componentes de conjunto de dados restantes poderiam ter sido utilizados.)

```
TDatabase.DatabaseName = DatabaseName
TDatabase.SessionName = SessionName
TSession.AutoSessionName = True
TSession.SessionName = SessionName
TTable.DatabaseName = DatabaseName
TTable.SessionName = SessionName
TTable.TableName = TableName
TDataSetProvider.Table = TDataSet
TDataSetProvider.Exported = True
TDataSetProvider.Name = ProviderName
```

Quando a propriedade ClientDataSet.Active é ajustada para True, o banco de dados, o conjunto de dados e a sessão se conectarão com o *dataset* de referência.

Como distribuir o servidor

Quando tiver terminado de implementar e testar o servidor, você estará pronto para distribuí-lo (implantá-lo). Programas de instalação como InstallShield Express são projetados para automatizar a distribuição de aplicativo e também podem ser usados para distribuir servidores MIDAS. Ao distribuir o seu servidor MIDAS, você precisará instalar o seu aplicativo-servidor, MIDAS.DLL, e STDVCL40.DLL. A instalação consiste, essencialmente, em copiar esses arquivos para o computador alvo e o registro varia por tipo de arquivo.

NOTA Você pode questionar se STDVCL40.DLL deveria ser STDVCL60.DLL, refletindo a mudança na versão de Delphi. Enquanto escrevia isso (usando Delphi 6, Beta 2), o arquivo era STDVCL40.DLL. Ao distribuir os seus aplicativos MIDAS, verifique se o nome de arquivo certo pode ter sido mudado.

DICA A caixa de diálogo Run (Executar) é chamada clicando Start\Run no Windows NT e Windows 2000.

Para registrar o aplicativo servidor MIDAS que criou, você pode executar o aplicativo ou executá-lo com a chave \REGSERVER. Por exemplo, dado um servidor server.exe, entre com

```
server.exe /regserver
```

na caixa de diálogo Run ou no prompt de comando DOS. Para registrar MIDAS.DLL e STDVCL40.DLL use a caixa de diálogo Run. Use o programa regsvr32.exe que vem com o Windows para registrar DLLs. Por exemplo, suponha que as DLLs estão copiadas ou instaladas no diretório c:\winnt\system32. Então

```
regsvr32 c:\winnt\system32\MIDAS.dll
```

acrescenta uma entrada para a DLL no registro Windows.

Como definir o aplicativo cliente

Aplicativos-cliente de sistemas MIDAS de três camadas são como seus irmãos de duas camadas. A maior parte dos detalhes práticos é idêntica, com modificações mínimas. Primeiro, você não estará usando componentes *dataset* da guia Data Access para obter dados do banco de dados — estará usando TClientDataSet.ClientDataSets descendentes de TDataSet, assim, para a maioria, eles trabalham com controles cientes de dados, como

TTables, TQuerys e outros componentes *dataset*. Por exemplo, você pode chamar o editor Fields e acrescentar TFields estáticos, exatamente como quaisquer outros componentes *dataset*; muitas das propriedades que você aprendeu como usar no Capítulo 13 estão disponíveis em TClientDataSets.

Além de ClientDataSet, você precisará de uma TCustomConnection. Isso oferece conectividade ao servidor MIDAS. Por exemplo, você pode usar um TDCOMConnection para se conectar com um servidor em uma máquina remota. A Tabela 15.1 lista os componentes TCustomConection e os diferentes protocolos de conectividade que eles suportam.

Tabela 15.1 Componentes TCustomConnection que suportam uma ampla variedade de protocolos de conectividade

TDComConnection	Suporta conexão Microsoft DCOM à máquina remota; a máquina remota precisa ter DCOM instalado
TSockConnection	Conexão TCP/IP a um aplicativo-servidor remoto; o servidor remoto precisa estar executando scktsrvr.exe
TWebConnection	Conecta-se a um aplicativo-servidor remoto usando HTTP; Wininet.dll precisa estar instalada na máquina cliente. O servidor precisa ter Internet Information Server 4 ou superior, ou Netscape Enterprise versão 3.6 ou superior. Httpsrvr.dll precisa estar instalado no servidor Web ao qual TWebConnection estiver se conectando (Httpsrvr.dll vem com Delphi)
TCorbaConnection	Usa Corba para conectar-se com o aplicativo-servidor.

As outras peças do aplicativo cliente já foram vistas no Capítulo 13. Por exemplo, você precisará de um TDataSource se pretende usar controles data-aware. A propriedade DataSet de DataSource refere-se a um TClientDataSet, em vez de referir-se a um TTable ou TQuery. E, claro, você precisará de controles data-aware. De fato, os aplicativos-cliente são tão semelhantes, que usarão o assistente Database Form em Delphi para criar o aplicativo de exemplo na seção "Reconciliação de erros". Simplesmente, substituir TTable por TClientDataset e acrescentar TDCOMConnection a um formulário padrão data-aware, gerado pelo assistente, é tudo o que é preciso para converter o formulário para usar um servidor MIDAS.

Conexão com o aplicativo-servidor

O aplicativo-cliente precisará de um TCustomConnection para se conectar com o aplicativo-servidor. A Tabela 15.1 relaciona os componentes de conexão que você pode escolher, dependendo da visão de distribuição de seu sistema. Se o seu sistema é distribuído através de uma intranet ou pela Internet, use TSocketConnection, ou TWebConnection. Se o seu sistema é distribuído na mesma rede física, é possível escolher entre TDComConnection e TCorbaConnection.

NOTA
Para um servidor executar-se em um computador remoto com DCOM, o computador remoto precisará do servidor MIDAS.DLL, e STDVCL40.DLL, instalado e registrado.

Cada TCustomConnection implementa a interface AppServer, resultando no suporte de componentes de conexão a uma interface consistente, independente do protocolo de conexão escolhido. Por exemplo, se você usar o componente DCOMConnection, precisará fornecer a propriedade ServerGUID ou ServerName. A ServerGUID é o meio mais confiável de resolução para o servidor. Se a propriedade DCOMConnection.ComputerName estiver em branco, supõe-se que o servidor esteja na mesma máquina física do cliente. Acrescente o nome de uma máquina remota, e o cliente executará o servidor naquele computador. Para conectar-se com o servidor por ocasião do *design*, ou tempo de execução, ajuste a propriedade Connected para True.

NOTA
GUID, pronunciado "goo-id", é um Globally Unique Identifier (identificador globalmente único). GUIDs são uma string única de caracteres e dígitos que ajudam a garantir que objetos COM são identificáveis em todo o mundo.

Cada conexão personalizada tem as propriedades adicionais necessárias às exigências do protocolo suportado. SocketConnection exige um endereço IP (Internet Protocol — Protocolo Internet — ou pontilhado) e um nome de computador Host (hospedeiro). TWebConnection exige um UserName (Nome de usuário) e Password (Senha), um URL (Uniform Resource Locater — Localizador uniforme de recurso) e nome Proxy de servidor. CorbaConnection exige um RepositoryID, um HostName e ObjectName, que é o nome do aplicativo-servidor. Corba não é um protocolo Microsoft e, conseqüentemente, não usa o ServerGUID. CorbaConnection.RepositoryID, CorbaConnection.ObjectName e CorbaConnection.HostName são análogos a DComConnection.ServerGUID, DComConnection.ServerName e DComConnection.ComputerName.

Configuração de ClientDataSet

ClientDataSet representa o conjunto de dados na memória. Você precisa fornecer a propriedade TRemoteServer e o ProviderName. A propriedade de servidor remoto é um componente TCustomConnect, como um DCOMConnection, e o ProviderName é o nome de um TDataSetProvider em seu aplicativo-servidor. Uma vez conectado ao servidor e provedor, ClientDataSet é usado quase como um componente *dataset* de duas camadas a partir da guia Data Access.

Porque o componente ClientDataSet age como um portal para um *dataset* estático ou dinâmico, o *dataset* cliente suporta comportamento como de tabela, que é o que você obtém se o servidor tiver um componente tabela (table) associado ao provedor, ou comportamento como consulta, se o servidor tiver uma consulta (query) associada ao provedor. Para passar SQL ao servidor, designe a declaração SQL à propriedade ClientDataSet.CommandText. O DataSetProvider precisa ter a opção poAllowCommandText do lado do servidor para SQL dinâmica, como você verá em "Consulta a um servidor MIDAS", mais adiante, neste capítulo.

Como acrescentar uma DataSource

Se você estiver usando controle vinculado a dados no aplicativo-cliente, precisará de uma TDataSource, além de conexão e componentes de conjunto de dados cliente. A propriedade DataSource.DataSet é designada ao valor de um *dataset* cliente. Conforme observado no Capítulo 13, a fonte de dados é designada à propriedade DataSource de data-aware, oferecendo uma conexão aos dados. Se você não estiver usando controles data-aware, não precisa de uma DataSource.

Criação de interface de usuário

A força do pacote MIDAS é que ele tem pouco impacto em como você monta os aplicativos clientes. Visto que ClientDataSet e os componentes Connection gerenciam o relacionamento servidor e ClientDataSet é uma subclasse de TDataSet, é possível usar uma ClientDataSet como faria com uma TTable, TQuery ou outro *dataset*. Um exemplo das semelhanças entre clientes MIDAS de duas e três camadas é oferecido na seção "Reconciliação de erros".

Distribuição de cliente MIDAS

Os aplicativos-cliente MIDAS exigirão que você instale e registre MIDAS.DLL em todas as máquinas executando o aplicativo-cliente. Com a distribuição de servidor, você pode usar o programa regsvr32.exe, que vem com o Windows, para registrar a MIDAS.DLL. Supondo que o seu diretório de sistema seja c:\winnt\system32, copie a DLL para o diretório system32 e registre-o com o seguinte comando: regsvr32 c:\winnt\system32\midas.dll.

Como consultar um servidor MIDAS

A primeira parte deste capítulo cobre a opção geral do pacote MIDAS de aplicativos-cliente e servidor. O servidor usa um RemoteDataModule, Database, Session, DataSet e Provider. DataSetProvider ou XMLTransformProvider são os dois provedores que vêm com o pacote MIDAS. No aplicativo-cliente, você precisa de um Connection e um componente ClientDataSet de MIDAS. Os outros aspectos de desenvolvimento cliente-servidor MIDAS são semelhantes ao desenvolvimento cliente-servidor usando outras ferramentas ou técnicas.

Capítulo 15 - Programação com MIDAS | **515**

Esta seção demonstra os vários aspectos de desenvolvimento, montando um servidor dinâmico SQL MIDAS. O cliente se conecta ao servidor que, por sua vez, retorna uma lista de tabelas disponíveis. Passe qualquer declaração SQL válida para qualquer das tabelas disponíveis ao servidor e ele executa a consulta, retornando um conjunto resultante, se ele for aplicável ao cliente. O exemplo de consulta usa DCOM, assim, essa é uma boa oportunidade para você criar o servidor e testá-lo também nas máquinas remotas. É usado o *alias* DBDEMOIS BDE, mas você pode substituir facilmente qualquer outro banco de dados para o componente TDatabase.DatabaseName no servidor, se tiver um que prefira usar.

Como implementar o servidor

O servidor para esse exemplo é capaz de listar todos os nomes de tabela em um banco de dados e retornar aqueles nomes ao aplicativo-cliente, por solicitação. Todo o resto é conseguido com componentes, como pode ser determinado olhando a listagem de código.

```
unit UServerModule;
interface
uses
      Windows, Messages, SysUtils, Classes, ComServ, ComObj, VCMCom,
          DataBkr,
      DBClient, Server_TLB, StdVcl, DBTables, DB, Provider, MConnect,
          Variants;

type
      TServerModule = class(TRemoteDataModule, IServerModule)
          Provider: TDataSetProvider;
          Database1: TDatabase;
          Query1: TQuery;
          Session1: TSession;
      private
          { Private declarations }
      protected
          class procedure UpdateRegistry(Register: Boolean;
                    const ClassID, ProgID: string); override;
          function GetTableNames: OleVariant; safecall;
      public
          { Public declarations }
      end;

var
      ServerModule : TServerModule;

implementation
{$R *.DFM}

class procedure TServerModule.UpdateRegistry(Register: Boolean;
          const ClassID, ProgID: string);
```

```
begin
      if Register then
      begin
            inherited UpdateRegistry(Register: ClassID, ProgID);
            EnableSocketTransport(ClassID);
            EnableWebTransport(ClassID);
      end else
      begin
            DisableSocketTransport(ClassID);
            DisableWebTransport(ClassID);
            inherited UpdateRegistry(Register, ClassID, ProgID);
      end;
end;

function TServerModule.GetTableNames: OleVariant;
var
      I : Integer;
      TableNames : TStrings;
begin
      TableNames := TStringList.Create;
      try
            Session1.GetTableNames( Database1.DatabaseName, '*.*', True,
                  False, TableNames );
            result := VarArrayCreate( [0, TableNames.Count - 1],
                  varOleStr);
            for I := 0 to TableNames.Count - 1 do
                  result [I] := TableNames[I];
      finally
            TableNames.Free;
      end;
end;
initialization
      TComponentFactory.Create(ComServer, TServerModule,
            Class_ServerModule, ciMultiInstance, tmApartment);
end.
```

O único código que você precisará escrever é representado pelo método GetTableNames, no módulo de dados remoto. Vamos começar, reunindo os diversos pedaços e depois voltaremos para saber como GetTableNames é acrescentado à interface do servidor e para uma rápida discussão sobre o método.

Criação do projeto servidor

Crie o aplicativo-servidor como faria com qualquer outro aplicativo. Inicie o Delphi e use o novo projeto padrão ou, se o Delphi estiver executando, selecione File|New|Application para iniciar um novo projeto. Tenha em mente que montaremos o cliente e o servidor no mesmo grupo de projeto. Ao salvar o seu trabalho, salve o grupo de projeto com um nome e local significativos. Deixe o formulário padrão e acrescente um RemoteDataModule na guia

Multitier da caixa de diálogo New Items. (Lembre, RemoteDataModule só está disponível na versão Enterprise do Delphi.) O assistente Remote Data Module (veja a Figura 15.2) será exibido. O assistente precisa que você entre com o nome CoClass — a classe de interface COM —, o modo Instancing e o modelo Threading.

NOMES COCLASS Ao entrar com um nome CoClass no assistente Remote Data Module, você está definindo o nome de classe para a interface Automation. Esse valor será a propriedade nome de RemoteDataModule e, prefixado com um T, será a classe nome do módulo de dados. O novo RemoteDataModule herdará da classe TRemoteDataModule e implementará a interface CoClass. Por exemplo, se você digitar o servidor no campo de resposta CoClass do assistente, então a subclasse RemoteDataModule será Tserver, a CoClass será CoServer e a interface será IServer. Usando o exemplo dado, a definição de classe no módulo de dados será:

```
TServer = class(TRemoteDataModule, IServer)
```

A declaração var para o módulo será:

```
var
     Server : TServer;
```

Continuando o exemplo, será criada uma biblioteca tipo server.tlb contendo Microsoft IDL (Interface Definition Language — Linguagem de definição de interface) e um arquivo Pascal, server_TLB.pas, contendo a sintaxe Object Pascal para a definição de interface.

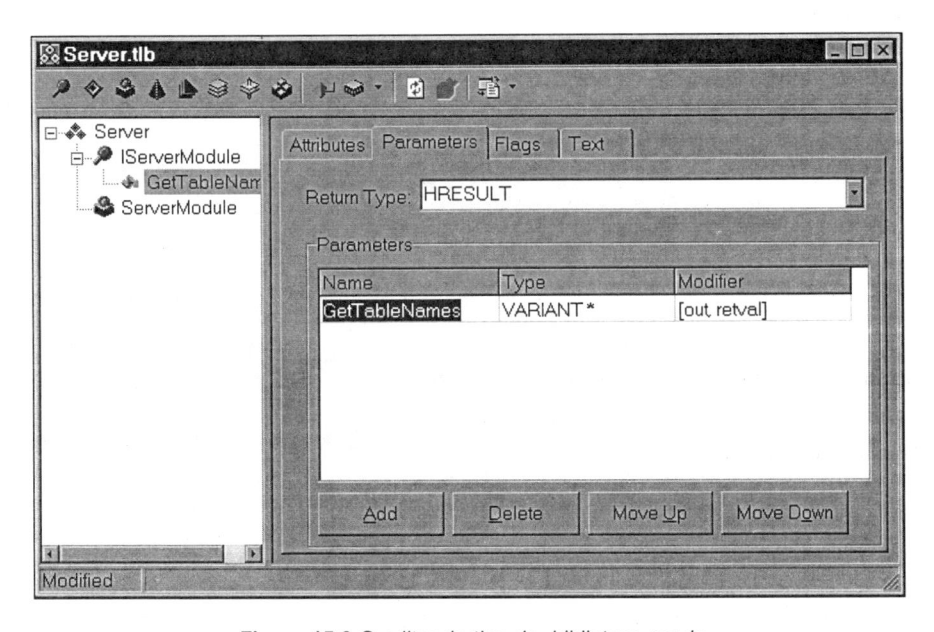

Figura 15.3 O editor de tipo de biblioteca usado para definir interfaces e gerenciar Microsoft IDL

Quaisquer propriedades ou métodos que deseja que o servidor de automação suporte, precisarão ser definidos usando o editor Type Library (veja a Figura 15.3). Se você usar o editor Type Library, então o Delphi manterá o código Pascal Type Library e o arquivo Microsoft IDL para você. Logo voltaremos ao editor Type Library.

MODELO INSTANCING O modelo Instancing indica como o aplicativo é apresentado. Os três modelos de instâncias, ou cópias, são Internal, Single Instance e Multiple Instance. Use a cópia Internal para servidores de automação em processo, isto é, servidores DLL. Use o modelo Single Instance se cada aplicativo-cliente executar uma cópia do aplicativo-servidor. Use o Multiple Instance se cada cliente compartilhar um aplicativo-servidor mas se cada cliente tiver a sua própria cópia do servidor — o RemoteDataModule — executando no espaço de processo.

MODELO THREADING Os modelos de encadeamento disponíveis são Single, Apartment, Free, Both e Neutral. O servidor de encadeamento Single faz chamadas em série ao objeto COM. O módulo remoto de dados lida apenas com uma solicitação de cada vez, evitando aspectos de encadeamentos múltiplos. O modelo de encadeamento Apartment permite que apenas uma solicitação seja enviada a uma cópia única do módulo remoto de dados de cada vez, mas pode haver cópias múltiplas do módulo remoto de dados, cada qual lidando com uma solicitação separada. O modelo Apartment também exige que você proteja dados globais de conflitos de seqüência.

> *Se você usar bancos de dados capacitados por BDE, então precisará usar o componente TSession no servidor, com AutoSessionName ajustado para True.*
>
> **DICA**

O modelo Free é recomendado quando usar conjuntos de dados ADO. Ao usar o modelo de encadeamento Free, você precisa proteger a cópia e os dados globais de conflitos de seqüência. O modelo Both é idêntico ao modelo Free, mas coloca em série as chamadas de retorno para interfaces de cliente. O modelo Neutral só está disponível em COM+; mas o modelo Neutral é idêntico ao modelo Apartment.

Definição do RemoteDataModule

O servidor Query retorna uma lista de tabelas no banco de dados referenciado. Para definir o método GetTableNames, você precisará acrescentar GetTableNames à interface e implementá-la no RemoteDataModule. Defina o RemoteDataModule mostrado na listagem do início da seção deste programa de exemplo, usando o assistente Remote Data Module e completando as etapas numeradas.

1. Em um novo projeto, clique **File**, **New**, **Other** e selecione o ícone Remote Data Module da guia Multitier da caixa de diálogo New Items.
2. Clique **OK** e o assistente Remote Data Module será exibido (veja a Figura 15.2).

3. Nomeie o servidor CoClass. Use os modelos padrão Instancing e Threading. (Os valores padrão devem ser Multiple Instance e Apartment, respectivamente.)
4. Clique **OK** para gerar o tipo biblioteca.
5. As Etapas 1 a 4 gerarão uma unidade módulo remoto de dados, o arquivo de biblioteca tipo Object Pascal e o arquivo contendo a IDL. Tudo, exceto o método GetTableNames será definido no módulo remoto de dados.
6. No Object Inspector, mude a propriedade TRemoteDataModule.Name para ServerModule (para evitar um conflito com o nome de projeto, o qual será o servidor). Do menu View, clique **Type library**, para exibir o editor Type Library.
7. Clique na interface IServerModule. Clique o botão **New Methos** e preencha a guia Parameters do editor Type Library do método (ambos, o botão e a definição de interface são mostrados na Figura 15.4).
8. Nomeie o método GetTableNames, pegue Variant * Type, e selecione [out, retval] Modifier.
9. Clique o botão da barra de ferramentas Refresh Implementation (Atualizar implementação) e o editor Type Library atualizará o RemoteDataModule, para incluir uma declaração e definição vazia do método GetTableNames.

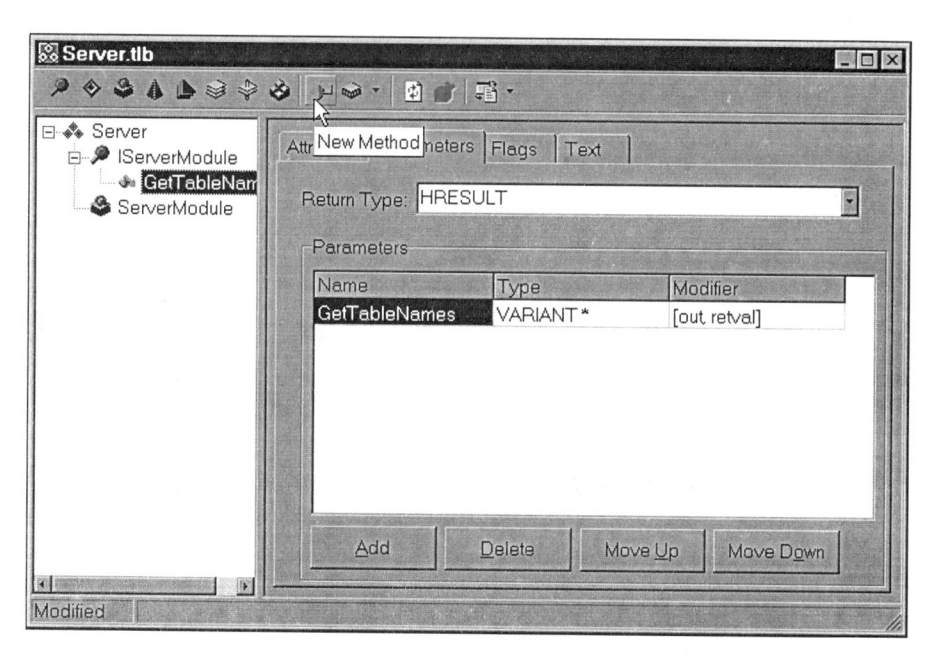

Figura 15.4 Crie a interface GetTableNames no editor Type Library (conforme demonstrado)

A partir das etapas numeradas, o editor Type Library definirá o método como a seguir:

```
function GetTableNames: OleVariant; safecall;
```

A convenção de chamada safecall precisa ser usada em métodos de interface de automação. Para completar ServerModule, precisamos acrescentar os componentes essenciais, vinculá-los e acrescentar o código para implementar o método GetTableNames.

ADD THE SESSION (acrescentar a seção) Porque escolhemos o modelo de encadeamento Apartment e BDE, precisamos ajustar a propriedade AutoSessionName de um componente TSession para True. Acrescente um TSession da guia Data Access da VCL ao RemoteDataModule e ajuste a AutoSessionName para True. Automaticamente, isso atualizará a SessionName no formato Session#_#, garantindo que o nome de sessão é único.

ADD THE DATABASE (acrescentar o banco de dados) Para o exemplo, estaremos usando o banco de dados DBDEMOS. DBDEMOS refere-se às tabelas de exemplo Paradox e Dbase em arquivos separados. Porque o nome alternativo DBDEMOS existe, só precisamos entrar com DBDEMOS como o valor de propriedade para a propriedade TDatabase.DatabaseName.

Coloque um componente Database da guia Data Access da VCL para o ServerModule e modifique a propriedade DatabaseName para DBDEMOS. A propriedade SessionName automaticamente seja ajustada para a propriedade SessionName do componente Session. Se você não estiver usando um nome alternativo existente, então poderá entrar com Database.AliasName e Database.DriverName para o componente e acrescentar quaisquer parâmetros de conexão necessários à propriedade Params do componente Database.

ADD A QUERY (Acrescentar uma consulta) A capacidade Query do servidor é estabelecida por um componente TQuery. Acrescente um TQuery da guia Data Access da VCL e entre com o mesmo valor para a propriedade TQuery.DatabaseName, como fez para a propriedade Database.DatabaseName. Para o nosso exemplo, acrescente DBDEMOS. A SessionName será automaticamente acrescentada.

Para garantir que você tenha tudo corretamente configurado, acrescente o seguinte SQL à propriedade TQuery.Strings e mude a propriedade TQuery.Active para True:

```
select * from biolife
```

Se você selecionou o nome alternativo DBDEMOS para a propriedade DatabaseName, então a propriedade Active deve permanecer ajustada para True. Se você usou outro DatabaseName, então mude a declaração SQL de acordo com o nome utilizado.

ADD A TDATASETPROVIDER (Acrescente um TDataSetProvider) Os primeiros três componentes vêm com ambas as versões do Delphi, Professional e Enterprise. O DataSetProvider é encontrado na guia MIDAS e só vem com Delphi Enterprise.

Acrescente um DataSetProvider a partir da guia MIDAS e modifique as propriedades DataSet, Name e Options. A propriedade DataSet deve ter o nome do componente Query acrescentado na última seção. Para o nosso exemplo, o provedor foi nomeado Provider. Finalmente, acrescente as opções poAllowComandText à propriedade DataSetProvider.Options, no Object Inspector. A opção poAllowCommandText permite ao cliente passar SQL dinâmica ao provedor.

Agora que temos todos os componentes no lugar, o que nos resta fazer é definir o método GetTableNames. Para que o método confiasse nos atributos dos componentes no módulo remoto de dados, tivemos que acrescentar aqueles primeiro.

COMO CODIFICAR O MÉTODO GETTABLENAMES TServerModule.GetTableNames implementa uma interface COM, assim, temos que usar os tipos de dados que COM nos permite. Alguns deles são bem chocantes. Para passar uma lista de nomes de tabela do servidor de automação para o cliente, precisamos materializá-los — não em um objeto TStrings, o que seria bom — mas em um *array* variável.

```
function TServerModule.GetTableNames: OleVariant;
var
      I : Integer;
      TableNames : TStrings;
begin
      TableNames := TStringList.Create;
      try
            Session1.GetTableNames( Database1.DatabaseName, '*.*', True,
                  False, TableNames );
            result := VarArrayCreate( [0, TableNames.Count - 1],
                  varOleStr);
            for I : 0 to TableNames.Count - 1 do
                  result [I] := TableNames[I];
      finally
            TableNames.Free;
      end;
end;
```

A função cria um objeto TStrings e chama o método TSession.GetTableNames, copiando os nomes de tabela para um banco de dados em particular na lista de *strings*. Você tem a opção de usar TDatabase.GetTableNames, mas a versão da sessão oferece controle maior sobre o formato dos nomes de tabela retornados, incluindo uma máscara de arquivo como o segundo argumento determinando as tabelas retornadas, e um terceiro argumento, booleano, que permite a você retornar a extensão de arquivo. Para as tabelas DBDEMOS, obtemos os arquivos de tabela .DB e .DBF. A linha seguinte de código cria um *array variável* de 0 para *table elements* (elementos de tabela) -1 de varOleStr (*strings* variante OLE) e depois, copia os nomes de tabela de TStringList no *array variável* e retorna o resultado. Observe que a lista de *string* TableNames é criada e lançada em um bloco *try-finally*. Esse código parece um pouco longo, mas tenha em mente que OLE/COM é um padrão Microsoft, e o código só está realizando os giros necessários para trabalhar com COM.

Isso é tudo para o servidor. Compile e execute o servidor para adicionar uma entrada em seu registro de desenvolvimento de PCs, uma etapa necessária para aplicativos-cliente serem capazes de se conectar com o servidor. A próxima etapa é criar um aplicativo-cliente.

Implementação de cliente

O aplicativo-cliente foi modelado depois do SQL Explorer no Delphi Enterprise (ou o Database Explorer no Delphi Professional). O aplicativo relaciona as tabelas em uma caixa de lista do lado esquerdo do formulário principal e usa PageControl com duas guias. A primeira guia exibe a saída em TDBGrid e a segunda apresenta ao usuário um TMemo para entrar com SQL. A Figura 15.5 mostra o aplicativo-cliente focalizado na guia de dados depois

522 | *Desenvolvendo aplicações em Delphi 6*

que a declaração SQL select * from animals tiver sido enviada ao servidor. A interface gráfica de usuário é direta o bastante, portanto, iremos focalizar os componentes necessários para conectar com o aplicativo-servidor.

Acrescente um TDCOMConnection

O componente TDCOMConnection da guia MIDAS foi usado como o componente de conexão para o servidor. Para executar o servidor a partir de um cliente residindo na mesma máquina que ele, você precisará acrescentar a propriedade ServerGUI. Ao entrar com GUID no aplicativo-servidor, a propriedade ServerName do objeto COM associado àquele GUI será atualizada.

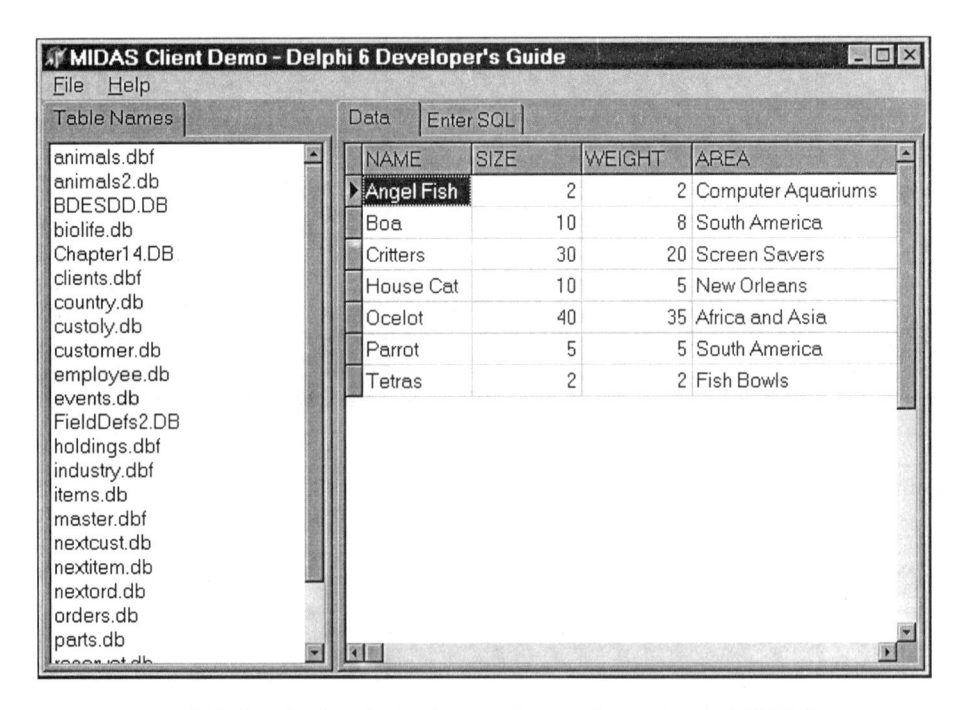

Figura 15.5 O aplicativo-cliente do aplicativo de demonstração MIDAS Query

DICA

Você pode conectar-se com o aplicativo-servidor usando a propriedade ServerName, mas o GUID é mais confiável e preciso

Capítulo 15 - Programação com MIDAS | **523**

O servidor GUID é o valor TGUID definido em Type Library como a constante CLASS_Servername, definida em Server_TLB.pas. Na minha máquina, a declaração GUID era CLASS_ServerModule: TGUID = '{5A873C25-A15A-11D4-9E2B-000000000000}';. Copie e cole o servidor GUID da biblioteca Type ou entre o ServerName, e TDCOMConnection automaticamente preencherá GUID.

> *Ao acrescentar GUID, inclua as chaves de início e encerramento {} com o valor GUID.*
>
> **DICA**

Se você quiser executar o servidor em uma máquina remota, além de instalar e registrar o servidor na máquina remota, ela precisará DCOM, MIDAS.DLL e STDVCL40.DLL instalados. Finalmente, você precisa indicar o nome da máquina remota na propriedade TDCOMConection.ComputerName. Para este exemplo, deixe em branco.

Acrescente um ClientDataSet

O cliente *dataset* é análogo ao *dataset* normal em um aplicativo de duas camadas. O ClientDataset sabe como se comunicar através de uma conexão com o provedor no servidor. Acrescente um TClientDataSet e indique o controle de conexão como a propriedade TClientDataSet.RemoteServer. (No aplicativo de demonstração, ele deve ser DCOMConnection1.) Selecione o nome de componente Provider. O provedor refere-se ao nome do DataSetProvider no aplicativo-servidor; ele foi nomeado Provider, assim, aquele é o nome que você deve colocar na propriedade ClientDataSet.ProviderName.

> *Selecionar o ProviderName no conjunto de dados cliente executará o aplicativo-servidor. Depois que você tiver selecionado o nome do provedor, pode fechar o servidor, alterando a propriedade TDCOMConnection.Connected de novo para False.*
>
> **NOTA**

A propriedade TClientDataSet.CommandText é onde designaremos a declaração SQL do controle memo no aplicativo-cliente. Tudo o que precisamos fazer é acrescentar uma TDataSource, conectar a fonte de dados ao ClientDataSet e o TDBGrid e escrever algumas linhas de código para completar o aplicativo.

Como conectar a interface de usuário a ClientDataSet

A propriedade TDataSource.DataSet é designada ao componente ClientDataSet no formulário cliente. Essa é uma outra ilustração do poder de programação baseada em objeto. Sem herança, seria impossível colocar TClientDataSet em subclasse a partir de TDataSet, resultando na necessidade de uma DataSource especial para ClientDataSets e uma para DataSets normais. Visto que DataSource foi acrescentada a partir da guia Data Access e conectada ao componente ClientDataSet, agora é preciso ser designada à propriedade TDBGrid.Datasource.

O aplicativo-cliente precisa realizar três etapas que necessitam ser implementadas com código. A primeira etapa é conectar o servidor no tempo de execução e a segunda é ler e desempacotar os nomes de tabela do *array* OLEVariant retornado pelo aplicativo-servidor. A terceira etapa é passar SQL do controle Memo para o ClientDataSet. O primeiro par de etapas pode ser implementado no acionador de evento construtor do formulário, e o terceiro pode ser realizado em um evento de clique de botão. Os dois acionadores de evento demonstram o código necessário.

```
procedure TFormClientMain.FormCreate(Sender: TObject);
var
      I : Integer;
      TableNames : OleVariant;
begin
      DCOMConection1.Connected := True;
      TableNames := DCOMConnection1.AppServer.GetTableNames;
      if VarIsArray(TableNames) then
             for I := 0 to VarArrayHighBound(TableNames, 1) do
                    ListBox1.Items.Add( TableNames[I] );
end;

procedure TformClientMain.SpeedButton1Click(Sender: TObject);
begin
      ClientDataSet1.Close;
      ClientDataSet1.CommandText := Memo1.Lines.Text;
      ClientDataSet1.Open;
end;
```

O acionador de evento FormCreate conecta ao servidor indicado como o aplicativo-servidor. RemoteDataModule implementa a interface IAppServer, incluindo quaisquer aperfeiçoamentos àquela interface IAppServer. Acrescentamos GetTableNames à interface; se escrito conforme acima, Delphi emprega a ligação tardia para obrigar a implementação de GetTableNames à implementação contida no servidor. O restante do acionador de evento realiza uma função oposta àquela do método GetTableNames, extraindo os valores varOleStr de VarArray.

NOTA

Uma rápida nota sobre estilo: acionadores de evento foram usados para o programa demonstrativo a fim de permitir que você focalize o que está acontecendo. Esse estilo de código é mais adequado para protótipos ou programas de exemplo. Para o desenvolvimento de software, seria preferível usar algumas funções bem nomeadas para implementar os comportamentos e chamar aqueles comportamentos a partir dos acionadores de evento.

O acionador de evento Execute SQL simplesmente fecha o ClientDataSet, atualiza a propriedade CommandText do controle memo e abre o ClientDataSet. O código-fonte para ambos, cliente e servidor, estão contidos no CD-ROM que acompanha este livro. Lembre-se de que, ao distribuir o cliente, precisará instalar o cliente e instalar e registrar a MIDAS.DLL na máquina cliente.

Reconciliação de erros

Quando você tem múltiplos aplicativos-cliente com usuários atualizando dados ao mesmo tempo, deve acontecer que dois usuários tentem modificar os mesmos dados depois de uma leitura. Os usuários *um* e *dois* lêem um registro. O *um* aplica, faz atualizações ao registro. O *dois* agora tem um registro desatualizado. Quando mais tarde, o usuário *dois* tenta atualizar o registro, o problema é que os valores são os valores corretos. A discrepância precisa ser reconciliada.

O Delphi Enterprise contém uma caixa de diálogo Reconcile Error no Object Repository. Acrescentando esse formulário ao seu projeto MIDAS a partir da guia Dialogs da caixa de diálogo New Items, você obtém reconciliação de erros em uma caixa, ou pelo menos um formulário. Nesta seção, percorreremos os recursos da caixa de diálogo Reconcile Error e como conectá-la a um cliente MIDAS. Para fazer isso, um aplicativo-cliente e servidor, baseado nos projetos RenegadesDemo e Database, do Capítulo 13, foram criados e colocados no CD-ROM deste livro. Vamos rever rapidamente como montar o aplicativo antes de passar ao novo material para reconciliar erros.

Como montar um exemplo de aplicativo-cliente e servidor

Geralmente, você pode usar o servidor da última seção e indicá-lo para o exemplo de banco de dados Renegades. Mostrado na frente (com o cliente ao fundo) da Figura 15.6, o servidor acrescenta o recurso de rastrear o número de conexões. O cliente ao fundo foi definido, usando o assistente Database Form básico, substituindo a TTable gerada pelo assistente por um TClientDataSet e TDCOMConnection. (Consulte o assistente Database Form no Capítulo 13, se precisar de uma atualização.) Lembre-se de atualizar a propriedade TDataSource.DateSet para referenciar o conjunto de dados cliente.

Para fornecer ao cliente um pouco mais de polimento, foram acrescentados um MainMenu e um StatusBar. Porque estamos aplicando atualizações ao banco de dados, o item de menu Apply Updates foi acrescentado ao menu File, junto com itens de menu Connect e Exit.

Modificações para a definição de servidor

O modelo tmSingle Threading foi escolhido para o assistente Remote Data Module do servidor. Visto que esse é o valor padrão da chamada ThreadingModel ao construtor de TComponentFactory.Create, esse argumento é deixado de fora da chamada ao construtor TComponentFactory na seção de iniciação de RemoteDataModule.

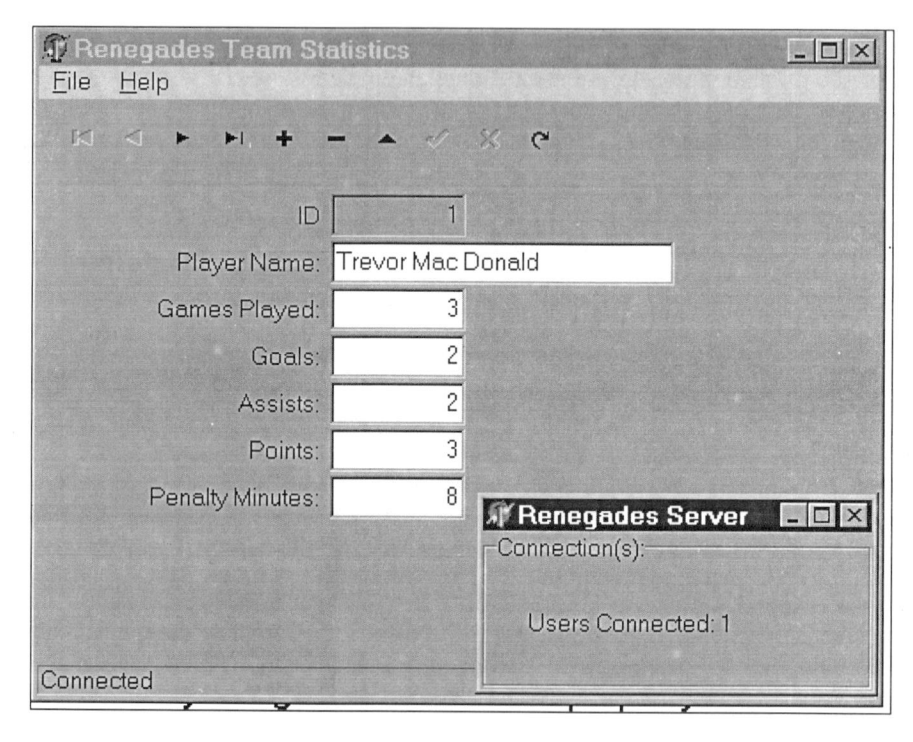

Figura 15.6 Cliente e servidor para a demonstração de reconciliação de erros

```
initialization
    TComponentFactory.Create(ComServer, TRenegadesModule,
Class_Renegades,
         ciMultiInstance);
```

A classe TComponentFactory é responsável pela criação de componentes Delphi suportando interfaces. Da última seção, sabemos que o modelo de encadeamento Single Instance põe em série chamadas COM, diminuindo assim a necessidade de oferecer suporte de seqüência no código.

Capítulo 15 - Programação com MIDAS | **527**

A mudança no modelo de encadeamento foi feita para nos permitir atualizar a captura do formulário servidor. Cada cópia do RemoteDataModule — uma para cada cliente conectado — chama um método UpdateUserCount no formulário servidor. A contagem aumenta em um quando o RemoteDataModule é criado e diminui em um quando o RemoteDataModule é destruído. UpdateUserCound fica na cópia única do formulário no servidor e, simplesmente, atualiza um contador inteiro e a etiqueta exibindo o contador (veja a Figura 15.6).

Acréscimos ao aplicativo-cliente

O aplicativo-cliente foi rapidamente agrupado com o assistente Database Form. Visto que o cliente precisa atualizar as mudanças para o banco de dados, um item de menu File, Apply Updates foi acrescentado ao cliente. A implementação de ApplyUpdates foi acrescentada ao acionador de evento Click para o item de menu.

```
procedure TFormMain.ApplyUpdatesClick(Sender: TObject);
begin
     if( ClientDataSet1.ChangeCount > 0 ) then
          ClientDataSet1.ApplyUpdates(-1)
end;
```

A propriedade TClientDataSet.ChangeCount é testada. Se houver mudanças, então TClientDataSet.ApplyUpdates é chamado com um argumento de erro máximo de –1. Isso significa que o método não parará de tentar aplicar as mudanças, pois um número máximo de erros ocorreu.

AVISO

Provedores não detectam erros devido a conflitos em campos memo.

O usuário precisa chamar o comportamento Apply Updates para que as mudanças sejam salvas ao banco de dados. TClientDataSet.ApplyUpdates gera uma chamada a um acionador de evento BeforeApplyUpdates, chama o provedor indicado pelo TClientDataSet.ProviderName, gera um acionador de evento AfterApplyUpdates, se houver um, e depois chama o acionador de evento ReconcileError, para quaisquer erros retornados ao conjunto de dados cliente pelo provedor. Acrescentando um acionador de evento a TClientDataSet.OnReconcileError, o nosso aplicativo-cliente pode fornecer a reconciliação de erros.

Como usar o formulário de reconciliação de erros

Para oferecer um formulário padronizado de reconciliação de erros, você precisará acrescentar uma cópia da unidade RecErr.pas ao seu aplicativo. Isso é obtido, usando o recurso Copy da caixa de diálogo New Items. Acrescente a caixa de diálogo de reconciliação de erros da guia Dialogs, da caixa de diálogo New Items e clique o botão de rádio Copy. (Para o nosso exemplo de programa, o arquivo foi salvo como RecErr.pas e RecErr.dfm.)

NOTA

Para caminhar através do formulário de reconciliação de erros, você pode executar mais de uma instância do cliente Renegades no mesmo PC, ou mais de um PC, desde que eles estejam conectados à mesma instância servidor.

A conexão entre um cliente e o formulário de reconciliação de erros é uma função global, na unidade RecErr.pas.

```
function HandleReconcileError(DataSet: TDateSet; UpdateKind:
TUpdateKind;
    ReconcileError: EReconcileError): TReconcileAction;
```

Acrescente a unidade RecErr.pas à clausula uses do formulário cliente e HandleReconcile Error a partir do formulário cliente. Do acionador de evento TClientDataSet.OnReconcileError, passe as exceções DataSet, UpdateKind e ReconcileError ao Reconcile Error Form. Todos esses são argumentos do método event, assim o código cliente é direto.

```
procedure TFormMain.ClientDataSet1ReconcileError(DataSet:
        TCustomClientDataSet; E: EReconcileError: UpdateKind:
        TUpdateKind; var Action: TReconcileAction);
begin
    Action := HandleReconcileError( DataSet, UpdateKind, E );
end;
```

Quando são aplicadas atualizações, o provedor retorna todas as fileiras que têm erros. O acionador de evento precedente é chamado, o qual por sua vez, chama a função global HandleReconcileError (veja a Figura 15.7).

Na Figura 15.7, dois aplicativos-cliente tentam atualizar o "renegado" Trevor MacDonald. A caixa de diálogo Reconcile Error exibe o valor modificado, o valor conflitante e o valor original. No fundo do formulário você pode marcar a caixa para mostrar campos conflitantes, ou desmarcá-la, para mostrar todos os campos. No alto da caixa de diálogo, você pode selecionar uma ação de reconciliação. A ação de reconciliação será retornada como resultado TReconcileAction para HandleReconcileErrors, e determinará como o cliente se comportará ao retornar. Reporte-se à Tabela 15.2 para uma lista completa de ações.

Capítulo 15 - Programação com MIDAS | **529**

> **DICA**
>
> *O formulário padrão de reconciliação de erros permite que você atualize o erro modificado na caixa de diálogo de reconciliação, se a Reconcile Action is Correct.*

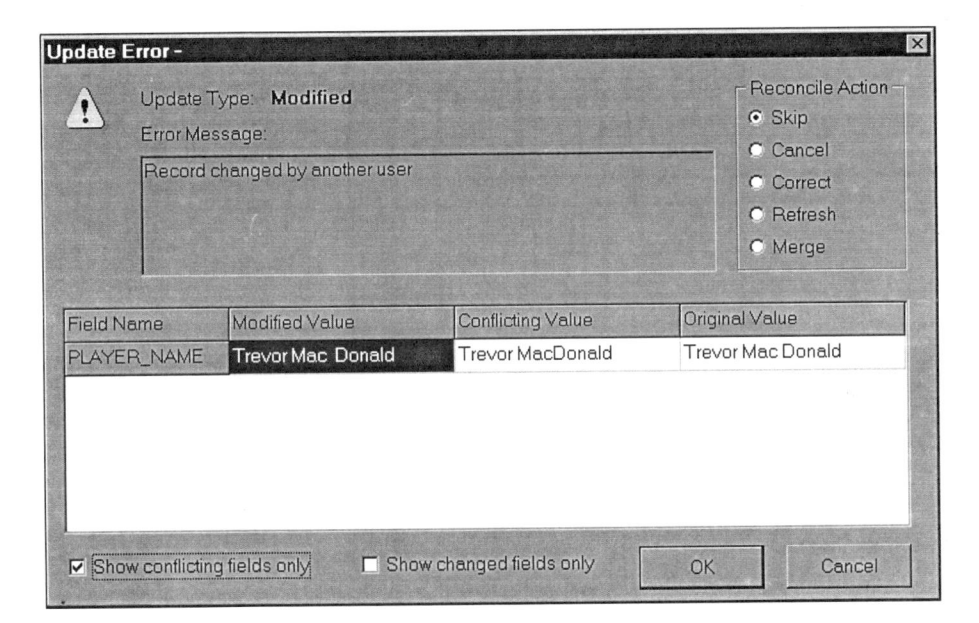

Update Error -

Update Type: **Modified**
Error Message:
Record changed by another user

Reconcile Action
- ⦿ Skip
- ○ Cancel
- ○ Correct
- ○ Refresh
- ○ Merge

Field Name	Modified Value	Conflicting Value	Original Value
PLAYER_NAME	Trevor Mac Donald	Trevor MacDonald	Trevor Mac Donald

☑ Show conflicting fields only   ☐ Show changed fields only   [OK]   [Cancel]

Figura 15.7 *O Reconcile Error Form do Object Repository oferece um meio padronizado de acrescentar uma reconciliação de erros aos sistemas de cliente servidor MIDAS*

Tabela 15.2 TReconcileActions. Você pode usar a caixa de diálogo padrão Reconcile do repositório para criar uma versão personalizada que retorna uma TReconcileAction que instrui o ClientDataSet e o provedor sobre como solucionar registros conflitantes

Ação	TReconcileAction	Descrição
Skip (Pular)	raSkip	Pula o registro que tem um conflito e deixa-o desatualizado
Abort (Abortar)	raAbort	Pára a ação de reconciliação
Merge (Fundir)	raMerge	Funde o registro atualizado com a versão no servidor
Correct (Correto)	raCorrect	Substitui o registro atualizado pelo novo valor
Cancel (Cancelar)	raCancel	Inverte todas as mudanças aos valores originais
Refresh (Atualizar)	raRefresh	Inverte todas as mudanças e substitui o registro pelos valores atuais do servidor

Adotando o formulário padrão, você pode poupar muito trabalho extra. No entanto, se você decidir personalizar um formulário de reconciliação, precisará escrever o código para exibir valores modificados, conflitantes e originais, e permitir ao usuário pegar uma ação. Use a Reconcile Error Dialog como guia.

Caixa de aplicativos cliente-servidor

Às vezes os usuários não terão acesso ao seu servidor. Eles podem não estar conectados ao servidor por uma conexão de rede física, ou uma conexão de discagem, podem não ter acesso ao servidor HTTP, ou podem apenas estar "fora do ar". Quando você quer montar aplicativos que permitam aos usuário executar o aplicativo enquanto não conectados ao servidor, pode obter a vantagem da habilidade inerente de TClientDataSet de suportar caixa de suporte a usuário.

DICA

${DELPHI} é uma diretiva de compilador que soluciona o caminho de instalação de Delphi. Você pode usar ${DELPHI} como um caminho virtual para o Delphi ao definir biblioteca e fonte de caminhos relativos ao diretório de instalação do Delphi.

Os tipos adicionais são rápidos. Para ilustrar as mudanças adicionais no aplicativo-cliente, necessárias para suportar o modelo de caixa, emprestamos o projeto ${DELPHI}\Demos\MIDAS\BrfCase\briefcase.bpg.
A única mudança é ajustar a propriedade TClientDataSet.FileName. Se a propriedade FileName for ajustada, então o ClientDataSet lê e escreve os seus dados em um arquivo, e atualiza o servidor quando o cliente estiver conectado ao servidor. Se não houver conexão ao servidor, então as mudanças do servidor são salvas em um arquivo, até que o servidor esteja disponível para atualizações.

Resumo

O Capítulo 15 demonstrou vários tipos de problemas e soluções que você pode encontrar ao montar soluções cliente-servidor de três camadas. A primeira parte do capítulo discutiu a técnica básica para conexão aos aplicativos-servidores através de uma conexão DCOM. A segunda parte demonstrou a reconciliação de erros. Quando você tiver o potencial para aplicativos de múltiplos clientes trabalharem nos mesmos dados, você estará pronto para lidar com atualizações conflitantes. A terceira parte demonstrou as mudanças tão pequenas necessárias para suportar os usuários "menos acessíveis".

Devido à ausência de longas listagens de código, você pode garantir que MIDAS oferece uma vantagem significativa no suporte ao desenvolvimento de aplicativo distribuído. MIDAS suporta modelos de conectividade Web, Socker, DCOM e Corba, oferecendo um meio poderoso de manter os seus usuários conectados aos seus dados. Na seção a seguir, você aprenderá como empregar as poderosas facilidades internas em Delphi para suportar o desenvolvimento de aplicativos para a Web.

Capítulo

16

Como programar para intranets e a Internet

Dois conjuntos comuns de iniciais que aparecem juntos são TCP e IP. TCP — Transmission Control Protocol (protocolo de controle de transmissão) e IP (Internet Protocol (protocolo de Internet) trabalham juntos para oferecer a lógica por trás da conectividade LAN — Local Area Network (rede de área local), intranet, extranet e Internet. Redes de área local, LAN, são computadores fisicamente conectados por fio e por cartões de rede (cartões NIC) ou, como no caso do meu escritório em casa, sem fio. O computador das crianças, lá embaixo usa um transmissor sem fio AirEzy 2405, para permitir a um computador no porão ser conectado à LAN no meu escritório, o qual por sua vez, é conectado à Internet. É assim que as crianças navegam na Web e jogam Half Life enquanto outro trabalho produtivo acontece.

Sem entrar em tantos detalhes, TCP é um protocolo que inclui uma descrição de um cabeçalho empacotado que ajuda os dados a navegar em redes. O TCP mantém a posição de informações, permitindo a cada extremidade da conexão estar ciente da outra. O IP acrescenta informações de cabeçalho específicas aos pacotes, que oferecem para classificar e esclarecer endereços IP com pontos. Por exemplo 198.109.162.177 é associado a **www.softconcepts.com**. O meu provedor de serviço de Internet (ISP — Internet Service Provider) acrescenta uma entrada nomeada em um DNS (Domain Name Server — servidor de nomes de domínio) que associa **www.softconcepts.com** a 109.109.162.177. Quando informações são enviadas para ou do meu *Website*, o pacote IP armazena informações de endereçamento. À medida que o pacote de dados se move da estação de trabalho para o concentrador de cabeamento (parte central de um disco) do servidor de rede, fora, através do cabo de modem — cortesia da AT&T — através de roteadores e outros servidores, os protocolos TCP e IP definem os meios pelos quais os dados são rastreados.

Outros protocolos, tal como o Gopher foram populares antes de TCP/IP e existem outros protocolos baseados em TCP/IP em camadas sobre TCP/IP, os quais foram projetados para outros propósitos específicos. Por exemplo, o FTP — File Transfer Protocol (protocolo de transferência de arquivos) foi projetado para facilitar as transferências de arquivo pela rede. UDP — User Datagram Packet (Pacote de datagrama de usuário) é um protocolo sem conexão, derivado de TCP/IP, que não mantém informações de conectividade entre cliente e servidor e é útil, por exemplo, para fluxo de mídia, em que pode ser aceitável se alguns pacotes são perdidos.

Se você quiser saber detalhes sobre a miríade de protocolos, incluindo TCP/IP, FTP, UDP, Gopher e outros, pode pegar um livro como *Using TCP/IP*, editora Que, de John Ray. Como uma alternativa, é possível encontrar as RFCs — Request For Comment (solicitação de comentário) específicas e artigos e ler tudo sobre um protocolo em particular. Este capítulo não ensinará muitos detalhes sobre os protocolos; entretanto, você aprenderá a usar os componentes e classes disponíveis em Delphi, que permitirão programar para muitos dos protocolos mais comuns. Novos em Delphi 6 são os componentes Internet Direct de Nevrona. Além dos componentes Internet e Fastnet de uma edição anterior, o Internet Direct, ou Indy, os componentes contêm dezenas de componentes do lado cliente e servidor suportando TCP/IP, UDP, Echo, Finger, Gopher, HTTP, POP3, SMTP, NNTP e Telnet, bem como alguns outros. Com rápidos comentários sobre para o que um protocolo em particular é útil, este capítulo demonstrará muitos desses novos componentes do lado cliente e servidor. Ao final deste capítulo, você terá sido apresentado ao incrível utilitário de programação de Internet e intranet oferecido por esses poderosos componentes e terá tido uma oportunidade de praticar, usando-os em aplicativos de exemplo.

Componentes TCP —Transmission Control Protocol

O TCP é diretamente suportado pelos componentes IdTCPClient e IdTCPServer nos Indy Clients e Indy Server, bem como nos componentes TcpClient e TcpServer de Borland, na guia Internet da VCL. Visto que os componentes Indy que suportam TCP são os componentes mais novos, nós os focalizaremos nesta seção. Tenha em mente que os pares de componentes suportam o mesmo protocolo e que cada par pode ser usado para programação TCP; os nomes e propriedades específicos podem diferir entre os componentes de Nevrona e Borland.

> **NOTA**
> Todos os componentes Internet Direct (Indy) são prefixados com um Id.

Componente Indy TCP Client

Um aplicativo TCP cliente conecta-se a um TCP servidor, indicando o nome Host ou endereço IP do aplicativo-servidor com o qual deseja falar e a porta, através da qual o servidor estará ouvindo. Uma porta comum para servidores de Internet, ou HTTP, é a porta 80. Outros números de porta comumente designados são FTP 20 e 21, Telnet 23, SMTP 25, Gopher na porta 70 e POP3 110. Você pode determinar todas as portas em uso pelo seu sistema, executando a indicação de comando netstat.exe. A listagem contém um exemplo das portas em uso em minha estação de trabalho.

> **NOTA**
> O dicionário de termos de computação de Barron define uma porta como uma conexão entre a CPU e um outro dispositivo [não memória] que oferece um meio para as informações entrarem ou saírem do computados. Essa não é uma definição muito insatisfatória; porta é um daqueles termos usados genericamente para uma variedade de coisas. Encaixe um cabo de categoria cinco em um cartão NIC, e o encaixe é referido como uma porta. Para os nossos objetivos, uma porta é a menor conexão física entre o microprocessador e um dispositivo físico. Os números de porta informam à CPU para onde enviar os dados. A porta speaker (palestrante) é $61. Depois de enviar os bits zero e um para a porta $61, o speaker emitirá um som de aviso estável. Envie um outro valor com os bits zero e um apagados e o speaker desligará. As etapas a seguir demonstram o envio de dados diretamente para a porta speaker.
> 1. Abra um prompt Command.
> 2. Execute o programa Debug, digitando Debug (Depurar) na indicação de comando.
> 3. Debug responderá com uma indicação de traço. Digite o61,3 e pressione Enter na indicação Debug.
> 4. Você ouvirá o speaker emitir um som estável. Digite o61,0 para desligar o speaker. As instruções vão diretamente do microprocessador para a porta 61.

Desenvolvendo aplicações em Delphi 6

```
Active Connections
Proto  Local Address   Foreign Address              State
TCP    ptk800:1025     SCI.TCIMET.NET:nbsession     ESTABLISHED
TCP    ptk800:1482     64.124.41.224.napster.com:8888 ESTABLISHED
TCP    ptk800:1621     SCI.TCIMET.NET:1046          ESTABLISHED
TCP    ptk800:1625     SCT.TCIMET.NET:1072          ESTABLISHED
TCP    ptk800:1630     SCI.TCIMET.NET:1046          ESTABLISHED
TCP    ptk800:1634     SCI.TCIMET.NET:1072          ESTABLISHED
TCP    ptk800:1636     SCI.TCIMET.NET:nbsession     ESTABLISHED
TCP    ptk800:1026     LocalHost:1029               ESTABLISHED
TCP    ptk800:1029     LocalHost:1026               ESTABLISHED
```

Não se preocupe se você não tiver um servidor Web disponível para testar os seus aplicativos; você pode usar o endereço LocalHost — 127.0.0.1 para testar aplicativos cliente e servidor. Alternativamente, para estabelecer um teste de servidor Web, instale Peer Web Server da Network Applet em Windows NT ou Personal Web Server no Windows 98. Para instalar o Peer Web Server em uma máquina Windows NT, abra o Network Applet a partir do painel de controle. Mude a guia Services (Serviços) e clique o botão Add. O processo de instalação solicitará seu CD Windows NT para completar a instalação.

A segunda coluna é o nome da máquina, seguido pelo número da porta na máquina local, e a terceira coluna e a máquina remota, ou *host* e porta receptores, seguido pela posição. Onde o endereço externo é LocalHost, o endereço está se referindo a IP 127.0.0.1, que é um endereço de retorno, usado por um PC para referir-se a si próprio. LocalHost é o Uniform Resource Locator (URL) para o IP 127.0.0.1.

NOTA *Executar o Peer Web Server é uma boa idéia por um par de razões. Primeiro, o escalonador de retorno de servidor Web faz uma plataforma de teste de unidade bastante boa e, segundo, ele permite que você estabeleça, rápida e facilmente, um site de intranet que pode ser usado para compartilhar informações com as pessoas envolvidas em seu projeto, através da empresa. Essa é comprovadamente uma ferramenta valiosa e barata para a equipe de desenvolvimento.*

Para testar o IdTCPClient — o componente Internet Direct TCP Client — na guia Indy Client da VCL, complete as etapas numeradas e acrescente o código da listagem a seguir.

1. A partir de Network Applet no painel de controle, acrescente o Peer Web Server para Windows NT (ou Personal Web Server para Windows 9x). Por padrão, o servidor irá se referir ao endereço LocalHost na porta 80, com uma página default.htm.
2. Abra o Delphi e solte um componente TIdTCPClient no formulário padrão em branco.
3. Acrescente um TMemo ao formulário, o qual fornecerá um lugar conveniente para colocar a saída da conexão TCP.

Capítulo 16 - Como programar para intranets e a Internet | **535**

4. Acrescente o código da listagem a seguir ao acionador de evento FormCreate

```
procedure TForm1.FormCreate( Sender : TObject );
begin
      IdTCPClient1.Host := '127.0.0.1';
      IdTCPClient1.Post := 80;
      IdTCPClient1.Connect;
      try
            IdTCPClient1.SendCmd('GET /default.htm' );
            Memo1.Lines.Add( IdTCPClient1.CurrentReadBuffer );
      finally
            IdTCPClient1.Disconnect;
      end;
end;
```

AVISO
Se você escrever um acionador de evento TIdTCPClient.OnStatus, precisará acrescentar manualmente IdStatus às cláusulas uses da unidade contendo o método de evento TIdTCPClient.OnStatus, ou obterá um erro por ocasião da compilação. (É provável que esse problema possa estar resolvido quando você ler isto.)

A primeira linha define o endereço Host IP como uma *string*. Você pode usar o componente TIPAddress como um meio conveniente de obter um endereço IP de um usuário. A segunda linha contém o número de porta. Em HTTP, normalmente essa é a porta 80, mas se você estiver indo através de um servidor *proxy*, isso pode ser algo mais, como 8080. A terceira linha conecta ao servidor e à porta indicada. O método SendCmd envia uma *string* adequada ao servidor de resposta. GET ou POST são apropriados para servidores HTTP. Por exemplo, dependendo do protocolo, FTP na porta 21, outros comandos como LIST seriam apropriados. Se você estiver montando um aplicativo que suporta um protocolo específico, pode querer colocar em subclasse os componentes cliente e servidor para oferecer um conjunto de comando não baseado em texto.

Se tiver problemas ao executar uma simples demonstração, então abra o Windows NT Task Manager e verifique qual inetinfo.exe está na lista de processos. Se inetinfo.exe (Peer Web Services) estiver sendo executado, então execute o Internet Service Manager, selecionando Start | Program Files | Microsoft Peer Web Services | Internet Service Manager. Verifique a porta TCP e o diretório Home (veja a Figura 16.1). Os aplicativos Web, FTP e Gopher são registrados como aplicativos de serviço quando você instala o Peer Web Services. Automaticamente, eles se iniciam quando o seu sistema inicia. Para interromper os serviços, use o Internet Service Manager ou interrompa-os a partir do *applet* Services (mostrado na Figura 16.2). Você também pode usar o *applet* Services para impedi-los de iniciar automaticamente, no entanto, se estiver executando uma intranet, você irá querer que eles iniciem automaticamente.

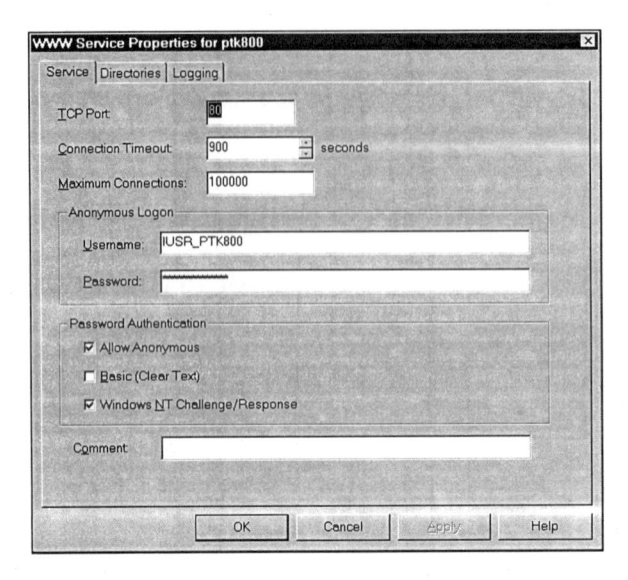

Figura 16.1 *A caixa de diálogo Web Service Properties permite que você configure o Peer Web Server ou verifique as informações de porta e diretório, como fizemos aqui*

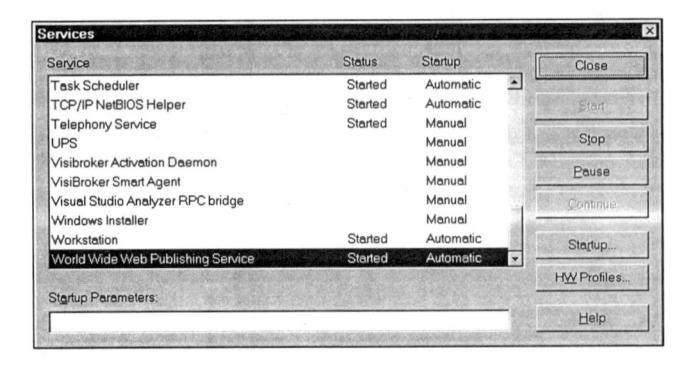

Figura 16.2 *O Peer Web Services executa como um serviço no Windows NT, iniciando automaticamente por padrão, quando o Windows reinicia*

TCPClient.dpr, uma versão ligeiramente mais complete do aplicativo TCPClient, está no CD-ROM deste livro. O aplicativo TCPClient não está limitado a um servidor HTTP. Muitos dos protocolos comuns são baseados em TCP, o que significa que você pode usar o mesmo aplicativo TCPClient para conectar-se com tipos específicos de servidor. Modifique ligeiramente a listagem anterior para conectar-se com o serviço FTP.

```
IdTCPClient1.Host := '127.0.0.1';
IdTCPClient1.Port := 21;
IdTCPClient1.Connect;
try
      IdTCPClient1.SendCmd( 'USER anonymous' );
      IdTCPClient1.SendCmd( 'PASS me@dummy.com' );
      IdTCPClient1.SendCmd( 'HELP' );
      Memo1.Lines.Add( IdTCPClient1.CurrentReadBuffer );
finally
      IdTCPClient1.Disconnect;
end;
```

DICA

Para aprender mais sobre TCP, leia RFC 0793, em http://sunsite.iisc.ernet.in/collection/rfc/rfc0739.html.

A listagem supõe que você instalou o servido FTP com Peer Web Services e que o padrão, permitindo registros de entrada anônimos, está selecionado. (Novamente, você pode verificar os ajustes de serviço FTP no Microsoft Internet Service Manager.) Em geral, você achará mais fácil usar o componente-cliente ou servidor do protocolo específico, em vez do componente TCP geral.

Componente Indy TCP Server

O componente IdTCPServer permite que você crie um aplicativo TCP servidor. O componente TCP servidor faz a veiculação a uma porta servidor, por exemplo, 8080, e recebe solicitações de comando de clientes TCP naquela porta, respondendo ao evento OnExecute. Por exemplo, se um aplicativo TCP servidor enviar texto ao servidor com um WriteLn, então o argumento AThread do método OnExecute pode ser usado para ler o texto enviado do cliente. (Reporte-se à próxima seção para um exemplo de uso do componente TIdUDPServer, que tem propriedades e métodos semelhantes.) A Tabela 16.1 relaciona propriedades válidas para o componente IdTCPServer.

Tabela 16.1 Propriedades TIdTCPServer. Ajuste os vínculos de propriedade [IP:Port], DefaultPort e a posição Active para receber solicitações de cliente através do objeto TIdThreadPeer, passado ao método OnExecute

Propriedade	Descrição
AcceptWait	Período de tempo de encerramento de espera para conexões de cliente
Active	Booleano indicando se o servidor está ou não ativo
Bindings	*String* de endereço IP:Port, indicando o endereço IP e a porta onde o servidor está ouvindo
DefaultPort	Uma porta padrão para ouvir as conexões de cliente
Intercept	Uma referência a um componente IdServerInterceptOpenSSL que recebe dados enviados ao componente TCPServer
ThreadMgr	Uma referência a uma coleção de gerenciador de seqüência contendo uma lista de objetos de seqüência referenciado conexões de cliente

Se você quisesse criar um aplicativo-servidor que respondesse a clientes na porta 9090, ajustaria DefaultPort para 9090 e a propriedade Active para True. Siga os ajustes de propriedade com um acionador de evento OnExecute e use o objeto argumento TIdPeerThread para se comunicar com o aplicativo-cliente. Por exemplo, para ler uma *string* de texto enviada pelo cliente, o seguinte código funciona:

```
procedure TForm1.IdTCPServer1Execute(AThread: TIdPeerThread);
begin
     ShowMessage( AThread.Connection.ReadLnWait );
end;
```

O acionador de evento para um componente TCP servidor IdTCPServer1.OnExecute será chamado com uma cópia de TIdPeerThread. AThread contém uma referência à chamada à cópia TIdTCPServerConnection; uma TIdTCPServerConnection é tornada subclasse de TIdTCPConnection. IdTCPConnection contém métodos para enviar e receber dados em forma de texto, *strings* de comando ou objetos TStream, e permite que você examine a posição do componente TCP de conexão.

Componentes de UDP — User Datagram Packet

O protocolo UDP é um híbrido do protocolo TCP. Enquanto TCP é projetado para garantir uma conexão ponto a ponto, UDP é projetado para enviar dados, mas não garante a chegada dos dados; nem ele indica o sucesso ou a falha da transmissão do pacote. O que falta ao UDP em confiabilidade, ele compensa em velocidade. Você encontrará UDP usado em aplicativos que enviam dados encadeados — como vídeo ou voz — e vídeo de jogos. Esses tipos de dados não sofrem, necessariamente, se uma moldura ou duas forem largadas, e a velocidade é essencial. "Quando o objetivo de um programa é transmitir tantas informações quanto possível, onde qualquer determinada parte de dados não é relativamente importante, o UDP é usado." (Ray, 1999.)

Capítulo 16 - Como programar para intranets e a Internet | 539

NOTA
Quando este capítulo foi escrito, os componentes UDP suportavam apenas o envio e retorno de string de dados, o que pode dificultar definir um cliente e servidor UDP capaz de seqüenciar vídeo ou gráficos. Talvez isso tenha sido alterado, permitindo que objetos TStream ou dados binários sejam trocados, quando você tiver o seu exemplar de Delphi 6.

UDP está descrito na RFC 0768, disponível em http://www.cis.ohio-state.edu/htbin/rfc/rfc0768.html. Delphi oferece ambos os componentes, cliente e servidor, para UDP: TIdUDPClient e TIdUDPServer. O arquivo UDPClientServer.bpg contém um exemplo de aplicativo-cliente e servidor. O cliente envia solicitações no caminho das *strings* de comando definidas pelo programador, que param e iniciam vídeo .AVI através de TMediaPlayer.

NOTA
A demonstração cliente e servidor não representa o melhor uso expresso do protocolo UDP, mas, ao contrário, um funcional, baseado na implementação dos componentes Internet Direct.

Para criar um aplicativo de demonstração usando IdUDPClient e IdUDPServer, crie um projeto Delphi. Acrescente um segundo aplicativo ao grupo de projeto. Escolha um projeto para ser o cliente e um para ser o servidor. Você precisará de um componente IdUDPClient para conectar-se a um servidor UDP. Indique o endereço IP e a porta do servidor. Para a demonstração, selecione uma porta que não seja geralmente usada por outro protocolo baseado em TCP, como 8090. Os métodos de interface para UDP não contém um método Connect, visto que UDP é sem conexão. Para usar a implementação Internet Direct, simplesmente faça a difusão de uma *string* com o comando Send para a porta e endereço IP indicados. O cliente UDP de demonstração envia "PLAY" ou "STOP" ao servidor de demonstração. Imaginando um Form genericamente nomeado, a troca de Button entre PLAY e STOP poderia ser implementada como a seguir.

```
procedure TForm1.Button2Click(Sender: TObject);
const
      Command : string = 'PLAY';
begin
      IdUDPClient1.Send(Command);
      Memo1.Lines.Add( IdUDPClient1.ReceiveString );
      if( Command = 'PLAY' ) then
            Command := 'STOP'
      else
            Command := 'PLAY';
end;
```

O importante do código é a simplicidade da declaração IdUDPClient1.Send(Command). Observe que não há indicação de conexão e desconexão.

O servidor é implementado como um aplicativo que responde a um simples ajuste de comando do cliente. Para implementar o servidor, indique a DefaultPort ouvinte (8090, combinando o cliente) que o servidor pode usar para ouvir as novas transmissões, e ajuste o TIdUDPServer.Active para True. Quando o UDPServer recebe a *string* de dados do cliente, ele chama qualquer acionador de evento designado ao acionador de evento TIdUDPServer.OnUDPRead. A listagem de código demonstra como deslindar dados dos parâmetros do evento OnUDPRead.

```
procedure TForm2.IdUDPServer1UDPRead(Sender: TObject; AData:
     TStream;
     const APeerIp: String; const APeerPort: Integer);
var
     S : TStringStream;
begin
     S := TStringStream.Create('');
     try
          S.CopyFrom( AData, AData.Size );
          if ( CompareText( S.DataString, 'PLAY' ) = 0 ) then
               MediaPlayer1.Play
          else if (CompareText( S.DataString, 'STOP' ) = 0 ) then
               MediaPlayer1.Stop;
          IdUDPServer1.Send( APeerIP, APeerPort, S.DataString );
     finally
          S.Free;
     end;
end;
```

OnUDPRead obtém quarto parâmetros: TObject, TStream, string e integer. O parâmetro TObject indica o objeto Sender. O TStream contém os dados enviados do cliente. A *string* do argumento APeerIP — o terceiro argumento — contém o endereço IP da máquina cliente de envio. O parâmetro APeerPort é usada para identificar uma máquina de transmissão.

DICA *Quando este capítulo foi escrito, a ajuda integrada Indy e os aplicativos de demonstração não acompanhavam o Delphi 6 beta. Enquanto é pouco provável ser o caso quando a versão final do D6 for lançada, você pode visitar http://www.nevrona.com/Indy/Download.html para demonstrações, código-fonte e arquivos de ajuda.*

O código na listagem usa um TStringStream para copiar os dados do objeto TStream em um StringStream, permitindo ao código manipular os dados como *string* de dados. (Como uma alternativa, você poderia usar o operador As para determinar a classe atual do objeto TStream.) No exemplo, a *string* de dados é comparada ao simples conjunto de comandos, e o comando ecoa de volta ao cliente, usando a porta e endereço IP do cliente fazendo a chamada.

Capítulo 16 - Como programar para intranets e a Internet | **541**

Como montar
um cliente FTP

O File Transfer Protocol é um protocolo TCP/IP usado para transferir arquivos através de redes. Quando você carrega um arquivo da Internet, pode estar usando o comando HTTP GET, mas é provável que esteja usando FTP. O protocolo FTP tem o seu próprio conjunto de comandos e o Delphi contém componentes para criar clientes FTP (um exemplo é WS_FTPPro, de Ipswitch, ou o comando de linha de programa FTP que vem com o Windows), e servidores FTP, como aquele que vem com Internet Information Servers da Microsoft.

NOTA
Provavelmente, o protocolo TCP/IP mais comum usado com browsers como o Netscape Navigator da AOL ou Internet Explorer da Microsoft é o Hypertext Transfer Protocol (HTTP — Protocolo de transferência de hipertexto), mas você pode usar diversos dos protocolos TCP/IP com browsers, incluindo FTP e os protocolos de arquivo, gopher e Telnet.

O CD deste livro contém vários aplicativos demonstrativos de FTP, inclusive SimpleFTP, aplicativos de demonstração implementados com TNMFTP de Net Masters, encontrado na guia FastNet da VCL, e uma versão com o componente TIdFTP Internet Direct de Nevrona. Além disso, há, no CD-ROM, um aplicativo FTP elaborado, FTPPro (mostrado na figura 16.3). A listagem completa do aplicativo FTPPro não está relacionada aqui, pois ela é compreende aproximadamente 2.000 linhas de código. O aplicativo FTPPro.exe também demonstra a persistência de configurações de aplicativo ao registro. (Veja a seção sobre a demonstração POP3 mais adiante, neste capítulo, para um exemplo do uso da classe TIniFile, para salvar configurações de aplicativo em um arquivo INI.) O aplicativo de demonstração FTPPro.exe também inclui exemplos de uma tela manchada, os novos controles *shell*, um formulário de opções, uma caixa de diálogo de senha e uma quantidade significativa de capacidades FTP. Você pode copiar e percorrer o programa de exemplo, a partir do CD do livro. Os destaques de capacidades FTP são cobertos nesta seção, quando destacarmos o código especificamente relacionado a FTP.

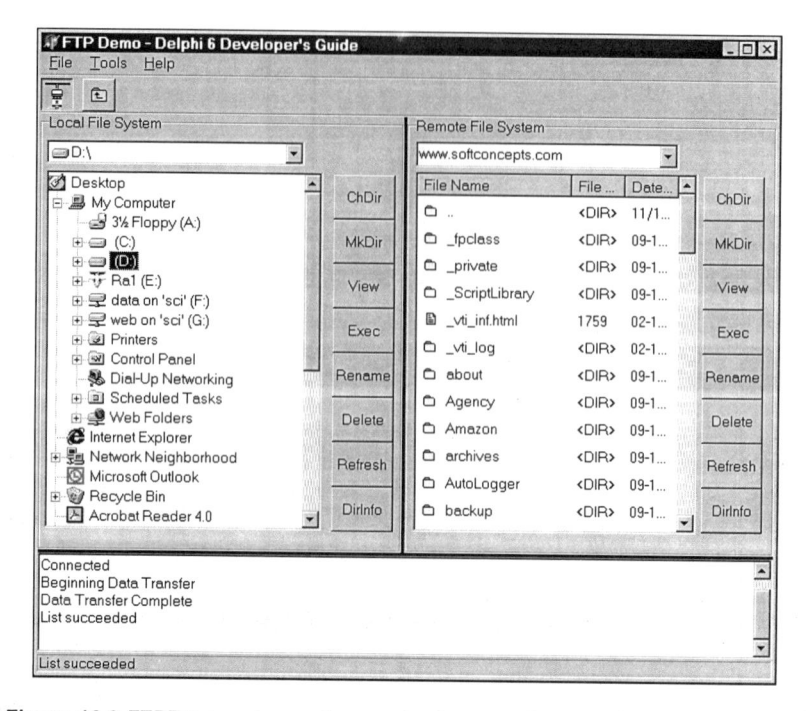

Figura 16.3 *FTPPro.exe demonstra uma implementação completa de um aplicativo cliente FTP baseado em Windows, usando o componente NetMasters TNMFTP*

Como se conectar a um servidor FTP

Todas as implementações completas de um cliente FTP precisarão satisfazer as necessidades de FTP. Isso é verdade se as propriedades e métodos específicos são ou não nomeados identicamente. Existem dois componentes em Delphi para criar clientes FTP. TNMFTP é de NetMasters LLC e TldFTP é da Nevrona. Ambas as propriedades e exemplos de código necessários para conectar-se com um aplicativo cliente FTP a um servidor FTP são demonstrados.

Como conectar-se a um servidor FTP com TNMFTP

O protocolo FTP exige um host IP e um número de porta. A ID do host pode ser qualquer host executando um servidor FTP; o número de porta normalmente é 21. Dependendo da configuração do servidor FTP, você pode precisar fornecer um nome e senha de usuário. Se o servidor permitir o registro de entrada anônimo, então a palavra anonymous (anônimo) e qualquer *string* contendo o caráter @ satisfaz a exigência de uma senha (a qual, normalmente, é solicitada como um endereço de e-mail em registros de entrada anônimos). O código a seguir demonstra o registro de entrada anônima em um *site* FTP, com o componente TNMFTP chamado NMFTP1.

```
NMFTP1.Host := '198.109.162.177';
NMFTP1.Port := 21;
NMFTP1.UserID := 'anonymous';
NMFTP1.Password := 'yourmail@yourisp.com';
NMFTP1.Connect;
```

Supondo que o *host* e o número de porta estejam corretos (no exemplo, eles estão) e o servidor permita registros de entrada anônimos, então o código acima conectará um aplicativo cliente FTP ao *host* indicado.

A diferença entre dois componentes que fornecem o mesmo serviço básico está na complementação e facilidade de implementação. Um exemplo de como TNMFTP pode ser usado para realizar serviços FTP básicos é demonstrado na seção relacionada em *upload* e *download* de arquivo. O aplicativo FTPPro de demonstração foi implementado com TNMFTP; você pode carregar e executar o projeto FTPPro a partir do CD-ROM deste livro.

AUTENTICAÇÃO Se você estiver usando o componente TNMFTP para registrar-se em um *site* que exija um usuário e senha válidos contra um registro de entrada anônimo, então o componente TNMFTP exigirá autenticação. É possível fornecer autenticação dinâmica, implementando o acionador de evento TNMFTP.OnAuthenticationNeed. O acionador de evento OnAuthenticationNeeded passa um argumento *var* booleano, Handled. Designe o valor True a Handled e TNMFTP tentará registrar a entrada novamente. A listagem de código demonstra uma implementação do evento de autenticação.

```
procedure TFormMain.NMFTP1AuthenticationNeeded(var Handled: Boolean);
var
      UserID, Password : string;
begin
      UserID := NMFTP1.UserID;
      Password := NMFTP1.Password;
      Handled := GetPassword( UserID, Password );
      if( Handled ) then
      begin
            NMFTP1.Password := Password;
            NMFTP1.UserID := UserID;
      end;
end;
```

A função GetPassword é uma função global (definida em UFormPassword no CD deste livro), que cria um formulário de caixa de diálogo modal, que é um simples formulário contendo dois campos de entrada, um representando o nome de usuário e outro a senha.

SERVIDORES PROXY Alguns servidores FTP podem usar um servidor *proxy* como um *firewall* contra ataques de *hackers*, ou como, na Software Conceptions, o *proxy* oferece várias estações de trabalho com acesso a Internet. Você pode especificar o endereço IP *proxy*, configurando a propriedade TNMFTP.Proxy e a porta *proxy*, configurando a propriedade TNMFTP.ProxyPort.

Como conectar-se a um servidor FTP com TIdFTP

A implementação de Nevrona do componente FTP, TIdFTP, suporta menos propriedades públicas, mas elas são essencialmente iguais. Ajuste as propriedades TIdFTP.Host, TIdFTP.Port, TIdFTP.User e TIdFTP.Password e chame o método connect para conectar um aplicativo-cliente FTP, que você criou, a um servidor FTP. Uma segunda implementação de SimpleFTP.exe está no CD deste livro.

Como fazer download e upload de arquivos

O objetivo principal do protocolo FTP é fornecer o transporte de arquivos entre clientes e servidores. Uma comparação, e contraste, entre as duas implementações — TNMFTP e TidFTP, conforme você pode ter experimentado anteriormente com a versão TNMFTP — é oferecida aqui para você examinar os diferentes estilos de implementação.

Métodos de transferência de arquivo em NMFTP

TNMFTP.Upload e TNMFTP.Download exigem dois parâmetros. Upload é o processo de copiar arquivos a partir do cliente para o servidor, e carregar é o processo de copiar o arquivo remoto do servidor para o cliente. Seguem as duas declarações.

```
procedure Download(RemoteFile, LocalFile: string);
procedure Upload(LocalFile, RemoteFile: string)
```

Supondo que você esteja conectado a um servidor FTP, indique o nome do arquivo no servidor que deseja carregar como o primeiro parâmetro, e o nome que deseja dar a ele na máquina local, como o segundo parâmetro.

Se o arquivo alvo existir na máquina local para *downloads* ou na máquina remota para *uploads*, então o arquivo-alvo é sobregravado. As transferências de arquivo são assíncronas. Assim, a chamada para *upload* e *download* será retornada antes que a transferência do arquivo se complete. Implemente os métodos de evento TNMFTP.OnSuccess e TNMFTP.OnFailure para a notificação de sucesso ou falha de transferências de arquivo. Por exemplo, se OnFailure for chamado e o parâmetro TCmdType for cmdDownload, então a operação de carregamento falhou.

Métodos de transferência de arquivo com IdFTP

A implementação Indy FTP de carregamento é chamada de GET, e o método de *upload* é chamado de Put. Get é implementado como um método de sobrecarga.

```
procedure Get(const ASourceFile: string; ADest: TStream);
    overload;
procedure Get(const ASourceFile: string; const ADestFile:
    string; const ACanOverWrite: boolean); overload;
```

A primeira versão toma o nome do arquivo-fonte na máquina remota e carrega o arquivo em um TStream. A segunda versão é semelhante à implementação do componente TNMFTP. O primeiro e segundo parâmetros indicam o nome do arquivo remoto e o nome do arquivo local, respectivamente, mas o terceiro argumento, adicional, indica se o arquivo alvo deve ou não ser sobregravado, se ele já existir. A listagem a seguir demonstra como carregar em um objeto TStream.

```
var
     FileName : string;
     S : TStringStream;
begin
     FileName := Copy( ListView1.Selected.Caption, LastDelimeter(' ',
        ListView1.Selected.Caption), 255 );
     S := TStringStream.Create('');
     try
     if( Pos( '<DIR>', ListView1.Selected.Caption ) = 0 ) then
         IDFTP1.Get( FileName, S );
     S.Position := 0;
     Memo1.Lines.LoadFromStream(S);
     finally
          S.Free;
     end;
end;
```

O código supõe duas coisas. A primeira é que um componente TListView contém o nome de arquivo como parte da propriedade de captura (como faz no projeto demonstrativo SimpleFTP, apresentando o componente IdFTP no CD deste livro) e que um TMemo chamado de Memo1 fique no formulário. O código extrai o nome de arquivo do componente ListView. É criado um TStringStream; TStringStream é descendente de TStream, portanto, baseado no comportamento polimórfico na subclasse para satisfazer o argumento TStream do método TIdFTP.Get. A seqüência é passada para o método Get. Depois que Get é chamado, reposicionamos a seqüência para 0; copiar a seqüência, move-a para o indicador de posição. Agora que carregamos StringStream, podemos usar o método TStrings.LoadFromStream para copiar os dados stringstream no *memo*. (Lembre-se de que a propriedade Lines de um Memo é um objeto propriedade TStrings.)

O método Put é sobrecarregado para trabalhar diretamente com seqüências ou com arquivos. (Essa é uma implementação simétrica que utiliza componentes intuitivos ou não. Intuitivamente, podemos suspeitar que, se Get funcionar com seqüências e arquivos, a sua contraparte simétrica, Put, seria capaz de trabalhar com arquivos e também com seqüências.) Put é declarado como a seguir:

```
procedure Put(const ASource: TStream; const ADestFile: string;
    const AAppend: boolean); overload;
procedure Put(const ASourceFile: string; const ADestFile: string;
    const AAppend: boolean); overload;
```

Na primeira implementação, Put copia dados de uma seqüência no cliente para um arquivo no servidor remoto. Se AAppend for True, então os dados são anexados a um arquivo existente. Na segunda implementação, ambos, fonte e alvo, são arquivos e AAppend faz o mesmo papel que a primeira implementação de Put.

Como enviar comandos a um servidor FTP

O protocolo FTP tem um conjunto de comandos composto de 20 comandos. Um componente em especial pode não suportar cada conjunto de comandos do protocolo como um método público. Comandos FTP não suportados diretamente na interface dos componentes TIdFTP e TNMFTP são suportados por um método genérico, que permite, a você enviar uma *string* para o servidor. TIdFTP implementa esta capacidade no método SendCmd.

```
function SendCmd(const AOut: string; const AResponse: SmallInt):
    SmallInt; virtual; overload;
function SendCmd(const AOut: string; const AResponse: Array of
    SmallInt): SmallInt; virtual; overload;
```

Passe o comando como uma *string* e um código de resposta ou um *array* de resposta codifica. Se a resposta do servidor não combinar com o código, ou códigos, de resposta, então uma exceção é levantada. O seguinte fragmento de código demonstra o envio de uma lista genérica de comando a um servidor FTP com a resposta codificada 150 e 226. Se o servidor não responder com um 150 — abrindo conexão 0 e um 226 — transferência completa — então é levantada uma exceção. A segunda linha lê o *buffer* em um objeto Dest, TString.

```
IdFTP1.SendCmd('ls', [150, 226]);

Dest.Text := IdFTP1.CurrentReadBuffer;
```

Se um método estiver disponível, use-o em vez do SendCmd genérico. TIdFTP.List é implementado como a seguir.

```
procedure List(ADest: TStrings; const ASpecifier: string;
    const ADetails: boolean);
```

O primeiro parâmetro é TStrings, o segundo é *filemask* (máscara de arquivo) e o terceiro argumento indica se as informações de arquivo devem ou não ser retornadas. Para retornar apenas nomes de arquivo, chame List usando os parâmetros demonstrados.

```
var
     Dest : TStrings;
begin
     Dest : TStringList.Create;
     try
          IDFtp1.List( Dest, '*.*', False );
          for I := 0 to Dest.Count - 1 do
               with ListView1.Items.Add do
                    Caption := Dest[I];
     finally
          Dest.Free;
     end;
end;
```

A listagem passa o objeto TStrings, Dest e a máscara de arquivo '*.*', e solicita que os detalhes não sejam retornados. O *loop for* copia as *strings* de dados nas propriedades de captura de um componente TListView, chamado ListView1.

DICA

O protocolo FTP é definido na RFC 959.

Felizmente, os componentes FTP Indy e NetMasters implementam muitos dos métodos FTP comuns para colocar e obter arquivos, fazer e mudar diretórios, apagar e listar arquivos. A versão TNMFTP de SendCmd é DoCommand, a qual só toma uma *string* de parâmetro: o comando. Reporte-se ao aplicativo de exemplo FTPPro, no CD deste livro, para uma implementação elaborada de um cliente FTP.

Criação de um aplicativo Telnet Client

O protocolo Telnet permite a um terminal de emulação de cliente conectar-se a um servidor Telnet, geralmente na porta 23. Embora você possa usar um cliente Telnet para conectar-se com outros servidores TCP/IP, em geral, clientes Telnet são usados para conectar-se com servidores retornando dados de terminal. (Consulte *Special Edition Using TCP/IP* de John Ray, para conhecer alguns exemplos interessantes de conexão com servidores POP3 e SMTP com um cliente Telnet.) O aplicativo de exemplo TelnetPro, no CD deste livro, contém o código-fonte, demonstrando um cliente Telnet modelado depois do aplicativo-cliente Telnet.exe que vem com o Windows.

O aplicativo TelnetPro tem um terminal emulador bem básico. Para criar um aplicativo Telnet completo, você precisará implementar, ou encontrar, um terminal emulador. Se você quer implementar um terminal emulador, pode conseguir uma descrição completa do código ANSI que o seu emulador precisa suportar em http://www.inwap.com/pdp10/ANSIcode.txt. Os códigos ANSI vêm na forma de $1B[, isto é, um caractere de escape representado por ASCII 27 (%1B hexadecimal) e uma chave à esquerda, seguida por uma seqüência específica de caracteres.

Figura 16.4 Aplicativo de exemplo TelnetPro.exe, conectado às bibliotecas da Michigan State University, servidor MAGIC em magic.msu.Edu

Para completar um terminal emulador, você precisará definir um *loop* de análise que extraia códigos de escape ANSI de texto simples e use códigos de escape para determinar tais coisas, como ao apagar a exibição, rolar ou modificar a exibição de fontes. Além do cliente de Telnet em sua estação de trabalho — que você pode executar, digitando Telnet no menu Start I Run — NetManage.com oferece o produto Rumba. Esses dois produtos demonstram o tipo de capacidade que um aplicativo Telnet pode oferecer.

Usando o componente TldTelnet, especifique o Host e o número Port. Por exemplo, configurar *host* igual a magic.msu.edu e porta igual a 23 conectará ao servidor MAGIC da MSU — Michigan State University. Implemente o método TldTelnet.OnDataAvailable para ler respostas do servidor no parâmetro Buffer; Buffer é definido como um parâmetro *string*. O parâmetro Buffer conterá os códigos ANSI e o texto exibido. Envie os dados ao servidor com os comandos SendCh ou SendStr. SendCh envia um caractere por vez à porta Telnet e SendStr envia um parâmetro *string* ao servidor. O programa de exemplo mostrado captura pressões de tecla no controle RichEdit e as envia, um caractere de cada vez.

```
procedure TFormMain.RichEdit1KeyPress(Sender: TObject; var Key:
    Char);
const
    Input : String = '';
begin
    if( Not IdTelnet1.Connected ) then exit;
    IdTelnet1.SendCh(Key);
    Key := #0;
end;
```

O código anterior ignora o parâmetro chave se a conexão TIdTelnet não estiver conectada. Caso contrário, cada caractere é enviado ao servidor e é ajustado para #0. Configurar a chave para #0 evita que o controle RichEdit insira diretamente o caractere. A listagem demonstra um aplicativo Telnet comum, usando aspectos técnicos de conectividade.

```
unit UFormMain;
interface
uses
    Windows, Messages, SysUtils, Variants, Classes, Graphics,
Controls, Forms,
    Dialogs, IdBaseComponent, IdComponent, IdTCPConnection,
IdTCPClient,
    IdTelnet, StdCtrls, Menus;

type
    TFormMain = class(TForm)
        Memo1: TMemo;
        IdTelnet1: TIdTelnet;
        MainMenu1: TMainMenu;
        Connect1: TMenuItem;
        Connect2: TMenuItem;
        Disconnect1: TMenuItem;
        N1: TMenuItem;
        Exit1: TMenuItem;
        procedure IdTelnet1DataAvailable(Buffer: String);
        procedure FormDestroy(Sender: TObject);
        procedure Memo1KeyPress(Sender: TObject; var Key: Char);
        procedure Connect1Click(Sender: TObject);
        procedure Disconnect1Click(Sender: TObject);
        procedure FormClose(Sender; TObject; var Action:
TCloseAction_;
        procedure FormCreate(Sender: TObject);
    private
        { Private declarations }
    public
        { Public declarations }
    end;

var
```

```
      FormMain: TFormMain;
implementation
{$R *.DFM}
procedure TFormMain.IdTelnetDataAvailable(Buffer: String);
begin
      Memo1.Lines.Add(Buffer);
end;

procedure TFormMain.FormDestroy(Sender: TObject);
begin
      IdTelnet1.Disconnect;
end;

procedure TFormMain.Memo1KeyPress(Sender: TObject; var Key:
Char);
begin
      if( IdTelnet1.Connected ) then
      begin
            if( Key = #13 ) then Memo1.Clear;
            IdTelnet1.SendCh(Key);
            Key :=#0;
      end;
end;

procedure TFormMain.Exit1Click(Sender: TObject);
begin
      Close;
end;

procedure TFormMain.Connect2Click(Sender: TObject);
var
      Host : string;
begin
      Memo1.Clear;
      Host := 'magic.msu.edu';
      Disconnect1Click(Self);
      if( InputQuery( 'Host', 'Enter host address:', Host )) then
      begin
            IdTelnet1.Host := Host;
            IdTelnet1.Connect;
      end;
end;

procedure TFormMain.Disconnect1Click(Sender: TObject);
begin
      if( IdTelnet1.Connected ) then
            IdTelnet1.Disconnect;
end;

procedure TFormMain.FormClose(Sender: TObject; var Action:
TcloseAction);
begin
```

```
        Disconnect1Click(Self);
end;

procedure TFormMain.FormCreate(Sender: TObject);
begin
        Connect2Click(Self)
end;
end.
```

O aplicativo pede ao usuário um nome de *host* quando da criação do formulário ou quando o item de menu Connect é selecionado. Os menus Disconnect e Exit também são implementados. Quando o cliente conecta-se ao servidor, o evento OnDataAvailable é chamado se um acionador de evento for definido. No exemplo, o texto é diretamente enviado a um controle *memo*. Para a exibição adequada da seqüência de dados, é essencial que um terminal emulador leia e interprete os comandos ANSI enviados do servidor. O acionador Memo1KeyPress envia cada caráter ao servidor Telnet, se o cliente estiver conectado. O aplicativo de exemplo permitirá que você conecte um servidor remoto, mas na implementação mostrada, a exibição não será boa.

Como montar um cliente de Internet Email com POP3 e SMTP

Os protocolos POP3 e SMTP, ou e-mail Internet, como são conhecidos, suportam enviar e receber e-mail. POP3 — Post Office Protocol e SMTP — Simple Mail Transfer Protocol são dois protocolos para enviar e receber e-mail Internet. Dois componentes, IdPOP3 e IdSMTP, oferecem suporte de e-mail para montar aplicativos de cliente e-mail POP3 e SMTP. Esses dois componentes usam um terceiro componente, TIdMessage, que representa o conteúdo enviado do aplicativo-cliente para um servidor de correspondência. Esses protocolos exigem um pouco mais de informações para transferir dados com sucesso, portanto, olharemos cada componente sob uma perspectiva baseada em tarefa; você pode acompanhar junto com o exemplo SimplePOP3 no CD deste livro (mas não relacionaremos aqui todo o aplicativo).

Como usar IdPOP3

O componente POP3 precisa das informações necessárias para trabalhar com o Post Office Protocol. Essas informações são representadas como as propriedades Host, Password, Port e UserID. Se você estiver usando POP3, então conectar-se com o seu servidor POP3 exigirá os mesmos valores armazenados no *applet* Mail no Control Panel para e-mail Internet (mostrado na Figura 16.5). As propriedades podem ser vistas selecionando o perfil Internet E-mail e clicando o botão **Properties**.

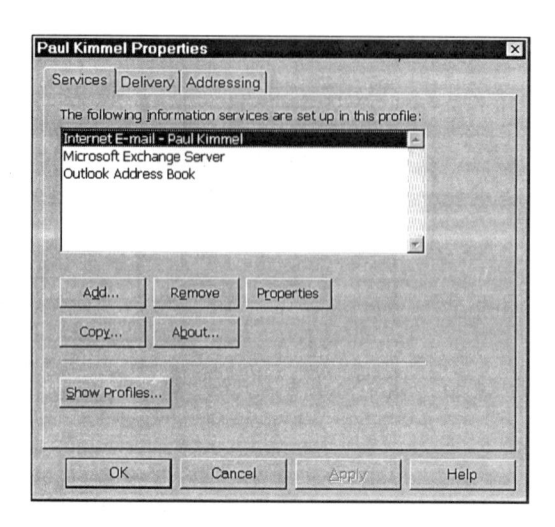

Figura 16.5 A caixa de diálogo Mail Properties contém informações sobre servidores de correspondência específicos, como servidores POP3 ou Exchange

Verificação de mensagens

O componente POP3 permite que você consulte o seu servidor de correspondência pelas mensagens disponíveis. Chamar TIdPOP3.CheckMessages retorna o número de mensagens disponíveis. Use o Count como um limite de mensagem e itere Count o número de vezes, chamando TIdPOP3.Retrieve, para obter cada mensagem do servidor de correspondência. Retrieve toma um objeto TIdMessage e o número de mensagens. Números de mensagens são baseados em um. Se você usar um *loop* de iteração baseado em zero, precisará acrescentar um ao índice para formar um número válido de mensagem. A listagem demonstra:

```
procedure TFormMain.ActionSendReceiveExecute(Sender: TObject);
var
      I, Count : Integer;
begin
      Count := IdPOP31.CheckMessages;
      for I := 0 to Count - 1 do
            if( IdPOP31.Retrieve( I + 1, IdMessage1 )) then
                  ShowMessage( IdMessage.From.Name + ':' +
                        IdMessage1.Subject );
end;
```

A listagem supõe que o método TIdPOP3.Connect foi chamado e que o servidor foi conectado. Se TIdPOP3.CheckMessages retorna um número maior do que zero, então cada mensagem é recuperada em uma cópia de TIdMessage, chamada IdMessage1. (TIdMessage é um componente encontrado na guia Indy Misc da VCL.) TIdMessage contém todas as propriedades necessárias para ver anexos e responder a mensagens. Veja a seção a seguir sobre o uso do componente SMTP para exemplos de responder e enviar uma mensagem.

Como apagar mensagens

Com base na atual implementação do componente IdPOP3, o método Delete é definido como tomando um número de mensagem. Você precisará armazenar o número de mensagem baseado na ordem de recuperação dela. Essas informações não são armazenadas como parte do objeto IdMessage. O componente IdMessage armazena uma *string* MsgId, mas o método Delete não trabalha com MsgIds.

```
IdPOP31.Delete( 1 );
```

A declaração demonstra a aparente simplicidade de apagar uma mensagem do servidor. O que não está aparente é que o número de mensagem no servidor não é armazenado como parte do objeto mensagem. Você terá que escrever o código para armazenar números de mensagens.

NOTA

Talvez uma melhor implementação seria apagar a mensagem com base nas informações atualmente armazenadas com a mensagem, e tal revisão será feita.

Quando você chama Delete com o número de mensagem relativo, aquela mensagem é marcada como apagada mas não será removida do servidor até que você se desconecte dele. Você poderia escolher removê-la da sua interface gráfica de usuário, ou simplesmente marcá-la como apagada.

Como usar IdMessages

Ao usar os componentes Internet Direct POP3 e SMTP, você precisará dos componentes TIdMessage para armazenar mensagens quando elas são recuperadas usando o componente POP3, ou quando elas são enviadas usando o componente SMTP. O componente TIdMessage contém o corpo da mensagem como um objeto TStrings, referenciado pela propriedade Body. A propriedade From é um TIdEmailAddressItem, implementado, usando um TCollectionItem. A propriedade Recipients é definida como uma TIdEmailAddressList, em subclasse de TOwnedCollection. A propriedade Subject é uma propriedade *string*. Propriedades como CCList, Date e ReplyTo podem ser referenciadas na ajuda integrada.

Para enviar uma mensagem básica, você precisará designar valores às propriedades mencionadas. O seguinte fragmento de código de Simple POP3 demonstra copiar valores de componentes visuais em um objeto IdMessage, chamado IdMessage1.

```
IdMessage1.Body.Assign( MemoBody.Lines );
IdMessage1.From.Text := IniFile.EmailAddress;
IdMessage1.Recipients.EmailAddresses :=
     LabeledEditRecipient.Text;
IdMessage1.Subject := LabeledEditSubject.Text;
```

Quando estiver pronto para enviar a mensagem, você precisará usar um componente IdSMTP, passando o objeto IdMessage como um argumento ao método send. A próxima seção demonstra o envio de uma mensagem.

Como usar IdSMTP

Supondo que o objeto IdMessage tenha sido corretamente configurado, você precisa usar o componente IdSMTP para enviar mensagens. Tipicamente, os servidores POP3 ouvem na porta 110, e o *host* é o nome de seu *host* POP3. Servidores SMTP tipicamente ouvem na porta 25. O *host* SMTP pode não ter o mesmo valor que o *host* POP3. Para configurar um cliente SMTP, você precisará indicar o *host* SMTP, porta, nome de usuário e senha. Por exemplo, o seu *host* SMTP pode ser algo como mail, e a porta, provavelmente, 25.

DICA
Se você não souber a porta, host, id de usuário e senha de seu POP3 e SMTP, então verifique com seu administrador de e-mail ou olhe em seu Mail Properties Applet no painel de controle.

NOTA
O arquivo .INI foi usado para demonstrar uma alternativa de usar o Registry. Qualquer método, provavelmente é aceitável, mas o registro normalmente é o método preferido de aplicativos de persistência de dados. (Arquivos INI são mais fáceis de usar durante o desenvolvimento, e menos passíveis de corromper o seu registro enquanto você está conseguindo que as coisas funcionem em seu aplicativo.)

TIdSMTP.Port, TIdSMTP.Host, TIdSMTP.UserID e TIdSMTP.Password podem ser configurados em tempo de desenvolvimento ou tempo de execução. Por exemplo, o aplicativo de demonstração SimplePop3 no CD deste livro usa um arquivo INI para armazenar informações de conectividade. O código a seguir demonstra a designação de valores estáticos ao componente SMTP e o envio de uma mensagem. (O argumento para enviar é uma cópia de TIdMessage.) Consulte a seção anterior para conhecer um exemplo de como iniciar o objeto de mensagem.

```
IdSMTP1.Host := 'mail';
IdSMTP1.Port := 25;
IdSMTP1.UserID :='userid';
IdSMTP1.Password := 'password';
IdSMTP1.Connect;
    try
        IdSMTP1.Send(IdMessage1);
    finally
        IdSMTP1.Disconnect;
    end;
```

O código anterior supõe que você tem uma propriedade configurada objeto IdMessage. Veja, na seção anterior, um exemplo de configuração do componente IdMessage, antes de enviar uma mensagem. Como uma alternativa, você pode usar a classe método QuickSend para enviar e-mail sem um componente IdMessage.

```
IdSMTP1.QuickSend('mets.tcimet.net', 'Reminder',
    'pkimmel@softconcepts.com', 'pkimmel@softconcepts.com',
    'Buy Building Delphi 6 Applications');
```

Existem vários outros protocolos implementados a partir de TCP/IP, e é claro que você mesmo pode implementar protocolos adicionais, colocar em subclasse ou ampliar componentes Internet Direct para uma interface personalizada. Para extensas informações sobre programação TCP/IP com Delphi, pegue uma cópia de *Web Programming with Delphi*, de Andrew Wozniewicz, e para informações sobre protocolos TCP/IP em geral, veja o *Special Edition Using TCP/IP*, de John Ray.

Resumo

Cobrimos uma série de protocolos diferentes baseados em TCP e IP neste capítulo. TCP/IP não e o único meio de intercâmbio em rede mas é um meio confiável de conectar computadores através de internets, intranets e extranets. Neste capítulo, você aprendeu como usar alguns dos novos componentes Internet Direct da Nevrona, e teve uma oportunidade de testar os componentes FTP, UDP, Telnet, TCP, POP3 e SMTP. Há muitos outros novos componentes adicionais para criar aplicativos cliente e servidor.

Nos capítulos a seguir, continuaremos a nossa discussão de programação Web, usando alguns desses protocolos para montar servidores Web e aplicativos baseados na Web.

Capítulo

17

Criação de servidores Web com WebBroker

WebBroker é um conjunto de ferramentas VCL — Visual Component Library (Biblioteca de componente visual) que auxilia na montagem de aplicativos para servidor Web. WebBroker vem com o Delphi Enterprise, mas você pode comprá-lo como um produto separado e usá-lo com o Delphi Professional. WebBroker permite montar servidores Web com os protocolos ISAPI, NSAPI ou CGI. ISAPI — Internet Services API (Interface de programa aplicativo de servidor Internet) e NSAPI — Netscape Services API (Interface de programa aplicativo de serviços Netscape) são suportados pelo componente de aplicativo Web TISAPIApplication. CGI — Common Gateway Interface (Interface de meio comum de acesso) é suportado pelo componente de aplicativo Web TCGIApplication. Servidores Web para o servidor Apache são suportados pelo novo componente TApacheApplication. Para os desenvolvedores isso significa que o WebBroker facilita escrever aplicativos Web usando protocolos comuns para os servidores Internet mais populares disponíveis.

Neste capítulo, veremos especificamente os componentes, na guia Internet, para montar servidores Web. Todos os servidores Web contém um único TWebModule, ou um TDataModule, e um componente TWebDispatcher. Antes de você pular para esses componentes, começaremos com uma rápida introdução de HTML. Isso será necessário para você entender a formação básica de uma solicitação Uniform Resource Locator e uma página HTML, visto que os seus servidores Web serão chamados por usuários, e os seus servidores Web estarão servindo páginas Web.

Introdução HTML

Um servidor Web é solicitado como parte do caminho em um URL — Uniform Resource Locator. O servidor WebBroker retorna páginas com base no conteúdo do URL solicitado e do *design* de seu servidor Web. Em geral, essas respostas vêm na forma de um documento HTML. O documento pode conter *hyperlinks* (hiperligações) para *Websites* adicionais ou outros serviços Web.

Esta seção contém uma rápida visão geral da composição de URLs, documentos HTML e guias de parâmetro substituíveis, que facilitam retornar páginas Web dinâmicas.

Uniform Resource Locator

Um URL é compreendido de uma guia de protocolo, nome de *host*, aplicativo-*script* ou servidor, informações de caminho e quaisquer informações de consulta que você queira colocar no servidor. Consulte a listagem de código (e a Figura 17.1), como um exemplo, para ver as partes individuais de um URL referindo-se ao servidor Web demonstrado.

```
http://localhost/scripts/iserver.dll/runquery?CustNo=1645
```

Capítulo 17 - Criação de servidores Web com WebBroker | **559**

```
http://localhost/scripts/iserver.dll/runquery?CustNo=1645 - Microsof
File  Edit  View  Favorites  Tools  Help
Back    →    ⊗  ⊕  ⊙  ⊙Search  ⊞Favorites  ⊙History  ⊗▼ ⊕
Address  http://localhost/scripts/iserver.dll/runquery?CustNo=1645

The following table was produced using a TQueryTableProduce

Orders for: Action Club
              Customer Orders
```

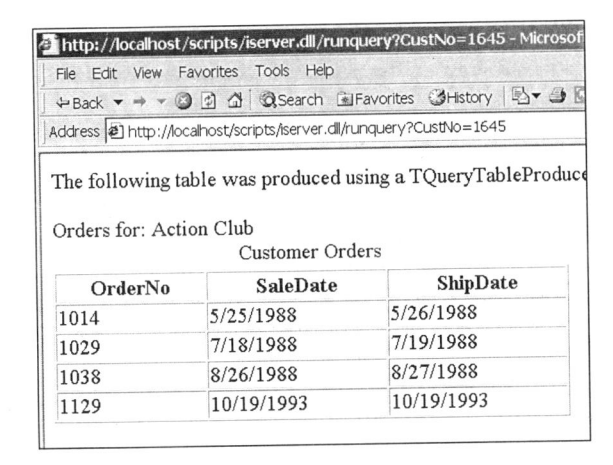

OrderNo	SaleDate	ShipDate
1014	5/25/1988	5/26/1988
1029	7/18/1988	7/19/1988
1038	8/26/1988	8/27/1988
1129	10/19/1993	10/19/1993

Figura 17.1 O Uniform Resource Locator é colocado na linha de endereço de seu browser Web, ou é retornado como uma guia HREF em um documento HTML

No exemplo, o protocolo é HTTP, o Hypertext Transfer Protocol. HTTP provavelmente é o protocolo explorador mais comum, mas, como aprendemos no Capítulo 16, não é o único possível. (Lembre-se do Capítulo 16: existem vários protocolos TCP/IP, como FTP e HTTP seguro, que podem ser usados no URL.) O nome de *host* no exemplo é LocalHost, que representa a máquina cliente. LocalHost também é o nome da máquina, ou endereço IP 127.0.0.1. (127.0.0.1 com freqüência é referido como o endereço IP de retorno.) O nome de *host* poderia ser qualquer endereço IP ou o nome fornecido em uma tabela DNS; exemplos incluem www.microsoft.com, www.softconcepts.com ou www.amazon.com. A seção *scripts* do URL é opcional. Os servidores Web preocupam-se com que essa pasta contenha aplicativos-servidores. Se você estiver executando IIS em Windows 2000 ou Peer Web Services em seu PC, então, por padrão, os *scripts* estarão localizados em c:\inetpub\scripts (veja a Figura 17.2). O gerenciador de serviço mapeia um caminho virtual de *scripts* para o diretório físico. Depois dos *scripts*, vem o aplicativo-servidor. O exemplo mostra que iserver.dll é o aplicativo-servidor solicitado. O caminho de informações no exemplo é representado por *runquery* (executar consulta). O último pedaço de informações demonstra como enviar parâmetros de consulta ao servidor. No exemplo, CustNo=1645 está sendo enviado para o servidor Web.

NOTA

A solicitação mostrada é do projeto iserver.dpr, encaminhado com Delphi na pasta $(DELPHI)\Demos\WebServ\IIS. A solicitação está sendo feita na tabela biolife.db, que também vem com Delphi.

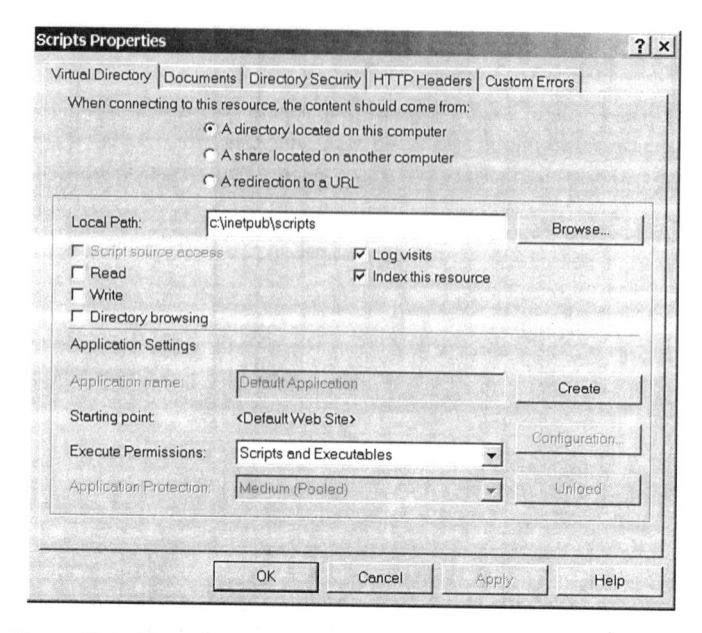

Figura 17.2 Os scripts de propriedades no Windows 2000 Professional mostram que o caminho virtual de scripts é mapeado para um caminho físico

Você pode estar familiarizado com o tipo de solicitação de protocolo e o nome de *host*. Entretanto, se esteve envolvido em *e-commerce* em qualquer nível — comprando em amazon.com, por exemplo — pode ter visto antes exemplos desses tipos adicionais de solicitação URL

NOTA
Você pode estar mais familiarizado com URLs da forma http://www.digitalblasphemy.com, em que não é solicitada nenhuma das informações de caminho, consulta, script ou página específica. Uma página é esclarecida pelo servidor Web. Por padrão, IIS — o servidor Web da Microsoft — retorna a página default.asp, mas ele pode ser configurado para retornar qualquer página. O site http://www.softconcepts.com retorna index.htm. A página padrão é um item configurável. Gerenciar e configurar IIS, ou outro servidor Web, está além do escopo deste livro, mas há muito bons livros sobre gerenciamento de servidores Web.

Se você executar um *script* localizado em um *Website* e o caminho — no exemplo, *runquery* — não for encontrado, então o WebBroker de Delphi permite que você especifique um caminho padrão. Por convenção, o caminho Delphi neste capítulo será /root.

Estrutura HTML básica

As solicitações como aquelas da seção anterior são demandas a servidores WebBroker para retornar uma página específica. Se forem fornecidas informações de consulta, então o conteúdo pode ser controlado pelo valor da consulta. Páginas Web podem ser projetadas para ocultar detalhes dos usuários, como CustNo — uma boa idéia —, embutindo detalhes na fonte HTML; ou os usuários podem enviar a solicitação diretamente, fornecendo o URL. De qualquer forma, a confecção de uma página básica HTML é consistente.

DICA
HTML — Hypertext Markup Language (Linguagem de marcação de hipertexto) contém guias que são tratadas como instruções para o leitor de marcação de linguagem.

NOTA
Tenha em mente que páginas podem ser muito elaboradas. Incluindo ASP — Active Server Pages (Páginas de servidor ativo) com JavaScript ou VBScript e designers de página como FrontPage pode ser obtida uma quantidade e variedade significativa de adornos. Independente dos adornos, a página HTML básica contém determinados elementos consistentes.

A página HTML básica é compreendida de guias que definem a estrutura do documento. Muitas guias têm guias de abertura e fechamento simétricas. Por exemplo, um documento HTML começa com a guia <html> e termina com a guia </html>. (Observe que a / é usada para a guia de fechamento.) Dentro de guias de documento está o par de guia *body* (corpo) <body></body>. Tipicamente, o conteúdo que você vê é definido entre as guias de corpo. Usando uma volta nos aplicativos Hello World, a seguinte listagem demonstra uma estrutura de página Web com as guias <html> e <body>.

```
<html>
<body>
Welcome to Valhala Tower Material Defender!
</body>
</html>
```

Você não conseguirá nenhum prêmio como o *website*-do-ano por páginas Web como a acima, mas ela demonstra a simplicidade básica de HTML. Como um exercício, abra notepad.exe e entre com código da listagem. Salve o arquivo como hello.htm. Abra o seu *browser* Web. Clique **File I Open** e busque o local de hello.htm; clique **OK**. Como você verá, o texto entre as guias *body* serão exibidos em seu *browser*. (Há cinco ou seis anos atrás, isso era coisa de assombrar a Terra.) Existem muitas outras guias e ferramentas que facilitam o uso, mas você pode conseguir isso com um simples editor de texto. Guias adicionais comuns são demonstradas, a seguir, para ajudá-lo a começar.

Como personalizar o corpo do documento

É possível acrescentar recursos adicionais à guia *body*. A guia <bgcolor> permite que você especifique uma cor de fundo para a sua página, como o nome de uma cor ou um número hexadecimal. Você também pode especificar uma imagem de fundo com a guia *body*. A seguinte modificação à guia *body* demonstra o uso de uma cor de fundo ou uma imagem de fundo.

NOTA

O HTML contido neste capítulo foi criado com Notepad.exe e testado no Internet Explorer 5.5. Versões substancialmente diferentes ou anteriores de um Web browser podem, ou não, ser capazes de apresentar essas guias de hipertexto.

```
<body bgcolor=#00FFFF>
<body backgroud="bubbles.bmp">
```

A cor de fundo é representada como cores de 16 bits RGB — *red* (vermelho), *green* (verde), *blue* (azul) — ou o nome de uma cor. O número de cor 00FFFF é um hexadecimal de 16 bits. Não existem bits de vermelho e todos os bits de verde e azul são ajustados. Você poderia substituir o valor de cor acima pela palavra *cyan* (ciano) ou verde-azul. O atributo *background* (fundo) refere-se a um arquivo gráfico pintado no fundo do documento.

Existem muitas guias, e várias têm uma variedade de atributos, alguns ou todos dos quais podem ser suportados por um *browser* em particular. A variedade de guias e atributos são bons motivos para usar um *designer* de página Web como FrontPage ou Hot Metal (que é agrupado em algumas versões de Delphi).

Como usar réguas horizontais

A linha 3D é representada pela guia de régua horizontal <hr>, que instrui *browsers* para desenhar uma linha que tenha uma aparência gravada através do corpo de um documento HTML.

Quebras de linha e guias de parágrafo

A guia <Br> ao final do texto no corpo de um documento HTML insere um carro de retorno no corpo de texto. Se você inserir um par de guias <p> </p> dentro do texto, no corpo de um documento, estará instruindo o *browser* a criar quebras de parágrafo naquele local. Por exemplo,

```
<html>
<body>
This is <p>some</p> text.
```

```
</body>
</html>
```

seria exibido como

```
This is
Some
Text.
```

em uma página Web. Você pode usar as guias <br>, <p></p> e <pre></pre> para formatar texto dentro de um documento. A última guia é a guia pré-formatada, que indica que um bloco de texto está formatado como você gostaria que ele aparecesse quando a página Web for exibida.

Como usar Title (Título)

O par de guias <title></title> permite que você especifique um título para cada página. A guia de título geralmente é colocada antes da guia <body> e depois da guia de abertura <html>. A seguinte listagem demonstra a guia title.

```
<html>
<title>Hello World!<title>
<body>
Welcome to Valhala Tower Material Defender!
</body>
</html>
```

O documento HTML acima exibiria o texto "Hello World" na barra de título de seu Explorer.

Como acrescentar hyperlinks

A guia <A HREF="path">display text</A> é usada para incorporar um *hyperlink* no corpo de um documento HTML. Por exemplo,

```
<A HREF="http://www.microsoft.com>Microsoft</A>
```

exibiria o texto sublinhado Microsoft como um hyperlink. Um usuário que tenha clicado no *hyperlink* seria redirecionado para o URL http://www.microsoft.com. A própria Web é compreendida de milhões de páginas contendo *hyperlinks* para outras páginas. De fato, você pode pensar em cada página como uma interseção da Web total e em cada *hyperlink* como um elo da World Wide Web. Tenha em mente que a *hyperlink* pode, de fato, encaminhar a um serviço Web que leva a uma página; é isso que criaremos aqui.

Bookmarks
(Marcadores de páginas)

O marcador de página é representado pela guia <A NAME="#text">Text</A> e funciona como um localizador em suas páginas Web, que permite ao usuário navegar entre as páginas. Você pode usar a guia <HREF> para indicar uma localização dentro da página atual, bem como uma localização em outra página. Veja alguns exemplos:

```
<A NAME="#location">Location Title</A>
<A HREF="http://www.mypage.com/index.html#location>Goto Index.htm Location</A>
<A HREF="#location">location</A>
```

NOTA *Quando você digita um URL com espaços no nome, use o valor de espaço — representado pelo caráter ASCII 32 — no nome do URL. Insira o valor literal %20 — hexadecimal 20 é 2 * 16¹ ou 32 — na localização URL onde ocorre um espaço.*

A primeira linha define uma localização de marcador de página. Observe o prefixo #. A literal texto Location Title (Localização de título) será exibida na página Web. O segundo exemplo abre uma página Web index.html hospedada em mypage.com e move o foco para o marcador de página #location. O exemplo final navegaria dentro da página atual se nenhum *host* ou localização de página fosse indicado.

Inserção de imagens

Uma variedade de imagens gráficas pode ser incorporada a páginas Web, incluindo formatos GIF, JPEG ou BMP. A guia <img src="graphic file path"> é usada para incorporar uma imagem a uma página Web. Você pode acrescentar atributos de altura e largura à guia de imagem para restringir o tamanho da imagem. O atributo alt permite que você especifique texto se a página Web for exibida apenas no modo texto ou, caso contrário, da maneira tradicional. O atributo border permite que você especifique a largura de um contorno da imagem. Um exemplo:

```
<img src="image/bookimg.gif" height=150 width=100 border=1 alt="Building Delphi 6 Applications">
```

Este exemplo embute uma imagem GIF com 150 pixels de altura por 100 pixels de largura, com um contorno de 1 pixel e um toque "Building Delphi 6 Applications." Ao mover o *mouse* sobre o gráfico, um toque contendo alt de texto será exibido (em *browsers* mais novos).

Formatação de texto

HTML oferece uma ampla variedade de formatação de texto, dependendo em parte de o *browser* oferecer guias específicas HTML. Guias de formatação simples, comuns, podem ser usadas e visualizadas pela maioria dos *browsers*. A guia <i></i> indica que o texto entre guias deve ser em itálico. Da mesma forma, a guia <b></b> modifica o texto entre a guia, para exibir uma fonte em negrito (*bold*); <u></u> sublinha o texto entre as guias e <s></s> aplica o traspasse de fonte. Alguns exemplos:

```
<b>bold</b> yields bold
<i>italics</i> yields italics
<u>underline</u> yields underline
<s>strikethrough</s> yields strikethrough
```

A formatação de texto pode ser incorporada a outros tipos de guias, permitindo — com uma boa dose de criatividade — a criação de documentos Web com aparência apurada.

Como criar vistas de tabela

Alguns *browsers* suportam molduras. Embora não sejam demonstradas aqui, as molduras permitem que você aninhe documentos Web em um documento de aspecto singular. Enquanto muitos *browsers* suportam molduras, muitos *Websites* profissionais são criados usando tabelas em vez de molduras. A guia <TABLE> permite que você divida e organize uma página de imóveis para ver as seções organizadas em regiões. Basicamente, a guia *table* suporta uma subdivisão tridimensional de página de imóvel. A guia <TABLE></TABLE> define o limite da tabela. A guia <TR></TR> define uma única fileira dentro de uma tabela, e a guia <TD></TD> define uma única célula dentro de uma tabela. Além disso, você pode especificar cabeçalhos de tabela, <TH></TH>, que fazem o papel de cabeçalhos de coluna dentro de uma tabela, e tabelas podem ser aninhadas n-dimensionalmente. Como você pode imaginar, tudo isso pode resultar em HTML de aspecto um pouco complicado. Há muitos livros excelentes sobre *design* de páginas Web, mas, aqui, cobriremos o aplicativo básico de guias de tabela.

DEFINIÇÃO DE UMA TABELA É razoável igualar uma tabela em HTML a uma planilha ou tabela em um banco de dados. As guias HTML de tabela permitem que você subdivida uma página em regiões divisíveis de maneira uniforme. Um uso pode ser representar dados baseados em células; como alternativa, as tabelas podem ser utilizadas para dividir página de imóveis e os dados em uma página de conteúdo. Uma tabela começa com a guia <TABLE> e termina com a guia </TABLE>. Tabelas também podem ser aninhadas. Por exemplo, uma única célula dentro de uma tabela pode conter uma tabela aninhada.

Tabelas suportam guias de atributo, que definem como a tabela é exibida. Você pode incluir elementos como cor de fundo, largura de tabela, enchimento de célula, espaçamento de célula e uma largura de contorno. A largura pode ser expressa como um número de pixels de uma porcentagem da largura total disponível. A listagem a seguir (resultando na página apresentada na Figura 17.3) demonstra exemplos de atributos disponíveis que podem ser usados com a guia *table*.

> **NOTA**
>
> Essa subseção só enfatiza a porção guia-tabela da listagem. Outros aspectos específicos da listagem serão discutidos nas restantes três subseções, e nos referiremos a essa listagem durante as discussões.

```
<html>
<body>
<Table BGCOLOR=#88EE88" WIDTH="75%" CellPadding=10 CellSpacing=1
    BORDER=1>
<Caption>Sample Table</Caption>
<TR><TH>Column1</TH><TH>Column2</TH><TH>Column3</TH></TR>
<TR><TD ALIGN=center>Col 1, Row 1</TD><TD ALIGN=center>Col 2,
    Row 1</TD><TD ALIGN=center>Col 3, Row 1</TD>
<TR><TD ALIGN=center>Col 1, Row 2</TD><TS ALIGN=center>Col 2,
    Row 2</TD><TD ALIGN=center>Col 3, Row 2</TD>
</Table>
</body>
</html>
```

O atributo bgcolor da guia de tabela indica a cor de fundo que será exibida na tabela. Conforme mencionado anteriormente, os atributos de cor são representados como três pares de bits primários: vermelho, verde e azul de 16 bits, ou o nome de uma cor, como vermelho. O atributo width indica a porcentagem ou número de pixels que a tabela deve ocupar da largura horizontal disponível da página. Se ele for expresso como uma porcentagem, então a largura é dinamicamente baseada no tamanho da área exibida. O atributo CellPadding indica quanto de espaço extra é acrescentado em torno das células individuais de dados. O atributo CellSpacing indica quanto espaço é acrescentado entre células individuais. O atributo border indica a espessura do contorno da tabela.

Colocar uma guia <CAPTION></CAPTION> depois do início e antes do final da tabela associará uma captura à tabela. A captura "Sample Table" (exemplo de tabela) é associada à tabela, como mostrado na Figura 17.3.

Exemplo de tabela

Coluna 1	Coluna 2	Coluna 3
Col 1, Row 1	Col 2, Row 1	Col 3, Row 1
Col 1, Row 2	Col 2, Row 2	Col 3, Row 2

Figura 17.3 Um documento formatado usando a guia de tabela e atributos associados

COMO ACRESCENTAR CABEÇALHOS DE TABELA A guia <TH> de cabeçalho de tabela atua no papel de um título de coluna dentro de uma tabela HTML. Observe, na listagem, que três cabeçalhos de coluna — Coluna 1, Coluna 2 e Coluna 3 — foram acrescentados à tabela.

COMO DEFINIR FILEIRAS DE TABELA Cada fileira de dados de tabela é indicada pela guia <TR> e a guia final </TR>. Ainda que essas guias englobem muitas linhas de texto literal na fonte HTML, elas instruem o *browser* para tratar tudo entre as guias como uma única fileira de dados de tabela.

COMO ACRESCENTAR DADOS A UMA TABELA Entradas individuais de tabela são indicadas pela guia <TD></TD>, como indicado na listagem. Isso é simplista a ponto de decepcionar, visto que um único elemento de dados pode conter texto simples ou uma tabela aninhada. Observe que a guia <TD> pode conter atributos adicionais, como o atributo ALIGN, mostrado na listagem.

> *Uma boa maneira de montar páginas Web interessantes é copiar páginas existentes e personalizá-las.*
>
> **DICA**

Claramente, guias individuais são bastante fáceis de compreender. Essa simplicidade representa o poder subjacente de HTML. Como com qualquer linguagem gramatical, a nossa habilidade de comunicação só é limitada pelo nosso entendimento da linguagem. Se HTML é simples — considere o alfabeto de 26 caracteres do latim —, as possibilidades são verdadeiramente assustadoras, como demonstrado na World Wide Web. Se você precisar criar páginas Web avançadas, precisará estudar mais, mas essa primeira instrução já o iniciou.

Como usar guia de parâmetro substituíveis com WebBroker

As páginas Web profissionais exigem significativamente mais esforço e um uso mais amplo de HTML do que o demonstrado aqui. Porém, além de criar a página Web básica, você precisará indicar guias substituíveis em suas páginas Web dinâmicas; essas serão substituídas por dados dinâmicos de seus servidores Web. Os parâmetros substituíveis se parecem com marcadores de páginas.

Os parâmetros substituíveis em páginas Web Delphi são representados por <#tagname>. Um único comportamento de HTML é ignorar hipertexto sem pares <> se eles não representarem guias de hipertexto válidas. No entanto, os componentes Delphi podem buscar por uma ocorrência de texto especificamente formatada.

> **NOTA**
>
> O comportamento TagString de TPageProducers é muito parecido com a maneira que a função Format se comporta. Quando é encontrado um marcador específico, é apresentada uma oportunidade de substituir a guia por texto formatado. Enquanto a função Format usa parâmetros string precedidos de % seguido por caracteres especiais de formatação, o evento OnHTMLTag é disparado quando é encontrado o parâmetro <#tagname>. Obviamente, quando ocorre o evento, você pode executar muito ou pouco código, conforme for preciso para fazer a substituição necessária.

Ao fazer o *design* de páginas Web para seus servidores Web, simplesmente localize guias de parâmetro <#tagname> sempre que precisar inserir dados em suas páginas WebBroker. O evento OnHTMLTag de TPageProducer é passado a um parâmetro TagString, que você compara a um valor predeterminado, depois age baseado no valor de TagString.

A próxima seção demonstra alguns dos métodos, propriedades e eventos dos componentes essenciais WebBroker usados para montar servidores Web.

Uso de componentes WebBroker

O pacote WebBroker do Delphi define componentes capazes de responder a solicitações de URLs passados de um *browser* ou aplicativo-servidor HTTP aos servidores montados no pacote WebBroker. Existem alguns componentes básicos que suportam esse comportamento; o restante do servidor é compreendido de componentes com os quais você já está familiarizado.

WebBroker suporta a montagem de servidores ISAPI, NSAPI, CGI e Apache. Os servidores ISAPI e NSAPI são suportados pelos servidores Internet da Microsoft e da Netscape, respectivamente. O servidor Apache é um servidor Internet popular; WebBroker em Delphi 6 também suporta montar servidores Web Apache. O pacote WebBroker do Delphi suporta a montagem de servidores CGI — Common Gateway Interface como *console* individual ou aplicativos Windows, que retornam solicitações para dispositivos-padrão de entrada e saída. CGI é suportado pelos *browsers* Web mais populares.

Todos os aplicativos-servidores iniciam com o componente WebDispatcher; aqui começamos nossa discussão sobre componentes WebBroker.

WebDispatcher

Cada aplicativo servidor Web contém um único WebDispatcher, que pode ser incluído em um TWebModule quando você inicia um novo projeto com o assistente Web Server Application na caixa de diálogo New Items, ou tenha acrescentado a uma TDataModule existente, da guia Internet de VCL. Especificamente, o TWebDispatcher, um descendente de TCustomWebDispatcher, é subclasse TDataModule e implementa as interfaces IWebAppDispatcher e IWebDispatcherAccess. As interfaces TWebDispatcher,

IWebAppDispatcher e IWebDispatchAccess suportam o acréscimo de itens de ação — respostas a solicitações da Web – e funções que retornam objetos TWebResponse e TWebRequest. Objetos WebResponse e WebRequest são usados na troca de dados solicitados e dados retornados ao servidor Web. Quando você acrescenta um componente TWebDispatcher a um módulo de dados, está criando o efeito resultante de definir um TWebModule.

O TWebDispatcher contém uma coleção de TWebActionItems. Esses permitem que você defina informações de caminho para respostas e solicitações de URL. Se você usar o assistente Web Server Application, então o Delphi criará automaticamente um TWebModule, o qual implementa a interface WebDispatcher. Você só precisa de um WebDispatcher por servidor Web: acrescente um TWebDispatcher a um DataModule ou crie um WebModule.

Web Module

Um WebModule é subclasse de DataModule e suporta acrescentar e gerenciar WebActionItems e controles não visuais que são necessários para criar servidores Web com o pacote WebBroker. Além de um WebModule, você precisará de outros controles VCL, como TPageProducer, que responde a solicitações enviadas ao servidor Web na forma de informações de caminho URL e consulta de dados. (As partes de um URL foram discutidas no início deste capítulo.)

WebActionItem

Para iniciar o editor WebAction, clique à direita sobre o componente TWebDispatcher em um DataModule, ou em qualquer lugar sobre o WebModule, e selecione o item de menu Action Editor (Editor de ação) a partir do menu de contexto WebDispatcher. O editor WebAction (mostrado na Figura 17.4) habilita você a definir as informações de caminho ao seu servidor Web.

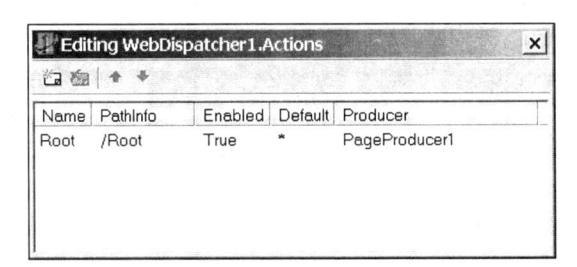

Figura 17.4 O editor de coleção WebActions permite que você defina informações de caminho que serão usadas em solicitações de URL a partir de um browser ou outra fonte

Uma ação Web indica o nome da ação, as informações de caminho — cada parte do URL — que chamarão a ação, seja a ação capacitada, seja uma ação em particular, que é a ação padrão, e um produtor de página opcional. No mínimo, você precisará de uma ação padrão, e pode haver apenas uma. A ação padrão é a ação chamada se nenhum caminho combinado for encontrado em uma solicitação específica. Na Figura 17.4, a WebAction é nomeada Root. O caminho é /root. A ação é capacitada, e é a ação padrão. O componente PageProducer1 será usado para gerar a resposta quando essa ação for chamada.

> *Quando uma ação é a ação padrão, a propriedade capacitada é ignorada. A ação padrão é sempre tratada como capacitada.*
>
> **NOTA**

Suponha que a ação root, mostrada na figura, seja definida para um servidor ISAPI chamado server.dll, residindo em LocalHost. Um dos dois URLs retornará a resposta definida em PageProducer1.

```
http://LocalHost/scripts/server.dll
http://LocalHost/scripts/server.dll/root
```

Além das informações mostradas no editor WebAction, você pode especificar um MethodType. O padrão é mtAny. O padrão MethodType precisa responder a qualquer solicitação, mas outros possíveis Method Types incluem mtGet, mtHead, mtPost e mtPut. O tipo mtGet é uma solicitação para obter informações associadas ao URL. O tipo mtPut é usado para substituir o conteúdo de informações associadas ao URL. Use mtPost para encaminhar o conteúdo da solicitação ao servidor. Finalmente, o tipo mtHead retorna apenas a solicitação de informações de cabeçalho.

Quando um servidor Web recebe informações de caminho e consulta do servidor HTTP, ele busca por um caminho "combinando" e MethodType na lista de ações. Se nenhuma ação "combinando" for encontrada, então é tomada a ação padrão. Por um lado, quando é encontrada uma ação "combinando", o evento OnAction é chamado. O acionador de evento é passado em uma referência ao objeto "chamando", um TWebRequest, TWebResponse e um argumento variável booleano, Handled. O objeto WebRequest, Request, contém todas as informações, compreendendo a solicitação enviada do servidor HTTP. O objeto WebResponse, Response, pode ser usado para retornar o conteúdo ao servidor. A propriedade Content pode ser usada para retornar texto simples, ou as propriedades ContentStream e ContentType podem ser usadas para retornar tipos mais complexos de dados binários, tais como imagens ou blocos de texto. O argumento variável Handled é usado para indicar se o acionador de evento lidou ou não com a solicitação. Ajuste Handled para False, para indicar que algum outro acionador precisa completar a solicitação.

```
procedure TDataModule2.WebDispatcher1GetHeadAction(Sender:
    TObject; Request: TWebRequest; Response: TWebResponse;
    var Handled: Boolean);
```

```
const
    sContent = '%s %s <BR> Connection: %s <BR> User-Agent: %s
        <BR>' + 'Host: %s <BR> Accept: %s <BR>';
begin
    with Request do
        Response.Content := Format(sContent, [Method, URL,
            Connection, UserAgent, Host, Accept]);
end;
```

Este rápido exemplo demonstra um acionador de evento OnAction para uma ação nomeada GetHead, que retorna todas as informações de solicitação de cabeçalho. A saída da listagem segue.

```
GET /scripts/GetHead.dll
Connection: Keep-Alive
User-Agent: Mozilla/4.0 (compatible; MSIE 5.5; Windows NT 5.0;
COM+ 1.0.2204)
Host: LocalHost
Accept: */*
```

As informações de solicitação de cabeçalho contêm o tipo de método de solicitação e o URL. A partir do exemplo, sabemos que o método GET foi enviado do *browser*, e que o servidor Web, neste caso, é GerHead.dll. A posição Connection indica que a conexão não deve ser fechada. As informações User-Agent indicam informações sobre o programa solicitante. No exemplo, pode ser determinado que o solicitante foi Internet Explorer 5.5 executando em Windows 2000. O *host* é o *site* "hospedeiro". A listagem indica que o servidor Web está executando no LocalHost; isto é, o servidor Internet, servidor Web e *browser* estão sendo, todos, executados na mesma máquina. O cabeçalho Accept indica o tipo de mídia que formou uma resposta válida. O valor */* mostra que todos os dados serão aceitos no conteúdo de resposta.

Exemplos adicionais demonstrando OnAction e usando os objetos de resposta e solicitação acontecem mais tarde, nas seções sobre criação de servidores Web.

PageProducer

O componente PageProducer permite que você especifique um gabarito de documento HTML armazenado em uma propriedade HTMLDoc TStrings, ou referido pela propriedade HTMLFile. HTMLFile e HTMLDoc são mutuamente excludentes. O gabarito HTML pode consistir de um documento HTML completo ou pode incluir guias transparentes HTML, que podem ser substituídas por dados específicos, quando um documento é solicitado. Se você associar o PageProducer à propriedade Producer de uma WebAction, o documento HTML do PageProducer será retornado quando o caminho associado for incluído no URL. Veja, na Figura 17.4: o caminho padrão Root do servidor GerHead.dll retornará o conteúdo da propriedade HTMLDoc do componente PageProducer1.

Se o PageProducer contém guias transparentes cujos valores você precisa substituir, então você precisará implementar um acionador de evento TPageProducer.OnHTMLTag para substituir as guias dinamicamente. Se o produtor de página contém um documento HTML completo, então você não precisa do acionador de evento OnHTMLTag. A seguinte listagem demonstra o uso de uma guia transparente no corpo de um documento HTML.

```
<html>
<body>
<#CURRENTTIME>
</body>
</html>
```

Supondo que o HTML anterior esteja associado ao URL padrão — chamado *root* no exemplo — então, quando a resposta padrão é solicitada, o acionador de evento OnHTMLTag do PageProducer1 associado será chamado para cada guia no documento. No exemplo, uma guia HTML transparente: <#CURRENTTIME>.

Comparar a propriedade TagString com guias conhecidas permite que você forneça substituição de texto para cada uma que é encontrada. A listagem abaixo compara o argumento TagString com a guia CURRENTTIME. Quando a TagString é encontrada, é substituída pelo sistema de horário, conforme demonstrado na listagem de exemplo.

```
procedure TDataModule2.PageProducer1HTMLTag(Sender: TObject;
     Tag:  TRag; const TagString: String; TagParams: TStrings;
           var ReplaceText: String);
begin
     if( CompareText(TagString, 'CURRENTTIME') = 0 ) then
        ReplaceText := TimeToStr(Now);
end;
```

DICA

Ao comparar strings guia, deixe as chaves e o símbolo # fora da comparação de texto. <# e > são usados para tornar a guia transparente aos leitores HTML.

O comportamento padrão do produtor de página é substituir guias transparentes não combinadas com uma *string* vazia. O argumento TTag contém um valor enumerado indicando o contexto com o qual a guia foi encontrada. Você pode acrescentar atributos guia à guia transparente. Atributos guia são acrescentados à lista TagParams TStrings e podem ser avaliados no acionador de evento OnHTMLTag. Para demonstrar um argumento TagParams, as seguintes revisões podem ser feitas no documento HTML e no acionador de evento:

```
<#CURRENTTIME DateTimeFormat=hh:nn:ssa/p>
```

A guia revisada acrescenta um parâmetro que, neste caso, será tratado como a regra de formatação para a guia. O acionador de evento modificado leva em consideração a possibilidade do parâmetro guia.

```
procedure TDataModule2.PageProducer1HTMLTag(Sender: TObject; Tag:
    TTag; const TagString: String; TagParams: TStrings; var
    ReplaceText: String);
begin
    if ( CompareText(TagString, "CURRENTTIME') = 0 ) then
        if ( TagParams.Values['DateTimeFormat'] <> '' ) then
            ReplaceText := FormatDateTime(
                TagParams.Values['DateTimeFormat'], Now)
        else
            ReplaceText := TimeToStr(Now);
end;
```

O código revisado verifica a existência do parâmetro DateTimeFormat. Se o parâmetro nomeado não for uma *string* vazia, então a regra de formato é usada para o valor de horário; caso contrário, o comportamento padrão é retornar o horário convertido a uma *string*, pela função TimeToStr.

DateSetPageProducer

O DataSetPageProducer permite que você associe um componente Dataset ao DataSetPageProducer. Quando o conteúdo do DataSetPageProducer for solicitado, o produtor combinará, automaticamente, guias transparentes HTML a nomes de campos, substituindo o valor atual do campo combinado no conjunto de dados na guia. Considere a seguinte propriedade HTMLDoc.

```
<HTML>
<HEAD>
<TITLE>Customer Orders</TITLE>
</HEAD>
<BODY>
<TABLE BORDER=0>
<TR><TH ALIGN=LEFT>Customer No.:</TH><TD><#CustNo></TD></TR>
<TR><TH ALIGN=LEFT>Order No.:</TH><TD><#OrderNo></TD></TR>
<TR><TH ALIGN=LEFT>Date of Sale:</TH><TD><#SaleDate></TD></TR>
<TR><TH ALIGN=LEFT>Amount:</TH><TD><#AmountPaid></TD></TR>
<TR><TH ALIGN=LEFT>Ship Date:</TH><TD><#ShipDate></TD></TR>
</TABLE>
</BODY>
</HTML>
```

O HTML apresentado contém cinco guias transparentes HTML: <#CustNo>, <#OrderNo>, <#SaleDate>, <#AmountPaid> e <#ShipDate>. Por *design*, esses são campos na tabela orders.db. O seguinte evento OnAction designa o Orders.Content à propriedade Response.Content.

```
procedure TWebModule1.WebModule1OrdersAction(Sender: TObject;
     Request: TWebRequest; Response: TWebResponse; var Handled:
         Boolean);
begin
     TableOrders.Open;
     try
         Response.content := Orders.Content;
     finally
         TableOrders.Close;
     end;
end;
```

Orders é um TDataSetPageProducer contendo o HTML anterior. Orders.DataSet é associado a um componente TTable que representa a tabela Orders.db. (Orders.db vem com o Delphi e é referenciado pelo nome alternativo BDE DBDEMOS.) Automaticamente, Orders substitui as guias pelos valores dos campos combinando os nomes de guia. Visto que o código só abre a tabela, os valores dos campos serão os contidos na primeira fileira da tabela.

Acrescentar uma pequena revisão ao produtor Orders permitiria que você usasse o botão Refresh em seu *browser* para ver todas as ordens. Abra a tabela no evento TDataSetPageProducer.OnCreate. Feche a tabela no evento TDataSetPageProducer.OnDestroy e aumente o registro atual cada vez que WebAction for chamado. As revisões são listadas a seguir.

```
procedure TWebModule1.WebModule1OrdersAction(Sender: TObject;
     Request: TWebRequest; Response: TWebResponse; var Handled:
         Boolean);
begin
     Response.Content := Orders.Content;
     if Not TableOrders.Eof then TableOrders.Next
     else TableOrders.First;
end;

procedure TWebModule1.OrdersCreate(Sender: TObject);
begin
     TableOrders.Open;
end;

procedure TWebModule1.OrdersDestroy(Sender: TObject);
begin
     TableOrders.Close;
end;
```

Capítulo 17 - Criação de servidores Web com WebBroker | **575**

Embora isso seja uma via de pedestre para buscar através de registros, ela é funcional e pode ser usada como um bloco de montagem para técnicas mais avançadas. Um meio mais conveniente de ver registros múltiplos pode ser antevisto com o DataSetTableProducer, demonstrado na seção seguinte.

Como ver tabela de dados

O DataSetTableProducer é projetado para retornar fileiras múltiplas de dados. Ele permite que você defina uma vista de tabela de dados (veja a Figura 17.5) e exiba múltiplas fileiras quando o caminho é solicitado. O número atual de fileiras retornadas é determinado pela propriedade TDataSetTableProducer.MaxRows. O DataSetTableProducer contém muitas propriedades para descrever e acrescentar conteúdo de página, incluindo o conteúdo de *Footer*, *Header* e *Caption*, bem como definindo atributos de fileira. Se você simplesmente designar uma TTable ou TQuery à propriedade TDataSetTableProducer.DataSet, então todas as colunas no conjunto de dados são exibidas na página. Como alternativa, você pode usar o Columns Editor para retornar apenas um subconjunto específico de colunas.

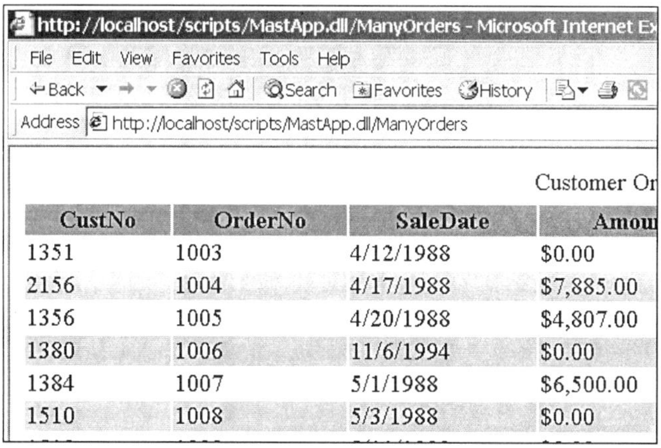

Figura 17.5 Uma tabela HTML preenchida com dados ORDERS.DB, usando uma TDataSetTableProducer

O Columns Editor (mostrado na Figura 17.6) é chamado clicando o item de menu Response Editor (Editor de resposta) a partir do menu de contexto DataSetTableProducer. O editor comporta-se de forma muito semelhante ao Columns Editor em um DBGrid. Em vez de retornar colunas em um controle VCL, o editor do DataSetTableProducer produz o HTML necessário para incorporar os valores estáticos de campo, com base nas colunas selecionadas.

576 | *Desenvolvendo aplicações em Delphi 6*

A página de exemplo, mostrada na figura 17.5, foi definida em MastApp.dll, no CD-ROM deste livro. Os efeitos da página foram criados, alternando a cor de fundo no evento TDataSetTableProducer.OnFormatCell. A listagem para o evento OnFormatCell segue:

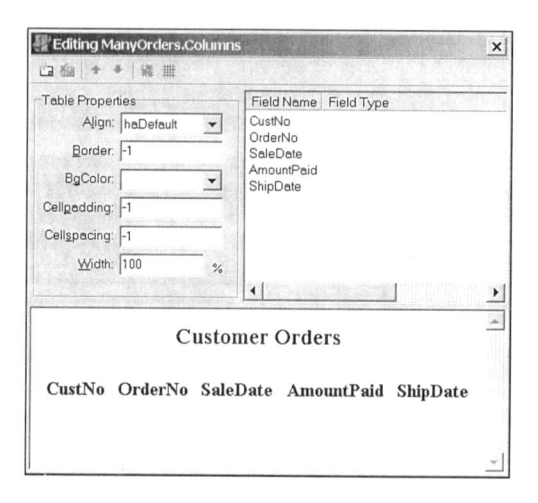

```
procedure TWebModule1.ManyOrdersFormatCell(Sender; TObject;
      CellRow, CellColumn: Integer; var BgColor: THTMLBgColor;
          var Align: THTMLAlign;
          var VAlign: THTMLAlign; var CustomAttrs, CellData: String);
begin
      if CellRow = 0 then BgColor := 'Gray'
      else if CellRow mod 2 = 0 then BgColor := 'Silver';
end;
```

Figura 17.6 O Response Editor, configurado para criar o documento HTML mostrado na Figura 17.5

Para criar a página mostrada, complete as etapas numeradas.

1. Crie um novo servidor Web, selecionando **File | New | Other** e criando um ISAPI Web Service Application.
2. Acrescente uma TDataSetTableProducer da guia Internet e um TTable da guia Data Access da VCL.
3. Ajuste a propriedade TTable.DatabaseName para DBDEMOS.
4. Ajuste a propriedade TTable.TableName para a tabela orders.db.
5. Ajuste a propriedade TDataSetTableProducer.DataSet para o componente TTable.
6. Acrescente o código da listagem anterior ao acionador de evento TDataSetTableProducer.OnFormatCell.
7. Clique à direita sobre o WebModule, para chamar o menu de contexto WebModule e clique o item de menu de contexto Action Editor.
8. Acrescente a ação Web ManyOrders.

9. Entre com o texto /ManyOrders na propriedade PathInfo, para a ação. Assegure-se de que a ação esteja capacitada e indique o produtor de ação Web no TDataSetTableProducer. Assegure-se de que a propriedade Enabled seja True. (Todas essas mudanças podem ser feitas no Object Inspector.)
10. Salve o projeto como MastApp. Monte o aplicativo.

Compile o servidor ISAPI e copie-o para o diretório de *scripts* do servidor Web. (Lembre-se: você pode testar o servidor em seu PC, se tiver Peer Web Services ou IIS executando no Windows NT.) Supondo que você esteja executando IIS no Windows 2000 com os diretórios padrão inetpub, pode executar o servidor, entrando com o endereço http://localhost/scripts/MastApp.dll/ManyOrders.

A seção que segue demonstra o uso do componente QueryTableProducer e do objeto WebRequest para responder a consultas no URL.

QueryTableProducer

O QueryTableProducer é projetado para consultar informações de campo em solicitações GET na propriedade TWebRequest.QueryFields; informações para os métodos POST são passadas ao servidor na propriedade TWebRequest.ContentFields. Ambos, QueryFields e ContentFields, são TStrings. Você pode usar os atributos Name e Values de TStrings para obter dados passados ao servidor Web.

Para demonstrar a QueryTableProducer, daremos uma olhada no projeto iserver.dpr, na pasta $(DELPHI)\Demos\WebServ\IIS. O exemplo iserver.dpr produz uma lista de clientes com TPageProducers, iterando através de cada uma das fileiras de cliente na tabela DBDEMOS Customer.db. A WebAction é definida em main.pas para retornar uma lista de *hyperlinks* representando cada cliente.

```
procedure TCustomerInfoModule.CustomerListHTMLTag(Sender:
          TObject; Tag: TTag; const TagString: String;
      TagParams: TStrings; var ReplaceText: String);
var
      Customers: String;
begin
      Customers := '';
      if CompareText(TagString, 'CUSTLIST') = 0 then
      begin
            Customer.Open;
            try
                  while not Customer.Eof do
                  begin
                        Customers := Customers +
                            Format(
                            '<A HREF="/scripts/%s/runquery?CustNo=%d">%s</
                                A><BR>',
                                  [ScriptName, CustomerCustNo.AsInteger,
                                        CustomerCompany.AsString]);
                        Customer.Next;
```

```
              end;
        finally
              Customer.Close;
        end;
        ReplaceText := Customers;
end;
```

O CustomerList PageProducer substitui a guia <#CUSTLIST> por uma referência ao *hyperlink* de cada cliente. A linha específica de HTML é gerada dentro da declaração Format, no acionador de evento anterior.

<A HREF="/scripts/%s/runquery?CustNo=%d">%s</A>

O parâmetro %s é o nome do aplicativo-servidor Web. Você poderia empregar *hard code*, mas extraí-lo com o procedimento API GetModuleFileName, quando o módulo de dados é criado, é mais flexível.

```
procedure TCustomerInfoModule.DataModule1Create(Sender: TObject);
var
      FN: array[0..MAX_PATH- 1] of char;
begin
      SetString(ScriptName, FN, GetModuleFileName(hInstance, FN,
          SizeOf(FN)));
      ScriptName := ExtractFileName(ScriptName);
end;
```

> **NOTA**
> *Tenha em mente que você pode usar o editor de campos de um TTable ou TQuery para gerar componentes TField por ocasião do design.*

As informações de caminho /runquery representam uma WebAction. A Query é ?CustNo=%d, onde o %d — parâmetro inteiro — é substituído pelo valor TField CustomerCustNo.AsInteger, e o *hyperlink* é apresentado ao usuário como o nome de cliente, lido a partir do CustomerCompany TField. Depois que uma referência de *hyperlink* de cada cliente é reunida, a variável de parâmetro ReplaceText é substituída pela guia CUSTLIST.

Quando CustomerList PageProducer responde com a lista de cliente, clicar em qualquer dos *hyperlinks* de cliente envia o CustNo para o item QueryAction. QueryAction é o nome da WebAction e é representado pelo caminho /runquery. O formulário de solicitação enviado a /runquery action aparece no campo de endereço do *browser*, como a seguir (supondo que pegamos o *link* Action Club):

http://localhost/scripts/iserver.dll/runquery?CustNo=1645

Quando o caminho é apresentado ao servidor Web, o evento QueryAction.OnAction é chamado, como é o conteúdo de CustomOrders QueryTableProducer. Na implementação do acionador de evento, o método Locate de uma TQuery é usado para retornar apenas os pedidos associados a um cliente em particular.

```
procedure TCustomerInfoModule.WebModule1QueryActionAction(Sender:
      TObject; Request: TWebRequest; Response: TWebResponse;
      var Handled: Boolean);
begin
      Customer.Open;
      try
            if Customer.Locate('CustNo',
                  Request.QueryFields.Values['CustNo'], []) then
            begin
                  CustomerOrders.Header.Clear;
                  CustomerOrders.Header.Add(
                        'The following table was produced using a' +
                              TQueryTableProducer.<P>');
                  CustomerOrders.Header.Add(
                  'Orders for: ' + CustomerCompany.AsString);
                  Response.Content := CustomerOrders.Content;
            end
            else
                  Response.Content := Format(
                        '<html><body><b>Customer: %s not found </b></body></
                              html>'
                        [Request.QueryFields.Values['CustNo']]);
      finally
            Customer.Close;
      end;
end;
```

As informações de consulta são passadas ao servidor Web e armazenadas na propriedade Response.QueryFields. No entanto, como a listagem mostra, o conteúdo de resposta é retornado diretamente do CustomerOrders — um componente TQueryTableProducer.

Como trabalhar com cookies

Cookies são pequenos pedaços de dados escritos para o PC cliente executando o *browser*. Os *cookies* são usados para guardar informações entre sessões de *browser*; isto é, posição de insistir. TWebRequest contém uma propriedade de *cookie* não analisada representando um *cookie* cabeçalho e uma propriedade CookieFields que contém pares de nome e valor campo-por-campo de campos de *cookie* em um objeto TStrings. A propriedade WebRequest.Cookie é o *cookie* cabeçalho enviado com a solicitação HTTP. A propriedade WebResponse.Cookies é uma TcookieCollection que contém todos os *cookies* cabeçalho que devem ser enviados como uma resposta a solicitações de servidor.

A CookieCollection contém objetos TCookie individuais, que contêm propriedades Domain, Expires, HeaderValue, Name, Path, Secure e Value. A propriedade Domain limita o domínio destinatário — o www.site.com — ao qual o *cookie* será enviado. A propriedade Expires indica quando o *cookie* não deve mais ser enviado. HeaderValue contém o nome e o valor do *cookie*, além de campos Domain, Path, Expires e Secure como uma *string* de valor. A propriedade Name é usada para identificar o *cookie* pelo nome, e a propriedade Value contém o valor armazenado do *cookie*. A propriedade Path limita os destinatários do *cookie* para caminhos específicos. Se Secure é True, então o *cookie* é enviado apenas a conexões usando conexões de soquete seguro. (Soquetes seguros usam o protocolo HTTPS.)

DICA

O conteúdo Web retornado pelo servidor CGI, cookies.exe, demonstra como usar tabelas aninhadas para subdividir um documento HTML. Os contornos foram ajustados para permitir que você veja como a página foi dividida. Ajuste a propriedade de contorno para 0 (zero), para ocultar os limites da tabela; isso resulta em uma página de aspecto profissional, sem usar molduras.

Adaptado do aplicativo iserver.dpr, o código a seguir demonstra o armazenamento de um *cookie* que rastreia o número de vezes que você acessa uma página (veja a Figura 17.7). A listagem de código para OnHTMLTag demonstra uma divisão de trabalho que mantém simples o atual acionador de evento;

```
procedure TWebModule1.RootHTMLTag(Sender: TObject; Tag: TTag;
      const TagString: String; TagParams: TStrings;
            var ReplaceText: String);
begin
      if( TagString = 'COUNT' ) then
            ReplaceText := GetCountText( Request, Response )
      else if( TagString = 'COOKIEDATA' ) then
            ReplaceText := GetCookieText( Request, Response );
end;
```

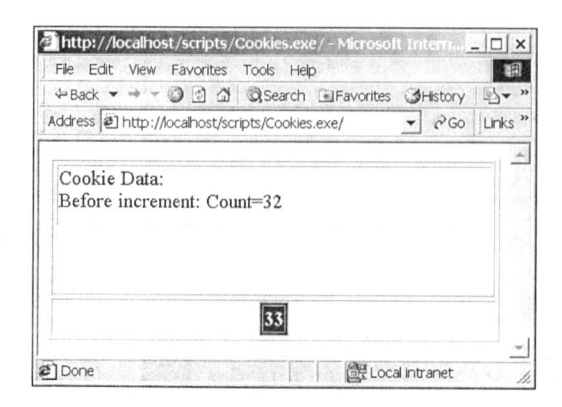

Figura 17.7 *Esta página Web foi produzida por um aplicativo servidor CGI que armazena um* cookie, *indicando a atualização do usuário ou contagem de acesso*

Capítulo 17 - Criação de servidores Web com WebBroker | 581

Figura 17.8 O cookie *de arquivo de texto contém o* cookie *de informações. Note que o valor atual da contagem de* cookie *está destacado*

Se a guia <#COUNT> for encontrada, então GetCountText será chamado; se a TagString for <#COOKIEDATA>, então GetCookieText será chamado. (Veja na Figura 17.8 um exemplo de *cookie* de arquivo contendo o *cookie* de contagem.) A implementação de GetCookieText lê Name e Value do *cookie* solicitado, a partir das *strings* TWebRequest.CookieFields.

```
function TWebModule1.GetCookieText( Request : TWebRequest;
     Response : TWebResponse ) : String;
begin
     result := 'Before increment: ' + Request.CookieFields[0];
eend;
```

GetCountText acrescenta um *cookie* à coleção Cookies, designa o *cookie* e nome e lê o valor, se o *cookie* existir. É empregada uma exceção que lida com bloco quando convertendo o *cookie* a um inteiro e retornando, no caso dessa solicitação representar o primeiro acesso e o valor do *cookie* não estiver iniciado. Esse *cookie* expira em um dia, não é seguro, e só é enviado como uma resposta a qualquer domínio, mas limitado ao caminho /scripts/Cookie.exe.

```
function TWebModule1.GetCountText( Request : TWebRequest;
     Response : TWebResponse ) : String;
begin
     with Response.Cookies.Add do
     begin
          Name := 'Count';
          Value := Request.CookieFields.Values['Count'];
          try
               Value := IntToStr(StrToInt(Value) + 1);
          except
               Value := '1';
          end;
          Secure := False;
          Path := '/scripts/Cookies.exe/';
          Expires := Now + 1; // this cookie expires in one day
          result := Value;
     end;
end;
```

Como você já deve ter percebido, há muito em programação para a Web. Obviamente, você precisará dominar a programação HTML, incluindo acréscimo de campos de entrada e outros controles visuais para páginas Web. Tenha em mente que você tem diversas possibilidades ao escolher conteúdo Web. Servidores Web podem retornar ASP — ActiveX Server Pages contendo JavaScript ou VBScript, XML ou WML. Cada um desses protocolos tem sua gramática e exigências próprias, mas permitem que você crie Web *sites* de conteúdo rico. É uma boa idéia adotar ferramentas que facilitem a criação de documentos e usar a propriedade HTMLFile de produtores de página. As ferramentas facilitarão o incômodo de aprender diferentes protocolos, e a propriedade HTMLFile permitirá que você associe um gabarito de documento HTML externo ao produtor. Usando um gabarito HTML externo, você pode modificar o conteúdo da Web sem precisar refazer o aplicativo-servidor Web.

Resumo

O Capítulo 17 forneceu uma visão geral de HTML. A Hypertext Markup Language permite a você criar ricas páginas Web com um pouco de criatividade. Uma boa estratégia para começar a montar conteúdo da Web é emular *sites* que você gosta. É possível ver a fonte da maioria dos Web *sites* e salvá-la em seu computador local. HTML contém muito mais guias — instruções para o *browser*, definindo como exibir as informações — do que poderia ser apresentado neste capítulo mas você pode usar ferramentas como FrontPage para pular direto.

O pacote WebBroker aceita o uso de guias transparentes HTML que podem ser dinamicamente substituídas quando o aplicativo de página Web for solicitado a partir de um *browser*. WebBroker tem ferramentas como PageProducer, que responde a um caminho URL específico e consultas a informações, e permite que você substitua informações dinâmicas com base no gabarito HTML, guias transparentes HTML e informações oriundas de bancos de dados.

Você aprendeu algo sobre o pacote WebBroker neste capítulo. Leia o Apêndice D para mais informações. O Apêndice D usa WebBroker para retornar conteúdo WML (Wireless Markup Language), usado para conexões sem fio, como aquelas usadas com telefones celulares que dão acesso à Internet.

Capítulo

18

Como montar um aplicativo Windows

O Capítulo 18 inicia o processo de consolidar as técnicas introduzidas neste guia de desenvolvedor para demonstrar como elas podem ser coletivamente empregadas para montar aplicativos atuais. O primeiro aplicativo — o deste capítulo — é um Rich Text Editor. Ele foi escolhido, visto que você está, de alguma forma, familiarizado com o controle RichEdit do exemplo no Capítulo 14; aqui, enfatizamos muitos dos aspectos de suporte de desenvolvimento de aplicativos Windows com o Delphi.

O aplicativo deste capítulo não é rigorosamente difícil de desenvolver, mas nos permitirá discutir muitos dos aspectos de desenvolvimento de aplicativos. Além do mais, o Delphi 6 introduz componentes TAction adicionais que reduzirão significativamente a quantidade de código que você precisará escrever. Visto que os componentes TActionList e TActions ainda não foram cobertos, esse novo material será introduzido. Além disso, o aplicativo de demonstração emprega MDI — Multiple Document Interface, um tópico que não foi tratado nos capítulos anteriores.

Para demonstrar como montar o aplicativo de exemplo RichEditor.exe, cobriremos aspectos como a aplicabilidade de análise e *design*, a preparação de projeto, o uso de MDI, o gerenciamento de Windows Registry, o ajuste e o acabamento de endereçamento, o acréscimo de documentação de ajuda e a preparação de distribuição. Quando o capítulo terminar, você terá um entendimento razoável das ferramentas que Delphi oferece e uma lista de ferramentas classificadas de suporte, com as quais você pode desenhar para montar aplicativos profissionais.

Preparação

A preparação do projeto pode tomar muitas formas. Se você estiver montando protótipos, então a preparação poderá ser um pouco mais do que iniciar o Delphi com uma idéia do que deseja como protótipo. Quando estiver montando um aplicativo com complexidade limitada, tal como o deste capítulo, então uma declaração de trabalho pode ser suficiente. Se o aplicativo for para seu próprio uso, pule a declaração de trabalho. Se ele for para uso interno — para um colega de trabalho — ou um cliente atual, então uma declaração de trabalho poderá ser eficaz.

Qualquer aplicativo mais complexo do que RichEditor, neste capítulo, deve ter, no mínimo, alguma análise e *design* formal documentados. Infelizmente, o oposto parece ser a regra. Muitos programas são montados apenas por gerentes e programadores, sem que outros profissionais preencham os papéis necessários de arquiteto, analista, *designer*, gerente de produto, gerente de projeto, testador, controle de garantia de qualidade, especialista em documentação e bibliotecário. Imagine o caos se empresas aéreas não tivessem carregadores de bagagem, agentes de viagem, agentes de bilhetes, segurança, pilotos, co-pilotos, navegadores e comissários de vôo. Você ou suas malas não chegariam ao seu destino. Uma ou mais pessoas podem preencher múltiplos papéis ao desenvolver software complexo, mas papéis como de gerente de projeto e arquiteto geralmente apresentam responsabilidade suficiente para exigir pelo menos uma pessoa em cada um desses postos de trabalho. No caso do arquiteto, uma única pessoa, de conceitualização coerente, possibilitaria o melhor resultado.

O RichEditor é semelhante, para um piloto, em complexidade, a voar em um pequeno avião monomotor. Apenas um profissional pode fazer satisfatoriamente o trabalho na maioria das condições. No entanto, isso exige cautela. A organização e o planejamento são eventos muito importantes para uma equipe de um.

Para o nosso aplicativo de exemplo, uma só pessoa fará todos os papéis. Uma declaração de trabalho será o bastante. A declaração de trabalho para o nosso aplicativo é:

"Implementar um editor de texto capaz de ler e escrever múltiplos documentos Rich Text ou texto DOS de uma vez."

NOTA
Quando você estiver trabalhando em projetos com mais de uma pessoa na equipe, uma estrutura consistente de diretório, que espelhe o controle de produto de sua versão, reduzirá, significativamente, os problemas relacionados à assistência dos colaboradores uns com os outros, e facilitará a transição de novas pessoas da equipe. Qualquer coisa que possa ser feita para facilitar a carga de trabalho será válida, com o tempo, ainda que para aplicativos bem simples.

A base final a cobrir em nosso simples aplicativo é organizar uma estrutura de diretório útil e implementar o controle da versão. Uma estrutura básica de diretório ajudará a organizar significativamente o seu projeto.

Uma pequena arrumação vai longe

Uma estrutura de diretório básico reduzirá bastante a confusão quando você estiver trabalhando com outros desenvolvedores ou se estiver trabalhando em múltiplos projetos ao mesmo tempo. A estrutura de diretório usada para o RichEditor está listada abaixo, como uma árvore de diretório.

```
-RichEditor
    -Bin
    -Documents
    -Help
    -Output
    -Source
    -VCL
```

Certamente você pode usar qualquer estrutura de diretório que se ajuste às suas necessidades. Mas, pegar uma e usá-la consistentemente, eliminará uma mexida em arquivos-fonte, e o Delphi suporta diretórios múltiplos para saídas diferentes. O diretório Bin é usado em RichEditor para arquivos compilados; neste exemplo, RichEditor.exe será compilado e escrito ao subdiretório Bin. O diretório Output (Saída) será usado para armazenar as unidades compiladas, .DCUs, separando-as do código-fonte. O código Source será armazenado no subdiretório Source.

Controle de versão

O controle de versão mantém controle sobre a sua fonte, à medida que ela evolui com o tempo. Você pode voltar às versões anteriores de arquivos individuais ou aplicativos inteiros. Alguns produtos permitem que você associe defeitos com código-fonte e mantenha discussões seqüenciadas quando surgem problemas até eles serem resolvidos. Se não tiver um aplicativo de controle de versão, compre um. Há muitos à sua escolha. Dentre aqueles de alto custo, estão Harvest, Clearcase e PVCS. Ao lado daqueles de custo baixo a médio, estão o SourceSafe e o StarTeam. Todos eles oferecem a habilidade básica para armazenar versões múltiplas de sua propriedade intelectual à medida que ela evolui com o tempo.

> **NOTA**
> *Seção de endosso de produto: StarTeam da Starbase Corporation é um produto relativamente novo que tem um servidor, um cliente desktop e Interface Web, e oferece fonte de gerenciamento, controle de defeito e discussões seqüenciais.*

Para o RichEditor, foi usado o SourceSafe, da Microsoft. Ele tem custo relativamente baixo e está disponível. SourceSafe funciona muito como o sistema de arquivo Windows. Você pode acrescentar todos os diretórios e arquivos de seu programa ao SourceSafe. Em tal junção, SourceSafe escreverá/protegerá a fonte (ou quaisquer outros arquivos que você apresentar). Quando estiver pronto para modificar arquivos, apresente-os. Essencialmente, apresentar um arquivo, copiá-lo no seu *drive* local e habilitá-lo para gravação.

> **NOTA**
> *Consulte o guia do usuário do seu produto em particular. Infelizmente, mesmo o controle de versões não tem sido uniformemente adotado. Ele apresenta problemas quando sob gerenciamento de processo; muitas equipes ainda não usam o controle de fonte. Em conseqüência, relativamente poucos livros referentes a aplicativos de controle de fonte foram escritos para desenvolvedores. Na realidade, os produtos de controle de fonte fazem sentido para qualquer indústria que tenha pessoas criando propriedade intelectual em computadores, como advogados, escritores, secretárias e artistas gráficos.*

Usando um produto de controle de versão como StarTeam ou SourceSafe, você pode evitar modificar ou apagar arquivos inadvertidamente, ou inibir outros desenvolvedores de modificá-los periodicamente, evitando prejuízos com mudanças.

Opções de projeto Delphi no desenvolvimento

Durante o desenvolvimento, as opções de projeto IDE do Delphi podem ser ajustadas para as suas configurações mais restritivas. Isso permite ao Delphi ajudar a encontrar e solucionar problemas o mais cedo possível. A caixa de diálogo Project Options contém muitas guias com boas opções, que ajudam na organização geral e acrescentam detalhes específicos de projeto a cada aplicativo.

Configurações de aplicativo

A guia Application da caixa de diálogo Project, Options permite que você especifique um título de aplicativo, um local de arquivo de ajuda e um ícone de projeto. O título Application é Rich Text Editor e um ícone adequado foi selecionado. O arquivo Help (Ajuda) foi especificado, usando o botão Browse. Essas informações são codificadas para o projeto no arquivo .DPR, conforme mostrado.

```
Application.HelpFile := 'E:\Books\OsborneDelphi 6 Developer"s
    Guide\Chapter
    18\Examples\RichEditor\Help\RichEditor\RICHEDITOR.HLP';
```

No entanto, lembre-se de que o ambiente por ocasião do *design* não espelhará o ambiente de distribuição. De fato, não há como prever o ambiente de distribuição; portanto, informações como o caminho para o arquivo Help precisam ser codificadas de forma dinâmica. O código a seguir, colocado no evento FormCreate do formulário principal, resolverá o problema.

```
Application.HelpFile := ExtractFilePath(Application.EXEName) +
    'RichEditor.hlp';
```

Além de codificar uma resolução dinâmica para o caminho de arquivo Help, você irá querer armazenar informações dinâmicas no registro ou em um arquivo .INI. Para o aplicativo RichEditor.exe é usado o registro. Consulte a seção intitulada "Criação do formulário Project Options".

Configuração de erros de tempo de execução

Verifique todos os erros de tempo de execução na guia Compiler da caixa de diálogo Project Options. Ao mesmo tempo que essas opções — verificação de faixa, verificação I/O (Input/Output) e verificação de excesso — acrescentam código extra ao seu código compilado, elas ajudam a descobrir erros durante o desenvolvimento e você os terá desativados antes do aplicativo ser encaminhado.

Verificação de faixa

Quando você modifica as opções Compiler Project, precisa montar o aplicativo para as novas configurações serem efetivadas. A verificação de faixa pega erros relacionados a índices fora de limites. Por exemplo, indexar o *array* A com um índice menor do que o baixo valor de limite, ou maior do que o limite superior, faz referência à memória não iniciada ou alguma outra memória de dados, resultando em um comportamento indefinido. Se você montar com a verificação de faixa ativada, então o compilador acrescentará código que pega erros de índice fora de limites.

A verificação de faixa corresponde à troca {$R+} do compilador. Se a verificação de faixa estiver capacitada, todas os *arrays* e as *strings* de indexação serão verificados. Se um índice estiver fora de limites, então será levantada uma exceção ERangeError. Verificação de faixa acrescentará código extra ao seu programa e vai torná-lo lento; desative-a antes da montagem final de pré-embarque.

Verificação de entrada/saída

A verificação de I/O identifica o valor de retorno de operações de arquivo de entrada e saída. Se o resultado não for zero, então será levantada uma exceção EInOutError. Se a verificação I/O estiver desabilitada, então você poderá verificar o valor de retorno de funções I/O chamando IOResult. Durante a depuração, habilite essa troca e combine compilador-verificação gerada de I/O com o código IOResult, pois quando você desabilita a verificação I/O antes da montagem final, ainda irá querer validar chamadas de entrada/saída.

NOTA

Verificar IOResult é menos aconselhável do que pegar exceções EInOutError. O parágrafo nesta seção indica qual ação a troca de compilador realiza.

Verificação de excesso

O excesso ocorre quando os dados designados a uma variável contêm mais bits do que são permitidos pelo tipo da variável. Por exemplo, designar um número maior do que 2147483647 a um inteiro variável resulta na perda de bits significativos.

A verificação de excesso é equivalente à troca de compilador {$Q+}. Se uma verificação de excesso falhar em operações aritméticas como +, -, *, Abs, Sqr, Succ, Pred, Inc e Dec, então será levantada uma exceção EIntOverflow.

Operações de depuração

Enquanto estiver montando o seu aplicativo, ative todas as opções Debugging da guia Compiler, inclusive a Use Debug DCUs, se quiser ser capaz de rastrear na VCL. A Figura 18.1 pode ser usada como um guia ilustrado para ajudar no ajuste de desenvolvimento das opções Compiler.

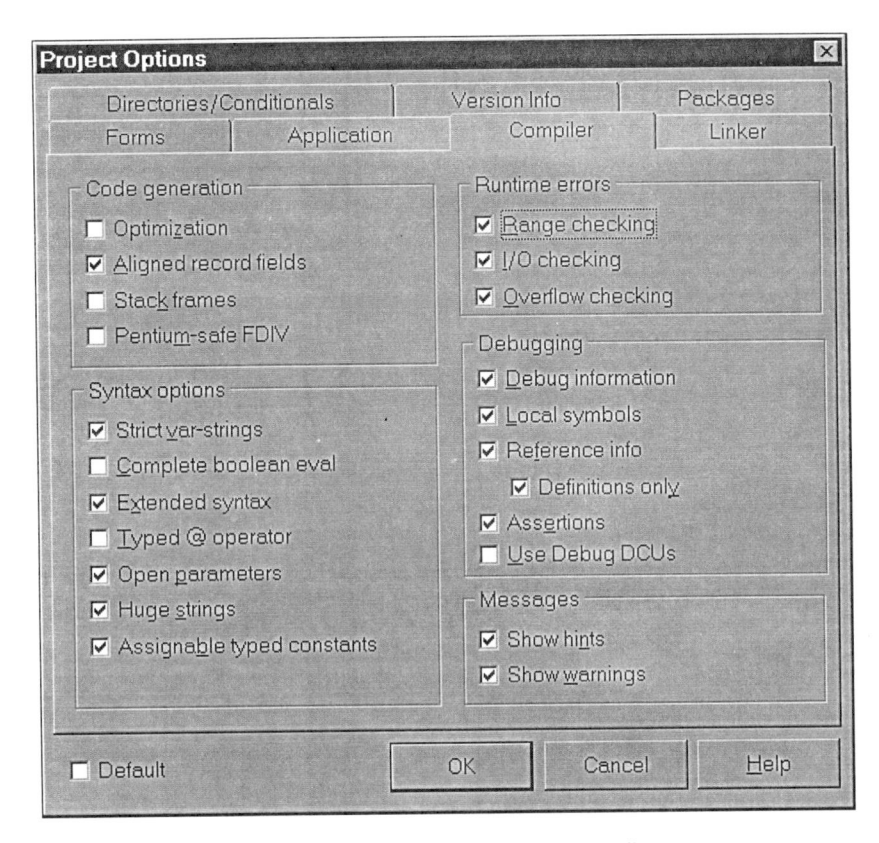

Capítulo 18 - Como montar um aplicativo Windows | **589**

```
┌─ Project Options ─────────────────────────────────────── [X] ┐
│  ┌─ Directories/Conditionals ─┬─ Version Info ─┬─ Packages ─┐ │
│  ┌─ Forms ─┬─ Application ────┴─ Compiler ─────┴─ Linker ──┐ │
│  ┌─ Code generation ──────────┐ ┌─ Runtime errors ────────┐ │
│  │ ☐ Optimization             │ │ ☑ Range checking        │ │
│  │ ☑ Aligned record fields    │ │ ☑ I/O checking          │ │
│  │ ☐ Stack frames             │ │ ☑ Overflow checking     │ │
│  │ ☐ Pentium-safe FDIV        │ └─────────────────────────┘ │
│  └────────────────────────────┘ ┌─ Debugging ─────────────┐ │
│  ┌─ Syntax options ───────────┐ │ ☑ Debug information     │ │
│  │ ☑ Strict var-strings       │ │ ☑ Local symbols         │ │
│  │ ☐ Complete boolean eval    │ │ ☑ Reference info        │ │
│  │ ☑ Extended syntax          │ │   ☑ Definitions only    │ │
│  │ ☐ Typed @ operator         │ │ ☑ Assertions            │ │
│  │ ☑ Open parameters          │ │ ☐ Use Debug DCUs        │ │
│  │ ☑ Huge strings             │ └─────────────────────────┘ │
│  │ ☑ Assignable typed constants│ ┌─ Messages ──────────────┐ │
│  └────────────────────────────┘ │ ☑ Show hints            │ │
│                                 │ ☑ Show warnings         │ │
│                                 └─────────────────────────┘ │
│  ☐ Default        [  OK  ]   [ Cancel ]    [ Help ]          │
└──────────────────────────────────────────────────────────────┘
```

Figura 18.1 Guia ilustrado de opções Compiler para a montagem de aplicativo em desenvolvimento

Um bom padrão é não aceitar sugestões do compilador, avisos ou erros em código.

Além disso, observe (veja a Figura 18.1) que as mensagens de opções Show Hints e Show Warnings estão selecionadas. É uma boa prática analisar todas as sugestões e avisos do compilador antes de embarcar o seu aplicativo, ou também o seu componente VCL. É melhor analisar uma sugestão ou aviso cedo do que mais tarde. Sugestões e avisos são erros em potencial que são mais fáceis de solucionar antes que se tornem erros explosivos.

Como incluir informações de versão

A guia Version Info da caixa de diálogo Project Options facilita associar informações internas de versão ao seu aplicativo. Selecionando as opções de informações de versão Include na caixa de verificação de projeto, e Auto-increment Build Number, o Compiler automaticamente atualizará o número de montagem e armazenará informações de versão com o seu aplicativo, cada vez que você selecionar Project, Build.

A tabela Key and Value, no fundo da guia de informações Version, permite que você codifique informações de direitos autorais, registro de marca, versão e dados personalizados no aplicativo. Essas informações aparecem quando você seleciona a guia Version da caixa de diálogo File Properties. Os números Major, Minor, Release e Build são usados pelo controle TVersionLabel na caixa de diálogo About, para atualizar automaticamente informações de versão e montagem. (Reporte-se ao Capítulo 10 para o código-fonte do componente TVersionLabel.)

Como especificar diretórios e opções condicionais em RichEditor

A maneira mais simples de conciliar diretórios de projeto, diretórios de controle de fonte e localizações de arquivo físico é usar as informações de caminho idêntico para aqueles três aspectos de desenvolvimento. Ser preguiçoso às vezes é um benefício.

NOTA

Talvez você tenha ouvido a lenda sobre alguns programadores que programam até dez vezes mais rápido do que o programador médio. Essas pessoas existem. Como lentos atiradores em um (filme) de faroeste, eles caminham com um jeito arrastado, como se tivessem um segredo. O segredo do sucesso deles é o hábito. A maior parte do que os superprogramadores fazem é hábito inalterado, cego, sem cérebro. Eles têm um guia de estilo interno, se quiser, que é um mapa de estrada, dizendo-lhes exatamente o que fazer na maior parte do tempo. O restante do tempo é gasto aparando e refinando código, até que pouco tenha restado. Menos código significa menos erros, interações mais simples e menos tempo de comentário.

Como configurar diretórios de projeto

Se você definir o mesmo sistema de arquivo, controle de fonte e estrutura de caminho para todos os seus aplicativos, torna-se algo sem necessidade de cérebro. Os programadores rápidos já sabem disso; eles têm hábitos que lhes permitem organizar, planejar, codificar, distribuir e testar sem perder muito tempo em *por que* ou *como*. O *porquê* é porque eles têm algum fator de motivação que os faz querer acabar rapidamente, e o *como* é seguir o caminho de menor resistência. Desenvolver bons e simples hábitos é uma boa forma de ser rápido.

Seguindo essas guias de princípios, então, a guia Directories and Conditionals de Project Options aponta para a localização física dos diretórios físicos relevantes. O campo de edição Output aponta para o diretório Bin como o destinatário dos aplicativos compilados; o diretório Unit aponta para o diretório Output, como o destinatário dos arquivos .DCU, e o caminho Search aponta para o caminho Source. Você pode precisar acrescentar caminhos. Por exemplo, se quiser depurar os componentes VCL que criou, acrescente também o caminho VCL ao caminho Source. Para o projeto RichEditor.dpr, os caminhos são \RichEditor\Bin, \RichEditor\Output e \RichEditor\Source.

Convenções de nomeação empregadas

Visto que assinamos a crença geral de que bons hábitos produzem bons resultados, rapidamente, uma extensão comum às convenções de nomeação Delphi é usada para o RichEditor. Delphi usa prefixos F para campos (*fields*), soltando o F para o nome de propriedade. Delphi também usa prefixos T para classes, soltando o T para objetos. Além de um prefixo U para a unidade, substituindo o prefixo de classe T por um U para derivar o nome de unidade. À parte do prejuízo de ajustar U, o resultado é que o nome de arquivo de uma unidade contendo a definição de FormMain é UFormMain e, imediatamente, a classe é conhecida como sendo TFormMain. Um excerto da unidade se parece com o seguinte:

```
unit UFormMain;
interface
    ...
uses
    ...
type
    TFormMain = ...
var
    FormMain : TFormMain;
```

Determinar quais unidades contêm quais classes é outro indício de falta de cérebro. Posto que você pode usar o item de menu Search, Find Files, estabelecer esse relacionamento torna direta a tarefa de encontrar as unidades que contêm classes específicas.

Para o aplicativo comum RichEditor, essa é toda a preparação de que precisaremos. Até agora, você tem uma declaração de trabalho, o controle de fonte está pronto e as opções de projeto de um novo projeto estão estabelecidas, antes da criação da fonte. A próxima etapa é ancorar o projeto em um formulário principal, o ponto de partida para aplicativos Windows.

Montagem do formulário principal

A declaração de trabalho indica que o RichEditor precisa ser capaz de editar, simultaneamente, múltiplos Rich Text ou arquivos de texto. Ideal para edição de múltiplos documentos é o protocolo MDI — Multiple Document Interface, ao qual voltaremos em um momento. O aplicativo é um aplicativo Windows e um editor. Assim, ele exigirá um menu principal. A maioria dos usuários espera uma barra de ferramentas e uma barra de *status*, portanto, uma barra de ferramentas e uma barra de *status* serão acrescentadas ao aplicativo. O evento OnTimer do componente TTimer será usado para atualizar a barra de *status* a intervalos regulares, e os novos componentes TAction serão usados para poupar a escrita de código para o menu de edição de arquivo básico entrada/saída e capacidades de formatação de fonte.

> **NOTA**
>
> À medida que o aplicativo evolui, tenha em mente que o principal objetivo de cada desenvolvedor deve ser escrever o mínimo de código possível. Visto que sou alguém que adora escrever código, eu preciso conciliar o prazer de escrever código e o sempre presente imperativo comercial de evitar o máximo possível escrever muito código. "Lembre-se de que os desenvolvedores de sucesso buscarão escrever pequenas quantidades de código de qualidade, em vez de grandes quantidades de código medíocre." (Booch, 1996.)

Como até agora não discutimos aplicativos MDI, a seção começará com a criação do próprio formulário, e trabalhará de alto a baixo, terminando com a barra de *status* e o componente TApplication, respectivamente.

Multiple Document Interface (Interface de múltiplos documentos)

MDI é uma especificação para permitir múltiplas janelas-filho serem abertas em uma única janela-pai. Isso em oposição a aplicativos SDI — Single Document Interface (Interface de documento único), que são os aplicativos básicos do estilo Windows. MDI é usado mais notadamente em processamento de palavras e aplicativos de planilha, nos quais o usuário trabalha em mais de um documento — para programadores, pensem em formulário-filho e para usuários, pensem em documento e planilha, respectivamente — de uma vez.

Delphi suporta facilmente aplicativos MDI, ajustando a propriedade FormStyle do formulário principal para fsMDIForm, ou uma propriedade FormStyle do formulário-filho para fsMDIChild. Com base na declaração de trabalho, a qual indica que vamos criar um aplicativo "capaz de ler e escrever múltiplos ..." documentos, usar a especificação MDI será o caminho a seguir. Tendo criado o projeto RichEditor.dpr, você se preparou para prosseguir e montar o aplicativo.

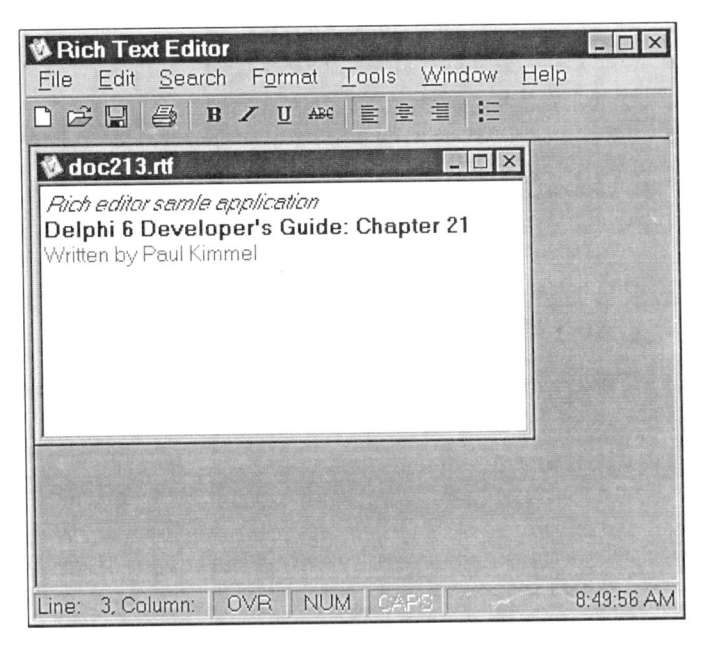

Figura 18.2 O aplicativo completo, com uma única janela
MDIChild na frente, contendo algum texto em formato Rich Text

O aplicativo completo é mostrado na Figura 18.2. A partir da figura, você pode ver o menu principal, a barra de ferramentas, um MDIchild na frente, contendo algum texto em formato Rich Text, e uma barra de *status* junto ao fundo do formulário. Cada elemento é discutido individualmente nas subseções subseqüentes. Para preparar o formulário principal MDI, complete as etapas relacionadas abaixo.

1. Digite RichText Editor na propriedade Caption do formulário.
2. Mude FormStyle do formulário principal para fsMDIForm.
3. Digite FormMain como a propriedade Name do formulário
4. Aplique a nossa convenção, salve o formulário principal como UFormMain.pas (UFormMain.dfm será automaticamente salvo junto com a unidade do formulário.)
5. Entre com o bloco de cabeçalho de direitos autorais, no alto do formulário, como demonstrado na Figura 18.3. (Esse é um bom hábito para se ter; você pode querer verificar, com o departamento jurídico de sua empresa, o texto específico necessário.)
6. Acrescente um acionador de evento FormCreate ao formulário principal. Isso chamará um método nomeado Initialize. Acrescente um método Initialize vazio, sem parâmetros, à seção de declaração privada do formulário principal.
7. Acrescente um acionador de evento FormClose ao formulário principal. Isso será usado para fechar explicitamente quaisquer formulários MDIChild abertos, dando oportunidade ao usuário de salvar qualquer trabalho em curso nos documentos múltiplos.

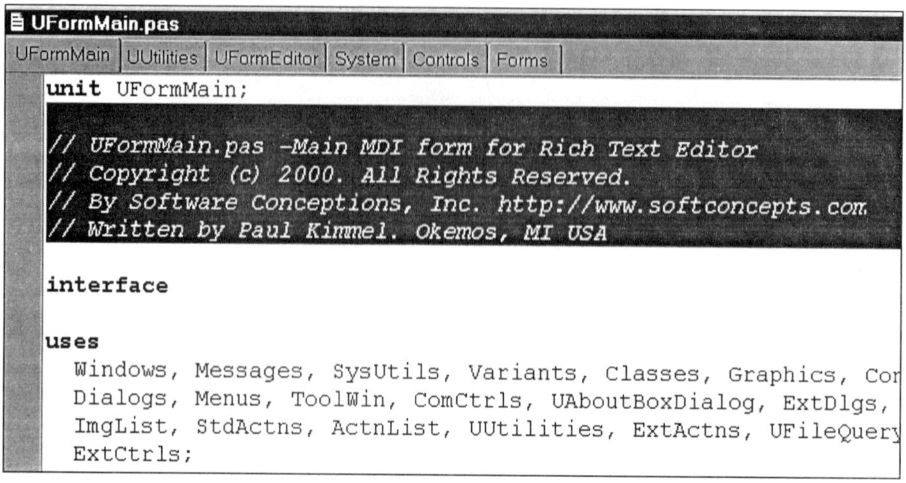

594 | Desenvolvendo aplicações em Delphi 6

```
UFormMain.pas
UFormMain | UUtilities | UFormEditor | System | Controls | Forms

unit UFormMain;

// UFormMain.pas -Main MDI form for Rich Text Editor
// Copyright (c) 2000. All Rights Reserved.
// By Software Conceptions, Inc. http://www.softconcepts.com
// Written by Paul Kimmel. Okemos, MI USA

interface

uses
    Windows, Messages, SysUtils, Variants, Classes, Graphics, Cor
    Dialogs, Menus, ToolWin, ComCtrls, UAboutBoxDialog, ExtDlgs,
    ImgList, StdActns, ActnList, UUtilities, ExtActns, UFileQuery
    ExtCtrls;
```

Figura 18.3 Um exemplo de bloco de cabeçalho de direitos autorais. Acrescente um a cada unidade, indicando o nome de arquivo, autor e a guia de direitos autorais

Segue o código para o evento FormClose. O código para outros elementos será acrescentado à medida em que tais elementos forem acrescentados.

```
procedure TFormMain.FormClose(Sender: TObject; var Action:
TCloseAction);
var
     I : Integer;
begin
     for I := MDIChildCount - 1 downto 0 do
          MDIChildren[I].Close;
end;
```

Um MDIForm mantém uma lista, MDIChildren, contendo referências a todos os formulários MDIChild copiados. A listagem garante que o método Close seja chamado para cada formulário MDIChild aberto. Sem esse código, fechar o formulário principal poderia, inadvertidamente, fechar formulários-filho e causar a perda de texto modificado.

Como acrescentar o componente MainMenu

O componente MainMenu mantém uma coleção de componentes TMenuItem que você pode acrescentar a partir do Menu Designer — o componente editor de TMainMenu ou gabaritos de menu. Acrescente um TMainMenu a FormMain, a partir da guia Standard CL. Chame o componente editor de MainMenu, clicando duas vezes no componente. A Figura 18.4 mostra o componente editor MainMenu contendo os itens de menu para Rich Text Editor.

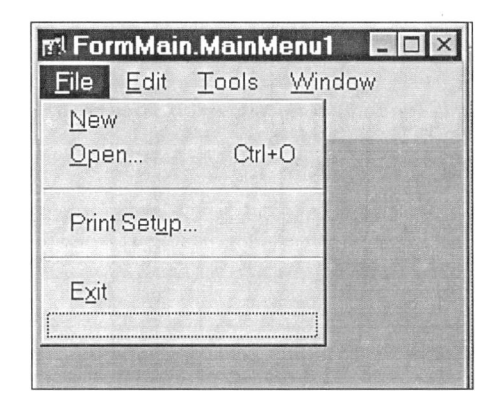

Figura 18.4 Menu RichEditor.exe do aplicativo, no componente editor em TMainMenu

Para acrescentar itens de menu, clique em qualquer área de esboço pontilhada, representando um item de menu não iniciado (TMenuItem) no menu de editor, para focalizar aquele componente de item de menu. Pressione **F11** para focalizar o Object Inspector. Se você acrescentar uma captura ao item de menu em branco, então o Delphi criará um componente item de menu e acrescentará a declaração à definição de classe. Como alternativa, você pode designar uma TAction à propriedade Action do componente item de menu; objetos Action têm a capacidade em tempo de desenvolvimento, de preencher propriedades adicionais, como Caption, Shortcuts e Hints. (Consulte a seção sobre o uso de ActionLists, para detalhes sobre os componentes TActionList e TAction.)

DICA

Para acrescentar itens de menu, clique em um item de menu existente antes do local onde você deseja inserir o novo item e pressione a tecla Insert.

DICA

Para apagar itens de menu existentes, clique o item de menu que deseja apagar e pressione a tecla Delete.

Uma combinação de componentes Action e edição de itens de menu manual foi usada para criar MainMenu para o RichEditor. Existem duas perspectivas do menu principal para ajudá-lo a definir o menu: a primeira é uma imagem de menu ilustrando apenas os nomes de menu e submenu, e a segunda é uma extração do arquivo UFormMain.dfm. Visto que alguns itens de menu são criados usando componentes TAction, você pode optar por completar o menu principal até que tenha lido o resto desta seção e a seção Using ActionLists (como usar ActionLists), que o encaminha através de itens de complementação que usam ações.

> **DICA**
>
> *Coloque o símbolo & imediatamente antes de um caractere na captura de menu para criar um atalho para aquele item de menu. Por exemplo, &Edit exibirá Edit como o item de menu e pressionar Alt+E chama aquele item de menu. Para chamar um item de submenu, pressione o caractere sublinhado quando o menu for aberto.*

> **DICA**
>
> *Use o símbolo && se quiser que o caractere seja exibido na captura de menu.*

```
&File          &Edit      &Tools     &Windows          &Help
   &New           &Undo      &Options   &Cascade          &Contents
   &Open          -                     &Tile Vertically  &Topic Search
   -              Cu&t                  &Arrange          -
   Print Set&up...&Copy                 &Minimize All     &About
   -              &Paste                &C&lose
   E&xit                                Select &All

object MainMenu1: TMainMenu
    Left = 16
    Top = 40
object File1: TMenuItem
    Caption = '&File'
    object New1: TMenuItem
        Action = FileNew
    end
    object Open1: TMenuItem
        Action = FileOpen1
    end
    object N2: TMenuItem
        Caption = '-'
    end
    object PrintSetup1: TMenuItem
        Action = FilePrintSetup1
    end
    object N1: TMenuItem
        Caption = '-'
    end
    object Exit1: TMenuItem
        Action = FileExit1
    end
end
object Edit1: TMenuItem
    Caption = '&Edit'
```

```
        GroupIndex = 1
        object Undo1: TMenuItem
              Action = EditUndo1
        end
        object N4: TMenuItem
              Caption = '-'
        end
        object Cut1: TMenuItem
              Action = EditCut1
        end
        object Copy1: TMenuItem
              Action = EditCopy1
        end
        object Paste1: TMenuItem
              Action = EditPaste1
        end
        object SelectAll1: TMenuItem
              Action = EditSelectAll
        end
end
object Tools1: TMenuItem
        Caption = 'Tools'
        GroupIndex = 7
        object Options1: TMenuItem
              Caption = '&Options'
              OnClick = Options1Click
        end
end
object Window1: TMenuItem
        Caption = '&Window'
        GroupIndex = 8
        object Cascade1: TMenuItem
              Action = windowCascade1
        end
        object Tile1: TMenuItem
              Action = WindowTileVertical1
        end
        object ArrangeAll1: TMenuItem
              Action = WindowArrange1
        end
        object TileVertically1: TMenuItem
              Action = WindowMinimizeAll1
        end
        object Close1: TMenuItem
              Action = WindowClose1
        end
        object N6: TMenuItem
              Caption = '-'
        end
   end
```

```
object Help1: TMenuItem
    Caption = '&Help'
    GroupIndex = 9
    object Contents1: TMenuItem
        Action = HelpContents1
    end
    object SearchforHelpOn1: TMenuItem
        Action = HelpTopicSearch1
    end
    object About1: TMenuItem
        Caption = '&About...'
        OnClick = AboutClick
    end
end
end
```

> **DICA**
> Use o caractere - como a captura para criar a barra de separação entre itens de submenu.

Cada item de menu de nível superior é definido no arquivo DFM, em uma linha que começa com a palavra-chave object; as informações seqüenciais de propriedade para aquele item termina com a palavra-chave end. Por exemplo, o objeto Tools1: TMenuItem tem uma propriedade de captura '&Tools' e uma GroupIndex de 7 (mais sobre a propriedade GroupIndex em um momento). As informações da propriedade Tools1 terminam com a palavra-chave end seguida pelo end do item de menu aninhado Options1 (veja a listagem). É o aninhamento de propriedades no arquivo DFM que significa propriedade e que pode ser usado para determinar os relacionamentos de menu. Todos os itens de menu, que foram inicializados com componentes Action, terão uma propriedade Action listada; todos aqueles criados manualmente, digitados na captura, terão uma propriedade Caption.

Por ora, complete os itens de menu para aqueles itens que têm uma propriedade Caption, usando a hierarquia de menu e a listagem DFM como um guia. Assegure-se de acrescentar a GroupIndex, se ela existir. Se o item de menu tiver um acionador de evento OnClick, como tem o item de menu About1, então você precisará criar aquele acionador de evento, clicando a propriedade de evento OnClick para aquele item de menu no Object Inspector.

Como acrescentar um item de menu About

Para demonstrar como acrescentar um item de menu, vamos completar o item de menu About1. O item de menu About exibirá uma caixa de diálogo About, implementada com o componente TAboutBoxDialog, criado no Capítulo 10.

Capítulo 18 - Como montar um aplicativo Windows | 599

Supondo que o formulário principal e o componente TMainMenu tenham sido acrescentados ao formulário principal, clique duas vezes no componente TMainMenu para chamar o editor do componente TMainMenu. Siga as etapas indicadas a seguir para completar o menu About.

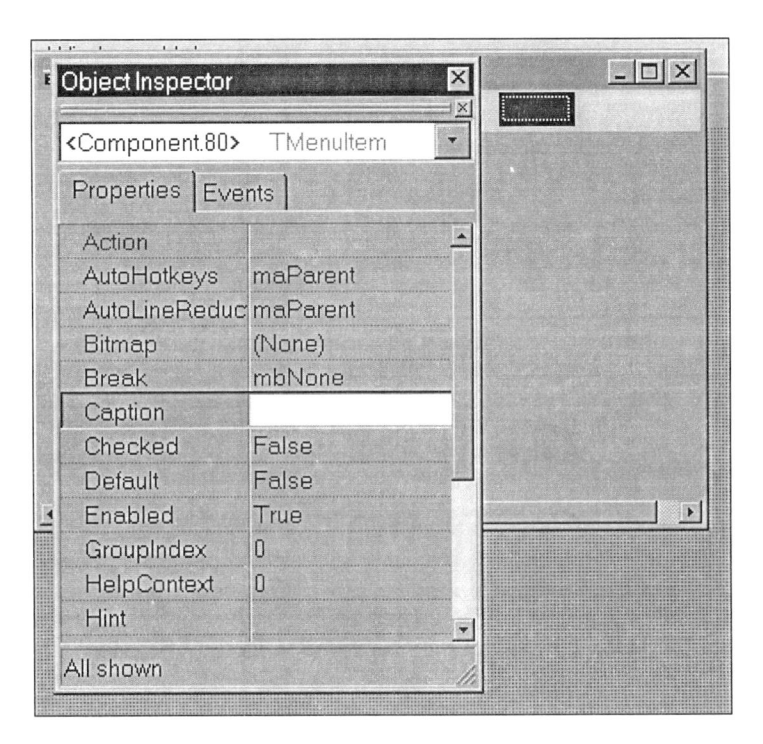

Figura 18.5 O Object Inspector focalizado na propriedade Caption de um item de menu de nível superior, focalizado no menu Designer, bem à direita do Object Inspector

1. Se você já não tiver acrescentado o menu de nível superior Help, então clique no retângulo pontilhado à extrema direita dos menus de nível superior existentes (se houver algum; caso contrário, ele estará do lado esquerdo do menu Designer). Quando o retângulo estiver selecionado, pressione **F11** para focalizar o Object Inspector (mostrado na figura 18.5 com a inserção de menu de nível superior em branco selecionado indicando bem à direita do Object Inspector). Entre com o título do item de menu &Help. Um item de submenu em branco será exibido, pendendo do menu Help.

2. O último item de menu no menu Help será o tradicional About. Para acrescentar o menu About, clique no item de menu em branco, ao final do Help Menu e focalize o Object Inspector.

3. Na propriedade Caption, digite &About; automaticamente, o Delphi inserirá um componente TMenuItem na definição de classe e o nome do item de menu About1. (Se já existir um componente com o nome About1; então Delphi aumentará automaticamente o sufixo do nome do componente, para garantir um único nome de componente).
4. Focalize o Object Inspector, garantindo que o item de menu About esteja selecionado no objeto seletor. Clique a guia Events e clique duas vezes na propriedade de evento OnClick, para gerar o método de evento.
5. Entre as declarações *begin* e *end*, acrescente o método ShowAbout.
6. Acrescente um método — um procedimento — chamado ShowAbout à seção privada da classe do formulário. Defina o corpo vazio do método, usando **Shift+Ctrl+C** (completaa classe na posição d cursor) ou digite manualmente o corpo do método.

NOTA

Estabelecer e estabilizar interfaces cedo é um objetivo louvável. Geralmente, isso ajuda o seu programa a se estabilizar e permite a outros desenvolvedores montar aqueles métodos como uma interface. Tenha em mente que usuários do seu código, inclusive você, só estarão preocupados se o código funciona. Além disso, classes extensoras estarão interessadas na interface protegida.

Acrescentar um método vazio estabelece uma pressão, permitindo que você defira a implementação do comportamento até que seja conveniente, ou até que seja decidido quanto à implementação. Visto que sabemos como o comportamento About irá ser implementado, agora você pode acrescentar o código.

Usando o componente TAboutBoxDialog do Capítulo 10, clique duas vezes aquele componente, a partir da paleta VCL, para acrescentá-lo ao formulário principal A caixa de diálogo funciona sem modificação, chamando o método Execute. Segue a listagem completa do comportamento About.

```
procedure TFormMain.ShowAbout;
begin
      AboutBoxDialog1.Execute;
end;

procedure TFormMain.About1.Click(Sender: TObject);
begin
      ShowAbout;
end;
```

NOTA

Tenha em mente que todos os estilos de programação são subjetivos. Alguns desenvolvedores são radicalmente opostos ao estilo demonstrado na listagem, isto é, procedimentos curtos. Baseie as suas escolhas em alguns princípios básicos, enfatizando especialmente quão fácil é depurar um fragmento de código em particular e, em segundo lugar, considerando quão fácil ele é de usar. O fato de que haja um relacionamento um a um entre métodos e linhas de código é de pouca conseqüência para o desenvolvedor, visto que o compilador lida com aquele aspecto dele. Tenha em mente que desenvolvedores só estarão pensando em uma coisa de cada vez, o que deve ser o mais simples possível.

DICA

Lembre-se: quando você acrescentar novos comportamentos, teste o código da unidade para garantir que um novo comportamento específico funcione corretamente e como desejado. Evite esperar até que você tenha acrescentado múltiplos comportamentos para começar a testar. Testar a unidade satisfaz ao mandamento de dividir e conquistar.

Vamos parar um momento para falar sobre dois aspectos de estilo sugeridos por esse código. O primeiro é se é ou não permitido usar os nomes padrão fornecidos por Delphi. A resposta é um subjetivo sim. Supondo o uso do nome de componente padrão, que está contido dentro de uma bela interface específica, está certo usar nomes padrão. Não há pontos automáticos tirados do estilo. Você perde tempo especificando uma interface, e só há um componente About. Assim, o nome padrão é suficiente. Em contraste, se houver vários componentes do mesmo tipo, os componentes tiverem sido usados em código significativo ou, por alguma razão, o padrão nomeado, tenha criado alguma ambigüidade, então dê um nome melhor ao componente. Neste exemplo, o nome padrão é tão bom quanto qualquer outro. Dando mais um passo à frente no subjetivo campo da natureza da codificação, vamos nos dirigir ao código "minimalista". Alguns desenvolvedores podem ir tão longe quanto considerar o código simples algo ofensivo. No entanto, se todo código fosse tão simples, haveria menos *bugs*. Código conciso é benéfico, visto que há pouca possibilidade de ele introduzir erros, ele é fácil de escrever e mais fácil de entender. Você sabe que pode refinar suficientemente o seu código, se ele parecer muito direto.

Como usar a propriedade Group Index

Os componentes TMenuItem têm uma propriedade GroupIndex. Nesse contexto, a propriedade GroupIndex é usada como uma contentora de lugar virtual útil para menus AutoMerge (veja a próxima seção). Considere o menu Tools GroupIndex de 7. Delphi pode usar a GroupIndex para determinara colocação relativa de novos menus. Quando criamos o formulário MDIChild, um menu definindo os comportamentos relevantes àquele formulário pode ser acrescentado diretamente no formulário-filho. Usando a GroupIndex e a capacidade AutoMerge, Delphi pode determinar onde, no menu principal, exibir os menus fundidos. Continuando o exemplo, quaisquer menus contendo um índice de grupo menor do que sete seria fundido no menu principal antes do menu Tools.

Um menu fundido contendo uma GroupIndex igual a um menu existente é entendido como uma instrução para substituir completamente um menu existente com o mesmo índice. A GroupIndex é especialmente útil em aplicativos MDI. GroupIndex pode ser usada para substituir itens de menu no formulário principal, com variações específicas com o mesmo nome, em um formulário-filho. Como qualquer formulário-filho em particular ganha foco, se ele tem um TMainMenu, então o seu menu pode ser automaticamente fundido no menu do formulário principal. Quando ele perde o foco, o menu original, contextualmente relevante, é automaticamente re-exibido.

Com relação ao formulário principal, GroupIndex é relevante quanto ao fato de que o índice precisa estar certo (conforme especificado na listagem DFM) para garantir que os menus de formulário-filho vão se fundir corretamente.

Autofusão de menus

A propriedade AutoMerge de TMainMenu é significativa para formulários-filho. Considere um aplicativo com potenciais formulários-filho, múltiplos, periódicos, como é o caso com Rich Editor. O formulário-filho terá comportamentos que não fazem sentido ao formulário principal. Por exemplo, um item de menu Save não faz sentido quando documentos não são abertos. Salvar o quê? Entretanto, o formulário MDIChild é o documento sob a perspectiva do usuário. Quando um documento contendo texto em formato Rich Text é aberto, é imperativo que o usuário seja capaz de salvar as mudanças. Acrescentar o comportamento Save ao documento faz sentido, e é mais fácil codificar o comportamento Save no formulário-filho.

Codificar o comportamento Save no documento-filho é algo que um objeto orientador esperaria que um documento de texto em formato Rich Text tivesse. Além disso, se tal codificação for acrescentada ao formulário principal, ela introduzirá complexidade adicional; arquitetando perguntas como se há um formulário ativo. Qual formulário está ativo? Esse é um formulário para o qual salvar comportamento faz sentido?

A propriedade AutoMerge de TMainMenu reconcilia o dilema. Acrescente TMainMenu ao formulário-filho, indicando que ele deve, automaticamente, fundir com o menu do formulário principal e, *voilà*! O comportamento é sintetizado para *Just do it*! (Simplesmente, faça isso!). Considere o File Menu. Se o formulário-filho tem um TMainMenu com um menu identicamente nomeado e GroupIndex, então o menu do formulário-filho suplantará, sem remendos, o do formulário principal. Consulte a seção "Como criar o Merge Menu", durante a discussão sobre o formulário de editor MDIChild.

Como acrescentar uma barra de ferramentas

O componente TToolbar é uma introdução relativamente nova. Componentes de ação também podem ser designados aos botões de barra de ferramentas, simplificando muito a incorporação de elegantes barras de ferramentas. Essencial para acrescentar uma barra de ferramentas ao RichEditor é definir os comportamentos desejados, e, para ajuste e acabamento, encontrar componentes de aspecto profissional que complementem o seu aplicativo.

Como projetar o componente Toolbar para o RichEditor

Para garantir a consistência com outros editores, recursos comumente encontrados em outros editores de texto foram acrescentados à barra de ferramentas do aplicativo RichEditor. Em geral, eles incluem comportamento existente encontrado no menu principal, voltado para tornar comportamento comumente usado mais acessível. A barra de ferramentas do RichEditor foi aumentada por botões, para criar um novo documento, abrir um documento existente, salvar o documento atual, imprimir e modificar a fonte do documento.

A barra de ferramentas tem o seu próprio comportamento de edição. Acrescentar botões e separadores é uma questão de chamar a operação certa, a partir do menu rápido do componente Toolbar (veja, na Figura 18.2, um visual da barra de ferramentas do RichEditor). Para acrescentar um botão à barra de ferramentas, clique à direita sobre a barra de ferramentas e clique o item de menu **New Button**; para acrescentar um separador, selecione o item de menu New Separator (ambos os itens são mostrados na figura 18.6).

DICA

Botões individuais também são componentes, portanto eles podem ser focalizados e modificados independentemente, no Object Inspector, por ocasião do design.

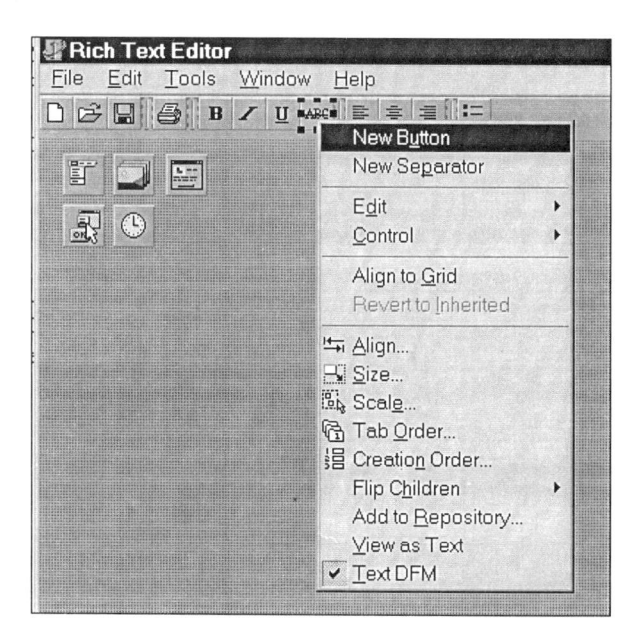

Figura 18.6 O menu rápido do componente TToolbar contém os itens New Button e New Separator para facilitar o projeto de uma barra de ferramentas profissional

O ritmo de RichEditor é de três botões e um separador, um botão e um separador, quatro botões e um separador, três botões e um separador, e um botão. Se houver componentes TAction associados à mesma operação no menu principal, então tais componentes Action foram usados para os respectivos botões de barra de ferramentas. Coincidentemente, todos os botões da barra de ferramentas têm componentes Action suficientes para satisfazer o comportamento. Assim, a propriedade Action de cada componente de barra de ferramenta, sem os separadores, tem designação a um componente Action.

Como botões de ferramenta e ações trabalham juntos

Toolbar, botões de Toolbar e Actions, todos são componentes. Sintetizando, isso significa que Toolbars, botões Toolbar e Actions têm comportamento e posição. Toolbars e botões Toolbar exibem uma imagem, sugestão e resposta a eventos de clique. O comportamento do componente Action inclui a iniciação de itens de menu e botões de barra de ferramentas, exibindo imagens e texto, e respondendo a cliques. Assim, se você designar um componente Action a um botão Toolbar ou item de menu, ele exibirá o texto e a imagem, e responderá a um evento de clique, pois é esta a sua essência.

Para criar a barra de ferramenta para RichEditor, acrescente os botões e os separadores, conforme indicado na seção anterior. Os componentes Action cuidarão do comportamento, ícone de botão e sugestão. Cada um dos botões no RichEditor é um componente Action no Delphi 6, eliminando a necessidade de encontrar ícones adequados e moldá-los manualmente para o comportamento apropriado.

Na eventualidade você precisar definir o botão a partir do rascunho, considere duas alternativas: ponha em subclasse um novo componente TAction, ou modifique as propriedades Caption, Hin e OnClick dos botões individuais, para iniciar o comportamento desejado. As imagens para botões manualmente iniciados exigem um pouco de trabalho extra.

Você precisará acrescentar uma TImageList, da guia Win32 da VCL, para o formulário disponibilizar as imagens aos botões Toolbar. Tendo acrescentado imagens à lista de imagens, você pode torná-las disponíveis aos botões Toolbar, designando ImageList à propriedade TToolbar.Images. Depois, designe o índice da imagem para um botão em particular, para a propriedade TToolButton.ImageIndex, para exibir a imagem no botão.

Listas e ações Action

Código convergente é um aspecto essencial de gerenciamento de complexidade de código. Fendas em aplicativos reunidos, com freqüência, acrescentam fragmentos de código diretamente a acionadores de evento. Então, quando o comportamento em um evento é necessário a alguma outra parte do programa, o programador pode chamar o acionador de evento, ter a propriedade de evento indicada ao mesmo acionador, ou copiar e colar o código. Novos desenvolvedores são mais inclinados a copiar e colar; desenvolvedores mais eventuais podem chamar o acionador de evento ou indicar para o mesmo método de evento com múltiplas propriedades. Um outro refinamento é usar um *método nomeado* e fazer o acionador de evento chamar o método.

Métodos nomeados podem resultar em código que exija menos comentários e seja mais fácil de usar mas o princípio de regra geral é o mesmo: converter o código para gerenciar a complexidade. Então, inversamente, código divergente acrescenta complexidade.

TActionList é um componente não visual na paleta Standard VCL, que foi definido para revestir o potencial de introduzir caminhos de código divergente em comportamentos idênticos. ActionList define uma propriedade ImageList e uma coleção de TActions. ImageList é usada para armazenar ícones que podem ser designados a componentes visuais, que podem exibir uma imagem, e a coleção armazena uma lista de componentes Action não visuais, ou respostas disponíveis. TActionList tem um componente editor por ocasião de *design* (mostrado na Figura 18.7), com o Object Inspector focalizado no componente selecionado Action), que é usado para gerenciar ações. ActionLists e Actions são componentes, portanto, lembre-se de que eles também podem ser criados dinamicamente no tempo de execução. Tomaremos uma abordagem de cima para baixo, demonstrando como acrescentar um ActionList a um formulário, acrescentar Actions novos e padrões e designar o Action a um componente apropriado.

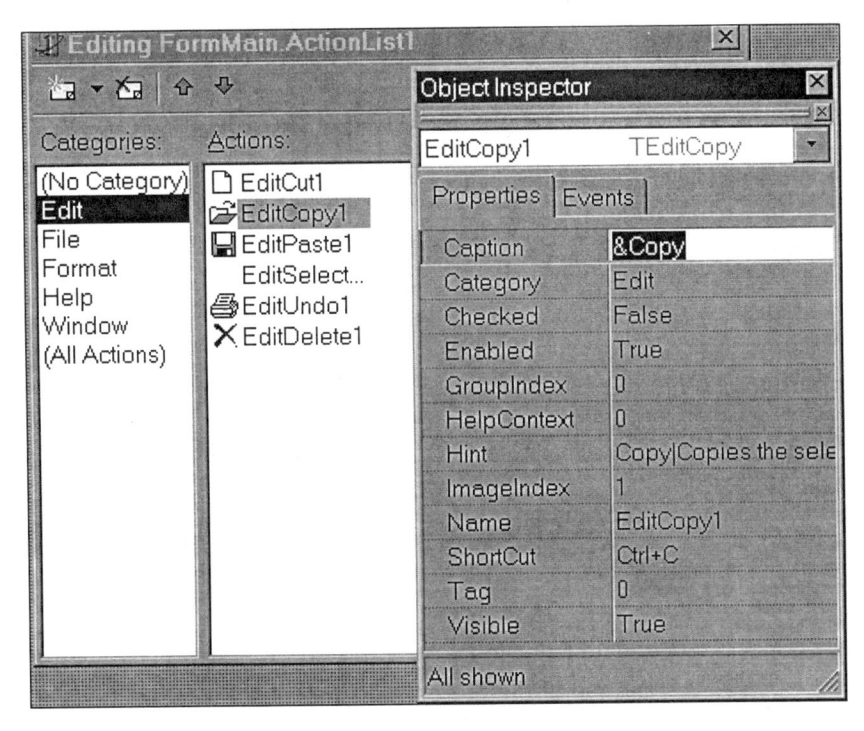

Figura 18.7 *O componente editor Action List é usado para manter Actions por ocasião do* design

Como usar listas Action

TActionList pode ser acrescentado a um formulário, selecionando-o na paleta Standard da VCL. O TActionList é o componente mais à direita. Para usar o componente editor da lista de ações por ocasião do *design*, mova o *mouse* sobre ActionList e clique o botão direito do *mouse* para exibir o menu de contexto ActionList. Selecione Action List Editor do menu de contexto.

> **DICA**
> Você também pode exibir o editor clicando duas vezes no componente ActionList. Clicar duas vezes qualquer componente por ocasião do design chamará o componente editor de qualquer componente que tenha um.

COMO ACRESCENTAR UMA NOVA AÇÃO Quando você estiver no editor Action — o componente editor de TActionList — pressione a tecla Insert de seu teclado. Uma nova Action com propriedades-padrão será inserida na lista de ações, do lado direito, designado a (No Category), na lista Categories. Para facilitar mais a organização, Actions pode ser associada a uma categoria. (Haverá mais sobre categorias na seção a seguir, "Como definir uma ação".)

COMO ACRESENTAR AÇÕES PADRÃO Ações não são componentes visuais. Isso significa que elas não têm representação visual no tempo de execução, mas também significa que componentes de autoria podem criar componentes TAction personalizados. Especificamente, componentes Action em subclasse podem ser acrescentados à VCL. (Refira-se à seção "Criação de um componente Action padrão personalizado" para um exemplo de criação de uma ação-padrão.) Ações preexistentes são referenciadas como ações-padrão.

Para acrescentar uma ação-padrão a uma cópia de uma ActionList, pressione **Ctrl+Insert** e selecione uma ação a partir da lista categorizada de ações-padrão. Delphi 6 introduziu várias novas ações-padrão, que podem poupar um bocado do seu trabalho. (Consulte a seção "Novas ações padrão em Delphi 6", para mais informações.)

COMO APAGAR UMA AÇÃO O editor Action comporta-se de maneira intuitiva. Insert e Ctrl+Insert acrescentam ações novas e padrão, respectivamente. A tecla Delete apaga um componente Action da lista. Como uma alternativa, você pode usar o menu de contexto Action Editor para realizar essas operações.

COMO DEFINIR UMA AÇÃO Defina uma ação, inserindo um Action na lista Action. Clique o novo Action para selecioná-lo e pressione **F11** para exibir o Object Inspector com o novo Action focalizado. (Verifique duas vezes, para garantir que o Action que você deseja modificar esteja selecionado no objeto seletor — a caixa de lista no alto do Object Inspector.) Um Action, como qualquer componente, terá um nome padrão designado, como Action1. Porque ações definem comportamentos, é uma boa idéia nomeá-los com verbos e substantivos para descrever o comportamento que eles chamam, e onde operam. Por exemplo, a ação-padrão Cut é um TEditAction; o componente foi nomeado EditCut. Nesse contexto, Edit é um substantivo nomeando a classe do componente Action, e Cut descreve o comportamento.

Capítulo 18 - Como montar um aplicativo Windows | 607

Pense em Action como um componente que armazena detalhes suficientes para iniciar um componente visual, como um botão ou item de menu, voltado na direção de responder a um evento iniciado pelo usuário. Botões e itens de menu têm Captions, Names, GroupIndexes, Hints, Shortcuts e Images. (Imagens Action são representadas pela propriedade ImageIndex.) Botões e itens de menu podem ser Checked, Enabled ou Disabled, e podem responder a eventos. Propriedades e eventos de ação pública são relacionados na Tabela 18.1.

Tabela 18.1 Propriedades e eventos de componentes TAction

Nome de Atributo	Propriedade	Descrição
Caption	Propriedade	Ação Caption será designada à propriedade Caption de componentes associados
Category	Propriedade	Usado para organizar no editor Action
Checked	Propriedade	Será designado para a propriedade Checked de componentes associados; mudar a propriedade Checked para Action mudará a posição Checked de todos os componentes associados
Enabled	Propriedade	Designado à posição do componente Enabled, mudanças para Action.Enabled são refletidas em componentes associados
GrioupIndex	Propriedade	Designado a GroupIndex do componente associado; mudanças são refletidas em componentes associados
HelpContext	Propriedade	HelpContext será compartilhado por componentes cuja propriedade Action se refere a essa Action
Hint	Propriedade	Usado para iniciar o componente de propriedade Hint
ImageIndex	Propriedade	Se o componente associado pode exibir uma imagem, ele será iniciado com a imagem referida pelo Index de ImageList, designado à propriedade ImageList do proprietário ActionList
Name	Propriedade	Nome do componente Action; use um substantivo e verbo, para clareza
Shortcut	Propriedade	Usado para iniciar a propriedade Shortcut de componentes afiliados
Tag	Propriedade	Inicia a propriedade Tag de componentes afiliados
Visible	Propriedade	Inicia e atualiza a posição Visible de componentes afiliados
OnExecute	Evento	Método Event designado a essa propriedade será chamado quando ocorrer o comportamento Execute; um botão designado a uma Action chamará OnExecute quando o botão for clicado
OnHint	Evento	Chamado quando a *string* Hint do componente afiliado estiver prestes a ser exibida
OnUpdate	Evento	Chamado quando a posição do componente afiliado precisar ser atualizada.

Para demonstrar, converteremos o item de menu About1 e o método de evento OnClick para referir-se a um item de ação. Siga estas etapas para criar um item de ação HelpAbout e use-o para o menu Help, About do RichEditor.

1. Se você não tiver colocado um TActionList em sua cópia de trabalho de FormMain do RichEditor, então, faça-o agora. (Lembre-se de que ActionList é o componente mais à direita na paleta Standard.)
2. Clique duas vezes no componente ActionList para iniciar o editor Action.
3. Quando o editor Action tiver o foco (indicado pela barra de título azul/selecionada), pressione a tecla **Insert**. Isso criará um novo item de ação na lista Actions.
4. Pressione **F11** para focalizar o Object Inspector.
5. Mude a propriedade Caption para '&About...' (As reticências são usadas por convenção para itens de menu que exibirão uma caixa de diálogo como faz o item de menu About.)
6. Designe a Category para Help. (Você pode fazer isso selecionando Help do editor de propriedade Category, ou digitando Help se aquela categoria não estiver na lista.)
7. Nomeie a Action HelpAbout. (Digite 'HelpAbout' no nome de propriedade.)
8. Clique a guia **Events**. Clique duas vezes no evento OnExecute para criar o método de evento HelpAboutExecute. No novo método de evento, acrescente a chamada a ShowAbout.
9. Salve o seu trabalho. Feche o editor Action e clique duas vezes o componente TMainMenu para iniciar o editor dele.
10. Selecione o item de menu About no menu Help (no Menu *designer*).
11. Focalize o Object Inspector e selecione HelpAbout para a propriedade Action.
12. Agora você pode apagar o acionador de evento OnClick. (Lembre-se de que isso é feito mais facilmente apagando o código e salvando o arquivo. O Delphi limpará automaticamente acionadores de evento vazios.)

E isso é tudo. Quando você clica o item de menu Help, About, o acionador OnExecute é chamado. O seguinte código VCL do Menus.pas ilustra como o comportamento OnExecute é ligado ao evento OnClick. Quando o TMenu possuindo o MenuItem recebe um clique, ele despacha o clique para o item de menu, chamando diretamente o método Click do item de menu.

```
procedure TMenuItem.Click;
begin
    if Enabled then
    begin
        { Call OnClick if assigned and not equal to associated
        action's OnExecute.
        If associated action's OnExecute assigned then call it,
        otherwise, call
        OnClick. }
```

```
        if Assigned.(FOnClick) and (Action <> nil) and (@FOnClick <>
                @Action.OnExecute) then
            FOnClick(Self)
        else if not (csDesigning in ComponentState) and (ActionLink
<> nil) then
            FActionLink.Execute
        else if Assigned(FOnClick) then
            FOnClick(Self);
        end;
end;
```

NOTA

Preencha as propriedades de uma ação como se estivesse preenchendo as propriedades de um botão ou menu, substituindo o evento OnClick pelo OnExecute. Toda uma ação é perdida em uma metáfora visual. Controles, como botões e menus, têm propriedades Action. Designe a ação à propriedade Action do controle em relação ao qual você deseja definir atributos e respostas e o componente Action preencherá nas propriedades.

O procedimento TMenuItem chama o acionador de evento OnClick se ele estiver designado, e o endereço da ação OnExecute, e os métodos de evento OnClick do Menu Item não esclarecem para o mesmo método. Isto é, se OnClick e uma Action.OnExecute existirem e forem procedimentos diferentes, o método de evento OnClick será chamado. Caso contrário, o acionador de evento associado Execute é chamado, se existir, e se o aplicativo estiver executando. Na última condição else, o método de evento FOnClick é chamado, se tudo o mais falhar.

Ações-padrão

Ações-padrão são componentes que foram predefinidos e registrados com o procedimento RegisterActions. Semelhante a RegisterComponents, RegisterPropertyEditor e RegisterComponentEditor, realizam as etapas necessárias para localizar ações corretamente na VCL. As ações-padrão que vêm com o Delphi são definidas na unidade StdActns.pas.

DICA

SetSubComponent foi introduzido no Delphi 6 para facilitar componente proprietário.

Definindo e usando ações-padrão, você pode poupar muito trabalho repetitivo em aplicativos múltiplos e padronizar comportamentos dentro e através de aplicativos. Pelo fato de que componente proprietário foi introduzido no Delphi 6, ações podem ter e exibir subcomponentes no Object Inspector. Para o desenvolvedor de aplicativo isso significa que componentes úteis e de ação elaborada podem ser definidos.

Para acrescentar uma ação a um ActionList, pressione **Ctrl+Insert** com o editor Action em foco. Delphi 6 introduziu várias ações-padrão, inclusive ações como TFileOpen e TFilePrintSetup, suficientes para completar a maioria dos itens de menu para o RichEditor. (Consulte a próxima seção para uma introdução às novas ações-padrão.)

Novas ações no Delphi 6

Ações-padrão fazem avanços benéficos na direção de sistematizar as respostas comumente encontradas para comportamentos. O Delphi 6 introduziu múltiplas novas ações-padrão, muitas das quais somos capazes de empregar em RichEditor, diminuindo a necessidade de escrever código para aqueles comportamentos. A Tabela 18.2 combina os itens de RichEditorMenu com as ações-padrão disponíveis no Delphi.

DICA
Consulte o item de contexto de ajuda New VCL Features no Delphi 6 para uma longa lista de novas ações-padrão.

Tabela 18.2 Existem muitas novas ações-padrão; essas são úteis ao RichEditor (consulte a ajuda "New VCL Features", no Delphi, para uma lista completa).

Item de menu	Ação padrão	Descrição
File, Open	FileOpen	Exibe TOpenDialog, permitindo ao usuário selecionar arquivos; modifica as propriedades TOpenDialog com a propriedade TfileOpen. Dialog
File, Print Setup	TFilePrintSetup	Exibe TPrinterSetupDialog; acessa TFilePrintSetup.Dialog para acessar TPrinterSetupDialog
File, Exit	TFileExit	Encerra o aplicativo
Edit, Undo	TEditUndo	Envia WM_UNDO para ActiveControl
Edit, Cut	TEditCut	Envia WM_CUT para ActiveControl
Edit, Copy	TEditCopy	Envia WM_COPY para ActiveControl
Edit, Paste	TEditPaste	Envia WM_PASTE para ActiveControl
Edit, Select All	TEditSelectAll	Envia WM_SETTEXT para ActiveControl
Edit, Delete	TEditDelete	Envia WM_CLEAR para apagar texto selecionado
Format, Edit	TFontEdit	Exibe TFontDialog (veja o código de exemplo depois da tabela, demonstrando como responder a mudanças de Font)
Format, Bold	TRichEditBold	Ajusta o estilo de fonte para incluir fsBold
Format, Italic	TRichEditItalic	Ajusta o estilo de fonte para incluir fsItalic
Format, Underline	TRichEditUnderline	Atualiza o estilo de fonte para incluir fsUnderline
Format, Strikeout	TRichEditStrikeout	Atualiza o estilo de fonte para incluir fsStrikeout

Tabela 18.2 Existem muitas novas ações-padrão; essas são úteis ao RichEditor (consulte a ajuda "New VCL Features", no Delphi, para uma lista completa).

Item de menu	Ação padrão	Descrição
Format, Align Left	TRichEditAlignLeft	Designa taLeftJustify para a propriedade Alignment
Format, Align Right	TRichEditAlignRight	Designa taRichJustify para a propriedade Alignment
Format, Align Center	TRichEditAlignCenter	Designa taCenter para a propriedade Alignment
Format, Bullets	TRichEditNumbering	Modifica TCustomRichEdit.Paragraph.Numbering para nsBullet
Window, Cascade	TWindowCascade	Chama o método TForm.Cascade
Window, Tile Vertically	TWindowTileVertical	Envia WM_MDITILE para o formulário se o seu estilo de formulário for hsMDIForm
Window, Arrange	TWindowArrange	Chama TForm.ArrangeIcons
Window, Minimize All	TWindowMinimizeAll	Itera sobre MDIChildren, ajustando WindowState para wsMinimized
Window, Close	TWindowClose	Chama ActiveMDIChild.Close
Help, Contents	THelpContents	Chama Application.HelpCommand
Help, Topic Search	THelpTopicSearch	Chama Application.HelpCommand com HELP_PARTIALKEY.

Todas as novas ações-padrão pouparão muito do seu esforço em tentar determinar as muitas maneiras pelas quais esses comportamentos são realizados. Digitando rapidamente a lista, você pode ver que a Windows API é usada para algumas das ações, bem como diálogos, a instância Application e os valores exatos de propriedade.

Componentes de ação, como TfontEdit, contêm um diálogo. Exibir o diálogo constitui o comportamento Execute. Quando o usuário clica **OK** (ou seu equivalente), você precisará ter escrito código para a ação OnAccept responder. A listagem a seguir demonstra como o RichEditor responde às propriedades Font modificadas.

```
procedure TFormEditor.FontEdit1Accept(Sender: TObject);
begin
     with Sender As TFontEdit do
          if( RichEdit.SelText = '' ) then
               RichEdit.DefAttributes.Assign( Dialog.Font )
          else
               RichEdit.SelAttributes.Assign( Dialog.Font );
end;
```

AVISO

Se você não usar o método Assign quando designar objetos, certifique-se do que quer dizer designar referências, pois é o que está fazendo. Usar o operador (:=) de designação é semelhante a uma designação C++, por referência, e Assign faz uma cópia em profundidade.

O código foi designado ao acionador de evento TFontEdit.OnAccept; portanto é seguro usar o tipo de classificação dinâmico para classificar o argumento Sender a um objeto TFontEdit. Se nenhum texto for selecionado, então os atributos padrão de fonte serão modificados; caso contrário, apenas os atributos de texto selecionado serão modificados. A propriedade Dialog.Font refere-se a um objeto TFont; lembre-se de usar o método Assign ao designar valores-objeto.

Como criar um componente Action padrão personalizado

Como estamos discutindo a montagem de ações personalizadas, é importante ter em mente duas coisas. A primeira é que componentes são apenas pacotes arrumados de código reutilizável, realmente, apenas classes, e a segunda é que componentes TAction ainda são apenas componentes. Eles diferem dos componentes não de ação porque você não usará a caixa de diálogo New Component, pois as ações não estão instaladas na paleta VCL, e você registrará a ação com o procedimento RegisterActions, em vez de RegisterComponents. Todo o resto é igual.

COMO DEFINIR O COMPONENTE ACTION Revisões incrementais oferecem uma solução forte, porque há menos a testar e menos para dar errado. Às vezes, você precisa começar do rascunho, mas, para os nossos objetivos, modificaremos ligeiramente a ação TFileExit para permitir o comportamento de saída.

Incorporaremos uma instrução para verificar duas vezes se o usuário deseja sair. O método ExecuteTarget da ação TFileOpen, de fato, fecha diretamente o formulário principal. Portanto, passaremos por cima daquele método e chamaremos apenas o método herdado, se o usuário responder com uma afirmativa. Siga estas etapas para criar a ação personalizada TFileQueryOpen.

1. Crie um novo pacote, selecionando File, New, Other e Package na guia New da caixa de diálogo New Items (ou abra um pacote existente).
2. Crie uma nova unidade a partir do menu File, New Unit, em Delphi.
3. Salve a unidade como UFileQueryExit.pas.
4. Defina a classe (veja a listagem a seguir).
5. Acrescente a interface Register da declaração de procedimento (veja a listagem).
6. Defina o procedimento Register para chamar RegisterActions (veja a listagem).
7. Defina a implementação de classe (veja a listagem).
8. Salve a unidade. Compile o pacote e instale-o, a partir do editor Package.

Segue a listagem para a classe TFileQueryExit.

```
unit UFileQueryExit;
// UFileQueryExit.pas - Extends TFileExit Action to include query
      dialog
// Copyright (c) 2000. All rights Reserved.
// By Software Conceptions, Inc. http://www.softconcepts.com
// Written by Paul Kimmel. Okemos, MI USA
```

```
interface
uses
     Classes, Dialogs, StdActions, Controls;
type
     TFileQueryExit = class(TFileExit)
     private
          FMessage : String;
          function CanClose : Boolean;
     public
          constructor Create(AOwner : TComponent); override;
          procedure ExecuteTarget(Target: TObject); override;
     published
          property Message : String read FMessage write FMessage;
     end;
     procedure Register;
implementation
uses
     ActnList, UPKActions;
resourcestring
     Prompt = 'Are you sure?';

procedure Register;
begin
     RegisterActions( 'File', [TFileQueryExit], Nil);
end;

constructor TFileQueryExit.Create(AOwner : TComponent);
begin
     inherited Create(AOwner);
     FMessage := Prompt;
end;

function TFileQueryExit.CanClose : Boolean;
begin
     result := (MessageDlg( Message, mtConfirmation, [mbYes, mbNo],
0)   = mrYes);
end;

procedure TFileQueryExit.ExecuteTarget(Target: TObject);
begin
     if( CanClose ) then inherited ExecuteTarget(Target);
end;
end.
```

A classe acrescenta uma propriedade Message iniciada no construtor, a *string* de recurso Prompt. Um método privado, CanClose, exibe a mensagem de caixa de diálogo, retornando a resposta como um booleano. O construtor é sobregravado para iniciar a nova propriedade Message, e o método ExecuteTarget define o comportamento estendido. O comportamento estendido é para exibir uma indicação; se o usuário verificar que deseja fechar, então o comportamento herdado, de fato, fecha o formulário principal.

COMO REGISTRAR A AÇAO Ao instalar o pacote, na seção de interface é chamado o procedimento global Register. Para registrar uma ação, o procedimento Register é definido para chamar RegisterActions.

```
RegisterActions( 'File', [TFileQueryExit], Nil);
```

O primeiro parâmetro é o nome da categoria, usado para organizar ações. O segundo parâmetro é um *array* de classes a registrar, e o terceiro parâmetro, por ora, é Nil. (Consulte a seção a seguir para um exemplo do uso do terceiro parâmetro, RegisterActions.)

Quando tiver registrado uma ação, você pode inseri-la em uma ActionList, no editor Action. Para inserir a nova ação padrão, use **Ctrl+Insert**. RichEditor usa o novo padrão TFileQueryExit como a ação para o item de menu Exit, no formulário principal.

COMO CRIAR A INICIAÇÃO DE MÓDULO DE DADOS O terceiro parâmetro do procedimento RegisterActions é a classe de uma subclasse TDataModule. Crie uma TDataModule e acrescente uma ActionList e uma Action à lista. Assegure-se de que a classe de Action seja igual à que você quer que se inicie e modifique as suas propriedades. Depois, ao passar o nome de classe do módulo de dados como o terceiro parâmetro para RegisterActions, o Delphi criará uma cópia do módulo de dados, ActionList e Actions, e iniciará novas cópias de Action com a definida no módulo de dados.

Em princípio, parece com o problema da galinha e do ovo. Como você cria uma cópia de um componente que não existe? Tudo o que é necessário é o código para criar uma cópia de um objeto, o que inclui componentes. O código para o controle TFileQueryExit existe. Portanto, tudo o que você precisa fazer é criar um novo módulo de dados, acrescentar a unidade UFileQueryExit à cláusula uses, declarar uma cópia pública de TFileQueryExit e iniciá-la no método de evento DataModuleCreate do módulo de dados.

```
unit UPKActions;
// UPKActions.pas - Contains initializing actions for
     RegisterActions procedure
// Copyright (c) 2000. All Rights Reserved.
// By Software Conceptions, Inc. http://www.softconcepts.com
// Written by Paul Kimmel. Okemos, MI USA
interface
uses
     SysUtils, Classes, ActnList, StdActns, UFileQueryExit;
type
     TPKActions = class(TDataModule)
         procedure DataModuleCreate(Sender: TObject);
     private
         { Private declarations }
     public
         { Public declarations }
         FileQueryExit : TFileQueryExit;
     end;
var
     PKActions: TPKActions;
```

```
implementation
{$R *.DFM}

procedure TPKActions.DataModuleCreate(Sender: TObject);
begin
      FileQueryExit := TFileQueryExit.Create(Self);
      FileQueryExit.Caption := 'E&xit';
      FileQueryExit.Hint := 'Exit|Quits the application';
      FileQueryExit.Name := 'FileQueryExit';
end;
end.
```

Para registrar a iniciação de ação do módulo de dados, acrescente o nome da classe do módulo de dados ao pacote contendo a ação, modifique a chamada ao procedimento RegisterActions e instale o pacote. O procedimento modificado em UFileQueryExit é o seguinte:

```
procedure Register;
begin
      RegisterActions( 'File', [TFileQueryExit].TPKActions);
end;
```

Note que, a partir da listagem anterior, o terceiro parâmetro é o nome de classe do módulo de dados.

Para completar essa fase de desenvolvimento, acrescente a ação-padrão TFileQueryExit à ActionList do formulário principal e designe aquela ação ao item de menu File, Exit.

Como montar a barra de status

Uma barra de *status* é um lugar conveniente para amontoar informações extras que indicam o que há em um aplicativo ou o que nele está acontecendo. O que é exibido varia segundo o tipo de aplicativo. Os usuários podem julgar útil exibir informações de posição de teclado. Normalmente, existem luzes de posição em um teclado, indicando a posição de Num Lock e Caps Lock, mas não a posição Inter ou Overwrite. Além de informações de posição do teclado, a barra de *status* do RichEditor (mostrada na Figura 18.8) é definida para indicar a posição Modified do controle RichEdit, a Line e Column do cursor na janela ativa de edição, e um relógio.

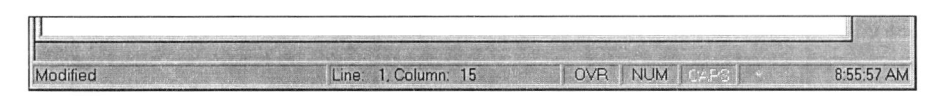

Figura 18.8 A barra de status em RichEditor mostra a posição de edição, posição do cursor, posições de chave de status e o horário do sistema

A primeira coisa que precisamos fazer é acrescentar uma TStatusBar, a partir da guia Win32 da VCL ao formulário principal. Por padrão, a barra de *status* é alinhada no fundo do formulário. Em seguida, clique duas vezes na barra de *status* para iniciar o Panels Editor. Acrescente seis painéis, pressionando seis vezes a tecla Insert no editor Panels. (Ao terminar, você deve ter painéis de 0 a 5.) Modifique o controle StatusBar e painéis individuais, usando a Tabela 18.3 como um guia.

Tabela 18.3 Configuração de propriedade da StatusBar do RichEditor e seis painéis

Componente	Configurações de propriedade
StatusBar	SimplePanel = False; SizeGrip = False; crie acionadores de evento OnOwnerPanel e OnResize
Painel 0.5	Largura = 150
Painel 1	Largura = 200
Painel 2, 3, 4	Alignment = taCenter; Style=psOwnerDraw; largura = 50

OnOwnerDraw e Style = psOwnerDraw serão usados para criar um efeito visual para as posições de tecla do *status* do teclado. O acionador de evento OnResize é usado para manter tamanhos razoáveis e suficientes para os painéis individuais. Este é o código para o evento OnResize:

```
procedure TFormMain.StatusBar1Resize(Sender: TObject);
var
    I : Integer;
begin
    StatusBar1.Panels[0].Width := ClientWidth;
    For I := 1 to StatusBar1.Panels.Count - 1 do
        StatusBar1.Panels[0].Width := StatusBar1.Panels[0].Width -
            StatusBar1.Panels[I].Width;
end;
```

O código aumenta ou diminui o painel zero para ClientWidth, menos as larguras individuais fixadas dos outros cinco painéis.

Como atualizar a posição modificada

Lembre-se de que os documentos MDIChild serão parte da mesma classe. Assim, no RichEditor, pode haver várias edições de formulários abertos ao mesmo tempo, O editor de formulário ativo enviará texto, indicando a posição modificada do controle Rich Edit à barra de *status* do formulário principal. Para limitar a quantidade de informações sobre o formulário principal que a edição de formulário precisa ter, foi usado um acionador de mensagem para enviar o *status* (posição).

Para facilitar o envio de mensagem, uma nova constante de mensagem, WM_UPDATETEXTSTATUS, e um registro de mensagem, TWMUpdateTextStatus, foram definidos em uma unidade separada.

```
Const
      WM_UPDATETEXTSTATUS = WM_USER + 1;
type
      TWMUpdateTextStatus = TWMSetText;
```

Um acionador de mensagem foi definido no formulário principal para receber mensagens WM_UPDATETEXTSTATUS. Um segundo método foi definido para realizar o trabalho.

```
procedure TFormMain.UpdateStatus( const Text : String );
begin
      StatusBar1.Panels[0].Text := Text;
end;

procedure TFormMain.WMUpdateTextStatus( var Message :
      TWMUpdateTextStatus );
begin
      UpdateStatus( PChar(Message.Text) );
      Message.Result := -1;
end;
```

O benefício de usar acionadores de mensagem é que o editor de formulário não tem que saber tantas especificações sobre o formulário principal. Ele pode enviar a mensagem e esquecer. Isso produz mais código acoplado mais livremente; conseqüentemente, qualquer mudança na implementação do formulário principal terá um impacto mínimo no editor de formulário.

> **NOTA**
> Quando você coloca tanto trabalho em um componente, pode querer salvá-lo como um Template. O Component, Create Component Template colocará o componente em uma guia Template na VCL, incluindo as propriedades e código do acionador de evento. Mais tarde, você poderá transformá-lo em um componente maduro.

O editor de formulário define um método SetModified que atualiza a propriedade Modified do controle RichEdit, e chama o seu próprio método UpdateStatus. TformEditor.UpdateStatus envia uma mensagem ao formulário, referenciado por Application.MainForm. O benefício aqui é que o editor de formulário nem mesmo precisa saber qual é o objeto nome atual do formulário principal, ou nada sobre a implementação precisa do *status* de comportamento do formulário principal.

```
procedure TFormEditor.SetModified( const Value : Boolean );
begin
      RichEdit.Modified := Value;
      if( Value ) then
```

```
                UpdateStatus( Modified )
    else
                UpdateStatus( '' );
end;

procedure TFormEditor.UpdateStatus( const Text : String );
begin
    SendNotifyMessage( Application.MainForm.Handle,
            WM_UPDATETEXTSTATUS, 0, Integer(PChar(Text))));
end;
```

Você poderia criar um método UpdateStatus no formulário principal e escrever o código como FormMain.UpdateStatus(Text). Entretanto, isso significa que FormEditor precisa manter uma referência a um objeto chamado FormMain. Essa é uma implementação bastante boa, mas rompe o código se o formulário principal for copiado como outro objeto.

A implementação menos indicada será modificar diretamente a StatusBar.

```
procedure TFormEditor.UpdateStatus( const Text : String );
begin
    FormMain.StatusBar.Panels[0].Text := Text;
end;
```

Raramente você deve, se é que exista ocasião em que deva, escrever código como o anterior. Ele é considerado muito estreitamente acoplado e resulta em aplicativos frágeis. Se o nome de objeto do formulário mudar, o controle de barra de *status* também mudará, ou se a posição for diferentemente implementada, ou o número ou a ordem dos painéis forem alterados, então o código do editor de formulário será rompido. Código rígido, estreitamente acoplado como o do último exemplo, dificilmente será, se alguma vez for, uma boa escolha.

Como atualizar a Line e Column

Enviar informações de linha e coluna do editor de formulário para o formulário principal apresenta um problema semelhante: o editor sabe sobre a posição de linha e mensagem e o formulário principal exibe a posição. Um mecanismo de envio de mensagem também foi usado para implementar o comportamento de linha e coluna. O formulário principal tem um acionador de mensagem que responde a atualizações e um UpdateCursorPosition, que atualiza a barra de *status*.

```
procedure TFormMain.UpdateCursorPosition( const Text : String );
begin
    StatusBar1.Panels[1].Text := Text;
end;

procedure TFormMain.WMUpdateCursorPosition( var Message :
        TWMUpdateCursorPosition );
```

```
begin
     UpdateCursorPosition( PChar(Message.Text) );
     Message.Result := -1;
end;
```

O editor do formulário notifica o formulário principal, por meio de uma mensagem, sempre que a posição do cursor muda. TFormEditor.UpdateCursorPosition muda quando ocorre o evento TFormEditor.FormActivate ou UpdateCursorPosition:

```
procedure TFormEditor.UpdateCursorPosition;
var
     CharPos: TPoint;
     Text : String;
begin
     CharPos.Y := SendMessage(RichEdit.Handle, EM_EXLINEFROMCHAR, 0,
          RichEdit.SelStart);
     CharPos.X := (RichEdit.SelStart -
          SendMessage(RichEdit.Handle, EM_LINEINDEX, CharPos.Y, 0));
     Inc(CharPos.Y);
     Inc(CharPos.X);
     Text := Format( CursorPosition, [CharPos.Y, CharPos.X] );
     SendNotifyMessage( Application.MainForm.Handle,
          WM_UPDATECURSORPOSITION, 0, Integer(PChar(Text)));
end;
```

O procedimento Windows API SendMessage é usado para converter a propriedade SelStart em coordenadas X e Y representando a posição do cursor. A posição do cursor é formatada como texto usando a *string* de recurso CursorPosition, e o formulário principal é notificado por meio do método SendMotifyMessage. Esse é um código de nível bastante baixo, usando chamadas API rudimentares para realizar as tarefas, mas o benefício é que o editor de formulário e o formulário principal podem ser independentemente desenvolvidos, com alguns efeitos adversos se acontecerem mudanças em um dos formulários. O pior que pode acontecer, se a implementação de FormMain mudar, é que não haverá nenhuma atualização. O fragmento de código da seção anterior — FormMain.StatusBar.Panels[0].Text := Text; — poderia levar a violações de acesso, informações de posições inválidas ou simplesmente não compilar, se FormMain mudar.

Como atualizar a posição de teclas de teclado e horário do sistema

O horário do sistema poderia usar o evento TApplication.OnIdle, mas a freqüência de um evento TTimer.OnTimer pode ser controlada com mais precisão. Foi acrescentado um *timer* (medidor de tempo) ao formulário principal, capacitado com um intervalo de 750 milissegundos (cerca de três quartos de um segundo). Quando o evento OnTimer acontece, UpdateDateTime é chamado. O quinto painel exibe uma data e horário formatados e StatusBar.Invalidate é chamado para repintar a barra de *status*.

> **AVISO**
>
> *Tenha em mente que* timers *são um recurso limitado e devem ser usados com parcimônia.*

```
procedure TFormMain.UpdateDateTime;
begin
      StatusBar1.Panels[StatusBar1.Panels.Count - 1].Text :=
          FormatDateTime( 'h:mm:ss AMPM', Now );
      StatusBar1.Invalidate;
end;
```

Lembre-se de que os painéis dois, três e quatro têm estilos psOwnerDraw e de que a barra de *status* tem um acionador de evento OnDrawPanel. Quando toda a barra de *status* é invalidada (veja a listagem anterior), todo o painel é atualizado, inclusive os painéis personalizados de posição do teclado. Os painéis de posição do teclado em RichEditor foram definidos dinamicamente para atualizar a tecla de posição em uma fonte sombreada, que faz o texto parecer erguido ou recuado (veja a Figura 18.8).

```
procedure DrawShadow( const Text : String; Canvas : TCanvas;
Index : Integer; Rect : TRect;
      Alignment : TAlignment; ForeColor, BackColor : TColor );
const
      Alignments: array[TAlignment] or Word = (DT_LEFT, DT_RIGHT,
          DT_CENTER);
var
      Flags : Word;
begin
      SetBkMode( Canvas.Handle, Windows.Transparent );
      Canvas.Font.Color := BackColor;
      Flags := DT_EXPANDTABS or Alignments[Alignment];
      DrawText(Canvas.Handle, PChar(Text), Length(Text), Rect, Flags);
      Rect.Left := Rect.Left - 1;
      Rect.Top := Rect.Top -1;
      Canvas.Font.Color := ForeColor;
      DrawText( Canvas.Handle, PChar(Text), Length(Text), Rect, Flags
          );
end;

procedure TFormMain.StatusBar1DrawPanel(StatusBar: TStatusBar;
      Panel: TStatusPanel; const Rect: TRect);
      procedure DrawPanel( const Text : String; ForeColor,
                BackColor : TColor );
      begin
            DrawShadow( Text, StatusBar.Canvas, Panel.Index, Rect,
                Panel.Alignment, ForeColor, BackColor );
      end;
```

```
begin
    // update statuskeys
    case Panel.Index of
    2:if ( GetKeyState( VK_INSERT ) <> 0 ) then
                DrawPanel( 'INS', clGray, clWhite )
            else DrawPanel( 'OVR', clBlack, clWhite );
    3:if( GetKeyState( VK_NUMLOCK ) = 0 ) then
                DrawPanel( 'NUM', clGray, clWhite )
            else DrawPanel( 'NUM', clBlack, clWhite );
    4:if( GetKeyState( VK_CAPITAL ) = 0 ) then
                DrawPanel( 'CAPS', clGray, clWhite )
            else DrawPanel( 'CAPS', clBlack, clWhite );
    end;
end;
```

> **DICA**
> *Teclas virtuais, como VK_NUMLOCK, são definidas na unidade Windows.pas, que vem com o Delphi.*

Você já viu antes o primeiro procedimento, DrawShadow; ele foi usado para a etiqueta de fonte estendida no Capítulo 9. Ele cria o efeito de sombra, imprimindo o texto duas vezes, com duas cores e um espaçamento de posição X e Y. O acionador de evento OnDrawPanel usa um procedimento aninhado, DrawPanel, o qual chama DrawShadow, e passa o texto e as cores de frente e de fundo ao painel, com base no teste feito em cada índice de painel. GetKeyState toma um parâmetro de tecla virtual e retorna um inteiro, que indica a posição.

Como montar o Editor Form

O editor de formulário é um formulário MDIChild. Lembre-se de que MDI é uma especificação que permite múltiplos documentos do mesmo tipo serem abertos e filiados por um formulário. Tudo o que o editor de formulário precisa é de um controle RichEdit alinhado ao formulário. Recapitulando, nomeie o formulário FormEditor, salve o arquivo como UFormEditor; ajuste o estilo do formulário para fsMDIChild; acrescente o controle RichEdit e ajuste a propriedade Align para alClient.

Há uma dúvida adicional precisa ser solucionada. Se colocamos comportamentos específicos de edição no formulário principal, então o formulário principal precisa determinar o editor específico que tem o foco, antes de realizar aquelas operações. Por exemplo, se quisermos mudar a fonte, então o formulário principal poderia exibir a caixa de diálogo Font, mas teria que descobrir qual formulário tinha o foco. Alternativamente, se colocamos o comportamento de edição de fonte com a edição de formulário — ao qual, semanticamente, ele pertence — temos que descobrir como conseguir a opção incorporada no menu principal. Felizmente, o menu principal já sabe como fazer isso. Lembra-se da propriedade AutoMerge?

Acrescentando um MainMenu ao editor de formulário, podemos definir comportamentos específicos de editor no editor de formulário e, quando um formulário específico tiver o foco, o seu menu automaticamente vai se fundir com o menu principal. Além de AutoMerge ser ajustado para True, GroupIndexes ajudará os dois menus a descobrirem onde fundir menus específicos e itens de menu.

Fusão automática do menu Format

Novas ações RichEditor foram definidas no Delphi 6. Portanto, podemos usar ações padrão e introduzir a edição de fonte direcionada por menu e barra de ferramentas no aplicativo, a custo mínimo. Para acrescentar um menu Format com edição de fonte, siga as seguintes etapas.

1. Acrescente um TMainMenu ao FormEditor.
2. Insira um novo menu &Format.
3. Acrescente uma TActionList ao editor de formulário.
4. Acrescente as capacidades de edição na categoria Format, a Action List e designe-as ao menu Format, usando a Figura 18.9 como um guia ilustrativo.
5. Acrescente a ação padrão FontEdit na categoria Dialogs e designe tal ação ao item de menu Select Font... mostrado.

E isso é tudo. Porque os componentes Action definem o comportamento e o aspecto dos itens de menu, tudo o que você precisa fazer é designá-los a itens de menu em branco. Não é necessário código. A ação TFontEdit precisa de um acionador OnAccept, mostrado na seção "Novas ações em Delphi" no início deste capítulo.

Lembre-se de ajustar a propriedade TMainMenu.AutoMerge para True, e ajustar o GroupIndex do menu Format para um índice entre menus, no formulário principal, dependendo de onde quiser tê-lo localizado. RichEditor usa um GroupIndex de 3.

Todos os outros itens de menu combinam comportamentos benéficos à edição de formulário, mas a técnica é a mesma. Use o GroupIndex para orquestrar onde os menus se fundem. A listagem completa para o aplicativo está localizada no CD-ROM deste livro e não foi incluída aqui por economia de espaço.

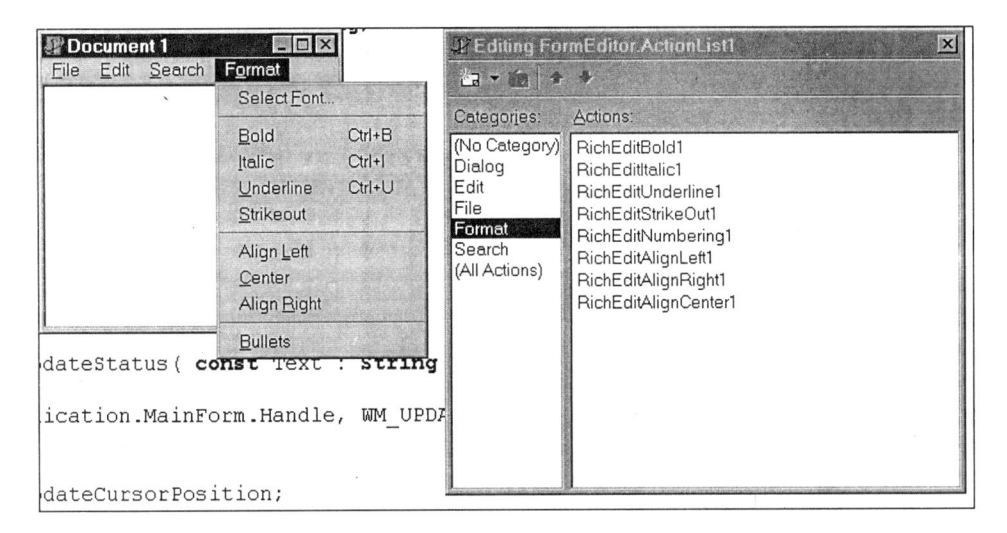

Figura 18.9 Use o editor da lista Action e o menu Format, mostrados como um guia ilustrativo, para montar o menu Format para o editor

Como criar um arquivo temporário, único

Duas funções Windows API foram usadas para criar um nome de arquivo único quando o comportamento File, New for solicitado. Essas são GetTempPath e GetTempFileName. Juntas, essas duas funções retornam um arquivo com uma extensão .TMP, no diretório \Temp. Personalizados para RichEditor, procedimentos de envoltório foram usados para retornar um arquivo em um diretório específico, com uma extensão RTF.

```
function GetTempPath : string;
begin
      result := StringOfChar( #0, MAX_PATH );
      Windows.GetTempPath( MAX_PATH, PChar(result));
      result := TrimRight(result);
end;
function GetTempFileName( Directory : String = '';
          Extension : String = '.tmp' ) : string;
var
      FileName : String;
begin
      if( Directory = EmptyStr ) then
          Directory := GetTempPath;
      FileName := StringOfChar( #0, MAX_PATH );
      Windows.GetTempFilename( PChar(Directory), 'doc', 0,
          PChar(FileName));
      FileName := TrimRight(FileName);
```

```
        if( Extension <> '' ) and (Extension <> '.tmp' ) then
        begin
              result := StringReplace(FileName, '.tmp', Extension,
                   [rfIgnoreCase] );
              RenameFile( FileName, result );
        end;
end;
```

> **NOTA**
> *Claramente, GetTempFileName poderia ter sido simplificada para retornar uma extensão .rtf, diminuindo a necessidade de passar e avaliar o parâmetro de extensão. Entretanto, uma versão mais genérica da função foi definida, antecipando possíveis necessidades futuras. A experiência sugere que um pouco de previsão em procedimentos globais poupará esforço futuro.*

Normalmente, GetTempPath retorna 'C:\Temp'. O resultado de GetTempPath é iniciado para conter espaço suficiente para o comprimento de tamanho máximo. GetTempPath só é chamada se o parâmetro Directory de GetTempFileName for uma *string* vazia. A variável local FileName é alocada ao espaço do tamanho de MAX_PATH. GetTempFileName é chamada com um prefixo doc, resultando em nomes como doc23.tmp. Se o parâmetro de extensão não for em branco ou '.tmp', então a extensão '.tmp' é substituída pelo parâmetro Extension passado à função. FormEditor passa '.rtf. Finalmente, o arquivo é renomeado.

Como persistir configurações de aplicativo no registro

Opções de aplicativo armazenam o nome e o caminho Help File, o diretório de trabalho padrão e uma caixa de verificação indicando se arquivos de *backup* (cópia) devem ser apresentados no formulário Options. O formulário Project, Options do Delphi foi usado como o modelo. Até em um aplicativo simples, o formulário Options e a sua habilidade de armazenar e recuperar itens do registro são, claramente, objetos separados. O perigo, se eles forem misturados, é que você precisa copiar o formulário para conseguir configurações de registro, e há ocasiões em que você não deseja, ou não pode fazê-lo.

Foram criadas duas classes separadas, TAppRegistry e TFormOptions, para implementar a persistência de configurações de aplicativo. O formulário Options usa campos e etiquetas de edição, lendo as configurações de registro nos controles quando o formulário é criado e escrevendo-os quando o usuário clica OK. A TAppRegistry é tornada subclasse da classe TRegistry de Delphi. como, na verdade, só existe uma instância do registro, usaremos uma instância singleton de AppRegistry para o aplicativo. Isso significa que tudo o que precisa acessar o registro usará o mesmo objeto.

```
function AppRegistry : TAppRegistry;
begin
        if( Not Assigned(FAppRegistry)) then
              FAppRegistry := TAppRegistry.Create;
        result := FAppRegistry;
end;
```

A função AppRegistry é declarada na seção de interface. Para o restante do aplicativo, ela se parece com um objeto instância. A implementação garante que existe uma válida — e apenas uma — cada vez que a função é chamada. A variável local FAppRegistry é usada como a única instância e as seções initialization e finalization da unidade garantem que ela é iniciada e limpa quando não mais for necessária.

```
initialization
      FAppRegistry := Nil;
finalization
      FreeAndNil(FAppRegistry);
```

Alguns métodos rudimentares foram definidos em AppRegistry para converter os comportamentos de leitura e escrita específicos às necessidades do RichEditor.

```
function TAppRegistry.GetString( const Key, Name : String ) : String;
begin
      result := EmptyStr;
      if( OpenKey( AppKey + Key, True )) then
      begin
            result := ReadString(Name);
            CloseKey;
      end;
end;

procedure TAppRegistry.SetString( const Key, Name, Value : String );
begin
      if( OpenKey( AppKey + Key, True )) then
      begin
            WriteString( Name, Value );
            CloseKey;
      end;
end;

function TAppRegistry.GetBool( const Key, Name : String ) : Boolean;
begin
      result := False;
      if( OpenKey( AppKey + Key, True )) then
      begin
            try
                  result := ReadBool( Name );
            except
                  on ERegistryException do
                        result := False;
            end;
            CloseKey;
      end;
end;
```

```
procedure TAppRegistry.SetBool( const Key, Name : String ;
                    Value : Boolean );
begin
    if( OpenKey( AppKey + Key, True )) then
    begin
        WriteBool( Name, Value );
        CloseKey;
    end;
end;
```

O construtor ajusta a propriedade RootKey herdada de TRegistry. SetString, GetString, SetBool e GetBool definem os comportamentos rudimentares. O ritmo de ler e escrever o registro é chamar OpenKey, o método de ler e escrever, e depois, CloseKey. Não são mostradas as propriedades específicas para RichEditor, que são implementadas em termos de métodos rudimentares, mostrados na listagem. Consulte a listagem de código no CD-ROM deste livro para a listagem completa de TAppRegistry e TFormOptions.

Ajustar e terminar

Os programadores são ótimos em codificar mas, com freqüência, são muito pobres como *designers*, analistas e em papéis de garantia de qualidade. Esses papéis precisam de pessoas que sejam responsáveis por aspectos específicos do desenvolvimento de software. Raramente os programadores têm tempo. Infelizmente, muitas empresas estão no nível 1, ou nível Inicial, do Software Engineering Institute's Capability Maturity Model. "Em empresas no nível inicial, o processo de desenvolvimento é *ad hoc* (específico) e, com freqüência, caótico; com o sucesso confiando nos heróicos esforços de uns poucos contribuintes individuais dedicados (Book, 1996)." Se isso não descreve onde você trabalha, então você está entre poucos felizardos. Por outro lado, se uma luz faiscou em sua cabeça, não se desespere. Existem ferramentas e recursos disponíveis que podem ajudá-lo a usar sabiamente o seu tempo.

Como depurar e testar

Se você é o único atirador lento codificando a maneira de sua empresa fiscalizar a recuperação, então estará fazendo a maior parte, ou tudo, de depuração e teste. Se houver um teste formalizado, essa seção ainda se aplicará a você.

Os programadores precisam fazer teste de unidade em todo o código escrito, preferivelmente teste de *white box* (caixa branca). Testar a unidade é onde você testa algoritmos, classes e unidades antes de incorporá-las. Exceto onde definiu o conceito de relacionamentos agregados, o código deve ficar sozinho e trabalhar livre de erro a nível de algoritmo, classe e unidade. Criar uma simples *scaffold* (armação), um programa-teste, deve permitir que você exercite o código. O teste de caixa branca é mais rigoroso, visto que ele exige que você exercite cada caminho possível de código. O comportamento Trap, criado no componente Tdebug (veja o no Capítulo 9) pode ajudá-lo a garantir que você testou cada caminho de código.

Combinar aparência de código com assertivas pode ser um longo caminho a percorrer na direção de encobrir *bugs* (erros) perniciosos, encontrar inutilidades, código desnecessário e resolução com defeito. Necessariamente, você não precisa esclarecer todos os *bugs*, mas é melhor saber que eles existem e determinar quais precisam ser solucionados antes da data de embarque. Idealmente, todo software estará livre de defeito antes do embarque, mas isso não reflete a realidade em lugar algum.

Garantia de qualidade

Garantia de qualidade é o processo de encaminhar o ajuste e o acabamento. O produto satisfaz as exigências do usuário? Os comportamentos estão consistentes e coerentes? As formas são simétricas? O texto está corretamente soletrado? Alguém, diretamente responsável pela garantia de qualidade, ajudará a fazer avanços significativos na direção da satisfação do cliente e crescente credibilidade profissional.

QA (controle de qualidade) inclui o teste *black box* (caixa preta), o que significa testar a partir de fora, sem o benefício de saber como o sistema interno está implementado. Muito freqüentemente, os desenvolvedores sabem, a partir de seu relacionamento íntimo com o código, como se livrar de defeitos e armadilhas. Produtos excelentes, como StarTeam da Starbase Corporation incluem classificação e rateio de defeitos. Isso permitirá que todos os desenvolvedores rastreiem e solucionem defeitos em colaboração, em todos os níveis de severidade. O fenomenal benefício suplanta de longe o custo nominal, inclusive para desenvolvedores trabalhando sozinhos.

Documentação

Existem muitos produtos que tornam a documentação de ajuda à criação uma "moleza". Um bom processo incluiria ter um escritor, ou escritores, técnico profissional para criar documentação de ajuda, inclusive ajuda *online*, um guia de usuário, informações de iniciação e configuração e manuais técnicos. Um Help File foi iniciado para o RichEditor, usando RoboHelp. Essa ferramenta possibilita a qualquer escritor criar documentação de ajuda profissional.

NOTA

A documentação é uma excelente parte do desenvolvimento de software para fonte externa. A fonte externa aumenta a possibilidade de ter a escrita feita a um custo fixo, sem contratar, permanentemente, escritores técnicos profissionais. Em geral, a documentação técnica pode ser completada em um esforço de desenvolvimento paralelo, especialmente se os artefatos de design e análise incluem o uso de cases, descrições escritas, modelos visuais e protótipos.

Opções de distribuição de projeto

Parabéns! Você terminou de montar o seu aplicativo Windows. Mais uma montagem e você está pronto para embarcar. A montagem final inclui as opções de configurar o projeto, uma verificação final de teste e garantia de qualidade, montagem da instalação do CD principal e queimar 100.000 cópias.

Em aplicativos Delphi, desative todos os erros de tempo de execução e opções de depuração. Selecione Build (Montar) do menu Project, para montar o RichEditor. Faça uma verificação de teste de usuário e uma passada final na garantia de qualidade. Ferramentas automatizadas, como Robot do pacote SQA, da Rational Corporation, tornam isso fácil. Monte o seu CD principal. Para esse fim, você pode usar InstallShield Express, que vem com o Delphi. Lembre-se de testar a instalação e o processo de inicialização mais uma vez e faça o teste da caixa preta na instalação, a partir do CD principal. Se tudo for ao encontro de, ou exceder, o padrão mínimo ou a qualidade que você ajustou ao seu produto, embarque-o!

Resumo

O Capítulo 18 apresenta muito material relacionado à montagem de aplicativos Delphi e para montar e distribuir software elaborado com qualquer linguagem. O processo é crítico, mas, certamente, é aceitável usar diferentes níveis de formalidade de processo, dependendo do que você está montando e quantas pessoas estão envolvidas. Esse capítulo discute algumas considerações mínimas e demonstra-as no contexto de montar um aplicativo RichEditor Windows implementado, usando a especificação MDI. Além de montar o aplicativo, você aprendeu o uso de TActionLists e dos novos componentes TAction, relacionados em Delphi 6.

A programação é um trabalho de tempo integral. Se você tiver um programa e ocupar uma dezena ou mais de papéis, você estará em uma clara desvantagem. Criar classes personalizadas, como o componente TFileQueryAction, permite a você a vantagem de evitar tarefas repetidas. Em conjunto com uma abordagem minimalista à programação, ferramentas automatizadas podem permitir que um ou dois desenvolvedores façam o trabalho de um exército. Você estará em uma desvantagem tática, e é falsa economia, confiar apenas no fato de que Delphi é uma excelente ferramenta para montar software.

Capítulo

19

Programação SQL em Delphi

Um poderoso aspecto da programação com o Delphi pode ser encontrado na programação SQL, que quer dizer linguagem estruturada de consulta. A maioria das implementações de SQL refere-se a uma definição específica da linguagem. Por exemplo, muitos novos servidores SQL de banco de dados suportam a definição ANSI-92 SQL. O ANSI — American National Standards Institute é integrado por muitas pessoas e empresas interessadas na padronização. O resultado final é que a gramática específica da linguagem SQL, que você utilizará, depende do banco de dados específico onde a estiver usando.

Nesse ponto, você pode estar perguntando por que precisa de SQL e se não pode apenas usar Delphi. A resposta é que, provavelmente, você usará ambos. Se estiver montando um aplicativo de banco de dados, então, certamente, você poderá usar controles Delphi (encaminhados com Delphi Professional e Enterprise), como TTable, TDatabase ou TClientDataset para gerenciar dados de banco de dados, mas existem algumas coisas que simplesmente são mais fáceis de fazer com SQL. Para essas coisas, você pode usar componentes como TQuery, para enviar SQL ao servidor de banco de dados.

Por exemplo, suponha que você tenha um banco de dados de empregados. Além de supor que você está se sentindo muito como un-Grinchlike e deseja dar a todos os empregados um aumento de dez por cento. Você poderia escrever código Delphi para abrir a tabela contendo os salários, iterar sobre cada empregado e ressaltar a taxa salarial. Ou poderia escrever uma declaração SQL. Alguns servidores de banco de dados (aplicativos-servidores), como SQL Server, Oracle ou Interbase Server, podem estar sendo executados em servidores mais robustos (hardwares servidores) e a solicitação pode ser processada do hardware servidor. O resultado final é que a atualização pode ser executada em um servidor mais rápido e robusto sem bloquear a rede. Se a rede for uma rede intranet, Internet ou extranet, isso pode fazer uma profunda diferença em termos de resposta.

O que tudo isso significa é que você está montando aplicativos de banco de dados, então você e os seus aplicativos terão uma severa desvantagem se não estiverem usando SQL. Porém, sem preocupações. Este capítulo demonstrará uma forma genérica da linguagem SQL e como usá-la com o Delphi. SQL; neste capítulo, ela está estreitamente ligada a ANSI-92 SQL e deve trabalhar com a maioria dos servidores SQL. Alguns dos recursos mais avançados, apresentados aqui, podem exigir modificações menores, dependendo do banco de dados que você está usando atualmente. Além disso, uma ferramenta básica, SQL Builder, está contida no CD-ROM deste livro; você pode usar a SQL Builder para definir e testar SQL em seus aplicativos.

Programação de linguagens estruturadas de consulta

Programações de linguagens estruturadas de consulta são linguagens genericamente empilhadas sob a proteção de SQL. Entretanto, cada fabricante suporta diferentes níveis de compatibilidade com o atual padrão ANSI. Por exemplo, o Oracle inclui PL/SQL, que suporta chamadas a procedimentos e passagem de parâmetros, e a Microsoft oferece a sua própria versão, chamada T-SQL. Existem muito mais acréscimos a partir de SQL básica, mas subjacente a eles há uma gramática bastante básica, uma quantidade moderada de palavras-chave e suporte geral para manipular dados.

SQL básica suporta a seleção, inserção, atualização e remoção de registros em um banco de dados. As capacidades usadas com menos freqüência, mas que não são menos importantes, incluem a habilidade de criar e apagar tabelas. Alguns produtos, como SQL Server 2000, Access ou Oracle, oferecem ferramentas de montagem de banco de dados visual, que facilitam o gerenciamento do próprio banco de dados. Ainda melhores são as ferramentas CASE, como DataArchitect ou ERwin, que oferecem uma viagem completa de engenharia de bancos de dados. (Viagem completa de engenharia é a habilidade de criar um banco de dados e, na volta, ler a estrutura de banco de dados na ferramenta CASE, examinando o banco de dados. Ferramentas CASE devem ser um item indispensável, se você estiver projetando e montando aplicativos de banco de dados.)

Este capítulo apresenta um sabor básico de SQL, incluindo os comandos mais comuns em que as ferramentas confiam para fazer seus trabalhos. Vamos começar olhando os quatro grupos de alimento básico SQL.

Programação SQL

As tarefas mais comuns de gerenciamento de banco de dados incluem acrescentar, remover e atualizar dados. Muito semelhante ao decepcionante alfabeto inglês de 26 caracteres, um expressivo sortimento de declarações pode ser contido a partir dos comandos que suportam essas tarefas básicas. Começaremos com exemplos simples das declarações SELECT, INSERT, UPDATE e DELETE, nesta seção. Se você está familiarizado com SQL básica, então pule para a próxima seção, a qual demonstra usos mais avançados dessas declarações.

Enquanto percorremos esses exemplos, tenha em mente que você precisará de um veículo no qual editar e enviar esses comandos para um banco de dados. Você pode usar o SQL Explorer (ou Database Explorer) que vem com o Delphi, o Database Desktop ou o SQL Builder de demonstração no CD-ROM deste livro.

SELECT

A declaração SELECT é usada para recuperar linhas de dados de uma ou mais tabelas. Por ora, focalizaremos em declarações select de tabela única. A declaração select básica toma a seguinte forma canônica.

NOTA
Por convenção, palavras-chave SQL com freqüência são todas digitadas em letras maiúsculas. Isso pode parecer um pouco desagradável, caso a SQL se torne elaborada demais. Pegue um estilo e fique com ele; a consistência fará o seu código parecer deliberado.

```
SELECT fieldslist FROM tablename
```

A palavra-chave SELECT inicia a declaração. FieldsList pode ser uma lista de nomes de campo delimitada por vírgula ou por um asterisco (*), o que significa *qualquer* ou *todos*. A cláusula FROM indica o nome da tabela ou tabelas contendo os campos.

Precisamos introduzir, necessariamente, alguns novos termos aqui. Faremos uma pausa por um momento para explicar cada um deles. Uma tabela única é, logicamente, muito semelhante a uma planilha, compreendida de linhas e colunas. A interseção de uma linha e coluna em uma planilha é constitui uma *célula*. Na linguagem de banco de dados, o termo *linha* é usado e é grosseiramente equivalente ao seu significado, quando usado em conjunto com planilhas. Os termos *coluna* e *célula* em planilhas são combinados no termo *campo*, no vernáculo de banco de dados. Uma tabela única em um banco de dados é definida por todas as definições de campo, as quais incluem nome de campo, tipo de campo e tamanho de campo. Quando uma tabela tem dados, um único registro é referenciado como uma *linha*. Um banco de dados é compreendido de uma ou mais tabelas.

Na declaração SELECT, nosso objetivo é definir a declaração para recuperar algumas ou todas as linhas de uma ou mais tabelas, em qualquer ocasião. A lista de campos é o nome de todos os campos da fonte de tabelas. São os seguintes os diversos exemplos básicos de uma declaração SELECT.

> **DICA**
> *Para ajudar a manter o foco, essas consultas são definidas no diretório \Program Files\Common Files\Borland Shared\Data existente, instalado com o Delphi. Você pode encontrar as declarações SQL armazenadas como arquivos de texto no CD-ROM deste livro.*

```
SELECT * FROM BIOLIFE                          // biolife.sql
SELECT WEIGHT, "SIZE" FROM ANIMALS.DBF         // animals.sql
SELECT CustNo As Customer FROM ORDERS          // customer.sql
SELECT O.CustNo As Customer FROM ORDERS O      // customer2.sql
```

(Ignore os comentários do estilo Pascal ao final das declarações SQL. Esses foram colocados lá para facilitar a você localizá-los no CD-ROM.) A primeira declaração é lida como "selecionar todos os campos de Biolife". Na verdade, a tabela é uma tabela Paradox, biolife.db, encontrada no diretório demonstrativo de banco de dados acima mencionado. A declaração seguinte seleciona apenas dois campos: weight e size. Size é uma palavra-chave. Para contornar tal problema, envolvemos o nome em aspas, levando-o a ser tratado como um campo. Observe também que animals.sql usa a extensão de arquivo na propriedade de nome de tabela. Tabelas Paradox e dBase são armazenadas em arquivos separados. Você não usaria a extensão para tabelas que são parte de um arquivo de banco de dados monolítico, por exemplo, como demonstrado pelos arquivos Access .MDB. Customer.sql demonstra o campo *aliasing* (substituição de nomes). Suponha que você não queira retornar o nome de campo subjacente; ao contrário, deseje um campo de nome bem formatado. Use a cláusula As para o nome alternativo de campo. O quarto exemplo substitui o nome de tablename (nome de tabela) para O (zero). A substituição de nome de tabela é útil quando você tem mais de uma tabela (não mostrado) em uma declaração SQL.

Para tentar esses exemplos, siga as etapas listadas abaixo.
1. Execute o Database Desktop.
2. No Database Desktop, indique para o nome alternativo DBDEMOS, selecionando SQL I Select Alias... (mostrado na figura 19.1).

Capítulo 19 - *Programação SQL em Delphi* | **633**

3. Selecione File | New | SQL File para abrir uma janela de edição em branco e digite qualquer uma das declarações SELECT de exemplo.
4. Selecione SQL | Run SQL (ou clique o botão da barra de ferramentas com o relâmpago) para executar a consulta.

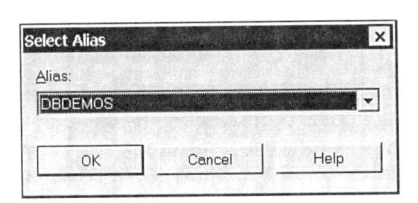

Figura 19.1 Selecione o alias DBDEMOS para indicar aos arquivos demonstrativos

Se tudo sair conforme planejado, você verá uma tabela ANSWER.DB (veja a Figura 19.2) contendo o conjunto de resultados, de acordo com o determinado pela declaração SQL.

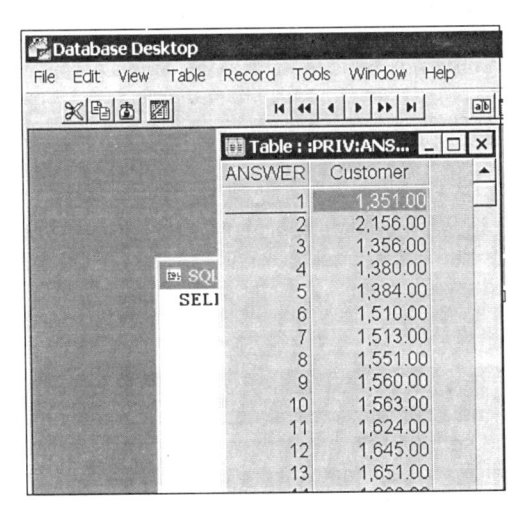

Figura 19.2 O conjunto de resultado mostrado foi gerado pela declaração customer.sql. Note o nome alternativo de campo, Customer no alto da coluna da tabela ANSWER.DB

Outro conceito que pode ser novo para você é a idéia de um *alias* (nome alternativo). Bancos de dados podem ficar em outras máquinas físicas, ou através de uma rede ou um local físico, como as tabelas demonstrativas carregadas com Delphi. Substituições de nomes são gerenciadas pelo Datasource Administrator ou pelo BDE Administrator. (Consulte a seção sobre conectividade aberta de banco de dados, no Capítulo 13, para obter um conjunto completo de instruções a respeito de substituição de nomes.)

A declaração SELECT pode ser bem complexa, permitindo que você mantenha controle preciso sobre o conjunto de resultado. Voltaremos à declaração SELECT na seção "Programação avançada de SQL", mais adiante neste capítulo. Por ora, passemos para a declaração DELETE.

DELETE

A declaração DELETE é devastadoramente simples. DELETE FROM *tablename* apagará todas as linhas na tabela nomeada na parte *tablename* da declaração. Com mais freqüência, você irá querer apagar linhas específicas de dados. Para isso, você precisará de uma cláusula WHERE. Abaixo, um par de declarações DELETE. É uma boa idéia copiar as tabelas de exemplo antes de executar essas declarações, mas você pode copiá-las de seu CD Delphi, caso as apague acidentalmente.

```
DELETE FROM BIOLIFE         // del_biolife.sql
DELETE FROM ANIMALS.DBF     // del_animals.sql
```

DICA *As declarações delete e insert criam as tabelas deleted.db e inserted.db, que você pode usar para desfazer inserções e remoções enquanto estiver trabalhando no Database Desktop. Tenha em mente que declarações inserted.db e deleted.db são temporariamente sobregravadas cada vez que você executar uma declaração INSERT ou DELETE, ou quando você sair do Database Desktop.*

Conforme foi já mencionado, a gramática básica da SQL é bastante poderosa e direta. O que poderia ser mais poderoso do que apagar todas as linhas? A SQL acima não apaga a tabela física; apenas apaga todas as linhas.

INSERT

A declaração INSERT é mais complexa. Ela é usada para acrescentar linhas a uma tabela. A declaração insert pode ser usada para acrescentar um valor a cada campo ou apenas a alguns campos individualizados pelo texto da declaração INSERT. Por esse motivo, INSERT exige um nome de tabela, uma lista de campos e um valor combinando de cada campo.

```
INSERT INTO "ANIMALS.DBF" VALUES("Turtle", 7, 5, "Wetlands", NULL)
INSERT INTO ":DBDEMOS:animals.dbf"
    (NAME, ":DBDEMOS:animals.dbf". "SIZE", WEIGHT, AREA)
    VALUES( 'Turtle', 7.0, 5.0, 'Swamps')
```

DICA *Uma boa prática geral é evitar usar palavras-chave em nomes de campo.*

A listagem mostra dois exemplos. O primeiro insere valores em animals.dbf. Porque um valor é listado na cláusula VALUES de cada campo, os nomes atuais dos campos são deixados de fora. O segundo exemplo acomoda o uso da palavra-chave SIZE: como ambos os nomes, da palavra-chave e do campo, na tabela animals. ":DBDEMOS:animals.dbf" é o caminho totalmente qualificado da tabela, incluindo o *alias*. Prefixar o caminho ao nome do campo, palavra-chave, soluciona um problema que pode surgir quando uma palavra-chave também é usada como nome de arquivo — resulta desse procedimento a exigência de lista de campos representada pelo primeiro grupo entre parênteses.

Update

A declaração UPDATE é usada para modificar os registros existentes. A declaração básica, não enfeitada com uma cláusula WHERE, atualizará cada registro. Na maioria das circunstâncias, provavelmente você irá querer limitar os registros atualizados mas todas as atualizações começam com a declaração básica. A sintaxe básica de uma UPDATE SQL é:

```
UPDATE tablename SET field1 = value1 [, field2 = value2,
fieldn = valuen]
```

A declaração começa com a palavra-chave UPDATE, seguida pelo nome de tabela. A cláusula SET é seguida por uma lista, delimitada por vírgulas, de campo e novo valor que você deseja designar àquele campo. A seguir, uma declaração UPDATE básica:

```
UPDATE ANIMALS SET AREA = "WETLANDS"     // upd_animals.sql
```

A declaração anterior modifica todos os registros, atualizando o valor do campo AREA para "WETLANDS' em cada linha.

Você também pode fazer cálculos em uma declaração update. A seguinte declaração UPDATE supõe que todos os animais na tabela animals.dbf comem alimentos demais no Natal e ganham 50 por cento em peso.

```
UPDATE ANIMALS.DBF SET WEIGHT = WEIGHT * 1.5   //
upd_animals2.sql
```

O poder da declaração UPDATE é que você pode atualizar linhas específicas e definir atualizações condicionais com base em critérios extras. Consulte a seção sobre definição de cláusulas WHERE, a seguir, sobre Programação avançada SQL, para ter mais exemplos de UPDATE.

SQL e TQuery

Entre Delphi, SQL e um servidor de banco de dados, você precisará de um *modus operandi*. Vários componentes permitirão que você se conecte com um banco de dados (leia o Capítulo 13 para detalhes), mas o componente TQuery foi projetado especificamente como transporte entre o Delphi e um servidor de banco de dados usando SQL. De fato, o componente TQuery é usado para programação cliente-servidor de duas camadas e distribuída com Midas.

O componente TQuery tem várias propriedades que você precisa ajustar para enviar declarações SQL a um servidor de banco de dados. A propriedade TQuery.Database indica o nome alternativo BDE ou ODBC, que indica a localização física do banco de dados. A propriedade DataSource pode ser dinamicamente usada para fornecer valores em parâmetros a consultas. A propriedade Params é empregada para definir parâmetros em consultas, e a propriedade SQL contém o texto da declaração SQL. A propriedade Database não tem cérebro; ela é preenchida automaticamente pelo editor de propriedade definido para aquela propriedade DatabaseName. Vejamos como funcionam as propriedades DataSource, Params e SQL, pois elas exigirão um pouco de esforço.

Propriedade SQL

Quando você acrescenta texto à propriedade SQL, esse texto será enviado ao servidor SQL. Porque você está usando o componente TQuery, a Borland Database Engine será a intermediária por trás da cena.

> **NOTA**
> *Se você usar outros componentes de consulta, como o componente TADOQuery, então o BDE será ultrapassado, mas a própria propriedade SQL funciona da mesma forma. O motivo é que a edição de SQL é igual para ambos, TQuery e TADOQuery, pois os dois componentes usam o mesmo objeto tipo para editar o texto SQL, um objeto TStrings. Assim, o editor de propriedade Strings está disponível para edição de string.*

Quando você define uma declaração SQL, se acrescentar parâmetros ao texto SQL, então objetos TParams serão criados quando separado o texto SQL. Os parâmetros em texto SQL aparecem como texto prefixado com dois pontos (:). O exemplo a seguir demonstra um parâmetro SQL.

```
UPDATE ANIMALS.DBF SET WEIGHT = WEIGHT * :WEIGHT
    //upd_animals3.sql
```

Se você acrescentar o texto SQL anterior à propriedade SQL de um TQuery, então o parâmetro WEIGHT será criado no componente TQuery (veja a Figura 19.3). Quando você define um parâmetro no texto SQL, um objeto Param é criado e acrescentado à propriedade TParams. Por ocasião do *design*, você pode especificar o DataType do parâmetro e o ParamType da propriedade. O ParamType indica como o parâmetro é usado (veja o Capítulo 13 para um exemplo de usar ParamType).

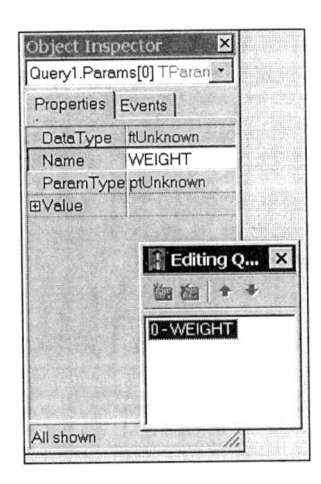

Figura 19.3 O editor Params à frente, com o Object Inspector ao fundo, mostrando o parâmetro :WEIGHT criado quando o texto SQL da listagem é salvo para a propriedade TQuery SQL

Propriedade Datasource (Fonte de dados)

A propriedade TQuery.Datasource é usada para definir uma DataSource designada a outra Dataset que será usada para fornecer valores em parâmetro de valores. Considere o seguinte código:

```
SELECT * FROM Customer C WHERE C.State = :State
```

Uma DataSource — talvez associada a uma consulta contendo um único vendedor de uma região, definindo apenas determinados estados — foi designada à propriedade DataSource da consulta contendo o SQL na listagem. Assim, o parâmetro :State seria preenchido automaticamente. A única condição adicional seria a existência, no segundo conjunto de dados, de um nome de campo combinando com o do parâmetro.

Programação avançada SQL

O código SQL pode tornar-se bastante elaborado. No caso de Oracle e PL/SQL, são possíveis demonstrações de código SQL escrevendo código SQL. Esta seção discutirá alguns dos conceitos mais avançados de programação SQL que permitirão a criação de soluções SQL práticas.

Como definir a cláusula WHERE

A cláusula WHERE é usada como um acréscimo às declarações SQL, o que já foi demonstrado. O objetivo dessa cláusula é refinar o conjunto resultante de uma declaração SQL. Mais comumente, a cláusula WHERE define um campo de pares nome e valor separados por operadores booleanos. A lista de exemplos abaixo demonstra a sintaxe básica de uma cláusula WHERE com cada um dos quatro tipos de consulta SQL mostrados.

SELECT e WHERE

```
SELECT * FROM biolife.db WHERE Category="Ray"
     // where_biolife.sql
```

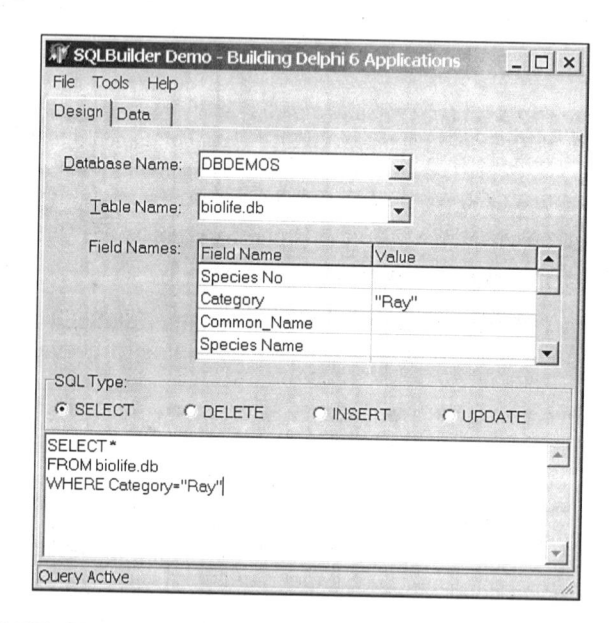

Figura 19.4 *SQL SELECT criada com o SQL Builder de demonstração. Para abreviar, o asterisco substitui a longa lista de campo de nomes retornada pelo montados de consulta*

A SQL SELECT (criada com o SQL Builder de demonstração contida no CD deste livro) apresenta uma declaração SELECT com um simples teste de equivalência. Cada campo Category contendo um valor "Ray" será retornado quando a consulta estiver ativa.

UPDATE e WHERE

Esta seção demonstra uma declaração UPDATE usando o operador maior. Suponha que a sua empresa tenha crescido significativamente e você precise ajustar o número de empregados em seu aplicativo de contabilidade. O exemplo UPDATE demonstra o acréscimo de um terceiro dígito a todos os números de empregados, acima de 50.

```
UPDATE employee.db SET EmpNo=EmpNo * 10 WHERE EmpNo > 50
```

> **NOTA**
> O SQL Builder usará os pares campo e valor para criar uma cláusula WHERE para as declarações SELECT e DELETE, SET para declarações UPDATE e campo de lista e cláusulas VALUE para a declaração INSERT INTO.

O código SQL anterior foi salvo como where_upd_employee.sql no CD deste livro. Usando o SQL Builder de demonstração, você segue as etapas que seguem para criar o código SQL.

1. Execute o aplicativo SQLBuilder.exe do CD contido no final deste livro.
2. De acordo com a Figura 19.4, ajuste o Database Name para DBDEMOS.
3. Pegue a tabela employee.db da caixa de listas.
4. Em Field Names ValueListEditor, entre com um novo valor para o campo EmpNo, como uma equação EmpNo * 10.
5. Selecione o tipo SQL UPDATE do grupo de rádio SQL Type.
6. Finalmente, digite a cláusula WHERE "WHERE EmpNo > 50" no editor de texto SQL, no fundo da guia Design. Retire as aspas.
7. Clique Tools | Run SQL para executar a consulta.

Não será mostrada nenhuma saída de uma declaração UPDATE na guia Data. Como alternativa, você pode selecionar o Database Name no SQL Builder de demonstração e entrar manualmente com a consulta, para experimentar as declarações UPDATE.

DELETE e WHERE

A declaração Delete é poderosa e, geralmente, mais útil em conjunto com a cláusula WHERE. É possível usar operadores adicionais nas cláusulas WHERE para ampliar o escopo de linhas filtradas pela cláusula WHERE. O exemplo a seguir demonstra DELETE e WHERE combinadas para apagar linhas, usando o operador LIKE.

```
DELETE FROM parts.db WHERE Description LIKE "Dive%"
```

A consulta, salva em where_del_parts.sql, usa o operador LIKE para filtrar onde quer que DESCRIPTION comece com Dive. Tabelas Paradox usam o % (símbolo de porcentagem) como máscara para operandos LIKE; outros servidores SQL usam o asterisco.

Com classes WHERE e operadores como LIKE, <, e > você pode criar um conjunto de filtros diferente para consultas. Cada RDBMS pode diferir ligeiramente, suportando operadores adicionais. Por exemplo, CONTAINS ou BETWEEN podem ser suportados por servidores como o SQL Server. A declaração que segue demonstra uma declaração BETWEEN usada com SELECT; ela poderia ser tão facilmente usada com uma DELETE.

SELECT * FROM PLAYER_STATISTICS WHERE GOALS BETWEEN 2 and 5

> **NOTA**
> Quando você estiver depurando, poderá marcar Stop On Exceptions da guia Language Exceptions da caixa de diálogo Tools \ Debugger Options. Isso levará o seu aplicativo a parar no código que causou a exceção; em essência, a exceção será encontrada duas vezes em IDE, uma vez em benefício do programador e outra, do usuário. Ao depurar um aplicativo, você pode querer ignorar algumas exceções. É possível conseguir isso acrescentando a exceção a ignorar, na lista Exception Types to Ignore na mesma guia da caixa de diálogo Debugger Options.
>
> Isso é um salva-vidas. Cada vez que o SQL Builder gerou SQL inadequado, ocorreu um EDBEngineError. Esse não era um erro de código-fonte, mas um mau erro SQL, que precisava ser corrigido, entrando com um SQL melhor. Usar seletivamente exceções ignoradas torna a criação de exemplos SQL menos tediosa.

O exemplo vem da tabela PLAYER_STATISTICS, criada no Capítulo 13. O exemplo salvo em where_betw_renegades.sql retorna todos os jogadores que têm número de gols entre dois e cinco (inclusive). Você precisará olhar uma referência material específica do servidor de banco de dados para determinar compatibilidade ANSI_SQL e o conjunto de declarações SQL atualmente suportadas.

INSERT e WHERE

A cláusula WHERE, na declaração INSERT, faz o mesmo papel. Com a declaração INSERT INTO, WHERE pode ser usada para anexar uma declaração SELECT aninhada, que permitirá copiar efetivamente muitas linhas de um segundo conjunto de dados. Consulte a seção sobre a definição de consultas aninhadas para um exemplo.

União implícita de tabela com WHERE

Uma declaração de união implícita usa a cláusula WHERE para relatar mais do que uma tabela desigual em dois campos idênticos. Essa é uma das principais forças do modelo relacional; usar tabelas diferentes para evitar reprodução de dados, mas ainda ser capaz de ver os dados como uma entidade homogênea, com campos-chave usados para indicar os inter-relacionamentos. Nesta seção, a declaração SELECT demonstra duas técnicas, incluindo a WHERE-join.

```
SELECT C.CustNo, C.Company, O.* FROM Customer C, Orders O
WHERE C.CustNo = O.CustNo
```

Duas tabelas são listadas e um *alias*, designado. A tabela Customer tem o nome substituído por C e a tabela Orders por O. Seletivamente, apenas CustNo e Company são retornados da tabela Customer, e todos os campos são retornados da tabela Orders com O.*. As tabelas são unidas pela declaração C.CustNo = O.CustNo.

A declaração é lida como "retornar campos CustNo, Company e all Orders e todas as linhas onde o número de cliente do cliente é igual ao número de cliente dos pedidos." Isso é lógico quando você pensa a respeito.

Existem alguns retrocessos importantes nesse tipo de união: primeiro, quaisquer pedidos órfãos não serão retornados, e quaisquer clientes sem pedidos não serão retornados. Pedidos órfãos são pedidos — algo assim — que podem ser relacionados a clientes que foram apagados. Considere o caso em que um cliente é removido, talvez por solicitação dele mesmo, mas o programa não apaga as informações relacionadas, como pedidos. Você terá lixo extra em seu banco de dados. Se o que estiver tentando conseguir é uma lista de clientes, então a declaração WHERE, acima, não está bem certa. Um meio mais flexível de igualar tabelas relacionais pode ser encontrado com a cláusula JOIN.

Como usar JOIN

A cláusula JOIN é um primo mais fácil da cláusula WHERE. Quando você escreve SQL que contém mais de uma tabela, e a cláusula WHERE iguala dois ou mais campos de tabelas desiguais, você está fazendo uma união implícita. O mesmo resultado pode ser criado, para melhor efeito, com a cláusula JOIN.

```
SELECT DISTINCT C.CustNo, C.Company, O.*
FROM CUSTOMER C
LEFT JOIN ORDERS O on (C.CustNo = O.CustNo)
```

A declaração JOIN acima é mais precisa do que a união implícita WHERE, da seção anterior. Ela significa "retornar do cliente todas as linhas únicas e todas as linhas de pedidos que de pedidos." Tecnicamente, uma LEFT JOIN, se apropriadamente suportada, indica que todas as linha linhas, na primeira tabela depois de FROM indicado, devem ser retornadas, combinem ou não, quaisquer linha linhas na tabela à direita – pedidos, identificados pelo O no exemplo.

Uma RIGHT JOIN tem o efeito oposto. Aplicar um RIGHT JOIN na listagem retornaria todos os pedidos, independentemente de se relacionarem ou não a um cliente, e apenas clientes que combinassem pedidos.

Auto-uniões

Um mecanismo útil para fazer uniões é unir uma tabela a si própria; isto é chamado de auto-união. A auto-união permite que você compare dados dentro da mesma tabela, na mesma declaração SQL. Suponha que você queira determinar todos os clientes no mesmo estado e que fazem pedidos (usando o banco de dados de demonstração CUSTOMER e ORDERS para demonstrar). Use uma auto-união para comparar as linhas em que o número de cliente não é idêntico mas o estado é. Segue a SQL.

```
SELECT C.COMPANY C.STATE, "=", C1.STATE, C1.COMPANY
FROM CUSTOMER C
JOIN CUSTOMER C1 on (C1.CustNo <> C.CustNo)
AND C1.STATE = C.STATE
ORDER BY COMPANY
```

NOTA Observe o uso da literal "=". Isso acrescenta um campo fictício, contendo sempre o valor +. O resultado é uma linha contendo valores de campo: Action Club FL = FL Blue Sports Club. Você pode imaginar como o código SQL poderia ser gerado, usando técnicas semelhantes para embutir texto SQL na lista de campos.

A declaração seleciona COMPANY e STATE de CUSTOMER, usando os nomes alternativos C1 e C. As tabelas são unidas em campos não combinados CUSTNO e combinados em STATE. A lista resultante será constituída de todos os clientes no mesmo estado como qualquer outro cliente. Acrescente a palavra-chave LEFT antes de JOIN para retornar clientes únicos, por estado. Uma estratégia como a demonstrada aqui pode ser útil quando forem encontrados estados com o maior número de clientes; talvez possa ser útil para direcionar conferências ou viagens por estrada.

Uniões cruzadas

Fique atento à união cruzada, uma união escrita de forma a produzir um produto cruzado de linhas entre tabelas. O produto cruzado é o resultado de cada linha, multiplicada por cada outra linha. Se usarmos a auto-união da última seção para demonstrar, uma união cruzada ocorre quando a consulta é muito ambígua.

```
SELECT C.COMPANY, C.STATE, C1.COMPANY, C1.STATE
FROM CUSTOMER C
LEFT JOIN CUSTOMER C1 on (C1.CustNo <> C.CustNo)
```

O exemplo pergunta sobre cada número de cliente diferente de outro número de cliente. No banco de dados demonstrativo customer.db, existem 56 linhas de dados. Essa consulta de união cruzada resulta em 3.080 linhas sendo retornadas. Provavelmente, não é isso que você quer.

Classificação de dados

Os dados são classificados usando a cláusula ORDER BY. Escolha o nome, ou nomes, de campo seguido pela ordem de classificação preferida, para indicar em qual ordem você deseja que aquele campo seja classificado. A ordem de classificação padrão é ascendente; se não indicar a ordem de classificação, o resultado será na ordem ascendente. A seguinte listagem de código demonstra a cláusula ORDER BY.

```
SELECT "parts.db".PartNo, "parts.db".VendorNo,
"parts.db".Description, "parts.db".OnHand,
"parts.db".OnOrder, "parts.db".Cost, "parts.db".ListPrice
FROM parts.db
ORDER BY   description, Cost Desc
```

O conjunto de dados resultante demonstra uma declaração SELECT literal para retornar uma lista de inventário classificada em ordem ascendente — não relacionada, implícita por padrão — por Description, e em ordem descendente por Cost. Todas as partes de despesas são listadas primeiro, se a parte de nomes combinar.

Declarações
Group By (Por grupo)

A declaração GROUP BY é usada em conjunto com declarações SELECT. É possível incluir cláusulas WHERE e ORDER BY com a cláusula GROUP BY. A cláusula GROUP BY é usada para realizar operações de resumo. Por exemplo, se você quisesse contar a quantidade total de compras feitas por um cliente, poderia escrever a seguinte declaração, a qual inclui o número e o nome do cliente.

```
SELECT C.CUSTNO, C.COMPANY, Sum(O.AMOUNTPAID) As Total
FROM CUSTOMER C
LEFT JOIN ORDERS O ON (C.CUSTNO = O.CUSTNO)
GROUP BY CUSTNO, COMPANY
```

A consulta seleciona CUSTNO e COMPANY e chama a função Sum no AMOUNTPAID, substituindo o nome de AMOUNTPAID por Total. As tabelas são unidas, retornando apenas clientes que têm compras. A cláusula GROUP BY faz uma agregação nos registros; cada campo não envolvido em um cálculo de resumo precisa ser listado na cláusula GROUP BY, delimitada por vírgulas.

Suponha que você quisesse listar o maior comprador entre seus clientes. Para fazer isso, você poderia anexar uma ORDER BY Total Desc ao final da consulta. A consulta revisada está relacionada a seguir.

```
SELECT C.CUSTNO, C.COMPANY, Sum(O.AmountPaid) As Total
FROM CUSTOMER C
LEFT JOIN ORDERS O ON (C.CUSTNO = O.CUSTNO)
GROUP BY CUSTNO, COMPANY
ORDER BY Total Desc
```

A partir das tabelas do banco de dados de demonstração, a consulta retornou Sight Diver em cerca de US$260.000. Você pode filtrar operações em campos agregados, com cláusulas HAVING, como a seção a seguir demonstra.

Cláusula Having

A cláusula HAVING comporta-se exatamente como a cláusula WHERE. HAVING foi designada para uso com a cláusula GROUP BY para permitir que você filtre campos agregados. A cláusula HAVING toma uma subcláusula de teste, normalmente comparando um valor de campo agregado com algum resultado. Prosseguindo em nosso exemplo da última seção, é possível refinar mais a seleção de clientes — ordenados e totalizados — de grandes compras com uma cláusula HAVING.

```
SELECT C.CUSTNO, C.COMPANY, Sum(O.AmountPaid) As Total
FROM CUSTOMER C
LEFT JOIN ORDERS O ON (C.CUSTNO = O.CUSTNO)
GROUP BY CUSTNO, COMPANY
HAVING Sum(O.AmountPaid) > 100000
ORDER BY Total Desc
```

O único elemento novo na listagem é a HAVING Sum(O.AmountPaid) > 100000. O resultado dessa consulta é que apenas clientes que compraram mercadorias no valor acima de US$ 100.000 serão retornados no conjunto de dados resultantes. Informações como essas são úteis se você quiser encontrar os seus melhores vendedores, melhores compradores ou desenvolver estratégias de marketing direcionado e vendas futuras.

Use os dez ou mais de arquivos de texto SQL incluídos no CD-ROM deste livro para fazer testes com diferentes consultas e tipos de cláusula. Infelizmente, você precisará verificar, com o fabricante do seu banco de dados, o material de referência para garantir como aspectos específicos de SQL foram implementados por aquele fabricante de banco de dados, entretanto o SQL apresentado neste capítulo é bastante genérico e foi testado nos bancos de dados Paradox e SQL Server.

União e interseção

Union e Intersection funcionam exatamente como dizem os seus nomes. Você pode tomar duas tabelas heterogêneas e fazer uma operação de união para retornar a soma de todas as linhas retornadas de cada consulta: uma para cada parte da união. Ou, pode fazer uma operação de interseção para encontrar dados semelhantes de duas fontes desiguais.

Suponha que você tenha duas tabelas de dados, talvez de duas partes diferentes de fornecedores, contendo listas de números de partes. Uma vez em uma tabela chamada items.db e a outra de parts.db.

```
SELECT PARTNO FROM ITEMS
UNION
SELECT PARTNO FROM PARTS
```

A UNION acima criará uma lista completa de partes, por número, em um único conjunto de dados resultante das duas tabelas. Infelizmente, o número de campos nas declarações SELECT precisam combinar, sendo difícil combinar campos que não sejam idênticos. Entretanto, você pode incluir campos que contêm dados semelhantes e usar a substituição de nome de campo para fornecer um nome único aos campos semanticamente relacionados. Por exemplo, nas tabelas demonstrativas items.db e parts.db, que acompanham o Delphi, Items.Qty e Parts.OnHand contêm o mesmo tipo de dados: assim, faz sentido incluir parte de quantidades no conjunto resultante.

```
SELECT PARTNO, Qty As Quantity FROM ITEMS
UNION
SELECT PARTNO, OnHand As Quantity FROM PARTS
```

Alguns servidores de banco de dados não suportam a INTERSECTION, palavra-chave. INTERSECTION, quando disponível, só retorna linhas encontradas em ambos os conjuntos de dados.

Como definir consultas aninhadas

Consultas aninhadas são declarações SQL SELECT embutidas dentro de declarações externas SQL. Por exemplo, você pode usar subconsultas aninhadas para limitar as linhas afetadas por uma declaração UPDATE ou DELETE para ter um meio de realizar múltiplas inserções em uma INSERT INTO, ou fazer consultas mais complexas SELECT em um banco de dados.

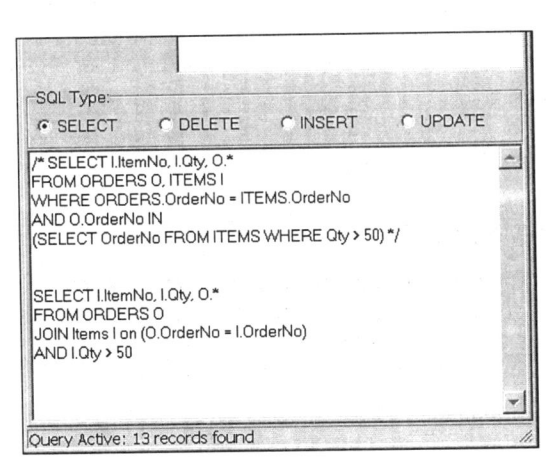

Figura 19.5 Ilustração da disponibilidade de comentário de estilo C em texto SQL

> **DICA** *Ao testar com diferentes consultas no SQL Builder demonstrativo, você pode comentar partes externas de uma consulta, ou consultas inteiras, para que possa trocar e retornar entre duas concorrentes (veja a Figura 19.5 para um exemplo). Use o par de comentários estilo C /**/ para comentar texto SQL.*

Pense na subconsulta aninhada como oferecendo o lado direito de um argumento na cláusula WHERE. Ambos, o código SQL externo e o interno, que aninham SELECT, podem conter qualquer coisa encontrada em uma consulta básica, mas os inter-relacionamentos precisam ser significativos. Um exemplo:

```
SELECT OrderNo, AmountPaid
FROM ORDERS O
WHERE EXISTS
(SELECT * FROM ITEMS I WHERE O.OrderNo = I.OrderNo
AND
I.Qty > 50)
```

A consulta recupera OrderNo e AmountPaid da tabela ORDERS, onde existem valores OrderNo combinando, na tabela ITEMS, e a quantidade, representada por I.Qty é maior do que 50. A declaração SELECT em parênteses constitui a subconsulta aninhada que retorna valores aos parâmetros WHERE, na consulta externa.

São interessantes os resultados do exemplo de consulta aninhada, que podem ser reproduzidos com uma consulta única e uma cláusula JOIN.

```
SELECT DISTINCT OrderNo, AmountPaid
FROM ORDERS O
JOIN ITEMS I on (O.OrderNo = I.OrderNo)
AND I.Qty > 50
```

A consulta única terá muito melhor desempenho do que a consulta aninhada; de fato, consultas aninhadas podem sobrecarregar o servidor. Entretanto, existem alguns casos em que você precisa de uma consulta aninhada, porque nenhum outro estilo de consulta funcionará corretamente.

Suponha que você queira comparar a quantia paga com a média de quantia paga em um pedido. Em uma consulta simples, você teria que tomar a média de AmountPaid e GROUP BY de quaisquer outros campos na lista de campos. Se você retornasse a média de AMOUNTPAID e o campo AMOUNTPAID, o último seria um valor agregado, devido a GROUP BY. A única maneira de comparar um campo ao seu agregado é usar uma consulta aninhada, como já foi demonstrado.

```
SELECT ORDERNO, AMOUNTPAID
FROM ORDERS
WHERE AMOUNTPAID > (SELECT AVG(AMOUNTPAID) FROM ORDERS)
```

A consulta aninhada retorna o valor médio agregado de AMOUNTPAID, o qual, por sua vez, é usado para comparar com valores individuais de AMOUNTPAID.

Resumo

Existem muitas implementações de SQL. Cada uma, merecidamente, requer o seu próprio livro. Em vez de tentar o impossível — uma apresentação exaustiva de SQL — este capítulo demonstrou alguns dos comandos principais implementados pelos fabricantes de SQL. Neste capítulo, você aprendeu sobre os quatro comandos básicos — INSERT, UPDATE, SELECT e DELETE — e muitas das cláusulas que podem ser usadas para ornamentar suas consultas para um controle de linha mais refinado.

Incluído no CD-ROM deste livro, está um SQL Builder básico. Isto permitirá que você pegue de bancos de dados registrados em seu administrador ODBC e BDE, selecione de lista de tabelas naqueles bancos de dados e gere comandos SQL básicos. No Apêndice C, converteremos o aplicativo SQL Builder em um Automation Server (Servidor de automação), permitindo a aplicativos-cliente Automation gerarem SQL por solicitação, fornecendo tais valores.

Para informações adicionais sobre SQL, você deveria comprar duas obras de referência, pelo menos, da versão de SQL do seu fabricante. A bibliografia no final deste livro contém uma listagem de um bom livro Microsoft SQL Server, e você pode encontrar muito mais em www.Osborne.com.

APÊNDICE A

Exemplo de extensões Delphi usando a API OpenTools

O Apêndice A começa onde o Capítulo 11 parou. No Capítulo 11 você aprendeu a maior parte do que há para saber sobre a montagem de componentes personalizados Delphi. Embora de forma alguma, não importante, o Apêndice A demonstra como criar editores componentes e estender o próprio Delphi com a API OpenTools. São tópicos separados: um relacionado a componentes e outro a estender Delphi. Você os usará com menos freqüência do que outras técnicas; por isso eles estão em um apêndice. Todavia, quando usá-los, eles serão arrasadores.

Editores personalizados de componente permitem que você defina diálogos por ocasião do *design*, permitindo a usuários de componentes modificar visualmente cada aspecto de um componente, quando o Object Inspector não for o bastante. Um exemplo perfeito de tal situação é o componente TChart desenvolvido por Dave Berneda. Além disso, você pode executar o código contido em componentes por ocasião do *design*, a partir do menu de contexto para aquele componente.

Imagine que já esteja usando Delphi por algum tempo e pense que esteja faltando algum recurso essencial. Enquanto eu estava trabalhando em um projeto, há três anos atrás, aconteceu uma situação exatamente como essa. A má codificação em um aplicativo de um modelo de arquitetura em Rational Rose, fiquei cansado de definir as classes e escrever manualmente corpos de função. Era tedioso demais. Criar uma classe que lessem uma declaração de classe e escrevessem os corpos de função pareciam como uma boa idéia. Usando a API OpenTools — e alguma ajuda do livro de Ray Lischner, *Hidden Paths of Delphi 3: Experts, Wizards and the Open Tools API* — fomos capazes de acrescentar um item de menu que chamava o gerador de classe. O resultado final foi que removemos com sucesso o aborrecimento de tarefas tediosas, que podiam perfeitamente ser automatizadas. (Pena que não tenhamos um bom livro sobre a teoria de classificação, mas estou divagando.)

Isso descreve exatamente o que as cabeças pensantes da Inprise tinham em mente quando disponibilizaram a API OpenTools para os clientes do Delphi Professional e Enterprise. Quando você precisa de alguma coisa no Delphi, acrescente-a. Agora, o Delphi contém o gerador de código "Complete class at cursor" (Completar classe no cursor), assim, você criará um especialista que não existe: um especialista gerador de especialista.

Quando tiver terminado este apêndice, você saberá como criar editores de componente e personalizar o Delphi com especialistas. Você terá uma ferramenta para iniciar especialistas personalizados, facilitando a criação de especialistas, como é criar componentes.

Apresentação de API OpenTools

A API OpenTools foi originalmente definida como uma classe abstrata virtual — isto é, usava interfaces Delphi — a partir da qual você poderia herdar para montar extensões para Delphi. Aquelas unidades ainda existem no diretório Source\ToolsAPI, onde você instalou o Delphi, mas, para a maioria, elas deram lugar às interfaces COM, na unidade ToolsAPI.pas.

NOTA
A unidade ToolsAPI vem com Delphi Professional e Enterprise. Você pode personalizar a versão Standard do Delphi, exceto que as unidades contendo as interfaces não estão disponíveis no Delphi Standard.

Se, de alguma forma, você estiver familiarizado com as interfaces abstratas Delphi, então é melhor desistir, do que se estivesse apenas começando. De qualquer forma, no entanto, você deve aprender a usar as interfaces COM, o que faremos neste capítulo.

Interfaces OpenTools

Para a maioria dos profissionais, as interfaces OpenTools são interfaces COM que residem em Source\ToolsAPI\ToolsAPI.pas. Para promover compatibilidade inversa, as interfaces Delphi de estilo mais antigo também ainda estão definidas naquele diretório. A Tabela ª1 contém uma lista completa das unidades na ToolsAPI. Aquelas unidades com asterisco contém as interfaces Delphi de estilo mais antigo e geralmente não devem ser usadas com código novo.

AVISO
Tragicamente, essas unidades parecem ser pobremente documentadas nos arquivos Help. O código vem primeiro nas unidades; os comentários inline são de ajuda, mas, de alguma forma, falhos e uma busca bem cuidadosa mostrou uma ausência quase completa de ajuda integrada. Infelizmente, personalizações extensas exigirão que você leia muito código e experimente.

Apêndice A - Exemplo de extensões Delphi usando a API OpenTools | 651

Tabela A.1 Unidades Delphi ToolsAPI. A maior parte das capacidades do Delphi pode ser acessada implementando as interfaces COM, definidas em ToolsAPI.pas

Unidade	Descrição
toolsapi.pas	Contém novas interfaces COM, substituindo capacidades de estilo mais antigo encontradas em outras unidades (usadas extensivamente neste capítulo)
vcsintf.pas	Contém interface COM para vincular a sistemas de controle de versão
dsgnintf.pas	Contém interfaces para editores de propriedade, editores de componente e registro de procedimento (por exemplo, RegisterComponentEditor)
editintf.pas*	Interfaces abstratas Delphi de estilo mais antigo para acessar o editor de *buffer*, como um texto de unidade
exptintf.pas*	Unidade de estilo mais antigo contendo classe virtual, abstrata, TIExpert, usada para definir especialistas; use interfaces COM na unidade ToolsAPI para novo código
fileintf.pas*	Unidade de estilo mais antigo contendo interfaces virtuais, abstratas, para acessar capacidades de arquivo de sistema
istreams.pas*	Contém interfaces para seqüências, seqüências de memória e seqüências de arquivo toolintf.pas* Interface em classe de ToolServices e menus de Delphi; use o objeto COM BorlandIDEServices e IOTAMenuWizard em ToolsAPI para novo código
virtintf.pas*	Contém definição de Tinterface; a implementação de Delphi da interface básica COM IUnknown.

NOTA

A palavra assistente e especialista são usadas indistintamente neste capítulo. Ambas referem-se a especialistas Delphi. As duas palavras são usadas, visto que a Inprise parece não ter adotado uma palavra única. Os procedimentos de registro usam a palavra assistente, e as interfaces COM contém a palavra assistente. Não há distinção significativa entre as palavras, o que relevante para Delphi.

Sem mais, vamos criar um especialista Delphi.

Criação de um assistente

A maneira mais direta de implementar uma extensão para um assistente Delphi é implementar as interfaces IOTAWizard e IOTAMenuWizard. Essas duas interfaces são definidas em ToolsAPI e, como você verá, são muito fáceis de implementar.

> **NOTA**
>
> O prefixo IOTA é um acrônimo de Interface for OpenToolsAPI (Interface para ferramentas abertas API — Application Program Interface (Interface de programas aplicativos) (eu acho!) e provavelmente, é uma piada em grego, significando uma quantidade bem pequena (como em uma quantidade bem pequena de código para implementar).

Como implementar IOTAWizard e IOTAMenuWizard

O assistente mais fácil de implementar é um IOTAWizard básico, usando a classe IOTAMenuWizard. A interface IOTAWizard exige que você implemente quatro métodos, e o IOTAMenuWizard colocará um item de menu no menu Help. Para começar, implementaremos uma variação do exemplo Hello World no formulário de um assistente. Assim, para não desapontar, na seção seguinte implementaremos um assistente útil.

IOTAWizard IOTAMenuWizard são definidas depois deste parágrafo. Implementar um assistente básico que mostre o menu Help exige que você implemente quatro métodos da interface IOTAWizard: GetIDString, GetName, GetState e Execute. Como o IOTAWizard herda a interface IOTANotifier, você precisará implementar também a interface IOTANotifier. É possível usar o fragmento de classe TNotifierObject como a implementação IOTANotifier. IOTANotifier introduz os métodos AfterSave, BeforeSave, Destroyed e Modified, para responder a eventos. O fragmento servirá para este exercício. IOTAMenuWizard herda a interface IOTAWizard. O único método que você precisa implementar para IOTAMenuWizard é GetMenuText, o qual retorna um nome do texto para exibir no menu Help.

```
IOTAWizard = interface(IOTANotifier)
      ['{B75C0CE0-EEA6-11D1-9504-00608CCBF153}']
      { Expert UI strings }
      function GetIDString: string;
      function GetName: string;
      function GetState: TwizardState;
      { Launch the AddIn }
end;
IOTAMenuWizard = interface(IOTAWizard)
      ['{B75C0CE2-EEA6-11D1-9504-00608CCBF153}']
      function GetMenuText: string;
end;
```

O DummyWizard é definido como TDummyWizard, uma subclasse de TNotifierObject, IOTAWizard e IOTAMenuWizard. Ele implementa os cinco métodos listados nas interfaces, na lista anterior. Segue a implementação completa.

```
unit UDummyWizard;
// UDummyWizard.pas - Demonstrates basic wizard interface
// Copyright (c) 2000. All Rights Reserved.
// By Software Conceptions, Inc. http://www.softconcepts.com
// Written by Paul Kimmel. Okemos, MI USA
```

Apêndice A - Exemplo de extensões Delphi usando a API OpenTools

```pascal
interface
uses
     Windows, ToolsAPI;
type
     TDummyWizard = class(TNotifierObject, IOTAWizard,
       IOTAMenuWizard)
     public
          function GetIDString : String;
          function GetName : String;
          function GetState : TWizardState;
          procedure Execute;
          function GetMenuText : String;
     end;

procedure Register;
implementation
uses
     Dialogs;
procedure Register;
begin
     RegisterPackageWizard(TDummyWizard.Create);
end;

{ TDummyWizard }
procedure TDummyWizard.Execute;
begin
     MessageDlg( 'Building Delphi 6 Applications', mtInformation,
       [mbOK], 0 );
end;

function TDummyWizard.GetIDString: String;
begin
     result := 'SoftConcepts.DummyWizard';
end;

function TDummyWizard.GetMenuText: String;
begin
     result := 'Dummy Wizard';
end;
function TDummyWizard.GetName: String;
begin
     result := 'Dummy Wizard';
end;
function TDummyWizard.GetState: TWizardState;
begin
     result := [wsEnabled];
end;
end.
```

654 | *Desenvolvendo aplicações em Delphi 6*

O procedimento Register chama RegisterPackageWizard com uma cópia de TDummyWizard. Você instala especialistas, como aquele visto acima, em um pacote, exatamente como faria com um componente. De fato, a maneira mais fácil de fazer isso é instalá-lo com o item de menu Component, Install Component no Delphi. Este assistente básico é chamado quando o usuário clica o item de menu. A resposta ao clique no item de menu é chamar o método Execute. O TDummyWizard exibe o título do livro em MessageDlg. Claro, como você pode garantir, você pode descender quase qualquer nível de comportamento complexo do método Execute. O método GetIDString retorna uma *string* de identificação para o assistente. Por convenção, prefixe a ID com o nome de sua empresa — SoftConcepts é uma marca registrada de Software Conceptions, Inc. — e a conecta com um ponto ao nome do assistente.

A implementação GetMenuText contém o texto exibido no menu de ajuda. Esse método em particular é chamado cada vez que o menu Help do Delphi é chamado. GetName retorna o nome do assistente, e o método GetState retorna o TWizardState. TWizardState é definido como a seguir:

```
TWizardState = set of [wsEnabled, wsChecked];
```

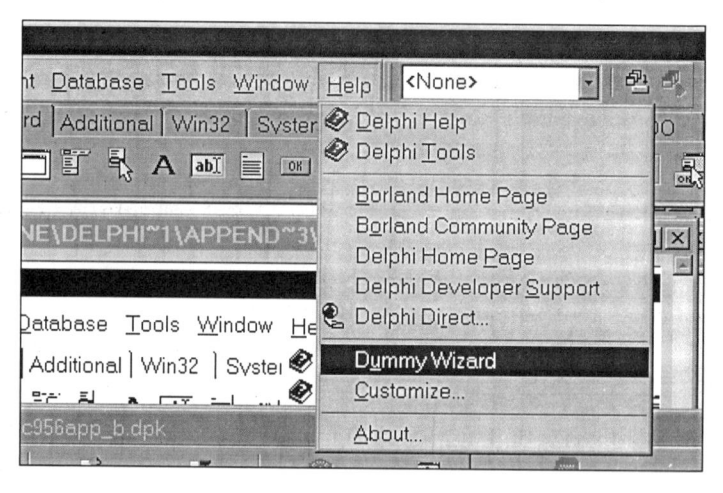

Figura A.1 O Dummy Wizard (assistente fictício) acrescentado ao menu Help de Delphi

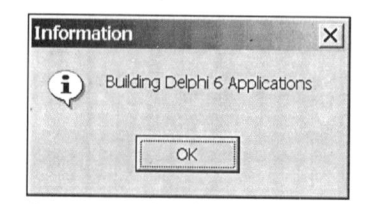

Figura A.2 A MessageDlg é exibida quando o item de menu Dummy Wizard é clicado, como codificado no método Execute

Apêndice A - Exemplo de extensões Delphi usando a API OpenTools | 655

wsEnabledState indica se o assistente está ou não ativo, e o valor wsChecked colocará uma marca de verificação próxima ao item de menu. Como você pode ver a partir da listagem, o assistente básico de menu Help exige poucas linhas de código. Quando você instala o assistente, aparece um menu Dummy Wizard no menu de ajuda do Delphi. Quando um usuário clica o assistente, o método Execute é chamado e uma MessageDlg exibirá o tento "Como montar aplicativos com Delphi 6". Veja as Figuras A.1 e A.2 para o item de menu e resposta.

Como registrar o assistente

Estenda o Delphi, acrescentando o assistente a um pacote e instalando-o como faria com um componente. O procedimento Register, na seção anterior, é chamado depois de compilar um pacote na biblioteca BPL e instalá-la. Conforme mostrado na listagem na última subseção, o RegisterPackageWizard toma uma instância do assistente. RegisterPackageWizard é definido em ToolsAPI.pas, como a seguir, tomando uma constante referência a um IOTAWizard:

```
procedure RegisterPackageWizard(const Wizard: IOTAWizard);
```

Para instalar o assistente, siga as etapas indicadas.

1. No Delphi, clique o menu **Component, Install Component**.
2. Dentro da caixa de diálogo Install Component, localize a unidade, se ela já não estiver indicada no nome de arquivo Unit.
3. Se o atual nome de arquivo Package for o nome do pacote no qual você deseja instalar o especialista, então clique **OK**. Caso contrário, clique a guia **Into new package** (veja a Figura A.3) e indique o nome e a descrição do pacote.
4. Quando você clica **OK**, o pacote indicado será aberto no editor Package (veja a Figura A.4). Clique o botão **Compile** (veja a Figura A.4).
5. Depois que o pacote estiver compilado, clique o botão **Install**, que neste momento deve estar habilitado.

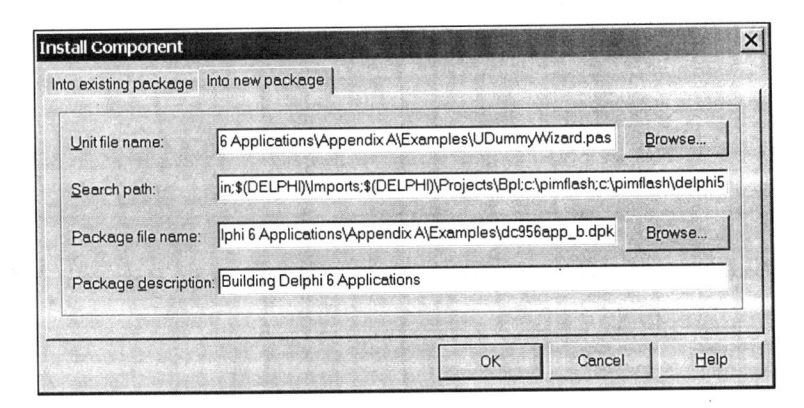

Figura A.3 O assistente Install Component é usado para instalar um assistente em um pacote. As etapas são idênticas àquelas exigidas para instalar um componente

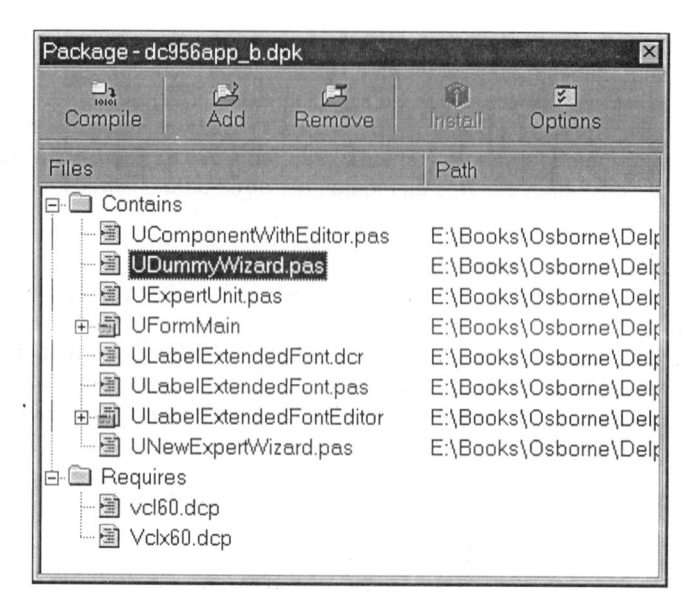

Figura A.4 O editor Package é usado para compilar e instalar o pacote

Tenha em mente que o pacote é basicamente uma biblioteca de vínculo dinâmico, um aplicativo. Portanto, você pode, e deve, ajustar as Options como se se tratasse de qualquer aplicativo. Inclua informações de caminho e versão e lembre-se de ajustar as opções de compilador aplicáveis à fase de desenvolvimento na qual você está. Consulte novamente o Capítulo 18, use erros de tempo de execução e opções de depuração ao testar, e remova-os antes de distribuir o assistente à sua população de desenvolvedores.

Como criar assistentes personalizados

Assistentes como o New Component Wizard podem aliviar o tédio de escrever código que pode ser automatizado e pode ajudar desenvolvedores a descobrirem novos aspectos do Delphi, livrando-se da primeira barreira. Mantendo esse espírito, o especialista nesta seção é um especialista New Expert. Isto é, o especialista gerará uma unidade gabarito para especialistas em Delphi, exatamente como a nova caixa de diálogo New Component pula para iniciar uma unidade do componente.

Como definir
o assistente New Expert

O recurso New Expert gerará especialistas semelhantes ao Dummy Wizard, do início deste capítulo. Entretanto, o próprio New Expert será instalado no menu Component, imediatamente depois do item New Component. Para montar o assistente e instalá-lo no menu Component, precisaremos implementar IOTACreator e IOTAModuleCreate e teremos que consultar o BorlandIDEServices para obter o INTAServices40. O objeto INTAServices40 define o comportamento para acrescentar um item de menu a um menu Delphi específico.

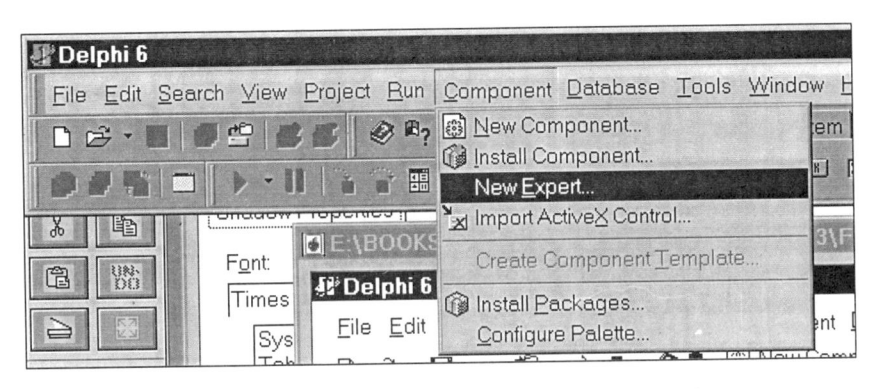

Figura A.5 O assistente New Expert depois de ter sido acrescentado ao Delphi com o objeto INTAServices40

A classe é chamada TNewExpertWizard. Quando chamada a partir do menu Component, New Expert (como mostrado na Figura A.5), ela gera uma classe quase idêntica a TDummyWizard. Acrescente o seu comportamento específico ao método Execute e você terminou. Segue toda a listagem de código; a descrição de cada parte relevante é dividida em subseções para ajudá-lo a identificar claramente os seus papéis.

```
unit UNewExpertWizard;
// UNewExpertWizard.pas - Na example of a wizard that generates
      the code for a wizard
// Copyright (c) 2000. All Rights Reserved.
// By Software Conceptions, Inc. http://www.softconcepts.com
// Written by Paul Kimmel. Okemos, MI USA
interface
uses
      Windows, Controles, ToolsAPI, Forms, Menus, Classes, SysUtils;
type
      TNewExpertWizard = class(TNotifierObject, IOTAWizard,
          IOTACreator,
              IOTAModuleCreator)
```

```delphi
        private
                FNewClassName : string;
                FMenuText : string;
                FExpertIDString : string;
                FExpertName : string;
                FUnitName : String;
                FWizardState : TWizardState;
                FMenuItem : TMenuItem;
                procedure AddMenuItem;
                procedure OnClick( Sender : TObject );
                procedure GenerateCode;
        public
                constructor Create; virtual;
                destructor Destroy; override;
                { IOTAWizard }
                function GetIDString : String;
                function GetName : String;
                function GetState : TWizardState;
                procedure Execute;
                { IOTACreator }
                function GetCreatorType : string;
                function GetExisting : Boolean;
                function GetFileSystem : string;
                function GetOwner : IOTAModule;
                function GetUnnamed : Boolean;
                { IOTAModuleCreator }
                function GetAncestorName : string;
                function GetImplFileName : string;
                function GetIntFileName : string;
                function GetFormName : string;
                function GetMainForm : Boolean;
                function GetShowForm : Boolean;
                function GetShowSource : Boolean;
                function NewFormFile( const FormIdent, AncertorIdent : string
                        ) : IOTAFile;
                function NewImplSource( const ModuleIdent, FormIdent,
                        AncestorIdent : string ) : IOTAFile;
                function NewIntfSource( const ModuleIdent, FormIdent,
                        AncestorIdent : string ) : IOTAFile;
                procedure FormCreated( const FormEditor : IOTAFormEditor );
end;
procedure Register;
implementation
uses UFormMain, Dialogs, UExpertUnit;
{$R *.RES}
procedure Register;
begin
        RegisterPackageWizard(TnewExpertWizard.Create);
end;
```

```delphi
{ TNewExpertWizard }
constructor TNewExpertWizard.Create;
begin
      inherited;
      AddMenuItem;
end;

destructor TNewExpertWizard.Destroy;
begin
      if( Assigned(FMenuItem)) then
            FMenuItem.Free;
      inherited;
end;

procedure TNewExpertWizard.OnClick( Sender : TObject );
begin
      Execute;
end;

procedure TNewExpertWizard.AddMenuItem;
var
      NTAServices40 : INTAServices40;
      ComponentMenuItem : TMenuItem;
begin
      NTAServices40 := BorlandIDEServices As INTAServices40;
      if( Not Assigned(NTAServices40)) then exit;
      ComponentMenuItem :=
NTAServices40.MainMenu.Items.Find('&Component');
      if( Not Assigned( ComponentMenuItem)) then Exit;
      FMenuItem := TMenuItem.Create( ComponentMenuItem );
      try
            FMenuItem.Caption := 'New &Expert...';
            FMenuItem.OnClick := OnClick;
            ComponentMenuItem.Insert( 1, FMenuItem );
      except
            FreeAndNil(FMenuItem);
      end;
end;

procedure TNewExpertWizard.Execute;
var
      Form : TFormMain;
begin
      Form := TFormMain.Create(Application);
      try
            if( Form.ShowModal = mrOK ) then
            begin
                  FNewClassName := Form.NewClassName;
                  FMenuText := Form.MenuText;
                  FExpertIDString := Form.ExpertIDString;
```

```delphi
                    FExpertName := Form.UnitName;
                    FUnitName := Form.UnitName;
                    FWizardState := Form.WizardState;
                    GenerateCode;
        end;
finally
        Form.Free;
        end;
end;

function TNewExpertWizard.GetIDString: String;
begin
        result := 'SoftConcepts.NewExpertWizard';
end;

function TNewExpertWizard.GetName: String;
begin
        result := 'Expert';
end;

function TNewExpertWizard.GetState: TWizardState;
begin
        result := [wsEnabled];
end;

function TNewExpertWizard.NewImplSource(const ModuleIdent,
      FormIdent,
            AncestorIdent: String): IOTAFile;
begin
        result := TexpertUnit.Create( FNewClassName, FMenuText,
            FExpertIDString,
                FExpertName, FUnitName, FWizardState );
end;

procedure TNewExpertWizard.GenerateCode;
begin
        (BorlandIDEServices as IOTAModuleServices).CreateModule(Self);
end;

procedure TNewExpertWizard.FormCreated(const FormEditor:
      IOTAFormEditor);
begin
        // Intentionally left blank
end;

function TNewExpertWizard.GetAncestorName: string;
begin
        result := '';
end;
```

Apêndice A - *Exemplo de extensões Delphi usando a API OpenTools* | **661**

```pascal
function TNewExpertWizard.GetFormName: string;
begin
      result := '';
end;

function TNewExpertWizard.GetImplFileName: string;
begin
      result := FUnitName;
end;

function TNewExpertWizard.GetIntFileName: string;
begin
      result := '';
end;

function TNewExpertWizard.GetMainForm: Boolean;
begin
      result := False;
end;

function TNewExpertWizard.GetShowForm: Boolean;
begin
      result := False;
end;

function TNewExpertWizard.GetShowSource: Boolean;
begin
      result := True;
end;

function TNewExpertWizard.NewFormFile(const FormIdent,
      AncestorIdent: string) : IOTAFile;
begin
      result := Nil;
end;

function TNewExpertWizard.NewIntfSource(const ModuleIDent,
      FormIdent,
      AncestorIdent: string) : IOTAFile;
begin
      result := Nil;
end;

function TNewExpertWizard.GetCreatorType: string;
begin
      result := sUnit;
end;

function TNewExpertWizard.GetExisting: Boolean;
```

```
begin
     result := False;
end;

function TNewExpertWizard.GetFileSystem: string;
begin
     result := '';
end;

function TNewExpertWizard.GetOwner: IOTAModule;
begin
     result := nil;
end;

function TNewExpertWizard.GetUnnamed: Boolean;
begin
     result := False;
end;
end.
```

A definição de classe New Expert

TNewExpertWizard herda o fragmento TNotifierObject e as interfaces IOTAWizard, IOTACreator e IOTAModuleCreator. O TNotifierObject implementa um fragmento para determinados acionadores de evento básicos, necessários à interface IOTAWizard, que é a interface assistente básica. Você precisa implementar a interface IOTAWizard para criar um assistente básico. IOTACreator e IOTAModuleCreator são definidos para trabalhar com a vista de arquivo do Delphi, incluindo a habilidade de criar formulários e unidades. Voltaremos à implementação de cada interface em um momento.

A seção privada do assistente contém vários campos, usados para gerar corretamente a unidade. FNewClassName armazenará o nome de classe do assistente gerado. FMenuText armazenará o texto de menu do assistente gerado. FExpertIDString conterá a string ID do especialista. O campo FExpertName contém o nome do especialista. FUnitName será o nome da unidade .PAS da unidade gerada e FWizardState conterá os valores wsEnabled e wsChecked. Cada uma dessas propriedades será usada para gerar a resposta básica à porção IOTAWizard da interface. Por exemplo, IOTAMenuWizard exige que você responda com o texto de menu a exibir. O código gerador colocará o valor de FMenuText como o resultado de IOTAMenuWizard.GetMenuText. Na seção privada também está o FMenuItem; este campo é usado para manter a referência ao assistente menu acrescentado. O item de menu é acrescentado ao Delphi no procedimento AddMenuItem chamado durante a construção. O acionador de evento OnClick conterá o código de resposta quando o usuário clicar o item New Expert (veja a Figura A.6).

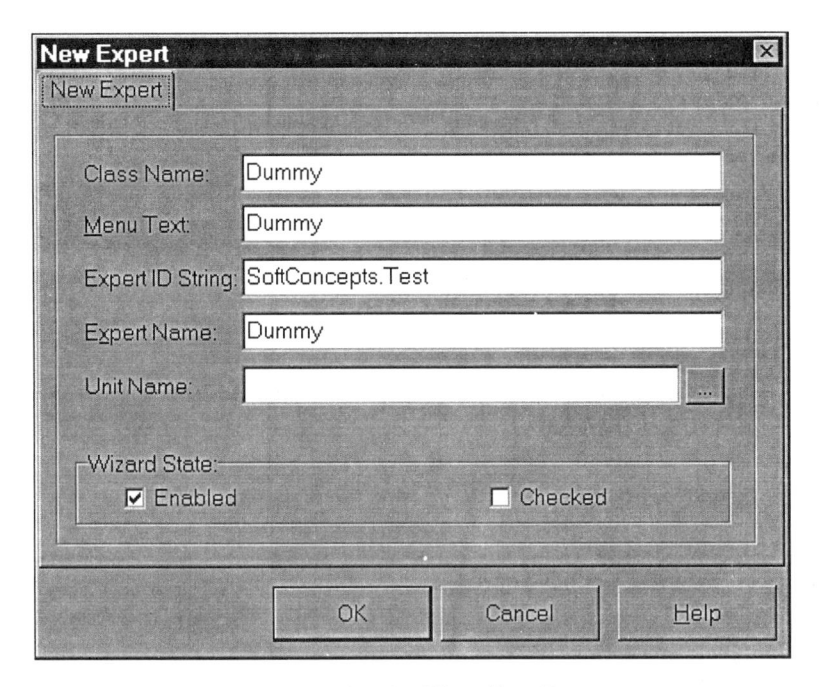

*Figura A.6 A caixa de diálogo New Expert usa
a resposta para gerar um especialista Delphi*

O método privado GenerateCode é chamado depois que o usuário preencher com sucesso as respostas à caixa de diálogo New Expert, mostrada na Figura A.6. Está claro, a partir da caixa de diálogo, ela faz as perguntas necessárias para completar um especialista. Qual é o nome de classe do especialista? Que texto de menu será usado para chamar o comportamento de executar? Qual é a *string* ID do especialista? Qual é o nome do especialista? Que nome de unidade o especialista deve ter? As caixas de verificação de posição do assistente são usadas para gerar o código em resposta à implementação GetState.

A seção pública da classe contém os métodos declarados que precisamos implementar para preencher o contrato de herança da interface. Além de cada um dos métodos para as interfaces herdadas, há um construtor e um destruidor. O construtor acrescenta o item de menu New Expert ao Delphi e o destruidor libera aquela memória.

IMPLEMENTAÇÃO DE IOTAWIZARD A interface IOTAWizard requer que você implemente GetIDString, GetName, GetState e Execute. GetIDString retorna 'SoftConcepts. NewExpertWizard'. Por convenção, a string ID contém o nome da empresa conectada por um ponto ao nome assistente. GetName retorna 'Expert', que será o nome exibido do assistente. GetState retorna o conjunto de TWizardState contendo wsEnabled, garantindo que o assistente esteja capacitado no menu Component.

O único método moderadamente desafiador da interface IOTAWizard é o método Execute. Quando o menu New Expert é clicado (mostrado na Figura A.5), o método Execute é chamado. O método Execute exibe a caixa de diálogo mostrada em A.6. Preencha todos os campos da caixa de diálogo New Expert e clique **OK**. Os dados da caixa de diálogo New Expert são armazenados nos campos privados relevantes, e GenerateCode é chamado. GenerateCode chama o método IOTAModuleServices.CreateModule. Uma vez que colocamos em subclasse nosso TNewExpertWizard, de IOTACreator, ele satisfaz o argumento de CreateModule. Por sua vez, CreateModule chama os métodos IOTAModuleCreator, incluindo o método NewImplSource, que gera o código. (Leia a seção "Como acrescentar um item de menu ao Menu de Delphi" para uma rápida discussão sobre como consultar os serviços ToolsAPI a partir do objeto BorlandIDEServices COM.)

IMPLEMENTAÇÃO DE IOTACREATOR IOTACreator define uma interface para trabalhar com a vista do sistema de arquivos do Delphi. IOTACreator será usado para facilitar a geração de código. Para IOTACreator, implementamos GetCreatorType, GetExisting, GetFileSystem, GetOwner e GetUnnamed.

Na listagem no início da seção, você pode ver que esses métodos também são relativamente diretos. GetCreatorType retorna sUnit, definida em ToolsAPI.pas. A constante sUnit contém o valor 'Unit' definindo esse criador como um criador Unit. GetExisting retorna False, visto que estamos criando uma nova unidade; se estivéssemos nos referindo a uma unidade existente, então ele retornaria True. GetFileSystem retorna um IDString do objeto FileSystem, que este assistente usa para ler e escrever arquivos. Ele não é necessário, portanto o método retorna uma *string* vazia.

GetOwner retorna uma referência a um módulo proprietário. Por exemplo, para acrescentar este módulo a um projeto existente, precisaríamos consultar BorlandIDEServices para obter um projeto ou pacote existente. Usaremos o editor de pacote para acrescentar um novo especialista a um pacote específico. Este GetOwner pode retornar Nil. Finalmente, GetUnnamed retorna verdadeiro se estivermos retornando uma unidade não nomeada. Se GetUnnamed retornar True, o Delphi pedirá ao usuário para dar um nome de arquivo a unidade na primeira ocasião em que ela for salva. Como mostrado na caixa de diálogo New Expert, na figura A.6, forneceremos um nome de unidade.

Para criar automaticamente o módulo e acrescentá-lo ao pacote aberto, é possível modificar GetOwner para encontrar o grupo de projeto ativo e retorná-lo como o resultado do método GetOwner. O código que segue trabalha suficientemente bem.

```
function TNewExpertWizard.GetOwner: IOTAModule;
var
      ModuleServices : IOTAModuleServices;
      ProjectGroup : IOTAProjectGroup;
      I : Integer;
begin
      result := Nil;
      ModuleServices := BorlandIDServices As IOTAModuleServices;
      for I := 0 to ModuleServices.ModuleCount - 1 do
```

Apêndice A - Exemplo de extensões Delphi usando a API OpenTools

```
      begin
        with ModuleServices.Modules[I] do
          if( Pos( '.bgp', FileName ) > 0 ) then
            if( QueryInterface( IOTAProjectGroup, ProjectGroup ) =
               S_OK )
            then
            begin
              result := ProjectGroup.GetActiveProject;
              exit;
            end;
      end;
end;
```

O objeto ModuleServices retorna do objeto BorlandIDEServices. Todos os módulos são examinados por um módulo que contém a extensão de pacote '.bgp'. Quando um pacote é encontrado, QueryInterface verifica se o módulo implementa a interface IOTAProjectGroup. Se o fizer, então o ActiveProject retornará como o resultado da função.

IMPLEMENTAÇÃO DE IOTAMODULECREATOR IOTAModuleCreator contém o maior número de métodos deste exercício. Seguindo a teoria etimológica do prefixo iota, esses métodos também são relativamente diretos de implementar. A Tabela A.2 contém os métodos usados para implementar a interface IOTAModuleCreator. A tabela é compacta e será suficiente, visto que as descrições são relativamente curtas.

Tabela A.2 Os métodos implementados para a interface IOTAModuleCreator. O mais importante para o assistente New Expert é NewImpSource, que retorna a fonte de código gerado

Método de interface	Descrição
GetAncestorName	Retorna o nome do ancestral que o módulo herdará; usamos uma *string* vazia
GetFormName	Essa função retorna um nome de formulário; não geraremos um formulário, assim, retorne uma *string* vazia
GetImplFileName	Retorna o nome da unidade armazenada em FUnitName, lida a partir da caixa de diálogo New Expert
GetIntfFileName	Nome de arquivo CPP Header; retorna uma *string* vazia — lembre-se de que Delphi e C++ Builder compartilham código VCL
GetMainForm	GetMainForm retorna False na medida em que esse módulo não será o formulário principal
GetShowForm	Não há formulário associado a esse assistente, portanto retorne False novamente
GetShowSource	Visto que estaremos completando o comportamento de executar do especialista assistente, retornaremos True para mostrar a nova unidade

Tabela A.2 (Continuação)

Método de interface	Descrição
NerwFormFile	Retorna um IOTAFile, que é uma instância de um arquivo de formulário; retorna Nil pois o especialista gerado não precisa de um formulário
NewImplSource	Esse é o método crítico; retorna uma subclasse de IOTAFile contendo o código-fonte do especialista gerado. Como você pode determinar na listagem, esse método retorna uma instância de um TExpertUnit (voltaremos a esta unidade na seção "Como montar o código gerador")
NewIntFSource	Este método retorna o código-fonte de um arquivo de cabeçalho C++; ele não é relevante para os nossos objetivos
FormCreated	FormCreated é o método de evento chamado quando o Form, se houver, é construído; visto que o assistente New Expert não tem formulário, esse acionador de evento foi intencionalmente deixado em branco

Agora que implementados o assistente e cobrimos todas as interfaces desiguais usadas para definir o assistente, precisamos discutir o uso do objeto BorlandIDEServices para acrescentar o item de menu. Envolveremos a seção, implementando a peça IOTAFile que gera o código-fonte e inclui a interface IOTARepository. A interface de depósito também colocará o nosso assistente na caixa de diálogo New Items, mantendo a consistência com a capacidade New Componente.

Como acrescentar um item de menu ao menu de Delphi

A variável global BorlandIDEServices é definida na unidade ToolsAPI.pas. Utilizar o operador com objetos COM significa o mesmo que consultar um objeto para determinar se ele suporta uma interface. Por exemplo, BorlandIDEServices as IOTAModuleServices retorna uma instância de IOTAModuleServices, se BorlandIDEServices implementar a interface IOTAModuleServices. Você pode usar o objeto BorlandIDEServices para acessar todos os objetos ToolsAPI COM denominados *somenameservices*.

O excerto que segue foi tomada do seção "Como definir o assistente New Expert".

```
procedure TNewExpertWizard.AddMenuItem;
var
     NTAServices40 : INTAServices40;
     ComponentMenuItem : TMenuItem;
begin
     NTAServices40 := BorlandIDEServices As INTAServices40;
     if( Not Assigned(NTAServices40)) then exit;
     ComponentMenuItem :=
          NTAServices40.MainMenu.Items.Find('&Component');
```

Apêndice A - Exemplo de extensões Delphi usando a API OpenTools

```
        if( Not Assigned( ComponentenuItem)) then Exit;
        FMenuItem := TMenuItem.Create( ComponentMenuItem );
        try
              FMenuItem.Caption := 'New &Expert...';
              FMenuItem.OnClick := OnClick;
              ComponentMenuItem.Insert( 1, FMenuItem );
        except
              FreeAndNil(FMenuItem);
        end;
end;
```

A primeira coisa que precisamos fazer é obter acesso à interface INTAServices40, de BorlandIDEServices. INTAServices40 permite-nos acessar o menu principal do Delphi. O método TMainMenu.Items.Find é usado para obter referência ao menu Component na coleção Items. O caractere acelerador & é ignorado; você pode usá-lo ou não. O find funciona corretamente, de qualquer forma. Se o menu Component é encontrado, então um novo item de menu é criado e designado à variável de campo FMenuItem. O menu Caption e as propriedades OnClick são iniciados, e o item de menu é inserido. Quando a inserção é na posição de índice 1, ele é colocado depois do item de menu New Component. Finalmente, se ocorre uma exceção, o objeto FMenuItem é lançado.

Suponha que outros desenvolvedores estejam acrescentando especialistas com freqüência. (Agora que eles têm o assistente New Expert, eles podem.) Para garantir que o seu especialista esteja sempre colocado na posição correta, você pode usar um pouco de busca lógica para encontrar a posição certa relativa a um outro menu. A seguinte revisão garante que o item de menu New Expert sempre apareça depois do item New Component. (Lembre-se de que o código original é ComponentMenuItem.Insert(1, FMenuItem););.

```
var
      I : Integer; // added na integer variable
      NewComponentMenuItem : TMenuItem;
      // original variables
begin
      // ... original code
NewComponentMenuItem := ComponentMenuItem.Find('New Component...');
I := ComponentMenuItem.IndexOf( NewComponentMenuItem );
ComponentMenuItem.Insert( I + 1, FMenuItem );
```

A versão consolidada substitui a linha única contendo a chamada a Insert pela versão monolítica.

```
ComponentMenuItem.Insert(
      ComponentMenuItem.IndexOf(
            ComponentMenuItem.Find('Install Component...')) + 1,
                  FMenuItem );
```

Claro, se você usar a versão monolítica, acrescente um belo bloco de comentário, para ser gentil, e não precisará das variáveis locais adicionais I e NewComponentMenuItem.

Como montar
o código gerador

Para a maioria, cada assistente contém um pouco do mesmo código básico. Um novo especialista precisa de uma unidade com um nome de unidade, seções de interface e implementação, uma cláusula uses com a unidade ToolsAPI, um procedimento de registro e uma implementação das interfaces IOTAWizard e IOTAMenuWizard.

Um meio conveniente de definir o código para gerar é usar a *string* de código-fonte em forma de parâmetro em um arquivo de recurso. Quando o descendente IOTAFile é criado pelo método IOTAModuleCreator.CreateModule, ele pode ler a *string* de recurso e preencher as partes em branco em forma de parâmetro. Exatamente assim foi feito para o TExpertUnit. Primeiro, vamos dar uma olhada na definição do arquivo de recurso.

Como definir o código
de arquivo de recurso

Você pode usar uma constante para definir o código-fonte, mas é preferível usar os arquivos de recurso. Definir o código-fonte é um processo de quatro etapas. A Etapa Um será emprestada do exemplo Demos\Experts e criará um arquivo de texto chamado codegen.txt, contendo o código-fonte como parâmetro. Os parâmetros nos permitirão inserir valores atuais, usando a função format do Delphi. Etapa Dois: crie um arquivo de recurso de código que oriente o compilador de recurso para gerar codegen.res, o arquivo de recurso que vincularemos ao NewExpertWizard. Etapa Três: use o compilador de recurso Brcc32.exe para compilar o arquivo de recurso. Etapa Quatro: assegure-se de que codegen.res esteja vinculado ao nosso aplicativo, usando a diretiva {$R CODEGEN.RES}.

CODEGEN.TXT

A listagem a seguir contém o código-fonte como parâmetro. Se você observar atentamente, notará que o texto se parece com o TDummyWizard. De fato, ele foi copiado da fonte daquele assistente, exceto que valores-chave que mudam de especialista para especialista foram substituídos por valores de parâmetro. Por exemplo, o nome de unidade foi substituído por %0:s. Conseqüentemente, se a *string* de recurso for usada com a função Format em qualquer lugar que %0:s apareça, ela será substituída pela primeira *string* de argumento na função Format chamada, e assim por diante.

```
unit %0:s;
// %0:s.pás - Raison d^ etre
// Copyright (c) 2000. All Rights Reserved.
// By Your Company Name Here, Inc. http://www.yourwebsite.com
// Written by Your Name Here. City, State USA
interface
uses
        Windows, Messages, SysUtils, Classes, Graphics, Controls, Forms,
            Dialogs,
```

```
      ToolsAPI;
type
      %1:s = class(TNotifierObject, IOTAWizard, IOTAMenuWizard)
      public
            function GetIDString : String;
            function GetName : String;
            function GetState : TWizardState;
            procedure Execute;
            function GetMenuText : String;
      end;
procedure Register;
implementation
procedure Register;
begin
      RegisterPackageWizard(%1:s.Create);
end;
{ %1:s }
procedure %1:s.Execute;
begin
      MessageDlg( 'Add execute behavior here!', mtInformation, [mbOK],
            0);
end;
function %1:s.GetIDString: String;
begin
      {By Convention CompanyName.WizardName}
      result := '%5:s';
end;
function %1:s.GetMenuText: String;
begin
      { Add menu text here! }
      result := '%3:s';
end;
function %1:s.GetName: String;
begin
      { Add wizard name here! }
      result := '%4:s';
end;
function %1:s.GetState: TWizardState;
begin
      result := [%2:s];
end;
end.
```

CODEGEN.RC O arquivo .RC (código de recurso) contém o nomealvo do arquivo de recurso compilado, um valor macro que indica os tipos de dados aos quais esse item de recurso se refere, e o arquivo CODEGEN.TXT será incorporado pelo compilador de recurso.

CODEGEN RCDATA CODEGEN.TXT Para compilar o arquivo de recurso, abra um *prompt* de comando DOS e mude o diretório atual para o diretório que contém os arquivos CODEGEN.RC e CODEGEN.TXT. Assegure-se de que o diretório contendo brcc32.exe esteja na declaração de caminho do seu sistema. (Se não estiver, brcc32.exe está localizado no diretório Bin do Delphi.) Execute brcc32 codegen.rc. A saída do compilador de recurso será codegen.res.

COMO USAR A DIRETIVA DE RECURSO Como você verá no módulo UExpertUnit.pas, contendo a implementação IOTAFile, a diretiva de recurso refere-se ao arquivo CODEGEN.RES. O texto é lido do arquivo de recurso e formatado em TExpertUnit.GetSource.

Como implementar a unidade de código gerador: TExpertUnit

O Code Generator é uma TInterfaceObject que implementa a interface IOTAFile. São exigidos apenas dois métodos para implementar esta interface: GetSource e GetAge. Para a maioria, tudo o que é preciso fazer é ler o texto em forma de parâmetro a partir de CODEGEN.RES e preencher os parâmetros, a partir de valores lidos da caixa de diálogo New Expert. Segue a listagem completa.

```
unit UExpertUnit;
// UExpertUnit.pas - Contains the expert unit generator
// copyright (c) 2000. All Rights Reserved.
// By Software Conceptions, Inc. http://www.softconcepts.com
// Written by Paul Kimmel. Okemos, MI USA
interface
     { UnitName is %0, NewClassName is %1, WizardState is %2,
       MenuText is %3,
       and ExpertName (WizardName) is %4 as defined in CODEGEN.TXT.
       PTK
     }
uses
     ToolsAPI, Windows;
type
     TExpertUnit = class( TInterfaceObject, IOTAFile )
     private
          FNewClassName : String;
          FMenuText : String;
          FExpertIDString : String;
          FExpertName : String;
          FUnitName : String;
          FWizardState : TWizardState;
          Function WizardStateString : string;
     public
          constructor Create( const NewClassName, MenuText,
                    ExpertIDString,
                ExpertName, UnitName : String; WizardState : TWizardState );
          function GetSource : string;
          function GetAge : TDateTime;
     end;
implementation
```

```pascal
uses
      SysUtils, Dialogs;
{$R CODEGEN.RES}
{ TExpertUnit }
constructor TExpertUnit.Create(const NewClassName, MenuText,
      ExpertIDString, ExpertName, UnitName: String; WizardState:
            TWizardState);
begin
      inherited Create;
      FNewClassName := NewClassName;
      FMenuText := MenuText;
      FExpertIDString := ExpertIDString;
      FExpertName := ExpertName;
      FUnitName := UnitName;
      FWizardState := WizardState;
end;
function TExpertUnit.GetAge: TDateTime;
begin
      result := -1;
end;

function TExpertUnit.WizardStateString : string;
begin
      if( wsEnabled in FWizardState ) then
            result := 'wsEnabled';
      if( wsChecked in FWizardState ) then
            if( Length(result) > 0 ) then
                  result := result + ', wsChecked'
            else
                  result := 'wsChecked';
end;

function TExpertUnit.GetSource : string;
var
      Text : string;
      Instance : THandle;
      HRes : HRSRC;
      UnitName : String;
begin
      Instance := FindResourceHInstance(HInstance);
      HRes := FindResource( Instance, 'CODEGEN', RT_RCDATA );
      Text := PChar(LockResource(LoadResource(Instance, HRes)));
      SetLength( Text, SizeOfResource(Instance, HRes));
      UnitName := ExtractFileName(FUnitName);
      if( Pos( '.', UnitName ) > 0 ) then
            UnitName := Copy( UnitName, 1, Pos('.', UnitName ) - 1);
      Result := Format( Text,
      [UnitName, FNewClassName, WizardStateString, FMenuText,
            FExpertName,
      FExpertIDString]);
   end;
   end.
```

> **NOTA**
>
> A listagem completa do formulário de saída do New Expert Wizard pode ser encontrada no CD deste livro. Quase não há código. Para implementar o formulário sem buscar no CD, simplesmente acrescente as etiquetas e controles de edição usando a Figura A.6 como um guia e leia aqueles valores do formulário, se o usuário pressionar o botão OK.

Note que o construtor de TExpertUnit toma todos os valores *string* reunidos do formulário New Expert. Esses valores são copiados para variáveis locais. CreateModule chamará o método NewImplSource, implementado em TNewExpertWizard. NewImplSource retorna o IOTAFile criado, assim, o método GetSource é chamado para gerar o texto.

A implementação GetSource retorna, essencialmente, o texto em forma de parâmetro, preenchendo os parâmetros com os valores FUnitName do parâmetro %0, FNewClassName, para o parâmetro %1, o FWizardState convertido para uma *string* do parâmetro %2, FMenuText para o parâmetro %3, FExpertName, para o parâmetro %4, e FExpertIDString para o parâmetro %5. Por exemplo, o texto de recurso:

```
unit %0:s;
```

substituído com o parâmetro %0 torna-se

```
unit filename;
```

onde filename é o nome de arquivo parte do campo FUnitName. Tudo isso ocorre na última linha do método GetSource.

O restante do método GetSource realiza as etapas necessárias para carregar a *string* de recurso do CODEGEN.RES. FindResourceHInstance usa o manipulador de módulo HInstance e retorna o manipulador de recurso ao módulo. A chamada a FindResource toma o manipulador de recurso, o nome do recurso, que chamamos de CODEGEN, e o tipo de recurso. RT_RCDATA é uma constante definida em Windows.pas, que retorna o valor de MakeIntResource(10). RCDATA é o valor de recurso para a fileira de dados binários. O arquivo CODEGEN.RC contendo CODEGEN.RCDATA CODEGEN.TXT é o arquivo que descreve o recurso que agora estamos carregando. A linha de código

```
Text :+ PChar(LockResource(LoadResource(Instance, HRes)));
```

começa com a chamada à função interna, carregando o recurso na memória global, bloqueando o recurso e classificando os dados de recurso binários para um PChar. A chamada a SetLength redimensiona a variável Text, preservando os dados lidos do recurso.

Apêndice A - Exemplo de extensões Delphi usando a API OpenTools | 673

Como acrescentar o assistente à caixa de diálogo New Items

Se você acrescentar as unidades UNewExpertWizard, UExpertUnit e UFormMain a um novo pacote e instalar aquele pacote, então o assistente New Expert aparecerá no menu Component, conforme definido. Entretanto, lembre-se de que você também pode iniciar o assistente New Componente da caixa de diálogo New Items, clicando **File, New, Other** e selecionando **Component** da guia New da caixa de diálogo New Items. Sendo cuidadosos, disponibilizaremos aqui também o New Expert.

> *UFormMain refere-se à unidade e arquivo de formulário da caixa de diálogo New Expert.*

NOTA

Para que o New Expert esteja disponível na caixa de diálogo New Items, teremos que herdar e implementar ambas as interfaces, IOTARepository e IOTAFormWizard.

Implementação de interfaces de depósito

Para incluir as interfaces assistentes de depósito e formulário, simplesmente acrescente-as à lista de interfaces, delimitadas por vírgulas, na lista de classes pai, na interface TNewExpertWizard, conforme mostrado aqui.

```
TNewExpertWizard = class(TNotifierObject, IOTAWizard,
    IOTACreator,
    IOTAModuleCreator, IOTAFormWizard, IOTARepositoryWizard)
```

Visto que acrescentamos uma nova interface, também teremos que implementar tal interface. A interface IOTARepository declara quatro métodos que precisam ser implementados: GetAuthor, GetComment, GetPage e GetGlyph. Acrescente as quatro declarações ao TNewExpertWizard, na seção pública da classe (mostrada na listagem) e implemente-as. (As implementações delas em TNewExpertWizard também estão listadas.)

```
type
TNewExpertWizard = class(TNotifierObject, IOTAWizard,
IOTACreator,
    IOTAModuleCreator, IOTAFormWizard, IOTARepositoryWizard)
    // ...
public
    // ...
        { IOTARepositoryWizard }
        function GetAuthor : string;
        function GetComment : string;
```

```
            function GetPage : string;
            function GetGlyph : HICON;
     end;
implementation
function TNewExpertWizard.GetAuthor: string;
begin
      result := 'Paul Kimmel/Building Delphi 6 Applications';
end;
function TNewExpertWizard.GetComment: string;
begin
      result := 'Creates a custom expert using ToolsAPI';
end;
function TNewExpertWizard.GetGlyph: HICON;
begin
      result := 0;
end;
function TNewExpertWizard.GetPage: string;
begin
      result := 'SoftConcepts';
end;
```

> **NOTA**
>
> As funções de depósito retornam informações que podem ser usadas para ordenar os itens, usando o menu de contexto New Items, ou informações exibidas, se a vista for mudada de uma exibição View Large Icons (mostrado na Figura A.7) para uma exibição View Details (não mostrado).

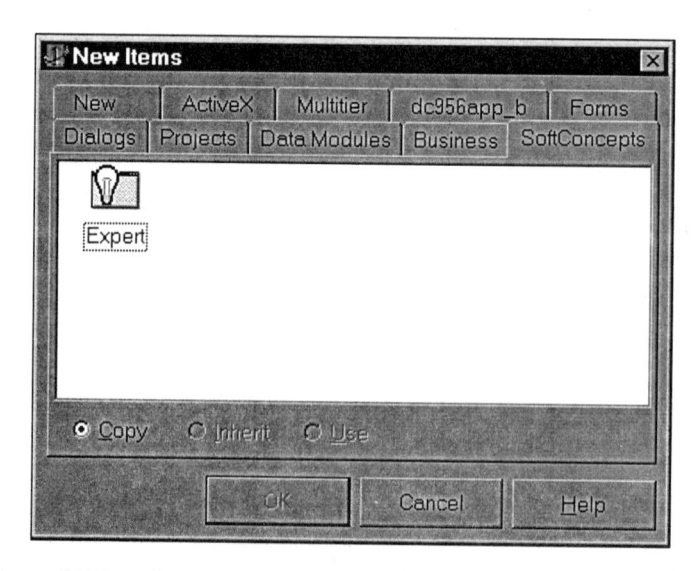

Figura A.7 O assistente TNewExpertWizard na caixa de diálogo New Items. Isso é conseguido, implementando as interfaces IOTARepository e IOTAFormWizard a partir de ToolsAPI.pas

O método GetAuthor deve conter informações de *string* indicando a pessoa ou entidade que cria o assistente. GetComment contém um rápido comentário descrevendo o assistente. Por ora, GetGlyph retorna 0, resultando em um padrão de ícone sendo usado para representar o assistente. GetPage indica a página na qual o assistente deve aparecer. Como definido, o New Expert Wizard aparece na caixa de diálogo New Items, conforme mostrado na Figura A.7. Clique duas vezes no especialista, na caixa de diálogo New Items, para executar o especialista.

Acrescente um ícone personalizado a New Items

Conseguir aquele pouco de ajuste e acabamento pode ser conseguido retornando a atual alavanca de um ícone do método IOTARepository.GetGlyph. A primeira coisa que você precisará fazer é acrescentar um ícone a um arquivo de recurso. Isso pode ser obtido com o Image Editor, de maneira muito semelhante às etapas usadas em ícones componente, no Capítulo 10. Acrescente um ícone personalizado à caixa de diálogo New Items completando as etapas numeradas.

1. Execute o Image Editor do menu Tools de Delphi.
2. Crie um novo arquivo de recurso em Image, selecionando **File, New, Resource File**.
3. Acrescente um novo ícone, clicando **File, New, Icon**. Escolha o ícone padrão de 32x32 pixels, 16 cores. Clique **OK**.
4. Clique duas vezes no ícone para abrir a janela de edição para o novo ícone.
5. Desenhe um novo ícone usando as ferramentas de desenho de Image Editor ou copie e cole um ícone existente, na tela para o ícone.
6. Feche o editor de ícone e renomeie o ícone para TNEWEXPERTWIZARD.
7. Salve o arquivo de recurso como UNewExpertWizard.res. Os arquivos UNewExpertWizard.pas e UNewExpertWizard.res agora têm o mesmo nome de arquivo.
8. Edite a unidade UNewExpertWizard.pas, acrescentando a diretiva de recurso {$R *.RES} imediatamente depois da cláusula uses na seção de implementação.
9. Modifique GetGlyph para retornar a alavanca do ícone. (A revisão de código segue a listagem numerada.)
10. Monte e instale o pacote assistente com a revisão. (Veja o resultado na Figura A.8)

```
function TNewExpertWizard.GetGlyph: HICON;
begin
      result := LoadIcon(HInstance, 'TNEWEXPERTWIZARD');
end;
```

Quando você tiver feito uma montagem e instalado o assistente Expert, a caixa de diálogo New Items conterá o novo ícone (mostrado na Figura A.8), em vez do ícone padrão (da Figura A.7).

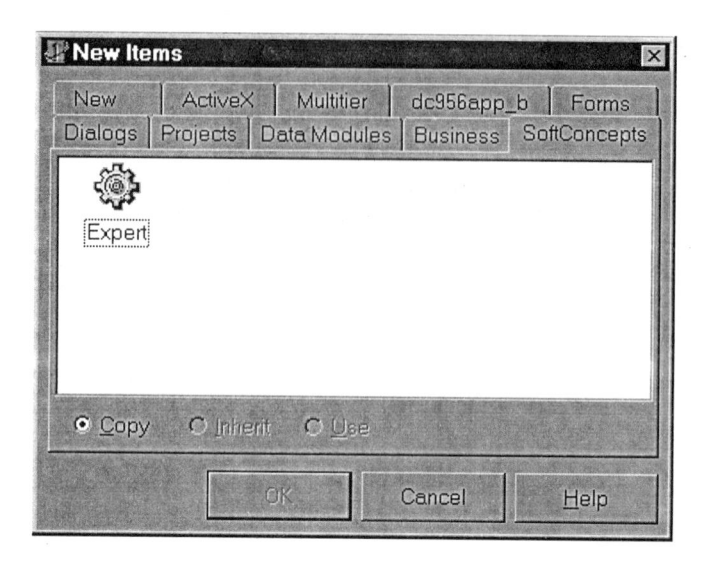

Figura A.8 O novo ícone para o assistente Expert é o factory.ico do diretório BorlandShared\Images\Icons instalado com o Delphi

Criação de editores componente

Os editores componentes permitem que você acrescente itens de menu de contexto em classes específicas de componentes. Quando os itens de menu de contexto são clicados, o editor componente pode responder, chamando um método do componente ou exibindo uma caixa de diálogo, oferecendo ao usuário um outro meio de modificar componentes por ocasião do *design*. Todos os editores componente são tornados subclasses de TComponentEditor. Os itens de menu de contexto são acrescentados implementando os métodos GetVerb, GetVerbCount e ExecuteVerb. Quando você tiver registrado o componente, cada cópia daquele componente terá os itens de menu de contexto estendidos, descritos em GetVerb.

Quando o editor componente é chamado, você pode fornecer editores simples, editores complexos ou chamar métodos de componente referenciados por ocasião do *design*. Cada cópia de editor componente mantém uma referência ao componente ao qual ele é associado, através de uma referência genérica Component. Digite a classificação do componente genérico à classe específica de componente para chamar métodos ou acessar atributos específicos. Se você modificar as propriedades de componente, então chame o método Designer.Modified para garantir que o componente está atualizado.

Nesta seção, criaremos um componente básico e um editor, demonstraremos como chamar um método de um componente e como definir uma caixa de diálogo de editor componente para o componente de etiqueta sombreada, criado no Capítulo 9, chamado TLabelExtendedFont.

Definição do menu de contexto

Com objetivos de demonstração, criaremos um Tcomponent simples, denominado TComponentWithEditor, com uma única propriedade de texto. O editor componente, chamado TMyEditor, definirá três itens de menu de contexto. O primeiro chamará uma caixa de diálogo *about* (sobre) para o componente, o segundo dará um sinal (*beep*) e o terceiro exibirá uma caixa de diálogo de entrada usando a função InputQuery. Se o usuário selecionar o terceiro item, entrar com texto e clicar **OK**, o texto será exibido e a propriedade Text do componente será atualizada por ocasião do *design*. Segue a listagem de código completa.

```
unit UComponentWithEditor;
interface
uses
      Windows, Messages, SysUtils, Classes, Graphics, Controls,
            Forms, Dialogs,
      DsgnIntf;
type
      TComponentWithEditor = class(TComponent)
      private
            FText : String;
            procedure About;
      protected
      public
      published
            property Text : string read FText write FText;
      end;

      TMyEditor = class(TComponentEditor)
      public
            procedure ExecuteVerb(Index: Integer); override;
            function GetVerb(Index: Integer): string; override;
            function GetVerbCount: Integer; override;
      end;
procedure Register;
implementation
procedure Register;
begin
      RegisterComponents('PK Misc', [TComponentWithEditor]);
      RegisterComponentEditor( TComponentWithEditor, TMyEditor );
end;
{ TComponentWithEditor }
resourcestring
      sAboutText = 'Example Component with Editor' + #13#10 +
                  'Delphi 6 Developer's Guide' + #13#10 +
                  'pkimmel@softconcepts.com' + #13#10 +
                  'Copyright (c) 2000. All Rights Reserved.';
      sAboutMenuText = 'About %s';
procedure TComponentWithEditor.About;
begin
      MessageDlg( sAboutText, mtInformation, [mbOK], 0 );
```

```
end;

{ TMyEditor }
procedure TMyEditor.ExecuteVerb(Index: Integer);
var
      Default : String;
begin
      case Index of
      0: TComponentWithEditor(Component).About;
      1: Beep;
      2: if( InputQuery( 'Dialog Example', 'Enter some text:',
                      Default )) then
            begin
                  ShowMessage( Format( 'You entered %s', [Default] ));
                  TComponentWithEditor(Component).Text := Default;
                  Designer.Modified;
            end;
      end;
end;

function TMyEditor.GetVerb(Index: Integer): string;
begin
      case index of
      0: result := Format( sAboutMenuText, [Component.ClassName] );
      1: result := 'Beep';
      2: result := 'Input Text';
      end;
end;
function TMyEditor.GetVerbCount: Integer;
begin
      result := 3;
end;
end.
```

NOTA

Você precisará incluir DsgnIntf.pas, encontrado no subdiretório Source\ToolsAPI das versões Professional e Enterprise do Delphi.

DICA

Ao ler Verb, como em GetVerb, pense Menu.

Apêndice A - Exemplo de extensões Delphi usando a API OpenTools | **679**

A primeira classe, TComponentWithEditor, é definida na seção de interface com um método privado, About, e um campo, FText. Na seção pública, a propriedade pública Text será exibida no Object Inspector. Conforme anteriormente mencionado, o editor de componentes, TMyEditor, sobregrava GetVerb, GetVerbCount e ExecuteVerb. GetVerbCount retorna o valor 3. Há três verbos baseados em 0 (zero). GetVerb retorna o texto para exibir no menu de contexto usando uma declaração case; com a mesma facilidade, você poderia usar um *array*. Veja a Figura A.9 para uma vista no menu de contexto do componente. Finalmente, o método ExecuteVerb é passado ao índice do verbo clicado (item de menu) e a declaração case garante que o código certo seja executado.

> Nós não precisamos chamar as versões herdadas de GetVerbCount, GetVerb ou ExecuteVerb, pelo único motivo que elas são funções vazias em TComponentEditor, a classe pai.

DICA

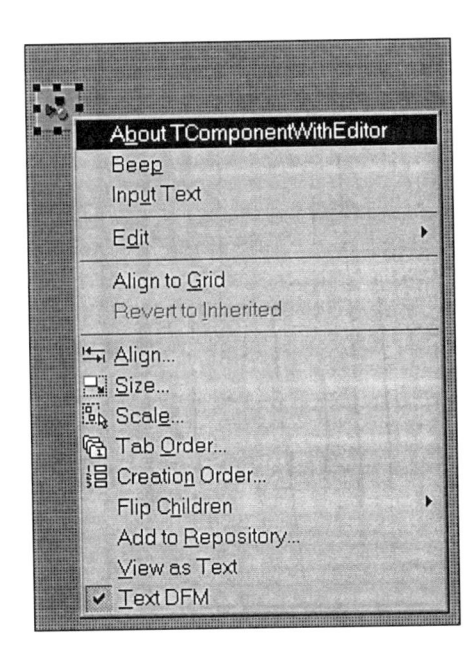

Figura A.9 O TMyEditor define os três primeiros itens, mostrados no menu de contexto na figura

A única coisa que pode não ser óbvia é que, uma vez chamado o método ExecuteVerb, você pode descender qualquer nível de atividade complexa. Para um bom exemplo de como podem ser os editores de componentes complexos, veja o editor componente TChart.

O índice de zeros do editor de componentes nesse exemplo dá entrada nas classificações da referência Component para TComponentWithEditor — de que tipo ele é — e chama o método About. O primeiro índice — o item de menu Beep — chama o procedimento Beep do Delphi. Você ouvirá um som de sino se o seu autofalante estiver ligado. O segundo índice de item de menu, Input Text, exibirá a caixa de diálogo InputQuery Entre com texto e clique **OK**. O texto é exibido e novamente a referência Component é digitada a classificação para o tipo atual do componente e a propriedade Text do componente é atualizado. Para garantir que a vista por ocasião do *design* do componente esteja atualizada, é chamado Designer.Modified. Você verá as mudanças refletidas no componente, se elas forem aplicáveis, e no Object Inspector, se a propriedade for publicada.

Como registrar o editor componente

Editores de componentes têm os seus próprios procedimentos de registro. Acrescente uma chamada a RegisterComponentEdit no procedimento global Register para registrar o editor componente. Como pode ser garantido a partir da listagem na subseção anterior, o primeiro argumento é o TComponentClass e o segundo argumento é o TComponentEditorClass. No código de exemplo, o primeiro argumento é a classe do componente, TComponentWithEditor, e o segundo argumento é a classe do editor, TMyEditor.

Um editor componente para a etiqueta sombreada

A etiqueta sombreada, vista nesta seção, é o componente TLabelExtendedFont, do Capítulo 9. A caixa de diálogo editor de componentes (mostrada na Figura A.10) para o componente exibe uma apresentação organizada de propriedades que personalizam a aparência da etiqueta de fonte estendida. A listagem completa para o formulário parte do editor de componentes está contida no CD deste livro; ela demonstra o uso de alguns controles VCL básicos e alguns mais novos, incluindo os controles ColorBox e CheckListBox.

A definição de classe editor de componentes sobregrava os três métodos básicos da classe TComponentEditor para criar o menu de contexto.

```
TLabelExtendedFontEditor = class (TComponentEditor)
private
    procedure EditLabel;
public
    function GetVerbCount : Integer; override;
    function GetVerb( Index : Integer ) : string; override;
    procedure ExecuteVerb( Index : Integer ); override;
end;
```

O método privado EditLabel é usado para implementar o comportamento de edição quando o verbo EditLabel é executado.

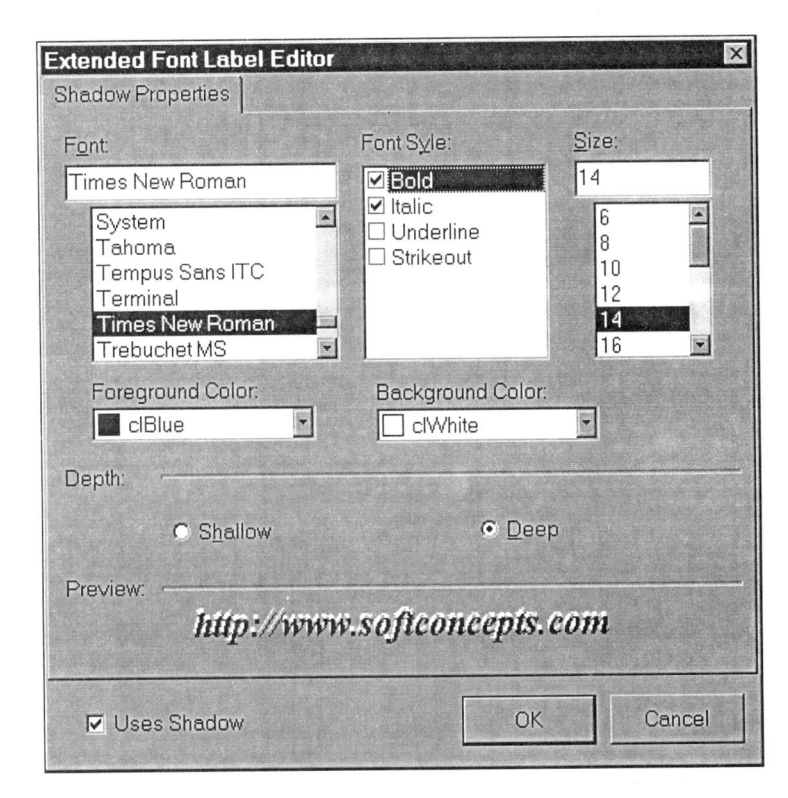

Apêndice A - Exemplo de extensões Delphi usando a API OpenTools | **681**

Figura A.10 A caixa de diálogo Component Editor do componente TLabelExtendedFont, do Capítulo 9

```
procedure TLabelExtendedFontEditor.EditLabel;
var
      F : TFormEditor;
begin
      F := TFormEditor.Create(Application);
      try
            F.TestLabel := Component As TLabelExtendedFont;
            if( F.ShowModal = mrOK ) then
            begin
                  TLabelExtendedFont(Component).Assign( F.TestLabel );
                  Designer.Modified;
            end;
      finally
            F.Free;
      end;
end;
```

```
procedure TLabelExtendedFontEditor.ExecuteVerb(Index: Integer);
begin
      case Index of
      0: TLabelExtendedFont(Component).About;
      1: EditLabel;
      end;
end;
function TLabelExtendedFontEditor.GetVerb(Index: Integer):
                  string;
const
      VERBS : array[0..1] of string = ( 'About', 'Edit Label');
begin
      result := VERBS[Index];
end;
function TLabelExtendedFontEditor.GetVerbCount: Integer;
begin
      result := 2;
end;
```

Como você viu antes, a implementação GetVerbCount é direta; ela retorna 2, significando que haverá dois itens de menu no menu de contexto para a etiqueta de fonte estendida. Os dois verbos, About e ExitLabel, retornam a partir de um *array* de *strings* definido no método GetVerb. ExecuteVerb chama o método TlabelExtendedFont.About ou EditLabel, dependendo do valor do Index passado.

EditLabel cria uma instância do formulário mostrado na Figura A.10, usando o componente de etiqueta de fonte estendido, referenciado pelo editor de componentes, para iniciar o teste de etiqueta no formulário do editor de componentes, TFormEditor. O usuário pode modificar quaisquer propriedades que estejam representadas no formulário. Se o usuário clicar **OK**, o TFormEditor.TestLabel será designado de volta ao componente referenciado.

> **NOTA**
> *A versão original de TLabelExtendedFont pode ser encontrada no CD do livro, no Capítulo 9, e a versão modificada pode ser encontrada no CD, no Apêndice A. Um aplicativo de teste foi incluído para permitir que você execute o TFormEditor como um aplicativo único.*

Para facilitar este exercício, os métodos About e Assign tiveram que ser acrescentados ao TLabelExtendedFontComponent e uma chamada a RegisterComponents teve que ser acrescentado ao procedimento Register. Os fragmentos de código modificado estão listados e fazem parte do CD.

```
procedure Register;
begin
      RegisterComponents('PK Labels', [TLabelExtendedFont]);
      RegisterComponentEditor( TLabelExtendedFont,
TLabelExtendedFontEditor );
end;
```

```
{ TLabelExtendedFont }
procedure TLabelExtendedFont.About;
resourcestring
      sAboutText = 'Extended Font Label Component' + #13#10 +
                   'Delphi 6 Developer"s Guide' + #13#10 +
                   '(c) 2000. All Rights Reserved.' + #13#10 +
                   'Written by Paul Kimmel. pkimmel@softconcepts.com';
begin
      MessageDlg( sAboutText, mtInformation, [mbOK], 0 );
end;
procedure TLabelExtendedFont.Assign( Source : TPersistent );
begin
      if( Source Is TLabelExtendedFont ) then
      begin
            with Source As TLabelExtendedFont do
            begin
                  Self.Caption := Caption;
                  Self.Transparent := Transparent;
                  Self.Font.Assign( Font );
                  Self.FHasShadow := HasShadow;
                  Self.FShadowColor := ShadowColor;
                  Self.FShadowDepth := ShadowDepth;
                  Self.Invalidate;
            end
      end
      else
            inherited Assign(Source);
end;
```

O método Assign copia os efeitos das propriedades Caption, Font e Shadow da etiqueta de argumento da etiqueta que está sendo chamada. Para tentar completar o exercício, implemente você mesmo o editor de formulário, parte do editor componente, ou carregue o do CD do livro.

Resumo

Este apêndice não foi um pensamento final. Esses tópicos avançados são parte do que torna o Delphi poderoso e excitante de usar. Neste capítulo, você aprendeu como usar muitas das interfaces em OpenTools API para estender Delphi, e como escrever editores de componente. Esse apêndice, de fato, trata de escrever software para desenvolvedores. Você não fará isso todos os dias, mas, quando fizer, ficará separado da multidão dos desenvolvedores de todo o dia.

Infelizmente, muito do que constitui a documentação para a OpenTools API está em forma de código e comentários. Talvez, quando este livro for impresso, o problema já tenha sido remediado. As informações de editor de componentes são mais documentadas de forma mais completa na ajuda integrada e serão mais fáceis de aprender. Foi feita uma tentativa de oferecer a maior variedade do que razoavelmente seria permitido no espaço disponível. Se você quiser um livro sobre OpenTools API ou componente personalizado avançado, faça com que os editores saibam disso.

APÊNDICE B

Criação de um aplicativo NT Service

Serviços de aplicativo são programas que geralmente são executados em background e ajudam a tornar um computador em particular mais útil. A utilidade é relativa a um indivíduo ou organização em especial. Um dos melhores exemplos de um serviço de aplicativo é o IIS — Internet Information Server. Quando você instala o IIS em um servidor ou PC de multiprocessador de grande porte, o IIS roda em *background*, como um serviço, e alimenta páginas Web para as pessoas que visitam o seu Web *site*. Outros serviços na mesma linha são servidores FTP, SMTP e Telnet. O Event Log e o Windows Installer também são executados como serviços.

Em um aplicativo prático, um bom candidato para um serviço é um aplicativo que pode executar sem entrada ativa de usuário e precisa ser executado tendo ou não alguém registrando a entrada. O IIS é um bom exemplo. Em um ambiente de desenvolvimento prático, eu usei serviços para aplicativos que estão transportando e validando transações dia e noite.

Visual Basic .NET suporta a montagem de NT Services.

NOTA

O Delphi suporta diretamente a montagem de serviços Windows NT (incluindo o Windows 2000 ou o Windows NT 5.0). A habilidade de montar NT Services não é inerente a todas as ferramentas. Por exemplo, Microsoft Visual Basic 6.0 e versões anteriores não são capazes de montar diretamente serviço de aplicativos. O Apêndice B discute os conceitos básicos de montar aplicativos Windows NT Service, demonstrando um arquivo de registro IIS de envio de correio automatizado. O aplicativo de demonstração poderia ser usado para enviar registro de arquivo para um auditor externo, por exemplo.

Como criar um serviço de aplicativo

A maneira mais fácil de montar um serviço de aplicativo é iniciar o *applet* Service Application a partir da caixa de diálogo New Items. Observe que também há um item Service. O *applet* Service acrescentará um módulo TService a um aplicativo existente, mas quando você define um novo serviço irá querer clicar o *applet* Service Application.

Quando você clica o *applet* Service Application, o Delphi cria um novo projeto. A fonte .DPR contém SvcMgr como o primeiro arquivo na cláusula uses do arquivo-fonte do projeto. Adicionalmente, uma unidade contendo uma classe TService será acrescentada ao projeto. A classe TService descende de um TDataModule; é onde você acrescenta os seus componentes não visuais e o código de serviço. Não inclua as unidades Forms ou HttpApp no arquivo-fonte de projeto. SvcMgr, Forms e HttpApp, todos, definem um objeto global Application, resultando em conflito para o seu serviço de aplicativo.

NOTA
A existência de um objeto global Application em Forms e SvcMgr foi verificada, mas o exame da implementação beta do HttpApp.pas não detectou variável Application. A advertência sobre combinar essas três unidades foi tomada a partir do arquivo de ajuda Delphi. Como sempre, você pode experimentar idéias livremente; apenas preveja um potencial conflito do objeto Application.

O serviço de aplicativo é direto. ServiceApp.dpr é definido no CD-ROM deste livro. O aplicativo espera por um período de tempo predeterminado. Depois, os dados atuais no arquivo de registro IIS de hoje são enviados a um destinatário de correio designado. O aplicativo de exemplo codifica a maioria das variáveis de maneira complaxa, mas, como você viu ao longo do livro, é um bom processo tornar dados de aplicativo configuráveis externamente. Por exemplo, o destinatário, as informações de correio e o *timer* de intervalo, todos poderiam ser armazenados no registro e modificados sem remontar o aplicativo. (Visto que cobrimos um aplicativo persistência de dados no registro no Capítulo 15 e um arquivo INI no Capítulo 16, não repetiremos aqui tais informações.)

O *shell* básico do serviço de aplicativo é criado pelo Delphi; tudo o que você precisa fazer é escrever o código que define o serviço.

Como definir o serviço de envio de correio

Quando o serviço é iniciado no Service Control Manager (Gerenciador de controle de serviço) (consulte seção sobre Service Control Manager para mais detalhes), o Delphi chama o método de evento OnExecute disponível para você definir, no módulo TService. O código básico que você precisará no método de evento OnExecute é um *loop* while, que permite ao serviço processar solicitações.

```
while Not Terminated do
      ServiceThread.ProcessRequests(False);
```

Esse código é semelhante ao *loop* Windows, que compreende a fila de mensagem Windows. O objeto ServiceThread é a cadeia de serviço dedicado para cada serviço no serviço de aplicativo. Not Terminated avaliará para True até que o serviço seja parado pelo Service Control Manager.

Como o arquivo de registro do serviço de envio de correio manda arquivos de registro IIS para um destinatário a intervalos regulares, tudo o que precisamos acrescentar ao método de evento OnExecute — quando o serviço é iniciado — é código que capacita o *timer* antes do *loop* e desabilita o *timer* depois do *loop*. A partir do aplicativo de demonstração, segue o acionador de evento OnExecute completo.

```
procedure TMyService.ServiceExecute(Sender: TService);
begin
      Timer1.Enabled := True;

      while Not Terminated do
            ServiceThread.ProcessRequests(False);

      Timer1.Enabled := False;
end;
```

Quando o serviço é iniciado, o *timer* é desabilitado. O código pende no *loop* while até que o serviço seja parado; finalmente, o *timer* é desabilitado.

Quando passa o intervalo de tempo, os valores atuais do arquivo de registro atuais são enviados para o destinatário predeterminado. Todo o código que realiza essas tarefas está listado a seguir.

```
function TMyService.GetLogFileName: string;
const
      sLogFileName =
            '"c:\winnt\system32\LogFiles\W3SVC1\ex"yymmdd".log"';
begin
      {$IFOPT D+}
            result := FormatDateTime( sLogFileName, EncodeDate( 2000, 12,
                  27));
```

```
        {$ELSE}
                result := FormatDateTime( sLogFileName, Date );
{$ENDIF}
end;

procedure TMyService.Timer1Timer(Sender: TObject);
var
        FileName : string;
begin
        FileName := GetLogFileName;
        if( Not FileExists(FileName)) then exit;

        IdSMTP1.Connect;
        try
                IdMessage1.Body.LoadFromFile( GetLogFileName );
                IdSMTP1.Send( IdMessage1 );
        finally
                IdSMTP1.Disconnect;
        end;
end;
```

> **DICA**
>
> *Texto literal pode ser embutido na função FormatDateTime colocando aspas duplas em torno do texto que não é parte da máscara de data. Essa é uma técnica útil para criar nomes de arquivo com datas dinâmicas como parte do nome.*

A primeira função, GetLogFileName, utiliza uma constante de nome de arquivo para teste — definida pela diretiva de compilador $IFOPT D+, que inclui o código após a diretiva, quando a depuração é habilitada, e o código $ELSE, quando a depuração está desabilitado. O evento OnTimer determina o registro do nome de arquivo de hoje. Se o arquivo existir, como existirá quando as pessoas visitam o seu *site* e o registro de entrada é habilitado no administrador IIS, o conteúdo dos arquivos é carregado na propriedade Body TStrings. (Consulte o Capítulo 16 para mais informações sobre o componente TIdMessage e a propriedade Body.) O conteúdo do registro de arquivo é enviado através de um componente Internet Direct TIdSMTP conectado. Observe que as informações de destinatário de correio não são dinamicamente codificadas. Se você quiser que o destinatário seja dinâmico, você precisará ler os valores de propriedade necessários de alguma fonte persistente. Veja o exemplo SimplePop3 do Capítulo 16 para um exemplo de como ler dinamicamente informações de remetente, destinatário e servidor de correio.

Como instalar
um serviço de aplicativo

Os serviços de aplicativos Delphi podem ser instalados a partir do *prompt* de comando, executando o aplicativo com a troca /INSTALL. Use /UNINSTALL para remover o serviço e /SILENT para evitar exibir a caixa de diálogo indicando o sucesso ou a falha da instalação ou desinstalação. Quando você instala ou remove um serviço, uma caixa de diálogo que exige entrada de usuário é exibida. Se você estiver configurando serviços como parte de uma instalação maior, pode não querer que a instalação seja interrompida, aguardando pela entrada de usuário; use /SILENT para evitar a caixa de diálogo. As listagens de exemplo demonstram como instalar o seu serviço de aplicativo a partir de um *prompt* de comando.

```
Serviceapp /INSTALL
Serviceapp /UNINSTALL
Serviceapp /INSTALL /SILENT
```

Os primeiros dois exemplos exibem uma simples caixa de diálogo, indicando sucesso ou falha, e o terceiro exemplo não. O exemplo de serviço de aplicativo é serviceapp.exe. Quando você instala o serviço, ele não é iniciado. Você precisará abrir o Service Control Manager ou reiniciar o computador para iniciar o serviço. Inversamente, quando você remove o serviço, ele não é removido da lista de serviços (no Windows 2000) até a próxima vez em que você abre o Service Control Manager.

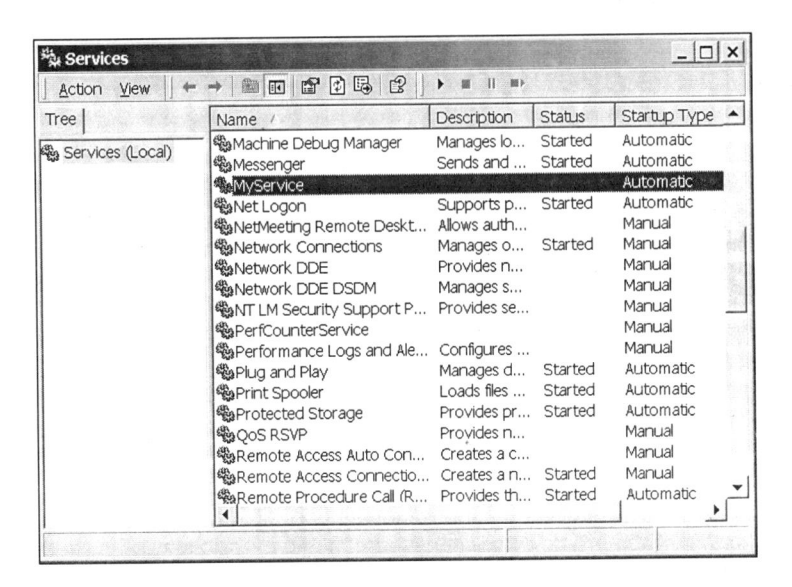

Figura B.1 *O Service Control Manager focalizado no serviço criado neste apêndice, MyService em serviceapp.exe*

O serviço não está listado pelo nome do aplicativo no Service Control Manager; ao contrário, ele está listado pelo nome de objeto serviço. A partir da listagem de código na seção anterior, sabemos que a classe serviço é TMyService e, se você examinar a propriedade Name do módulo serviço, notará que o serviço é nomeado MyService. MyService será exibido no Service Control Manager, como mostrado Na Figura B.1.

Como usar o Service Control Manager

O Service Control Manager mostrado na Figura B.1 trabalha como a função básica dos controles VCR. Selecione o serviço com o mouse e clique o botão Start Service, que se parece com o botão Play em um VCR. Clique o botão Stop para parar o serviço; os dois últimos botões são Pause e Restart, respectivamente.

Clicando à direita sobre o serviço, você pode exibir o menu de contexto e abrir a caixa de diálogo de propriedades de serviço. O comportamento padrão de um serviço é iniciar automaticamente quando você reinicia o computador, mas é possível mudar o tipo de início do serviço, informações de registro de entrada e recuperação de detalhes, e indicar se o serviço pode ou não interagir com o desktop. "Interagir com o *desktop*" significa que o serviço pode exibir uma interface de usuário. Por exemplo, se o seu serviço tem itens configuráveis por usuário, então permiti-lo interagir com o *desktop* levará o seu aplicativo a mostrar um ícone na barra de tarefas e exibir formulários. Como uma alternativa, você pode executar o serviço como um aplicativo único para mudar as opções configuráveis pelo usuário.

Registro de eventos de serviço

Serviços podem escrever diretamente no serviço Windows Event Log usando o método LogMessage. LogMessage é método de TService. Ele tem vários argumentos opcionais, mas tudo o que você precisa passar é uma *string* de texto indicando o texto que deseja escrever no Windows Event Log.

```
LogMessage( 'Starting', EVENTLOG_INFORMATION_TYPE );
```

A declaração LogMessage anterior escreverá uma entrada de registro de evento Application no Windows Event Log, conforme mostrado no Event Viewer, na Figura B.2. Os primeiros dois parâmetros (veja a listagem anterior) são o texto que você deseja registrar e uma constante indicando o tipo de evento. Existem mais dois parâmetros que podem ser passados para LogMessage: o terceiro parâmetro é um valor Category, que não deve significar nada para você, e o quarto é o número de ID da mensagem, que é o ID do texto associado ao arquivo de evento e um evento em particular.

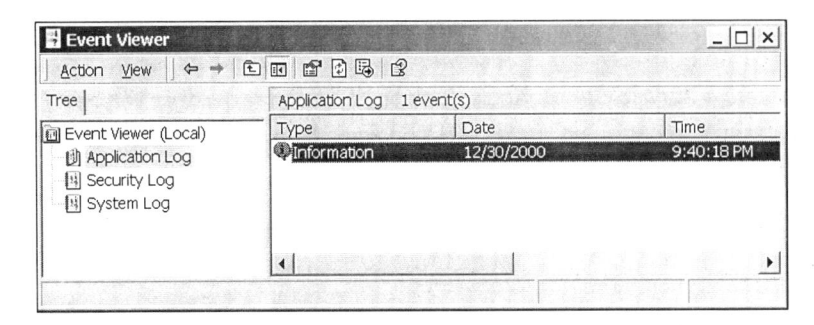

Figura B.2 O Windows Event Viewer mostrando a entrada de registro de evento criada pela chamada a TService.LogMessage na listagem de código

Como depurar serviços

Você pode tomar uma ou ambas das duas abordagens para depurar serviço de aplicativos. A primeira é definir a parte de trabalho do serviço de aplicativo em classes separadas e testá-las em aplicativos únicos. A segunda é depurar o serviço de aplicativo enquanto ele está sendo executado como um serviço. A primeira abordagem é uma boa idéia; acrescentar as classes de trabalho a um aplicativo normal é a maneira mais fácil de testar o comportamento de um serviço de aplicativo e estar de acordo com a noção de manutenção de armação.

Aplicamos o primeiro método a ServiceApp e TestMailer (também no CD do livro) quando eles foram criados. Os mesmos componentes, IdMessage, TTimer e IdSMTP foram acrescentados a um aplicativo único e foi criado um envio de correio. Visto que os truques do aplicativo TestMailer funcionaram, as mudanças foram reimplantadas no serviço. Criar um aplicativo de armação, ou teste, é fácil de fazer, mas nem sempre é suficiente.

A segunda abordagem para testar o seu serviço é instalar e executar o serviço de aplicativo e anexá-lo ao processo sendo executado a partir de dentro do Delphi. Siga as etapas indicadas a seguir para depurar o aplicativo ServiceApp.exe enquanto ele executa um serviço.

1. A partir do *prompt* de comando, execute Serviceapp.exe /INSTALL para instalar o serviço de aplicativo.
2. Execute o *applet* Service, selecionando Start | Settings | Control Panel | Administrative Tools | Services. Encontre MyService e clique o botão da barra de ferramentas **Start Service** no MMC — Microsoft Management Console. (Essas etapas demonstram como o Windows 2000 executa o Service Control Manager; as etapas para o Windows NT 4.0 são quase idênticas.)
3. Execute o Delphi.
4. Carregue o projeto ServiceApp.dpr.
5. No Delphi, selecione Run | Attach to Process (Anexar ao processo).

6. Na caixa de diálogo Attach to Process (mostrada na Figura B.3), marque a caixa de verificação Show System Processes.
7. Encontre o serviço ServiceApp.exe e clique **Attach**.
8. Ajuste um ponto de interrupção no método de evento OnExecute, no projeto-fonte no Delphi e pressione **F9**.

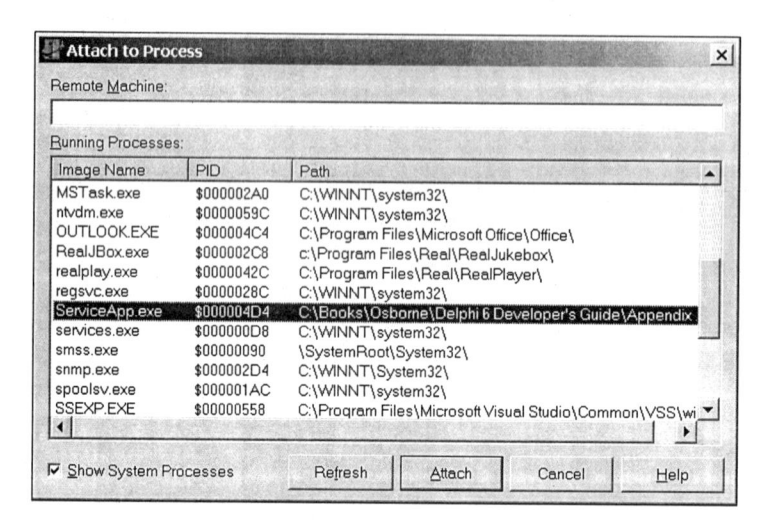

Figura B.3 *A caixa de diálogo Attach to Process pode ser usada para anexar o depurador Delphi a um processo em execução; isso é útil para depurar serviço de aplicativos*

O Delphi anexará o depurador ao serviço em execução e abrirá a caixa de diálogo CPU. A menos que você conheça bem o assembler, a view do CPU não será útil. Entretanto, quando o serviço em execução chega ao seu ponto de interrupção, ele alternará para a visualização de código Delphi e parará em seu ponto de interrupção. Depois que você tiver controle, através do Delphi, do serviço em execução, pode caminhar por ele e depurá-lo, como faria com qualquer outro aplicativo.

NOTA
Como um desenvolvedor, você tem privilégios administrativos em seu próprio PC. Inacreditavelmente, algumas empresas confiam em desenvolvedores para escrever software para eles, mas não para administrar seus próprios PCs. A economia ainda vai bem; procure um novo emprego.

A ajuda do Delphi sugere que anexar ao processo de serviço pode falhar se você tiver privilégios insuficientes. Entretanto, com privilégios administrativos em meu PC, anexar ao processo de serviço em execução parece funcionar bem. O tópico de ajuda "Como depurar serviços" inclui uma terceira alternativa envolvendo modificação de configurações de registro para referência.

Resumo

Como com qualquer aplicativo, o que você põe em um serviço depende das suas necessidades ou daquelas de seu cliente. Se estiver montando parte de um sistema que precisa executar sem assistência, mesmo se nenhum usuário estiver registrado, então, provavelmente, você precisa montar um serviço de aplicativo. Como este apêndice demonstrou, muitas das técnicas são iguais e Borland ocultou algumas das "partes pegajosas" no ubíquo objeto Application. Essas são as boas novas para desenvolvedores.

Muitos dos componentes que você usa em outros tipos de aplicativos estão no serviço de aplicativos, mas, geralmente, serviço de aplicativos não tem extensas interfaces de usuário. O Windows NT capacita os serviços a interagir com o *desktop*; com mais freqüência, você notará que essa interação consiste em modificar as opções do aplicativo em vez de entrada interativa de usuário.

APÊNDICE C

Conversão de um aplicativo em um servidor de automação

A automação é um aspecto de COM — Component Object Model que você pode empregar para obter milhagem extra com seus aplicativos. Este apêndice demonstra as etapas básicas exigidas para desenvolver um aplicativo — usaremos o SQLBuilder do Capítulo 19 — e acrescentar um Automation Object (Objeto de automação) ao projeto, para tornar o aplicativo um servidor Automation. O SQLBuilder é atraente, pois os clientes Automation podem usar o servidor de automação SQLBuilder *Aron the fly* para gerar SQL em qualquer *dataset* (conjunto de dados).

Lembre-se de que tudo o que você precisa para executar um servidor Automation é de um cliente Automation; isto é, basicamente qualquer programa que crie cópias de objetos COM. A classe de ferramentas que pode criar instâncias de objetos Automation é grande e inclui ferramentas de referência, VBA (que inclui a maior parte de Microsft Office) e a maioria das linguagens de programação Wintel.

Como acrescentar o objeto Automation ao projeto

O SQLBuilder não foi apresentado em detalhes no Capítulo 19; entretanto, o código-fonte e a versão compilada do projeto está no CD deste livro. O programa usa a global TSession para recuperar uma lista de DatabaseNames dos arquivos de registro ODBC e BDE. Quando o usuário seleciona um DatabaseName, os nomes de tabela disponíveis podem ser recuperados da mesma maneira. Quando o usuário pega uma tabela, as definições de campos são lidas a partir da coleção TDataSet.Fields e exibidas em uma TValueListEditor, um controle com base em TStrings, semelhante a grade. Uma vez conhecidos os valores de campo, a simples substituição da *string* é feita, usando a função Format e envolvendo declarações SQL definidas com parâmetros substituíveis. É isso.

Se você tiver lido o restante deste livro, então terá todas essas habilidades, portanto não entraremos em mais detalhes sobre o projeto SQLBuilder. Deste ponto em diante, realizaremos as etapas necessárias para acrescentar o objeto Automation.

Como usar o assistente objeto Automation

Inicie o processo de acrescentar automação ao projeto SQLBuilder, abrindo o projeto original. Quando o projeto estiver aberto, selecione **File | New | Other** no Delphi. Selecione a guia **ActiveX** da caixa de diálogo New Items e selecione o *applet* Automation Object da caixa de diálogo New Items (mostrada na Figura C.1). Foi utilizado o Builder chamado CoClass e o padrão Instancing and Threading Models. (Consulte o Capítulo 15 para mais especificações sobre copiar e encadear modelos.) Clique **OK** para gerar a Type Library e chamar o Type Library Editor.

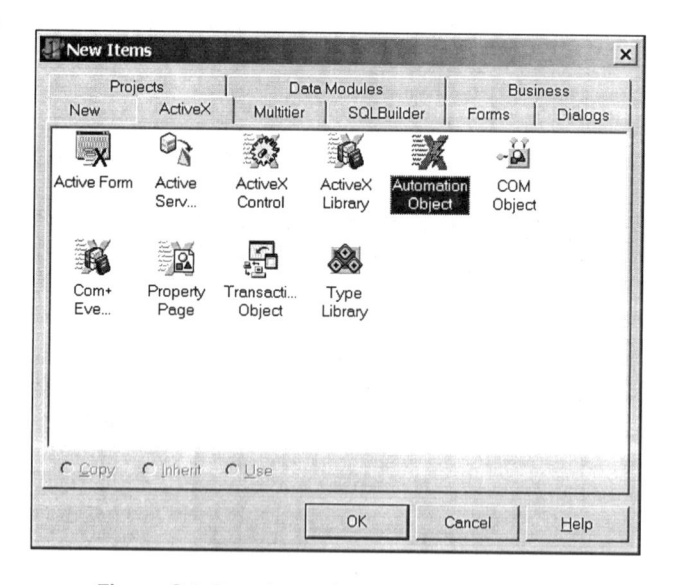

Figura C.1 O applet assistente Automation Object

Usaremos o Type Library Editor para definir a interface do servidor Automation e atualizar a biblioteca tipo e arquivo-fonte Pascal que contém a classe TBuilder, a classe de envoltório do servidor.

Como definir a interface no Type Library Editor

Quando você clicou **OK** no assistente, a classe de envoltório que coloca em subclasse a classe TAutoObject e implementa a interface IBuilder foi definida. No CD-ROM, este arquivo é chamado de UBuilder.pas. Quando terminarmos a definição de Automation, o botão Refresh, no Type LibraryEditor (veja a Figura C.2), acrescentará as declarações e definições do *shell* para a unidade de envoltório de classe Pascal.

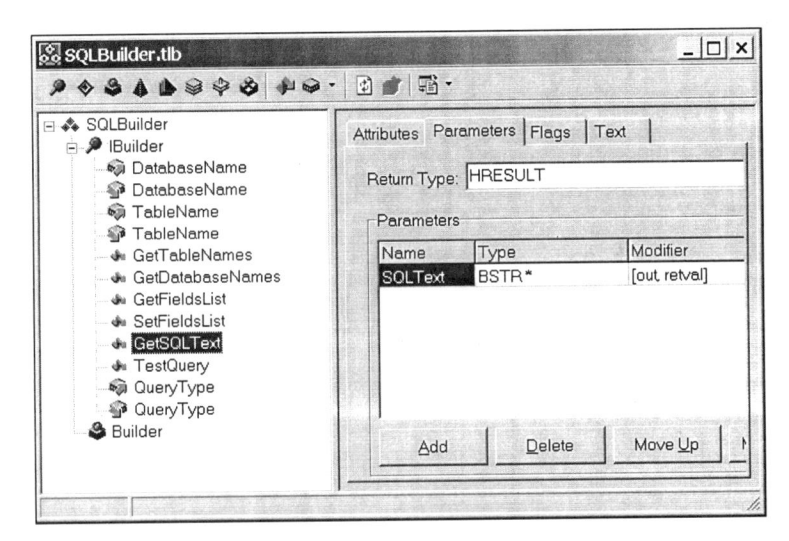

Figura C.2 *O Type Library Editor com a definição da classe TBuilder*

Para o objeto Automation, definiremos métodos e propriedades para ajustar DatabaseName e TableName, obter uma *string* com uma lista delimitada de DatabaseNames e TableNames, e gerenciaremos os campos e texto SQL. Seguem as etapas numeradas para definir a interface no Type Library Editor.

1. No Type Library Editor, acrescente uma propriedade DatabaseName, clicando o botão da barra de ferramentas **New Property** (ou a partir do menu de contexto de interface chamado, clicando à direita sobre a interface IBuilder, mostrada na Figura C.2).
2. Na guia Attributes (também mostrada na Figura C.2), modifique Name para DatabaseName e mude o tipo para BSTR para ambas as definições, de leitura e escrita.
3. Repita a etapa 2 para a propriedade TableName. Essas duas propriedades serão usadas para modificar a DatabaseName e TableName selecionadas.

4. Acrescente duas funções (clique o botão de barra de ferramentas **Methods**) e nomeie os métodos GetTableNames e GetDatabaseNames. O objeto TStrings tem a habilidade de retornar texto delimitado, assim, exploraremos a propriedade Text de TStrings para passar a lista completa de itens como uma *string*.
5. Na guia Parameters, selecione BSTR * — um indicador para BSTR, essencialmente uma WideString — e mude o Modifier para [out, retval]. O BSTR * (indicador) é exigido para retornar tipos. Agora seremos capazes de obter todos os nomes atuais de banco de dados e nomes de tabela com uma chamada ao método.
6. Repita a etapa 5 e defina GetFieldsList e GetSQLText. Ambos são armazenados como TStrings no servidor Automation, portanto as etapas de declaração são idênticas àquelas da etapa 5. (Se você olhar para o projeto SQLBuilder, verá que os campos estão em um TValueListEditor e o texto SQL em um TMemo. Ambos os controles têm uma propriedade TStrings.)
7. Defina SetFieldsList como um BSTR [in] na guia de parâmetros. Esse método pode ser usado para atualizar quaisquer mudanças que você faça à lista de campos e valores.
8. Acrescente uma propriedade de leitura e escrita QueryType que usa um inteiro para modificar o tipo de consulta, representada no servidor por TRadioGroup.
9. Finalmente, defina um método TestQuery, que não toma parâmetros. Usaremos TestQuery para executar Query no servidor.
10. Clique o botão de barra de ferramentas Refresh Implementation. O resultado final deve ser de declarações e definições *shell* em sua unidade-fonte, contendo a classe TBuilder.

Se tudo correr bem, a declaração de classe deve parecer-se como apresentado a seguir:

```
TBuilder = class(TAutoObject, IBuilder)
    protected
        function Get_DatabaseName: WideString; safecall;
        function Get_TableName: WideString; safecall;
        function GetDatabaseNames: WideString; safecall;
        function GetFieldsList: WideString; safecall;
        function GetSQLText: WideString; safecall;
        function GetTableNames: WideString; safecall;
        procedure Set_DatabaseName(const Value: WideString);
            safecall;
        procedure Set_TableName(const Value: WideString); safecall;
        procedure SetFieldsList(const FieldsList: WideString);
            safecall;
        procedure TestQuery; safecall;
        function Get_QueryType: SYSINT; safecall;
        procedure Set_QueryType(Value: SYSINT); safecall;
        { Protected declarations }
end;
```

Apêndice C - Conversão de um aplicativo em um servidor de automação | **699**

Aqui não há surpresas verdadeiras. Se você olhar os tipos de dados, verá que eles foram traduzidos em seus nomes alternativos amigáveis para o Delphi. Os procedimentos passam parâmetros const, e as funções retornam os tipos apropriados. (Um arquivo .tlb também foi gerado, mas é longo e, geralmente, você pode evitar modificar diretamente esse arquivo.) A etapa a seguir é implementar a interface. Uma vez que o trabalho já foi feito no próprio aplicativo, a implementação de cada método de interface é simples.

Implementação de interface

A maioria dos métodos funciona com texto simples no formulário principal do aplicativo servidor; ou na coleção TStrings que um controle específico pode conter. A implementação completa está listada aqui, exigindo pouca, ou nenhuma, explicação.

```
uses ComServ, UFormMain;

function TBuilder.Get_DatabaseName: WideString;
begin
      result := Form1.ComboBox1.Text;
end;

function TBuilder.Get_TableName: WideString;
begin
      result := Form1.ComboBox2.Text;
end;

function TBuilder.GetDatabaseNames: WideString;
begin
      result := Form1.ComboBox1.Items.Text;
end;

function TBuilder.GetFieldsList: WideString;
begin
      result := Form1.ValueListEditor1.Strings.Text;
end;

function TBuilder.GetSQLText: WideString;
begin
      result := Form1.Memo1.Lines.Text;
end;

function TBuilder.GetTableNames: WideString;
begin
      result := Form1.ComboBox2.Items.Text;
end;

procedure TBuilder.Set_DatabaseName(const Value: WideString);
begin
      Form1.ComboBox1.Text := Value;
      Form1.ComboBox1Change(Self);
```

```
end;

procedure TBuilder.Set_TableName(const Value: WideString);
begin
      Form1.ComboBox2.Text := Value;
      Form1.ComboBox2Change(Self);
end;

procedure TBuilder.SetFieldsList(const FieldsList: WideString);
begin
      Form1.ValueListEditor1.Strings.Text := FieldsList;
end;

procedure TBuilder.TestQuery;
begin
      Form1.RunSQL;
end;

function TBuilder.Get_QueryType: SYSINT;
begin
      result := Form1.RadioGroup1.ItemIndex;
end;

procedure TBuilder.Set_QueryType(Value: SYSINT);
begin
      Form1.RadioGroup1.ItemIndex := Value;
end;
```

Fica claro, a partir da listagem, que cada método de implementação tem uma ou duas linhas de comprimento. Por exemplo, um dos métodos mais "difíceis" é o método Set_TableName, representando a parte escrita da propriedade TableName. O método write designa o nome de tabela diretamente na propriedade TComboBox.Items.Text e chama manualmente o acionador de evento OnChange. Este garante que o controle ValueFieldList seja atualizado com as definições de campo da nova tabela.

Em um aplicativo de força industrial, você talvez queira realizar alguma verificação de sanidade. Por exemplo, ao configurar a propriedade TableName, você pode querer verificar se aquele nome de tabela que você está prestes a ajustar é uma escolha válida. No entanto, a ComboBox já faz este serviço e levantará automaticamente uma exceção; talvez a melhor coisa que você possa fazer seja pegar a exceção no lado do cliente e encorajar o usuário a pegar outra tabela.

Executar o servidor para registrar a Type Library

Antes de podermos usar o servidor, precisamos registrar a Type Library. A maneira mais fácil de fazer isso é executar o aplicativo-servidor como um aplicativo único. Você também pode usar o botão da barra de ferramentas Register Type Library, no Type Library Editor, para registrá-lo.

Apêndice C - Conversão de um aplicativo em um servidor de automação | **701**

> **NOTA**
>
> *A Microsoft está trabalhando para diminuir a necessidade de registrar bibliotecas tipo em .NET Framework. Isso seria uma boa coisa.*

Como montar um aplicativo teste

O objeto Automation que você criou no aplicativo-servidor é descendente de TOleServer, um TComponent. Um método Register é definido para permitir um bom registro do novo componente servidor, tornando-o muito fácil de usar. Para instalar o servidor Automation na VCL, selecione **Project I Import Type Library** e clique o botão **Add**. Navegue para o arquivo .tlb do servidor e clique **Open**. Na caixa de diálogo Import Type Library, clique o botão Install. O botão Install pedirá que você selecione um pacote. Para os nossos objetivos, o pacote dclusr60.bpl funcionará muito bem. Monte o pacote. Agora você está pronto para montar o aplicativo de teste.

Qualquer aplicativo pode ser usado para testar o servidor. O essencial é criar uma instância do servidor e chamar os métodos e acessar as propriedades para garantir que tudo esteja funcionando corretamente. As etapas apresentadas a seguir demonstram um meio possível de testar o novo servidor com componentes.

1. Por padrão, o componente servidor Automation é instalado na guia Servers da VCL, a menos que você tenha mudado o procedimento Register autogerado.
2. No Delphi, crie um novo aplicativo e solte o componente Builder no formulário principal.
3. Faça uma conexão com o servidor no método de evento FormCreate. Por exemplo, se você estiver usando o nome padrão Builder1, então Builder1.Conect iniciará o aplicativo-servidor Automation.
4. Finalmente, acrescente código para testar o servidor. O código mostrado na listagem que segue exercita rapidamente cada uma das capacidades do servidor SQLBuilder Automation.

```
Screen.Cursor := crHourglass;
    try
        try
            Form2.Enabled := False;
            Memo1.Lines.Text := Builder1.GetDatabaseNames;
            Sleep( 2000 );
            Builder1.DatabaseName := 'DBDEMOS';
            Sleep( 1000 );
            Memo1.Lines.Text := Builder1.GetTableNames;
            Sleep(1000);
            Builder1.QueryType := 0;
```

```
            Builder1.TableName := 'customer.db';
            Memo1.Lines.Text := Builder1.GetSQLText;
            Builder1.TestQuery;
         finally
            Form2.Enabled := True;
         end;
      finally
         Screen.Cursor := crDefault;
      end;
```

O código foi acrescentado a um método de evento de clique em botão e os dados reunidos do servidor são exibidos no controle TMemo. Foi acrescentada uma pausa rápida para permitir que você acompanhe. O código é direto: o código na listagem muda DatabaseName, TableName e solicita o texto SQL gerado. Finalmente, o método TestQuery é chamado. Se você executar a demonstração — definida em TestAuto.dpr — pode navegar para a guia Data do servidor SQLBuilder e ver que os dados do cliente foram retornados do banco de dados DBDEMOS.

O resto, como dizem, é adorno. O código não precisa ser longo demais para ser útil. Usar um objeto TStrings é comum, uma vez que você tenha o seu controle, e a partir da demonstração, você pode ver que o texto é um objeto TStrings amistoso para com o programador. Ao projetar suas classes e servidores, volte-se para o conceito de simplicidade, mantendo suas interfaces pequenas e diretas.

Resumo

Se tiver lido até aqui, as etapas necessárias para criar e testar o servidor devem ter corrido muito suavemente. O Delphi torna a criação e uso de objetos COM, como servidores Automation, relativamente fácil, ocultando o código de biblioteca tipo e IDL. Criar cópias de servidores Automation é mais fácil, pois o Delphi permite que você ponha em componente os seus servidores Automation. É possível ter o seu servidor na posição de componente, usando depois um alinhamento, para você e para os outros.

Tenha em mente que automação é um meio pelo qual você pode compartilhar seus aplicativos através de ferramentas de desenvolvimento. Num futuro próximo, a automação será uma ótima maneira de aproveitar ao máximo a reutilização de ferramentas.

APÊNDICE D

Delphi sem fio

Eu nunca estive muito certo do que significa ultrapassar a fronteira. Talvez eu esteja acostumado a gastar tempo demais executando ferramentas de pacotes beta, servidores de banco de dados beta, sistemas operacionais beta, compiladores e dispositivos de hardware, tudo ao mesmo tempo. No entanto, sem fio (*wireless*) parece uma qualificação para ultrapassar a fronteira. Apenas olhe para a data de direitos autorais das RFCs, artigos, livros e aplicativos e verá que sem fio é tão novo quanto parece. A tecnologia refere-se a pequenos dispositivos e interfaces que se parecem com aqueles de 20 anos atrás.

Dispositivos sem fio, como telefones celulares ou PDAs — Personal Digital Assistants geralmente oferecem pouca definição de tela, baixa largura de banda e más conexões. (Tente fazer uma chamada celular do sudoeste de Utah, a meio caminho para Vegas; é a zona de perigo se o seu telefone celular é originário de Michigan.) Ainda assim, as tecnologias são boas. O telefone celular Motorola se parece com um comunicador de *Jornada nas Estrelas*. (Agora, se pudéssemos ter apenas a holografia funcionando certo.) O que é ainda mais divertido é que você tem bom acesso em seu *desktop* a ferramentas para montar aplicativos sem fio. Isso é certo: o Delphi faz WAP. WAP é o Wireless Application Protocol. Assim, quando digo que Delphi faz WAP, o que quero dizer é que o Delphi permitirá que você crie aplicativos-servidores capazes de servir páginas WML — Wireless Markup Language. WML é um derivado de XML — Extensible Markup Language.

São necessárias muitas tecnologias quando você está criando aplicativos sem fio. Linguagens de marcação, como HTML, XML e WML são relevantes. Você verá muitas semelhanças entre as guias dessas três linguagens de marcação. Servidores Web e servidores sem fio são relevantes. Digitar o conteúdo de MIME — Multipurpose Internet Mail Extension (Extensão de correio Internet de objetivos múltiplos) é necessário. Determinar o conteúdo, definir uma interface, criar depósitos de dados e escrever e testar aplicativos-servidores são habilidades exigidas para montar aplicativos WAP. Cada uma dessas dezenas ou mais tecnologias tem um livro próprio. Por esse motivo, o que vamos fazer neste capítulo é cobrir um pedaço vertical — fracionar — cada uma dessas tecnologias. (Isso é oposto à discussão horizontal de qualquer tecnologia em particular. Porém, você pode encorajar o editor a publicar tal livro.) Visto pelo lado positivo, se você tiver lido todo este livro, se lembrará de que muitos desses tópicos individuais foram cobertos em capítulos anteriores.

Preparação

Para tentar os exercícios deste capítulo, você vai precisar agrupar as ferramentas listadas nesta seção. Se estiver simplesmente pesquisando o material, então pule esta seção.

Para montar o aplicativo WAP de demonstração apresentado neste capítulo, reúna as seguintes ferramentas (O Delphi é a única coisa pela qual você precisará pagar):

- Delphi Enterprise ou Delphi Professional; você precisa ter comprado Web Broker separadamente, o que pode ser feito em www.inprise.com.
- Carregue e instale o JRE 1.2.2 — Java Runtime Environment, que contém a Java Virtual Machine. Você pode fazer o *download* gratuito do JRE em http://java.sum.com/products/jdk/1.2/.
- Faça o *download* do WAP Toolkit da Nokia em http://www.forum.nokia.com. Uma versão de teste do conjunto de ferramentas está disponível gratuitamente. Você pode precisar fornecer informações pessoais para se registrar (o *site* da Nokia é um pouco confuso), mas a Nokia tem ótimos telefones. O emulador no conjunto de ferramentas torna a depuração muito mais fácil. (O conjunto de ferramentas também está disponível no CD deste livro.)
- Escolha carregar o Nokia Activ Server 2.0. Neste apêndice, usaremos o Internet Information Server para servir páginas Web, mas um servidor WAP pode ser usado sozinho ou junto com um servidor Web.
- Você precisará instalar o Personal Web Server ou IIS (no Windows 2000) ou ter acesso a um servidor IIS em sua rede para testar o aplicativo WAP. Se você estiver usando Windows NT Workstation, pode instalar o Personal Web Server. Se tiver o Windows 2000 Professional, você pode instalar o IIS no *desktop*. Ou, pode instalar o IIS em uma máquina executando o Windows NT Server. Para evitar todas as possíveis combinações, os exemplos neste livro foram feitos usando o Windows 2000 Professional.
- Você precisará do suporte, usando o administrador ODBC e o Database Desktop, visto que esses serão usados com objetivos de armazenagem de dados. (Leia o Capítulo 13 para uma atualização, se ficar confuso.)

Obviamente, podem ser usados outros emuladores, ou você poderia usar um telefone atual capacitado para WAP. Você também pode experimentar com outros servidores sem fio ou Web; cada configuração deve apresentar problemas diferentes e pode exigir alguns testes ou pesquisa. Para os exemplos deste livro, foi usado Delphi 6 Enterprise em um Windows 2000 Professional, em um *laptop* Pentium II com 144 MB de RAM e cerca de 2 gigabytes de espaço disponível em disco. O banco de dados foi montado com o Database Desktop usando um formato de tabela Paradox. O IIS foi executado no *laptop* em uma capacidade única, usando o *localhost* — ou IP 127.0.0.1 — como *host* do servidor Web. Uma vez que um aplicativo é depurado no PC, ele deve ser facilmente transferido para um servidor Web em uma intranet ou Internet.

Introdução à Wireless Markup Language

WML, ou a Wireless Markup Language, é um primo próximo de XML (Extensible Markup Language). Se você estiver familiarizado com HTML ou XML, então WML não parecerá muito estranha a você. Na ausência de experiência com as linguagens de marcação, você deve obter livros sobre WML, WAP e WMLScript. (O *WAP Development with WML and WMLScript*, de Bert Forta, relacionado na Bibliografia, é informativo.)

Um documento WML contém um tabuleiro de cartões. Um único arquivo HTML é visto como um documento único. Em WML, um único arquivo contém um tabuleiro com pelo menos um cartão; entretanto, um tabuleiro pode conter muitos cartões. Um único cartão é grosseiramente equivalente a uma página HTML. Devido à limitação dos tamanhos de tela nos dispositivos WAP, a quantidade e a espécie de conteúdo que você definirá por cartão é significativamente menor — logo, precisa ser significativamente mais concisa — do que o seu documento médio HTML.

Como definir um deck (ou documento WML)

O documento WML básico contém um prólogo, uma guia de início <wml> e final </wml>, e pelo menos um par de guias <card> </card>. Listado a seguir está um deck básico, produzindo o resultado mostrado na impressão Nokia do emulador WAP, mostrado na Figura D.1.

```
<?xml version="1.0"?>
<!DOCTYPE wml PUBLIC "-//WAPFORUM//DTD WML 1.1//EM"
"http://www.wapforum.org/DTD/wml_1.1xml">
<wml>
    <card>
        <p>
            Hello World!
        </p>
    </card>
</wml>
```

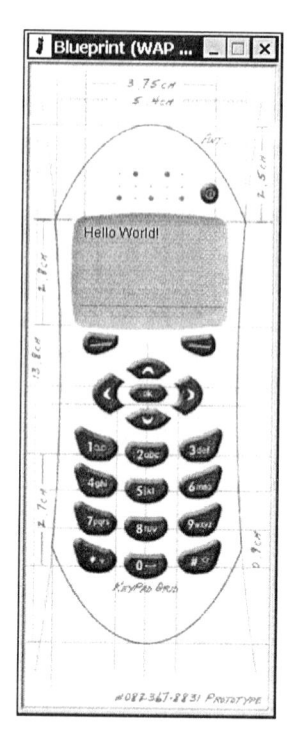

Figura D.1 *A impressão do emulador Nokia, representando um telefone WAP genérico, mostrando o resultado do WML da listagem*

Antes da guia de abertura <wml> está o prólogo. O prólogo contém a versão e um caminho para a definição da versão da linguagem de marcação sendo usada. É mais fácil salvar essas informações como um gabarito e simplesmente colá-las em cada documento. Semelhante às guias <html> e </html>, as guias <wml> e </wml> definem o início e o fim do documento WML, respectivamente. Em cada card no deck (o documento WML), haverá um par de tags de card. Exibir texto também precisa ser colocado dentro do par de tags de parágrafo, <p></p>.

A exemplo da HTML, existem muitas guias e atributos-guia. A seguir cobriremos algumas delas. Tenha em mente que a WML tem estilo de formatação de caractere e você deverá precisar testar a sua WML com vários dispositivos WAP diferentes para garantir o ajuste do melhor conteúdo.

Definição de cards

Um card define o equivalente a uma página de dados. Enquanto os dados podem não se ajustar visivelmente dentro de pequenas telas de dispositivos sem fio, os dispositivos WAP suportam a rolagem vertical. Manter cards concisos é uma boa estratégia para tornar os seus aplicativos WAP amigáveis para o usuário.

Dois atributos são úteis para a guia de card: id e title. O atributo id é útil para navegar entre cards no mesmo deck. Ele funciona como um marcador de páginas HTML. O atributo title oferece um título que o dispositivo sem fio pode exibir no alto do visor, mas não precisa fazê-lo. No exemplo Hello World! da seção anterior, as guias apareceriam na tag de card de abertura, conforme mostrado.

```
<card id="main" title="Hello">
```

Quando você quiser navegar dentro de um deck, pode usar o id em um atributo de referência de hipertexto, como a seguir:

```
<a href="#main" >Main</a> <Br/>
```

A listagem anterior aparecerá como um *hyperlink*, geralmente indicado por uma fonte sublinhada (neste caso o texto Main). Quando você selecionar o *hyperlink*, o card referenciado por main se tornará o card atual.

Formatação de guias

As guias de parágrafo <p> e </p> são exigidas. Você também pode formatar guias como <br/>, a guia de quebra de linha. Observe que o resíduo é colocado ao final da guia em WML. Há uma série de inconsistências menores com HTML, como a diferença na guia de quebra de linha; se você estiver alternando entre protocolos, pode ser uma boa idéia manter um guia de referência de linguagem à mão.

WML também suporta guias de formatação de fonte, como <b></b>, <i></i> e <u></u> para fontes em negrito, itálico e sublinhado. Essas guias precisam ser simétricas.

```
<b><i>Text</b></i>
```

O código apresentado funcionará com HTML, mas não com WML. Revisada para trabalhar corretamente em WML, a linha de texto seria escrita corretamente como a seguir:

```
<b><i>Text</i></b>
```

Em geral, WML tem uma gramática muito mais rigorosa do que HTML.

Botões de navegação

Na Figura D.1 você pode ver que existem botões de navegação estrategicamente colocados no telefone. Esses botões, além do teclado numérico, são projetados para a entrada de usuário. Os dois botões à esquerda e à direita, imediatamente sob o visor, são teclas *soft*. Você pode programar essas teclas com WML para ajudar na navegação.

```
<card id="main">
    <do type="options" label="Back">
        <prev/>
```

```
            </do>
            <p>
                    Some more text!
            </p>
</card>
```

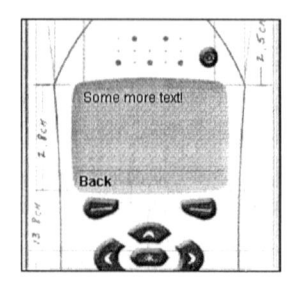

Figura D.2 Define eventos de tecla soft para ajudar na navegação, como demonstrado criando retrocesso de navegabilidade na listagem

A guia do define um evento de resposta associado a uma tecla *soft* específica. A tecla indicada é a que designou as opções de tipo; o texto exibido será o Back quando o card definido acima for mostrado. A resposta ao evento no exemplo é para voltar ao card anterior. Note que o evento atribuído às opções de tecla *soft* é definido antes do parágrafo contendo o texto exibido. A aparência e a localização da atribuição de tecla *soft* são mostradas na Figura D.2.

Gabaritos

Pelo fato de que você está lidando com largura de banda limitada em dispositivos WAP, envie tantas informações por solicitação quantas possível. Por isso faz sentido enviar diversos cards em um deck. No entanto, você não deseja enviar dados redundantes e desnecessários. Primeiro, digitar novamente os dados pode gerar erros e, segundo, você está desperdiçando a largura de banda limitada.

Para redirecionar a redundância e o desperdício, foi definida a guia *template* (gabarito). Gabaritos são redefinidos para os decks e aplicam-se a cada card no deck. Por exemplo, se você quiser definir um botão de retorno em cada card, então defina o gabarito uma vez, no início do deck. O fragmento de código demonstra a colocação do gabarito.

```
<wml>
      <template>
            <do type="options" label="back">
                  <prev/>
            </do>
      </template>
      <card title="Hello">
```

Cada card no deck mostrado na listagem teria um recurso de retorno.

Pense no deck como equivalente a um escopo global e um card como equivalente a um escopo local. Assim, se você definir um evento de card que tenha uma definição coincidente com o deck, então o evento de card toma a precedência. É possível usar esse conhecimento para sobregravar seletivamente gabaritos de deck.

```
<card id="main">
    <do type="options" label="back">
        <noop/>
    </do>
```

O fragmento anterior designa novamente as opções de tecla *soft* para uma *noop* — *no operation* (não-operação) provavelmente inventada por um antigo programador de linguagem de grupo. A designação de card, efetivamente, incapacita o suporte à navegabilidade do gabarito definido no início da seção para o card e indicado pelo id na listagem anterior.

Entrada de campos e variáveis

WML não suporta arranjos de exibição complexos, como tabelas e molduras, como a HTMl faz. Mas, sem suporte para entrada de usuário, a WML não seria útil. A guia de entrada é usada para definir um campo de entrada de um card. A guia é colocada dentro do par de guias de parágrafo. Um exemplo de um campo de entrada, tomado do exemplo de servidor name_lookup.exe CGI é listado a seguir.

```
<input name="LastName" emptyok="false" format="*m" type="text" />
```

A declaração de entrada define uma variável chamada LastName. O campo de entrada precisa conter dados — emptyok="false". O formato de máscara *m indica que qualquer quantidade de qualquer tipo de caractere pode ser usado, e o último atributo indica que os tipos de dados do campo de entrada são em formato texto.

Essas são apenas algumas das guias e atributos que você pode usar com a WML. A WML tem uma gramática e palavras-chave. Para a WML mais avançada, você precisa conseguir material de referência adicional sobre WML, WAP e talvez XML e WLScript. Um lugar razoável para começar é com os livros relacionados na Bibliografia ou no Web *site* Osborne.com.

Sem fio e Delphi

Como o Delphi suporta a tecnologia sem fio? A resposta é direta. Aplicativos WAP podem solicitar dados através de URL — Uniform Resource Locator (Localizador uniforme de recursos). URLs e servidores Delphi montados com os componentes Web Broker podem retornar páginas dinâmicas baseadas em um URL específico. Isso é verdade se o aplicativo WAP estiver sendo executado em um servidor WAP ou em um servidor Web.

URLs WAP aceitáveis podem conter os nomes de *scripts* e informações de consulta — apresentado no Capítulo 17. A única diferença significativa é que precisamos informar ao servidor Web que um tipo MIME aceitável inclui tipos WAP, e o conteúdo retornado pelo servidor Web, de fato, é WML formatado. Em poucas palavras, isso é tudo o que você precisa: um servidor WAP, como o Activ Server da Nokia, ou um servidor Web instruído para retornar dados WML, e um servidor Web Broker que gera dinamicamente código WML.

Na seção a seguir, estaremos usando IIS para servir a páginas WML, assim teremos que acrescentar os tipos de cabeçalho WML ao Internet Information Server. Para acrescentar os tipos de cabeçalho WML MIME, use a Figura D.3 como um guia ilustrativo e siga as etapas indicadas (supondo que você tenha o IIS instalado).

1. No Windows 2000 Professional, clique **Start|Settings|Control Panel**.
2. No Control Panel, selecione o *applet* Administrative Tools.
3. Em Administrative Tools, selecione o *applet* Internet Services Manager.
4. **A**s primeiras três etapas abrirão o Microsoft Management Console (MMC) e são semelhantes às etapas para Windows NT 4.0. Selecione Web *site* do MMC e clique à direita para exibir o menu de contexto. Clique **Properties** para exibir a caixa de diálogo Web Site Properties.
5. Na caixa de diálogo Web Site Properties, selecione a guia HTTP Headers e clique o botão **File Types** no grupo MIME Map.
6. Acrescente a extensão e MIME Types, conforme listado na caixa de diálogo File Types, na frente da Figura D.3. (A caixa de diálogo Web Site Properties é mostrada ao fundo.)

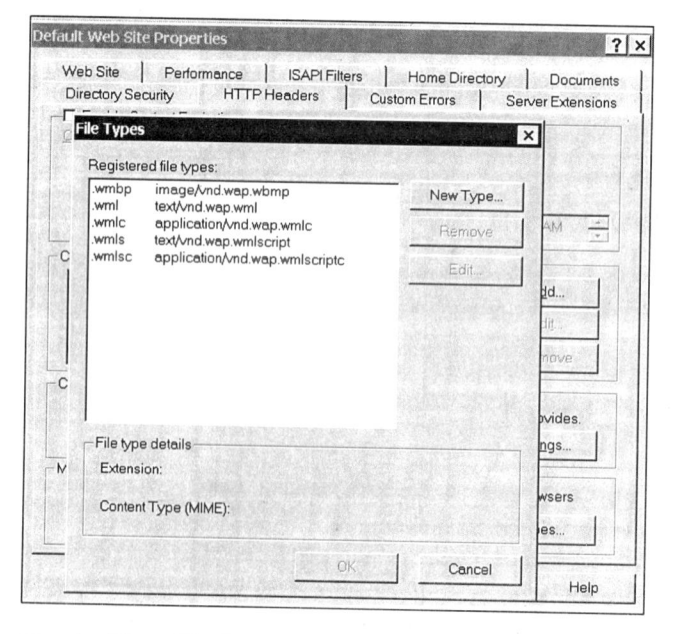

Figura D.3 *A caixa de diálogo File Types é usada para acrescentar MIME Types reconhecidos ao Internet Information Server, permitindo ao IIS servir páginas WML no exemplo.*

Apêndice D - Delphi sem fio | **711**

Depois de completar as etapas antes indicadas, o IIS será capaz de servir páginas WML para *browsers* WAP. Dentro do próprio servidor Web Broker, também teremos que indicar que o conteúdo é conteúdo WML. Demonstrarei essa etapa na próxima seção, onde criamos o aplicativo servidor WAP.

Como criar um servidor sem fio com Delphi

Um aplicativo WAP implementado com Delphi pode ser implementado usando os componentes Web Broker, como o PageProducer, demonstrado no Capítulo 17. Como com qualquer outro aplicativo, precisamos de uma declaração de trabalho, descrevendo qual servido o aplicativo oferece.

> **NOTA**
>
> *O aplicativo exemplo pode ser útil no mundo real se ele ler informações de contato a partir do Outlook, por exemplo. Ao invés de entrar com os dados no telefone, todo o seu calendário, contato e tarefa de informações pode ser lido em um telefone WAP.*

O aplicativo exemplo nesta seção oferece um diretório de telefone. O usuário navega para o *site* e tem permissão para entrar com uma parte ou todo o último nome de alguém que ele deseja chamar, embora não seja possível lembrar um da miríade de números de telefone ou pedaços de informações de contato que temos associados a nós atualmente. O servidor retorna uma lista de possíveis combinações, e o usuário seleciona uma específica. Quando uma combinação específica é encontrada, todas as informações associadas àquela combinação retornam.

Como montar tabelas de contato

A tabela Contacts.db é definida usando o Database Desktop. A tabela contida no CD deste livro contém um primeiro nome, sobrenome e dois números de telefone; é representativo de um depósito de dados mais útil, como uma lista de informações de contato de cliente.

A tabela é definida conforme segue.

```
ID                Auto Increment     Primary Key
FIRST_NAME        Alpha 10
LAST_NAME         Alpha 15
HOME_PHONE        Alpha 14
MOBILE_PHONE      Alpha 14
```

Depois de criar a tabela, copie-a para um diretório acessível ao IIS. Visto que o *script* CGI está sendo executado no diretório c:\inetpub\scripts, copiei a tabela no diretório scripts.

A tabela foi criada e tornada acessível ao *script* que criaremos; termine a etapa de banco de dados de demonstração, acrescentando à tabela alguns registros demonstrativos e crie um *alias* ODBC, indicando para o local da tabela. (O Capítulo 13 enumera as etapas necessárias para usar o DataSource Administrator para criar um *alias* ODBC.)

Criação do servidor CGI com Web Broker

Com base em nossa declaração de trabalho, podemos completar a tarefa, definindo três decks. (Com algum trabalho podemos conseguir o nosso objetivo com menos decks, mas isso não é relevante para nossa discussão.) O primeiro deck contém o card de entrada principal, permitindo ao usuário entrar com o sobrenome ou máscara de sobrenome do contato pretendido. O segundo deck retorna um card contendo uma lista hipervinculada de prováveis combinações, e o terceiro deck contém o card com todas as combinações de dados de contato que você deseja.

NOTA
Um aplicativo atual deve fazer melhor uso da largura de banda disponível e oferecer melhor resposta, se um segundo deck contiver um card com as possíveis combinações hipervinculadas, e um card com detalhes de dados para cada uma das possíveis combinações. Os hyperlinks *fariam o usuário navegar para um card dentro do mesmo deck, em vez de buscar um novo deck a partir do servidor.*

O servidor, como definido no aplicativo de exemplo, é um CDI executável único, criado com o assistente Web Server Application. O servidor contém três PageProducers, uma Database e duas Queries. Três ações para a Web são definidas, fornecendo ao usuário três possíveis ações, que é o que precisamos.

O *script* CGI é nomeado name_lookup.exe. Coloque o *script* no subdiretório de *scripts*. Usando o IIS em uma estação de trabalho Windows 2000, por padrão esse diretório é c:\inetpub\scripts. No Capítulo 17, aprendemos que o servidor é acrescentado como parte das informações de caminho URL. Cada servidor tem um caminho padrão. Para o nosso exemplo, o servidor seria chamado com o seguinte URL:

http://localhost/scripts/name_lookup.exe/

Porque quaisquer informações específicas de caminho foram indicadas depois do *script*, o caminho padrão será chamado. Em nosso aplicativo, o padrão WebAction chamado root é chamado. Antes que o conteúdo do produtor de páginas seja retornado, o Response.ContentType é ajustado para indicar que a resposta será WML.

```
procedure TWebModule1.WebModuleBeforeDispatch(Sender: TObject;
    Request: TWebRequest; Response: TWebResponse; var Handled:
        Boolean);
begin
    Response.ContentType := 'text/vnd.wap.wml';
end;
```

O produtor de páginas retorna o conteúdo. O conteúdo da ação root (raiz) é mostrado na listagem a seguir.

```
<?xml version="1.0"?>
<!DOCTYPE wml PUBLIC "-//WAPFORUM//DTD WML 1.1//EM"
"http://www.wapforum.org/DTD/wml_1.1.xml">
<xml>
     <"- - Request the user input - ->
     <card title="Phone List">
          <do type="accept" label="Find">
          <go href=
          "http://localhost/scripts/ame_lookup.exe/search?LastName=
               $(LastName)" />
     </do>
     <p>
          Enter last name:
               <input name="LastName" emptyok="false" format="*m"
                    type="text" />
     </p>
     </card>
</wml>
```

A ação root contém um único card que define uma tecla *soft* Find e permite ao usuário entrar com as informações de busca.

Da referência de hipertexto, sabemos que o comando Find envia os dados designados à variável LastName como uma consulta ao caminho de busca. Revendo, o servidor name_lookup.exe será executado, e o caminho de busca e as informações de consulta LastName=value serão enviadas ao *script*.

O *script* examina o caminho e as informações de consulta e executa a WebAction apropriada. A WebAction é determinada pelas informações de caminho. A WebAction com o caminho /search será executada. Emprestando do Capítulo 17, o *script* usa uma TQuery e monta, dinamicamente, uma lista de *hyperlinks*, preenchendo a exibição e informações mais específicas de consulta. O código é muito semelhante àquele da seção QueryTableProducer, do Capítulo 17, portanto, não repetirei a explicação aqui.

O terceiro deck e card, simplesmente retornam os dados solicitados formatados. A partir da listagem e do código, sabemos que a diferença mais significativa entre servidores HTML e servidores WML é o conteúdo retornado, o tipo de conteúdo e o cliente. O cliente, muito provavelmente, é um *browser* WAP. Sabemos como fazer todos os outros aspectos, dos capítulos anteriores.

Teste do aplicativo

Todos os aplicativos precisam ser testados. Encontrar tantas ferramentas quanto possível, que facilitem testar é um ingrediente fundamental para o sucesso. Para o aplicativo de exemplo, o WAP Toolkit da Nokia foi carregado e usado. Com o Nokia WAP Toolkit (mostrado ao fundo da Figura D.4), o emulador é executado. A saída de WML é mostrada no emulador (mostrado na frente de D.4). Visto que o IIS está executando na máquina local, o URL de servidor Web é *localhost*.

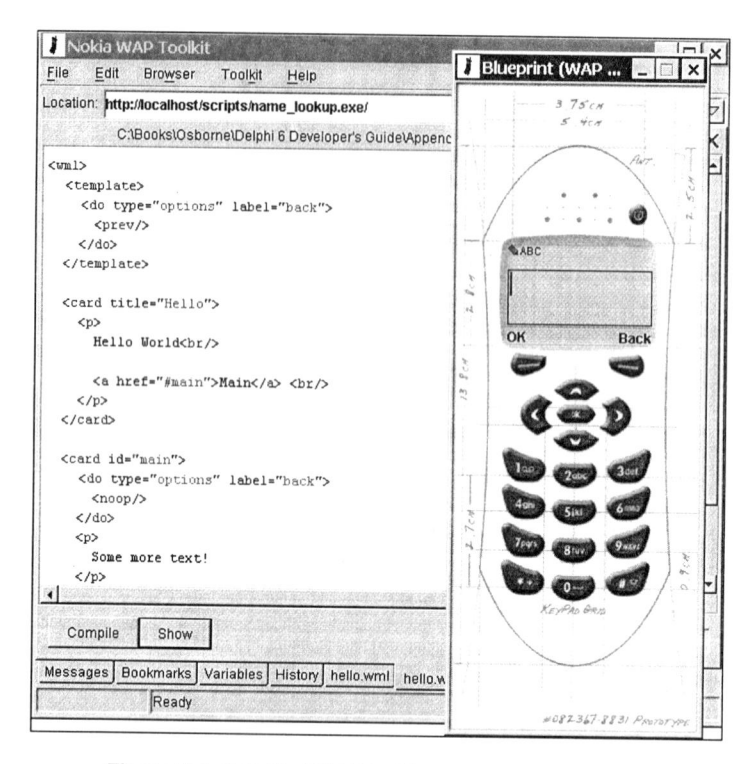

Figura D.4 O Nokia WAP Toolkit e o emulador, uma das diversas escolhas possíveis para testar aplicativos WAP

Para testar o aplicativo WAP de exemplo com o WAP Nokia Toolkit, execute o WAP Toolkit e o emulador e digite o caminho completo para o *script*. Conforme demonstrado, o caminho completo do URL é http://localhost/scripts/name_lookup.exe/. Para testar cada um dos recursos do aplicativo, entre com uma resposta em cada tela e busque o exemplo de dados.

1. Selecione a tecla *soft* **Options** (mostrada na Figura D.4).
2. Selecione **Edit Selection** no menu Options e clique a tecla *soft* **Select**.
3. Use o teclado numérico do teclado para entrar com dados no campo de entrada e clique a tecla *soft* **OK**.
4. Clique a tecla *soft* **Options**, navegue para o item de menu Find e clique a tecla *soft* **Select**. (Lembre-se de que os valores de tecla *soft* estão mudando para valores relevantes em cada card.)
5. Navegue para um dos *hyperlinks* retornados, clique **Options** e clique **Follow Link**.

NOTA — *Como uma nota final, depuração integrada com Delphi, IIS e o WAP Toolkit juntos parece ser um pouco ardilosa. Quando escrevi isto, eu não tinha solucionado os detalhes. Se você for capaz de caminhar através de um servidor Web em Delphi, diga-me em pkimmel@softconcepts.com. Com o tempo, podemos voltar e escrever declarações de saída e testar da maneira antiga. Eu suspeito que ferramentas para testar e depurar servidores WAP farão melhor, mais rapidamente.*

O resultado final é que você obtém dados, se existirem dados, para o valor de entrada que você forneceu. Em um aplicativo real, você também irá querer verificar o ajuste e acabamento da saída e assegurar-se de que a navegabilidade funciona como planejado.

Resumo

O Apêndice D demonstra que Delphi pode, habilidosamente, ajudá-lo a montar soluções Web dinâmicas para dispositivos sem fio. Delphi Enterprise vem com ferramentas Web Broker internas. Os usuários do Delphi Professional podem comprar as ferramentas Web Broker como um *add-in* (acréscimo). A diferença entre aplicativos-servidor WAP e aplicativos-servidor Web é que o *browser* cliente provavelmente estará sendo executado em um telefone WAP e o servidor retornará conteúdo WML.

Você tem os meios. Tem uma das melhores ferramentas jamais montadas. Que a força esteja com você.

BIBLIOGRAFIA

Booch, Grady. *Object-Oriented Analysis and Design with Applications*. Segunda edição. Redwood City, CA. The Benjamin/Cummings Publishing Company, Inc., 1994.

Booch, Grady. *Object Solutions: Managing the Object Oriented Project*. Menlo Park, CA. The Addison_Wesley Publishing Company, Inc., 1996.

Cooper, Alan. *The Inmates Are Running the Asylum*. Indianápolis, IN. Sams Publishing, 1999.

Eckel, Bruce. *C++ Inside & Out*. Berkeley, CA. Osborne McGraw-Hill, 1993.

Forta, Ben. et al. *WAP Development with WML and WMLScript*. Indianápolis, IN. Sams Publishing, 2000.

Jacobsen, Ivar, Grady Booch e James Rumbaugh. *The Unified Software Development Process*. Reading, MA. Addison-Wesley Publishing Company, 1999.

Lischner, Ray. *Hidden Paths of Delphi 3: Experts, Wizards and the Open Tools API*. Elk Grove, CA. Informant Communications Group, 1997.

Norton, Peter e Richard Wilton. *The New Peter Norton Programmer's Guide to the IBM PC & PS/2*. Redmond, WA. Microsoft Press, 1988.

Ray, John. *Special Edition Using TCP/IP*. Indianápolis, IN. Que Corporation, 1999.

Teixeira, Steve e Xavier Pacheco. *Delphi 5 Developer's Guide*. Indianápolis, IN. Sams Publishing, 2000.

Thielen, David. *No Bugs!: Delivering Error-Free Code in C and C++*. Reading, MA. Addison-Wesley Publishing Company, 1992.

Thorpe, Danny. *Delphi Component Design*. Reading, MA. Addison-Wesley Longman, Inc., 1996.

ÍNDICE

Diretivas

$DELPHI, diretiva de compilador, 530, 559
#I, diretiva de compilador, 445
$IFOPT, diretiva de compilador, 301
$J, diretiva de compilador, 155, 166
$M, diretiva de compilador, 82-83, 317
$R, diretiva de compilador, 37, 380
$Warning diretiva de compilador, 147-148

A

abreviações, 56
abrindo arquivos, 2-4
abstrações, 77, 152
Access, 2, 397-403, 426
acesso automatizado, 84
acesso/interface pública, 82, 192, 195-198, 246, 280, 285
acesso/interface privada, 56, 83, 84, 140, 195, 198-199, 214, 283, 289, 318
acesso/interface protegida, 83, 84, 140, 195, 198, 279-280, 285, 295
acesso/interface publicada, 83-84, 195-197, 280, 285, 295
acionadores de evento, 115, 188, 206-212, 232
acionadores de mensagem e envio de mensagem, 100, 101-102, 188, 258
Activate, 333
ActiveServer Pages (ASPs), 561
ActiveX Data Objects (ADO), 406
AddRef, 102
adição, 38
ações padrão para listas de ação, 609-612
agregação, 36, 120, 134, 226-227, 241-340
ajustar e terminar, 626
Alignment Palette, 14-15
AllEqual, 333
alocação de acúmulo, 120, 368-369
ancestrais, 73-74
AND, 172

análise, 124-125
análise de dados de comprimento fixo, Access, 398-403
apagando arquivos, 31
aplainando a interface, 319
aplicativos
  cliente, 384
  cliente-servidor, 408, 506
  de camadas múltiplas, 406, 508
  de duas camadas, 406, 407, 412-415, 450-452, 508
  de três camadas, 406, 407, 450, 451-452, 506
  executáveis, 31, 32, 64
  Hello World, 25-28
  sem fio, 703-715
  TelnetPro, 547-551
argumentos, 46-47, 134-135, 229
argumentos de linha de comando, depuração, 49
armação, 241, 626
arquitetura de envio de mensagem Delphi, 218
arquivo de palavra-chave, design de componente, 305, 311
arquivo res, 37
arquivos
  de aplicativo, 32
  de backup, 32
  de código-fonte, 29, 32-38
  de configuração, 31
  de download/upload, FTP, 544-546
  de projeto, 28-29
  de recurso, 37, 306-307, 314-315
  de registro, aplicativos de serviço para Windows NT e, 690-691
  de unidade, 3, 29-30, 32-33, 66, 284-286
  Delphi Component Resource (DCR), 306-307, 314-317
  Help, 305, 311
  INI, 554
  temporários, diretório Temp, 623-624
array de constantes, 156-157
array de tipo de parâmetros, 179-180

arrays, 36, 174-183
  BubbleSort, 179-180
  dinâmicos, 182-183
  empacotados, 184
  estáticos, 182-183
  variante, 181, 183
assistente Automation Object, 696
assistente Database Form, 412-415
assistentes, 651
atalhos para itens de menu, 24, 595
atributo de promoção, 319-320
atributos, 7, 73, 76-77, 152
atributos de dados, 76-77
atualizações em grupo, gerenciamento de banco de dados, 436, 438-439
autenticação, 543-544
AutoFill, 333
autofusão de menus, 628-629, 650-651
auto-união, 640
avaliação de dados, 18, 19
avisos, compilador, 147-148

B

bancos de dados de desktop, 426-427
bancos de dados relacionais, 465
barra de status, 615-621
barras de ferramentas, 602-604
barras de separador em menus, 598
begin, 28, 34, 41, 42, 43, 78
Berneda, Dave, 457
bibliografia, 716
bibliotecas de vínculo dinâmico (DLL), 32, 60, 63-64, 69-72, 222, 230-243, 506
bibliotecas tipo (TLB), 384
bibliotecas (veja também bibliotecas de vínculo dinâmico), 64
bitmap, 113
blocos, 78
blocos de proteção de recurso, 128-129
bloco Try/Except, 126-127, 238
bloco Try/Finally, 128, 238

bloqueando a memória, 81-82
Borland Assembler (BASM), 418
Borland Database Engine (BDE), 412-415, 425, 509, 518
botão de expandir, 458
botões, 196-197, 246, 247, 316, 452-453, 603-604
browsers Web, 57-58, 685
bugs (erros), 351
busca e substituição, 4-5
buscando, 4-6, 463-464
buscando objetos em, 5-6
buscas, nível de campo, 485-486

C

C, 2, 25, 39, 54, 132, 154, 412
C++, 2, 89, 141, 142, 154, 199, 218, 228, 258, 265, 367, 412
CachedUpdates, 437
caixa de diálogo componentes, 191, 324-327
caixa de diálogo New Items, designando itens a, usando OpenTools, 673-674
caixa de lista, 454
caixas de busca, 455, 473-474
caixas de lista, 113, 454
caixas de verificação, 454
campos, 56, 73, 78, 89-90, 428-429, 454
campos dinâmicos, 428, 478-486
campos estáticos, 428
campos memo, 454
caneta, 113, 115-116
Capability Maturity Model, 626
cards em WML, 707
capturando objeto exceção, 128
caractere & e atalhos de menu, 596
carregamento dinâmico de DLL, 232-233
carregamento implícito, bibliotecas de vínculo dinâmico (DLL), 231-232, 233
carregando biblioteca no ar, 67-69
carregando bibliotecas de vínculo dinâmico (DLL), 231-233
cartões de interface de rede (NICs), 532
case...of, 41
C++ Builder, 370
células personalizadas, 471-472
chanfrado, 113
chaves em bancos de dados relacionais, 465
chaves e parâmetros, 40
chaves virtuais, 621
Citrix Systems, 244

classes, 7, 36, 73-80, 93-132, 191, 192-199, 258
 abstratas puramente virtuais, 247-248
 abstratas, 149, 221-256
 de utilitário (sem dados), 193, 223-227
 estáticas, 225-227
 Exception, 75-76
 gráficas, 113-116
 Internet, 118
 pai, 140
 Property Editor, 107-108
 root, 100-103, 128
 singleton, 116-117, 428
 TApplication, 102, 108-112
 TBoolean, 223-224
 TComponent, 105, 108, 325
 TIntegerProperty, 107-108
 TPropertyEditor, 108-109, 329
 TStringProperty, 108
 TThread, 130
 TWinControl, 107, 197
 utilitário (sem dados), 201-202, 233-237
 virtuais, 247-248, 250
classificação, 179-180, 641
classificação de subclasses e superclasses, 381
classificação de tipo, 185-186
Clearcase, 586
cliente Briefcase/aplicativo servidor, componentes Midas, 530
clientes de correio, 551-555
cliente-servidor fat, 450, 451-452
clipboard (área de transferência), 122
cláusula Exports, 235-237
cláusula External, 66-67, 72, 231-232, 234
cláusulas Type, 36
cláusula WHERE, 430-433, 636-639
COBOL, 132, 351
Code Insight, 21-22, 23, 304-305
código de armadilha, 302-305
código de relógios (veja relógios)
código estreitamente acoplado, 191, 241
código gerador (CODEGEN.TXT), criação e OpenTools API, 667-672
códigos de erro, 125, 130
código spaghetti, 188-189
coerência em design/comportamento de componente, 348
coleções, 121, 161
colunas, 452, 465-471
comentários, 39, 643
Common Object Model (COM), 140, 222, 244, 245, 248, 253, 384, 387, 506

comparações, 463
compatível ANSI-92 SQL, 429
compiladores e compilação, 28, 54, 191
compilação condicional, design de componente, 301
Compiler Progress, 23
complementação em design/comportamento de componente, 348
Complete Class at Cursor, Project Browser, 98-99
componentes, 191, 283-311, 313-343
 ActiveX (OCX), 32, 284, 393
 de automação Microsoft, 383-403
 de publicação possuídos; 319-324
 de refabricação, 349-351
 dinâmicos, 366-375
 especificadores de acesso, 297, 307
 estáticos, 366-375
 IdPOP3, 551-552
 IdSMTP, 554-555
 Indy TCP Client, 533-537
 Indy TCP Server, 537-538
 Internet Direct (Nevrona), 532
 MainMenu, 594-602
 originais Delphi, 284
 OwnerDraw, 375-381
 TAction, 584
 TidFTP, 544
 TLabeledEdit, 107
 TMediaPlayer, 37
 TNMFTP, 542-544
 TWebBrowser, 57-58, 118
componentes Midas (veja também design de banco de dados), 406, 407, 450, 505-530
 acionadores de evento, 524
 aplicativo cliente-servidor Briefcase, 530
 aplicativos cliente-servidor, 506
 aplicativos de camadas múltiplas, 506, 507
 aplicativos de duas camadas, 507-508
 aplicativos de três camadas, 506
 banco de dados, 520
 bibliotecas de vínculo dinâmico (DLL), 506
 Borland Database Engine (BDE), 509, 518
 COM distribuído (DCOM), 506
 computadores remotos, 513
 conexão com aplicativo servidor, 512-513
 conexão com interface de usuário a ClientDataSet, 524-525
 configuração ClientDataSet, 513-514

Índice | 721

configuração ProviderName, 523
consulta, 520
consultando servidor MIDAS, 514-524
copiando modelo, 518
criação de interface de usuário, 514
criação de projeto servidor, 516-517
definição de aplicativo cliente, 511-514, 527
definição de aplicativo servidor, 508-511, 525-526
definição RemoteDataModule, 518-520
distribuição de cliente, 514
distribuição de servidor, 511
encadeamento de modelo, 518, 526
endereçando IP, 512
exemplo de banco de dados Renegades, 525-530
identificadores globalmente únicos (GUIDs), 513, 521-523
IDs de usuário, 513
implementação de cliente, 521-524
implementação de servidor, 515-521
instalação, 511
linguagem estruturada de consulta (SQL), 514-515
localizador uniforme de recurso (URL), 513-514
método GetTableNames, 521
nomes coclass, 517
objeto modelo comum (COM), 506
reconciliação de erro, 526-530
reconciliar erro de formulário, 527-529
registrando aplicativo, 511
senhas, 512
sessões, 520
SQL Explorer, 521
STDVCL40.DLL, 511
TClientDataSet, 524-525
TCustomConnection, 511-514
TDatabase, 509-510
TDataSet, 510, 514
TDataSetProvider, 509, 510-521
TDataSource, 511-512, 514
TDCOMConnection, 522-523
TQuery, 513-514
TRemoteDataModule, 508-509
TRemoteServer, 514
TSession, 510
TTable, 514
Component Wizard, 286-291

comum vs. programação e design, 25, 604
COM (*veja* Common Object Model)
conceitualização em design de programa, 407
conectividade aberta de banco de dados (ODBC), 403, 407-411
configurações de guia Application, programação Windows, 587
configurando ambiente de trabalho Delphi, 21-23
configuração ClientDataSet, MIDAS, 513
configuração de ProviderName, 524
conflitos, serviço de aplicativos em Windows NT e, 686
conjunto de operações, 39, 166-173
conjuntos, 36, 56, 151
conjuntos de dados, 434-435, 436-437, 452, 457-458, 464, 492
conjuntos enumerados, 55
conservação de banda larga, aplicativos sem fio, 708
consistência em design/comportamento de componente, 347
constantes, 33, 151, 152-160
constantes digitadas, 168
constantes globais, 152-153
constantes locais, 152-153
constantes procedimentais, 159
construção explícita de formulários, 366-368
construtores, 78-79, 232, 227-228
classe TObject, 100
conjuntos, 167-169
design de componente, 291-292, 295, 296, 333
métodos de classe, 227-228
propriedades, 261
sobregravação, 146
virtual, 146
construtores virtuais, 146
consulta heterogênea, 439
consulta homogênea, 439, 452
consultando bancos de dados (*veja também* linguagem estruturada de consulta), 429-433
consultas aninhadas, 643-644
controladores Automation (*veja* componentes de automação Microsoft)
controle de comprometimento, 437
controle de rollback, 437
controle de versão, 28, 31, 292-298, 586, 589
controles com pais, 105, 163-164, 196, 290-291
controles criados dinamicamente, 291

controles de dados (*veja* design de banco de dados)
controles filhos, 197, 291
Controles shell, 112-113
controles (*veja também* botões; componentes; classe TComponent), 32, 113
convenções, Delphi, 54-56
convenções de nomeação, 54-56, 194, 601
convenção de chamada, 60
convenção de nomeação Húngara, 54
convergência de código, 351-352, 604
ConvertErrorFmt, 2, 132
cookies, aplicativos servidores Web, 579-581
copiando modelo, componentes MIDAS, 518
cores de fundo, aplicativos servidores Web, 562
cortar e colar, 2, 122
cópia, 73, 79-80, 233, 259, 260, 367, 368-369
cópia longa, 116, 232-233, 259, 260, 367, 368-369
cópia profunda, 612
Create, 79, 228, 291, 333
Create Component Template, 353-360
criação de aplicativo, 25-28
criação de formulários no ar, 366-369
criação de grupo de projeto, 240
criação de nome alternativo ODBC, acesso de dados, 408-410
curvando, 43-44, 146

D

dados binários seqüenciados, 343
dados, convenções de nomeação, 194
dados inteligentes, 87
dados seqüenciados, 122-124
Database Explorer, 629-630
DataSet, 457-458
DataSetPageProducer, 573-574
DataSource, 457
DBase, 427
DBChart, 457, 474-475
DBCheckBox, 454
DBComboBox, 454, 473-474
DBCtrlGrid, 455
DBExpress, 406
DBGrid, 464-472
DBImage, 454
DBListBox, 454

DBLookupComboBox, 455
DBLookupListBox, 455, 473-474
DBMemo, 454
DBRichEdit, 455, 459-465
Debug Inspector, 16-17
Decision Cube, 406
decks em WML, 705-706
declaração, 34, 72-73
 case, 42-43, 136, 181, 216
 condicional If, 41-42, 156-157, 181, 185-186, 302, 461
 For, 181
 Set Of, 167-168
 Unit, 34, 285
 Uses, 28, 35, 285
declarações, 38, 41, 44
 compostas, 42
 condicionais, 41
 de recurso, 37
 de variável, 33, 36
 With, 461
definido "estático", 142
definição, 34
definição de valor de subfaixa, arrays, 175-176
DELETE, SQL, 629, 631-633, 637-638
delimitador ponto e vírgula, 41, 42, 44
delimitadores, 39
demover acesso, 84-85
depósito, 361-363
depuração, 16, 48-50, 55, 351
depuração através de Step, 16
derivação de componentes, 102-108
desenhando componentes, 375-381
desenvolvimento de interface, 345-381
 boas técnicas de design, 346
 coerência em design/comportamento de componente, 348
 complementação em design/comportamento de componente, 348
 componentes de refabricação, 349-351
 componentes OwnerDraw, 375-381
 componentes personalizados, 347-352
 consistência em design/comportamento de componente, **347-348**
 convergência de código, 351-352
 desenhando componentes, 375-381
 estendendo gabaritos componentes, 357-358
 estratégias de design, **352**
 exemplo RealPlayer, 346

exemplo TDBShortNavigator, 349-351
exemplo TMainMenu, 378-381
gabaritos componentes, 353-360
gabaritos de formulário, 360-366
grades, desenho de grade personalizada, 377-378
herança de formulário, 360-366
menus codificados por cor, 378-381
menus e Menu Resource Template, 354-355
poupando gabaritos componentes, 358
programação Windows, 600
regras para tornar componente, 352
remoção de gabaritos componentes, 359-360
uso de componente estático, 366-367
uso dinâmico de componente, 366-375
desenvolvimento de projeto central usando Delphi, 3, 28-32
desenvolvimento rápido de aplicativo (RAD), 26, 84, 258, 406
designação de aplicativos, 25-26, 352
designação de botão de navegação, aplicativos sem fio, 707-708
designação de classes persistentes, 104
designação de tecla soft, aplicativos sem fio, 707-708
design de banco de dados (componentes de acesso de banco de dados e controles de dados), 405-447, 434-435, 449-503
 abordagem à programação de camadas múltiplas, 406
 acionando evento em nível de campo, 483-485
 ActiveX Data Objects (ADO), 406
 aplicativos de duas camadas, 406, 407, 412, 415, 450-452
 aplicativos de três camadas, 406, 407, 450-451
 assistente Database Form, 412-415
 atributos de tabela, 428
 atualizações em grupo, 436, 438-439
 bancos de dados cliente-servidor, 426
 bancos de dados de desktop, 425-426
 bancos de dados relacionais, 465
 Borland Assembler (BASM), 418

Borland Database Engine (CDE)
 API, 412, 414, 425-426
botões, 452
busca de tabelas, 454
buscas, nível de campo, 485-486
CachedUpdates, 437
caixas de busca, 455, 473-474
caixas de lista, 454
caixas de verificação, 454
campos, 428-429, 454, 478-486
campos dinâmicos, 478-486
campos estáticos vs. dinâmicos, 428
campos memo, 454
campos persistentes, 478-486
chaves em bancos de dados relacionais, 465
células personalizadas, 471-472
cliente-servidor fat, 450, 451-452
clientes-servidores thin, 450
cláusula WHERE, 432-433
colunas, 452, 464-471
componentes MIDAS, 406, 407, 450, 451-452
conectividade aberta de banco de dados (ODBC), 407-411
conjuntos de dados, 434, 435, 436-437, 452, 457-458, 464, 492
consulta heterogênea, 439
consulta homogênea, 439, 452
consultando banco de dados, 429-433
controle de comprometimento, 437
controle rollback, 437
controles de dados, 434-435
controles personalizados, 493-503
controles vs. componentes, 406
convenções de nomeação, 413
criação de nome alternativo ODBC, 408-410, 466
criação de tabela, 412-413, 426
DataSet, 457-458
DataSource, 457-458
DBChart, 454, 474-477
DBCheckBox, 454
DBComboBox, 454, 473-474
DBCtrlGrid, 455
DBExpress, 406
DBGrid, 464-472
DBImage, 454
DBListBox, 454
DBLookupComboBox, 455
DBLookupListBox, 455, 473-474
DBMemo, 454
DBRichEdit, 455, 459-464
Decision Cube, 406
declarações SELECT em SQL, 430-432

desenvolvimento rápido de aplicativo (RAD), 406
dicionário de banco de dados, 487-492
diretiva Include, 445
edição de dados, 453, 455, 459-464
edição de texto rico, 455, 459-464
encadeamento de campos BLOB, 464
encontrando texto, 463-464
escalonamento de software de banco de dados, 412
etiquetas, 453
evento OnChange, campo, 483-484
evento OnGetText/OnSetText, campo, 484-485
evento OnValidate, campo, 485
eventos de grade, 469-470
exemplo Calendar (DateTimePicker), 493-503
exemplo de formulário dinâmico de banco de dados, 370-375
exemplo UMasterAppDemo de UpdateSQL, 443-446
expressões padrão, campo, 484
ferramentas de ajuda de engenharia de software de computador (CASE), 451-452
fileiras, 452, 464-465
foco de retângulos, 470
fonte e destino de banco de dados para movimentos, 438
fontes de dados, 434-435, 450, 452, 457-458
formatação de texto, 459-461
grades, 452-453, 455, 464-465
grades de controle, 455
gráficos, 457, 474-477
guia Data Access, 406
guia Data Controls, 406
imagens, 454
leituras sujas, 437
linguagem de consulta estruturada (SQL), 411, 413, 429-433
lógica comercial, 450, 451
máscaras de edição, 482-483
método Open vs. ExecSQL, 432
métodos de evento para TDataSet, 424-425
métodos em TDataSet, 422-424
navegador, 453
níveis de isolamento, transação, 437
nome alternativo de banco de dados, 436

nome alternativo para BDE usando SQL Explorer, 414-415
objetos de sessão global, 427
objeto Session, 438
objetos vinculados e embutidos (OLE), 426
ODBC Data Source Administrator, 408-410
procedimento Assigned, 441
processando transação, 436, 437
propriedade DatabaseNames para tabelas, 427
propriedade Params, 432-433
propriedade RequestLive, 432
propriedades, 458
propriedades aninhadas, 458-459
propriedade SessionName para tabelas, 427
referências de propriedade inline, 458-459
relacionamentos de detalhe principal, 427
reprodução de controles, 496-497
restrições, campo, 481-482
servidor Interbase Database, 406
singletons, 427
sistema de gerenciamento relacional de banco de dados (RDBMS), 450, 451
SQL Explorer e nome alternativo BDE, 414-415
SQL Server 2000, 412-413
subcomponentes, 458-459
tabelas de banco de dados Paradox, 408-410
TBatchMove, 438-439
TDatabase, 427-428, 436-437
TDataSet, 418-425
TDataSource, 434-436
TDBDataSet, 425, 427
TDBEDataSet, 425-426, 428
TDBEdit, 453
TDBGrid, 452-453
TDBNavigator, 453
TDBText, 453
teste de conexão ODBC, 410-411
texto, 453
TField, 428-429, 450, 478-486
TFieldDataLink, 450, 494-496
TQuery, 419, 421, 425, 429-433, 439
TSession, 427, 437
TStoredProcedure, 422, 426, 439
TTable, 419, 421, 425-429
TUpdateSQL, 439-446
UpdateObject, 434

Destroy, 80, 119, 228, 292, 333
destruidores, 79, 80, 119-120, 227-228
desvio, 41
desvio condicional, 41-42
detalhes de implementação, 83, 84
diálogo Evaluate/Modify, teste de autodesignação, 263-264
dicionário de banco de dados, 487-492
DirectoryListBox, 112
diretiva de caminho virtual, 530
diretiva Include, 173-174, 445
diretivas, 39, 60
Dispatch, 101-102, 106, 215-216, 218
distribuição de arquivos, 32
distribuição de opções em projetos, 628
Distributed COM (DCOM), 222, 244, 387, 506
divergência de código, 351
divisão, 38
documentação, 627
DriveComboBox, 112

E

Echo, 533
edição de dados (veja também formatação de texto), 453, 455, 459-464
editor componente Shadow Label, 680-683
editor, editores componentes, 649, 676-683
editores componentes, OpenTools, 649, 676-683
editores de propriedade, 329-338
Eiffel, 141
Elementos de conjuntos, 167
Else, 41-42, 302
e-mail cliente, 551-555
em número de linha Go To, 5
empacotando componentes, 309-311
encadernação, 66, 67
encaminhamento de declarações, 75-76, 149-150
encontrar texto, 463-464
endereçamento absoluto, 40
endereçamento IP, 118, 513, 532, 535, 559
endereços localhost, 533, 534, 559
end (fim), 29, 34, 41, 42, 43, 78
entrada/saída básicas (BIOS), 54
enumerações, 76-77, 161-166, 317-318
enumerações predefinidas, 162-164

erros de tempo de execução, programação Windows, 587-588
escalonagem de software de banco de dados, 412
escopo, 85-87, 99-100
escopo global, 85-86
escopo local, 85-86
escopo procedimental, 85-86
espaçamento de grade, 23
espaço em branco, 39
especialistas, 651
especificadores de armazenagem, 265-269, 295
   Default, 265-266, 267-268
   NoDefault, 265-266, 267-268
   Stored, 265-266, 268-269
especificadores de acesso, 56, 81-85, 195, 258
especificadores de acesso a escrita, 262, 270-271
especificador padrão, arrays, 272
especificações de importação, Access, 398-403
espionagem, 84-85, 471
essência de Windows baseada em mensagem, 61, 62, 188, 212-218
estendendo gabaritos componentes, 357-358
estrutura de diretório, programação Windows, 585, 590-591, 622-624
estruturas de dados, 118-121
etiquetas, 453
etiquetas personalizadas, 113
eventos, 8-10, 26, 61, 62-63, 106, 109-110, 159, 205-212, 246, 258
   OnChange, 483-484
   OnClick, 26, 165, 206-207
   OnGetText/OnSetText, campo, 484-485
   OnValidate, campo, 485
   Paint, 1150
Excel, 132
ExecSQL, 432
executando um programa (*veja também* depuração), 16-20, 28
Execute, 327
exemplo
   Calendar (DatetimePicker), 493-503, 495-496
   CreateOleObject, 131, 396-397
   CreateRemoteComObject, 397
   DateTimePicker, 493-503, 495-496
   de banco de dados Renegades, 525-530
   de formulário de banco de dados dinâmico, 370-375
de lista dropdown TableBox, 333-335
   Extended Label Control, 287-290
   RichEditor (*veja* programação de aplicativo Windows)
   TDatabaseName Property Editor, 335-338
   TDBFormWizard, 370-375
   TDBShortNavigator, 349-351
   TEditType, 298-303
   TExStringGrid, 375-381
   TMainMenu, 378-381
   TVSSDatabase, 393-396
   UMasterAppDemo de UpdateSQL, 443-446
   Version Label, 292-298
expressões, 43
Extensible Markup Language (XML), 118, 703
extensão
   cfg, 31
   dcu, 31
   dfm, 29
   dof, 31
   dpk, 32
   dpr, 28-29
   pas, 29

F

fechando arquivos em, 4
ferramentas de ajuda de engenharia de software (CASE), 452, 629
ferramentas visuais para SQL, 629
fileiras, 453, 464-465
FileListBox, 112
FilterComboBox, 112
Find Declaration, menus de contexto, 24-25
Finger, 532
first-in-first-out (FIFO), 121
foco de retângulos, 470
fontes, 113-116, 161, 289, 460-461
fontes de dados, 450-452, 466, 469, 474-475
forma, 113
formatação de parágrafo, 462, 562-563
formatação de texto, 459-461, 707
formulário de reconciliação de erro, 528-529
formulário Editor, 621-624
formulários, 3, 29-30, 32-33, 56, 190-191, 325, 360-366
FoxPro, 426
FreeLibrary, 232
FrontPage, 561
funções, 35, 44-48, 56, 229
funções de envoltório, 63
função Beep, 161
função de ligação High, arrays, 177-178
função de ligação Low, arrays, 177-178
função IsStored, 269
função virtual, 212

G

gabaritos componentes, 353-361
gabaritos de formulário, 360-366
gabaritos (*veja também* gabaritos componentes), 142
garantia de qualidade, 627
gerenciador de memória, bibliotecas de vínculo dinâmico (DLL), 239-240
GetAttributes, 333
GetEditLimit, 333
GetName, 333
GetProperties, 333
GetPropInfo, 333
GetValue, 333
GetValues, 333
glifos, 316
Gopher, 532, 535
grade de eventos, 469-470
grade personalizada, 118
grades de controle, 163, 455
grades (tabelas de banco de dados), 23, 377-378, 452-453, 455, 464-465
gráficos, 457, 474-477
gráficos de torta, 474-477
gráficos em programação Windows, 58
gramática canônica, 39, 44
gramática e sintaxe, 39, 44-45, 428
grande objeto binário (BLOB), 122, 464
GreaterThan/LessThan, 179-180
GROUP BY, SQL, 641
grupos de rádio, 26, 246, 247
guia Data Access, 406
guia Data Controls, 406
guias, 39
guias, HTML, 561-567

H

Harvest, 586
HAVING, SQL, 642
herança, 73-74, 99-100, 138-142, 279, 360-366
herança múltipla, 142-143
herança única, 140-141
Hopper, Grace, 351
hyperlinks, 563, 712

I

ícones, 113
identidade de classes persistentes, 103
identificadores globalmente únicos (GUIDs), 512, 521-523
IdMessages, 553-554
IDs de usuário, 513
if...then...else, 41-43
imagens, 113, 114, 454, 564
implementação de seção, 34, 66, 78, 231-232, 285, 318
impressão, 116-117
indicador de constantes, 160
indicadores, 39, 54, 119, 159, 160, 199
indicadores de método, 159
informações de caminho, design de componente, 296-298
informações de tipo de tempo de execução (RTTI), 73, 151, 165-166, 184-186, 265-266, 319, 330
iniciação, 33, 37, 109, 160, 227-228, 238, 261
Initialize, 333
INSERT SQL, 629, 632, 638
InstallShield Express, 629
Integrated Development Environment (IDE), 2-24
interfaces, 187-218, 221, 222, 227, 319
   abstrata, 222
   comum de meio de acesso (CGI), 118, 558, 568, 712-713
   de documento múltiplo (MDI), 584, 592-594
   de programa aplicativo (API), chamada, 64-65
   de usuário (*veja* desenvolvimento de interface)
   estáticas, 221-256
   gráfica de usuário (GUI) (*veja também* desenvolvimento de interface), 57-59
IInterface, 102
IUnknown, 102
Internet Information Server (IIS), 559, 685
Internet Protocol (IP), 532
Internet Service Manager, 535
Internet Services API (ISAPI), 118, 558, 568
INTERSECTION SQL, 643
iteração de loops, 43

J-L

Java, 2, 141, 199, 288
JavaScript, 561
JOIN, SQL, 638-639
Kernighan, Brain, 25
Kylix, compatibilidade com método Dispatch, 101-102
last-in-first-out (LIFO), 121
lei distributiva, 171, 172
lei reflexiva, 171, 172
leis de conjuntos algébricas, 170, 171-173
lei simétrica, 171, 172
leituras sujas, 454
levantando eventos, 208-211
levantando uma exceção, 129-130
lógica comercial/regras comerciais, 450
lidando com erro, 191, 525-530
lidando com exceção, 10, 125-129
ligação antecipada, 1, 65
ligação tardia, 66, 67
limites de classe, 191
linguagem de marcação de hipertexto (HTML), 118, 132, 558-567
linguagem de marcação sem fio (WML), 118, 132, 703, 705-709
linguagem estruturada de consulta (SQL), 411, 429-433, 628-645
linguagens direcionadas por contexto, 134
lista de ação e ações, 604-615
   registrando ações, 641-642
lista de dados, 119-121, 161, 340-341
listas ordenadas, 121
ListDrawValue, 333
ListMeasureHeight, 333
ListMeasureWidth, 333
LoadLibrary, 232-233
LoadToFile, 2, 122
localizador uniforme de recurso (URL), 512-513, 534, 558-560, 564, 709-710
localização do cursor, 21
loop for...do, 43, 44
loop repeat...until, 43, 44
loop while...do, 43, 44

M

main(), 28
marcadores de página, 564
máscaras de edição, 482-483, 491-492
máscaras, máscaras de edição, 296, 297-298, 482-483, 491-492
métodos, 73, 77-78, 142-143, 194
   abstratos virtuais, 149
   abstratos, 2, 101, 103, 149, 276
   Add, 119
   Assign, 120, 265, 612
   classe, 222-228
   Clear, 119
   de chamada, acionadores de eventos, 205, 207-208, 215
   de interface, convenções de nomeação, 386
   de leitura, 89-90, 260, 339-341
   DefineProperties, 105, 122
   Delete, 119
   dinâmicos, 142-143
   Edit, 113, 331-332, 333
   estáticos, 142-143
   Exchange, 119
   Free, classe TObject, 101
   FreeandNil, 101
   Get, 99, 270
   GetOwner, 105
   GetTableNames, 521
   LoadFromFile, 122
   nomeados, 604
   Notification, 106, 328-329
   Open, 432
   Set, 99, 120, 270, 289
   virtuais, 101, 142-143, 149, 212, 276, 332
   Write, 80, 89, 90-91, 99, 260, 289, 295, 340-341
MediaPlayer, 314
membro de operador, 169-170, 171, 172
memória a longo *vs.* curto prazo, 81-82, 134
memória e alocação de memória, 81-82, 119
menus
   About, 598-600
   acréscimo de itens de menu, 596, 598-601
   apagando itens de menu, 596
   atalhos a itens de menu, 596
   autofusão de menus, 602, 622-623
   barras de separador em menus, 598
   Code Editor Context, 24
   codificados por cor, 378-381
   componente MainMenu, 594-602
   de contexto, 23-24, 677-680
   de velocidade (*veja* menus de contexto)
   designando item a, usando OpenTools, 652-655, 665-667

exemplo TMainMenu, 378-381
Format, 622-623
menu About, 598-600
menu Format, 622-623
Menu Resource Template, 354-355
menus codificados por cor, 378-381
Project, 28-29
propriedade GroupIndex, 601-602
Resource Template, 354-355
metaclasses, 76, 245
metafile, 113
Microsoft, 54
Microsoft Office Servers, 131-132, 384
modelo seqüenciado, componentes MIDAS, 518, 526
modificação de dados, 18, 19
modo de fundo, 115
modo run, depuração, 16
módulos, 12, 29-30
módulos de dados, 29-30, 33
multiplicação, 38
Multipurpose Internet Mail Extension (MIME), 707, 709-710
multisseqüência, 13, 130-131
mutilação de nome, 136-137

N

navegador, controles de dados, 453
Netscape Services API (NSAPI), 118, 558, 568
níveis de isolamento, transação, 437
Nokia Server (veja aplicativos sem fio)
nome de unidade, 33
nomes coclass, 517-518
nomes executáveis, 29
números de ponto de flutuação, 38

O

Object Inspector, 8-10, 26
Object Pascal, 2, 7, 24, 38, 53-91, 141, 152, 167, 174, 244, 390
Object Treeview, 8, 11
objetos, 54-55, 63, 73-80
    Application, 102, 108-110
    de rechamada, 115-116
    de sessão global, tabelas, 428
    gráfico, 113, 114
    Session, 438
    vinculado e embutido (OLE), 244, 396-397, 426-427
observação de direitos autorais, 21, 593

obtenção de exceções específicas, 127
ocultando informações (veja também especificadores de acesso), 80-83, 84, 86-87
ocultar botão, 458
ODBC Data Source Administrator, 408-410
OnActionExecute, 109
OnActionUpdate, 109
OnActivate, 109
OnCreate, 233
OnDeactivate, 109
OnException, 109, 127
OnHelp, 109
OnHint, 110
OnIdle, 110, 131
OnMessage, 110
OnMinimize, 110
OnRestore, 110
OnShortCut, 110
OnShowHint, 110
Open File at Cursor, menus de contexto, 24
OpenTools API, 94, 131, 649-683
operadores
    à vista, 39
    aritméticos de módulos, 39
    aritméticos, 39
    binários, 38
    booleanos, 38, 39
    de classe, 39
    de designação (sinal de dois-pontos-igual), 39, 134, 265, 611
    de desigualdade, 169, 170
    de diferença, 169, 170-171
    de igualdade (sinal de igual), 39, 169-170
    de união, 169, 170-171
    e operandos, 38-39
    in para testar ocorrência de elemento de conjunto, 170, 172
    Intersection, 169, 170-171, 173
    Is, 185-186
    lógicos quanto a bit, 39
    lógicos, 39
    Not, 38
    relacionais, 39
    sobrecarregados, 89, 258
    ternários, 39
    unários, 38
opções de filtragem, Project Browser, 97
opção de arquivos, 31
OR, 173
Oracle, conectividade aberta de banco de dados (ODBC), 407-411
ORDERBY, SQL, 641

P

Package Editor, 309-311
pacote de arquivos, 32
pacotes componentes, 32
padrão "good enough", 77
PageProducer, 571-573
paintbox, 113
palavras-chave, 33, 39, 630
    Class, 75
    Const, 153
    Constructor, 227
    Function, 46
    Private, 83, 84
    Procedure, 44, 45, 200, 203
    Property, 259, 281
    Public, 82-83
palavra reservada Inherited, 145-146
palavras reservadas, 1, 39
Palette Properties, 359
parâmetros, 40, 60
    Sender, acionadores de evento, 205
    padrão, 134-135, 137
    substituíveis, HTML, 567
parênteses e ordem de operações, 38-39
pares chave/valor, 118-119
pares nome/valor (veja também enumerações), 118-119, 124, 161
passando argumentos por referência, 47
passando argumentos por valor, 47
passando parâmetros, 60, 203-204
PChar, 72
Peek, 121
persistência, 29, 103, 113, 195
pilha de chamada, 12, 126
pilha de endereço, 57
pilha de excesso, 146
pilhas, 126
pincel, 113, 115-116
PL/SQL, 629, 635
polimorfismo, 133, 136-137, 143-146, 276-279
pontos de interrupção, 12, 16, 20, 49, 50, 302, 303
portas, 533-534, 535, 538
posicionamento de coordenada cartesiana, controles, 105-106, 107, 157
posição, 76-77, 87, 144, 228-230
posição de teclas de teclado em barra de status, 619-620
posição sem objeto, 228-230
possuindo modelos, 664-665
PostMessage, 213, 214
prefixo On, 159

Índice | 727

prefixos, 46-47, 55-56
primitivos, 198
privilégios administrativos e depuração, 692
procedimentos, 33, 35, 44-48, 73, 130
 aninhados, 86
 Assigned, 441
 de chamada Windows API, 64-65
 de retorno de chamada, 61-62, 199, 201-202
 dinâmicos, 133
 Exclude, conjuntos, 174
 SetWindowLong, 102
 sobrecarregados, 136, 137-138
 Windows API, 63-73, 213-214
 WndProc, 102
processando transação, 436, 437
programação baseada em objeto, 2, 7, 53-91, 152, 248-253
programação de aplicativo Windows, 54-63, 188, 583-628
programação de Internet e intranet, 531-555
 acionadores de evento, 534, 538
 apagando mensagens em servidor de correio, 553
 aplicativo TelnetPro, 547-551
 arquivos de carregar/enviar carga, 544-546
 autenticação, 542-544
 cartões de interface de rede (NICs), 532
 clientes de correio, 551-555
 componente IdPOP3, 551-552
 componente IdSMTP, 554-555
 componente Indy TCP Client, 533-537
 componente Indy TCP Server, 537-538
 componentes Internet Direct (Nevrona), 532
 componentes TidFTP, 544
 componente TNMFTP, 542-544
 conexão com servidor FTP, 542-544
 Echo, 533
 endereçamento IP, 532, 535
 endereços localhost, 533, 534
 enviando comandos a servidor FTP, 546-547
 File Transfer Protocol (FTP),532, 535, 536-537, 541-547
 Finger, 533
 Gopher, 532, 533, 535
 IdMessages, 553-554
 Internet Protocol (IP), 532
 Internet Service Manager, 535

 Internet Service Providers (ISPs), 532
 portas, 533-535, 538
 protocolo datagrama de usuário (UDP), 532, 538-540
 protocolo de correio (POP3), 533, 547, 551-555
 protocolo de transferência de hipertexto (HTTP), 532, 535, 536, 540, 541
 protocolo de transferência de notícias pela rede (NNTP), 532
 protocolo simples de transferência de correio (SMTP), 533, 547, 551-555
 protocolos, 532
 redes de área local (LANs), 532
 servidores proxy, 535, 544
 servidores Web ponto a ponto, 534-537
 TCP/IP, 532, 533, 555
 Telnet, 533, 547-551
 transferências de arquivo IdFTP, 544-545
 transferências de arquivo NMFTP, 544
 Transmission Control Protocol (TCP), 532, 533-538
 Uniform Resource Locator (URL), 534-535
 verificação de mensagens em servidor de correio, 552
programação estruturada, 244
programação modular, 188, 191
programação thin-client, 222, 240-256, 450
Project Browser, 94-99
PropDrawName, 333
PropDrawValue, 333
propriedades, 56, 73, 78, 87-90, 159, 257-287
 acionadores de evento, 205, 212
 aninhadas, 458-459
 apenas de escrita, 47, 262
 apenas de leitura, 262
 arrays, 270-273
 barra de status, 616
 botão expandir/remover, 458
 campos, 89-90, 258, 259, 260, 481-483
 classes Property Editor, 107-108
 classes TPropertyEditor, 107-108
 colunas, 468-469
 construtores, 261
 controles de dados, 458
 convenções de nomeação, 258, 341
 cópia longa, 259, 260

DatabaseName para tabelas, 427
de dados atualizados, salvaguarda contra mudança, 262-264
declaração, 258-265
design de componente, 292-298, 320-322, 328-329, 333
destruidores, 261
especificador de armazenagem Default, 265, 267-268
especificador de armazenagem NoDefault, 265, 266-268
especificador de armazenagem Stored, 265-266, 268-269
especificadores de acesso a escrita, 262, 270-271
especificadores de acesso de leitura, 261, 270-271
especificadores de acesso, 259-261, 270-271
especificadores de armazenagem, 265-269
estáticas, 228
GroupIndex, 602
herança, 276-279
indexadas, 119, 174, 199, 275-276
informações de tipo de tempo de execução (RTTI), 265
listas de ação, 634, 609
método Assign, 265
métodos de acesso, 89-91
métodos de escrita, 90, 260
métodos de leitura, 89-90, 260
mudança intensa de processador, salvaguarda contra, 262-264
não-publicadas, 338-343
palavra-chave Property, 259, 281
para tabelas SessionName, 427
Params, 432-433
persistência, 338-343
promoção de visibilidade em subclasses, 279-281, 292
propriedades aninhadas, 458-459
propriedades apenas de escrita, 262
propriedades apenas de leitura, 262
propriedades estáticas, 228-230
propriedades indexadas, 273-276
propriedades polimórficas, 276-277
propriedades publicadas, 266, 268
propriedades virtuais, 277
publicadas, 267, 268-269
redefinição, 281
referência de propriedade inline, 458-459
RequestLive, 432

sintaxe, 88-89
subcomponentes, 458-459
TDataSet, 418-421
teste de autodesignação, 264
valores de índice enumerados, 275-276
verificação implícita de faixa em arrays, 272-273
virtuais, 277
proprietário de componentes, 105-106
proprietário de objetos, 103
protocolos, 532
    de correio (POP3), 533, 547, 551-555
    de datagrama de usuário (UDP), 532, 538-540
    de simples transferência de correio (SMTP), 533, 547, 551-555
    de transferência de arquivo (FTP), 118, 532, 535, 537
    de transferência de hipertexto (HTTP), 118, 533, 535, 536-537, 540, 541, 559, 580
    de transferência de notícias por rede (NNTO), 532
    seguro de transferência de hipertexto (HTTPS), 579-580
provedores de servido Internet (ISPs), 532
PVCS, 586

Q-R

quadro, 113
quebras de linha, aplicativos servidores Web, 562-563
Query by Example (QBE), 477
QueryInterface, 102
QueryTableProducer, 577-579
Rational Rose, 451-452
RealPlayer, 346
reconciliação de erros, 525-530
recurso infinito, 146
recursos, carregamento dinâmico, 314-319
redes de área local (LANs), 531
referências de classe, 76, 99-100, 245-247, 264-265, 611
referências de propriedade inline, 458-459
Register, 329, 330
registro de constantes, 157-158
registros, 36, 60, 157-158
registros de evento, depuração, 12, 50

registros empacotados, acionadores de mensagem, 215
Registry, 554, 624-626
regras tornadas componentes, 352
relacionamento principal-detalhe, 427
relacionamentos entre dados, 241
relacionamentos entre objetos, 11
release, 102
relógios, depuração, 12, 16-20
repartindo problema, 265-266
reprodução de controles, 496-497
restrições, campo, 481-482, 491
reutilização de código, 387
réguas horizontais, HTML, 562
Ritchie, Dennis, 25
Robot, 627
Run to Cursor, depuração, 16
Run until Return, depuração, 16

S

salvando arquivos, 2-3, 27, 31
SaveToFile, 122
scripts, aplicativos servidores Web, 559-560
selecionando objetos, menus de contexto, 24
SELECT, SQL, 430-432, 629, 630-631, 636, 644
SendMessage, 215-216, 213
SendNotifyMessage, 215
senhas, 39
senhas, 512
seção de finalização, 33, 37, 38, 108, 238
seção de interface, 33, 34, 66, 231-232, 285, 294
seção de tipo de declaração, 33, 36, 56, 200
separador, 113
seqüenciamento de dados (veja dados seqüenciados), 434-436, 450-453, 457-458
seqüência de diagrama, programação Windows, 62
seqüências (veja também multisseqüência), depuração, 12
servidores Apache, 558, 568
servidores de automação, 695-702
servidores proxy, 535, 544
servidores, registrando servidores de automação, 392-396
servidores remotos, visibilidade de servidor Web, 386
    definição RemoteDataModule, MIDAS, 518-520

servidores Web ponta a ponta, 534-537
servidores Web WebBroker, 118, 557-582
servidor Interbase Database, 406
serviços de aplicativos distribuídos multicamada (veja componentes Midas)
serviços de aplicativos para Windows NT, 685-692
SetBkMode, 115
SetSubComponent, 322-324
SetValue, 345
Sharemen, 72, 239-240
Show Execution Point, depuração, 16
Simonyi, Charles, 54
sintaxe e gramática, 39, 44, 73-76
sistema de gerenciamento de banco de dados relacional (RDBMS), 450
sistema de horário em barra de status, 619-621
sistema de nome de domínio (DNS), 559
sistemas de gerenciamento de arquivo de sistema, 113
símbolos, 5-6
sobrecarregando operador, 142
Software Engineering Institute, 626
soquetes seguros, 579-580
SourceSafe, 31, 390, 392-393, 586
SQL Builder, 630, 646, 695-702
SQL Explorer, 414-415, 488-492, 521, 629-630
SQL Server 2000, 412-413
StarTeam, 586
string de operações, 39, 107-108, 119, 124, 239-240
string de tipo de dados, 40
String List Editor, 26, 107-108
strings terminadas em nulo, 72, 239-240
StrToInt, 129-130
StrToIntDef, 129
subclasses, 74, 128, 138-142, 225, 279-281, 290, 331-332, 351, 381
subcomponentes, 458-459
subconjunto de operador, 169-170
subfaixas de tipo nomeado, 175-176
subfaixas literais, arrays, 175-176
substituição de nome, 75-76
subtração, 38
superclasses, 279, 381
superconjunto de operadores, 169, 170
Swap, 180
Symbol Explorer, 95

Índice | 729

T

tabela de métodos dinâmicos (DMT), 143
tabela de método virtual (VMT), 80, 142-143
tabelas, 412-413, 426, 565-567, 575-577
tabelas de banco de dados Paradox, 404-410, 426
tabelas de busca, 454
tabulação de paradas, 21
TagString, 567-568
TApplicationEvents, 110-112
TBatchMove, 438-439
TBDEDataSet, 425, 428
TBevel, 113
TBitmap, 113
TBlobStream, 122
TBrush, 113
TButton, 196-197
TCanvas, 113, 114-115
TClientDataSet, 524-525
TClockChanged, 131
TClockThread, 131
TCollection, 161, 173
TCollectionClass, 121
TControl, 107, 113, 143
TControlClass, 492
TControlGrid, 163
TControlStyle, 162-163
TCP/IP, 532, 533
TCustomComponent, 292
TCustomConnection, 512-514
TCustomControl, 144
TCustomGrid, 118
TCustomLabel, 113
TDatabase, 428-429, 436-437, 509-510
TDataSet, 418-426, 510, 513-514
TDataSetProvider, 509, 510, 520
TDataSource, 434-436, 511-512, 513
TDBCOMConnection, 522
TDBDataSet, 425-426, 427
TDBEdit, 453
TDBGrid, 452-453
TDBNavigator, 453
TDBText, 453
tecla de barra vertical para localização de cursor, 22
TEdit, 113, 284
TeeChart Wizard, 475-476
tela, 113, 114
Telnet, 118, 533, 547-551
testando autodesignação, 264
testando unidades, 601
teste de caixa branca, 626-627

teste de caixa preta, 626-627
teste (*veja* depuração)
texto, 453
texto em relevo, 114
texto literal, 689
TField, 429, 450, 477-496
TFieldClass, 492
TFieldDataLink, 450, 494-496
TFileStream, 122
TFont, 113
TFontRecall, 115
TFontStyle, 161
TForm, 325
TGraphic, 113, 114
TIcon, 113
til em nome de arquivo, 32
TImage, 113, 114
TIPAAddress, 118
tipo de dados char, 40
tipo de dados duplo, 40
tipos de dados, 39, 54, 55, 152
tipos de dados booleanos, 39
tipos de dados inteiros, 39, 54, 107
tipos enumerados, arrays, 176-177
tipos procedimentais, 188, 199-202
TLabel, 284
TList, 119-120, 161, 164
TListBox, 113
TMemoryStream, 122
TMessage, 215-216, 217
TMetaFile, 113
TNote, 161, 162
TNotifyEvent, 159, 184
TObject, 100-102, 115, 140, 184, 218, 284
To-Do List, 11-12, 31
TOleServer, 384-387
TPaintBox, 113
TParser, 124-125, 128
TPen, 113
TPersistent, 103-106, 113, 195, 284
TPicture, 113
TPoint, 157-159
TQuery, 418, 421, 425-426, 429-433, 439, 513-514
TQueue, 121
Trace to Next Source Line, depuração, 16
transferências de arquivo IdFTP, 545-546
transferências de arquivo NMFTP, 544
Transmission Control Protocol (TCP), 532, 533-538
TReader, 122-124
TRecall, 115-116
Treeview (*veja* Object Treeview)

TRemoteDataModule, 508-509
TRemoteServer, 513
TSession, 427, 438, 510
TShape, 113
TShellComboBox, 112-113
TShellListView, 112-113
TShellTreeView, 112-113
TSplitter, 113
T-SQL, 629
TStack, 121
TStoredProcedure, 421-422, 425-426, 439
TStream, 123, 124
TStrings, 118, 122, 124, 260
TTable, 419, 420-422, 426-429, 513
títulos, aplicativos servidores Web, 563
TUpdateSQL, 439-446
TValueListEditor, 118-119
TWriter, 122-124
TXMLDocument, 118
Type Library Editor, 697-699, 700

U

unidade central de processamento (CPU), depuração, 12
unidade de processamento matemático (FPU), 12
unidades compiladas, 31
unidades intermediárias compiladas, 31
unidades ToolsAPI para OpenTools, 94, 271, 650
Unified Modeling Language (UML), 132, 207
união cruzada, SQL, 640-641
união implícita de tabela, 638-639
UNION, SQL, 643
UpdateObject, 434
UPDATE SQL, 629, 634, 636-638

V

valores booleanos, 171-172, 222-223
valores de retorno, funções, 46
valores enumerados de índice, 275-276
valores ordinais como enumerações, 165
valores padrão, 48, 154
variáveis, 7, 54
variáveis definidas por implementação, 36
variáveis definidas por interface, 36
variáveis globais, 54, 55, 87, 238
variáveis locais, 12, 154-156
variáveis locais estáticas, 154-156

VBScript, 561
verificação de entrada/saída, programação Windows, 588
verificação de excesso, programação windows, 588
verificação de faixa, 174, 272-273, 587-588
verificação implícita de faixa em arrays, 272-273
visibilidade de servidor Word, máquinas remotas, 386
visibilidade, promoção de visibilidade de propriedade em subclasses, 279-281, 292

vistas de tabela, aplicativos de servidor Web, 565-566, 575-577
vistas em depurações, 12-13
Visual Basic, 2, 199, 258, 367, 370
Visual C++, 218
Visual Component Library (VCL), 57
vínculo, 31
volta completa de engenharia, 629

W-X

WebActionItem, 569-571
WebDispatcher, 569-571
WebModule, 569-571

Web site PensionGold, 57
Web sites, 118
WinControls, 107-108
Windows NT, serviço de aplicativo para (*veja* serviço de Aplicativos para Windows NT)
WinFrame, 244
Wireless Application Protocol (WAP), 703
WMCommand, 165
Word, 132
Xerox Parc, 54

O autor

Paul Kimmel é o fundador da Okemos, a filial da Michigan Software Conceptions, Inc. A Sotfware Conceptions foi fundada em 1990. Por mais de dez anos, Paul Kimmel tem ajudado empresas de médio e grande porte e universidades a implementar soluções baseadas em objetos para problemas em pontos de vendas, telecomunicações, finanças e seguros.

Paul sempe usou o Delphi, incluindo os seus antecessores, o Delphi turbo e Borland Pascal para Delphi 1, o que faz até a presente data. Paul Kimmel é autor e co-autor de muitos livros de desenvolvimento baseado em objetos, inclusive *Delphi 2 database applications*, para a Macmillan Technological Publishing. Paul implementou aplicativos de telefonia para a Interactive Nortwest em Portland, Oregon, usados por Lucent Technologies em Bell Labs para sistemas de suporte em *e-commerce* para do Citibank Development Center em Los Angeles.

Paul Kimmel cuida de desenvolvimento, treinamento de desenvolvedores e de consultoria para muitas empresas excepcionais, incluindo Merrill Lynch, Pitney-Bowes. Amway, Mobil Oil, Levi, Ray, & Shoup, Michigan State University e Mellon Bank, dentre outras. Paul desenvolveu sistemas em quase todos as possibilidades, e elege a programação pura e o *design* entre os seus preferidos, trazendo à tona essas diversificadas e ricas experiências.

O CD

Para ajudá-lo a aprimorar as suas habilidades em todos os aspectos do desenvolvimento em Delphi 6, aproximadamente uma centena de aplicativos demonstrativos foram incluídos neste CD-ROM. Os aplicativos de demonstração estão contidos no CD por capítulo, no diretório Source. Você encontrará componentes, editores de componentes e propriedades, especialistas Delphi, servidores CGI e ISAPI para WAP e Web e dezenas de exercícios e exemplos práticos de todos os tipos de código.

Além dos aplicativos de exemplo do livro, os bons colegas de Starbase Corporation e Nokia gentilmente nos permitiram incluir cópias de avaliação do Starteam Virtual Team Server and Professional e do Nokia WAP Toolkit. Esperamos que você tenha horas de prazer com essa leitura e julgue o livro e os exemplos de programas úteis.

Obrigado por comprar o livro e boa caçada!